Ute Schmidt
Zentrum oder CDU

Schriften des Zentralinstituts für sozialwissenschaftliche
Forschung der Freien Universität Berlin

ehemals Schriften des Instituts für politische Wissenschaft

Band 51

Ute Schmidt

Zentrum oder CDU

Politischer Katholizismus
zwischen Tradition und Anpassung

Westdeutscher Verlag

CIP-Kurztitelaufnahme der Deutschen Bibliothek

Schmidt, Ute:
Zentrum oder CDU: polit. Katholizismus zwischen
Tradition u. Anpassung / Ute Schmidt. — Opladen:
Westdeutscher Verlag, 1987.
  (Schriften des Zentralinstituts für Sozialwissen-
  schaftliche Forschung der Freien Universität
  Berlin; Bd. 51)
  ISBN 3-531-11855-2

NE: Zentralinstitut für Sozialwissenschaftliche
Forschung (Berlin, West): Schriften des Zentralinstituts ...

Satz: Schreibbüro Ursula Ewert, Braunschweig

ISBN 978-3-531-11855-0   ISBN 978-3-322-96998-9 (eBook)
DOI 10.1007/978-3-322-96998-9

Inhalt

Teil A
Politischer Katholizismus in Deutschland 1806—1945

Teil B:
Integrationspartei oder Bürgerblock?

Danksagung

Die vorliegende Studie ist die überarbeitete Fassung meiner Dissertation, die im Sommer 1982 vom Fachbereich Politische Wissenschaft der Freien Universität Berlin angenommen und von Prof. Dr. Wolf-Dieter Narr und Prof. Dr. Rolf Ebbighausen begutachtet wurde. Sie entstand im Zusammenhang mit dem Projekt „Die Parteien der Bundesrepublik Deutschland 1945—1980" am Zentralinstitut für sozialwissenschaftliche Forschung der Freien Universität Berlin. Allen Kolleginnen und Kollegen, die mich auf vielfältige Weise unterstützt haben, sei hier nochmals gedankt. Mein besonderer Dank gilt dem langjährigen Vorsitzenden des Institutsrates, Prof. Dr. Theo Pirker, der meine Arbeit mit großem Interesse und viel Verständnis begleitete und mir zahlreiche wertvolle Hinweise gab. Herzlich danken möchte ich auch Rita Koscielski, die beide Fassungen dieser Arbeit sorgfältig geschrieben und mir darüber hinaus viel geholfen hat sowie Frauke Burian für die redaktionelle Bearbeitung des Textes. Nicht zuletzt danke ich allen meinen Gesprächspartnern für Informationen, Anregungen und Kritik.

Ute Schmidt

Einleitung

Forschungsstand, Fragestellungen, Quellen

1. Zum Forschungsstand

Geschichtsschreibung überliefert zumeist die Geschichte der Sieger. Das gilt auch für die Parteiengeschichte. So verwundert es kaum, daß die bundesrepublikanische Parteienforschung nach den außerordentlichen Wahlerfolgen der Unionsparteien in den fünfziger Jahren dem 1945 wiedergegründeten Nachkriegszentrum, das heute nur noch eine Existenz am Rande fristet, keine Beachtung mehr schenkte. Die Zentrumstraditionen waren allenfalls insofern von Interesse, als sie in die Union einflossen bzw. den Gründungsprozeß der CDU konterkarierten[1]. Das weitere Schicksal des Nachkriegszentrums blieb hingegen lange Zeit unbeachtet. Im Unterschied zu den älteren Autoren, die den Aufbruch der Union zur interkonfessionellen Sammlungspartei im bürgerlichen Lager — sei es als Beteiligte, sei es als zeitgenössische Beobachter — als einen „riskanten Ritt über den Bodensee"[2] miterlebten, neigen jüngere Historiographen vielfach dazu, den Sieg des Unionskonzepts aus heutiger Sicht als selbstverständlich und geradezu „überfällig" anzusehen[3]. Das Festhalten der Zentrumsanhänger an ihrer alten Partei — einem inzwischen überwundenen Stadium der politischen Repräsentation des organisierten Katholizismus in Deutschland — erscheint ihnen bestenfalls unzeitgemäß, wenn nicht sogar ungerechtfertigt[4].

---

1 Vgl. insbesondere die grundlegenden Arbeiten von Hans Georg Wieck, *Die Entstehung der CDU und die Wiedergründung des Zentrums im Jahre 1945* (*Beiträge zur Geschichte des Parlamentarismus und der politischen Parteien*, Bd. 2), Düsseldorf 1953; ders., *Christliche und freie Demokraten in Hessen, Rheinland-Pfalz, Baden und Württemberg 1945–1946* (*Beiträge zur Geschichte des Parlamentarismus und der politischen Parteien*, Bd. 10), Düsseldorf 1958; Leo Schwering, *Frühgeschichte der Christlich-Demokratischen Union*, Recklinghausen 1964; Gerhard Schulz, Die CDU — Merkmale ihres Aufbaus, in: *Parteien in der Bundesrepublik* (*Schriften des Instituts für politische Wissenschaft*, Bd. 6), Stuttgart/Düsseldorf 1955, S. 3–156; Arcadius R. L. Gurland, *Die CDU/CSU. Ursprünge und Entwicklung bis 1953*, hrsg. v. Dieter Emig, Frankfurt a. M. 1980; Peter Hüttenberger, *Nordrhein-Westfalen und die Entstehung seiner parlamentarischen Demokratie* (*Veröffentlichungen der Staatlichen Archive des Landes Nordrhein-Westfalen*, Reihe C, Bd. 1), Siegburg 1973, S. 77–96; Karl Buchheim, *Geschichte der christlichen Parteien in Deutschland*, München 1966, S. 437 ff.

2 Schwering an Muckermann, 28.1.1967, HSTAD, RWN 125–12.

3 So z. B. Winfried Becker, Historische Grundlagen der christlich-demokratischen Parteibildung nach 1945, in: *Die Gründung der Union. Traditionen, Entstehung und Repräsentanten*, hrsg. v. Günter Buchstab u. Klaus Gotto (*Geschichte und Staat*, Bd. 254/255), München/Wien 1981, S. 22.

4 Vgl. ebd. — In parteinahen Darstellungen der CDU-Geschichte wird das Zentrum zumeist nur mit einem Satz gestreift oder völlig übergangen; vgl. z. B. Wulf Schönbohm, *CDU. Por-*

In der parteiensoziologischen Literatur tauchte das wiederbelebte Zentrum ebenfalls nur als Randphänomen auf – als anachronistischer Rest einer einst ehrwürdi-
gen Parteitradition, dem angesichts der vom Klerus unterstützten Neugündung einer interkonfessionell-christlichen Sammlungspartei keine Aussicht auf Erfolg mehr
beschieden war. Fasziniert von der Durchsetzungskraft der großen Parteien und
ihren Konzentrationstendenzen, zeigten die Parteienforscher ohnehin nur wenig
Interesse für die kleineren Parteien und deren Bedeutung für das innere Gefüge und
die Dynamik des Parteiensystems. Stephen L. Fisher, Manfred Rowold und Richard
Stöss[5] haben diese beschränkte Perspektive kritisiert und in den letzten Jahren Mo-
delle zur Analyse des Parteiensystems der Bundesrepublik entwickelt, die die Formierung der Großparteien im Zusammenhang mit dem Aufstieg und Niedergang der
kleinen Parteien sehen. Von unterschiedlichen analytischen Konzepten ausgehend,
kamen sie übereinstimmend zu dem Schluß, daß das bundesrepublikanische Parteiengefüge zwar stabil, aber keine statische Größe ist; die Parteien befinden sich vielmehr in einem veränderbaren funktionalen Beziehungsgeflecht[6].

Rowold konstruierte sein Gravitationsmodell, mit dem er die Struktur der internen Beziehungen des Parteiensystems analysiert, auf der Basis empirisch-analyti-
scher Detailstudien über die einzelnen „nicht-etablierten" Parteien[7] und legte dabei erstmals auch eine knappe Darstellung der Entwicklung des Nachkriegszentrums vor[8]. Er ordnet die Zentrumspartei unter die Landes- und Regionalparteien
ein und sieht in ihrem Bedeutungsverlust eine Gravitationswirkung des Kräftezen-

Fortsetzung Fußnote 4
trät einer Partei (Geschichte und Staat, Bd. 215), München/Wien 1979, S. 43; *Die Geschichte der CDU. Programm und Politik der Christlich Demokratischen Union Deutschlands seit
1945*, bearb. v. Wulf Schönbohm, Bonn 1980, S. 15; Peter Haungs, Die Christlich Demokratische Union Deutschlands (CDU) und die Christlich Soziale Union in Bayern (CSU), in:
Christlich-demokratische und konservative Parteien in Westeuropa I, hrsg. v. Hans-Joachim
Veen, Paderborn 1983, S. 9–194.
Auch in der kürzlich erschienenen Gesamtdarstellung des politischen Katholizismus von
Karl-Egon Lönne wird das Nachkriegszentrum mit nur einem einzigen Satz bedacht, vgl.
Politischer Katholizismus im 19. und 20. Jahrhundert (Neue Historische Bibliothek), Frank-
furt a. M. 1986, S. 269. – In der politischen Publizistik kursieren widersprüchliche Ein-
schätzungen zum Charakter des Nachkriegszentrums. Anläßlich der Diskussion über eine
Vierte Partei im Herbst 1978 wurde das Zentrum als „sozialpolitischer Gegenpol zur CDU"
und als christlicher Bündnispartner der SPD bezeichnet (vgl. „Noch eine Vierte Partei", in:
Vorwärts v. 12.10.1978; „Urzelle Zentrumspartei", in: *Vorwärts* v. 2.11.1978 [Leserzu-
schriften von Ludwig W. Wördehoff, MdL, Essen-Borbeck, und Prof. Dr. Arno Klönne,
Münster]; vgl. auch „Die Vierte Partei – ein Spuk", in: *FAZ* v. 27.10.1978).
5 Vgl. Stephen L. Fisher, *The Minor Parties of the Federal Republic of Germany. Toward
a Comparative Theorie of Minor Parties*, Den Haag 1974; Manfred Rowold, *Im Schatten der
Macht. Zur Oppositionsrolle der nicht-etablierten Parteien in der Bundesrepublik (Bonner
Schriften zur Politik und Zeitgeschichte*, Bd. 9), Düsseldorf 1974; Richard Stöss, *Parteien-
und Entwicklung des Parteiensystems der Bundesrepublik – Eine Theorie*, in: *Parteien-
Handbuch. Die Parteien der Bundesrepublik Deutschland 1945–1980*, hrsg. v. Richard Stöss
(*Schriften des Zentralinstituts für sozialwissenschaftliche Forschung der Freien Universität
Berlin*, Bd. 38), Bd. 1, Opladen 1983, S. 9–309.
6 Vgl. Alf Mintzel, *Die Volkspartei. Typus und Wirklichkeit*, Opladen 1984, S. 274.
7 Vgl. Rowold, *Schatten* (Anm. 5), S. 373.
8 Vgl. ebd., S. 335 ff.

trums der entideologisierten „Volksparteien" auf die systemimmanenten, nicht (oder nicht mehr) im Parlament vertretenen Oppositionsparteien des breiten Spektrums der politischen Mitte. Daß die etablierten Parteien, insbesondere die Union, die Regionalparteien absorbieren konnten, hat nach Rowold folgende Gründe: mangelndes politisches Profil, eine nur schwach entwickelte politische Basisarbeit im vorparlamentarischen Raum, den zeitweiligen Verzicht auf politischen Wettbewerb wegen schlechter Wahlchancen oder mangelnder organisatorischer Mittel[9] (Kandidaturverzicht, einseitige Wahlempfehlungen für andere Parteien, Listenverbindungen, Wahlbündnisse, Fraktionsgemeinschaften, das Hospitieren von Mandatsträgern bei anderen Parteien).

Anders als Rowold geht Stöss von einem politökonomisch-staatstheoretischen Ansatz aus; er konstatiert, daß die antagonistischen Klassengegensätze in der bundesrepublikanischen Gesellschaft keineswegs aufgehoben seien, wie es die Volksparteienideologie suggeriere. Nach 1945 habe sich vielmehr ein − im Grundgesetz auch verfassungspolitisch fixierter − Konsens über die politische Ordnung und die ökonomischen Verhältnisse herausgebildet, der im Unterschied zum Kaiserreich und zu Weimar die Entwicklung einer stabilen, liberal-kapitalistischen Demokratie nach westlichem Muster möglich machte. An diesem „Basiskonsens-Konstrukt, dessen historisch-soziologische Konkretisierung empirisch-analytisch nachzuweisen sei, orientiert sich auch die Parteientypologie: Parteien, die im Rahmen des kapitalistischen Reproduktionsprozesses systemstabilisierende Funktionen übernehmen, staatliche Politik legitimieren und eine ideologisch-politische Integration leisten, werden − wie groß oder klein auch immer − als „demokratische Massenlegitimationsparteien" (MLP) bezeichnet. Darüber hinaus unterscheidet Stöss weitere Parteitypen, so z. B. die Interessenparteien und die teiloppositionellen Parteien; ihre gesellschaftliche Funktion sei es, Legitimationsdefizite ökonomisch-sozialer und politischer Art anzuzeigen (Indikationsfunktion). Die Resonanz, die sie bei Wahlen finden, erlaube es, die Bedeutung der Legitimationsdefizite für den politischen Prozeß einzuschätzen, so daß die Massenlegitimationsparteien oder der Staat entsprechend reagieren könnten. Damit wird also das gängige Vorurteil, demzufolge Kleinparteien notwendigerweise Desintegrationsprozesse im Parteiensystem förderten, zurückgewiesen: Kleine Parteien können − im Gegenteil − abweichendes politisches Potential in den Prozeß der gesamtgesellschaftlichen Konsensbildung einbinden und wirken so in der Regel einer Radikalisierung geradezu entgegen. Nach der Typologie von Stöss wäre das Nachkriegszentrum sowohl als eine in der Substruktur des Parteiensystems verwurzelte konfessionelle Partei als auch als MLP-Splitter mit teiloppositionellen Zügen einzuordnen[10]: Es trug den gesellschaftlichen Grundkonsens, der der Nachkriegspolitik zugrundelag, zwar grundsätzlich

---

9 Vgl. ebd., S. 378 ff.
10 Vgl. Stöss, Struktur (Anm. 5), S. 169 ff., bes. S. 212, 216 (hier wird das Zentrum als konfessionelle Partei bezeichnet), 236, 288, 302, 305. − Die Existenz eines zwischen dem Bürgerblock und dem oppositionellen Potential liegenden Stimmenkontingents gilt als Anzeichen für die bis Mitte der fünfziger Jahre noch bestehende Inhomogenität und Zersplitterung des bürgerlichen Lagers.

mit, meldete jedoch in methodisch-taktischen Einzelfragen — z. B. in der Schul- und
Kulturpolitik, aber auch in der Wirtschafts- und Sozialpolitik oder in der Wiederauf-
rüstungsfrage — Bedenken an. Die Vorbehalte waren stark genug, um 1949 das
Grundgesetz abzulehnen; es hatte die kirchlich-katholische Definition des „Elternrechts" nicht übernommen. Aus diesem Konflikt erwuchs jedoch keine den Basis-
konsens sprengende Wirkung, weil sich die katholische Kirche selbst mit dem
entstehenden CDU-Staat arrangierte[11]. Bis 1957 vollendete sich — so Stöss — der
„bürgerliche Intraklassenkonsens": Konfessionelle Anachronismen, teiloppositionelle Widerstände, regionalistische wie ökonomisch-soziale (insbesondere mittelständisch orientierte) Sonderinteressen wurden von den Bürgerblock-Parteien allmählich absorbiert. Damit war auch den Bemühungen des Zentrums um eine Fusion mit anderen Regionalparteien der Boden entzogen.

Während die Kompendien von Rowold und Stöss primär die Makroebene des
Parteiensystems im Blick haben, konzentrieren sich die milieuanalytischen Ansätze bzw. die wahlsoziologischen Studien von Herbert Kühr, Dorothee Buchhaas,
Karl Rohe und Karl Heinz Naßmacher[12] stärker auf die Mikroperspektive. Indem sie
die Wandlungen der Parteien im lokalen und regionalen Raum untersuchen, eröffnen sie zunächst Einblicke in die eigenartige politische Ökologie von Teilräumen;
sie entwickeln aber auch Forschungsstrategien, um die Ungleichzeitigkeiten zwischen der Entwicklung der Parteien auf der bundespolitischen Ebene einerseits und
im lokalen Raum andererseits zu erklären. Denn die Erkenntnis, daß — bedingt
durch historisch-politische Traditionsüberhänge, örtliche Besonderheiten der Sozialstruktur und Volkskultur oder konfessionelle Verdichtung — parteipolitische
Entwicklungsprozesse auf nationaler und regionaler Ebene asynchron verlaufen
können, fordert dazu heraus, die Bestimmungsfaktoren für die Herausbildung des
Parteiensystems zu konkretisieren und differenziertere Aussagen über die Wech-
selwirkung von Makro- und Mikrostruktur zu machen. Für eine Analyse von CDU/
CSU und Zentrum nach 1945 sind diese Studien sowohl methodisch als auch, was
ihre empirischen Befunde zur Frage der Kontinuität bzw. Diskontinuität der Milieus und ihres Einflusses auf das Parteiensystem der Bundesrepublik anbelangt, von
besonderem Interesse:
— So schien mit der Selbstauflösung der Zentrumspartei im Juli 1933 und der

---

11 Vgl. Ute Schmidt, Die Deutsche Zentrums-Partei, in: *Parteien-Handbuch*, Bd. 1 (Anm. 5),
    S. 1192—1242.
12 Für die Zentrumsregionen vgl. insbesondere Karl Heinz Naßmacher, Zerfall einer liberalen
    Subkultur; Dorothee Buchhaas/Herbert Kühr, Von der Volkskirche zur Volkspartei — Ein
    analytisches Stenogramm zum Wandel der CDU im rheinischen Ruhrgebiet, beide in: *Vom
    Milieu zur Volkspartei. Funktionen und Wandlungen der Parteien im kommunalen und re-
    gionalen Bereich*, hrsg. v. Herbert Kühr (*Sozialwissenschaftliche Studien zur Stadt- und Re-
    gionalpolitik*, Bd. 4), Königstein/Ts. 1979, S. 29—134, 135—232; Karl Rohe, Vom alten
    Revier zum heutigen Ruhrgebiet. Die Entwicklung einer regionalen politischen Gesellschaft
    im Spiegel der Wahlen; Herbert Kühr, Die katholische Arbeiterbewegung im Ruhrgebiet nach
    1945, beide in: *Politik und Gesellschaft im Ruhrgebiet*, hrsg. v. Karl Rohe/Herbert Kühr
    (*Sozialwissenschaftliche Studien zur Stadt- und Regionalpolitik*, Bd. 16), S. 21—73, 74—92.

Neuformierung der Union 1945 der Untergang des politischen Katholizismus[13] und des ihn tragenden Milieus besiegelt zu sein. Das lokale Wahlverhalten belegt jedoch, daß das katholische Milieu in der Endphase der Weimarer Republik zwar stark ausgezehrt war, es brach aber nicht – wie M. Rainer Lepsius annahm[14] – mit der Zentrumspartei 1933 völlig zusammen. 1945 war in katholischen Traditionsgebieten durchaus noch ein Potential für das wiedergegründete Zentrum vorhanden, das sich nicht ohne weiteres in die Union überführen ließ. In den ehemaligen Zentrumshochburgen trug selbst die interkonfessionelle CDU bis Ende der fünfziger Jahre noch deutliche Züge einer katholischen Milieupartei[15]. Ein Milieu bzw. eine politische Gesinnungsgemeinschaft ist also nicht unbedingt an eine bestimmte parteipolitische Repräsentation gebunden; es kann in „milieuinternen Konkurrenzsituationen"[16] auch durch mehrere Parteien gleichzeitig repräsentiert werden. Auf der anderen Seite kann eine neue Partei personell, organisatorisch und ideologisch-kulturell auch alte Milieustrukturen konservieren. Wenn daher etwas über die Kontinuität und die Relevanz bzw. die Relikte von Milieus nach 1945 ausgesagt werden soll, so empfiehlt es sich, die politischen Gesinnungsgemeinschaften von den sie repräsentierenden politischen Organisationen stärker zu unterscheiden[17]; erst dann fällt der Blick auf das „Spannungsverhältnis von ideologischem Traditionalismus und organisatorischem Traditionsbruch"[18].

– Trotz tiefgreifender sozialer Veränderungen durch NS-Herrschaft und Krieg sind also in politischen Teilräumen bis in die fünfziger Jahre hinein noch starke Bezüge auf die Zentrumstradition nachweisbar. Kontinuitätslinien gab es auch in der sozialistischen Arbeiterbewegung[19]. (Dieser Befund relativiert die These, der Na-

---

13 Vgl. Rudolf Morsey, *Der Untergang des politischen Katholizismus. Die Zentrumspartei zwischen christlichem Selbstverständnis und „Nationaler Erhebung" 1932/33*, Stuttgart/Zürich 1977, hier Kap. 8: „Das Ende des politischen Katholizismus", S. 215 ff., 221. Vgl. auch Kühr, Arbeiterbewegung (Anm. 12), S. 74; Kühr setzt den entscheidenden Einschnitt in die Strukturen des politischen Katholizismus 1945 an und versteht darunter die Auflösung der relativen Einheit von politischem und sozialem Katholizismus. – Zur Definition des politischen Katholizismus vgl. unten S. 17 f., 21 f.
14 Vgl. M. Rainer Lepsius, Parteiensystem und Sozialstruktur: zum Problem der Demokratisierung der deutschen Gesellschaft, in: *Die deutschen Parteien vor 1918* (Neue Wissenschaftliche Bibliothek, Bd. 61), Köln 1973, S. 67.
15 Vgl. Buchhaas/Kühr, Volkskirche (Anm. 12), S. 204; Rohe, Revier (Anm. 12), S. 58 f.
16 Herbert Kühr, Einführung zu: *Vom Milieu* (Anm. 12), S. 13.
17 So auch Mintzel, *Volkspartei* (Anm. 6), S. 242, 245, mit Bezug auf die Möglichkeiten, die im Konzept von Lepsius enthalten sind.
18 Herbert Kühr, Katholizismus und parteienstaatliche Demokratie, in: *Kirche und Politik*, hrsg. v. Herbert Kühr, Berlin 1983, S. 63.
19 Vgl. hierzu die kritischen Thesen von Theo Pirker, Vom Ende der Arbeiterbewegung, in: *Das Ende der Arbeiterbewegung in Deutschland? Ein Diskussionsband für Theo Pirker*, hrsg. v. Rolf Ebbighausen/Friedrich Tiemann (Schriften des Zentralinstituts für sozialwissenschaftliche Forschung der Freien Universität Berlin, Bd. 43), Opladen 1984, S. 39–51; zum sozialistischen und katholischen Arbeitermilieu vgl. außerdem Josef Mooser, Abschied von der „Proletarität". Sozialstruktur und Lage der Arbeiterschaft in der Bundesrepublik in historischer Perspektive, in: *Sozialgeschichte der Bundesrepublik Deutschland. Beiträge zum Kontinuitätsproblem*, hrsg. v. Werner Conze/M. Rainer Lepsius (Industrielle Welt, Bd. 34), Stuttgart 1983, S. 182.

tionalsozialismus habe als Modernisierungsfaktor — in einer Art Flurbereinigung — das durch regionale und konfessionelle Milieus zerklüftete Sozialgefüge in Deutschland nivelliert, womit erst die Voraussetzungen für den Typus der entideologisierten „Volkspartei" geschaffen worden seien[20].) Freilich war die Fixierung des Zentrums auf historisch verfestigte Konfliktlagen, deren gesellschaftspolitische Relevanz ständig abnahm, ein höchst unzureichendes Mittel, um den Bestand der traditionellen Milieupartei zu sichern. Denn auch in den nordrheinwestfälischen Zentrumshochburgen wirkten sich langfristig angelegte Veränderungen der „politischen Gesellschaft"[21] aus, die Profil und Durchsetzungschancen der Parteien und ihrer sozialen Basen beeinflußten und damit auch die Überlebenschancen des Nachkriegszentrums bzw. seinen Niedergang vorstrukturierten.

2. Fragestellungen

Der Bedeutungsverlust der Zentrumspartei nach 1945 lohnt schon allein deshalb eine Untersuchung, weil er den Niedergang einer einst vitalen politischen Tradition illustriert, deren Grundmuster bereits vor der Bismarckschen Reichsgründung ausgeprägt waren; er ist zugleich aber auch Symptom eines fundamentalen Veränderungsprozesses, den der neuzeitliche Katholizismus erfahren hat. Der Begriff „Katholizismus" bedarf zunächst einer Klärung: Er umreißt weder ein System katholischer Dogmen noch die Entwicklungsgeschichte der katholischen Kirche von ihren Anfängen an, sondern ein der sozialwissenschaftlichen Analyse zugängliches konkret-historisches Gesellschaftsphänomen[22]. Oswald von Nell-Breuning versteht z. B. unter Katholizismus einen in einer bestimmten historischen Situation entstandenen „politischen und sozialen Machtkörper"[23], dessen Anliegen es gewesen sei, die irdisch-weltlichen Interessen des katholischen Volksteils zu wahren und die traditionelle Stellung der katholischen Kirche im öffentlichen Leben zu sichern. Kirche und Katholizismus gehören demnach zusammen; ihr spezifisches, durchaus auch spannungsreiches Verhältnis ist freilich dem historischen Wandel unterworfen. Zu unterscheiden sind im übrigen verschiedene Erscheinungsformen des Katholizismus, die zwar eng miteinander verflochten sind, aber nicht notwendigerweise immer eine Einheit bilden:
— die von der amtskirchlichen Hierarchie gesteuerten Manifestationen von Teilen der katholischen Bevölkerung;

---

20 Zur Kontroverse über diese These und gegen die Generalisierung allzu globaler Antworten gewandt, vgl. Mintzel, *Volkspartei* (Anm. 6), S. 245 ff., 252 ff.

21 Vgl. Rohe, Revier (Anm. 12), S. 61 ff.; ders., Die Vorgeschichte: Das Parteiensystem in den preußischen Westprovinzen und in Lippe-Detmold 1871–1933, in: *Parteien und Wahlen in Nordrhein-Westfalen*, hrsg. v. Ulrich von Alemann, Köln usw. 1985, S. 37.

22 So ist auch die Spannung zwischen dem überzeitlichen Absolutheitsanspruch der katholischen Religion und der historisch-politischen Ausprägung der konfessionsspezifischen Sozialform selbst Gegenstand historisch-soziologischer Analyse.

23 Oswald von Nell-Breuning, Katholizismus, in: *Zur Soziologie des Katholizismus*, hrsg. v. Karl Gabriel/Franz-Xaver Kaufmann, Mainz 1980, S. 24.

– der auf diesem Mobilisierungspotential aufbauende politische Katholizismus, dessen Organisationsform bis 1933 die Zentrumspartei war;
– der soziale Katholizismus bzw. das katholische Vereins- und Verbandswesen, das nach 1945 in modifizierter Form wiedererstand.

Katholizismus wird hier also als eine historische Kategorie verstanden; sie bezeichnet eine – in den Kontext gesamtgesellschaftlicher Entwicklung seit der Französischen Revolution eingebundene – politische und soziale Bewegung, mit der die Kirche auf die gravierende Machteinbuße durch Reformation und Aufklärung, auf Revolution und Säkularisation reagierte. Ihr Weltbild speiste sich aus tradierten konfessionell-katholisch geprägten Denkmustern, die die gesellschaftlich-politische Wirklichkeit und ihre Beziehungen zur Übernatur interpretierten[24]. Die katholische Bewegung entfaltete sich in der Auseinandersetzung um das Verhältnis von Kirche und Staat, das im Zeitalter der Säkularisierung neu zu definieren war; ihr Funktionsprinzip entsprach der Interessenstruktur der amtskirchlichen Bürokratie. Erst jetzt entstanden mit den Parlamenten und politischen Parteien die Bedingungen, unter denen sich ein politischer Katholizismus im engeren Sinne herausbilden konnte[25].

Gegenüber dem Liberalismus in der Defensive, war es zunächst das Hauptanliegen der katholischen Bewegung, die Ansprüche der „ecclesia" an Staat und Gesellschaft rechtlich bzw. verfassungsmäßig abzusichern. Um das sozialkulturelle Ghetto zu sprengen, wurde bald auch die Forderung nach Parität der katholischen Minorität in der preußisch-protestantisch dominierten bürgerlichen Gesellschaft des kleindeutschen Kaiserreichs erhoben. Bereits bis zur Jahrhundertwende bildete sich neben der Zentrumspartei und den Christlichen Gewerkschaften ein breit gefächertes Kommunikationssystem heraus (Presse, Bildungseinrichtungen usw.), das die katholischen Aktions- und Organisationsformen im parlamentarischen und im vorparlamentarischen Raum unterstützte[26]. Hans Maiers begriffliche Trennung von „politischem Katholizismus", der es sich zur Aufgabe gemacht habe, die kirchlich-katholischen Interessen und Institutionen zu sichern, und „katholischer Politik", die nach Maßgabe katholischer Ordnungsvorstellungen auf die Gestaltung des öffentlichen Lebens Einfluß zu nehmen suche, kennzeichnet den Unterschied zwischen einer eher defensiven und einer stärker offensiven kirchenpolitischen

---

24 Diese Denkmuster könnte man – in Anlehnung an die Terminologie in Eisenstadts kultursoziologischen Arbeiten zum Verhältnis von Tradition und Modernität im sozialen Wandel – als Ausdruck einer „verborgenen Struktur" bzw. als „Codierung" von symbolischen Orientierungen betrachten, d. h. als den Versuch der katholischen Kirche und ihrer Klientel, Kriterien für die Bewertung der sich verändernden politisch-sozialen Wirklichkeit und für die Teilnahme der Katholiken am politischen Prozeß zu artikulieren sowie ihre kulturellen Orientierungen auch institutionell zu verankern. Vgl. Samuel N. Eisenstadt, *Tradition, Wandel und Modernität*, Frankfurt a. M. 1979, S. 7 ff.

25 Vgl. Ludwig Bergsträßer, *Studien zur Vorgeschichte der Zentrumspartei (Beiträge zur Parteigeschichte*, Bd. 1), Tübingen 1910.

26 Vgl. hierzu Thomas Nipperdey, *Die Organisation der deutschen Parteien vor 1918 (Beiträge zur Geschichte des Parlamentarismus und der politischen Parteien*, Bd. 18), Düsseldorf 1961, S. 265 ff.

Strategie[27]. In der politischen Praxis waren die „integrale" und die pragmatisch-flexible Linie freilich nicht immer scharf voneinander zu trennen.

Auf welche Weise nun ist es der katholischen Kirche als einer im wesentlichen traditionsbestimmten und *per se* konservativen Kraft gelungen, ihre traditionelle Identität in der sich funktional ausdifferenzierenden modernen Gesellschaft so erfolgreich zu behaupten?[28] Karl Gabriel[29] führt drei für das Sozialphänomen Katholizismus charakteristische konstitutive Strategien bzw. Strukturmuster an, in denen sich jeweils traditionale Elemente und moderne, „strukturkonforme" Herrschafts- und Sozialformen miteinander verschränkt hätten:

— die offensive Zentralisierung und Bürokratisierung der Kirchenorganisation, die erst nach der Auflösung der feudal-episkopalistischen Strukturen sowie durch die Konkordatspolitik möglich wurde. Damit sei ein den neuen sozialtechnischen Problemen angemessenes Instrumentarium zur Steuerung der katholischen Massen entstanden, das eine wesentliche strategische Voraussetzung für die Konfrontation mit der Staatsgewalt im Kampf um die kirchliche Autonomie dargestellt habe.

— Die Sakralisierung mit dem Papst als Stellvertreter Christi an der Spitze; sie habe dazu beigetragen, den Verlust des kirchlichen Deutungsmonopols für den gesamten Kosmos zu kompensieren und statt dessen die *societas perfecta* im Kernbereich der Kirche zu installieren.

— Die Abschottung der kirchlichen Klientel gegen alternative Sinnangebote und die Organisierung ihrer Interessen auf kirchlich-katholischer Basis bzw. die Bildung von soziokulturellen Milieus.

---

27 Hans Maier, *Revolution und Kirche. Zur Frühgeschichte der christlichen Demokratie*, München ³1973, S. 27 f., mit Bezug auf Clemens Bauer, der als politischen Katholizismus eine Haltung beschrieb, der „das Politische nur Mittel zum Zweck für das Kirchliche wird", katholische Politik dagegen als „Anwendung katholischer Prinzipien in der Politik" definierte (vgl. ebd., Anm. 27).

28 In ihren Studien über den Konservatismus in Deutschland hat Helga Grebing dargelegt, daß das konservative Denken nicht auf einen bloß ahistorisch rückwärtsgewendeten Gegenentwurf zur bürgerlichen Gesellschaft reduziert bzw. als Legitimationsideologie für vorkapitalistisch-feudale Produktions- und Sozialverhältnisse im Sinn einer schematischen Basis-Überbau-Zurechnung charakterisiert werden kann. Ihrer Definition zufolge ist der Konservatismus vielmehr eine aus den ideologischen Bedürfnissen dieser Gesellschaftsformation selbst hervorgehende und ihr „inhärente Gegenstrategie gegen die ihr immanenten emanzipatorischen Momente". Die Entstehung des Konservatismus verknüpft sich demnach eng mit der Genese der bürgerlichen Gesellschaft; seine Funktion war es — so Grebing —, „im Kontext der bürgerlichen Gesellschaft unter der Voraussetzung der Affirmation der ökonomischen Prinzipien der bürgerlichen Gesellschaft sozialen Einfluß und politische Herrschaft zu stabilisieren, die sich ursprünglich aus feudalen Produktionsverhältnissen begründen". Mit diesem Ansatz erklärt Helga Grebing die wechselseitige Durchdringung ständisch-feudaler und kapitalistisch-liberaler Elemente in der historischen Übergangsphase, in der sich die kapitalistische Produktionsweise durchzusetzen begann. In diesem gesellschaftsgeschichtlichen Kontext ist auch die Entwicklung des Katholizismus im 19. Jahrhundert zu sehen. Vgl. Helga Grebing, *Aktuelle Theorien über Faschismus und Konservatismus. Eine Kritik*, Stuttgart usw. 1974, S. 26 f.; vgl. auch Martin Greiffenhagen, *Das Dilemma des Konservatismus in Deutschland*, München 1977, hier S. 352 f.

29 Vgl. Karl Gabriel, Die neuzeitliche Gesellschaftsentwicklung und der Katholizismus als Sozialform der Christentumsgeschichte, in: *Soziologie* (Anm. 23), S. 212 ff.

Die gesellschaftlichen Voraussetzungen, die die Stabilität des Katholizismus im 19. Jahrhundert sicherten und die darauf beruhten, daß moderne Herrschaftstechniken und traditionelle Sinnwelten einander durchdrangen, sind heute nicht mehr in gleicher Weise gegeben. Aus dieser Erkenntnis leitet eine mit sozialwissenschaftlichen Erklärungsmodellen operierende Katholizismusforschung[30] die Frage ab, ob der Katholizismus — verstanden als historisch-konkrete Sozialform, mit der die katholische Tradition auf die Herausforderung der Moderne reagierte — noch eine Zukunftsperspektive habe oder ob es in den kommenden Generationen nicht vielmehr zu einem Identitätswandel kommen müsse, dessen soziologische Konsequenzen gegenwärtig noch nicht absehbar seien. Die Erosion der „sondergesellschaftlichen Formierung"[31] der Katholiken in Deutschland ist demnach nur *ein* Anzeichen für den tiefgreifenden Wandlungsprozeß, der durch eine fortschreitende soziale Differenzierung, das Vordringen ökonomischer Interessen in der Politik, eine zunehmende soziale und geographische Mobilität sowie durch die Dysfunktionalität der Kommunikationsbarrieren des katholischen „Milieus" für eine gesamtgesellschaftliche Integration bedingt war. Diese gesellschaftlichen Strukturveränderungen waren von theologischen Diskussionen begleitet, die sich schließlich im Zweiten Vatikanischen Konzil niedergeschlagen haben[32]. Das „aggiornamento" ermöglichte es jetzt der katholischen Kirche, sich der modernen Welt zu öffnen und ihren Ort in einer pluralistischen Gesellschaft zu finden[33].

Mit dieser Fragestellung, die die Entwicklung des Katholizismus in Deutschland in den komplexen Zusammenhang des sozialen Wandels und die Problema-

---

30 Vgl. hierzu die wichtigen Beiträge in dem Band *Zur Soziologie des Katholizismus* (Anm. 23), die mit verschiedenen soziologischen Theorieansätzen den Katholizismus als politische und soziale Bewegung sowie als charakteristische Sozialform des Christentums untersuchen und damit wieder an die — das Verhältnis von Religion und Gesellschaft reflektierenden — religionssoziologischen Arbeiten von Max Weber und Ernst Troeltsch anknüpfen wollen. Franz-Xaver Kaufmann benennt in seiner Einleitung die Gründe für die Vernachlässigung dieses Untersuchungsgegenstandes durch die modernen Sozialwissenschaften: „Dem herrschenden Wissenschaftsbetrieb ein historisch überfälliges Relikt, den katholischen Wissenschaftlern eine nicht hinterfragte Selbstverständlichkeit, blieb der Katholizismus als Gegenstand einer makrosoziologischen Betrachtung weitgehend unbeachtet." (Vgl. ebd., S. 7.) Kaufmann weist auch auf die — unter wissenssoziologischen Aspekten interessante — konfessionsspezifische Ausprägung der Religionssoziologie hin: Während sich katholische Autoren nach wie vor überwiegend auf meso- und mikrosoziologische Forschungsthemen beschränkten (Kirchengemeinden, religiöse Rollen, kirchliche Verhaltensweisen und Einstellungsuntersuchungen), stammten „fachwissenschaftlich akzeptierte Beiträge zu Problemen der Institutionalisierung von Religion auf gesamtgesellschaftlicher Ebene, zum Funktionswandel von Kirchen und Religion im Modernisierungsprozeß u. ä. durchweg von nichtkatholischen Autoren" (vgl. ebd., S. 8 f.).
31 Diesen Begriff zieht Karl Gabriel dem der „Subkultur" vor, weil er nicht an eine ausgeprägte Minderheitensituation gebunden sei und im übrigen dem Selbstverständnis des katholischen Bevölkerungsteils eher entspreche. Er verweise auch stärker auf die zentrale Rolle der verbandlichen Organisationen im Konstitutionsprozeß des sozio-kulturellen Milieus. Vgl. Gabriel, Gesellschaftsentwicklung (Anm. 29), S. 219, Anm. 39.
32 Vgl. ebd., S. 221 ff.
33 Nach wie vor besteht jedoch bei der Amtskirche gegenüber der pluralistischen Gesellschaft eine gewisse Reserve; vgl. z. B. Ernst Gottfried Mahrenholz, *Die Kirchen in der Gesellschaft der Bundesrepublik*, Hannover 1969, S. 83 f.

tik der gesamtgesellschaftlichen Integration einordnet, ist der weitere Bezugsrahmen für das Thema der vorliegenden Untersuchung abgesteckt. Denn die Frage nach den Erfolgsbedingungen einer 1945 wiedergegründeten Zentrumspartei
bzw. die Analyse ihres Scheiterns ist nicht von der Struktur der − ihre Grundmuster zwar variierenden, gleichwohl kontinuierlichen − katholisch-kirchlichen
Interessenpolitik und ihres im Kontext gesamtgesellschaftlicher Veränderungen
stattfindenden Formwandels zu lösen. Vielleicht war diese Interessenpolitik gerade deshalb insgesamt so erfolgreich, weil sie es immer wieder verstand, politische
Formierungsprozesse in Gang zu setzen und Bündniskonzepte zu entwickeln, in
denen ihre Hegemonie gewahrt blieb. So gesehen, steht auch der Organisations-
bruch der Unionsgründung in der Kontinuität der Problemlösungsversuche, mit
denen die katholischen Kirchenpolitiker auf die durch den sozialen und politischen Wandel entstandenen historischen Konfliktlagen reagierten.

Die vorliegende Studie greift daher im ersten Teil historisch weiter aus und
skizziert die Formierungs- und Desintegrationsprozesse, die die Entwicklungsgeschichte des politischen Katholizismus in Deutschland prägten. Soweit möglich, werden auch sozialgeschichtliche und ideologiekritische Aspekte mit einbezogen. Die Darstellung strebt keine chronologische Vollständigkeit an; vielmehr geht es mir darum, an einzelnen Stationen der Vorgeschichte und Geschichte der Zentrumspartei deutlich zu machen, daß der politische Katholizismus ein
in seiner inneren Struktur flexibles *mixtum compositum* verschiedener gesellschaftspolitischer Elemente gewesen ist, ein Bündnis heterogener Klassenkräfte,
das unter der Hegemonie der ultramontanen Kirchenpolitik primär den Freiheits-
begriff und den Öffentlichkeitsanspruch der katholischen Kirche transportierte.
Die Dynamik dieser politisch-sozialen Bewegung hing zum einen davon ab, wie
die Kirchenführung ihre politischen Ziele instrumentierte − ob sie beispielsweise
ihre *essentials* institutionell verankern konnte oder ob sie ihnen erst Nachdruck
verleihen mußte, indem sie den katholischen Volksteil mobilisierte; sie war zum anderen von der Intensität bestimmt, mit der verschiedene gesellschaftliche Gruppen
ihre je spezifischen Interessen mit der katholischen Kirchenpolitik verbanden und
sich für sie engagierten.

Um die relativ stabile Beziehung zwischen dem politischen Katholizismus bzw.
dem Zentrum und seinem sozialen Umfeld zu erklären, wird in der Parteienforschung häufig auf den „Milieu"-Begriff zurückgegriffen, den M. Rainer Lepsius
mit Bezug auf Carl Amery entwickelt hat[34]. Der Vorteil des Milieubegriffs liegt
nach Lepsius darin, daß sein Bezugsrahmen explizit weiter gesteckt ist als der des
marxistischen Klassenbegriffs. Milieus sind demnach „soziale Einheiten, die durch

---

34 Lepsius, Parteiensystem (Anm. 14), S. 67 f.; Carl Amery, *Die Kapitulation oder Deutscher
Katholizismus heute*, Reinbek 1963, S. 12 ff. − Amery formulierte mit seinem Milieubegriff freilich eine Kritik an dem vorwiegend auf kleinbürgerliche und bäuerliche Schichten
gestützten, sozialstrukturell also relativ homogenen, immobilen, intellektuell spannungsar-
men westdeutschen „Systemkatholizismus". Die Politik der Bundesregierung unter Adenauer bringe lediglich zum Ausdruck, daß dieses Milieu inzwischen in der Bundesrepublik
vorherrsche und seine Vorstellungen (Urlaub von der Geschichte, Sehnsucht nach Normalität, Erhaltung des Status quo) nun gebieterisch geltend mache (vgl. ebd., S. 16 f.).

eine Koinzidenz mehrerer Strukturdimensionen wie Religion, regionale Tradition, wirtschaftliche Lage, kulturelle Orientierung, schichtspezifische Zusammensetzung der intermediären Gruppen gebildet werden"[35]. Gerade zur Analyse des politischen Katholizismus als einer am wenigsten klassenhomogenen politischen Gruppierung in Deutschland gilt die Milieukategorie als besonders geeignet, weil sie über die Klassen- bzw. Schichtzugehörigkeit hinaus die komplexe Konfiguration mehrerer Variablen berücksichtigt. Lepsius geht es freilich nicht um die Binnenanalyse der Parteien, sondern um deren strukturellen Bezugsrahmen[36]. Er untersucht Stabilität, Kontinuität und Liquidierung des deutschen Parteiensystems im Jahr 1933 im Zusammenhang der weiter ausgreifenden Fragestellung nach den Integrations- und Demokratisierungschancen der deutschen Gesellschaft. Das Parteiensystem ist für Lepsius vor allem Ausdruck vorpolitischer sozialer Konstellationen und struktureller Konflikte, die sich in bestimmten politischen Grundorientierungen niedergeschlagen haben[37]. Es blieb, solange die unmittelbare Verbindung der politischen Strömungen zu den jeweils zugehörigen, relativ geschlossenen Sozialmilieus bestand, zwar fragmentiert, aber stabil; allerdings wurde durch die Ritualisierung von Konflikten und die Fixierung der Parteien auf die einmal mobilisierten politischen Gesinnungsgemeinschaften der Demokratisierungsprozeß der deutschen Gesellschaft gehemmt und ein materieller Konsens über die politische und soziale Ordnung des Reiches nicht gefunden[38].

Zur Begriffsbildung bei Lepsius hat Wilfried Loth[39] m. E. zu Recht angemerkt, daß der Sozialmilieubegriff, sofern er auf den politischen Katholizismus insgesamt bezogen wird, dessen soziale Vielfalt und unterschiedlichen Formen der kulturellen Welt- und Selbstdeutung im deutschen Katholizismus, aber auch seine regionalen Ausprägungen aus dem Blick verliert. Um das Binnenverhältnis der sozial heterogenen Gruppen im politischen Katholizismus analysieren und die Bedeutung ökonomischer Faktoren im historischen Prozeß stärker berücksichtigen zu können[40], engt Loth den Milieubegriff ein, indem er die Stellung im Produktionsprozeß wieder deutlicher akzentuiert. Kombiniert mit dem prozeßorientierten Begriff „Bewegung", gibt der neugefaßte Milieubegriff nun einen Untersuchungsrahmen ab, der die doppelte Konstitution der verschiedenen Sozialgruppen im Katholizismus, ihre inneren Beziehungen sowie ihr Außenverhältnis präziser erfassen soll. Politischer Katholizismus ist nach der Definition Loths „eine Koalition von im Wandel befindlichen Sozialmilieus, die sich aufgrund gemeinsamer Werte und/oder Interessen gegen den auf den staatlichen Bereich übergreifenden Säkularisierungsprozeß mobilisieren ließ; die Zentrumspartei wäre die politische Organisationsform" (und nicht

---

35 Lepsius, Parteiensystem (Anm. 14), S. 68.
36 Vgl. ebd., S. 61.
37 Vgl. ebd., S. 67.
38 Vgl. ebd., S. 62, 78.
39 Wilfried Loth, *Katholiken im Kaiserreich. Der politische Katholizismus in der Krise des wilhelminischen Deutschlands* (Beiträge zur Geschichte des Parlamentarismus und der politischen Parteien, Bd. 75), Düsseldorf 1984, S. 35 f.
40 Vgl. ebd., S. 35.

– wie bei Lepsius – nur der politische Ausschuß[41]) „dieser katholischen Bewegung"[42]. Der Vorteil dieser Definition gegenüber anderen Milieukonzepten besteht vor allem auch darin, daß sie offen genug ist, um die Entstehung von neuen Milieus (z. B. der katholischen Arbeiterbewegung) zu erkennen und die Verbindung einzelner Milieugruppen zu Protest- und Sezessionsbewegungen (wie z. B. die Bauernvereine oder die Sonderkandidaturen in einzelnen Wahlkreisen) zur Kenntnis zu nehmen. Sie ermöglicht m. E. überhaupt erst eine systematische Analyse von parteiinternen Konfrontationen und Interessendivergenzen sowie die Rückwirkungen der sich verschiebenden gesellschaftspolitischen Kräfte auf die Entwicklung des politischen Katholizismus als politische und gesellschaftliche Bewegung.

Die inneren Kräfteverhältnisse der heterogenen Sozialgruppen schlugen sich auch in den Parteikonzepten und Bündnisstrategien nieder, die im Lager des politischen Katholizismus entwickelt wurden und die in der vorliegenden Arbeit unter dem Aspekt untersucht werden, inwiefern sie das Unionskonzept bzw. die neue parteipolitische Konfiguration nach 1945 vorbereitet haben. Dabei fällt der Blick immer wieder auf die aktive Rolle des katholischen Bürgertums im Westen des Deutschen Reiches und seine Versuche, die klerikale Bevormundung abzustreifen. Denn das, was in der Konsolidierungsphase des politischen Katholizismus zunächst noch als ein Moment der Stärke erschien – die innere Geschlossenheit, die Verflechtung der Interessen mit dem Ultramontanismus und die Abschottung gegen eine vermeintlich feindselige Umwelt –, erwies sich schon im ausgehenden 19. Jahrhundert als Hemmnis für die sich entfaltenden Integrationsbedürfnisse der bürgerlichen Katholiken in die Gesellschaft des Kaiserreichs. Die Arbeit geht von der These aus, daß das katholische Bürgertum innerhalb der Milieukoalition, die den politischen Katholizismus in Deutschland trug, seine schichtspezifischen Interessen langfristig durchsetzen konnte. Die Stärke der bürgerlichen Führungsgruppen, deren soziale Basis vor allem im Rheinland zu Hause war, hatte zwei wesentliche Ursachen. Zum einen konnten sie ihre politische Autonomie gegenüber dem Klerus ausbauen und – oft auch im Konfliktfall – behaupten; zum anderen gelang es ihnen trotz zahlreicher sozialer Interessenkonflikte immer wieder, die anderen Milieugruppen – katholische Arbeiter und Christliche Gewerkschaften, Frauen- und Jugendgruppen usw. – in die Loyalitätsstrukturen des katholischen „Milieus" einzubinden. Die Führungsrolle des katholischen Bürgertums war – so meine These – eine in ihrer Bedeutung kaum zu überschätzende Voraussetzung dafür, daß sich eine um den politischen Katholizismus gruppierende interkonfessionelle bürgerliche Sammlungspartei nach Hitler überhaupt durchsetzen konnte. Unter diesem Aspekt konzentriert sich die vorliegende Studie auf die Entwicklung des politischen Katholizismus in Rheinland-Westfalen und läßt andere regionale Ausprägungen (z. B. in Bayern und Schlesien) außer Betracht.

Die von den Vorgängen um das Ermächtigungsgesetz und dem Abschluß des Reichskonkordats überschattete Selbstauflösung im Juli 1933 bedeutete in der Geschichte des politischen Katholizismus eine tiefe organisationspolitische Zäsur.

41 Vgl. ebd., S. 36, Anm. 77.
42 Ebd., S. 35 f.

Auf die christliche Integrationsideologie gestützt, aber ohne verbindliches Programm, kristallisierte sich nach dem Zweiten Weltkrieg um einen Teil des früheren Zentrumslagers ein Bündnis der noch aktionsfähigen Reste des bürgerlich-konservativen Spektrums des Weimarer Parteiensystems heraus, das längerfristig auch zahlreiche enttäuschte NSDAP-Anhänger auffing[43]. Im Unterschied zur Sozialdemokratie oder zur KPD, deren Anhänger nach 1945 wie selbstverständlich an ihrer Parteitradition anknüpften, gab also der weitaus größte Teil der früheren Zentrumsmitglieder die vertraute politische Heimat auf und wandte sich der Union zu — und dies trotz einer mancherorts noch ungebrochenen Kontinuität des katholischen Milieus, von der auch das 1945 wiedergegründete „Neuzentrum" bis Anfang der fünfziger Jahre profitierte. Die Umorientierung zum Unionsgedanken, die dem politischen Katholizismus die Hegemonie in dem bisher stark zersplitterten und sich nun neuformierenden bürgerlichen Lager sicherte, war eine zeitgemäße Reaktion auf die Chancen, die die historisch-politische Konstellation des Jahres 1945 bot: Aus der auf katholisch-kirchliche Interessen festgelegten Weltanschauungspartei bzw. aus dem Sprachrohr einer politisch wie gesellschaftlich diskriminierten Minderheit wurde eine mehrheitsfähige, staatstragende „Volkspartei"; der Katholizismus gab der entstehenden Bundesrepublik — so Hans Maier — „in einem Vakuum nationaler Geschichte" das „mot d'ordre"[44]. Ausgangspunkt für die Unionsgründung war die strategische Entscheidung für eine bürgerliche Mehrheitspartei als Gegengewicht gegen die vermeintlich gestärkte Linke und für das Prinzip der Stimmenmaximierung.

Wie kam es zu dieser Gründung, und warum sperrte sich ein zahlenmäßig keineswegs unbedeutender Teil gegen die Neuformierung mit den konservativen Protestanten? Hier wird die Hypothese vertreten, daß die Differenzierung zwischen Zentrum und CDU nicht hinreichend mit dem Argument erklärt werden kann, traditionalistische Beharrungskräfte hätten sich geweigert, die fällige Modernisierung des politischen Katholizismus mitzuvollziehen. Die Auseinandersetzung zwischen den Protagonisten der Union und den Wiederbegründern der Zentrumspartei über die Schlagworte „Sammlung" oder „Säuberung" legt vielmehr die Vermutung nahe, daß beide Parteiinitiativen die konkrete historische Situation in Deutschland nach der Niederlage des NS-Regimes unterschiedlich beurteilten und daß ihre Auffassungen über Funktion und Konzept einer Nachfolgeorganisation des Weimarer Zentrums nicht miteinander vereinbar waren. Des weiteren ist zu untersuchen, ob in dieser Kontroverse Flügelkämpfe aufbrachen, wie sie schon im Weimarer Zentrum zwischen der republikanisch-demokratischen Minderheit und dem rechtskonservativen Zentrumsflügel ausgetragen wurden, wie virulent sie noch waren und welche Umschichtungen der politischen Kräfte bei der Wiederbegründung des Zentrums und der Neuformierung der interkonfessionell-bürgerlichen Sammlungs-

---

43 Vgl. Ute Schmidt, Die Christlich Demokratische Union Deutschlands, in: *Parteien-Handbuch*, Bd. 1 (Anm. 5), S. 490–660.

44 Hans Maier, Der politische Weg der deutschen Katholiken nach 1945, in: *Deutscher Katholizismus nach 1945. Kirche — Gesellschaft — Geschichte*, hrsg. v. Hans Maier, München 1964, S. 214 f.

partei stattfanden. Von diesen Fragen ausgehend, beschränkt sich die vorliegende Studie nicht auf eine monographische Darstellung der Geschichte der Zentrumspartei nach 1945; da ihre Wiedergründung untrennbar mit der Gründungsgeschichte der CDU verflochten ist, schließt sie notwendigerweise — gleichsam als Blick vom anderen Ufer — die Entwicklung der erfolgreichen Konkurrenzpartei mit ein.

3. Quellenlage

Die Darstellung des politischen Katholizismus und der Zentrumspartei bis zu ihrer Auflösung im Juli 1933 kann sich auf eine umfangreiche einschlägige Fachliteratur stützen[45]; daneben wurde — soweit erreichbar und für das Untersuchungsthema von Interesse — das breite Spektrum nichtwissenschaftlicher katholischer Publikationen mitberücksichtigt. Auch die Rolle des Katholizismus in den Jahren von 1933 bis 1945 ist von der historischen Forschung eingehend untersucht worden. Die Geschichte des Zentrums nach 1945 dagegen ist bisher weitgehend unerforscht geblieben und nur mit Hilfe eigener Recherchen und Quellenstudien nachzuzeichnen. Für die vorliegende Arbeit wurden daher vorwiegend ungedruckte Quellen (Korrespondenzen, internes Parteimaterial wie Typoskripte, Protokolle, Entwürfe, Ausarbeitungen verschiedenster Art, Rundbriefe, Rechenschaftsberichte, Mitgliederlisten, Finanzpläne u. a. m.) sowie Flugblätter und Flugschriften, Broschüren, Zeitungen und Zeitschriften aus den Nachlässen der Zentrumspolitiker Johannes Brockmann, Dr. Wilhelm Hamacher, Richard Muckermann, Dr. Ignaz Lünenborg, Helene Wessel und aus dem Parteiarchiv der Deutschen Zentrumspartei ausgewertet. Diese umfangreichen, zum Teil noch ungeordneten Bestände sind — sieht man einmal von der Arbeit Peter Hüttenbergers ab, der mehrere Nachlässe von Zentrumspolitikern im Hauptstaatsarchiv Düsseldorf zusammentrug und für seine informative Darstellung[46] benutzte — für die Erforschung der Geschichte des Nachkriegszentrums noch nicht erschlossen worden. Wertvolle Hinweise erhielt ich zudem aus den Briefen des inzwischen verstorbenen westfälischen Zentrumspolitikers Dr. Bernhard Reismann, der mir auch zwei ausführliche Interviews und viele Einzelinformationen gab. Darüber hinaus war es nützlich, die Unterlagen von CDU-Politikern, die in der Gründungsphase der rheinischen und westfälischen CDP/CDU aktiv waren, sowie die Akten des Landesverbandes CDU-Rheinland und des Landesverbandes CDU-Westfalen einzusehen. Weitere Materialien zum Verhältnis von CDU und Zentrum — vor allem für den Bereich Schul- und Kulturpolitik — fanden sich in einem Faszikel aus dem Nachlaß von Dr. Helene Weber[47].

Die Bestände der nordrhein-westfälischen CDU und die Nachlässe von CDU-Politikern, die sich im Hauptstaatsarchiv Düsseldorf befinden, haben Franz Focke,

---

45 Das Archiv der Zentrumspartei verbrannte 1942 bei einem Luftangriff auf Berlin; vgl. Helga Grebing, *Zentrum und katholische Arbeiterschaft 1918—1933. Ein Beitrag zur Geschichte des Zentrums in der Weimarer Republik*, Phil. Diss. Berlin 1953, S. 1.

46 Vgl. Hüttenberger, *Nordrhein-Westfalen* (Anm. 1). Sie bezieht sich auf den Zeitraum von 1945 bis 1949.

47 Vgl. Quellenverzeichnis.

Detlev Hüwel, Hartmut Pietsch und Peter Hüttenberger in den letzten Jahren im Hinblick auf die Frühgeschichte der CDU für ihre materialreichen Arbeiten bereits sorgfältig ausgewertet[48]. Sie wurden von mir speziell für die Frage nach dem Verhältnis von CDU und Zentrum noch einmal durchgesehen. Leider wurde mir die Benutzung des Nachlasses von Karl Arnold, auf dessen Grundlage sich möglicherweise Querverbindungen zwischen Zentrumspartei und CDU nach 1945 aus dem Blickwinkel der CDU besser hätten rekonstruieren lassen, nicht gestattet. Arnolds Beziehungen zu Carl Spiecker wären für diese Arbeit besonders aufschlußreich gewesen, zumal ein ergiebiger Nachlaß Spieckers[49] nicht aufzufinden ist. Auch die Akten im Historischen Archiv beim Sekretariat des Hauptvorstands der CDU, Berlin (DDR), waren mir nicht zugänglich[50].

Kirchliche Archive blieben mir generell verschlossen. Nach Auskunft des Generalvikariats Münster sind die Bestände aus der Zeit nach 1945 für die zeithistorische Forschung noch nicht freigegeben. Solange die kirchlichen Akten gesperrt sind, muß die Analyse des delikaten Dreiecksverhältnisses von Zentrum, CDU und katholischer Kirche auf Unterlagen der Zentrumspartei reduziert bleiben und den etwaigen Vorwurf einer einseitigen Darstellung hinnehmen. Auch im Archiv der Katholischen Arbeitnehmer-Bewegung im Kölner Kettelerhaus waren nur die Druckschriften einsehbar; das Schriftgut aus der Zeit nach 1945 bleibt — so wurde mir mitgeteilt — zunächst einer internen Auswertung vorbehalten. Angesichts der unzugänglichen kirchlich-katholischen Archive erhält die Studie von Frederic Spotts[51], die auf Quellenstudien in den Archiven beider Großkirchen aufbaut, einen hohen Informationswert. Wegen ihrer Distanz zur kirchlich-katholischen Interessenpolitik findet sie in katholisch-kirchlichen Kreisen freilich nur wenig Anerkennung[52]. Dies liegt u. a. auch daran, daß — darauf hat Klaus Scholder hingewiesen — die Kom-

---

48 Vgl. Literaturverzeichnis.
49 Ein Teil des Spiecker-Nachlasses befindet sich im Bundesarchiv Koblenz (Kleine Erwerbungen). Er enthält keine Korrespondenzen.
50 In beiden Fällen wurden Gesuche um Akteneinsicht nicht beantwortet. Der Nachlaß Karl Arnolds stand selbst dem Verfasser der Arnold-Biographie, Detlev Hüwel, nur z.T. zur Verfügung. Dagegen zitiert Walter Först, *Geschichte Nordrhein-Westfalens*, Bd. 1: *1945–1949*, Köln/Berlin 1970, aus diesem Bestand. Im CDU-Archiv in Berlin (DDR) befinden sich die Mappen: Zentrum, Maria Sevenich, Krise der CDU 1945/46 u. a.
51 Frederic Spotts, *Kirchen und Politik in Deutschland*, Stuttgart 1976. Spotts hatte u. a. Zugang zur Registratur des Erzbischöflichen Generalvikariates Köln.
52 Vgl. z. B. Ludwig Volk, Der Heilige Stuhl und Deutschland 1945–1949, in: *Kirche und Katholizismus 1945–1949*, hrsg. v. Anton Rauscher (*Beiträge zur Katholizismusforschung*, Reihe B), München usw. 1977, S. 54, Anm. 3. Vgl. außerdem Klaus Gotto, Die katholische Kirche und die Entstehung des Grundgesetzes, in: ebd., S. 88. — „Eine durchgängig seriöse und auf entsprechenden Quellen beruhende Darstellung der Nachkriegsgeschichte von Kirche und Katholizismus" ist — so Gotto — nach wie vor ein Desiderat zeitgeschichtlicher Forschung. Vgl. ebd., Anm. 1. Bis heute fehlt auch „eine umfassende monographische Behandlung des Komplexes, der im Hinblick auf die Strukturveränderungen des Gegenwartskatholizismus die vielfältigen Bezüge des kirchlichen Einheitsstrebens" darlegt. Vgl. Anselm Doering-Manteuffel, *Katholizismus und Wiederbewaffnung. Die Haltung der deutschen Katholiken gegenüber der Wehrfrage 1948–1955* (*Veröffentlichungen der Kommission für Zeitgeschichte*, Reihe B, Bd. 32), Mainz 1981, S. 157.
Burkhard van Schewick akzeptiert den Ansatz von Spotts, die Kirchen primär als soziale In-

mission für Zeitgeschichte und die Katholische Sozialwissenschaftliche Zentralstelle Mönchengladbach seit den sechziger Jahren eine Art „Forschungsmonopol" für die Untersuchung des Katholizismus in Deutschland haben. In diesem Kartell katholischer Spezialhistoriker haben „Außenseiter mit konträren Meinungen ... kaum eine Chance" gefördert zu werden[53]. Scholders Kontroversen mit Konrad Repgen haben gezeigt, wie schwer es ist, „liebgewordene Legendenbildungen aufzudecken und in historiographische Vernebelungen — auf evangelischer wie katholischer Seite — Licht zu bringen"[54].

Das Defizit an kirchlichen Quellen konnte zumindest teilweise dadurch ausgeglichen werden, daß die Akten der britischen und amerikanischen Militärregierungen in Deutschland für die ersten Nachkriegsjahre aufschlußreiches Quellenmaterial zum Verhältnis von Kirchen und Parteien sowie der katholischen Kirche zu den Besatzungsmächten liefern. Dieses für die Analyse von CDU und Zentrum bisher kaum erschlossene Material konnte ich für meine Fragestellung extensiv auswerten[55].

Fortsetzung Fußnote 52
stitutionen aufzufassen und von daher ihr Verhältnis zu Demokratie und Pluralismus zu untersuchen. Vgl. Burkhard van Schewick, *Die katholische Kirche und die Entstehung der Verfassungen in Westdeutschland 1945–1950* (*Veröffentlichungen der Kommission für Zeitgeschichte*, Reihe B, Bd. 30), Mainz 1980, S. 2.
53 Vgl. Klaus Scholder, *Die Kirchen und das Dritte Reich*, Bd. 2: *Das Jahr der Ernüchterung 1934, Barmen und Rom*, Berlin 1985, S. 8.
54 Vgl. ebd.
55 Dieses Material stammt aus den National Archives, Washington D. C., und dem Public Record Office, London. Auf die OMGUS-Akten stützen sich auch Spotts (Anm. 51) und Armin Boyens, Die Kirchenpolitik der amerikanischen Besatzungsmacht in Deutschland von 1944 bis 1946, in: *Kirchen in der Nachkriegszeit. Vier zeitgeschichtliche Beiträge* (*Abhandlungen zur Kirchlichen Zeitgeschichte*, Reihe B, Bd. 8), Göttingen 1979, S. 7 ff.

Teil A

Politischer Katholizismus
in Deutschland
1806–1945

Kapitel 1: Zur Entstehung des politischen Katholizismus zwischen Revolution und Restauration

1.1 Der Zusammenbruch des Heiligen Römischen Reiches

Am 7. Januar 1798 hielt der Bürger Joseph Görres in der Patriotischen Gesellschaft in Koblenz eine Spottrede auf den Untergang des Heiligen Römischen Reiches „schwerfälligen Andenkens". Er datierte den Todestag des — ohnehin nur noch formal existenten — Reiches auf den 30. Dezember 1797, den Tag der erneuten Besetzung von Mainz durch französische Revolutionstruppen. „Weine, Germania! weine!" höhnte Görres. „Was wird dich nun vor dem Einbruche des Stromes jener alles zertrümmernden Revolutionswut sichern? wer den Schild vor dich halten, daß die Megäre *Aufklärung* dich nicht verschlingt? Ach! keine zehn Jahre werden vergehen, und du wirst Galliens Schicksal erleben; wilde *Revolutionärs* und *Freiheitsschwindler* werden in deiner Mitte aufstehen und nicht eher ruhen, bis sie auch dir die blutige Freiheitskappe aufgesetzt haben."[1]

Die Hoffnungen des wortgewaltigen Jakobiners auf einen revolutionären Umsturz in Deutschland erfüllten sich freilich nicht, und — wie so mancher ehemalige Revolutionsenthusiast — von der revolutionären Praxis in Frankreich enttäuscht, wandte sich Görres von der Politik ab. Nach der Jahrhundertwende schloß er sich dem Kreis der Heidelberger Romantiker an, begründete 1814 den „Rheinischen Merkur" und mußte in den Jahren der Demagogenverfolgung in das Elsaß emigrieren. In seiner Straßburger Zeit konvertierte er zum Katholizismus, schlug sich als katholischer „Ultra" auf die Seite der Gegenrevolution und wurde einer der Wortführer der kirchlichen Restauration[2].

Was Görres 1797 für das Heilige Römische Reich Deutscher Nation antizipiert hatte, wurde dagegen 1806 Realität: Der Österreicher Franz II. verzichtete unter dem Druck Napoleons auf die Krone des Reichskaisers. Damit war das Reich faktisch aufgelöst, die tausendjährige karolingische Metropolitanverfassung zerschlagen und die Vision des Reiches — die Einheit des Christentums als Kirche und Imperium und als Erbe des Römischen Reiches[3] — aufgegeben. Dennoch lebte der Reichsmythos im Katholizismus weiter. Er schlug sich nieder in der Vorstellung eines „christ-

---

1 Joseph von Görres, *Jakobinerschriften (Klassiker der Staatskunst*, Bd. 10), Salzburg 1953, S. 24.

2 Vgl. ebd., S. 4 ff.; Joseph Görres. *Politische Schriften (1817–1822)*, hrsg. v. Günther Wohlers (*Gesammelte Schriften*, Bd. 13), Köln 1929, S. XIX.

3 Vgl. Walter Dirks, Geleitwort, in: Klaus Breuning, *Die Vision des Reiches. Deutscher Katholizismus zwischen Demokratie und Diktatur (1929–1934)*, München 1969, S. 7.

lichen Staates" und war eine wichtige ideologische Voraussetzung für das, was Walter
Dirks den „Schwächeanfall" des Katholizismus im Jahr 1933 nannte: die auch theo-
logisch begründete Affinität des Katholizismus zur Reichsideologie der Nationalsozialisten[4].

Erfolglos hatte der österreichische Kaiser versucht, die Ratifizierung des Reichsdeputationshauptschlusses (25. Februar 1803) zu verhindern, dessen Verwirklichung
schwere materielle Verluste für die Reichskirche bedeutete[5] und einen Prozeß in
Gang setzte, der die politische Landschaft in Deutschland völlig verändern sollte.
Der Reichsdeputationshauptschluß schrieb die Ergebnisse fest, die im Frieden von
Lunéville (9. Februar 1801) zwischen Frankreich und dem Deutschen Reich ausge-
handelt worden waren. Sie sahen die Abtretung des linken Rheinufers an Frankreich
vor und vereinbarten, daß die Entschädigung der bis dahin links des Rheins ansässigen
deutschen Fürsten unter französischer Aufsicht geschehen sollte[6]. Das hieß, daß —
wie schon in Frankreich 1790[7] — nun auch in Deutschland alle geistlichen Fürsten,
ausgenommen die Mitglieder der Reichsdeputation: der Hoch- und Deutschmeister
sowie der Kurfürst von Mainz, Karl Theodor von Dalberg, enteignet wurden. Die
säkularisierten Kirchengüter wurden auf die geschädigten, z. T. auch auf nichtge-
schädigte Fürsten verteilt. Gleichzeitig wurden viele kleine Fürstentümer und Graf-
schaften sowie zahlreiche Reichsstädte mediatisiert, d. h. zu größeren Einheiten zusammengefaßt bzw. anderen Territorien zugeschlagen. Nur sechs Reichsstädte
(Hamburg, Bremen, Lübeck, Frankfurt, Nürnberg und Augsburg) behielten ihre Un-
mittelbarkeit. 112 Reichsstände verschwanden; ungefähr drei Millionen Menschen
mußten ihre Staatsangehörigkeit wechseln[8]. Die traditionelle politische Ordnung
des Reiches war zerstört. Napoleon hatte sein Ziel erreicht, Österreich und die
österreichfreundlichen Reichsstände zurückzudrängen, die mittleren deutschen
Staaten als Puffer für Frankreich gegen Preußen und Österreich zu stärken und das

---

4 Ebd., S. 10.
5 Zu den Auswirkungen der Säkularisation auf die Reichskirche vgl. auch Karl Buchheim,
   Ultramontanismus und Demokratie. Der Weg der deutschen Katholiken im 19. Jahrhundert,
   München 1963, S. 35 ff.
6 Vgl. Theodor Schieder, Vom Deutschen Bund zum Deutschen Reich, in: Bruno Gebhardt,
   Handbuch der deutschen Geschichte, Bd. 3: *Von der Französischen Revolution bis zum
   Ersten Weltkrieg*, bearb. v. Herbert Grundmann, Stuttgart [9]1970, S. 99—220, hier S. 29 ff.
7 Bereits die französische Revolution und die 1789/90 erlassenen Gesetze hatten Macht, Or-
   ganisationsgefüge und Selbstverständnis der katholischen Kirche in Frankreich schwer erschüttert (Anerkennung der religiösen Toleranz, Nichtanerkennung der katholischen Kirche
   als Staatskirche, Ablehnung aller wirtschaftlichen und sozialen Privilegien der Kirche, Ein-
   ziehung des gesamten Kirchengutes, Zivilkonstitution). War die französische Revolution in
   ihren Anfängen auch nicht kirchenfeindlich — viele Geistliche unterstützten sie zunächst —,
   so folgte bald eine Dekade der Unterdrückung, in der widerstrebende Geistliche verfolgt
   wurden und in der Frankreich dechristianisiert werden sollte. Napoleon schloß am 18. Juli
   1801 ein Konkordat mit Pius VII. und stellte damit die Integrität der französischen Kirche
   (nicht als Staatskirche, sondern als eine von der Mehrheit der Bürger in Frankreich gewün-
   schten Religionsgemeinschaft) wieder her. (Vgl. *Kirche und Staat. Von der Mitte des 15.
   Jahrhunderts bis zur Gegenwart*, hrsg. v. Heribert Raab, München 1966, S. 82 ff.; August
   Franzen, *Kleine Kirchengeschichte*, Freiburg i. Br. 1965, S. 331 f.)
8 Vgl. Schieder, Deutscher Bund (Anm. 6), S. 31.

Reich von innen her zu sprengen[9]. Für die katholische Kirche in Deutschland bedeutete die Säkularisation nach dem Frieden von Lunéville einen schmerzlichen Einschnitt in ihrer Geschichte. Sie wurde aber auch zum Ausgangspunkt für tiefgreifende und folgenreiche Strukturveränderungen:

— Durch die Enteignung der geistlichen Territorien wurde die katholische Kirche nicht nur materiell schwer getroffen, auch ihre kulturelle Präsenz war nun drastisch eingeschränkt. § 36 des Reichsdeputationshauptschlusses überließ zudem den jetzigen Landesherren die in ihrem Machtbereich ansässigen Abteien, Klöster und Kapitel zur Disposition. Die geistlichen Kurfürstensitze Köln und Trier, 18 Fürstbistümer, 80 reichsunmittelbare Abteien und mehr als 200 Klöster gingen unter. 18 katholische Hochschulen, viele Gymnasien und Priesterseminare wurden aufgehoben, wertvolle Bibliotheken und Kunstschätze zerstört oder verschleudert, kirchliche Bauten ohne Ansehen ihrer kulturhistorischen Bedeutung abgetragen[10].

— Mit der territorialen Neuordnung Deutschlands seit 1803 löste sich die Konfessionsstruktur der deutschen Einzelstaaten, wie sie seit dem Westfälischen Frieden (1648) bestanden hatte, auf. Homogen katholische Gebiete wurden nun ohne Rücksicht auf die Empfindungen der Bevölkerung mehrheitlich protestantischen Territorien einverleibt, in denen sich die Katholiken von den Protestanten dominiert und diskriminiert fühlten. (So fielen z. B. das Eichsfeld, Teile des Münsterlandes, Paderborn, Hildesheim und andere katholisch geprägte Regionen im nordwestdeutschen Raum an Preußen; auch Baden, Württemberg und Hessen wurden jetzt große geschlossene katholische Gebiete zugeteilt. In Bayern lebte dagegen eine starke protestantische Minderheit unter einer katholischen Dynastie.) Die konfessionelle Problematik spitzte sich weiter zu, als nach dem Wiener Kongreß (1814/15) die Rheinprovinz und Westfalen an Preußen fielen. Diese Konstellation erzeugte ständige konfessionelle Spannungen und bewirkte fast unüberwindliche Milieuverfestigungen, die die politische Kultur im Deutschland des 19. und 20. Jahrhundert prägen sollten. Der konfessionelle Streit loderte im 19. Jahrhundert besonders in denjenigen Ländern auf, in denen starke katholische Minderheiten ihre gesetzlichen Rechte und soziokulturellen Ansprüche gegenüber protestantischen Regierungen und Bürokratien geltend machen konnten, also in Preußen, Hessen, Württemberg und Baden[11].

---

9 Vgl. ebd., S. 30.
10 Vgl. Franzen, *Kirchengeschichte* (Anm. 7), S. 333; Schieder, Deutscher Bund (Anm. 6), S. 32. — In jenen Jahren legten die Gebrüder Sulpiz und Melchior Boisserée den Grundstock für ihre Sammlung deutscher mittelalterlicher Kunst. Sie wollten die Werke der alten deutschen Meister nicht nur vor der Vernichtung retten, sondern auch eine Erneuerung des nationalen, religiösen und künstlerischen Lebens bewirken. Ihre Sammlung von 200 Tafelbildern wurde ausgestellt und machte die Öffentlichkeit erstmals wieder mit Werken von Jan van Eyck, Stefan Lochner, Lucas van Leyden und Albrecht Altdorfer bekannt. Die Sammlung gelangte 1828 in die Münchener Pinakothek; Schinkels Bemühungen, sie für Preußen zu erwerben, scheiterten daran, daß Friedrich Wilhelm III. den Kaufpreis nicht genehmigte. Auch andere Sammlungen aus dem Besitz von Privatleuten oder Geistlichen gingen später in staatlichen Museen auf. Vgl. Franz Schnabel, *Deutsche Geschichte im 19. Jahrhundert*, Bd. 4: *Die religiösen Kräfte*, Freiburg i. Br. ²1951, S. 226 ff.
11 Vgl. ebd., S. 26 f.

– § 63 des Reichsdeputationshauptschlusses garantierte unter Berufung auf die Vereinbarungen des Westfälischen Friedens (1648/49) den Schutz der bisherigen Religionsausübung eines jeden Landes. Den Landesherren wurde es freigestellt, den Angehörigen anderer Konfessionen die bürgerlichen Rechte voll zuzugestehen. Zwar gewährleisteten diese Regelungen noch keinen Schutz für alle religiösen Bekenntnisse und damit keine echte religiöse Toleranz. Doch leiteten sie in Deutschland, wo es bald keinen konfessionell homogenen Staat mehr gab, den allmählichen Übergang vom Staatskirchentum des 18. Jahrhunderts zur interkonfessionellen Parität bzw. zur Anerkennung der beiden Großkirchen ein. Nach Aufklärung, Revolution und Säkularisation war die Entwicklung vom Staatskirchentum zum paritätischen Staat nicht mehr umkehrbar. Die Praxis der folgenden Jahrzehnte, in denen die Verhältnisse und Beziehungen zwischen katholischer Kirche und Staat verwaltungsrechtlich geregelt werden mußten (durch Konkordate oder Bullen), zeigt freilich, daß der Übergang zur Parität noch viel Konfliktstoff enthielt[12].

Verhandlungen um ein Reichskonkordat sowie um Sonderkonkordate mit Bayern, Württemberg, Baden und um eine einheitliche Kirchenverfassung in den Rheinbundstaaten scheiterten; die Rechtsverhältnisse blieben jahrelang unklar. In den von Frankreich besetzten rheinischen Gebieten wurden unterdessen politische und soziale Reformen durchgesetzt (Code Napoléon, gleichmäßige Besteuerung aller Staatsbürger, Vereinheitlichung von Verwaltung und Rechtsprechung, Beseitigung von Standesprivilegien usw.), die den aufgeklärt-rationalistischen Strömungen im Westen Deutschlands Auftrieb gaben. Die Liberalisierungstendenzen wirkten in den Verfassungen einer Reihe von Rheinbundstaaten nach (z. B. im Königreich Westfalen und im Großherzogtum Frankfurt) und beeinflußten auch die dortige Kirchenpolitik im Sinne des modernen paritätischen Staates (Minderheitenschutz, Prinzip der Toleranz)[13].

Auf dem Wiener Kongreß 1814/15 kam keine einheitliche Kirchenverfassung zustande, weil die deutschen Fürsten sich bessere Ergebnisse versprachen, wenn sie einzeln mit der Kurie verhandelten. Dies lag auch im Interesse der römischen Kurie, die verhindern wollte, daß eine deutsche Nationalkirche entstand[14]. Deshalb war sie bereit, den Einzelstaaten Zugeständnisse zu machen und akzeptierte trotz ihrer Abneigung gegen das Staatskirchentum ein weitgehendes staatliches Mitspracherecht

---

12 Vgl. *Kirche und Staat* (Anm. 7), S. 91 ff.; Buchheim, *Ultramontanismus* (Anm. 5), S. 40 f.
13 Die Verfassung des Königreichs Westfalen (errichtet 1807) war die erste „moderne" Verfassung in einem deutschen Staat; sie diente als Vorbild bei der Ausarbeitung von Verfassungen für etliche Rheinbundstaaten. – Das Großherzogtum Frankfurt ging aus Kurmainz hervor und wurde 1810 konstituiert. Hier gab es den Grundsatz der Gleichheit aller Staatsbürger vor dem Gesetz; die jüdischen Einwohner der Stadt Frankfurt erhielten 1811 das Bürgerrecht. Die Reformpolitik in diesem Staat wurde von einem engen Mitarbeiter des Großherzogs von Frankfurt – damals Karl Theodor von Dalberg, Kurfürst von Mainz, letzter und oberster Kirchenfürst des alten Reiches – in die Wege geleitet. Vgl. Fritz Valjavec, *Die Entstehung der politischen Strömungen in Deutschland 1770–1815*, Kronberg, Ts./ Düsseldorf 1978, S. 350 f., 353 f.
14 Vgl. *Kirche und Staat* (Anm. 7), S. 92 f. – Pläne für eine katholische Nationalkirche entwickelte der Konstanzer Generalvikar und Mitarbeiter Dalbergs, Heinrich Ignaz von Wessenberg. Vgl. Schnabel, *Geschichte* (Anm. 10), S. 23 ff.

bei der Besetzung von Bischofsstühlen und anderen höheren Kirchenämtern. In Verhandlungen zwischen den deutschen Einzelstaaten und der Kurie wurde dann − im wesentlichen nach dem Vorbild des französischen Konkordats (1801)[15] − in den Jahren 1817−1827 das System der „vertragsgesicherten, staatsgebundenen Kirche" entwickelt (Konkordat mit Bayern: 1817/18, Abkommen mit Preußen: 1821, mit Hannover: 1824, für die oberrheinische Kirchenprovinz: 1821−1827). Diese Kirchenverfassung bestand trotz zahlreicher Streitigkeiten und unterschiedlicher Ausprägung bis 1918, als sie in der Weimarer Verfassung durch das System der „vertragsgesicherten Trennungskirche" abgelöst wurde[16].

− Durch die Säkularisation waren die Bischöfe „aus Reichsfürsten zu Untertanen" geworden[17]. Die Geistlichkeit wurde nun staatlich besoldet; die Pfarrer auf der untersten Stufe der kirchlichen Hierarchie hatten nur ein geringes Einkommen. Die Entmachtung des feudal-aristokratischen Episkopats führte zu einem Umbruch in der Sozialstruktur des Klerus; auch die obere Geistlichkeit rekrutierte sich jetzt zunehmend aus bäuerlichen und bürgerlichen Schichten. Allmählich entstand ein neuer Typus des Pfarrers, der sich stärker als bisher der Pfarrseelsorge und sozialen Aufgaben widmete[18]. Die Auflösung der feudal-aristokratischen Züge der Reichskirche und die damit verbundene soziale Umschichtung im Klerus erleichterten es der geschwächten und verarmten Kirche, ein neues Verhältnis zum Volk zu entwickeln: Die „Volkskirche" des 19. Jahrhunderts nahm hier ihren Ausgang[19].

Freilich blieben die meisten der aus ländlichen Gebieten, aus dem Handwerkertum oder aus städtisch-kleinbürgerlichem Milieu stammenden Kleriker, für die der geistliche Beruf oft die einzige Möglichkeit zum sozialen Aufstieg darstellte, konservativen Leitbildern verhaftet. Gesellschaftliche Veränderungen im Zuge des einsetzenden Industrialisierungsprozesses erschienen ihnen zumeist als Zersetzung eines gottgegebenen Ganzen. Sie hingen am rückwärtsgewandten Ideal einer christlich geprägten Gemeinschaft mit korporativen Strukturen, die es wieder aufzubauen gelte[20].

---

15 Das napoleonische Konkordat war das erste Konkordat der katholischen Kirche mit einem säkularisierten Staat. Napoleon stellte damit die „Kirche als staatserhaltende Kraft, als Bindemittel des sozialen und politischen Gefüges" wieder auf eine gesetzliche Grundlage und bezog sie dadurch in seine politischen Pläne mit ein (vgl. *Kirche und Staat* [Anm. 7], S. 83 f.). − Nach diesem Modell wurden „römischer Jurisdiktionsprimat und staatliche Kirchenhoheit ... in ebenso effizienter wie demonstrativer Weise praktiziert". Rudolf Lill, Kirchliche Reorganisation und Staatskirchentum in den Ländern des Deutschen Bundes und in der Schweiz, in: *Handbuch der Kirchengeschichte*, 7 Bde., hrsg. v. Hubert Jedin, Freiburg i. Br./Basel/Wien 1965−79, Bd. VI/1, S. 171.
16 *Kirche und Staat* (Anm. 7), S. 93.
17 Ebd., S. 92.
18 Vgl. Schnabel, *Geschichte* (Anm. 10), S. 207. − Zur Ausbildung des Priesternachwuchses vgl. ebd., S. 82 ff. − Zur Rolle, die der „Mainzer Kreis" bei der Rekrutierung und Ausbildung von Priestern spielte, vgl. auch Buchheim, *Ultramontanismus* (Anm. 5), S. 39.
19 Franzen, *Kirchengeschichte* (Anm. 7), S. 334. − Das Adelsmonopol bei der Besetzung von Bischofssitzen und einträglichen Pfründen entfiel. Die Kluft zwischen hohem und niederem Klerus wurde längerfristig eingeebnet.
20 Dies gilt besonders für die Vertreter des sozialen Katholizismus um die Mitte des 19. Jahrhunderts.

— Die Säkularisation veränderte die machtpolitischen Voraussetzungen für die kirchenpolitische Strategie der Kurie, die seit dem Tridentinum auf eine Stärkung des Papsttums und eine Zentralisierung der Kirchenverfassung hinauslief[21]. Erst sie ermöglichte es, nationalkirchliche Tendenzen und episkopalistische Autonomiebestrebungen auszuschalten und den Klerus auf die übernationale, quasi-monarchische päpstliche Autorität auszurichten; denn sie nahm den Bischöfen ihre Pfründen und entzog ihnen und den Kapiteln damit die wirtschaftliche Grundlage für ihre Eigenständigkeit. Teile des niederen Klerus lehnten sich an das Papsttum an und bildeten — wie schon in Frankreich — die soziale Basis des Ultramontanismus[22].

Hatte die Säkularisation die alte Reichskirche auch materiell schwer geschädigt und in ihrer traditionellen Grundstruktur erschüttert, so zeigte sich schon bald, daß dieser Einschnitt Perspektiven eröffnete, die die römische Kirchenbürokratie in ihrem Interesse zu nutzen verstand. Nachdem die feudale Verbindung von Reichskirche und Staat aufgelöst war, standen die Neuordnung der kirchlichen Organisation und ihr Verhältnis zum Staat auf der Tagesordnung. In diesem Prozeß der Neuorganisation gelang es der Kurie, ihr Zentralisierungskonzept durchzusetzen, das im Universalepiskopat gipfelte und das die Episkopate schließlich dem Papsttum unterwarf. Schon in der konkordatslosen Zeit war Rom zum einigenden Bezugspunkt für die Katholiken in den verwaisten Diözesen geworden. Die Konkordatspolitik selbst stärkte dann die Position des Papstes, denn sie schuf eine neue Kirchenordnung, die allein auf seinen Rechtsakten bzw. auf den von ihm mit den Regierungen getroffenen Vereinbarungen basierte[23]. Diese Entwicklung hatte sich in Frankreich bereits nach dem Konkordat mit Napoleon (1801) abgezeichnet, durch das der Papst sowohl über die „konstitutionellen" Priester als auch über die „réfractaires" die Oberhand gewann[24]. Mit den Konkordaten schuf sich die Kurie auch in Deutschland neue Zugriffsmöglichkeiten auf den Klerus, denn die neue Kirchenordnung straffte das hierarchische Gefüge: Die Rechte der Erzbischöfe wurden eingeschränkt, traditionelle Zwischeninstanzen (Pröpste, Archidiakone, Metropoliten) fielen weg[25].

---

21 Vgl. Friedrich Heer, *Die dritte Kraft. Der europäische Humanismus zwischen den Fronten des konfessionellen Zeitalters*, Frankfurt a. M. 1959, S. 434 ff. Das Konzil von Trient (1545—1547; 1551—1552; 1562—1563) schuf — so Heer — „die geschlossene Welt des Katholizismus der Gegenreformation". Mit ihm habe im katholischen Raum eine „Gleichschaltung des Menschen" begonnen, die in der alteuropäischen Welt undenkbar gewesen sei.

22 Vgl. Helmut Geller, Sozialstrukturelle Voraussetzungen für die Durchsetzung der Sozialform „Katholizismus" in Deutschland in der ersten Hälfte des 19. Jahrhunderts, in: *Zur Soziologie des Katholizismus*, hrsg. v. Karl Gabriel/Franz-Xaver Kaufmann, Mainz 1980, S. 66—88, hier S. 69. Vgl. hierzu auch die Analyse von Michael N. Ebertz, die von einem herrschaftssoziologischen Ansatz her das Problem der Bürokratisierung und Disziplinierung in der katholischen Kirche im 19. Jahrhundert untersucht: Michael N. Ebertz, Herrschaft in der Kirche. Hierarchie, Tradition und Charisma im 19. Jahrhundert, in: ebd., S. 89—111, bes. S. 98; vgl. auch Hans Maier, *Revolution und Kirche. Zur Frühgeschichte der christlichen Demokratie*, München ³1973, S. 97 f., der den Bruch des niederen Klerus mit der Adelskirche und sein Bündnis mit dem Bürgertum betont.

23 Vgl. Lill, Kirchliche Reorganisation (Anm. 15), S. 171.

24 Geller, Voraussetzungen (Anm. 22), S. 68.

25 Vgl. ebd., S. 69 ff.; Ebertz, Herrschaft (Anm. 22), S. 97.

Allmählich entstand „ein ganz rationell konstruiertes soziologisches Einheits-
ideal"; in einem sich von innen heraus vollziehenden Konzentrationsprozeß wurden
— so Ernst Troeltsch[26] — die „Modernismen in der Theologie, alle Einwirkungen
der Aufklärung, der klassischen Philosophie und der Romantik" ausgerottet:

> „Erst von da aus ist dann die ganze ungeheure Restauration des Katholizismus, seine militärische
> Geschlossenheit und sein parteimäßiger Zusammenschluß, seine neuscholastische Theologie und
> seine Weckung neuer zugkräftiger Volkskulte mit ihren Wundern und Gnadenorten und Devo-
> tionen zu verstehen. Die Lösung des Kirchenproblems, das die Aufklärung gefunden hatte, war
> eben in Wahrheit nichts Neues gewesen, sondern nur eine Schwächung und Brechung der logi-
> schen Tendenzen des seit dem Tridentinum zentralisierten Katholizismus, und diese Schwächung
> war nur bei der Fortdauer der alten halbstaatlichen Privilegien der Bischöfe innerhalb des auf-
> geklärten Staates möglich gewesen. Fielen diese Bedingungen weg, so war die Logik des Zentra-
> lisationsgedankens freigesetzt und führte zu dem ihr naturgemäßen Ziele trotz aller Widersprüche
> und Gegensätze in Episkopat, Theologie und Volksstimmung."[27]

Ebenso wie Ernst Troeltsch sieht auch Friedrich Heer im Zentralisierungsprozeß der
katholischen Kirche in der Restaurationsperiode die Fortsetzung einer — durch die
Aufklärung nur unterbrochenen — Entwicklung, die den neuzeitlichen Katholizismus
seit dem Konzil von Trient (1545—1563) geprägt hat[28]. Diese historische Perspektive
aufzunehmen, erscheint mir — methodisch wie analytisch — sinnvoll. Sie bewahrt
vor einer verkürzten Sichtweise, die den Auftrieb des politischen Katholizismus zu
Beginn des 19. Jahrhunderts vor allem auf die Existenzgefährdung der katholischen
Kirche durch die Säkularisation zurückführt. Und sie verweist auch darauf, daß die
Volksbewegung, die damals zur Verteidigung der „Freiheit der Kirche" aufbrach,
von einer durchaus rationalen und langfristig angelegten Interessenpolitik katholisch-
kirchlicher Institutionen durchzogen und gesteuert wurde. Damit ist die soziale Dynamik der katholischen Erneuerungsbewegung freilich noch nicht erklärt, aber ihre
politische Dimension angesprochen, die in den folgenden Abschnitten herausgearbeitet wird. Innerkirchlich half die „ultramontane" Bewegung, die sich gegen den
Geist der Aufklärung richtete, der katholischen Kirche die Krise zu überwinden, in
die sie durch die Herausforderung des Rationalismus geraten war und die zu Beginn
des 19. Jahrhunderts noch immer virulenten Ausläufer rationalistischer Strömungen
im deutschen Katholizismus schließlich zurückzudrängen.

1.2 „Katholische Aufklärung" und Ultramontanismus

Am Ende des 18. Jahrhunderts erlebte das Papsttum einen Tiefpunkt in seiner Geschichte. Die politische Macht des Papstes war erschüttert, seine Hoheitsrechte und

---

26 Ernst Troeltsch, Die Restaurationsepoche am Anfang des 19. Jahrhunderts, in: ders., *Gesammelte Schriften*, Bd. IV: *Aufsätze zur Geistesgeschichte und Religionssoziologie*, Tübingen 1925, S. 587—614, hier S. 601 f.
27 Ebd., S. 602.
28 Vgl. Heer, *Die dritte Kraft* (Anm. 21), S. 435; vgl. auch Maier, *Revolution und Kirche*
 (Anm. 22), S. 84 ff.

Privilegien waren immer wieder verletzt worden. Doch auch innerhalb der Kirche wurde seine Autorität angefochten. In der zweiten Jahrhunderthälfte lebte der Streit mit den Jansenisten wieder auf, der bereits 1723 in den Niederlanden zum Schisma geführt hatte[29]. Auch in der französischen Kirche drohte ein Schisma: Die Anhänger der „gallikanischen Lehren" erkannten den päpstlichen Primat nicht an. Nach ihrer Auffassung stand das Konzil über dem Papst; außerdem könne der Papst für seine *„ex-cathedra"*-Entscheidungen keine Unfehlbarkeit beanspruchen. Dem französischen König wurde das Recht eingeräumt, Nationalkonzilien einzuberufen; von seinem Placet sollte auch die Geltung päpstlicher Erlasse abhängig sein. Die Jurisdiktion der päpstlichen Nuntien in Frankreich wurde abgelehnt. Es verwundert nicht, daß der Gallikanismus, der die Ansprüche des Papstes nach universalkirchlicher Jurisdiktion und Leitung einschränken wollte, sowohl die Unterstützung absolutistischer Regierungen fand (Ludwig XIV.) als auch den Interessen vieler Bischöfe („Episkopalismus") entsprach. Er funktionierte unter der Voraussetzung, daß ein machtpolitisches Gleichgewicht zwischen dem souveränen Nationalstaat und der Kirche existierte und entschärfte den „Interessenkonflikt beider Mächte im innerstaatlichen Bereich durch ein System kunstvoller Balancen"[30]. Auch nach der französischen Revolution und der Säkularisation, die sowohl dem Absolutismus als auch dem Episkopalismus die Basis entzogen hatten, hielten sich in Frankreich zahlreiche Anhänger des Gallikanismus noch bis zum Ersten Vaticanum 1870, auf dem die päpstliche Unfehlbarkeit bei Lehramtsentscheidungen zum Dogma erhoben wurde[31].

Wandten die Kritiker der gallikanisch-episkopalistischen Kirchenauffassung ein, die Kirche liefere sich an die weltlichen Souveräne aus und die „gallikanischen Freiheiten" gegenüber Rom seien am Ende „gallikanische Knechtschaften" (Fénelon) gegenüber der Königsmacht, so war dies kein Argument gegen die deutsche Variante des Episkopalismus, den „Febronianismus". Der Trierer Weihbischof J. Nikolaus von Hontheim hatte unter dem Pseudonym Justinus Febronius 1763 eine Schrift herausgegeben, in der er episkopalistische, konziliaristische und staatskirchliche Gedanken miteinander verband. Hontheim befürwortete nicht das Staatskirchensystem, sondern verfolgte ein reichspolitisches Ziel: Er wollte Voraussetzungen dafür schaffen, daß sich die katholischen und die protestantischen Stände in einer deutschen Nationalkirche wiedervereinigen und damit den Reichsverband festigen konnten. Aus diesem Grunde gestand er dem Papst auch kein Jurisdiktionsprimat, sondern nur ein Ehrenprimat zu. Die quasi-monarchische Autorität in der Kirche müsse aufgegeben werden; höchstes kirchliches Organ sollte statt dessen ein Generalkonzil

---

29 Vgl. Franz Xaver Seppelt/Klemens Löffler, *Papstgeschichte. Von den Anfängen bis zur Gegenwart*, München 1938, S. 262. Zentrum der französischen Jansenisten war das Kloster Port-Royal gewesen, um das sich ein Kreis von Theologen, Geistlichen und Laien gebildet hatte. Ludwig XIV. verbannte P. Quesnel 1710 aus Frankreich und ließ Port-Royal niederreißen. Vgl. Franzen, *Kirchengeschichte* (Anm. 7), S. 327; Hans Küng, Religion im Aufbruch der Moderne, in: Walter Jens/Hans Küng, *Dichtung und Religion*, München 1985, S. 10 ff.
30 Maier, *Revolution und Kirche* (Anm. 22), S. 96.
31 Vgl. Franzen, *Kirchengeschichte* (Anm. 7), S. 326 f.

sein, in dem die autonomen Nationalkirchen zusammentreten würden[32]. Wie stark
der obere Klerus in Deutschland von der febronianischen Richtung fasziniert war,
zeigte die „Emser Punktation" (1786): Die geistlichen Kurfürsten und der Erzbischof von Salzburg akzeptierten zwar die Jurisdiktionsgewalt des Papstes, den sie
als Primas der katholischen Kirche betrachteten. Sie wandten sich jedoch gegen
weitreichende Eingriffe der Kurie in finanzielle und personelle Angelegenheiten der
Bistümer und forderten, Erzbischöfe und Bischöfe sollten in ihren Sprengeln die
höchste Instanz sein. Sie verlangten außerdem die Abschaffung der Nuntiaturen und
erkannten die Jurisdiktion der päpstlichen Gesandten nicht an. Der Kaiser sollte
ihrer Meinung nach die Möglichkeit haben, Nationalkonzilien einzuberufen, auf denen die Bischöfe ihre Beschwerden und Wünsche vorbringen konnten[33].

Zwar ging es den Gallikanern und den Febronianern, wenn sie die Rechte der
Bischöfe und die Grenzen des Primats beschrieben, primär um ein kirchenpolitisches
System und nicht darum, die rationalistische Weltanschauung durchzusetzen. Doch
lockerte ihre Auffassung, die französische bzw. die deutsche Kirche müsse von Rom
unabhängiger sein, die Einheit der Kirche auf; und ihre Kirchenreformen, die den
barocken, „jesuitischen" Katholizismus zurückdrängten, erleichterten eine Annäherung an den Protestantismus und das Einströmen aufklärerischer Ideen[34]. So war
die katholische Aufklärung ein „Erbe, das die vornehmen Prälaten den in die Geschichte eintretenden Massen des Dritten Standes überlieferten"[35]. Daß die fortschrittliche Strömung im katholischen Bürgertum Anklang fand, korrespondiert
freilich mit Veränderungen in der Sozialstruktur der Katholiken. So hatte sich bei
den Laien im 17. und 18. Jahrhundert eine Intelligenzschicht herausgebildet, die
sich in ihrem Emanzipationsstreben, ihrer kulturellen und sozialen Entwicklung
vom lokalen Klerus eingeschränkt fühlte. Dieser — teilweise radikalen — Intelligenz
stand aber eine überwältigende, kirchentreue und traditionsgebundene Mehrheit gegenüber, die dann auch das soziale Fundament des im 19. Jahrhundert entstehenden
politischen Katholizismus darstellte[36].

Obwohl diese sozialstrukturell begründete Diskrepanz beiden Strömungen im
deutschen Katholizismus des 18. und 19. Jahrhunderts zugrundelag, so ist doch nicht
zu übersehen, daß gerade die katholischen Aufklärer die Kluft zu überwinden suchten. Sie pflegten Volkstum und Volkskunde, förderten Bildung und Mitarbeit der
Laien und führten die deutsche Sprache in den Gottesdienst ein[37]. Im alemannischen
Raum verkörperte der Konstanzer Generalvikar Heinrich Ignaz von Wessenberg
(1774—1860) die aufklärerische Zeitströmung im Katholizismus. Zahlreiche Geist-

---

32 Vgl. hierzu Buchheim, *Ultramontanismus* (Anm. 5), S. 35 f., 43; Franzen, *Kirchenge-
     schichte* (Anm. 7), S. 328; Maier, *Revolution und Kirche* (Anm. 22), S. 94 f.
33 Vgl. *Kirche und Staat* (Anm 7), S. 82, 212 ff.; Franzen, *Kirchengeschichte* (Anm. 7),
     S. 328; Seppelt/Löffler, *Papstgeschichte* (Anm. 29), S. 276.
34 Vgl. Schnabel, *Geschichte* (Anm. 10), S. 10 ff.
35 Ebd., S. 13.
36 Vgl. Valjavec, *Politische Strömungen* (Anm. 13), S. 33 f.; Heer, *Die dritte Kraft* (Anm.
     21), S. 584.
37 Vgl. Schnabel, *Geschichte* (Anm. 10), S. 11, 14 f.

liche in der oberrheinischen Kirchenprovinz identifizierten sich mit seinem Kampf gegen die Kurie; sie verbreiteten febronianische und rationalistische Gedanken, im Vormärz dann auch radikal-demokratische Vorstellungen und hatten seit den dreißiger Jahren des 19. Jahrhunderts politischen Einfluß in der demokratischen Volksbewegung in Württemberg und Baden. Die Wessenbergianer waren demnach offensichtlich nicht nur „gepflegte Kulturmenschen"[38], die ihre eigentliche Aufgabe in der Pflege blutleerer Wissenschaften sahen und sich dem Volk entfremdeten, sondern als echte Aufklärer setzten sie sich auch für Volksbildung und soziale Fürsorge ein. Wessenberg selbst hatte ein Waisenhaus, eine Blindenanstalt und einen Verein zur Rettung sittlich verwahrloster Kinder gegründet[39].

Im weltanschaulich-religiösen Gegenangriff gegen die Aufklärung bekämpften orthodoxe katholische Kirchenvertreter im letzten Drittel des 18. Jahrhunderts vor allem die Geheimgesellschaften, die auch in Deutschland eine wichtige Rolle im Politisierungsprozeß des Bürgertums spielten[40]. Bereits im Jahr 1738 hatte Papst Clemens XII. mit der Konstitution „In eminenti" die Mitgliedschaft bei den Freimaurern unter Androhung der Exkommunikation verboten. Auch seine Nachfolger, Benedikt XIV. und Clemens XIII., suchten die Ausbreitung der Geheimgesellschaften und ihren — auch in der katholischen Bildungsschicht und an den europäischen Höfen — wachsenden Einfluß einzudämmen. Wie sehr die Päpste aber aus der Defensive heraus agierten, zeigte sich daran, daß Clemens XIII. dem Druck der Bourbonen nachgab und schweren Herzens den Jesuitenorden mit dem Breve „Dominus ac Redemptor noster" vom 21. Juli 1773 aufhob[41]. Wie kein anderer Orden war die „Societas Jesu" mit dem Papsttum und seinem Autoritätsanspruch identifiziert; die gesamte kirchliche Entwicklung seit dem Tridentinum war wesentlich von den Jesuiten bestimmt worden. Sie besaßen politischen Einfluß an den europäischen Fürstenhöfen und ein faktisches Unterrichtsmonopol. Sie hatten den schärfsten Kampf gegen die Jansenisten, den Gallikanismus und die Freimaurer geführt und sich dadurch viele Feinde gemacht[42]. Den Orden aus Furcht vor einem neuen Schisma aufzuheben, kam in dieser Situation einem Eingeständnis der Schwäche gleich. Die französische Revolution leitete dann die nächste Etappe des Niedergangs ein[43]. 1796 zog Napoleon gegen den Kirchenstaat zu Felde und zwang den Papst zum Frieden von Tolentino (1797). Zwei Jahre später ging der Kirchenstaat ganz verloren: 1798 riefen Anhänger Napoleons in Rom die Republik aus und erklärten den Papst für abgesetzt. Pius VI., dessen Pontifikat als „Martyrium des Papsttums" bezeichnet wurde, starb 1799 in Gefangenschaft in Valence[44]. Auch sein Nachfolger, Pius VII., geriet in Konflikt mit Napoleon und wurde zeitweise gefangengehalten. Erst auf dem

---

38 Ebd., S. 207. — Demgegenüber sieht Schnabel in den Ultramontanen eher die „Führer des Volkes". — Buchheim. *Ultramontanismus* (Anm. 5), S. 45, hält Wessenberg zugute, daß er sich an der radikalen Propaganda selbst nicht beteiligt habe.
39 Vgl. ebd., S. 210, 14.
40 Vgl. hierzu ausführlich Valjavec, *Politische Strömungen* (Anm. 13), S. 273 ff.
41 Vgl. Seppelt/Löffler, *Papstgeschichte* (Anm. 29), S. 270 f.
42 Vgl. ebd., S. 268; Schnabel, *Geschichte* (Anm. 10), S. 265 f.
43 Vgl. Anm. 7.
44 Seppelt/Löffler, *Papstgeschichte* (Anm. 29), S. 276.

Wiener Kongreß 1814/15 wurde der Kirchenstaat in den Grenzen von 1797 wieder-
hergestellt; jetzt ließ der Papst auch den Jesuitenorden wieder zu, der indes in fast
allen deutschen Staaten bis 1848 verboten blieb[45].

Vor dem düsteren Bild des Niedergangs katholisch-kirchlicher Zentralgewalt erscheint die Apotheose des Katholizismus zu Beginn des 19. Jahrhunderts im Zeichen
der Restauration in der katholischen Literatur in strahlendem Licht[46]. Die Wende
gegen die Ideen der Aufklärung, die geistesgeschichtlich selbst ihr genuines Produkt
war, hatte sich freilich schon in der vorrevolutionären Zeit angekündigt. In seiner
Analyse der Entstehung der politischen Strömungen in Deutschland hat Fritz Valjavec[47] dargelegt, daß der gegenaufklärerische Konservatismus nicht erst politische
Reaktion auf die französische Revolution war, sondern seine Ursprünge in der Auseinandersetzung mit dem Rationalismus hat, der sich — zeitweise abgeschwächt
durch Reformation und Gegenreformation — seit dem Spätmittelalter in Westeuropa verbreitete. Ebenso wie die liberale und die demokratische Bewegung entstand
auch der Konservatismus in einem Prozeß der Ausdifferenzierung der Aufklärung
in politische Strömungen, die sich aber erst nach der Zäsur von 1789 allmählich verfestigten und im Zusammenhang mit der Herausbildung parlamentarischer Repräsen-
tationssysteme parteiförmig organisierten[48].

In diesem Politisierungs- und Polarisierungsprozeß spielte die katholische Kirche
als eine *per se* konservative und gegen den Rationalismus gerichtete Macht eine wichtige Rolle. Sie förderte in Deutschland und in Frankreich die Formierung einer konservativen Bewegung von der weltanschaulich-religiösen Seite her und beeinflußte
deren ideologische Grundlagen. Im konservativ-katholischen Spektrum sammelten
sich verschiedene Gruppierungen, die die katholische Erneuerungsbewegung schon
in der vorromantischen Phase vorbereiteten. Hierzu gehörte z. B. die ,,familia sacra''

---

45 Auch König Ludwig I. von Bayern und Metternich wandten sich gegen die Wiederzulassung
    des Jesuitenordens (vgl. Schnabel, *Geschichte* [Anm. 10], S. 99, 265 f.). Pius VII. ließ den
    Orden mit der Bulle ,,Sollicitudo omnium Ecclesiarum'' vom 7. August 1814 für die Ge-
    samtkirche wieder zu. 1818 wurde das unter der Leitung des Jesuitengenerals stehende
    Collegium Germanicum in Rom wiedereröffnet, und seit 1824 nahmen deutsche Theologie-
    studenten dort ihre Studien auf. Damit erhielten die Jesuiten einen ganz erheblichen Ein-
    fluß auf die Priesterausbildung und die Praxis der Seelsorge: Volksmissionen und Exerzitien
    wurden aufgenommen, die Bistümer zentralisiert und die katholische Erneuerung in Deutsch-
    land mit der römischen Kurie abgestimmt, in der seit dem Amtsantritt Leos XII. die ultra-
    orthodoxe Partei der ,,Zelanti'' vordrang. Vgl. Seppelt/Löffler, *Papstgeschichte* [Anm. 29],
    S. 294; Schnabel, *Geschichte* (Anm. 10), S. 255, 267; Manfred Barthel, *Die Jesuiten. Legen-
    de und Wahrheit der Gesellschaft Jesu*, Düsseldorf/Wien 1984, S. 284 f.; René Fülöp-Miller,
    Macht und Geheimnis der Jesuiten. Kulturhistorische Monographie, Leipzig 1929, S. 443.
46 So z. B. bei Buchheim, *Ultramontanismus* (Anm. 5), S. 16; Schnabel, *Geschichte* (Anm.
    10), S. 44 ff. — Daß sich die ultramontane Bewegung durchsetzte, wird meist als Sieg des
    Lebens über den Tod dargestellt; Aufklärung wird mit kalter Vernunft und blutleerer Ab-
    straktion gleichgesetzt, der Ultramontanismus hingegen als wärmeverströmend und volks-
    nahe bezeichnet.
47 Valjavec, *Politische Strömungen* (Anm. 13); vgl. auch Klaus Epstein, *Die Ursprünge des
    Konservatismus in Deutschland. Der Ausgangspunkt: Die Herausforderung durch die fran-
    zösische Revolution 1770—1806*, Frankfurt a. M./Berlin 1973.
48 Vgl. Valjavec, *Politische Strömungen* (Anm. 13), S. 5 ff., 11, 16 ff., 302 ff., 257 ff.

der Fürstin Adelheid Amalie von Gallitzin in Münster, in deren Kreis sich Konvertiten aus Adel und gehobenem Bürgertum trafen; hier erfuhr der spätere Erzbischof
von Köln, Clemens August Frhr. von Droste-Vischering, die Symbolfigur des katholischen Widerstandes gegen den preußischen Staat, seine prägenden Eindrücke[49]. Er-
wähnenswert sind auch die Augsburger Exjesuiten, die schon früh eine volkstümlich
aufbereitete Publizistik gegen die Aufklärung entfalteten. Sie entwickelten damit eine Methode, das kirchentreue Volk zu mobilisieren und gegen andere Einflüsse zu
immunisieren, die der ultramontane Katholizismus im 19. Jahrhundert mit Erfolg
weiter praktizierte[50]. Nicht zu vergessen sind etliche enttäuschte Jakobiner und
Aufklärer, die zu erbitterten Gegenrevolutionären und Traditionalisten geworden
waren und nun für politische Restauration und kirchliche Rechtgläubigkeit arbeiteten[51].

Die Bezeichnung „Ultramontanismus" war in Frankreich als Spottname für die
Gegner des Gallikanismus entstanden. Im kleindeutschen Reich Bismarckscher Prägung wurde sie dann zum Synonym für die angebliche Reichsfeindlichkeit und anti-
nationale Gesinnung der mehrheitlich großdeutsch-habsburgisch empfindenden Katholiken. Zu diesem Zeitpunkt hatte sich freilich die ultramontane Strömung im
deutschen Katholizismus voll durchgesetzt und bestimmte seine monolithische Er-
scheinungsform. Im Gegensatz zu den gallikanischen und josephinischen Vorstellungen, die − wie erwähnt − eine Kirchenverfassung im aufklärerisch-staatskirchlichen
Sinne angestrebt hatten, oder die, wie Febronius, eine Vereinigung der Konfessionen auf nationaler Ebene und die Wiederherstellung reichskirchlich-korporativer
Freiheiten wünschten[52], sahen die Ultramontanen die Lösung in der Konzentration,
Zentralisierung und Disziplinierung der katholischen Kräfte und forderten die
Unabhängigkeit der Kirche von der Staatsgewalt. Joseph de Maistre, einst selbst
Freimaurer, dann Traditionalist, Staatsphilosoph der Restauration und Begründer
des Ultramontanismus, verteidigte die Autonomie der kirchlichen Hierarchie gegen-
über dem Absolutheitsanspruch des durch die Revolution geschaffenen Staates. Die
Päpste seien die „natürlichen Schützer der bürgerlichen Freiheit", „Feinde der
Despotie"[53]. In seiner Schrift „Du Pape" (1819) trat de Maistre für eine straff zen-
tralisierte Kirchenverfassung unter der unbeschränkten Autorität eines unfehlbaren
Papstes ein. Sein Ziel ging weit über das hinaus, was dann 1870 mit dem Infallibi-
litätsdogma auf dem Ersten Vaticanum beschlossen wurde; denn de Maistre wies dem
Papsttum auch eine Jurisdiktionsgewalt über die weltlichen Souveränitäten zu[54].

49 Vgl. Schnabel, *Geschichte* (Anm. 10), S. 133; s. auch unten Kap. 1.4.1.
50 Vgl. Valjavec, *Politische Strömungen* (Anm. 13), S. 307, 259.
51 Vgl. Klemens von Klemperer, *Konservative Bewegungen zwischen Kaiserreich und Nationalsozialismus*, München/Wien 1962, S. 25.
52 Vgl. Anm. 32; Schnabel, *Geschichte* (Anm. 10), S. 9 f. In Österreich hatte Kaiser Joseph II.,
   der Sohn Maria Theresias (1780−1790), eine Reihe von Kirchenreformen durchgeführt
   und zahlreiche Klöster und kirchliche Stiftungen aufgehoben. Vgl. Franzen, *Kirchengeschichte* (Anm. 7), S. 328.
53 Zit. nach von Klemperer, *Konservative Bewegungen* (Anm. 51), S. 32 f., 23; vgl. auch
   Friedrich Heer, *Europäische Geistesgeschichte*, Stuttgart 1953, S. 524.
54 Vgl. Maier, *Revolution und Kirche* (Anm. 22), S. 155.

Die Zentren der ultramontanen Bewegung in Deutschland sind im einzelnen beschrieben worden[55]. Hier soll ein Hinweis auf den „Mainzer Kreis", der den „Traditionalismus" de Maistres frühzeitig und wirksam verbreitete, genügen. Die Mainzer stützten sich auf die antigallikanischen und ungebrochen scholastischen Traditionen in der elsässischen Kirche, aus der ihre Wortführer kamen (Johann Ludwig Colmar, Franz Leopold Liebermann, Andreas Räß), und sie waren voller Affekte gegen den Geist der französischen Revolution. Neben der traditionalistischen Lehre übernahmen sie auch den Stil der massenwirksamen französischen Propaganda gegen Aufklärung und Revolution. Unerbittlich bekämpften sie nun in Deutschland die katholische Aufklärung im Klerus, an den Lehrstühlen und in den Priesterseminaren. Sie schreckten nicht davor zurück, ihre Gegner beim Nuntius in München und in Rom anzuzeigen, sie mit massivem Druck einzuschüchtern oder das Kirchenvolk gegen sie aufzubringen[56]. Zwar verfochten die Mainzer primär die zentralistische und ultraorthodoxe kirchenpolitische Linie der „Zelanti", der herrschenden Partei in der Kurie, doch verband sich damit auch ein autoritäres gesellschaftspolitisches Konzept: Sie waren nämlich — so formuliert es Schnabel — davon überzeugt, daß „die Demokratisierung nur durch Zentralisation und autoritative Führung zu bändigen [sei] ... und man war bereit, wenigstens für die Kirche die Folgerungen zu ziehen. Daß es im staatlichen Leben nicht möglich war, verhinderte die weit vorgeschrittene Verweltlichung des öffentlichen Geistes."[57]

Der Einfluß der Mainzer Schule auf die katholische Öffentlichkeit in Deutschland und auf die neue Klerikergeneration war immens[58]. Der elsässische und linksrheinische Katholizismus hatte von der Mobilisierungsstrategie der Aufklärung und der Gegenaufklärung gelernt und nutzte nun alle Mittel der damals modernen Massenkommunikation (Presse, Vereinswesen, Ansätze zur Parteibildung). Er bediente sich der „modernen Lebensformen, die Frankreich seit der großen Revolution entwickelt hatte", und lenkte andererseits „auf religiösem Gebiete desto entschiedener zu den kirchlichen Formen des 16. und 17. Jahrhunderts zurück". Er vereinte „die strenge Geschlossenheit des kirchlichen Lebens" mit „den modernen, aus antikirchlichem Geiste geborenen Formen"[59] und stellte damit die Weichen für die Entwicklung des

---

55 So z. B. bei Schnabel, *Geschichte* (Anm. 10), S. 47 ff.
56 Vgl. ebd., S. 79; Christoph Weber, *Aufklärung und Orthodoxie am Mittelrhein 1820—
   1850* (Beiträge zur Katholizismusforschung, Reihe B), München/Paderborn/Wien 1973,
   S. 50, 85, 90. — Als die größten Eiferer erwiesen sich die Konvertiten. — Vgl. insbes. auch
   Ludwig Bergsträßer, *Studien zur Vorgeschichte der Zentrumspartei* (Beiträge zur Parteige
   schichte, Bd. 1), Tübingen 1910, S. 125 f.
57 Schnabel, *Geschichte* (Anm. 10), S. 78; vgl. auch ebd., S. 268.
58 Ebertz bezeichnet sie als „Schaltstelle", die neue Frömmigkeitsformen aus Italien und
   Frankreich importierte und religiöse Massenware unter das Volk brachte (vgl. Ebertz, *Herrschaft* [Anm. 22], S. 106); zum Mainzer Kreis vgl. außerdem Ernst Rudolf Huber, *Deutsche
   Verfassungsgeschichte seit 1789*, Bd. II: *Der Kampf um Einheit und Freiheit 1830—1850*,
   Stuttgart 1960, S. 188 f. — Die Wirkung der Mainzer auf die rheinischen Ultramontanen
   (insbesondere in Koblenz) schildert Weber, *Aufklärung* (Anm. 56), passim. Vgl. auch Buchheim, *Ultramontanismus* (Anm. 5), S. 39, der Mainz als den Boden bezeichnet, „aus dem
   die Hauptquelle der katholischen Bewegung Deutschlands entsprang".
59 Schnabel, *Geschichte* (Anm. 10), S. 94.

Katholizismus im 19. und 20. Jahrhundert. Freilich gab es in der katholischen Erneuerungsbewegung auch gegenläufige Tendenzen. Das Ideal des romantisch geprägten Katholizismus hatte anders ausgesehen: Es haftete an den Zügen eines christlich-
germanischen, mittelalterlich-vorreformatorischen, nicht naturrechtlich beeinflußten, irrationalen Katholizismus. Er war „unpolemisch", „unaggressiv", „reinster
Ausdruck jener Totalitätsidee, die alles zu ergreifen trachtet, um es mit einheitlichem Geist zu durchdringen und nach einheitlichem Weltanschauungsprinzip zu
gestalten, dabei aber im Rahmen des Universal-Einheitlichen überall das Indivi-
duell-Eigentümliche bestehen läßt; er ist organisch-ständisch-patriarchisch und damit
konservativ"[60]. De Maistres Begriff der Kirche als einer straff zentralistischen
Institution, deren Zweck es war, die monarchische Herrschaft zu zementieren, ging
in den romantischen Visionen einer harmonischen Einheit von Religion, Kirche,
Kaiser und Reich nicht auf. Er mußte denjenigen, die in der Kirche den mystischen
Leib Christi bzw. eine Liebesgemeinschaft und weniger eine Ordnungsinstanz im
Dienst der politischen Restauration sahen (Johann Adam Möhler und die Tübinger
Schule), dürr, abstrakt, „einseitig-politisch" erscheinen. Selbst Görres, der als
Mitarbeiter der Zeitschrift „Katholik" eng mit den Mainzern zusammenarbeitete,
hielt zu ihnen ein wenig Distanz; ebenso wie Friedrich Schlegel und Adam Müller
wollte auch er nach dem Untergang des Reichs und der Reichskirche den Reichs-
gedanken im deutschen Katholizismus lebendig erhalten[61]. Und Franz von Baader,
der Inspirator der „Heiligen Allianz", dem Bündnis der Monarchen des protestantischen Preußen, des katholischen Österreich und des orthodoxen Rußland (1815),
wandte sich in seinen letzten Lebensjahren gegen den römischen Zentralismus und
Cäsaropapismus[62].

1.3 Liberaler Katholizismus

Der Streit um den Traditionalismus führt — so Hans Maier — auf ein soziologisches
Problem des Katholizismus in der nachrevolutionären Welt zurück: Es ging um die
Stellung der katholischen Kirche in einer Gesellschaft, die nicht mehr christlich,

---

60 Alfred von Martin, Weltanschauliche Motive im altkonservativen Denken, in: *Die deutschen
  Parteien vor 1918*, hrsg. v. Gerhard Albert Ritter, Köln 1973, S. 142–164, hier S. 147.
61 Vgl. Schnabel, *Geschichte* (Anm. 10), S. 68, 95. – Zu Friedrich Schlegel und Adam Müller
  vgl. auch die kritisch-ironische Darstellung von Carl Schmitt, *Politische Romantik*, Mün-
  chen/Leipzig 1925, S. 50–76. C. Schmitt definiert Romantik als „subjektivierten Occasio-
  nalismus", d. h. ein Verhalten des Subjekts zur Welt, dem die Realität bloß zufälliger und
  austauschbarer Anlaß romantischer Produktivität ist. Der Katholizismus sei nichts Ro-
  mantisches: „Sooft die katholische Kirche das Objekt romantischen Interesses war und
  sooft sie auch romantische Tendenzen in ihren Dienst zu stellen wußte, sie selbst ist nie,
  sowenig wie irgendeine andere Weltmacht, Subjekt und Träger einer Romantik gewesen."
  (Ebd., S. 76.)
62 Über Baaders Beziehungen zu Rußland, seine Kontakte zur Baronin Krüdener, die zwischen den „Schwärmern" in Deutschland, Frankreich und Rußland vermittelte, berichtet Heer, *Geistesgeschichte* (Anm. 53), S. 597.

aber auch noch nicht säkularisiert war[63]. Für die Traditionalisten stellte sich zudem die Frage, mit welchen politischen und sozialen Kräften sich der Katholizismus verbinden würde, und hier schieden sich ultramontaner und liberaler Katholizismus. De Maistres theokratische Denkweise wies Kirche und Papsttum einen universalen Geltungsanspruch über Politik und Gesellschaft zu, der in einer sich säkularisierenden Welt freilich nicht mehr mit Aussicht auf Erfolg eingefordert werden konnte. Sein Gesellschaftsbild orientierte sich nach wie vor an der 1789 untergegangenen feudalaristokratischen Ordnung. Robert de Lamennais, der letzte Theoretiker der Traditionalisten, ging einen anderen Weg. Auch er dachte integralistisch, d. h. er maß der Kirche eine Weisungsgewalt über das gesamte politische und soziale Leben zu[64]; und er drängte wie seine Vorgänger de Maistre und Bonald darauf, die zentrale Autorität des Papstes weiter zu stärken. Wie andere Wortführer des französischen Katholizismus auch war Lamennais zunächst Royalist und Gegner des politischen Liberalismus. In den dreißiger Jahren befürwortete er dann ein Bündnis zwischen der katholischen Kirche und der demokratischen Bewegung; sie werde der Kirche eher diejenigen Garantien für ihre Bewegungsfreiheit geben, die ihr der absolutistische Staat — teils aus eigenem Machtinteresse, teils wegen seiner staatskirchlichen Tendenzen — oft genug versagt hatte. Lamennais ersetzte die alte Formel „Thron und Altar" durch die Parolen „Gott und die Freiheit" oder „der Papst und das Volk"[65], die den französischen *populisme catholique* des 19. Jahrhunderts prägen sollten.

Liberal war dieser Katholizismus freilich weder im engeren politisch-ideologischen noch im religiösen Sinn. Es handelte sich vielmehr um die „Verbindung einer glaubensstrengen Religiosität mit liberalen politischen Grundsätzen, kurz gesagt: um die Verbindung von christlicher Offenbarungsreligion und bürgerlicher Revolution"[66]. Wie schon die älteren Traditionalisten, so entwickelten auch Lamennais und seine Schüler (*école mennaisienne*) keine Idee von der Freiheit des Individuums, die über die korporative Freiheit der Kirche als Institution in der Gesellschaft hinauswies. Auch das Dogma wurde nicht in Frage gestellt. Liberal war indessen die kirchenpolitische Konzeption: die Trennung von Kirche und Staat. Lamennais sah darin eine Chance für die Kirche, sich in einer unruhigen Epoche — unabhängig vom Strudel der Zeit — als einzige stabile Macht zu erweisen. Die politische Neutralität der Kirche galt jedoch keineswegs als idealer Zustand. Sie war vielmehr ein notwendiges Zwischenstadium, um die Verbindung zum Ancien Régime zu lösen und den Gallikanismus endgültig zu besiegen. Geistliches und weltliches Prinzip sollten zukünftig wieder miteinander verschmelzen und die universale Kirche den nationalen Staaten übergeordnet werden. Liberal war auch die Forderung nach Meinungs- und Unterrichtsfreiheit, nach Rechtssicherheit, Presse- und Versammlungsfreiheit. Die revolutionären Ereignisse in Irland, Polen und Belgien hatten gezeigt, wie diese

---

63 Vgl. Maier, *Revolution und Kirche* (Anm. 22), S. 171.
64 Vgl. ebd., S. 184 f.
65 Schnabel, *Geschichte* (Anm. 10), S. 186; vgl. auch Maier, *Revolution und Kirche* (Anm. 22), S. 194.
66 Huber, *Verfassungsgeschichte* (Anm. 58), S. 350, Anm. 17. Hier verortet E. R. Huber den französischen und belgischen Linkskatholizismus.

Freiheiten für die Mobilisierung des katholischen Kirchenvolks genutzt werden konnten. Lamennais' Engagement für diese Bewegungen brachte ihn in Konflikt mit der reaktionären Politik Metternichs und den kirchenpolitischen Interessen der Kurie.

Im Verhältnis des Katholizismus zum Liberalismus schienen im frühen 19. Jahrhundert auch in Deutschland noch verschiedene Facetten auf. So hatte die schon in der Auflehnung gegen den aufgeklärten Absolutismus ausgeprägte katholische Staatsauffassung einen liberalen Einschlag. Die Widerstände gegen eine Staatsomnipotenz, die sich auch die Kirche untertan machte und deren soziales und kulturelles Wirkungsfeld einschränkte[67], brachen nun in der Forderung nach der „Freiheit der Kirche" von staatlicher Bevormundung wieder auf. So begegneten sich katholischer Konservatismus und Liberalismus in ihrem Kampf gegen den Absolutismus und den bürokratischen Polizeistaat, und dies war die Basis für partielle Bündnisse zwischen Katholiken und Liberalen im Vormärz[68]. Andererseits waren die katholischen Wortführer nicht so blind, um nicht zu sehen, daß der paritätische, liberale Staat die Säkularisierungstendenzen weiter beförderte. Wenn daher die Forderung nach der „Freiheit der Kirche" zum Leitmotiv der katholischen Erneuerungsbewegung vor 1848 wurde, so war damit nicht gemeint, daß sich die katholische Kirche vom Staat lösen und sich nunmehr auf ihre eigentlichen weltanschaulich-religiösen Aufgaben konzentrieren sollte. Die Protagonisten der kirchlichen Restauration in Deutschland stemmten sich vielmehr gegen den Säkularisierungsprozeß und verlangten offensiv nach optimalen Wirkungsmöglichkeiten für die Kirche in Staat und Gesellschaft. Mit der „Freiheit der Kirche" wurde gerade nicht die Unabhängigkeit der Kirche als Glaubensgemeinschaft angestrebt, die ja formal durch Art. 16 der Bundesakte von 1815 gesichert war; es ging nicht um die Freiheit des einzelnen Christen im Staat, um religiöse Toleranz oder die Entkonfessionalisierung des öffentlichen Lebens, sondern, im Gegenteil, um politische und rechtliche Garantien für die Autonomie der Kirche — verstanden als Verselbständigung und Privilegierung — sowohl (politisch) gegenüber dem Staat als auch (materiell) bei der Verwaltung ihres Besitzes und (kulturell) um ihren erzieherischen Einfluß auf Kirchenmitglieder und Öffentlichkeit. Damit verkehrte sich — wie Ernst Rudolf Huber treffend formulierte — „das individualisierte Freiheitsverständnis, dem das liberale Grundrechtsprogramm entsprungen war, ... allerdings in sein Gegenteil, wenn es in dieser Umdeutung die Grundlage des Freiheitsanspruchs einer überindividuellen, anstaltlich verfaßten und hierarchisch-autoritär geleiteten Institution wurde. Die Freiheit einer institutions-

---

67 Vgl. Valjavec, *Politische Strömungen* (Anm. 13), S. 69 ff. Zum Verhältnis von Kirche und Staat im Staatskirchentum vgl. Ernst Böckenförde, Die Entstehung des Staates als Vorgang der Säkularisation, in: *Säkularisierung*, hrsg. v. Heinz-Horst Schrey (*Wege der Forschung*, Bd. CDXXIV), Darmstadt 1981.
68 Vgl. Rudolf Lill, Kirche und Revolution. Zu den Anfängen der katholischen Bewegung im Jahrzehnt vor 1848, in: *Archiv für Sozialgeschichte*, hrsg. von der Friedrich-Ebert-Stiftung in Verbindung mit dem Institut für Sozialgeschichte Braunschweig/Bonn, Bd. XVIII 1978, S. 566; von Martin, Motive (Anm. 60), S. 143 f.

und autoritätslosen Vielheit verwandelte sich damit in die Freiheit einer institutionell und autoritär gebundenen Einheit."[69]

Gewiß gab es vor 1848 — vor allem in Südwestdeutschland — eine demokratisch-soziale Richtung im deutschen Katholizismus, die eine echte Religionsfreiheit nur in der politischen Demokratie verwirklicht sah. Für die Mehrheit der katholischen Konstitutionellen im Vormärz galt jedoch, daß sie Teilforderungen der demokratischen Bewegung zwar übernahm — die Motive dafür waren aber eher taktischer als grundsätzlicher Natur[70]. Die Problematik des katholischen Freiheitsbegriffes trat zutage, wenn einerseits liberale Freiheiten, soweit sie für die Konsolidierung des Restaurationskatholizismus zweckmäßig waren, verlangt und genutzt wurden, man andererseits aber ständig darauf bedacht war, konservative Inhalte in die liberale Freiheitsdefinition einzuschmelzen. So lag den Ultramontanen, die die Bedeutung einer katholischen Presse und der Abschaffung der Zensur erkannt hatten, viel an der Pressefreiheit, doch wollten sie diese Freiheit nicht allen, sondern nur den „nach der natürlichen Ordnung dazu Berufenen" — Staatsbeamten, Kirchenvorstehern, ständischen Personen, Lehrbeauftragten — zubilligen. Verleger und Drucker sollten sich, gleich Apothekern, einer besonderen Kontrolle unterziehen[71]. Auch die Bischöfe griffen das Recht der Versammlungsfreiheit auf und veranstalteten 1848 eine deutsche Bischofskonferenz, die erste seit der Emser Punktation (1786)[72] und — wie der Zentrumshistoriker Carl Bachem urteilt — die wichtigste seit dem Trienter Konzil: Hier forderten sie die Freiheit der Kirche und bestätigten erstmals wieder das Bündnis des deutschen Episkopats mit Rom. Den katholischen Gläubigen empfahlen sie freilich, ihrer Untertanenpflicht gegenüber dem Staat zu genügen und sich gegen Revolution und Radikalismus zu stellen[73].

Vorbehalte gegen die Volkssouveränität und die demokratische Republik als politisch-gesellschaftliche Ordnung blieben bei katholischen Konservativen wie Karl Ernst Jarcke, im Umkreis des „Katholik" und der „Historisch-politischen Blätter" tief eingewurzelt; sie hielten nach wie vor an der alten Ständeordnung fest. Demgegenüber erschien gemäßigten Konstitutionellen rheinischer Prägung, wie z. B. den Gebrüdern Reichensperger, die konstitutionelle Monarchie als eine bessere Staatsform, weil sie einen Ausgleich zwischen Anarchie und Tyrannei gewährleiste[74]. Sie distanzierten sich freilich von jeder Form des demokratischen Radika-

69 Huber, *Verfassungsgeschichte* (Anm. 58), S. 352.
70 Vgl. Wolfgang Sucker, Der deutsche Katholizismus 1945—1950. Eine Chronik, in: *Kirchliches Jahrbuch für die evangelische Kirche in Deutschland 1951*, Gütersloh 1952, S. 292 f.: „Es ist so deutlich, wie hier die Woge der Zeit benutzt wird (die der Kirche im Grunde so fremde und an ihren Grundfesten leckende Woge!); hier wird in dem liberalen Feldgeschrei ein ‚terminologischer Bundesgenosse' gefunden, und der Katholizismus geriert sich liberal." Vgl. auch Bergsträßer, *Studien* (Anm. 56), S. 133.
71 Dieses Beispiel nennt Schnabel, *Geschichte* (Anm. 10), S. 197 f.
72 Vgl. oben S. 36.
73 Vgl. Karl (Carl) Bachem, *Vorgeschichte, Geschichte und Politik der deutschen Zentrumspartei. Zugleich ein Beitrag zur Geschichte der Katholischen Bewegung sowie zur allgemeinen Geschichte des neueren und neuesten Deutschland, 1815—1914*, 9 Bde., Bd. 2, Köln 1927, S. 5.
74 Vgl. ebd., S. 25. — In einem von August Reichensperger entworfenen, aber nicht gedruckten „Programm zur Frankfurter konstituierenden Versammlung" (1848) heißt

lismus. Im „Konflikt zwischen der monarchischen Regierung und der revolutionären Linken trat nicht nur die konservative, sondern auch die konstitutionelle Gruppe der katholischen Partei auf die Seite der monarchischen Obrigkeit"[75].

So ließ das katholische Verständnis einer „echten Freiheit", die stets an legitime Autorität und die historisch gewachsene Ordnung gebunden sei, auch bei den rheinischen „Liberalen" eine stärkere Liberalisierung nicht zu; im übrigen verhinderte der christliche Wahrheitsbegriff, daß die Lehre von den Menschenrechten und die katholische Sozialethik völlig miteinander in Einklang gebracht werden konnten. Gewissensfreiheit schloß ja immer auch die Möglichkeit des Relativismus und der Abkehr von der christlichen Wahrheit ein[76]. Es war unvorstellbar, daß diese Wahrheit von andersdenkenden Mehrheiten überstimmt werden könnte. Auch die Kirche als gesellschaftliche Institution entzog sich den Liberalisierungs- und Demokratisierungstendenzen: Wenn „liberale" Katholiken einen — begrenzten — Katalog von Menschenrechten und Mitwirkungsmöglichkeiten für die Bürger aufstellten, zogen sie die Demokratisierung der innerkirchlichen Strukturen zumeist gar nicht in Betracht.

1.4 Die Ausprägung des politischen Katholizismus im Vormärz

Wenn im folgenden der Mischehenstreit in den preußischen Westprovinzen gestreift wird, so sollen damit zwei parallele Entwicklungsstränge verfolgt werden, die für die Ausprägung des — noch nach dem Zweiten Weltkrieg mobilisierbaren — katholischen Milieus im rheinisch-westfälischen Raum konstitutiv waren. Die Bedeutung des Kölner Kirchenstreits, auf den noch näher einzugehen ist (s. unten 1.4.1), liegt zum einen darin, daß sich in den dreißiger Jahren innerkirchlich der Ultramontanismus als dynamische Kraft der Restaurationskirche gegenüber den Ausläufern der katholischen Aufklärung, die ja nichts anderes als theologische Ausdrucksformen eines bürgerlichen Katholizismus waren, endlich durchsetzte. Zum anderen wurden die „Kölner Wirren" zum Ausgangspunkt für eine katholische Bewegung, die bisher voneinander getrennte gesellschaftliche Gruppen im Kampf für die vom preußischen Staat vermeintlich bedrohte Glaubensfreiheit zusammenführte: den politischen Katholizismus des *juste milieu*, d. h. einen großen Teil des katholischen Besitzbürgertums, das im Frühstadium der Industrialisierung auch im überwiegend katholischen Westen anfangs mit den wirtschaftlichen Zielen und den Verfassungsideen des politischen

Fortsetzung Fußnote 74
   es: „Zur Herbeiführung dieser *ausgleichenden Gerechtigkeit* scheint uns aber keine Staatsform geeigneter als die von demokratischen Institutionen getragene Einherrschaft." Vgl. auch Schnabel, *Geschichte* (Anm. 10), S. 195 ff. — Er ist der Auffassung, der deutsche Liberalismus sei im Unterschied zum französischen für die katholische Bewegung kaum bündnisfähig gewesen, denn er sei Produkt einer auf protestantischem und rationalistischem Boden gewachsenen Doktrin und nicht — wie in Frankreich — eine primär politische, gegen den Konservatismus gerichtete Strömung.
75 Huber, *Verfassungsgeschichte* (Anm. 58), S. 364 f.
76 Vgl. Schnabel, *Geschichte* (Anm. 10), S. 199.

Liberalismus sympathisierte[77], den rheinischen und westfälischen Adel, der vorher weder bei den Unterschichten noch beim Bürgertum beliebt war, weil er zuallererst seine Standesprivilegien sichern wollte, um seine politische Führungsrolle in den westlichen Provinzen zurückzugewinnen[78], und schließlich das katholische Kirchenvolk, dessen Religiosität und traditionalistische Lebensformen von den Strömungen der Aufklärung noch wenig berührt waren[79].

Bindemittel für die heterogenen Interessen, die im Westen nach 1837 gemeinsam gegen das preußisch-protestantische Staatskirchentum und den antiklerikalen Liberalismus aufbrachen und die den konfessionellen Gegensatz zum politischen Antagonismus überhöhten, war eine in dieser Region inzwischen in allen Schichten der Bevölkerung verbreitete Aversion gegen die preußische Oberhoheit. Das Bürgertum empfand diese Spannungen am stärksten, denn sie leiteten sich nicht zuletzt aus dem tiefgreifenden sozialstrukturellen Gegensatz zwischen dem konservativen, agrarischen, von Militär, Bürokratie und Landadel beherrschten Preußen und der eher liberalen, gewerbe- und industriereichen Westprovinz her, in der es freie Bauern sowie viele wohlhabende und unternehmerische Bürger und Kaufleute gab. Das französische Recht wirkte auf Rechtsbewußtsein und Verfassungsvorstellungen des rheinischen Bürgertums nach; und weil die katholische Besitz- und Bildungsschicht am bürgerlichen Recht festhielt, geriet sie in offenen Konflikt mit der von den Preußen eingesetzten Verwaltung[80]. Die gemeinsame Front gegen die preußische Bürokratie

---

77 Vgl. Huber, *Verfassungsgeschichte* (Anm. 58), S. 363 f.
78 Vgl. Schnabel, *Geschichte* (Anm. 10), S. 140 f. – Sehr informativ sind hierzu die Aufsätze von Alfred Hartlieb von Wallthor, Konservativer Adel in den Rheinlanden und in Westfalen nach den Befreiungskriegen sowie von Reinhold K. Weitz, Der niederrheinische und westfälische Adel in der Auseinandersetzung um Verfassung und Status und von Heinz Reif, Adel und landwirtschaftliches Vereinswesen im katholischen Westfalen 1819−1862, alle in: *Rheinland-Westfalen im Industriezeitalter*, hrsg. v. Kurt Düwell/Wolfgang Köllmann, *Beiträge zur Landesgeschichte des 19. und 20. Jahrhunderts*, Bd. 1: *Von der Entstehung der Provinzen bis zur Reichsgründung*, Wuppertal 1983, S. 19−26, 27−38, 39−60.
79 „In den Ländern, wo noch ächter Wald und Wildnis ist, wo die Dörfer noch nicht städtisch geworden sind und das Volksthum noch nach größeren Massen zusammengehalten wird, in diesen streng protestantischen Landstrichen des deutschen Nordens und den entsprechenden streng katholischen des deutschen Südens, war auch in der Blüthezeit des modernen freien Kirchenthums der alte Kirchenglaube wenig oder gar nicht angegriffen worden. Hier fand die kirchliche Reaction, die so rasch und siegreich wieder einzog, ihren mächtigsten Rückhalt. Der westphälische Bauer vom alten Schlag, der jeden Juden, sey er noch so vornehm oder reich, mit Du anredet und einen Hebräer von sechs Fuß Höhe dennoch immer mit der Verkleinerungssilbe als ein ‚Jüdchen' bezeichnet, ist für die verneinende Kritik der Kirchenlehre noch nicht geboren ... Die kirchliche Bedeutung solcher Länder und Volksgruppen hatte man durch lange Jahre ganz vergessen gehabt und es bedurfte der herzhaftesten politischen Erschütterungen, damit selbst scharfblickende und wohlgelehrte Leute inne wurden, nicht nur wie viel Aberglaube, sondern auch wie viel Glauben − in groben und feinen Formen − noch immer in dem deutschen Volke festsitze." So charakterisiert Wilhelm Heinrich Riehl das Kirchenvolk in seiner *Naturgeschichte des Volkes als Grundlage einer deutschen Social-Politik*, Bd. 1: *Land und Leute*, Stuttgart ⁷1867, S. 323.
80 Vgl. Schnabel, *Geschichte* (Anm. 10), S. 107, 140; ders., *Geschichte der neuesten Zeit. Von der französischen Revolution bis zur Gegenwart*, Leipzig/Berlin 1928, S. 68. − Preußen antizipierte offenbar die zukünftigen Probleme mit seinen West- und Ostprovinzen und hätte 1815 deshalb lieber das evangelische Sachsen angegliedert. Die Rheinlande erhielt es auf Anregung Talleyrands, der Preußen damit nicht unbedingt einen guten Dienst erweisen

brachte viele katholische Konstitutionelle aus der mittelständischen Führungsschicht an die Seite der Kirche; zugleich drängte sie aber die innerkirchlichen Emanzipationsbestrebungen, die bisher eine Sache des Bürgertums gewesen waren, an den Rand der Bedeutungslosigkeit. Auf diese Weise überlagerten sich also in einem Prozeß der Interessenaggregation die kirchenpolitischen Ziele der Ultramontanen sowie die Restaurationsabsichten vor allem westfälischer Adelskreise und die politischen Interessen der katholisch-konstitutionellen Gruppierung. Die Verbindung, die adelige und bürgerliche Eliten mit ihren unterschiedlichen Klasseninteressen in dieser historisch-politischen Konstellation eingingen, begann sich erst nach dem Kulturkampf wieder aufzulösen. Für die Konstituierung der „Gesinnungsgemeinschaft" (Duverger), aus der die Katholische Fraktion und die Zentrumspartei hervorgingen, war die heterogene Allianz allerdings von zentraler Bedeutung. Sie stellte die Weichen für den Weg der deutschen Katholiken in das Ghetto, aus dem sie so schwer wieder herausfinden sollten.

1.4.1 Die „Kölner Wirren" und die Formierung des politischen Katholizismus als klassenübergreifende soziale Bewegung

Regionale Untersuchungen der kirchenpolitischen Kämpfe in den dreißiger und vierziger Jahren belegen, daß die Exponenten der ultramontanen Partei in jenen Jahren nicht sehr zahlreich gewesen sein können, denn immer wieder werden dieselben Konventikel (Mainz, Koblenz, München, die Konvertitenkreise) und ihre personellen Verflechtungen genannt. Das Rheinland war zu der Zeit eine Hochburg der Hermesianer. Sie dominierten im Pfarrklerus, in der höheren Geistlichkeit, an den Lehrstühlen und in den Kirchen- und Schulbehörden[81]. Ihr Mittelpunkt war die katholisch-theologische Fakultät der von den Preußen 1818 gegründeten Universität Bonn, an der Georg Hermes (1775–1831) seit 1820 gelehrt hatte[82]. Die hermesianische Lehre, auch „Christkatholizismus" genannt, entstand in der Auseinandersetzung mit der Philosophie der Aufklärung und war ein — hier nicht näher zu beschreibender — Versuch, den christlichen Glauben und die moderne Rationalität miteinander zu verbinden[83].

In Württemberg und Baden blieb die katholische Aufklärung eine starke Strö-

---

Fortsetzung Fußnote 80

    wollte. Vgl. hierzu Erwin Mülhaupt, *Rheinische Kirchengeschichte. Von den Anfängen bis 1945 (Schriftenreihe des Vereins für Rheinische Kirchengeschichte*, Nr. 35), hrsg. v. Presseverband der Evangelischen Kirche im Rheinland e. V., Düsseldorf 1970, S. 280. Mülhaupt stützt sich mit dieser Interpretation auf Aloys Schulte (Hrsg.), *Tausend Jahre deutscher Geschichte und deutscher Kultur am Rhein*, Düsseldorf 1925.

81 Vgl. Weber, *Aufklärung* (Anm. 56), S. 137–146; Mülhaupt, *Kirchengeschichte* (Anm. 80), S. 298.

82 Vgl. ebd.; Schnabel, *Geschichte* (Anm. 10), S. 87.

83 Sie wurden am 26. September 1835 mit dem Breve Gregors XVI. „Dum acerbissimas" verurteilt und galten seit dem Ersten Vaticanum als mit dem Dogma unvereinbar.

mung[84]. Die Anhänger Wessenbergs arbeiteten innerhalb und außerhalb der neuen Landtage sehr rührig und radikalisierten sich im Lauf der politischen Entwicklung zusehends[85]. Im Katholizismus des Vormärz repräsentierten sie — ebenso wie die radikalen, vom Josephinismus beeinflußten Kleriker in Schlesien und die Trierer Reformpriester[86] — eine demokratische Richtung, die die Verbindungslinie zwischen der Demokratisierung des Staates und der Kirchenverfassung zog. Mit Bezug auf den Konziliarismus des 15. Jahrhunderts forderten die Wessenbergianer, daß der konstitutionelle Staat Synoden mit Beteiligung von Laien anordnen und außerdem die Verpflichtung der Geistlichen zum Zölibat aufheben sollte[87]. Sie vereinfachten die Liturgie, suchten eine Annäherung an protestantische Gottesdienstformen und strebten letztlich eine Überwindung der konfessionellen Spaltung an[88].

Dieses ungleiche Kräfteverhältnis erklärt teilweise das aggressive und intransigente Auftreten der Ultramontanen, die manche Pfarre in ein Kampffeld theologischer und personalpolitischer Kontroversen verwandelten[89]. Die Gloriole der „katholi-

---

84 Vgl. Schnabel, *Geschichte* (Anm. 10), S. 63, 101; Weber, *Aufklärung* (Anm. 56), S. 59 ff.
85 Wessenberg selbst war seit 1819 Abgeordneter im ersten badischen Landtag. Vgl. auch oben Anm. 38.
86 Weber, *Aufklärung* (Anm. 56), S. 59—74. Weber analysiert das Verhältnis von Hermesianern und Reformpriestern und stellt die „Dissoziation des aufgeklärten Katholizismus in eine linke und rechte Strömung" fest (ebd., S. 185). — Vgl. auch Schnabel, *Geschichte* (Anm. 10), S. 102.
87 1828 entwickelte sich in Baden eine Kampagne gegen den Priesterzölibat. Auch katholische Geistliche und die Alumnen des Priesterseminars unterzeichneten eine Petition an die Kammer bzw. eine Zustimmungsadresse. Vgl. Schnabel, *Geschichte* (Anm. 10), S. 63.
88 In diesem Zusammenhang ist auch der „Deutschkatholizismus" zu nennen — eine Strömung im Katholizismus, die vom städtischen katholischen Bürgertum, aber auch von katholischen Unterschichten getragen wurde und die ihre größte Ausbreitung in konfessionell-gemischten, städtischen Gebieten fand. Sie erreichte den Höhepunkt der Mobilisierung in den Jahren vor der Revolution von 1848. Der Deutschkatholizismus war eine Bewegung, die es ihren Anhängern ermöglichte, an ihrer katholischen Identität festzuhalten und gleichzeitig eine polemische Ausrichtung gegen die Protestanten zu vermeiden. Mit der Ablehnung des Alleinvertretungsanspruchs der konservativ geprägten Amtskirche verband sich hier offenbar das Interesse an der „sozialen Integration in die vom Protestantismus beherrschte bürgerliche Welt", das den Wunsch nach Beendigung des konfessionellen Streits erklären mag. Vgl. Friedrich Wilhelm Graf, *Die Politisierung des religiösen Bewußtseins. Die bürgerlichen Religionsparteien im deutschen Vormärz: Das Beispiel des Deutschkatholizismus* (Neuzeit im Aufbau, Bd. 5), Stuttgart 1978, bes. S. 66.
Nach Geller, Sozialstrukturelle Voraussetzungen (Anm. 22), S. 83, ging der relativ starke Einfluß der Linkskatholiken seit 1837 zurück. Diejenigen, die sich nach der Rockwallfahrt (1844) als „Deutschkatholiken" formierten, erklärten die Bibel zur Grundlage des Glaubens und erkannten nur die Taufe und das Abendmahl als Sakramente an. Sie verwarfen die Ohrenbeichte, den Zölibat, das Ablaßwesen, die Ausweitung der Heiligenverehrung, das stark forcierte Wallfahrtswesen und die von den Ultramontanen angestrebte „äußere liturgische Prachtentfaltung" (Weber, *Aufklärung* [Anm. 56], S. 88). Sie verlangten nicht nur die Demokratisierung der Kirche, sondern entwickelten auch radikal-demokratische Forderungen und wurden deshalb sowohl von den Kirchlich-Orthodoxen als auch von den Regierungen bekämpft. Der Deutschkatholizismus verlor — nachdem er zunächst eine „Abfallbewegung großen Stiles" einzuleiten schien (Schnabel, *Geschichte* [Anm. 10], S. 254) — nach 1850 völlig an Bedeutung.
89 Beispiele nennt Weber, *Aufklärung* (Anm. 56), z. B. S. 98 ff., 136, 141 f. — So erklärten bereits zu Beginn der dreißiger Jahre ultramontane Kapläne die Beichtabsolution von Hermesianern für ungültig und schritten „damit de facto zum Schisma" (ebd., S. 142). Parallele

schen Wiedergeburt" hat katholischen Historikern häufig den Blick für die nachgerade extremistische Intoleranz der katholischen Erweckungsbewegung verstellt, für die die kirchliche Orthodoxie Richtschnur und Maß aller Dinge war[90]. Eine weitere Erklärung liegt in der Unvereinbarkeit der Kirchenbegriffe. Die Ultramontanen lehnten die Kirchenreformen der katholischen Aufklärung ab; sie wollten statt dessen einen Katholizismus wiederherstellen, der an voraufklärerische Kultformen anknüpfte. Hierzu gehörten insbesondere die Wiederbelebung der Wallfahrten, die im 18. Jahrhundert auch in katholischen Ländern stark reduziert worden waren[91], Reliquienkult und Wunderglauben, die Marienverehrung, das Rosenkranzgebet, die intensive Einzelseelsorge bzw. „Seelenführung" und die „Proselytenmacherei"[92] sowie die Bildung eines Netzes von Bruderschaften und Vereinen. Diese Methode, die Gläubigen in einen hermetischen religiösen Kommunikationszusammenhang einzubinden, der auf einem System von Ritualen basierte, entsprach freilich nicht dem Menschenbild der aufgeklärten Katholiken, demzufolge das autonome Individuum seine Beziehung zu Gott und Kirche selbst definieren sollte. Die Sedimente des barocken Katholizismus kamen aber offensichtlich dem traditionalistischen Religionsverständnis breiter katholischer Bevölkerungsteile entgegen, für die in den rituellen Manifestationen die gemeinschaftsstiftende Kraft der Kirche als übergeordnetes soziales Bezugssystem sinnlich erfahrbar wurde[93].

Fortsetzung Fußnote 89
Erscheinungen sieht Weber auch im Kampf der protestantischen Erweckungsbewegung gegen den Rationalismus in der protestantischen Theologie (vgl. ebd., S. 111 f.).

90 Toleranz gegenüber Andersgläubigen galt als Schwäche; falls nicht die eigene Richtung siegen würde, müsse alles in der Katastrophe versinken. Vgl. Weber, *Aufklärung*, S. 53, 69. Beispiele auch bei Bergsträßer, *Studien* (Anm. 56), S. 115 ff.

91 In Österreich war die Wallfahrerei seit den 1770 er Jahren verboten (durch Maria Theresia und Joseph II.); auch Bayern und die geistlichen Fürstentümer schlossen sich diesem Vorgehen an. Bayern weitete die Verbotspraxis auch auf die 1802/03 erhaltenen Gebiete aus. (Vgl. Christof Dipper, *Volksfrömmigkeit und Obrigkeit im 18. Jahrhundert*, Kurzfassung eines Referats auf dem Historikertag in Berlin, 3.–5. 10. 1984.) Die Gründe für das Verbot sind bekannt: Der vom aufgeklärten Absolutismus verordneten Modernisierung von Administration und Produktion stand ein in der Bevölkerung weit verbreitete Mentalität entgegen, die sich auch in – von den gesellschaftlichen und kirchlichen Eliten im Mittelalter und in der Barockzeit geprägten – aufwendigen, zeitraubenden, unkontrollierbaren Frömmigkeitsformen und religiösen Massenphänomenen wie der Wallfahrt manifestierte. Um die für die Modernisierung erforderliche Disziplin und Motivation zu schaffen, griff die staatliche Obrigkeit in die kirchliche Autonomie ein, nicht um die Kirche dauerhaft zu schwächen, sondern um sie als gesellschaftliche Kontrollinstanz in diesen Planungsvorgang einzubeziehen und zu instrumentalisieren. Vgl. hierzu auch Lill, Kirche und Revolution (Anm. 68), S. 568; Schnabel, *Geschichte* (Anm. 10), S. 11 f.

92 Weber, *Aufklärung* (Anm. 56), S. 139, 148. – „Proselytenmachen" war ein damals häufig verwendeter Begriff für das intensive Werben der Ultramontanen für den Katholizismus und ihren Versuch, Andersgläubige dazu zu bewegen, daß sie konvertierten.

93 Vgl. Weber, *Aufklärung* (Anm. 56), S. 183. – Ebertz, Herrschaft (Anm. 22), S. 101 ff., faßt den von den Ultramontanen eingeleiteten Prozeß der Neuorganisierung von Massenreligiosität sowie der Abschottung und Verdichtung des Sozialmilieus der Katholiken unter dem Begriff „Traditionalisierung" zusammen. D. h., die Sicherung des geistlichen Herrschaftsanspruchs geschah nicht allein durch den Bezug und die Verbindung zum noch existenten Traditionalismus, sondern auch durch die „sozialtechnische Konstruktion neuer sozialer Stütz- und ‚Plausibilitätsstrukturen' ". – Auf diesen Zusammenhang verweist auch Blessing (*Religiöse Erneuerung im Vormärz*, Referat auf dem Historikertag 1984 in Berlin),

Der Konfrontationskurs der Ultramontanen war nicht zuletzt deshalb so erfolgreich, weil er aus Rom volle Rückendeckung erhielt. 1831 war in der römischen Kurie die Partei der ultraorthodoxen „Zelanti" endlich zum Zuge gekommen; ihr Wunschkandidat, der römische Camaldulenser-Mönch Mauro Capellari, bestieg 1831 als Gregor XVI. den Heiligen Stuhl. Er war auch der Favorit Metternichs, der nach der Julirevolution in Frankreich (1830) und nach den revolutionären Kämpfen in Belgien einen möglichst konservativen Papst wünschte[94]. Capellari hatte bereits 1799 den „Triumph des Heiligen Stuhles und der Kirche" über die katholischen Aufklärer prognostiziert. Die Kirchenverfassung war seiner Ansicht nach unveränderlich monarchisch und der Papst als Stellvertreter Christi, analog zu diesem, selbst Regent und bei Entscheidungen „*ex cathedra*" unfehlbar. 1826 hatte Capellari, inzwischen Kardinal, die Propagandaabteilung Leos XII. übernommen. Bereits in dessen Pontifikat wurde der „Tolerantismus" als schlimmster Zeitirrtum verworfen, und das Bündnis von Katholizismus und Liberalismus galt damals in Rom als „ungeheuerliche Allianz"[95]. 1832 verurteilte Gregor XVI. in der Enzyklika „Mirari vos" den liberalen Katholizismus des Lamennais, 1835 verwarf er mit „Dum acerbissimas" den Hermesianismus.

Das Jahr 1837 ist ein Stichdatum für die Genese des politischen Katholizismus im Westen Deutschlands[96]; es ist notwendig, auf das „Kölner Ereignis" kurz einzugehen[97], da der Kölner Mischehenstreit für die Anhänger des ultramontanen Katholizismus im Klerus und bei den Laien ein Schlüsselerlebnis war, dem im politischen Katholizismus des 19. und 20. Jahrhunderts eine fast mythische Bedeutung zukam.

Der Anlaß zur Auseinandersetzung zwischen katholischer Kirche und preußischem Staat bot damals eine preußische Kabinettsordre, die verfügte, daß Kinder aus Misch-

Fortsetzung Fußnote 93
    wenn er die von den Ultramontanen forcierte Regeneration der Volksbräuche als „Enteignung" durch Umwandlung bezeichnet: Durch die „Verschränkung von vitaler Volksreligion und aktiver Kirchenreligion, die Koinzidenz von sozialem Bedürfnis und Institutionsinteresse" sei die „kulturelle und politische Mobilisierung der Gläubigen um die Kirche, die Formierung eines ‚katholischen Lagers' möglich" geworden.
94 Vgl. Buchheim, *Ultramontanismus* (Anm. 5), S. 22. Die „Zelanti" bildeten in der römischen Kurie eine starke Fraktion; sie strebte bereits auf dem Wiener Kongreß die volle Verwirklichung des kanonischen Rechts an, während der Kardinalstaatssekretär Pius' VII., Consalvi, der die Verhandlungen führte, auf das Erreichbare hinarbeitete und — wie erwähnt — kompromißbereit blieb. Die Zelanti verhinderten, daß Consalvi 1823 Papst wurde. Vgl. Schnabel, *Geschichte* (Anm. 10), S. 22, 78.
95 Ebd.; vgl. auch ebd., S. 187.
96 Leitfiguren für den Katholizismus des 19. und 20. Jahrhunderts wie der spätere Mainzer Bischof Wilhelm Emmanuel von Ketteler und die Gebrüder August und Peter Reichensperger änderten daraufhin ihre Lebensplanung. Vgl. hierzu Schnabel, *Geschichte* (Anm. 10), S. 141; Bachem, *Zentrumspartei* (Anm. 73), S. 37, Anm. 1 sowie S. 48, Anm. 1; vgl. auch Weber, *Aufklärung* (Anm. 56), S. 81.
97 Für die Interpretation der „Kölner Wirren" beziehe ich mich auf die präzise Darstellung von Ernst Rudolf Huber (vgl. *Verfassungsgeschichte* [Anm. 58], S. 185—254), die knappe, aber informative Schilderung bei Mülhaupt, *Rheinische Kirchengeschichte* (Anm. 80), S. 297 ff., sowie die ausführliche Beschreibung bei Schnabel, *Geschichte* (Anm. 10), S. 106—164. Vgl. außerdem Winfried Becker, Der politische Katholizismus in Rheinland-Westfalen vor 1890 — Programmatische Entwicklung und regionale Verankerung, in: *Rheinland-Westfalen im Industriezeitalter* (Anm. 78), S. 271—292, bes. S. 27 ff.

ehen generell in der Religion des Vaters zu erziehen seien, es sei denn, die Eltern einigten sich über eine andere Regelung. Die neue Verfügung tangierte die Ansprüche der katholischen Kirche, denn die kirchlich-katholische Eheschließung war von einer Absichtserklärung der Ehepartner abhängig, ihre Kinder katholisch erziehen zu wollen. Die Anordnung, die seit 1803 in Preußen galt und die ab 1825 auch für die preußischen Rheinlande Anwendung finden sollte, hatte die katholische Kirche nicht in den offenen Konflikt mit der preußischen Regierung geführt, solange Erzbischof von Spiegel in Köln residierte. Sein Amtsnachfolger (ab 1835), Clemens August Frhr. von Droste-Vischering, hatte sich schon früher als entschiedener Gegner des aufgeklärten Katholizismus profiliert, als er seinem Priesternachwuchs verbot, die Vorlesungen von Georg Hermes an der Bonner Universität zu hören. Er widersetzte sich — zwar nicht im Einklang mit großen Teilen des rheinischen Klerus, jedoch mit römischer Rückendeckung — der preußischen Kabinettsordre, die er als massiven Eingriff des preußisch-protestantischen Staates in die Autonomie der Kirche bezeichnete. In eklatanter Verkennung der politischen Zusammenhänge — die preußischen Behörden, die für die Polizeimaßnahmen gegen Droste-Vischering verantwortlich waren, hatten sein Verhalten mit der revolutionär-demokratischen Bewegung in Belgien und separatistischen Bestrebungen im Rheinland in Verbindung gebracht — wurde der Erzbischof verhaftet und ohne Gerichtsverfahren mehrere Jahre lang eingekerkert.

Die preußischen Polizeimaßnahmen beförderten in der Folge eine Mobilisierung zugunsten der damals noch keineswegs vorherrschenden ultramontanen Strömung. Der Durchbruch der katholischen Orthodoxie diente der preußischen Bürokratie indes als Legitimation in den latenten und offenen Auseinandersetzungen bis zum Kulturkampf und prägte selbst wieder den Stil der Konfrontation von Kirche und Staat. So wenig nämlich die preußische Regierung dem katholisch-kirchlichen Autonomiestreben und dem ihrer Ansicht nach darin nur schlecht verborgenen Machtwillen der Kirche nachzugeben bereit war, so wenig sahen sich die katholischen Kirchenvertreter zum Rückzug veranlaßt. Daß die Kirchenführung, deren Autorität bei den „res mixtae" (d.h. der Erziehung von Kindern aus Mischehen, der standesamtlichen Trauung, der konfessionellen Schulbildung) von der staatlichen Obrigkeit infrage gestellt worden war, diese Herausforderung annahm, hatte ja gerade dazu beigetragen, das wiedererwachende katholische Selbstbewußtsein zu stärken; es manifestierte sich in einer bewußten Politisierung des alten Konflikts zwischen Staat und Kirche und in einer zunehmend nach außen gerichteten Selbstdarstellung des konservativen Katholizismus. So stießen mit den katholisch-ultramontanen Tendenzen und dem preußisch-protestantischen Obrigkeitsdenken zwei Formen autoritär-restaurativer Politik aufeinander. In der prinzipiellen Unversöhnlichkeit des Gegensatzes bildete sich auf katholischer Seite ein „polemisches Einheitsbewußtsein" heraus, ein „kulturelles Selbstbewußtsein, das sich integriert[e] zum Gegen-Weltbild und Inbegriff der Gegenwerte der liberalen Weltanschauung des 19. Jahrhunderts"[98].

---

98 Clemens Bauer, Der deutsche Katholizismus und die bürgerliche Gesellschaft, in: ders. (Hrsg.), *Deutscher Katholizismus. Entwicklungslinien und Profile*, Frankfurt a. M. 1964, S. 29.

Noch heute sind die historischen Darstellungen des Kölner Kirchenstreites par-
teilich gefärbt, je nachdem, ob der Verfasser Katholik oder Protestant ist[99]. Die her-
metische Argumentation, die in Droste-Vischering nur den Märtyrer für die Rechte
der Kirche sieht, ist auch mentalitätsgeschichtlich interessant; sie ging ein in die
bildhafte Vorstellung vom Zentrumsturm, der noch nach 1945 in der wiedergegründeten Zentrumspartei die Festigkeit katholischer Politik in ihrem Verhältnis zum
Staat symbolisierte. So ist das „Kölner Ereignis" ein erstes Beispiel für die milieu-
bildende Kraft des ultramontanen Katholizismus. Es hatte aber auch wichtige
Konsequenzen für die Parteiengeschichte und die politische Kultur in Deutschland
und zwar in mehrerlei Hinsicht:
– Im Verlauf dieses Konflikts konstituierte sich zum ersten Mal in der neueren
  deutschen Parteiengeschichte eine politische Öffentlichkeit. Als Antwort auf
  Görres' Kampfschrift „Athanasius" – ein erstes Dokument des politischen Katholizismus in Deutschland – erschienen etwa 300 Flugblätter und Pamphlete,
  die für oder gegen den Bischof Partei nahmen. War es am Ort des Geschehens,
  wohl wegen der geringen Popularität des einsamen Bischofs, zunächst zu keinen
  größeren Massenaktionen gegen die preußischen Sanktionen gekommen, so änderte sich dies, als sich die Geister in der öffentlichen Meinung zu scheiden begannen[100].
– Die Kernaussage des „Athanasius", kirchlich-konfessionelle und parteilich-poli-
  tische Richtungen seien notwendigerweise miteinander verbunden, implizierte
  die „Politisierung der Konfessionen wie eine Konfessionalisierung der politischen
  Parteien" und war – so Ernst Rudolf Huber – epochemachend für das sich im
  Vormärz allmählich formierende deutsche Parteiwesen. Der Typus der Weltanschauungspartei, d. h. die „Transposition des konfessionellen Prinzips in den Bereich der gesellschaftlich-politischen Fronten"[101], entstand.

99 Vgl. Mülhaupt, *Rheinische Kirchengeschichte* (Anm. 80), S. 297.
100 Vgl. Bachem, *Zentrumspartei* (Anm. 73), S. 7; Huber, *Verfassungsgeschichte* (Anm. 58),
    S. 250 ff. – Die Linke stellte sich – trotz ihrer Kritik am preußischen Polizeistaat – auf
    die Seite der Regierung. Vgl. Heinrich Heine an Varnhagen von Ense, 13.2.1838, abgedr.
    in: *Heinrich Heine. Werke und Briefe*, 10 Bde., hrsg. v. Hans Kaufmann, Berlin/Weimar
    1980, Bd. 8, S. 582 ff.
    Die Auswertung der Quellen ergibt offensichtlich kein eindeutiges Bild davon, wie die ver-
    schiedenen Bevölkerungsschichten die Verhaftung des Erzbischofs aufnahmen. Die ultra-
    montanen Aktivisten im Klerus und der Hochadel sammelten Geld und Unterschriften und
    hielten untereinander Kontakt. Während Becker (Politischer Katholizismus [Anm. 97], S.
    271) von einer „flächendeckenden Volksopposition" spricht, die sich freilich „nicht in ei-
    nem Ausbruch, eher mit einer eigentümlich phlegmatischen Nachdrücklichkeit" geäußert
    habe, verortet Weber (*Aufklärung* [Anm. 56], S. 82) die Volksunruhen lediglich im Um-
    kreis der Koblenzer ultramontanen Kleriker. Der Aufstand vom 11. Dezember 1837 in
    Münster stand nach Weber nicht in unmittelbarem Zusammenhang mit der Verhaftung des
    Erzbischofs, sondern hatte seinen Anlaß in einer Konfrontation mit dem preußischen Mili-
    tär. – Der münstersche Adel demonstrierte gegen die Verhaftung, indem er die gesellschaft-
    lichen Kontakte zu den preußischen Beamten abbrach. Vgl. Becker, Politischer Katholizis-
    mus, S. 272 f.; Weitz, Adel (Anm. 78), S. 34 f.
101 Huber, *Verfassungsgeschichte* (Anm. 58), S. 253 f. – Wenngleich Görres sich dem Inhalt
    nach nicht nur gegen die preußische Bürokratie, sondern auch gegen Liberalismus und De-
    mokratie wandte, so trug er doch, wie Huber hervorhebt, durch die Popularisierung der
    Verfassungsdiskussion zur Entwicklung des liberal-demokratischen Verfassungsstaates bei
    (vgl. ebd., S. 254 f.).

– Eine weitere, für die Entwicklung der Parteien in Deutschland wichtige Folge des Kölner Ereignisses und seiner Interpretation durch den „Athanasius" war das Ende der „christlich-konservativen Solidarität"[102]. Die Wege der deutschen Konservativen, bei denen Protestanten und Katholiken bisher zusammengefunden hatten, trennten sich.

In seiner anregenden Studie über Aufklärung und Orthodoxie am Mittelrhein kommt Christoph Weber zu dem m. E. richtigen Schluß, daß die politisch-gesellschaftliche und die soziokulturelle Isolation, in die die Katholiken in den Jahren 1850–1870 gerieten und die im Kulturkampf noch weiter verschärft wurde, mit durch die Intransigenz der ultramontanen Kirchenpolitik verursacht war[103]. Die Inkonsequenz dieser Politik lag darin, daß sie sich gegen den in der Konkordatspolitik von ihr selbst mit angelegten Versuch des Ausgleichs mit dem preußischen Staat richtete[104] und – die Parole von der „Freiheit der Kirche" aufgreifend – nach einer Kirche zurücksehnte, die dem sich säkularisierenden Staat übergeordnet sein sollte. Während sie also einerseits – offensiv – ihren Einfluß auf Staat und Gesellschaft erweitern wollte, mußte sie andererseits aus der Defensive heraus die Eingriffe des preußisch-protestantischen Staatskirchentums in das kirchliche Leben abwehren. Die Isolierung des katholischen Lagers war aber nicht nur eine Folge dieser kirchenpolitischen Konfrontationsstrategie; sie erklärt sich auch daraus, daß sich die heterogenen sozialen Kräfte, die sich zur Verteidigung dieser Politik zusammenfanden, im Hinblick auf ihre längerfristigen politischen und gesellschaftlichen Interessen in eine Sackgasse begeben hatten.

Sozialgeschichtlich gesehen, speiste sich dieses Bündnis von beharrenden und vorwärtstreibenden Elementen zum einen aus den erneuerten, aber anachronistischen Geltungsansprüchen der rheinisch-westfälischen Aristokratie, die sich in ihrem Kampf für eine Provinzialverfassung (1815–1824) um ihre standespolitischen Ziele betrogen sah und in den dreißiger Jahren eine reaktionäre Wende vollzog. Im inneren Kreis gestärkt, wenngleich nach außen hin isoliert, beharrte der Adel auf seiner überkommenen Führungsrolle und untermauerte diesen Anspruch jetzt durch sein geschlossenes Eintreten für die Sache des Glaubens. Dieses Verhalten wurde von breiten katholischen Bevölkerungsteilen honoriert. Zum anderen drängten große Teile des kirchenpolitisch-orthodoxen, aber verfassungspolitisch-liberalen katholischen Bürgertums nach politischer und gesellschaftlicher Anerkennung und identifizierten den Kampf für die „Freiheit der Kirche" mit ihren konstitutionellen Bestrebungen. So bildete sich um das Gravitationszentrum der ultramontanen Kirchenpolitik ein soziokultureller Kommunikations- und Erfahrungszusammenhang, in den schichtspezifisch-unterschiedliche politische und ökonomische Interessen einflossen, die aber durch den gemeinsamen Einsatz für die Kirchenfreiheit zeitweise überdeckt waren. Dieses Milieu des politischen Katholizismus war durchzogen von regionalen Identifikationsmustern (z. B. antipreußischen Ressentiments,

---

102 Dazu ausführlicher Schnabel, *Geschichte* (Anm. 10), S. 143 ff.
103 Vgl. Weber, *Aufklärung* (Anm. 56), S. 186 f., vgl. auch S. 51.
104 Vgl. oben Anm. 15.

Rheinromantik), und seine gesellschaftspolitische Dynamik erklärt sich nicht zuletzt vor dem Hintergrund der sozialen und politischen Unruhen des Vormärz. Die amtskirchliche Hierarchie war das Gerüst, das den Milieuzusammenhalt stabilisierte. Hier hatte die ultramontane Personalpolitik die Gewichte unterdessen zu ihren Gunsten verlagert; und die in den ultramontanen Priesterseminaren ausgebildete neue Klerikergeneration hatte gelernt, sich dem Problem der Zeit, der Führung und Organisation der Volksmassen, zu stellen. Der Mainzer Kreis war die Wiege der Pius-Vereine, die 1848 im Rheinland die „Freiheit der Kirche" forderten. Auch die katholischen Bauern in Westfalen gingen 1848 nicht etwa für ihre eigenen politischen und ökonomischen Interessen auf die Straße, sondern ließen sich von Klerikern und adligen Bauernvereinsführern für die kirchen- und kulturpolitischen Essentials mobilisieren[105].

1.5 Zusammenfassung: Ultramontanismus und katholisches Milieu in Rheinland-Westfalen

Zwischen 1830 und 1848 hatten sich im rheinisch-westfälischen Raum Ausläufer einer katholischen Aufklärung verbreitet, die sowohl mit den kirchlichen Orthodoxen als auch mit dem traditionalistischen und von Rationalismus und Aufklärung bisher kaum erfaßten katholischen Kirchenvolk kollidierten. Die theologischen Kontroversen konnten hier unberücksichtigt bleiben; vielmehr wollte ich zeigen, daß die in der Auseinandersetzung mit dem Rationalismus und der französischen Revolution entstandenen aufklärerischen Strömungen im Katholizismus noch vor der Mitte des 19. Jahrhunderts vom Ultramontanismus zurückgedrängt und überdeckt worden sind und seitdem nur noch eine periphere Rolle im deutschen Katholizismus gespielt haben. Der Linkskatholizismus — im Vormärz ein gefährlicher Gegner des Ultramontanismus — war nach 1848 keine relevante kirchenpolitische Kraft mehr und gehört heute „zu den ,vergessenen' Epochen der Kirchengeschichte"[106].

Trotz ihrer pädagogischen und volksverbundenen Bestrebungen war es den katholischen Aufklärern nicht gelungen, über die städtischen Oberschichten hinaus breitere Bevölkerungsteile an sich zu binden. Die eher nüchterne, entmystifizierte und auf das individuelle Gotteserlebnis abstellende Glaubensauffassung der katholischen Aufklärer konnte die emotionalen Bedürfnisse des katholischen Kirchenvolkes in dieser Periode des Umbruchs nicht befriedigen. Die Aufklärer wollten die

---

105 Vgl. Bergsträßer, *Studien* (Anm. 56), S. 142; Reif, Adel (Anm. 78), S. 49; Weitz, Adel (Anm. 78), S. 38. Vgl. auch Valjavec, *Politische Strömungen* (Anm. 13), S. 323. Valjavec weist darauf hin, daß der Konservativen 1848 gelungen sei, Bauern und Kleinbürger für ihr antiliberales Programm zu mobilisieren. Dies sei aber „auf die Dauer nur durch eine stärkere Betonung wirtschaftlicher und sozialer Gesichtspunkte zu erreichen" gewesen, was andererseits wiederum eine Aushöhlung der konservativen Bewegung zur Folge gehabt habe.

106 Weber, *Aufklärung* (Anm. 56), S. 185, Anm. 8; vgl. auch Geller, Sozialstrukturelle Voraussetzungen (Anm. 22), S. 83.

Masse der katholischen Gläubigen auch gar nicht als politischen Faktor in der Auseinandersetzung zwischen Kirche und Staat einsetzen. Im Vormärz formierte sich dagegen ein katholisches Milieu, das sich unter dem Vorzeichen der ultramontanen Kirchenpolitik politisierte. Die gegen Rationalismus und Aufklärung gerichtete restaurative Politik des Ultramontanismus griff konsequent auf Mentalitäten und psychische Strukturen zurück, die durch einen vorbürgerlichen, agrarisch-ständischen, hierarchischen Katholizismus mitgeformt worden waren; sie assimilierte Frömmigkeitsformen, die am voraufklärerischen, gegenreformatorischen Katholizismus anknüpften. Demgegenüber war der Hermesianismus Ausdruck eines bürgerlichen, aufgeklärten Katholizismus[107]. Das zeigte sich nicht nur in dem Versuch, Dogma und Vernunft, Theologie und Wissenschaft miteinander zu verbinden, sondern offenbarte sich auch in den Geselligkeitsformen und der biedermeierlichen Lebensweise der Hermesianer[108].

Nach links abgedrängt waren die radikal-demokratischen Kleriker, die nicht nur eine – von der Amtskirche im Konsens mit den Staatsbehörden gesteuerte – gemäßigte Reform von oben anstrebten, sondern für eine weitgehende Demokratisierung der Kirchenverfassung eintraten und – im Unterschied zur Mehrheit der Hermesianer – 1848 auch zu den aktiven revolutionären Kräften stießen[109]. Solche Unterschiede zwischen einer linken und einer rechten Strömung im aufgeklärten Katholizismus des 19. Jahrhunderts verwischten sich jedoch oft genug unter dem Druck der ultramontanen Angriffe auf alle Spielarten des Rationalismus[110]. Es wäre aber eine unzulässige Vereinfachung, wollte man die Ultramontanen schlechthin der Restauration, die katholische Aufklärung hingegen der bürgerlichen Revolution zuordnen. Bedeutsam für die Ausprägung des politischen Katholizismus im Vormärz war ja gerade – und darin liegt der Stellenwert des „Kölner Ereignisses" –, daß es zu einem Bündnis zwischen den ultramontanen Kirchenpolitikern und der „‚konstitutionelle[n] Mitte des politischen Katholizismus' [kam], die innerkirchlich und kirchenpolitisch eine dogmenstreng-romtreue Haltung einnahm, dagegen staatspolitisch den Forderungen der liberalen Verfassungsbewegung zustimmte"[111]. Auch bei den Ultramontanen gab es 1848 im übrigen vereinzelt demokratische Abspaltungen, als deren Motive wohl ein starkes soziales Engagement angesichts des extre-

---

107 Vgl. Lill, Kirche und Revolution (Anm. 68), S. 569; Weber, *Aufklärung* (Anm. 56), S. 71, 183 f. – Weber analysiert nicht nur die Lebensweise, sondern auch die Klassengebundenheit der Hermesianer.
108 Vgl. ebd. – Den Hermesianern im Rheinland wie den rationalistischen Pfarrern in Pommern wurde vorgeworfen, sie tränken Alkohol und rauchten Pfeife, spielten Karten, liebten die Diskussion und verkehrten in geselligen und literarischen Kreisen. Ultramontane Kritiker nahmen den Hermesianern übel, daß sie sich zivil und nicht nach Standestracht kleideten; wegen der großen Stiefel und der Brillen wurden sie als typische Vertreter Preußens angesehen, in dem Militär und Schule bzw. Wissenschaft den Ton angaben.
109 Vgl. Schnabel, *Geschichte* (Anm. 10), S. 271. – Hierzu sind auch die Deutschkatholiken zu rechnen (vgl. oben Anm. 88).
110 Vgl. Weber, *Aufklärung* (Anm. 56), S. 185, 76 f.: Die Annäherung erfolgte Mitte der dreißiger Jahre.
111 Huber, *Verfassungsgeschichte* (Anm. 58), S. 364.

men Pauperismus im Vormärz und ein ausgeprägtes antipreußisches Ressentiment anzunehmen sind[112].

Hans Buchheim sieht in der ultramontanen Bewegung den Ausgangspunkt der christlichen Demokratie in Deutschland, denn sie habe die Laien in Bewegung gebracht; im katholischen Vereinswesen hätten sich Demokratie und Katholizismus miteinander verbunden. Tatsächlich wurde die Laienaktivierung von der ultramontanen Bewegung, die in ihren Mobilisierungsformen durchaus modernisierend wirkte, befördert. Andererseits hatten es die katholischen Vereinsmitglieder nicht leicht, die klerikale Bevormundung abzustreifen. Außerdem richtete sich die inhaltliche Kritik der ultramontanen Bewegung am preußischen Staat und später am Bismarckreich im wesentlichen gerade nicht gegen undemokratische gesellschaftliche Strukturen, sondern suchte die von der modernen Entwicklung zerstörten tradierten Lebensverhältnisse wiederherzustellen[113]. In diesem Sinne hat die neuere Katholizismusforschung Buchheims These differenziert: Erst die in den folgenden Jahrzehnten aus dem katholischen Milieu herauswachsenden Organisationen (Zentrumspartei, Volksverein, Christliche Gewerkschaften), nicht der Ultramontanismus selbst, hätten Beiträge zur gesellschaftlichen und politischen Demokratisierung in Deutschland geleistet[114]. Festzuhalten bleibt auch, daß der politische Katholizismus erst in einem langwierigen Prozeß und in der Auseinandersetzung mit radikaleren Elementen aus konservativen und liberalen Strömungen zusammenwuchs[115]; das Verhältnis des Katholizismus zur Demokratie blieb freilich bis weit in das 20. Jahrhundert hinein ungeklärt oder gestört.

Auch der soziale Katholizismus, der seit Mitte des 19. Jahrhunderts in Deutschland aufblühte, war nicht genuin demokratisch. Er war eher „volkskonservativ" und hatte, da er sich gegen den kapitalistischen Industrialisierungsprozeß wendete, eine starke antiliberale Komponente[116]. Der neue Typus des sozialen Pfarrers (Adolph Kolping, Ketteler u. a.) unterschied sich vom praktischen Tatchristentum der katholischen Aufklärer; er wollte Formen der christlichen Caritas wiederbeleben, die seit der Säkularisation nur noch in beschränktem Umfang existierten, und auf die neue Situation anwenden. Kirchliche Armenpflege sollte nicht nur materielle Hilfe leisten

---

112 Vgl. Weber, *Aufklärung* (Anm. 56), S. 185 f.; Lill, Kirche und Revolution (Anm. 68), S. 575.
113 Vgl. Buchheim, *Ultramontanismus* (Anm. 5), S. 9, 80, 516 f. – Zur Kritik an Buchheim vgl. auch Wilfried Loth, *Katholiken im Kaiserreich. Der politische Katholizismus in der Krise des wilhelminischen Deutschlands (Beiträge zur Geschichte des Parlamentarismus und der politischen Parteien*, Bd. 75), Düsseldorf 1984, S. 157, Anm. 50.
114 Vgl. Lill, Kirche und Revolution (Anm. 68), S. 567.
115 Vgl. Schnabel, *Geschichte* (Anm. 10), S. 195, 200. – In seiner Rezension des Buchheimschen Buches urteilte Lill über das Verhältnis von Ultramontanismus und Demokratie, „daß die Konzepte Pius' IX. und des von ihm so nachhaltig geförderten Ultramontanismus ,wohl weitgehend dem plebiszitären Cäsarismus Napoleons III. entlehnt [waren], welcher eher totalitären als demokratischen Regierungsformen vorgearbeitet hat'" (zit. nach Lill, Kirche und Revolution [Anm. 68], S. 568).
116 Vgl. Schnabel, *Geschichte* (Anm. 10), S. 271, 202 ff. – Der soziale Katholizismus war – so Schnabel – eine Art Korrektiv zum Konstitutionalismus, indem er eine „zeitgemäße Restauration" einleitete und „den korporativen Gedanken neu belebte".

und pädagogische Wirkung haben, sondern vor allem den geistlichen Einfluß auf die Unterschichten sichern[117]. Die amtskirchliche Hierarchie beanspruchte eine Kompetenz für die Gestaltung der Sozialbeziehungen der Christen in Gemeinde, Familie und Staat und strukturierte als ein Apparat der sozialen Kontrolle das katholische Milieu. Die katholische Sozialbewegung verband sich schon früh mit dem Restaurationskatholizismus der Mainzer Richtung[118] und verbreitete sich rasch mit Hilfe der zahlreichen Vereine und christlichen Genossenschaften (z. B. den Barmherzigen Schwestern, den Vinzenzvereinen usw.), dem Laienapostolat und den Volksmissionen.

So war die Institution der katholischen Kirche letztlich gestärkt aus den Erschütterungen des Jahrhunderts der Aufklärung und der Säkularisierung hervorgegangen. Auch unabhängig von ihrem parteipolitischen Engagement wurde sie im 19. Jahrhundert wieder zu einem − indirekt wirkenden − „politischen Faktor ersten Ranges"[119]. Der politische Katholizismus im preußisch dominierten Teil Deutschlands des 19. Jahrhunderts läßt sich begreifen als eine unter neuen politischen Bedingungen entstandene neue Organisationsform katholisch-politischer Interessenvertretung; sie war für die Kirche um so notwendiger, als mit der beginnenden Industrialisierung und Demokratisierung eine bis dahin unbekannte soziale und politische Mobilität einsetzte, auf die die kirchlichen Institutionen auch politisch-organisatorisch reagieren mußten. Die soziale Basis dieser Bewegung war heterogen. Da der Säkularisierungsprozeß zunächst das Bildungs- und Besitzbürgertum erfaßt hatte, in dem sich eine deutliche Distanz zum Offenbarungsglauben verbreitete, stützte sich die römische Kirche in der ersten Hälfte des 19. Jahrhunderts vor allem auf das traditionalistische Potential der agrarischen und handwerklichen Schichten und − im Zuge der Industrialisierung − auch auf sozial Entwurzelte sowie auf Teile der katholischen Industriearbeiterschaft. Neben den romtreuen Konservativen und Konstitutionellen aus dem katholischen Bürgertum stellte auch der rheinische und westfälische Adel eine Stütze der ultramontanen Richtung dar; er hatte im Kampf für die „Kirchenfreiheit" seine politische und gesellschaftliche Isolation durchbrochen. Seit 1837 übernahm er im Vorfeld der Gründung einer Katholischen Fraktion in der Frankfurter Paulskirche (1848) eine bedeutende Organisationsfunktion und setzte sich an die Spitze der antipreußischen Opposition[120].

In dieser Konstellation, die sich durch die Verbindung der ultramontanen Kirchenpolitik mit dem überlebten Eliteanspruch des katholischen Adels zum einen und dem orthodox-katholischen, konstitutionell gesonnenen Bürgertum zum anderen und die Konfrontation dieses Bündnisses mit der preußisch-protestantischen Hegemonialmacht ergeben hatte, war der Weg der deutschen Katholiken ins Ghetto

---

117 Vgl. hierzu Georg Ratzinger, *Geschichte der kirchlichen Armenpflege*, München 1884, insbes. S. 432−597.
118 Vgl. Schnabel, *Geschichte* (Anm. 10), S. 273. − Hier sind auch die Aktivitäten Kettelers und Kolpings zu nennen (vgl. ebd., S. 207 f.).
119 Ebertz, Herrschaft (Anm. 22), S. 111.
120 Die 1837 entstandene adlig-ultramontane Koalition bestimmte personell die Entstehungsphase der Zentrumspartei (vgl. Weitz, Adel [Anm. 78], S. 34 f.).

bereits angelegt. Die innere Mobilisierung, die Verdichtung und Stärkung des Milieus, mochte zunächst noch darüber hinwegtäuschen. Damit entstanden auch die politisch-psychologischen Voraussetzungen für die verschärfte Auseinandersetzung der römisch-katholischen Kirche mit der kleindeutschen Reichsregierung im Kulturkampf (1871–1887). Eingebunden in diesen historisch-politischen Bedingungszusammenhang entfalteten sich sowohl die Zentrumspartei als auch die katholische Sozialbewegung. Zwar erweiterten die katholischen Organisationen die Partizipationschancen der katholischen Massen im 19. Jahrhundert erheblich; gleichwohl stabilisierten sie eine passive Konsumentenrolle und Unterordnungsmentalität[121]. Dieser doppelte Effekt trug andererseits nicht wenig dazu bei, das Milieu und seinen Schulterschluß mit der amtskirchlichen Hierarchie zu festigen[122].

Politischer Katholizismus und katholische Sozialbewegung durchdrangen einander indessen erst in der zweiten Hälfte des 19. Jahrhunderts. So nahm der politi-

---

121 Vgl. Ebertz, Herrschaft (Anm. 22), S. 108; vgl. auch ebd., S. 102. – Zwar waren die Vereine und Verbände Laienorganisationen, doch dominierte in ihrer Führungsstruktur der amtskirchlich abgeordnete Präses. Diese Entwicklung war 1848 noch nicht entschieden. Das Mainzer und das Kölner Modell traten zueinander in Konkurrenz: Dort, wo nach dem Mainzer Vorbild Piusvereine gegründet wurden, hatten Geistliche die Führung inne. Der Mainzer Piusverein beschränkte sich auf strikt religiöse Zwecke und forderte in diesem Sinne Kirchenfreiheit und Erziehungs- bzw. Unterrichtsfreiheit. Seine Statuten ließ er vom Heiligen Stuhl bestätigen. In Köln hingegen bildeten Laien die Führungsspitze des Piusvereins. Als Zweck des Vereins bestimmte die Satzung, „die sozialen und politischen Fragen vom katholischen Standpunkt aus zu behandeln", insbesondere die Freiheit, Unabhängigkeit und das Wohl der katholischen Kirche zu fördern (vgl. Bachem, *Zentrumspartei* [Anm. 73], S. 16; Buchheim, *Ultramontanismus* [Anm. 5], S. 56; Bergsträßer, *Studien* [Anm. 56], S. 151).
Einen plastischen Eindruck vom politischen Stil in den Piusvereinen (wohl der Mainzer Couleur) vermittelt Riehl, *Naturgeschichte des Volkes* (Anm. 79), Bd. 1, S. 326 f., mit seinem kleinen Sittenbild: „Unter andächtiger Kirchenstille ward ein das Streben der Vereine anerkennendes Schreiben des Papstes verlesen. Nur auserlesene Redner traten auf, wie wenn es zur selbstverständlichen Disciplin dieser einer strengen Kirchenzucht befreundeten Versammlung gehöre, daß nicht jeder Laie und Liebhaber dreinrede wie ihm der Schnabel gewachsen. Man vernahm nicht bloß den breiten phlegmatischen Kanzelton, sondern daneben auch jene hinreißenden Accente eines glühheißen Glaubenseifers, rednerische Bruchstücke, welche klangen wie wenn sie aus dem Munde eines wandernden mittelalterlichen Kreuzpredigers kämen, wohl auch gewürzt mit einem derben volksthümlichen Humor, der nicht unvorteilhaft an die Traditionen der Capuziner erinnerte."
Die seit den sechziger Jahren entstandenen christlich-sozialen Arbeitervereine hatten, wie die Beispiele in Aachen und Essen zeigen, nur einen geringen Spielraum gegenüber der Amtskirche und der Honoratiorenschaft der Zentrumspartei; und in den achtziger Jahren war die Autonomie der Laien im katholischen Vereinswesen noch weiter reduziert. Vgl. Franz Focke, *Sozialismus aus christlicher Verantwortung. Die Idee eines christlichen Sozialismus in der katholisch-sozialen Bewegung und in der CDU*, Wuppertal 1978, S. 35–50; Ute Schmidt, Katholische Arbeiterbewegung zwischen Integralismus und Interkonfessionalität. Wandlungen eines Milieus, in: *Das Ende der Arbeiterbewegung in Deutschland? Ein Diskussionsband für Theo Pirker*, hrsg. v. Rolf Ebbighausen/Friedrich Tiemann (*Schriften des Zentralinstituts für sozialwissenschaftliche Forschung der Freien Universität Berlin*, Bd. 43), Opladen 1984, S. 216–239.
122 Vgl. Lill, Kirche und Revolution (Anm. 68), S. 571. – Hier hat der Antiliberalismus des sozialen Katholizismus seinen materiellen Hintergrund, denn die katholische Kirche nahm sich der von den Liberalen abgedrängten sozialen Probleme der verarmten Mittel- und Unterschichten an.

sche Katholizismus als soziale Bewegung seinen Ausgangspunkt nicht etwa von den Maximen der katholischen Soziallehre, um ihnen in einer sich säkularisierenden Welt zum Durchbruch zu verhelfen. Das der katholischen Soziallehre zugrundeliegende sozialphilosophische System des Thomismus gewann seine spezifische ideologische Funktion vielmehr erst im ausgehenden 19. Jahrhundert in der Auseinandersetzung mit dem Liberalismus und dem Sozialismus. Der politische Aufbruch der deutschen Katholiken im 19. Jahrhundert bezog seine Dynamik dagegen aus einem Einheitsbewußtsein, das durch die Politisierung des konfessionellen Gegensatzes schon *vor* dem Beginn des kapitalistischen Industrialisierungsprozesses in Deutschland entstanden war[123]. In diesem − immer wieder reaktivierten − emotionalen Einheitserlebnis, das auch die Volksparteien-Ideologie der Zentrumspartei mitbegründete, waren die verschiedenen sozioökonomischen Interessen und verfassungspolitischen Konzeptionen scheinbar aufgehoben. Die Ausprägung dieses Einheitsbewußtseins − es blieb Strukturprinzip des katholischen Milieus, in dem die Zentrumspartei lebte − läßt freilich erkennen, daß im deutschen Katholizismus des 19. und beginnenden 20. Jahrhunderts die „Enkel der Kreuzfahrer" über die „Kinder Voltaires" gesiegt hatten[124].

123 Vgl. Bauer, Katholizismus (Anm. 98), S. 29 ff.
124 Schnabel, *Geschichte* (Anm. 10), S. 189.

Kapitel 2: Von der „reichsfeindlichen Opposition" zur staatsloyalen Integrationspartei: zur Entwicklung des Zentrums von 1870 bis 1933

2.1 Parlamentarische Vorläufer

In den süddeutschen Staaten Bayern, Baden, Württemberg und Hessen, in denen sich seit dem Ende der Befreiungskriege ein verfassungsmäßig abgesichertes parlamentarisches Leben entwickelte, setzten sich katholische Geistliche und Laien als Abgeordnete schon früh „treu und eifrig"[1] für die Interessen der katholischen Kirche ein. Es ist nicht verwunderlich, daß in jener Umbruchphase, in der die letzten Ausläufer einer „katholischen Aufklärung" von der Orthodoxie zurückgedrängt wurden, ihre Ansichten zu einzelnen kirchenpolitischen Fragen — je nach ihrem biographischen Hintergrund — nicht deckungsgleich waren; wenn es um politische Positionen ging, ließen sie sich erst recht nicht auf einen Nenner bringen. So kam es zunächst noch zu keiner Parteibildung im katholischen Lager. Auch die ersten Ansätze zu einer parteiförmigen katholischen Interessenvertretung, der „Katholische Klub" bei der Deutschen Nationalversammlung in der Frankfurter Paulskirche (zusammengetreten am 14. Juni 1848) und die „Katholische Fraktion" im Preußischen Abgeordnetenhaus, waren Zusammenschlüsse mit einer begrenzten Funktion, die sich schon bald wieder auflösten[2]. Die katholischen Abgeordneten in der Paulskirche, die sich in einem interfraktionellen, explizit außerparlamentarischen „Verein" zusammengeschlossen hatten, beschränkten sich darauf, die kirchen- und kulturpolitischen Artikel der Frankfurter Reichsverfassung mit auszuarbeiten. Immerhin stellte dieser katholisch-konfessionelle Zweckverband, der auf Anregung der Bischöfe zustandegekommen war, die erste „förmliche Organisation katholischer Parlamentarier mit dem Zwecke der Vertretung der kirchlichen Rechte und der katholischen Interessen" dar[3]. Die Verbindung der katholischen Parlamentarier

---

1 Karl (Carl) Bachem, *Politik und Geschichte der Zentrumspartei*, Köln 1918, S. 99.
2 Vgl. ebd., S. 100 ff.
3 Karl Bachem, *Vorgeschichte, Geschichte und Politik der deutschen Zentrumspartei. Zugleich ein Beitrag zur Geschichte der Katholischen Bewegung sowie zur allgemeinen Geschichte des neuen und neuesten Deutschland 1815—1914*, 9 Bde., Köln 1927, Bd. 2, S. 35. — Eine kritische Einschätzung der Arbeit der katholischen Parlamentarier im Jahr 1848 gibt aus sozialdemokratischer Sicht die fundierte Darstellung der Vorgänge im Frankfurter Parlament von Wilhelm Blos, *Die deutsche Revolution*, Berlin/Bonn 1978, S. 255 ff. — Rudolf Morsey schätzt die politische Effektivität der Geistlichen in der Frankfurter und der Preußischen Nationalversammlung als gering ein, da ihnen jede politische Erfahrung gefehlt habe. Er weist andererseits darauf hin, daß alle sechs preußischen Bischöfe Mitglied der Berliner Nationalversammlung gewesen sind. Vgl. Rudolf Morsey, Kirche und politische Parteien 1848—1948/49, in: *Kirche — Politik — Parteien*, hrsg. v. Anton Rauscher, Köln 1974, S. 13. Morsey bezieht sich auf die Arbeit von Ernst Deuerlein, *Der katholische Klerus in der ersten Deutschen Nationalversammlung 1848/49*, Phil. Diss., München 1947.

zur katholischen Vereinsbewegung (Piusvereine), die 1848 kurzfristig hergestellt wurde[4], gab ihnen einen starken Rückhalt, ging aber wenig später verloren.

In der Preußischen Nationalversammlung, die zur gleichen Zeit tagte und eine Verfassung für das Königreich Preußen schaffen sollte, verhinderten die politischen Differenzen unter den Abgeordneten eine feste Fraktionsbildung analog zum Frankfurter Katholischen Klub; nur die katholischen Vertreter aus Rheinland-Westfalen gingen in der „Katholischen Fraktion" zusammen. Gleichwohl sorgte der Kölner Erzbischof von Geissel für die Geschlossenheit der katholischen Parlamentarier in Fragen von kirchenpolitischem Interesse. Mit 39 katholischen Priestern als Abgeordneten − darunter so prominenten Vertretern des Episkopats wie von Geissel selbst oder Bischof Drepper aus Paderborn − sicherte die Kirche im übrigen ihr Gewicht in der Verfassunggebenden Versammlung. In den 1849 neugewählten preußischen Kammern sahen die katholischen Repräsentanten keinen Anlaß, sich zusammenzuschließen, da der − reduzierte − Grundrechtskatalog der 1848 oktroyierten und 1850 revidierten Verfassung ein entspanntes kirchenpolitisches Klima gewährleistete. Erst die „Raumerschen Erlasse", die die Ausbreitung des Jesuitenordens behinderten und die Ausbildung deutscher Theologiestudenten am Collegium Germanicum in Rom verboten, schränkten die Aktionsmöglichkeiten der römisch-katholischen Kirche wieder erheblich ein und boten bei den im Herbst 1852 anstehenden Neuwahlen genügend Konfliktstoff.

Während in Baden katholische Geistliche auch bei den Demokraten zu finden waren, neigten die katholischen Parlamentarier in Frankfurt und Berlin den legitimistisch denkenden Konservativen oder dem monarchistisch-konstitutionellen Flügel zu. Fast alle katholischen Abgeordneten in der Frankfurter Paulskirche und in der Preußischen Nationalversammlung dachten großdeutsch und sehnten sich nach einem deutschen Reich unter katholisch-habsburgischer Dynastie, das Preußen und Österreich einschloß. Doch gab es im katholisch-konservativen Lager auch eine Minoritätsposition; ihre Anhänger fühlten sich dem preußischen Herrscherhaus verpflichtet und traten (wie General Joseph M. von Radewitz, Felix Fürst Lichnowski, Carl G. Rintel) für eine kleindeutsch-preußische Lösung im Bündnis mit Österreich ein.

---

4 Vgl. Bachem, *Vorgeschichte* (Anm. 3), Bd. 2, S. 11 ff., 49 f. − Anläßlich der Grundrechtediskussion in der Paulskirche kam es 1848/49 ansatzweise zu einer Koordination von parlamentarischen und außerparlamentarischen Aktivitäten des politischen Katholizismus, als die katholischen Abgeordneten der Rechten (Milani) und des rechten Centrums (Casino) mit den Piusvereinen Verbindung aufnahmen. Diese Kooperation von Parlamentsfraktionen und katholischem Vereinswesen blieb jedoch politisch reduziert und war nicht von langer Dauer, denn die Interessen des politischen Katholizismus beschränkten sich − im Gegensatz zu den demokratischen Ansätzen zur Parteibildung − auf einen Teilbereich von Politik: die aktuelle Einflußnahme auf die Neuregelung des Verhältnisses von Kirche und Staat und die Mobilisierung der katholischen Bevölkerung für kirchlich-katholische Anliegen. Erst im Kaiserreich gelang dem politischen Katholizismus eine dauerhaftere Kombination von Parlamentsfraktion (Zentrum) und einer breiten Massenorganisation, dem Volksverein. Vgl. hierzu Dieter Langewiesche, Die Anfänge der deutschen Parteien. Partei, Fraktion und Verein in der Revolution 1848/49, in: *Geschichte und Gesellschaft*, 4. Jg. (1978), H. 3, S. 356; vgl. auch Ludwig Bergsträßer, *Studien zur Vorgeschichte der Zentrumspartei* (*Beiträge zur Parteigeschichte*, Bd. 1), Tübingen 1910, S. 164 f.

Die Katholische Fraktion (ab 1852) und die Zentrumsfraktion (ab 1860) im Preußischen Abgeordnetenhaus begeisterten sich inzwischen nicht mehr allein für die Freiheit der Kirche, sondern begannen sich auch für „reinpolitische und bürgerliche Einzelfragen" zu interessieren[5]. Die Mehrheit der Abgeordneten stellte sich ganz bewußt auf den Boden der Verfassung, um die inzwischen erreichte Absicherung kirchenpolitischer Interessen nicht zu gefährden. Durch ihr Bekenntnis zur Verfassung unterschied sich die „Konstitutionelle Rechte" von den Reaktionär-Konservativen, die gegen jede verfassungsrechtliche Beschränkung der Monarchie eintraten. Hatten vor 1848 im politischen Katholizismus Preußens die Katholisch-Konservativen dominiert, so setzten sich jetzt die Konstitutionellen durch. Bis auf Hermann von Mallinckrodt traten die durchweg adligen Vertreter der antikonstitutionell-konservativen Richtung 1853 aus der Fraktion aus und schlossen sich teilweise den Rechten an[6].

Die Katholische Fraktion war eine lockere Honoratiorengruppe, keine durchgebildete Partei. Die Gebrüder Reichensperger, die Führer der „Konstitutionellen Rechten", auch „Rheinische Liberale" genannt, drängten zwar darauf, die konfessionelle Gruppierung zur politischen Fraktion umzubilden und ihr ein Programm zu geben. Doch verliefen diese Ansätze im Sande, teils wegen des Widerstandes vieler Abgeordneten, teils aus Rücksicht auf die katholischen Wähler, deren Interesse nach 1848 zeitweise ohnehin nicht eben stark gewesen zu sein scheint[7]. Erst in der „Neuen Ära" nach 1858 wurde die Fraktion — auf Anregung des preußischen Ministerpräsidenten, Fürst Karl A. von Hohenzollern — umbenannt und hieß nun „Fraktion des Zentrums (Katholische Fraktion)"[8]. Aber auch jetzt konnte man sich nicht auf ein politisches Programm jenseits der Absicherung kirchenpolitischer Ziele verständigen. Im Konflikt über die Heeresreform und das verfassungsmäßig gesicherte Budgetrecht des Parlaments versuchte das Zentrum zwischen Liberalen und Konservativen zu vermitteln, tendierte aber unterdessen — wegen der Nähe zu den Konservativen in kirchenpolitischen Fragen und der Vorbehalte gegen den Wirtschaftsliberalismus — wieder stärker nach rechts. Die mangelnde Konsensfähigkeit der katholischen Parlamentarier in der politischen Auseinandersetzung, ein schleichender Legitimationsverlust der katholischen Honoratioren bei ihren Wählern wegen ihres Zurückweichens in der Verfassungsfrage und die undeutliche Funktion einer katholischen Politik trugen in den sechziger Jahren zum Zerfall der Fraktion bei[9].

Mit der Bildung des Norddeutschen Bundes (1867) und der Reichsgründung (1870/71) verbesserten sich die Voraussetzungen dafür, daß sich das Zentrum als politische Partei konsolidieren konnte. Denn:

5 Bachem, *Politik* (Anm. 1), S. 113.
6 Vgl. ebd., S. 117; Ernst Rudolf Huber, *Deutsche Verfassungsgeschichte seit 1789*, Bd. 2: *Der Kampf um Einheit und Freiheit 1830—1850*, Stuttgart 1960, S. 365.
7 Vgl. Bachem, *Vorgeschichte* (Anm. 3), Bd. 2, S. 93.
8 Vgl. Bachem, *Politik* (Anm. 1), S. 119.
9 Vgl. ebd., S. 120 ff.

– Im kleindeutschen Reich Bismarckscher Prägung wurde der katholische Bevölkerungsteil zur Minorität. Die katholischen Kirchenvertreter sahen ihre schul- und kulturpolitischen Interessen jetzt durch die preußische Dominanz im Reich und durch den sich mit diesem Hegemonieanspruch identifizierenden – faktisch erneut zur Staatskirche avancierten – Protestantismus bedroht. Daher brauchten sie ein politisch handlungsfähiges Instrument, mit dessen Hilfe sie ihre Interessen gegenüber dem Staat vertreten konnten.

– Die Bismarcksche Reichsgründung und das Scheitern einer großdeutschen Lösung setzte den Wortführern der deutschen Katholiken von außen her die Rahmenbedingungen für ihre politisch-organisatorische Einigung, die sie sich aufgrund ihrer programmatisch-politischen Uneinigkeit bisher nicht selbst hatten schaffen können[10]. Als einer der ersten erkannte der Mainzer Bischof Ketteler, daß das neugeschaffene Staatsgebiet den Katholiken nunmehr die Grundlage bot, ihre Initiativen im nationalen Rahmen zu koordinieren. Er hatte schon in Frankfurt den politischen „Indifferentismus" des Katholischen Klubs kritisiert. Für ihn trat jetzt die staatspolitische Funktionsbestimmung gleichberechtigt neben die kirchenpolitische Aufgabe[11].

– Die Kooperation der protestantischen Rechten mit den Liberalen, die Bismarck nach 1866 einleitete, nährte bei vielen Katholiken die Furcht vor der politischen und gesellschaftlichen Isolierung.

So setzte sich im katholischen Lager allmählich die Einsicht durch, daß die katholisch-kirchlichen Anliegen und die gesellschaftlichen Paritätsansprüche der Katholiken im neuen Deutschen Reich auf Dauer nur mit Hilfe einer eigenständigen, primär politischen Partei gesichert werden könnten. Im Sommer 1870, also noch vor Beginn des deutsch-französischen Krieges, gingen daher ehemalige Mitglieder der katholischen Fraktion daran, wieder eine Zentrumsfraktion zu gründen[12].

2.2 „Für Wahrheit, Recht und Freiheit" – Programmatische Grundlinien der Zentrumspartei

In den Jahren 1864–1866 traf sich im westfälischen Soest ein Freundeskreis um Hermann von Mallinckrodt, in dem katholische Abgeordnete, Verwaltungsbeamte, Geistliche und Gutsbesitzer aus Westfalen Vorarbeiten für ein Programm der Zentrumsfraktion leisteten. Einer der ersten Entwürfe, in dem die wichtigsten Programmpunkte der späteren Zentrumspartei enthalten waren, ist das Programm von Münster (Juni 1870), das aus dem Umkreis der Soester Konferenzen hervorging. Es

---

10 Zu den subjektiven Anpassungsproblemen, die die neue Situation für führende Vertreter des politischen Katholizismus mit sich brachte, vgl. Rudolf Morsey, Bischof Ketteler und der politische Katholizismus, in: *Staat und Gesellschaft im politischen Wandel. Beiträge zur Geschichte der modernen Welt*, hrsg. v. Werner Pöls (*Festschrift für Walter Bußmann*), Stuttgart 1979, S. 203–223.
11 Vgl. Bachem, *Politik* (Anm. 1), S. 103 f.
12 Vgl. ebd., S. 134.

beginnt mit den kirchenpolitischen Essentials der Ultramontanen und fordert die Freiheit und Selbständigkeit der Kirche, die verfassungsmäßige Sicherung der Religionsbekenntnisse, die christliche Ehe statt der „leeren Form" der Zivilehe, die Konfessionsschule bzw. das „Recht der Kirche an der Schule". Dann folgen staatspolitische Forderungen: ein Bundesstaat, der aber die Unabhängigkeit und Selbständigkeit der Bundesländer gewährleiste, die Dezentralisierung der Verwaltung, eine Beschränkung der Ausgaben zu Kriegszwecken. Auf sozialpolitischem Gebiet sollte ein Ausgleich zwischen Grundbesitz, Kapital und Arbeit in Gestalt eines „kernigen" Mittelstandes geschaffen werden. Die wirtschaftliche Existenz der Arbeiter müsse gesichert werden, jedoch dürften die Ansprüche an den Staat nicht überspannt werden. Die Arbeiter müßten allerdings vor moralischem und körperlichem Ruin geschützt werden[13].

In zwei folgenden Wahlaufrufen (dem vom 11. Juni, verfaßt von Peter Reichensperger, und dem des westfälischen Bauernvereins vom 18. Juni 1870) werden sämtliche Kardinalforderungen wiederaufgenommen. Reichensperger hatte die soziale Frage fallengelassen, doch kam sie auf Druck der christlich-sozialen Vereine wieder ins Wahlprogramm („Essener Programm" vom 30. Juni 1870)[14]. Im Herbst 1870 erschienen zwei weitere, nur wenig veränderte Fassungen, von denen vor allem das „Soester Programm" vom 28. Oktober bekannt wurde. Obwohl es von der Zentrumspartei nie formell als Parteiprogramm übernommen wurde, identifizierten sich die Zentrumsanhänger fast ein Jahrhundert lang mit dieser Programmatik, weil sie ihrer politischen Grundhaltung, dem „Zentrumsgeist", Ausdruck verlieh. Das „Essener Programm" vom 30. Oktober war ebenfalls ein Wahlprogramm; es legte die Betonung stärker auf die Arbeiterfrage und schloß mit der Parole: „Katholiken seid einig. Für Wahrheit, Freiheit und Religion."[15] Nur das Programm von Münster verlangte die verfassungsmäßige Absicherung der Rechte *aller* Religionsbekenntnisse. In den übrigen Programmen ist allein vom Recht der katholischen Kirche die Rede, das es abzusichern gelte, und somit die Verengung auf den konfessionell-katholischen Standpunkt nicht überwunden[16]. Die Arbeiterfrage wird in allen Programmen generell unter bloß karitativem Aspekt betrachtet: Fürsorge für den aufkommenden „Stand", Förderung seiner Interessen durch eine „gesunde christliche Gesetzgebung", Arbeiterschutz, Warnung vor einer „Überbürdung" des Arbeiters.

Ein von Bischof Ketteler 1871 verfaßtes und 1873 veröffentlichtes Programm enthielt weitere Programmpunkte als die bisher genannten. Dieses Programm wird hier deshalb erwähnt, weil es illustriert, daß „weitblickende" Katholiken (Carl Bachem) sich bereits eine interkonfessionelle Kooperation vorstellen konnten. In Kettelers Programm ist nicht von den Rechten der katholischen Kirche die Rede; er spricht sich explizit für die Gleichberechtigung der christlichen Konfessionen aus und fordert die Sicherung ihrer Autonomie und ihres Einflusses auf die Schule. Ein

---

13 Vgl. Bachem, *Vorgeschichte* (Anm. 3), Bd. 3, S. 100 ff.
14 Vgl. ebd., S. 110.
15 Ebd., S. 113 f.
16 Vgl. ebd., S. 115.

antiliberaler, betont deutscher Grundton durchzieht das Programm: Ketteler fordert „deutsches Recht" und „deutsche Freiheit" im Gegensatz zu der „lügenhaften Freiheit des Absolutismus und Liberalismus, welche die Freiheit des Individuums und der Genossenschaft vernichten", und tritt deshalb für das korporative Gliederungsprinzip im Gegensatz zur „mechanischen Verfassungsform des Liberalismus", die korporative Reorganisation des Arbeiter- und des Handwerkerstandes ein. Letzter Programmpunkt Kettelers ist das Verbot des Freimaurerordens[17]. Politisch bekennt er sich zum Deutschen Reich im Bündnis mit Österreich; er strebt ein Gleichgewicht zwischen bundesstaatlichem und föderalistischem Prinzip an. Die sozialpolitischen Forderungen tauchen 1877 im „Antrag Galen" wieder auf.

2.3 Die Ausgrenzung der Katholiken im Kulturkampf und die Konsolidierung der Zentrumspartei

Wenige Monate nach der Reichsgründung verhärteten sich die Fronten zwischen Reichsregierung und Katholiken im Kulturkampf. Bismarck eröffnete seinen „innenpolitischen Präventivkrieg" gegen die vermeintlich reichsfeindliche Opposition[18]. Er fürchtete offenbar, die nach wie vor mehrheitlich großdeutsch gesinnten Katholiken könnten −, zusammen mit der katholischen Kirche, dem feindlichen katholischen Ausland (Österreich, Frankreich) und den zentrifugalen Kräften der welfischen, elsässischen und polnischen „Separatisten" − sowohl die innere Konsolidierung des preußisch-kleindeutschen Reiches gefährden als auch außenpolitischen Sprengstoff erzeugen[19]. Die neugegründete Zentrumspartei, deren Führungspersonal weitgehend identisch mit der früheren Honoratiorenschicht ihrer parlamentarischen Vorläufer war und die auf der Substruktur eines sich ausfächernden kirchlich-katholischen Vereinswesens aufbaute, profilierte sich bereits in den ersten Sessionen des neuen Reichstages als eine treue Vertreterin katholisch-ultramontaner Kirchenpolitik. So versuchte sie die Reichsregierung darauf festzulegen, daß sie für den von der italienischen nationalen Einigungsbewegung bedrohten Kirchenstaat mit Waffengewalt intervenierte oder einen solchen Schritt zumindest für die Zukunft nicht völlig ausschloß[20]. Außerdem plädierte sie dafür, die Grund-

---

17 Vgl. ebd., S. 116 f.
18 *Kirche und Staat. Von der Mitte des 15. Jahrhunderts bis zur Gegenwart*, hrsg. v. Heribert Raab, München 1966, S. 110.
19 Vgl. Erich Schmidt-Volkmar, *Der Kulturkampf in Deutschland 1871−1890*, Göttingen 1962, S. 7 ff. − Arthur Rosenberg (*Entstehung der Weimarer Republik*, Frankfurt a. M. 1974, S. 19 ff.) bezeichnet den Kulturkampf als „die Fortsetzung des Krieges von 1866 mit neuen Mitteln". Zur außenpolitischen Konstellation in den siebziger Jahren des 19. Jahrhunderts vgl. auch Heinz Gollwitzer, Der politische Katholizismus im Hohenzollernreich und die Außenpolitik, in: *Staat und Gesellschaft* (Anm. 10), S. 224 ff.
20 Vgl. Ute Schmidt, Schwarze und rote „Reichsfeinde". Minderheiten und soziale Bewegungen im Kaiserreich, in: *Die Menschen machen ihre Geschichte nicht aus freien Stücken, aber sie machen sie selbst. Einladung zu einer Geschichte des Volkes in NRW*, hrsg. v. Lutz Niethammer/Bodo Hombach/Tilman Fichter/Ulrich Borsdorf, Berlin/Bonn 1984, S. 34−39; Schmidt-Volkmar, *Kulturkampf* (Anm. 19), S. 31 ff.

rechtsartikel aus der preußischen Verfassung von 1850 in die Reichsverfassung zu übernehmen. Damit war jedoch nur der reduzierte Grundrechtekatalog gemeint, der die Freiheit der Kirche garantierte. Die Zentrumspolitiker lehnten es aber ab, im Bündnis mit den Liberalen und Linken dafür einzutreten, daß ein weiter gefaßtes Grundrechtsverständnis, das auch die individuellen Freiheitsrechte sicherte, in der Verfassung verankert würde.

Wenn es nun im Kulturkampf zu einer solch erbitterten Konfrontation zwischen Reichsregierung und katholischer Kirche kam, so war dies nicht allein Resultat eines bornierten Kulturprotestantismus, antiklerikaler Ressentiments der Liberalen oder der Überreaktion Bismarcks aufgrund seines ausgeprägten Sicherheitsbedürfnisses. Es ging auch nicht nur darum, das Recht einer konfessionellen Minderheit gegen eine intolerante Obrigkeit durchzusetzen. Kern der Auseinandersetzung war vielmehr ein Kampf um Machtpositionen im Deutschen Reich vor dem Hintergrund des veränderten Verhältnisses von Kirche und Staat in einer sich modernisierenden und säkularisierenden Gesellschaft[21].

Im katholisch-kirchlichen Bereich hatte sich inzwischen die ultramontane Strömung, deren innerkirchliche Wirkung und politische Stoßrichtung bereits beschrieben worden ist, voll durchgesetzt. Der Zentralisierungsprozeß der römisch-katholischen Kirche fand seinen sichtbaren Höhepunkt in dem im Sommer 1870 vom Ersten Vaticanum verabschiedeten Unfehlbarkeitsdogma, das auch im deutschen Klerus umstritten war; die Dissidenten − katholische Theologen und Angehörige der Bildungsschicht − spalteten sich als „Altkatholiken" ab[22]. Bereits 1864 hatte Pius IX. im Zuge seiner ideologischen Gegenoffensive gegen den Liberalismus eine knapp gefaßte Stellungnahme zu den „Irrtümern der Zeit" herausgegeben (den „Syllabus errorum" im Anhang zur Bulle „Quanta cura"), die sowohl den weiter bestehenden Anspruch der Kirche auf weltliche Herrschaft als auch deren vollständige Unfähigkeit, ihre eigene Geschichte selbstkritisch einzuschätzen, demonstrierte. Die Liberalen faßten den „Syllabus" als ein „Dokument mittelalterlicher Borniertheit"[23] auf und sahen darin − auch wegen des Angriffs auf die Naturwissenschaften

---

21 Vgl. ebd., S. 359.
22 Vgl. Bernd Moeller, *Geschichte des Christentums in Grundzügen*, Göttingen 1979, S. 363 ff. − Selbst Bischof Ketteler hatte sich anfangs zusammen mit 56 Bischöfen gegen das Unfehlbarkeitsdogma gewandt. Nach ihrer Rückkehr vom Vatikanischen Konzil unterwarfen sie sich aber und verlangten dieselbe Unterordnung von den ihnen untergebenen Priestern und Professoren. − Einer der bekanntesten Theologen, der sich dem Dogma von der päpstlichen Infallibilität nicht unterwarfen, war der Münchener Kirchenhistoriker Ignaz Döllinger, der 1848 zur Prominenz des Katholischen Klubs in Frankfurt und zum Lager der Ultramontanen im Umkreis der „Mainzer" Richtung gehört hatte. Fasziniert von der deutschen Frage, gingen seine Vorstellungen jedoch zunehmend in Richtung einer Nationalkirche, die die deutschen Stämme einigen könnte und gerieten nach 1871 in Widerspruch zum Vatikan. Vgl. Hans Buchheim, *Ultramontanismus und Demokratie. Der Weg der deutschen Katholiken im 19. Jahrhundert*, München 1963, S. 67 f., 76, 239 f.
23 *Kirche und Staat* (Anm. 18), S. 108 ff.; vgl. auch Moeller, *Geschichte* (Anm. 22), S. 363 f. − Bachem (*Vorgeschichte* [Anm. 3], Bd. 3, S. 48 ff.) versucht die Verstörung mit der Erklärung zu relativieren, daß im Syllabus nur die bereits bekannten Positionen der Kirchenführung gegenüber dem Liberalismus zusammengefaßt werden seien. Gleichwohl habe die „Art der Aufmachung" Interpretationsschwierigkeiten bereitet und psychologisch ungünstige Wirkungen hervorgerufen, die sich bei besserer Vorbereitung hätten vermeiden lassen.

und der Fortschrittsfeindlichkeit des Papstes – eine Kampfansage an die Grundlagen der modernen Zivilisation. Aber auch viele Katholiken waren bestürzt über das Ausmaß der Intoleranz in Glaubens- und Gewissensfragen, mit der der Papst sein Ideal der Glaubenseinheit und des christlichen Staates verteidigte.

Die ersten Kulturkampfgesetze, mit deren Hilfe das preußische Kultusministerium altkatholische Lehrer und Professoren an staatlichen Gymnasien und Universitäten auch gegen den Widerstand der Kurie halten wollte, lösten dann den schweren Konflikt zwischen Staat und Kirche aus. Er hatte zwar weit größere Dimensionen als die Auseinandersetzungen zwischen preußischem Staat und Kirche um die Hermesianer in den dreißiger Jahren, trug aber in seiner Struktur durchaus analoge Züge. Erneut wurden orthodox-katholische Geistliche zu Opfern repressiver staatlich-bürokratischer Maßnahmen; doch ist nicht zu übersehen, daß diese Repressalien zumindest im Ansatz eine Pluralität von religiösen Auffassungen schützen zu müssen glaubten, die die katholische Kirche mit ihrem universalen Wahrheitsanspruch nicht tolerierte.

Die Kulturkampfgesetzgebung betraf nicht nur die katholischen Regionen im Westen, sondern in erster Linie zunächst die Ostprovinzen des Reiches. Bismarck fürchtete hier preußenfeindliche und nationalistische Tendenzen im polnischen Adel und Klerus. Die zu Beginn des Kulturkampfs verfügten Maßnahmen und Gesetze sollten daher – im Zuge der Germanisierungspolitik – den Einfluß der katholischen Geistlichkeit in Westpreußen und Posen zurückdrängen. Darüber hinaus sollten sie die staatliche Schulaufsicht gegen althergebrachte kirchliche Ansprüche im Volksbildungswesen durchsetzen.

Der Kulturkampf erreichte einen ersten Höhepunkt mit den preußischen Maigesetzen (11.–14. Mai 1873). Sie enthielten neue Regelungen für die Vorbildung und Anstellung der Geistlichen, für die kirchliche Disziplinargewalt, schränkten die Verhängung von Kirchenstrafen (z.B. der großen Exkommunikation) auf das rein religiöse Gebiet ein und erleichterten den Austritt aus der Kirche. Die Maigesetze waren Ausnahmegesetze, die erst nach einer Änderung der preußischen Verfassung beschlossen werden konnten[24]. Mit diesem Gesetzeskomplex war beabsichtigt, den niederen Klerus von der kirchlichen Hierarchie unabhängiger zu machen, indem er nationalen Bildungseinrichtungen und Disziplinarinstanzen unterstellt wurde. Die Bischöfe protestierten sogleich gegen die neuen kirchenpolitischen Gesetze, deren Ziel ihrer Ansicht nach die Auflösung der kirchlichen Organisation selbst war. Sie akzeptierten die Staatsgesetze nicht als Quelle allen Rechts, sondern beanspruchten für die Kirche ein von menschlicher Willkür unabhängiges, göttlich vorgegebenes Recht und verfuhren bei der Anstellung von Geistlichen weiter nach kanonischem Recht. Damit erhielt die Konfrontation zwischen Staat und Kirche eine neue Qualität: Bischöfe, die die Maigesetze nicht befolgten, wurden zu schweren Geld- oder Gefängnisstrafen verurteilt und anschließend für abgesetzt erklärt.

24 Die sozialistischen Reichstagsabgeordneten hatten die mit dem liberalen Rechtsstaat unzuvereinbarenden Ausnahmegesetze des Kulturkampfs stets abgelehnt, auch wenn diese sich gegen ihren politischen Gegner richteten. Aber längst nicht alle Zentrumsvertreter stimmten in den achtziger Jahren gegen die Verlängerung des Sozialistengesetzes.

Mit den Maigesetzen von 1874 (u. a. Einführung der Zivilehe in Preußen; Reichsacht für abgesetzte Priester) und nach dem Attentat des katholischen Böttchergesellen Kullmann auf Bismarck im Juli 1874 verschärfte sich der Konflikt weiter. Als Pius IX. 1875 die Kernstücke der Kulturkampfgesetzgebung für nichtig erklärte und den passiven Widerstand gegen sie zur religiösen Pflicht machte, war der Siedepunkt erreicht. Katholische Beamte aus der Gemeinde- und Staatsverwaltung wurden entlassen, und nach einer erneuten Verfassungsänderung folgte eine dritte Serie von Gesetzen[25].

Die katholische Presse, die Vereine und die Wahlversammlungen der Zentrumspartei wurden in den Kulturkampfjahren ständig überwacht, Redner und Redakteure immer wieder zu Geld- und Gefängnisstrafen verurteilt. Die Vereinsaktivitäten gingen unter den Ausnahmegesetzen stark zurück; dennoch konnte sich die katholische Presse weiter entfalten[26]. 1876 mußte sich der (1872 gegründete) hauptsächlich in Rheinland-Westfalen verbreitete „Verein deutscher Katholiken" selbst auflösen; sein Vorsitzender, Freiherr Felix von Loë, kam in Festungshaft. So waren die Zentrumsvertreter im Reichstag und im Preußischen Abgeordnetenhaus bald die einzigen nichtzensierten Sprecher der deutschen Katholiken, und ihre Anhängerschaft wuchs sprunghaft: 1873 wurde das Zentrum im Preußischen Abgeordnetenhaus zweitstärkste Fraktion. Die Partei, die 1871 noch schwach und politisch uneinheitlich aufgetreten war, erhielt bei den Reichstagswahlen 1874 einen Stimmenzuwachs von fast 50 Prozent und gewann 28 Mandate hinzu. Hatten 1871 nur 51,4 Prozent der deutschen Katholiken dem Zentrum ihre Stimme gegeben, so waren es 1874 bereits 77,1 Prozent[27].

Das Bismarcksche Reich war zwar ein autoritäres Staatswesen, aber doch kein moderner Polizeistaat, der den Machtapparat besessen hätte, um die Verstöße gegen die Kulturkampfgesetze systematisch zu verfolgen und zu ahnden. Auch wurde — aus Rücksicht auf die finanziellen Ressourcen — die Laisierung der Schule und des Gesundheitswesens nur halbherzig angegangen. Bistums- und Landesgrenzen stimmten häufig nicht miteinander überein, so daß an den Rändern des Reichsgebietes Ausweichmöglichkeiten für verfolgte Priester bestanden[28]. So blieben die Erfolge der Regierung gering, und die bis 1878 ständig verschärfte Kulturkampfgesetzgebung verstärkte nur die passive Resistenz der katholischen Bevölkerung, die den

25 Vgl. Schmidt-Volkmar, *Kulturkampf* (Anm. 19), S. 138 ff.; Bachem, *Vorgeschichte* (Anm. 3), Bd. 3, S. 304 ff.

26 Vgl. Thomas Nipperdey, *Die Organisation der deutschen Parteien vor 1918 (Beiträge zur Geschichte des Parlamentarismus und der politischen Parteien*, Bd. 18), Düsseldorf 1961, S. 265 f.; vgl. auch Bachem, *Vorgeschichte* (Anm. 3), Bd. 3, S. 279: 1873 gab es bereits 120 neue täglich erscheinende Zentrumsblätter.

27 Vgl. Johannes Schauff, *Die deutschen Katholiken und die Zentrumspartei. Eine politisch-statistische Untersuchung der Reichstagswahlen seit 1871*, Köln 1928, S. 77. — Die Ergebnisse sind bei einer anderen Berechnungsmethode, die die Vorkriegsergebnisse mit den Nachkriegszahlen vergleichbar macht, günstiger (1871: 57,2 %; 1874: 83 %).

28 Vgl. Ronald J. Ross, Enforcing the Kulturkampf in the Bismarckian State and the Limits of Coercion in Imperial Germany, in: *Journal of Modern History*, Bd. 56 (1984), H. 3, S. 456—482.

Klerikern Rückhalt gab. Der Kommunikationszusammenhang, den die Kirche organisierte[29], funktionierte teilweise im Untergrund und blieb den Untersuchungsbehörden verborgen; in katholischen Regionen führten die von den lokalen Honoratioren abhängigen Beamten die Befehle ihrer übergeordneten Dienststellen häufig gar nicht aus oder ermöglichten den überwachten Priestern die Flucht. Die Kirche finanzierte sich, weil ihr die staatlichen Gelder nicht mehr zuflossen, zum großen Teil aus Spenden, die die Gläubigen aufbrachten.

Jetzt wiederholte sich der Erfolg der Mobilisierung in den dreißiger und vierziger Jahren. Die Verfolgung der Kirche und die gesellschaftliche Ausgrenzung förderten innerhalb des katholischen Lagers die zentripetalen Kräfte und verstärkten das schon im Vormärz ansatzweise vorhandene Zusammengehörigkeitsgefühl. Die Katholiken schlossen sich nun noch enger um die Amtskirche und die päpstlichen Abgesandten. In der Machtprobe zwischen katholischer Kirche und Staat bildete sich im katholischen Lager ein kämpferischer Kern heraus, der Druck auf die weniger Entschlossenen ausübte[30]. Unter der Parole der Einigkeit wurden die Reste der aufklärerischen Traditionen, sofern sie noch existierten, vollends aufgerieben. Die von der Mainzer Schule vorgeformten Mobilisierungsstrategien und Frömmigkeitsformen konnten sich im Kulturkampfkatholizismus voll entfalten und trugen zur „emotionalen Binnenstabilisierung"[31] des katholischen Milieus bei. Wunderglaube, Marienverehrung, Massenwallfahrten waren die sichtbarsten Ausdrucksfor-

---

29 Vgl. ebd. – Die Kurie richtete ein System apostolischer Gesandter ein, die die verwaisten Pfarreien betreuten und die gefangengesetzten oder geflohenen Bischöfe ersetzten. Mit einem solchen Geheim-Delegaten unterhielt sich Karl Marx auf einer Eisenbahnfahrt nach Frankfurt 1875; vgl. die Schilderung in seinem Brief an Friedrich Engels vom 21. August 1875, abgedr. in: Karl Marx/Friedrich Engels, *Der Briefwechsel*, Bd. 4, München 1983, S. 429 f.

30 Über die Wirkungen des Kulturkampfs auf regionaler und lokaler Ebene liegen derzeit nur wenige Detailstudien vor. In Westfalen kam es örtlich zu Akten von Vandalismus, im Osten des Reiches sind auch härtere Auseinandersetzungen überliefert. Vgl. hierzu die Schilderungen bei Margaret L. Anderson, *Windthorst. A Political Biography*, Oxford 1981, S. 173 ff., sowie bei Gustav Engel, *Politische Geschichte Westfalens*, Köln/Berlin 1968, S. 262 f.

31 Vgl. Gottfried Korff, *Kulturkampf und Volksfrömmigkeit*, Referat auf dem Historikertag in Berlin, 3.–5. Oktober 1984. – Korffs These lautet: „Die *populäre* Frömmigkeit wird zu einer *popularisierten* Frömmigkeit. Durch die ‚Organisierung der Massenreligiosität' im 19. Jahrhundert werden die tradierten Kulte auch ,Medien der Weltanschauung' umgebildet, die zum einen eine ideologisch-welterklärende Funktion annehmen, und zum andern – aufgrund der ihnen eingelagerten Affektstruktur – emotionale Bindungen an die Kirche bewirken." Korff sieht im Kulturkampf „eine wichtige Phase in der Herausbildung der neuen Frömmigkeitsformen", in der „verstärkt Impulse einer ‚ultramontanen Intransigenz' in die katholische Frömmigkeit" eingehen, die selbst zunehmend als Agitationsmittel genutzt, aber in ihrer „Offensivität" nicht voll ausgereizt worden sei. Vielmehr habe sie zur „emotionalen Binnenstabilisierung" des Milieukatholizismus beigetragen, den Korff erst am Ende des 19. Jahrhunderts entstehen sieht. Weil die im Kulturkampf aufbrechenden Konflikte sich in ähnlicher Weise auch in anderen Gesellschaften auf ihrem Weg in die Modernität gestellt hätten, hält Korff eine vergleichende Untersuchung des Verhältnisses von Kulturkampf und Volksfrömmigkeit für notwendig. – Vgl. auch ders., Formierung der Frömmigkeit. Zur sozialpolitischen Intention der Trierer Rockwallfahrten 1891, in: *Geschichte und Gesellschaft*, 3. Jg. (1977), H. 3: *Religion und Gesellschaft im 19. Jahrhundert*, S. 352–383.

men. Der Altkatholizismus, der seit 1870 die unorthodoxen Dissidenten auffing, setzte dem ultramontanen Konzentrationsprozeß wenig entgegen und wurde am Ende von den Staatsbehörden fallengelassen, als ihnen der Ausgleich mit Rom opportun erschien.

Am Ende der siebziger Jahre erkannte Bismarck, daß der Kulturkampf seinen politischen Zielen nur hinderlich war. Sein neuer protektionistischer Kurs in der Wirtschaftspolitik (Schutzzölle statt Freihandel) führte wieder zur Annäherung an die Konservativen und zum Bruch mit den Nationalliberalen. Nur mit Hilfe des Zentrums ließ sich im Reichstag eine konservative Mehrheit zustandebringen. Unter der Bedingung, daß die staatliche Schulaufsicht und die Zivilehe beibehalten würden, zeigte sich Bismarck nach dem Tod Pius IX. (1878) zu einem Ausgleich mit der Kirche bereit; die meisten Kulturkampfgesetze wurden nach längeren Verhandlungen bis 1891 aufgehoben[32].

So entscheidend der Kulturkampf für die Konsolidierung des Zentrums und die politische Bewußtseinsbildung der Katholiken auch war, er markiert darüber hinaus eine Bruchstelle in der Entwicklung des Deutschen Reichs zur Industriemacht. Gegensätzliche Gesellschaftsentwürfe waren aufeinandergetroffen, und in der kurzen Aufschwungphase nach der Reichsgründung hatte es Bismarck versäumt, die noch feudalen und ständischen Ordnungsbildern nachhängenden katholischen Konservativen auf seine Seite zu ziehen, obwohl sie seine Politik nicht grundsätzlich ablehnten. Statt dessen stilisierte er sie zum politischen Gegner und festigte damit im katholischen Lager erneut das Bündnis der feudalen Aristokraten mit dem Bürgertum und den ländlichen und städtischen Unterschichten.

Sozialgeschichtlich gesehen, war der Kulturkampf ein letztes Aufbäumen der mit der katholischen Kirche verbundenen Anhänger einer vorbürgerlichen und vorindustriellen Gesellschaftsordnung, ein tiefgreifender gesellschaftspolitischer Konflikt auf dem Weg zur Moderne, der im 19. Jahrhundert auch in anderen europäischen Ländern aufbrach. Doch nicht nur die Privilegien der alten politischen Eliten waren durch die mit der Entwicklung der kapitalistischen Industriegesellschaft entstehenden neuen Führungsgruppen und Wertvorstellungen in Frage gestellt. Katholischer Adel und Klerus konnten den massiven Protest katholischer Bauern, Handwerker, Arbeiter und Kleinbürger nur deshalb mobilisieren, weil auch diese Schichten sich von den Auswirkungen der liberalen Gewerbepolitik in ihrer gesamten Existenz bedroht fühlten. Ein wichtiges Motiv für die Kirchenbindung war außerdem, daß die katholische Kirche mit ihren sozialen Einrichtungen (Armen- und Waisenhäuser, Hospitäler und Stiftungen) bis dahin fast die einzige gesellschaftliche Institution war, die die sozial Entwurzelten auffing und die den ländlichen und städtischen Un-

---

32 Vgl. Otto Fürst von Bismarck, *Gedanken und Erinnerungen*, Stuttgart/Berlin 1926, S. 489 ff. – Bismarck hatte schon in den siebziger Jahren daran gezweifelt, ob die „juristischen Einzelheiten" der Maigesetze „psychologisch … richtig gegriffen waren". In seinen Erinnerungen (ebd., S. 487) schreibt er: „Der Mißgriff wurde mir klar an dem Bilde ehrlicher, ungeschickter preußischer Gendarmen, die mit Sporen und Schleppsäbel hinter gewandten und leichtfüßigen Priestern durch Hinterthüren und Schlafzimmer nachsetzten."

terschichten Bildungsmöglichkeiten eröffnete[33]. Für die Katholiken war die gesell-schaftliche Isolierung eine traumatische Erfahrung, die zunächst ihre Integration ins Kaiserreich verzögerte.

2.4 Das Zentrum am Ende des Kulturkampfs

2.4.1 Das Problem der politischen Autonomie im Septennatskonflikt 1886/87

In den Jahren des Kulturkampfs hatte sich die Zentrumspartei als das wichtigste politisch-organisatorische Instrument katholisch-kirchlicher Interessenvertretung und als Sprachrohr der katholischen Bevölkerung profiliert. Der Konfessionalismus, der bisher nur labile Interessenkoalitionen hervorgebracht hatte, erwies sich nun als parteibildende Kraft. Das Zentrum sammelte in der Kulturkampfzeit Katholiken aus allen Schichten der Bevölkerung unter dem Signum der gemeinsamen Weltanschauung und stellte seitdem einen ganz neuen Typus in der deutschen Parteienlandschaft dar: eine klassenübergreifende, regionalspezifische Unterschiede überdeckende einheitlich geführte „Volkspartei". Sie entwickelte sich mit Hilfe der in den neunziger Jahren gegründeten außerparlamentarischen Massenorganisationen („Volksverein für das katholische Deutschland", Katholische Arbeitervereine, Christliche Gewerkschaften) zur Massen- und Integrationspartei[34].

---

33 Diesen Aspekt untersucht Gert Zang in seiner Studie: Die Bedeutung der Auseinander-setzung um die Stiftungsverwaltung in Konstanz (1830—1870) für die ökonomische und gesellschaftliche Entwicklung der lokalen Gesellschaft. Ein Beitrag zur Analyse der mate-riellen Hintergründe des Kulturkampfes, in: *Provinzialisierung einer Region. Zur Entste-hung der bürgerlichen Gesellschaft in der Provinz*, hrsg. v. Gert Zang, Frankfurt a. M. 1978, S. 307—373. — In seiner regional-historischen Untersuchung des Kulturkampfkonflikts in Baden, der schon zehn Jahre vor dem preußischen Kulturkampf entbrannte, wendet sich Zang gegen die in der Geschichtsschreibung herrschende Tendenz, den Kulturkampf vor allem geistesgeschichtlich, also als Kampf um Weltanschauungen bzw. eine Auseinander-setzung zwischen Kirche und Staat zu interpretieren oder politisch-instrumentalistisch als mißlungene Taktik Bismarcks zur Zerschlagung der partikularistisch-klerikalen Opposition zu deuten. Statt dessen geht Zang von der These aus, der Kulturkampf müsse „wesentlich auf dem Hintergrund des bürgerlichen Kampfes um die materiellen und immateriellen Vor-aussetzungen einer bürgerlich-kapitalistisch-industriellen Entwicklung interpretiert werden". Es sei vor allem um zwei Punkte gegangen: Zum einen sollte ein Typus des „bürgerlichen Menschen" geschaffen werden, womit nicht nur die Umformung einer psychischen Grund-struktur der Menschen, sondern auch die Änderung der traditionellen Arbeitskraftverwer-tung angesprochen ist. Zum anderen zeigt Zang, daß der Kampf auch um die Verfügung über brachliegende Kapitalreserven ging, die im Interesse einer bürgerlichen Entwicklung von Stadt und Region mobilisiert werden sollten.
34 Der „Volksverein" wurde 1890 gegründet, die Katholischen Arbeitervereine verbreiteten sich seit Ende der achtziger Jahre, die Christlichen Gewerkschaften entstanden seit 1894. — Zur Funktion dieser Massenorganisationen für den Zusammenhalt der Zentrumspartei, deren Komiteeverfassung den Erfordernissen einer modernen Massenpartei nicht mehr ge-recht werden konnte, vgl. Nipperdey, *Organisation* (Anm. 26), S. 281 f.: Während der Volksverein die Massen agitierte und organisierte, konzentrierte sich die Parteiorganisation allein auf die Kandidatenaufstellung. „Diese Funktionsteilung befreite sie von einem direk-

Während die Identifikation mit den katholisch-kirchlichen Interessen der Zentrumspartei einerseits Wählermassen zuführte und die Parteiorganisation stabilisierte[35], so stellte sie die Partei andererseits vor ein existentielles Problem. Nicht nur im öffentlichen Bewußtsein, auch aus vatikanischer Sicht war sie so stark mit der Kirchenpolitik des römischen Katholizismus verknüpft, daß der − vor allem von Windthorst immer wieder behauptete − Charakter des Zentrums als *politischer* Partei hinter der religiösen Interessenvertretung zurücktrat. Nachdem der Kulturkampf entschärft war, mußte sich das Zentrum daher erneut als explizit politische Partei definieren, um nicht als bloß katholischer Interessenverband abgestempelt zu werden, dessen Aufgabe sich mit der nun erreichten Sicherung der kirchlichen Ansprüche von selbst erledigt hätte. Die Gelegenheit, ihre politische Autonomie zu demonstrieren, bot sich der Zentrumspartei erstmals anläßlich der Septennatsvorlage 1886/87; aber nach diesem Paradigma mußte die Zentrumsführung auch in den folgenden Jahren Konflikte mit der Kirchenführung durchstehen. Denn es kam danach immer wieder vor, daß sich die Kurie im Interesse ihrer Kirchenpolitik mit der Reichsregierung verständigte und als Gegenleistung versuchte, Druck auf den Zentrumskurs auszuüben[36]. Die Identifikation der Zentrumsanhänger mit der Vorgehensweise Windthorsts im Septennatskonflikt wurde Dreh- und Angelpunkt des Zentrumsselbstverständnisses und trug nicht wenig dazu bei, einen Parteimythos zu begründen, den noch die Wiederbegründer des Zentrums nach dem Zweiten Weltkrieg − gerade angesichts der fehlenden Unterstützung der Partei durch die Amtskirche − beschworen[37].

Die Vorgänge im Septennatsstreit waren folgende: Bismarck hatte dem neuen Papst Leo XIII. 1886 in Aussicht gestellt, den Kulturkampf zu beenden, das Verhältnis der preußischen Regierung zu den Katholiken endlich wieder zu verbessern und den Ansprüchen des Papstes mehr Verständnis entgegenzubringen. Er wollte bei der Verabschiedung der letzten kirchenpolitischen Novellen zum Abbau des Kultur-

---

Fortsetzung Fußnote 34
    ten Einfluß der Anhängermassen, sie ermöglichte die oligarchisch-autoritäre Organisationsstruktur, ohne daß der Partei die Massen aus den Händen glitten." (Ebd., S. 282.)
    Waren die Hauptfeinde des Zentrums zunächst das Staatskirchentum und die preußisch-protestantische Hegemonie im Deutschen Reich gewesen, so konzentrierte es sich seit den neunziger Jahren auf die Sozialdemokratie als Gegner. Der Volksverein, der zunächst als katholischer Abwehrverein gegen den kulturkämpferischen „Evangelischen Bund" gegründet werden sollte, wurde unter Windthorsts Einfluß zu einer „sozialpolitischen Gesamtorganisation", die sich vor allem gegen den Sozialismus als klassenspezifische Emanzipationsbewegung richtete. (Vgl. Wilhelm Spael, *Das katholische Deutschland im 20. Jahrhundert, seine Pionier- und seine Krisenzeiten 1890−1945*, Würzburg 1964, S. 17.) Der Volksverein wurde von einem Teil des katholischen Klerus (Erzdiözesen Breslau und Trier) abgelehnt und konnte sich deshalb in den Industriegebieten Oberschlesiens und an der Saar nicht ungehindert ausbreiten. Dort dominierten die stärker an den Klerus gebundenen katholischen Arbeitervereine.
35 Vgl. ebd., S. 265 f.
36 Vgl. Wilfried Loth, *Katholiken im Kaiserreich. Der politische Katholizismus in der Krise des wilhelminischen Deutschlands (Beiträge zur Geschichte des Parlamentarismus und der politischen Parteien*, Bd. 75), Düsseldorf 1984, S. 50.
37 Siehe unten, Kap. 5.

kampfes einlenken, wenn der Papst sich seinerseits erbot, das Zentrum in der Weise zu beeinflussen, daß es dem Septennat zustimmte. Mit der Billigung dieser Vorlage Bismarcks sollte der Militäretat (wie bereits zweimal zuvor praktiziert) für einen Zeitraum von sieben Jahren festgelegt werden, obwohl das Parlament selbst nur auf drei Jahre gewählt war. Das Zentrum machte zwar keine Einwendungen gegen die Höhe und den Umfang des Militäretats; im Unterschied zur Linken wollte es „jeden Mann und jede Mark" bewilligen. Es sperrte sich jedoch gegen die Bewilligungsfrist von sieben Jahren, weil es darin die verfassungsmäßigen Rechte des Parlaments beschnitten sah. Bismarck wandte nun einen taktischen Kunstgriff an, der das Zentrum in eine Zerreißprobe führte. Er löste das Parlament auf und benutzte im Wahlkampf das Votum des Papstes, der sich für ein Entgegenkommen des Zentrums in der Septennatsfrage ausgesprochen hatte, gegen die Parteiführung. Das Zentrum erschien jetzt nicht nur als national unzuverlässig, weil es der Militärvorlage nicht zustimmen wollte, sondern auch als ungehorsam, weil es gegen die Weisung des Papstes handelte. Bismarck suchte also die Zentrumswähler von ihrer Parteiführung mit einer doppelt wirkungsvollen Taktik abzuspalten: Stimmte sie, nach anfänglicher Weigerung und Beharren auf der Verfassung, dem Septennat auf päpstlichen Wunsch hin und gegen ihre eigene Überzeugung zu, so lieferte sie den Beweis für Bismarcks Behauptung, die Zentrumspartei sei nichts weiter als eine fremdgesteuerte, willenlose Agentur des römischen Katholizismus. Ihre nationale Unabhängigkeit wäre in Frage gestellt und ihre Autorität um so mehr erschüttert worden, als die Zentrumspartei in diesem Falle, angesichts der gütlichen Einigung Bismarcks mit dem Papst, keine politische Funktion mehr hätte beanspruchen können. Stimmte sie aber, entgegen der päpstlichen Weisung, dem Septennat nicht zu, so stellte sie sich der kirchenpolitischen Befriedung in den Weg und verlor die Rückendeckung des Papstes. Da Bismarck außerdem die Septennatsvorlage als unmittelbar notwendige Reaktion des Staates auf eine bevorstehende Kriegsgefahr darstellte, kam eine Ablehnung der Etatvorlage nicht nur der Gefährdung des kirchenpolitischen, sondern auch des nationalen Friedens gleich. Die Parteiführung um Windthorst steuerte das Zentrum aus dem Dilemma, indem sie auf der politischen Autonomie der Partei bestand, gleichzeitig aber nicht vergaß, die Verdienste des Zentrums für die katholische Kirche hervorzuheben. Sie vermied eine offene Konfrontation mit dem Papst, in der sie sicherlich einen Großteil ihrer Wähler verloren hätte. Intern erkundigte sie sich bei der römischen Kirchenführung, ob diese weiterhin an ihrem Fortbestehen interessiert sei. Auf dem rheinischen Parteitag der Zentrumspartei gelang es Windthorst in seiner berühmten − in Zentrumskreisen in Konfliktsituationen der Partei immer wieder zitierten − Rede im Kölner Gürzenich, die Zentrumsanhänger von seinem Kurs zu überzeugen, der die vollständige Unabhängigkeit von der Kirche in politischen Fragen beanspruchte[38].

---

38 Die Darstellung des Septennatsstreits folgt hier Bachem, *Vorgeschichte* (Anm. 3), Bd. 4, S. 148 ff. − Windthorst legte in seiner Rede (vgl. ebd., S. 190 ff.) das Dilemma der Zentrumspartei offen und stellte die Entscheidung der Parteiführung als die einzige Möglichkeit der Partei dar, um zu überleben. Der berühmte Schlußsatz läßt die Enttäuschung des

2.4.2 Sozialstrukturelle Veränderungen in der Zentrumsbasis

Im Verständnis der aristokratischen Honoratioren war das Zentrum immer eine konservative Partei gewesen. Nachdem der Kulturkampf abgeflaut war, verlor sie schnell den ungeliebten Oppositioncharakter und unterstützte die konservative Regierungspolitik, zuerst beim Zolltarif (1878), später auch bei wirtschafts- und militärpolitischen Entscheidungen. Die späte Industrialisierung und ihre spezifische Form, die Expansion der Schwerindustrie und die landwirtschaftliche Stagnation, bezogen in Deutschland die konservativen Kräfte in den gesellschaftlichen Modernisierungsprozeß mit ein[39]. Dies war der sozioökonomische Hintergrund, vor dem sich konservativer Katholizismus und sozialkonservativer Protestantismus bei der Behandlung wirtschafts- und sozialpolitischer Fragen verständigen konnten. Die oligarchisch-autoritäre Führungsschicht des Zentrums, in der die Honoratioren aus katholischem Adel, Klerus und Repräsentanten des „alten" Mittelstandes den Ton angaben, hielt freilich — trotz ihrer Mitwirkung an der Modernisierung der gesellschaftlichen und ökonomischen Verhältnisse — noch an ihren tradierten, vorindustriell geprägten Denkmustern und patriarchalisch-autoritären Leitbildern fest[40].

Die Industrialisierung bewirkte indessen am Ende der Trendperiode von 1873 bis 1896 eine tiefgreifende Umschichtung von Wirtschaft, Gesellschaft und Politik. Sie führte auch einen „Wesenswandel in der Entwicklungsgeschichte des politischen Katholizismus" herbei und erzwang dessen politische und ideologische Modernisierung: „Zögernd und widerwillig" verwandelte sich die Zentrumspartei in eine „nationaldemokratische Integrationspartei"[41]. Infolgedessen erodierte die Kräftekonstellation, die den politischen Katholizismus seit seiner Entstehung getragen hatte und die im Kulturkampf noch einmal vorübergehend zusammengeschweißt worden war. Seit Beginn der neunziger Jahre geriet der traditionelle aristokratisch-bürgerliche Klassenkompromiß ins Wanken. Eine neue Generation von Zentrumsführern aus dem katholischen Bürgertum schob sich nach vorne und drängte die konservativen Aristokraten, deren Ziel es war, den politischen Katholizismus mit dem wilhelminischen Obrigkeitsstaat auszusöhnen, in den Hintergrund. Die Aristokratie ver-

---

Fortsetzung Fußnote 38

     Parteiführers über das Vorgehen des Papstes anklingen: „Ich glaube, die Spekulationen, das Zentrum zu vernichten, wird man unsererseits zunichte machen ... Nach dem, was ich heute sehe und höre, gebe ich mich der Zuversicht hin, daß wir intakt aus diesem Höllenkampf hervorgehen werden. Sollte das aber wider Erwarten nicht geschehen, dann, meine Herren, setzen Sie der Zentrumsfraktion einen Stein zum Andenken und schreiben Sie darauf: ‚Von den Feinden nie besiegt, Aber von den Freunden verlassen'."

39 Vgl. Hans Rosenberg, *Große Depression und Bismarckzeit. Wirtschaftsablauf, Gesellschaft und Politik in Mitteleuropa*, Berlin 1967, S. 253 ff.; zur Schutzzollpolitik und zum Solidarprotektionismus des Zentrums s. ebd., S. 167 f.

40 Vgl. ebd., S. 254.

41 Ebd., S. 256. — Anders als in Deutschland, wo das Zentrum seine organisatorische Einheit trotz unterschiedlicher Klasseninteressen erhalten konnte, spaltete sich der organisierte politische Katholizismus in Österreich in diesen Jahren in einen klerikal-aristokratischen Flügel einerseits und die Christlich-Soziale Volkspartei andererseits, die eher eine kleinbürgerliche Massenpartei war (vgl. ebd., S. 253).

lor zudem — vor allem im süddeutschen Raum, jedoch nicht in Westfalen — die bisher unbefragte Unterstützung durch die ländlichen Unterschichten und die Kleinbauern. Nach der Auseinandersetzung um die neue Militärvorlage Caprivis, bei der Papst Leo XIII. erneut erfolglos intervenierte (1892/93), war der Adelsflügel im Zentrum politisch entmachtet[42]. Das katholische Bürgertum baute dagegen seine innerparteiliche Machtstellung aus. So engagierten sich katholische Unternehmer und Bankiers im Zentrum zunehmend stärker. Im „Augustinus-Verein zur Pflege der katholischen Presse" organisierten sich bürgerliche Verleger und Redakteure und unterstützten die Fraktion wirkungsvoll[43]. Die bürgerliche Führungsgruppe setzte sich an die Spitze einer „populistischen" Bewegung (Wilfried Loth) von Handwerkern, Gewerbetreibenden, Bauern und Winzern, die sich in ihrer sozialen Existenz durch die Industrialisierung bedroht sahen. Sie übernahm die Parteileitung zu einem Zeitpunkt, zu dem die heterogenen sozialen Interessen ihrer Klientel zusehends auseinanderdrifteten. Zugleich war der konfessionelle Kitt brüchig geworden. Denn das Engagement vieler Geistlicher ließ in dem Maße nach, in dem offenbar wurde, daß sich Kurie und Staat auch ohne die Vermittlung des Zentrums miteinander arrangierten. Indes konnte sich die bürgerliche „Hegemonie" in den neunziger Jahren konsolidieren, denn die Zentrumsführung betrieb eine höchst flexible Politik, um das prekäre innerparteiliche Gleichgewicht zu erhalten, den Wähleranhang zu stabilisieren und schließlich die parlamentarische Schlüsselstellung und damit die Teilhabe an der Macht nicht zu gefährden[44].

Die sozioökonomische Umwälzung hatte unterdessen einen großen Teil der ländlichen Bevölkerung und des städtischen Kleinbürgertums entwurzelt und deklassiert. Viele katholische Handwerker und Kleinbauern verloren ihre herkömmliche Existenzgrundlage. Sie bildeten die potentielle Massenbasis für die sich seit den achtziger Jahren organisierenden katholischen Arbeitervereine und die christliche Gewerkschaftsbewegung (seit 1894). Die sozialstrukturelle Veränderung der Parteibasis erzwang eine Modifikation der bürgerlich-konservativen Zentrumspolitik und sensibilisierte den politischen Katholizismus — nicht zuletzt angesichts des Aufschwungs der Sozialdemokratie nach der Aufhebung des Sozialistengesetzes — für die soziale Frage, ein Thema, das im Kulturkampfkatholizismus von untergeordneter Bedeutung gewesen war. Nachdem zunächst die Mittelstandsvertreter ihren Einfluß in den neunziger Jahren erheblich ausgedehnt hatten, verlangten jetzt auch katholische Arbeiter, Handwerker, untere Beamte und Angestellte, die sogenannten „kleinen Leute", die das Gros der Zentrumswähler stellten, in den Führungsgremien der Partei personell angemessener repräsentiert zu sein und ihre politischen

---

42 Vgl. Loth, *Katholiken* (Anm. 36), S. 51. Zur Rolle des westfälischen Adels, der dort die bäuerlichen Interessen repräsentierte und sich erst nach der Jahrhundertwende wieder der politischen Führung des Zentrums unterordnete, vgl. Ulrich von Hehl, Zum politischen Katholizismus in Rheinland-Westfalen, in: *Rheinland-Westfalen im Industriezeitalter*, hrsg. v. Kurt Düwell/Wolfgang Köllmann (*Beiträge zur Landesgeschichte des 19. und 20. Jahrhunderts*, Bd. 2: *Von der Reichsgründung bis zur Weimarer Republik*), Wuppertal 1984, S. 56—71, hier S. 61 f.
43 Vgl. ebd., S. 59.
44 Vgl. ebd., S. 59 f., 61 ff.

und sozialen Interessen in der Zentrumspolitik stärker berücksichtigt zu sehen. Das Zentrum mußte nun also nicht nur hergebrachten Standesinteressen, sondern auch diesen Emanzipationsansprüchen politisch wie organisatorisch Rechnung tragen.

Schon vor der Jahrhundertwende war es vereinzelt vorgekommen, daß katholische Arbeiter und Bauern Wahlvorschläge der parteioffiziellen Wahlkomitees abgelehnt und − mit freilich nur geringem Erfolg − eigene Kandidaten nominiert hatten. Standen der „Volksverein", die Katholischen Arbeitervereine und die Christlichen Gewerkschaften in den neunziger Jahren noch unter der Kontrolle von Klerikern und bürgerlichen Honoratioren, so trugen diese organisationspolitischen Ansätze jedoch langfristig dazu bei, daß die katholischen Arbeiter selbstbewußter wurden und sich von der klerikalen und bürgerlich-adligen Bevormundung lösten[45]. Schon eine vorsichtige Interessenartikulation der „Zentrumsdemokraten" reichte freilich aus, um die etablierte Mitte zu verunsichern. Die durch unterschiedliche Klasseninteressen bedingten, innerparteilichen Konflikte schlugen sich auch im „Zentrumsstreit" nieder, in den sich nach der Jahrhundertwende die Integralen und die „Kölner Richtung" verstrickten. Der „Zentrumsstreit" thematisierte andererseits aber auch das Grundproblem des politischen Katholizismus, nämlich die Rolle der kirchlichen Ansprüche in einer sich säkularisierenden Gesellschaft.

2.5 Integralismus oder Interkonfessionalität: der „Zentrumsstreit" (1906)

Vom Ende des Kulturkampfs bis zum Ersten Weltkrieg verstärkte sich die Identifikation des politischen Katholizismus mit dem kleindeutschen Nationalstaat zusehends. Die Zentrumspartei trug Mitverantwortung für die Regierungspolitik im Kaiserreich; nachdem die „Staatsstreich"-Drohung abgewendet war, verlief die Zusammenarbeit der Zentrumsführung mit den „gemäßigt"-konservativen Kräften in der Reichsleitung relativ ungetrübt[46]. Das Zentrum bekannte sich inzwischen zur Expansion des modernen Industriestaats und zur kapitalistischen Wirtschafts- und Sozialordnung. Zugleich repräsentierte es als katholische Milieupartei jedoch die Interessen einer nach wie vor sozial unterprivilegierten und kulturell rückständigen konfessionellen Minderheit. Im katholischen Lager gab es damals keinen Konsens darüber, ob und wie diese Diskrepanz zwischen der politischen Integration und der − von der ultramontanen Strömung selbst miteingeleiteten − gesellschaftlich-kulturellen Isolierung der Katholiken aufgehoben werden könnte. Die Enge des Ghettos wurde in diesen Jahren im gebildeten katholischen Bürgertum besonders stark empfunden. Reformkatholiken wie Franz Xaver Kraus und Hermann Schell ver-

---

45 Zu den Doppelkandidaturen in Aachen (1874/75; 1877) und Essen (1877) vgl. z. B. Nipperdey, *Organisation* (Anm. 26), S. 268, Anm. 1; August Erdmann, *Die christliche Arbeiterbewegung in Deutschland*, Stuttgart 1908, S. 98, 104 ff.
46 Vgl. Loth, *Katholiken* (Anm. 36), S. 67 ff., 81.

suchten, den Ultramontanismus theologisch-philosophisch zu überwinden[47]. Das 1903 von Carl Muth gegründete „Hochland" wandte sich an die katholische Intelligenz und agierte gegen den bornierten katholischen Literaturbetrieb. Es machte sich auch zum Sprachrohr einer Aussöhnung des politischen Katholizismus mit dem preußisch-kleindeutschen Geschichtsbild[48].

Breite Kreise des katholischen Bürgertums signalisierten mit ihrer Bereitschaft, sich der Politik der Reichsleitung anzupassen, das Interesse der wirtschaftlich erfolgreichen und selbstbewußt gewordenen Mittelschichten an ihrer Integration in die bürgerliche Gesellschaft. Die bürgerlichen Katholiken identifizierten sich nun mit dem wilhelminischen Obrigkeitsstaat und beteiligten sich eifrig an seinem Kampf gegen die „Mächte des Umsturzes". Auch im politischen Katholizismus verbreiteten sich jetzt ein übersteigerter Nationalismus und die Begeisterung für die imperialistische Weltpolitik des Kaiserreichs, wenngleich – wie M. Rainer Lepsius analysiert – der Nationalismus im katholischen Lager anfangs noch durch einen konfessionell bestimmten „Komplex intermediärer Ordnungsvorstellungen" überformt war und deshalb ambivalent blieb[49]. Die Fraktionsspitze im Reichstag (Ernst Lieber, Georg Graf Hertling, von Ballestrem, Adolf Gröber und Peter Spahn) arbeitete inzwischen wieder stärker mit den konservativen Aristokraten zusammen und orientierte sich insgesamt deutlich nach rechts. Andererseits sah sie sich nach der Jahrhundertwende – angesichts der Mobilisierung und Politisierung der katholischen Wählermassen – veranlaßt, ihre sozialpolitischen Bemühungen zu verstärken. Unter dem Druck der wachsenden katholischen Arbeiterbewegung zeigte sie sich sogar an einer Reform des für das Zentrum durchaus vorteilhaften Drei-Klassen-Wahlrechts in Preußen interessiert. Katholische Arbeiter und süddeutsche „Populisten" verlangten der bürgerlich-adligen Zentrumsführung eine Reihe von Zugeständnissen ab und drängten sie in den Auseinandersetzungen über die Kosten der Kolonialpolitik und des Flottenbaus in die Defensive[50].

---

47 Vgl. Robert Grosche, *Der geschichtliche Weg des deutschen Katholizismus aus dem Ghetto*, in: *Der Weg aus dem Ghetto*, Köln o.J., S. 17 f.

48 Vgl. ebd., S. 18, 24; Loth, *Katholiken* (Anm. 36), S. 77 f.; Schmidt-Volkmar, *Kulturkampf* (Anm. 19), S. 360. – Zur Ghettomentalität der Katholiken merkt Rudolf Morsey (*Die Deutsche Zentrumspartei 1917–1923*, Düsseldorf 1966, S. 33) an, die „Positionen geistiger und gesellschaftlicher Inferiorität" seien „aus Gewöhnung und Trägheit länger als notwendig" beibehalten worden.

49 Vgl. Loth, *Katholiken* (Anm. 36), S. 78 f. – Zum Nationalismus der Katholiken vgl. M. Rainer Lepsius, *Extremer Nationalismus. Strukturbedingungen vor der nationalsozialistischen Machtergreifung* (Veröffentlichungen der Wirtschaftshochschule Mannheim, Bd. 15), Stuttgart usw. 1966. Die Katholiken waren – so Lepsius – eine „nationale Minderheit mit einem entsprechend komplizierten Nationalbewußtsein". Mit ihrer Minderheitsposition verband sich nicht nur der Anspruch auf soziale Besserstellung, sondern auch nach Ausweitung der gesamtgesellschaftlichen Repräsentation. Weil das Bezugssystem der Konfession ebenso universell sei wie das der Nation, werde die Orientierung an der Nation ambivalent, wenn sie in Konkurrenz zur Orientierung an der Konfession trete (ebd., S. 36 f.).

50 Vgl. Loth, *Katholiken* (Anm. 36), S. 96 f., 103 ff., 111. – Das Vordringen der „Populisten" wurde auch dadurch begünstigt, daß seit 1906 Diäten für die Reichstagsabgeordneten bezahlt wurden (ebd., S. 109). – Zu Erzbergers Politik in dieser Zeit vgl. Klaus Epstein, *Matthias Erzberger und das Dilemma der deutschen Demokratie*, Frankfurt a. M. usw. 1976, S. 70 ff.

In dieser historisch-politischen Situation formulierte Julius Bachem im Heft 5 der „Historisch-politischen Blätter" vom 1. März 1906 die Parole: „Wir müssen aus dem Turm heraus."[51] Bachems erklärtes Ziel war es, die Zentrumspartei aus ihrer minoritären Defensivposition herauszuführen, die politische Macht des Zentrums und seiner Rolle als Staatspartei zu stärken sowie die kulturelle Isolation der deutschen Katholiken aufzubrechen. Als wichtigste Prämisse einer Politik, die der festgefahrenen relativen Deprivation der Katholiken ein Ende machen sollte, erschien ihm eine Veränderung im katholischen Lager selbst: Die mit dem Turm symbolisierte Lagermentalität sollte gesprengt werden, und der politische Katholizismus sollte sich den protestantischen Konservativen öffnen. Für eine solche Kooperation sah er inzwischen auch die objektiven Voraussetzungen gegeben. Er schlug vor, Wahlabkommen mit Protestanten möglichst dann zu schließen, wenn ein Protestant, der mit den politischen Zielen der Zentrumspartei sympathisierte, mit Hilfe des Zentrums durchgebracht werden könnte, ein allein auf das Zentrum gestützter Kandidat hingegen gefährdet war. Dieser Vorschlag war — unausgesprochen — freilich auch eine Methode, die bürgerlich-adlige Führungskoalition gegen die andrängenden Kandidaten der „kleinen Leute" aus der eigenen Partei abzuschirmen.

Julius Bachems Ausführungen und seine späteren Ergänzungen stießen in dem nun einsetzenden „Zentrumsstreit" auf den heftigen Widerstand der Anhänger des integralen Katholizismus. Die Integralen verlangten eine direkte Steuerung des gesellschaftspolitischen Lebens in allen, nicht nur kirchenpolitisch relevanten Fragen durch die katholisch-kirchliche Hierarchie. Sie strebten nach einer engeren Verbindung zwischen bürgerlicher Gesellschaft und katholischer Kirche in einem christlichen Staat mit ständischen Strukturen. Entschieden bekämpften sie die Entklerikalisierung des politischen Katholizismus. Die Integralen übten noch nach der Jahrhundertwende einen relativ großen Einfluß auf das Zentrum und die katholische Sozialbewegung aus. Erst nach dem Tod Pius' X. (1914) verloren sie in der Kurie und im deutschen Klerus an Gewicht[52].

Die innerparteilichen Auseinandersetzungen zwischen den Integralen und der „Kölner Richtung" um Bachem resultierten zum einen aus der unaufgelösten Ambivalenz des politischen Katholizismus als konfessionelle und politisch-soziale Interessenvertretung der Katholiken — ein Konflikt, der bereits vor der Jahrhundert-

---

51 Der Artikel Julius Bachems und nachfolgende Ergänzungen (vgl. H. 7 der „Historisch-politischen Blätter" [1906]) sind auszugsweise abgedruckt bei Bachem, *Vorgeschichte* (Anm. 3), Bd. 7, S. 163 ff.

52 Vgl. ebd., S. 159 ff., 174, 179 ff., 190 ff.; Loth, *Katholiken* (Anm. 36), S. 160; Ronald J. Ross, *Beleaguered Tower. The Dilemma of Political Catholicism in Wilhelmine Germany (International Studies, University of Notre Dame)*, Notre Dame/London 1976, S. 56, 68, 123. — Im Unterschied zu Loth und Ross, die den „Zentrumsstreit" im Zusammenhang mit den innerparteilichen Interessenkonflikten und Trennungslinien zwischen den bürgerlichen Zentrumshonoratioren und den andringenden Vertretern der katholischen Arbeiter und der süddeutschen „Populisten" untersuchen, sieht Epstein (*Erzberger* [Anm. 50]) im „Zentrumsstreit" primär eine ideologische Auseinandersetzung über den Charakter der Zentrumspartei. Epstein bezeichnet die Kölner Führer, weil sie „ein Höchstmaß" an Kooperation mit gleichgesinnten Protestanten gewünscht hätten, als „Vorläufer der nach 1945 gegründeten Christlich-Demokratischen Union" (ebd., S. 85).

wende im „Gewerkschaftsstreit"[53] aufgebrochen war. Zum andern zeigte die „integrale Überspannung des katholischen Prinzips" (Carl Bachem) aber auch, welche Barrieren im deutschen Katholizismus aufgerichtet wurden, um die gesellschaftlichen Strukturveränderungen und die Umschichtungen in der Zentrumsbasis im Verlauf der Industrialisierung nicht zur Kenntnis nehmen zu müssen. Die Integralen sahen im Zentrum den organisatorischen Ausdruck einer ihrer Ansicht nach noch immer bestehenden kirchenpolitischen Defensive, aber auch die offensiven Möglichkeiten des vor dem Kulturkampf ausgeprägten ultramontanen Katholizismus. Sie waren überwiegend dem altständischen, organischen Staatsdenken verhaftet und hegten daher tief eingewurzelte Bedenken gegen alle neuzeitlichen Bestrebungen zur Demokratisierung von Gesellschaft, Wirtschaft, Politik und Parteien. Sie lehnten jede Form einer autonomen gewerkschaftlichen Interessenvertretung der Arbeiter, insbesondere das Streikrecht, ab und verzögerten nicht nur den Aufbau der interkonfessionellen Christlichen Gewerkschaften, sondern blockierten auch den — ohnehin langsamen — Aufstieg von Handwerkern, Bauern und Arbeitern in Führungspositionen der Zentrumspartei. In der innerparteilichen Konfrontation seit den neunziger Jahren bis zum Ersten Weltkrieg wirkten die Verfechter des integralkatholischen Zentrumscharakters daher zumeist, wenn auch nicht durchgängig[54], als Protagonisten einer reaktionär-konservativen Politik im Interesse von katholischem Adel und Großagrariertum sowie von Teilen des konservativ-katholischen Mittelstandes und des Klerus. Wenn sie die enge Bindung an die katholische Kirche um der Einheit der Partei willen beschworen, so diente dies auch immer dem Versuch, das in den dreißiger Jahren des vorigen Jahrhunderts begründete klassenübergreifende Bündnis zu konservieren, das infolge zunehmender sozialer Spannungen und politischer Interessendivergenzen auseinanderzubrechen drohte. Das Postulat der Parteieinheit und die Forderung, die Interessen sollten sich der klerikalen Führung unterordnen, half ihnen, jede Parteireform schon im Ansatz abzuwehren. Mit dieser Taktik versuchten sie freilich zugleich, ihre eigenen klassenspezifischen Interessen innerparteilich wie politisch durchzusetzen.

Der Kölner Verleger Julius Bachem, der im Unterschied zu den Integralen auf dem politischen Charakter des Zentrums insistierte, versammelte um sich einen großen Teil des katholischen Mittelstandes (Unternehmer, Geschäftsleute, Juristen,

53 Zum „Gewerkschaftsstreit" vgl. insbesondere Rudolf Brack, *Deutscher Episkopat und Gewerkschaftsstreit 1900—1914*, Köln/Wien 1976. — Die Hochburgen der Integralen lagen in den östlichen und westlichen Randzonen des Deutschen Reiches: Im Erzbistum Breslau unter Kardinal Kopp, dessen Sprengel sich auf die preußische Provinz Schlesien und (mit dem Gebiet um Frankfurt/Oder) auf einen Teil der Provinz Brandenburg erstreckte, sowie im Bistum Trier unter Bischof Korum mit der Region Trier/Koblenz und den damals preußischen Teilen des Saarlandes. Auch in Berlin entwickelte sich mit den katholischen Arbeitervereinen (Sitz Berlin) eine integrale Bastion, so daß die Integralen als „Berlin/Trierer Richtung" firmierten.
54 Zu den Integralen schwenkte ein Teil der enttäuschten „Populisten" über (die bekanntesten waren Hermann Roeren, Graf Oppersdorff). Eine Zeitlang hatte auch Erzberger den antibürgerlichen Impuls des integralen Radikalismus mitgetragen (vgl. Loth, *Katholiken* [Anm. 36], S. 163); s. unten S. 83.

Beamte usw.). Dies war, wie Ronald J. Ross dargestellt hat[55], nicht zufällig, ebensowenig wie die Tatsache, daß sich die Bachemsche Position zuerst im rheinischen Zentrum durchsetzte. Denn in den westlichen Provinzen Preußens war aufgrund der Konfessionsstruktur und der sozioökonomischen Entwicklung eine besondere soziopolitische Situation entstanden, die selbst wieder auf die Zentrumspolitik zurückwirkte: Im Zuge der raschen Industrialisierung war hier seit etwa 1850 das Industrieproletariat – durch die Zuwanderung von Arbeitskräften aus den östlichen preußischen Provinzen und aus Polen seit den siebziger Jahren – erheblich angewachsen und bildete angesichts der ungelösten sozialen Frage ein Potential für die sozialistische Arbeiterbewegung; aber auch die Bedeutung der städtischen Mittelschichten hatte mit der Ausweitung von Handel, Gewerbe und Dienstleistungen – quantitativ wie politisch – deutlich zugenommen[56]. Die Katholiken stellten hier inzwischen einen beträchtlichen Anteil an der technischen Intelligenz[57]. Im rheinischen Zentrum bewirkte diese Entwicklung eine Machtverschiebung in der Zentrumsführung: Die großagrarischen Interessenvertreter wurden zurückgedrängt zugunsten des mittelständisch-bürgerlichen Elements.

Den politisch-organisatorischen Konsequenzen dieser Gewichtsverlagerung im politischen Katholizismus, die zum einen durch die quantitative Ausdehnung und die politische Stärkung des bürgerlichen Elements auf der Führungsebene der Partei und zum andern durch die in zunehmendem Maße erforderliche Rücksicht auf den Wähleranhang in den industriellen Ballungsgebieten begründet war, konnte die integrale Strategie, die den *status quo ante* erhalten wollte, langfristig wenig entgegensetzen. Denn inzwischen war nicht mehr zu übersehen, daß die katholischen Mittelschichten nach dem Ende des Kulturkampfs ihre Emanzipationsbedürfnisse nicht mehr so eindeutig wie bisher mit dem Kampf für die Kirchenfreiheit identifizierten. Ihnen ging es vielmehr darum, ihre Führungspositionen in Wirtschaft, Verwaltung und Kultur auszubauen und mit den Protestanten zu teilen, ihre gesellschaftliche Gleichstellung mit Protestanten gleicher Schichtzugehörigkeit durchzusetzen und mit den konservativen Protestanten im Interesse gemeinsamer politischer und sozialer Interessen zu kooperieren. Mehrheiten für eine konservative Politik ließen sich in Rheinland-Westfalen langfristig nicht mehr allein durch die Mobilisierung der Katholiken für das Zentrum erreichen, denn die Konfessionsverteilung brachte ihnen vielerorts nur einen knappen Vorteil. Daher richtete sich die

55 Ross (*Tower* [Anm. 52]) ordnet die Berlin/Trierer und die Köln/Mönchen-Gladbacher Richtung klassenspezifisch und ethnisch unterschiedlich geprägten Gruppierungen im Zentrum zu (vgl. ebd., S. 42 f., 68 ff.).

56 Vgl. Paul Wiel, *Wirtschaftsgeschichte des Ruhrgebiets. Tatsachen und Zahlen*, hrsg. v. Siedlungsverband Ruhrkohlenbezirk, Essen 1970, S. 7 ff.; zur Bevölkerungsentwicklung (1866–1966) vgl. ebd., Tab. 6–8, S. 12 ff., zur Zuwanderung ins Ruhrgebiet S. 69 ff. – Zur Entwicklung von Industrie- und Gesellschaftsstruktur in Rheinland-Westfalen vgl. außerdem Wolfgang Köllmann, Wirtschaft und Gesellschaft Rheinland-Westfalens zu Beginn des Industriezeitalters, in: *Arbeiterbewegung an Rhein und Ruhr. Beiträge zur Geschichte der Arbeiterbewegung in Rheinland-Westfalen*, hrsg. v. Jürgen Reulecke, Wuppertal 1974, S. 11 ff., bes. S. 21 f.

57 Vgl. Loth, *Katholiken* (Anm. 36), S. 76.

Zentrumsstrategie unter dem Aspekt der Stimmenmaximierung bzw. der Erhaltung bürgerlich-konservativer Machtpositionen hier zunehmend darauf, über den katholischen Bevölkerungsteil hinaus breitere Wählerschichten anzuziehen oder sich mit anderen konservativen Gruppierungen zu verständigen. Wollte das Zentrum aber die politische Unterstützung der konservativen Protestanten gewinnen, so mußte es alles vermeiden, was bei ihnen den Verdacht des Ultramontanismus reaktivierte; es mußte also eine gewisse Distanz zur katholischen Kirche erkennen lassen und außerdem deutlich machen, daß der Zusammenhalt der Partei primär durch Programmatik und Politik und weniger durch die kirchliche Bindung ihrer Anhänger gewährleistet sei[58].

In seinem „Turm-Artikel", der den Zentrumsstreit auslöste, hatte Bachem freilich nicht dafür plädiert, das Programm oder den Charakter des Zentrums grundlegend zu ändern. Auch für die Zentrumsgruppierungen um die bei Bachem verlegte „Kölnische Volkszeitung" (KVZ), den „Volksverein" in Mönchen-Gladbach, den Westdeutschen Verband der katholischen Arbeiter- und Knappenvereine sowie die 1895 gegründete Jugendorganisation der Zentrumspartei, die „Windthorstbunde", die die „Kölner Richtung" unterstützten, blieb der faktisch katholische Charakter der Partei eine Selbstverständlichkeit. Man war sich darüber im klaren, daß jeder Versuch, das Zentrum auf interkonfessioneller Basis neu zu organisieren, bedeutet hätte, seine Funktion als einheitliche politische Interessenvertretung der Katholiken prinzipiell in Frage zu stellen. Eine solche Neuformierung hätte damals sicherlich einen Vertrauensverlust und deutliche Einbrüche bei der katholischen Stammwählerschaft nach sich gezogen. Die „christliche Weltanschauung" als Basis für eine gemeinsame Politik von Katholiken und Protestanten war für die „Kölner" nicht — wie ihnen die Integralen unterstellten — ein Ansatz, die konfessionellen Unterschiede zu verwässern, sondern primär ein *politischer* Kampfbegriff, der den Gegensatz des katholischen und des protestantischen Konservatismus zur erstarkenden Sozialdemokratie markieren sollte. Ihre interkonfessionellen Annäherungsversuche resultierten nicht aus grundsätzlichen parteistrategischen Erwägungen, sondern suchten auf pragmatische Weise taktische Vorteile für katholische Mittelstandsinteressen zu erreichen. Damit schufen sie die Ausgangsbasis für eine konservativ-klerikale Koalition auf antisozialistischer Basis, wie sie nach dem Bruch des „Bülow-Blocks" 1909 dann zustandekam. Sie nahmen freilich in Kauf, daß überfällige politische und soziale Reformen (wie z.B. die Reform des Drei-Klassen-Wahlrechts in Preußen) und nicht zuletzt auch die Emanzipationsansprüche der christlichen Arbeiter in ihren eigenen Reihen abgeblockt wurden.

Andererseits grenzten sich auch die Christlichen Gewerkschaften seit ihrem Breslauer Kongreß (1906) dezidiert von der sozialdemokratischen Arbeiterbewegung ab und erklärten die Sozialdemokratie als Weltanschauung wie als politische Partei zu ihrer Todfeindin. Sie boten den bürgerlichen Parteien ihre Mitarbeit an und hofften, auf deren Sozialpolitik Einfluß nehmen zu können. Die christlichen Gewerkschaft-

---

58 Vgl. ebd., S. 113; Ross, *Tower* (Anm. 52), S. 45.

ler im Zentrum – Giesberts war seit 1905 Mitglied der Reichstagsfraktion des Zentrums – akzeptierten mit der Linie der „Kölner" Gruppierung implizit auch die Dominanz der Mittelstandsinteressen über die der katholischen Arbeiter. Unter dem Druck der Integralen, die ihre Autonomie in Frage stellten und bedrängt von der sozialdemokratischen Konkurrenz, retteten sie sich ins nationale Fahrwasser[59].

Die Kontakte der Zentrumsführung zu den protestantischen Konservativen rissen auch in der Zeit des „Bülow-Blocks" (1906–09), als das Zentrum in der Opposition war, nicht ab. Konservativ-katholischer Adel und gouvernemental orientierter Klerus identifizierten sich mit den Interessen und dem Lebensstil der Konservativen im Regierungslager ohnehin viel eher als mit dem aufsteigenden „neuen" Mittelstand oder der katholischen Arbeiterbewegung. Daß das Zentrum vorübergehend aus der Regierung ausgeschlossen blieb, reaktivierte bei ihnen das Kulturkampftrauma. Aus diesem Grund ermahnte auch die Kurie – auf dem Umweg über den Breslauer Kardinal Kopp – die Zentrumsführung, die Konservativen, die ja in kultur- und kirchenpolitischen Fragen die historischen Verbündeten des politischen Katholizismus waren, nicht zu verprellen, etwa durch eine angeheizte Oppositionsstimmung oder durch eine Annäherung an die Sozialdemokraten. Der rechte Zentrumsflügel um Spahn und Hertling begegnete der anhaltenden ultramontanen Polemik aus dem Regierungslager dadurch, daß er die nationale Zuverlässigkeit des politischen Katholizismus demonstrierte und die innerparteiliche Kritik an der imperialen Weltpolitik der Reichsregierung, wie Erzberger sie damals artikulierte, einzudämmen versuchte. So standen die oppositionellen Kräfte im Zentrum während der Phase des Bülow-Blocks unter dem doppelten Druck von Kirchenführung und konservativem Zentrumsflügel. Gleichwohl bestimmten die Aktivitäten der Erzberger-Gruppe in der Endphase der Opposition das Erscheinungsbild der innerlich uneinigen Reichstagsfraktion und ließen die Möglichkeit aufscheinen, daß der Bülow-Block durch eine Mitte-Links-Koalition von Zentrum, Fortschrittlern und Sozialdemokratie gesprengt werden könnte. Doch die bürgerliche Zentrumsführung, die ständig zwischen dem Regierungslager und den Wünschen ihrer Wählerbasis geschwankt hatte, entschied sich 1909 – wie erwähnt – nicht für eine reformfähige

---

59 Vgl. August Erdmann, *Die christliche Arbeiterbewegung in Deutschland*, Stuttgart 1908, S. 503; Ludwig Frey, *Die Stellung der christlichen Gewerkschaften Deutschlands zu den politischen Parteien*, Berlin 1931, S. 29; Michael Schneider, *Die Christlichen Gewerkschaften 1894–1933*, Bonn-Bad Godesberg 1982, S. 232; zum Antisozialismus der Christlichen Gewerkschaften in der Vorkriegszeit vgl. auch Loth, *Katholiken* (Anm. 36), S. 194 f. – Nachdrücklicher noch als bei der Reichstagswahl 1907 lehnten die christlichen Arbeiterfunktionäre 1912 Wahlbündnisse und Stichwahlabkommen mit der SPD ab und verbündeten sich lieber mit Nationalliberalen und Freikonservativen. Im selben Jahr weigerte sich der Gewerkverein Christlicher Bergarbeiter, die vom „Dreibund" eingeleitete Lohnbewegung zu unterstützen und verhandelte statt dessen – erfolglos – auf „sozialpartnerschaftliche" Weise. Er empfahl sich als „nationale Kraft" und forderte den Innenminister auf, Militär einzusetzen, um die Arbeitswilligen zu schützen. Der Streikbruch riß eine tiefe Kluft zwischen den Arbeiterorganisationen auf und führte auch an der Basis zu einer scharfen Frontstellung, die ein gemeinsames Vorgehen in der Folgezeit erschwerte (vgl. auch Schneider, *Gewerkschaften*, S. 298 ff.). Auf den Klassenwiderspruch in der „Kölner" Gruppierung verweist Ross, *Tower* (Anm. 52), S. 39, 138 f.

„Abwehrmehrheit", sondern für die konservative Alternative, den „schwarz-blauen Block"[60].

Der Rechtsruck des Zentrums in der Vorkriegszeit wurde dadurch begünstigt, daß sich das Bündnis der oppositionellen Zentrumsgruppen im Zusammenhang mit der 1907 einsetzenden Wirtschaftskrise zersetzte. Die Ursachen dieser Desintegration waren aufbrechende Widersprüche zwischen Agrarproduzenten und Konsumenten, die Schwächung der Arbeiterbewegung insgesamt, nicht zuletzt aber auch die Tatsache, daß diese Gruppen, trotz ihrer bisherigen sozial- und verfassungspolitischen Vorstöße, kein klares Konzept für die Parlamentarisierung und die weitergehende Demokratisierung der politischen und gesellschaftlichen Strukturen des Kaiserreichs verband. Während die katholischen Arbeiter zunehmend nach links drängten — sie verlangten nun politische Zugeständnisse im Wahlrecht und größeren innerparteilichen Einfluß[61] —, bewegte sich der in seinen Produktions- und Lebensformen von der Moderne bedrohte „alte" Mittelstand hin zu den Konservativen. Ein Teil der verunsicherten und enttäuschten „Populisten" verbündete sich sogar mit den Integralen gegen die Nutznießer der industriellen Revolution, das Bürgertum und die Arbeiter, und verschaffte dem Protest der vorindustriell-antibürgerlichen Kräfte aus Adel und Klerus gegen die Emanzipation vor allem der Arbeiterschaft eine neue soziale Resonanz[62].

Der Konflikt zwischen den Integralen und den Interkonfessionellen wurde nun militanter. Die Kurie warnte davor, den Charakter der Zentrumspartei primär von der politischen Seite her zu bestimmen. Die Integralen formierten sich seit 1908/09 und griffen die Christlichen Gewerkschaften, den Volksverein und die bürgerliche Zentrumsführung scharf an[63]. Der Machtkampf zwischen den Vertretern einer „katholischen Politik" und den Anhängern eines flexibleren „politischen Katholizismus" war auch nach der gemeinsamen Erklärung der Reichstagsfraktion des Zentrums vom 28. November 1909 nicht beendet. In dieser Erklärung hatte die Fraktion das Selbstverständnis der Partei als *politische*, grundsätzlich interkonfessionelle Organisation bekräftigt und mit dem Hinweis auf den Septennatskonflikt die nach außen hin sichtbare Unabhängigkeit von kirchlichen Weisungen in politischen Fragen als unabdingbare Voraussetzung für die politische Funktionsfähigkeit des Zentrums dargestellt[64]. Weil dem schwelenden Konflikt aber divergierende

---

60 Vgl. Loth, *Katholiken* (Anm. 36), S. 146, 174 f., 177 ff.
61 Vgl. ebd., S. 155. — Seit 1908 schlossen sich die Arbeiterfunktionäre im Zentrum zu „Politischen Komitees" zusammen, um ihre Kräfte zu konzentrieren.
62 Vgl. ebd., S. 156, 158 f.
63 Vgl. ebd., S. 160 ff.
64 Die Erklärung ist abgedruckt bei Bachem, *Vorgeschichte* (Anm. 3), Bd. 7, S. 236 f. — Sie antwortete — nach dem Bruch des „Bülow-Blocks" — auf einen Vorstoß der Integralen bei der „Osterdienstagskonferenz" 1909. Hier wurde die Gefahr einer „Protestantisierung der katholischen Kirche" beschworen, vor dem „Modernismus", der „Bachemschen Bewegung" und den interkonfessionellen Christlichen Gewerkschaften gewarnt und gefordert, daß der Volksverein noch enger an den Episkopat gebunden werden solle (vgl. ebd., Bd. 7, S. 198, 206 ff.).

soziale und politische Interessen zugrundelagen, vor deren Hintergrund die Nähe bzw. die Distanz zur katholischen Kirche überhaupt erst ihre politische Brisanz erhielt, wurde der Streit nur kurzfristig entschärft. Erst der „Burgfrieden" zu Beginn des Ersten Weltkrieges und die durch den Krieg völlig veränderte politische Situation, insbesondere der Machtzuwachs der Linken, der die Integralen wie die Befürworter der interkonfessionellen Öffnung gleichermaßen bestürzte, machten dem Streit der rivalisierenden Strömungen im deutschen Katholizismus ein vorläufiges Ende[65].

1917 kam es zu einer Kräfteverschiebung innerhalb der Zentrumspartei zugunsten der Repräsentanten von katholischen Mittelschichten und der katholischen Arbeiterbewegung gegen den rechtskonservativen Flügel. Anlaß für diese Neuorientierung der Zentrumspolitik unter der Führung Matthias Erzbergers war die Einsicht, daß der Krieg nach dem Scheitern des U-Boot-Kriegs gegen England und dem Eintritt der USA in die Entente nicht mehr zu gewinnen war. Große Teile der deutschen Bevölkerung waren kriegsmüde und verlangten innere Reformen. Zwar hatte die Reichsregierung in der Osterbotschaft 1917 eine Reform des preußischen Wahlrechts in Aussicht gestellt, doch sollte sie erst nach Kriegsende verwirklicht werden. Noch bis vor kurzem hatte Erzberger im Einklang mit der Zentrumsführung die annexionistischen Kriegsziele mitvertreten; allen voran ging die „Kölnische Volkszeitung" aus dem Hause Bachem mit ihrem expansionistischen Kurs. Im Juli 1917 arbeitete er dann zusammen mit der Sozialdemokratie eine Friedensresolution aus, die am 19. Juli 1917 im Reichstag angenommen wurde. Er wollte das Zentrum nicht von der wachsenden Friedensbewegung abkoppeln und plädierte unterdessen für einen Verständigungsfrieden und für den Verzicht auf territoriale Eroberungen. Die Friedensresolution bildete die Grundlage für eine Reichstagsmehrheit, hinter der auch Teile der Nationalliberalen und die Fortschrittspartei standen. Damit war die Grundlage für ein Mitte-Links-Bündnis geschaffen, das in den Jahren 1919 bis 1922 zum Hauptträger der Weimarer Republik wurde. Dieser republikanische Block war freilich — ohnehin eingeschränkt durch die mit den Versailler Verträgen geschaffenen Bedingungen — nur solange ein politischer Machtfaktor, wie der Rechtskonservatismus durch die Auswirkungen der Revolution von 1918 paralysiert war. Die kurze Periode der „katholischen Demokratie" war bereits 1923 zu Ende[66].

---

65 Als Reaktion auf die Stärkung der Sozialdemokratie und der freien Gewerkschaften einigten sich im November 1919 die von den Integralen aufgebauten, inzwischen bedeutungslos gewordenen Fachabteilungen in den Katholischen Arbeitervereinen, die sich — wie Karl Bachem es ausdrückte — „als wenig widerstandsfähig gegenüber der sozialdemokratischen Flut" erwiesen hatten, mit den bis dahin von der „Berlin/Trierer Richtung" heftig bekämpften Christlichen Gewerkschaften. Mit ihrem Einlenken folgten sie dem Wunsch der Fuldaer Bischofskonferenz und erleichterten die Gründung des christlichen Deutschen Gewerkschaftsbundes (DGB) als Zusammenfassung der christlichen Gewerkschaftsbünde.

66 Vgl. Rosenberg, *Entstehung* (Anm. 19), S. 134 ff.; ders., *Geschichte der Weimarer Republik*, Frankfurt a. M. 1977, S. 100 ff.; Epstein, *Erzberger* (Anm. 50), S. 173 ff.; vgl. hierzu auch Morsey, *Zentrumspartei* (Anm. 48), S. 329 ff.

2.6 Interkonfessionelle Neuformierung oder Reform des Zentrums nach dem Ersten Weltkrieg

2.6.1 Der „Mahnruf von Essen" (1920) – ein Vorgriff auf die Union?

Mit Ausnahme der DNVP-Neubildung (am 23. November 1918), die die Rechte sammeln wollte, kam es in den Jahren 1918/19 zu keiner größeren Konzentration im bürgerlichen Parteiengefüge, obwohl die Novemberrevolution und die gesellschaftlichen Umbrüche am Ende des Ersten Weltkrieges einen relativ günstigen Ausgangspunkt für eine parteipolitische Umgruppierung im Mitte-Rechts-Spektrum – jenseits von SPD, USPD und KPD – geboten hätten. In wesentlichen Grundzügen setzte sich vielmehr die Parteienstruktur des Kaiserreichs fort. Zwar war in Zentrumskreisen die interkonfessionelle Erweiterung der nach wie vor faktisch katholischen Partei erneut thematisiert worden, diese Diskussion hatte jedoch nicht zu einer Neuformierung geführt. Vom „Zentrumsstreit" unterschied sich die neuerliche Diskussion in zwei wichtigen Punkten:
1) Die Initiative zur Umstrukturierung der Parteiorganisation ging nicht von bürgerlichen Honoratioren aus, sondern kam aus den Führungsgruppen der Christlichen Gewerkschaften und des Volksvereins;
2) Den Befürwortern der interkonfessionellen Kooperation ging es nicht mehr um bloße Absprachen oder Wahlbündnisse, sondern sie nahmen um der politischen Zusammenarbeit mit den protestantischen Konservativen willen die Preisgabe des Zentrums in Kauf.

Der Kontext dieser Neuformierungspläne interessiert hier besonders deshalb, weil sich die aus dem Zentrumslager stammenden Unionsgründer 1945 auf die Konzeption Adam Stegerwalds beriefen. Daher ist es notwendig, die politische Stoßrichtung, die zu Beginn der zwanziger Jahre mit der Öffnung zu den protestantischen Konservativen hin intendiert war, zu untersuchen, abweichende Meinungen zu dieser Frage innerhalb der katholischen Arbeiterbewegung (KAB) und im linksrepublikanischen Zentrumsflügel zu beleuchten und schließlich die Relevanz dieser Konfliktlinien für die Auseinandersetzungen um die Wiedergründung der Zentrumspartei bzw. die Neuformierung der Union nach dem Zweiten Weltkrieg festzuhalten[67].

Die Verschärfung der sozialen Gegensätze zwischen adligen Großagrariern, Großbauern, Unternehmern, weiten Mittelstandskreisen auf der einen, Arbeitern, Angestellten und anderen unselbständig Beschäftigten auf der anderen Seite schlug sich Ende des Ersten Weltkrieges in unversöhnlichen Meinungsverschiedenheiten innerhalb der Zentrumspartei nieder[68]. Die Polarisierung zwischen der bürgerlichen Führungsgruppe und der christlichen Arbeiterbewegung war nur kurzfristig durch die

---

67 Vgl. hierzu unten Kap. 5.
68 Vgl. Emil Ritter, *Die Katholisch-Soziale Bewegung Deutschlands im 19. Jahrhundert und der Volksverein*, Köln 1954, S. 366. Ritter zitiert hier eine vermutlich von Stegerwald verfaßte Denkschrift.

Neuorientierung der Zentrumspolitik seit der Friedensresolution vom Juli 1917 überdeckt worden. Es drängte sich die Alternative auf, entweder den Konsens, auf dem die Einheit des politischen Katholizismus basierte, zu erneuern oder die – unter historisch inzwischen überlebten Bedingungen entstandene – politisch-parlamentarische Einheit des katholischen Lagers aufzugeben und neue Perspektiven zu formulieren. In diesem Zusammenhang sind die Diskussionen über die Parteireform des Zentrums bzw. über seine interkonfessionelle Erweiterung, über den Ausbau der Parteiorganisation und die Weiterentwicklung der Parteiprogrammatik zu verstehen.

Einer der ersten Vorstöße zur interkonfessionellen Umstrukturierung der Partei nach dem Ersten Weltkrieg ging von der Zentrale des Volksvereins bzw. von ihrem geistlichen Direktor, Dr. Heinrich Brauns, aus. Vorausgegangen waren Versuche des Episkopats, die Politisierung der katholischen Arbeiterbewegung in der Wahlrechtsfrage abzufangen, weil sie nach Ansicht der Bischöfe die konfessionelle Schule in Preußen gefährdete[69]. Der Episkopat wollte den Volksverein und die katholischen Arbeitervereine wieder unter seine Kontrolle bringen und trieb einen Keil zwischen Volksverein und KAB. Doch die klerikalen Disziplinierungsversuche erreichten das genaue Gegenteil: Sie waren mit eine der Ursachen für den Niedergang des Volksvereins in den zwanziger Jahren; und in der christlichen Arbeiterbewegung gaben sie denjenigen Kräften Auftrieb, die die konfessionelle Enge des Zentrums sprengen wollten[70]. In seiner Vorlage vom 13. November 1918 griff Brauns die Parole Julius Bachems aus dem Jahr 1906 wieder auf. Im Unterschied zu Bachem forderte er allerdings eine interkonfessionelle Neubildung mit demokratischem und sozialem Gepräge sowie mit fester organisatorischer Verbindung zu den Christlichen Gewerkschaften. Auch wenn er sich damals nicht explizit gegen eine parlamentarische Zusammenarbeit mit der SPD aussprach, so war es doch sein Bestreben, mit dieser Parteineubildung ein Gegengewicht zur SPD zu schaffen und größere Erfolge der Sozialdemokraten bei den Zentrumswählern in der Arbeiterschaft zu verhindern. Das Ziel, eine Barriere gegen die Sozialdemokratie aufzubauen, bestimmte auch in den folgenden Jahren sein Engagement für eine interkonfessionelle Volkspartei[71], wenngleich er sich später deutlich vom Gedanken eines „Bürgerblocks" distanzierte.

Brauns' Ausarbeitung enthielt noch ein Bekenntnis zur Monarchie, stellte sich aber auf den Boden einer – von der Nationalversammlung zu beschließenden – Ver-

---

69 Vgl. ebd., S. 367 ff.
70 Vgl. ebd.; Loth, *Katholiken* (Anm. 36), S. 377 f.
71 Zu Brauns' Initiative und zum Inhalt seines Konzepts vgl. ausführlich Morsey, *Zentrumspartei* (Anm. 48), S. 95 ff.; Oswald Wachtling, *Joseph Joos, Journalist – Arbeiterführer – Parlamentarier. Politische Biographie 1878–1933 (Veröffentlichungen der Kommission für Zeitgeschichte*, Reihe B, Bd. 16), Mainz 1974, S. 80, 82; s. auch Loth, *Katholiken* (Anm. 36), S. 378. – Wachtling korrigiert Morseys Annahme, daß die M.-Gladbacher Volksvereins-Initiative auch mit Billigung der Redaktion der „Westdeutschen Arbeiterzeitung" (WAZ) und Joseph Joos zustandegekommen sei. Joos trat als Repräsentant der Katholischen Arbeitervereine vielmehr entschieden für die Beibehaltung des alten Zentrums ein. Zu Brauns' Parteikonzept vgl. auch Ernst Deuerlein, Heinrich Brauns, in: *Politik und Landschaft*, hrsg. v. Walter Först (*Beiträge zur neueren Landesgeschichte des Rheinlandes und Westfalens*, Bd. 3), Köln/Berlin 1969, S. 151 f.; vgl. ferner unten Anm. 97.

fassung und forderte gleiches Wahlrecht, auch für Frauen, sowie das System der Verhältniswahl. Sie diente, zusammen mit den vom Reichsausschuß der Partei am 30. Juni 1918 ausgegebenen, recht allgemein gehaltenen Richtlinien[72], als Grundlage für die nun in Kreisen westdeutscher Arbeiterzentrumswähler und in der Redaktion der Kölner Volkszeitung einsetzende Diskussion über die Zukunft des Zentrums, hatte jedoch keine relevante praktisch-politische Auswirkung für die weitere organisatorische Entwicklung der Partei. Eine Neuformierung des Zentrums wurde vor allem deshalb verworfen, weil man die Abwanderung von Stammwählern befürchtete. Nach wie vor galt der Kampf für die „von der Staatsomnipotenz und dem modernen Liberalismus bedrohte Religionsfreiheit", für Parität und Konfessionsschule[73] als Legitimation für die Existenz der Zentrumspartei. Es blieb daher 1918 im Westen Deutschlands bei der alten Parteibezeichnung, die allenfalls mit Zusätzen versehen wurde: so in Duisburg „Christlich-demokratische Volkspartei" und in Köln „Freie deutsche Volkspartei". In Köln wurde die Bezeichnung „christlich-demokratisch" bzw. „christlich-sozial" als Reminiszenz an den „Zentrumsstreit" und mit Rücksicht auf den Klerus bewußt vermieden[74]. In Norddeutschland dagegen war die Zentrumspartei vorübergehend für vereinzelte protestantische Gruppierungen attraktiv. Sie wurde in Berlin und Hannover für kurze Zeit in „Christliche Volkspartei/Zentrum" umbenannt. Unter dieser Bezeichnung kandidierte bei der Reichstagswahl 1920 auch eine gegen das Linkszentrum auftretende, national und

---

72 Abgedr. in: Bachem, *Politik* (Anm. 1), S. 18 ff. – Über die Entstehung dieser „Richtlinien für die Parteiarbeit" teilt Bachem mit, sie seien auf Initiative einer Zentrumsgruppierung um die „Kölner Volkszeitung" formuliert worden, um die Einigkeit der Zentrumspartei angesichts der im Zentrum bestehenden Meinungsverschiedenheiten über die Kriegs- und Friedensziele zu erhalten. Ähnliche Diskussionen fanden in Kölner Kreisen der christlichnationalen Arbeiterbewegung statt. Nachdem beide Gruppen 1917 einen gemeinsamen Entwurf erarbeitet hatten, legten sie ihn dem Reichsausschuß der Zentrumspartei als Antrag vor; vor seiner Verabschiedung im Juni wurde der Entwurf nochmals erweitert (ebd., S. 22 f.). – Die „Richtlinien" stehen in der Kontinuität der „Kölner Richtung": In ihnen artikulieren sich deutlich die Forderungen der katholischen Beamten und des Mittelstandes nach Parität und materieller Besserstellung, wohingegen die Interessen der Arbeiterschaft in zwei höchst allgemeinen Sätzen abgehandelt werden. Ihre Forderungen nach dem gleichen Wahlrecht und dem Abbau von Klassenschranken fielen unter den Tisch. In Punkt 2 der Richtlinien wird die Erhaltung einer starken konstitutionellen Monarchie gefordert; die Forderungen nach einer „kraftvollen Volksvertretung" sowie nach der „volkstümlichen und freiheitlichen Ausgestaltung der Verfassung" deuten an, daß die Parlamentarisierung des Reiches als eine nicht mehr umkehrbare Entwicklung akzeptiert wurde.
73 Morsey, *Zentrumspartei* (Anm. 48), S. 100, 103.
74 Zur Programmdiskussion vgl. ebd., S. 99 ff.; s. auch Rudolf Morsey, Die Zentrumspartei in Rheinland und Westfalen, in: *Politik und Landschaft* (Anm. 71), S. 27 ff. Zur Haltung des Klerus vgl. auch Morsey, *Zentrumspartei* (Anm. 48), S. 110 f. – Die Mehrheit des Klerus wandte sich gegen die Neustrukturierungsversuche; sie wollte nicht auf die „rückhaltlos katholische Färbung" der Zentrumspartei verzichten und schreckte selbst vor mäßigen politischen Veränderungen zurück. Mit den Leitsätzen vom 30. Dezember 1918 wurde die recht widerspruchsvolle Programmdiskussion der ersten Revolutionswochen vorläufig abgeschlossen. Vgl. Herbert Gottwald/Günter Wirth, Zentrum 1870–1933, in: *Lexikon zur Parteiengeschichte. Die bürgerlichen und kleinbürgerlichen Parteien und Verbände in Deutschland (1789–1945)*, hrsg. v. Dieter Fricke u. a., Leipzig 1986, Bd. 4, S. 592.

antirepublikanisch orientierte, integrale Konkurrenzpartei, die ihren Schwerpunkt im Rheinland hatte, aber nur 65 000 Stimmen (0,2 Prozent) erhielt. Ihr Abgeordneter schloß sich der BVP-Fraktion an; die Mitglieder traten später zur DNVP über[75].

Unter dem Druck ihrer sich radikalisierenden Basis blieb vor allem bei den Christlichen Gewerkschaften das Bedürfnis nach einer Modernisierung der Zentrumspartei wach. So läßt sich denn auch die Formulierung des Programms, das Adam Stegerwald auf dem 10. Kongreß der Christlichen Gewerkschaften am 21. November 1920 in Essen vortrug, ebenso aus der strategischen Perspektive der Christlichen Gewerkschaften interpretieren wie als Ergebnis von Reflektionen über die Strukturkrise des Zentrums. Der Gedanke einer selbständigen christlichen Arbeiterpartei war in christlichen Arbeiterkreisen schon nach der Jahrhundertwende lebhaft diskutiert worden. Denn man suchte nach einem Weg, wie man den Einfluß der wenigen Arbeitervertreter, die allmählich in die Parlamentsfraktionen der bürgerlichen Parteien aufgenommen wurden, auf die Gesetzgebung konzentrieren könnte. Solange sie verschiedenen Parteien angehörten, waren Situationen denkbar, in denen sie sich als Angehörige von Regierungs- und Oppositionsfraktionen gegenüberstanden und sich bei Abstimmungen gegenseitig blockierten. Die christlichen Arbeitervertreter aus dem Zentrumslager wandten sich jedoch auf dem Breslauer Kongreß der Christlichen Gewerkschaften (1906) explizit gegen solche Parteiansätze, weil man sich ihrer Ansicht nach damit die Möglichkeit nehme, die bürgerlichen Parteien zu sozialpolitischen Zugeständnissen zu zwingen und den Anspruch aufgebe, deren soziales Gewissen zu schärfen. Ziel der christlich-nationalen Arbeiterbewegung war es ja gerade, den „Arbeiterstand" in die bürgerliche Gesellschaft einzugliedern, mit deren staatspolitischen, nationalen und kulturellen Werten sie sich voll identifizierte[76]. Adam Stegerwald — er war seit 1903 Generalsekretär des Gesamtverbandes der Christlichen Gewerkschaften (GCG) und wurde 1918 zum ersten Vorsitzenden des „Deutschdemokratischen Gewerkschaftsbundes" (DDGB)[77]

---

75 Vgl. Wachtling, *Joos* (Anm. 71), S. 88; Bachem, *Vorgeschichte* (Anm. 3), Bd. 7 S. 279 f.; Bd. 8, S. 265 ff.: Protestantische „Christliche Volksparteien" ohne organisatorische Verbindung zum Zentrum bildeten sich in Posen, Schleswig-Holstein, Ostpreußen, Potsdam. In Berlin fusionierten die protestantische CVP und das Zentrum im Januar 1920. In Hannover stellten CVP-Zentrum und Deutschhannoversche Partei eine gemeinsame Liste auf. Über evangelische Ansätze zur interkonfessionellen Erweiterung der Zentrumspartei bzw. über die Initiierung eines evangelischen Zentrums („Evangelische Volksgemeinschaft" — ein Vorläufer des „Christlich-sozialen Volksdienstes") in den Jahren 1920—1933 vgl. Günther Grünthal, „Zusammenschluß" oder „Evangelisches Zentrum"? Ein Beitrag zur Geschichte der Deutschen Zentrumspartei in der Weimarer Republik, in: *Staat und Gesellschaft* (Anm. 10), S. 301—330.

76 Vgl. Erdmann, *Arbeiterbewegung* (Anm. 59), S. 504; Schneider, *Gewerkschaften* (Anm. 59), S. 246, 328. — Zum „Essener Programm" vgl. insbes. Larry Eugen Jones, Adam Stegerwald und die Krise des deutschen Parteiensystems. Ein Beitrag zur Deutung des „Essener Programms" vom November 1920, in: *VjHfZ*, 27. Jg. (1979), H. 1, S. 1—29; vgl. außerdem Morsey, *Zentrumspartei* (Anm. 48), S. 369 ff.

77 Diese Verbindung der nichtsozialistischen Gewerkschaften erwies sich wegen des unterschiedlichen Demokratieverständnisses der Christlich-nationalen und der Hirsch-Dunckerschen als keineswegs stabil. Der am 20. November 1918 gegründete DDGB fiel schon ein Jahr später wieder auseinander, nachdem die DDGB-Führung — aus einem „nationalisti-

gewählt − veränderte seine Position in den ersten Kriegsjahren. Er war nun nicht mehr bereit zu akzeptieren, daß die Wünsche der Arbeiter nach sozialer Gerechtigkeit und politischer Gleichstellung von den „beschränkten" agrarischen Interessenvertretern, von der sozialen Reaktion und vom Klerus immer wieder zurückgedrängt wurden. Daher ventilierte er jetzt den Plan einer neuen, vom Zentrum losgelösten, christlich-konservativ-ständischen Volkspartei, die sich auf die christlich-nationale Arbeiterbewegung stützen sollte. Doch ließen sich evangelische Gewerkschaftssekretäre wie Franz Behrens, Hans Bechly oder Fritz Baltrusch, die ihre Heimat in DNVP und DVP suchten, damals nicht für ein solches Parteiprojekt gewinnen[78].

In Diskussionen mit den rechtskonservativen Zentrumspolitikern Martin Spahn und Heinz Brauweiler wurde bereits seit 1915 eine Sammlungsparole unter völkischem, korporatistisch-nationalem Vorzeichen entworfen. Ausgangspunkt für Spahns Sammlungskonzept war die Annahme, Katholizismus und Konservatismus müßten untrennbar miteinander verschmolzen werden. Eine rechtsgerichtete Sammlungsbewegung sollte der seit Juli 1917 sich durchsetzenden Linksorientierung des Zentrums unter der Führung Erzbergers entgegenarbeiten und gegen die Parlamentarisierungstendenzen ständisch-organische Ordnungsvorstellungen wiederbeleben. In der Arbeiterschaft sah Spahn einen politischen Faktor, dessen Integration in den Staatsorganismus nach dem Ende des Weltkrieges auf der Tagesordnung stehe. Aus diesem Grund beteiligte er sich damals auch an den Vorarbeiten für ein Programm der christlich-nationalen Arbeiterbewegung. Sie und die Landwirtschaft stellte er sich als Stützpfeiler eines erneuerten Klassenbündnisses vor, das von den Arbeitern bis zu den Aristokraten reichen und dessen Grundlage das antisozialistische und antiliberale Bekenntnis zum „organischen Volksstaat" sein sollte[79]. Daher suchte Spahn sowohl Stegerwald als auch den harten Kern des rheinisch-westfälischen grundbesitzenden Adels um die Freiherren von Lüninck − wie Stegerwald erbitterte Gegner des „Erzbergertums" − für seine Ziele zu gewinnen.

Stegerwald ließ sich aber nicht endgültig auf dieses Bündniskonzept festlegen, weil er eine Dominanz der agrarischen Elemente befürchtete und einen flexibleren Koalitionsspielraum für erforderlich hielt. So propagierte Spahn sein Projekt einer „Christlich-sozialen Volkspartei", in der der Klassenantagonismus durch ein nationalistisches Integrationsmuster überwunden werden sollte, nach der Novemberrevolution ohne Erfolg. Im Zentrum fand es nur zögernde Resonanz, denn ein Teil der bürgerlichen Kräfte hatte sich hier inzwischen dem parlamentarischen System verschrieben, und die Führung der katholischen Arbeitervereine wollte sich

Fortsetzung Fußnote 77
    schen und konterrevolutionären Impuls" heraus den Namen in „Deutscher Gewerkschaftsbund" umgeändert hatte, um jede Verwechslung mit der linksliberalen DDP zu vermeiden. Vgl. hierzu Jones, Stegerwald (Anm. 76), S. 7.
78 Vgl. ebd., S. 6.
79 Vgl. Loth, *Katholiken* (Anm. 36), S. 379; Gabriele Clemens, *Martin Spahn und der Rechtskatholizismus in der Weimarer Republik (Veröffentlichungen der Kommission für Zeitgeschichte*, Reihe B, Bd. 37), Mainz 1983, S. 90 ff.

die Möglichkeit zur punktuellen Zusammenarbeit mit der reformistischen Arbeiterbewegung nicht nehmen lassen.

Nach der Konsolidierung des ADBG und der Hirsch-Dunckerschen Gewerkschaften sowie der Neugründung des DGB[80] (1919) wurde für den christlichen Gewerkschaftsführer die Parteifrage erneut aktuell. Denn einerseits verschärfte die Rechtsentwicklung der Christlichen Gewerkschaften und des Zentrums seit der Juniwahl 1920 den Gegensatz zur gewerkschaftlichen und politischen Linken; andererseits waren die Christlichen Gewerkschaften, deren Anhänger sich auf das Mitte-Rechts-Spektrum des Weimarer Parteiensystems verteilten, innerlich zersplittert. Im Unterschied zu den Freien und den Hirsch-Dunckerschen Verbänden fehlte ihnen ein eindeutiger parteipolitischer Bezugspunkt, der ihren Forderungen auch auf parlamentarischer Ebene Nachdruck verlieh. Die Entwicklung des Zentrums, dem sich die katholischen Mitglieder der Christlichen Gewerkschaften mehrheitlich zugehörig fühlten, war gegenwärtig nicht abzusehen. Die BVP-Abspaltung am 12. November 1918 und die wachsende Attraktivität der DNVP auf rechtskonservative Zentrumsgruppen zeigte, daß sich die Positionen des rechten und linken Zentrumsflügels auseinanderbewegten und die Fortexistenz der Partei als einheitliche politisch-parlamentarische Repräsentation des deutschen Katholizismus zumindest potentiell in Frage gestellt war. Auch das Verhältnis der Christlichen Gewerkschaften zu DVP und DNVP verschlechterte sich, weil die DVP nicht nur den Christlichen, sondern auch den unternehmerfreundlichen „Gelben" Gewerkschaften eine politische Plattform bot[81] und die DNVP nach dem Kapp-Putsch scharf nach rechts schwenkte. Im Vorfeld der Gründung eines „Deutschnationalen Arbeiterbundes" zeichnete sich überdies eine konfessionelle Spaltung im DGB ab[82]. So lag der Wunsch nahe, die verschiedenen Sozial- und Berufsgruppen, aus denen sich die Mittelschichten speisten, mit der nichtsozialistischen Arbeiterbewegung und konservativen Intellektuellen auf politischer Ebene zu integrieren und damit auch den Zusammenhalt der nichtsozialistischen Gewerkschaftsbünde zu stärken.

Im Sommer 1920 entwickelte daher eine Gruppe um Stegerwald, zu der auch der Ideologe der Christlichen Gewerkschaften, Theodor Brauer, sowie Heinrich Brüning und sein Lehrer Martin Spahn gehörten[83], das Konzept einer interkonfessionellen

---

80 In dem offiziell am 22. November 1919 gegründeten Deutschen Gewerkschaftsbund (DGB) vereinigten sich christliche Arbeiter, Angestellte und Beamte nach einem berufsständischen Organisationsprinzip und auf weltanschaulicher Basis. Der DGB umfaßte den Gesamtverband der christlichen Gewerkschaften (GCG) mit 1919 über 1 Million Mitgliedern, den Gesamtverband deutscher Angestelltengewerkschaften (Gedag) unter dem Vorsitz Bechlys und den Gesamtverband der deutschen Beamtengewerkschaften, den Gutsche leitete. Stegerwald war Vorsitzender des GCG und des DGB. Vgl. Jones, Stegerwald (Anm. 76), S. 7 f.
81 Vgl. ebd., S. 10 f.
82 Vgl. ebd. — Zum politischen Standort der evangelischen Arbeitervereine in der Weimarer Republik vgl. Eckehart Lorenz, Protestantische Reaktionen auf die Entwicklung der sozialistischen Arbeiterbewegung, Mannheim 1890—1933, in: *Archiv für Sozialgeschichte*, Bd. 19, Bonn-Bad Godesberg 1979, S. 371—416.
83 Vgl. Jones, Stegerwald (Anm. 76), S. 12 f.: Die Christliche Gewerkschaftsführung fertigte im September 1920 ein vertrauliches Exposé „Arbeiterbewegung und Politik" an, in dem eine „wahre Volkspartei" gefordert wurde, die stark wie die Mehrheitssozialdemokratie

Volkspartei, die nicht nur die christliche Arbeiterschaft, sondern *alle* sozialen Schichten und beide christlichen Konfessionen unter der Parole „deutsch, christlich, demokratisch, sozial" vereinigen sollte. Strategisches Ziel der geplanten Parteineubildung, in der sich die aus unterschiedlichen politischen und religiösen Traditionen begründeten Unterschiede langfristig abschleifen sollten, war es, einen Gegenpol zur Mehrheitssozialdemokratie zu schaffen, um bei der Bildung künftiger Regierungskoalitionen nicht mehr auf die SPD angewiesen zu sein. Man hoffte auch, „staatspolitisch" gesonnene SPD-Wähler herüberziehen zu können. Dieses Konzept, das Stegerwald am 21. November 1920 in Essen vertrat, brachte die politischen Auffassungen der christlich-konservativen, „organisch-volksstaatlich" denkenden, rechtsgerichteten Zentrumskreise auf den Punkt. Er forderte u. a.:

− die Befreiung Deutschlands aus den Fesseln des Versailler Vertrages durch einen notfalls opferbereiten Kampf;
− die politische Einigung mit den deutschen Stämmen Österreichs; die Besinnung auf echtes Volkstum und bodenständige Kultur;
− die Anerkennung der christlichen Kultur als Grundlage des Staates; Kampf gegen die Resultate „einer materialistischen und mechanistischen Geschichtsauffassung einer unchristlichen Kulturepoche";
− die Ablehnung der rein formalen Demokratie, die zu Zufallsmehrheiten, Schablonisierung und Bürokratisierung führe;
− die organische Auffassung von Staat und Gesellschaft, eine Verankerung des einzelnen im Ganzen und die „Ablehnung des atomisierenden Individualismus und mechanisierenden Zwangssozialismus"[84].

Stegerwald ließ übrigens die entscheidende Frage, ob die interkonfessionelle Partei eine Erweiterung des Zentrums oder deren Auflösung bedeute, offen[85].

Ende Oktober 1920 setzte im Reichsausschuß der Zentrumspartei eine parteiinterne Auseinandersetzung über das neue Parteikonzept ein, in der sich die Linken um Erzberger und Wirth der interkonfessionellen Neuformierung, die hier von Stegerwald, Brauns und Giesberts verfochten wurde, widersetzten. Denn ihnen war klar, daß die Verwirklichung des Sammlungskonzepts einen Stoß gegen das Links-

---

Fortsetzung Fußnote 83
sein müsse. − Wie Morsey betont, ist Brünings Anteil am Zustandekommen des „Essener Programms" von der Forschung bisher weit überschätzt worden (Morsey, *Zentrumspartei* [Anm. 48], S. 370, insbes. Anm. 5). Brüning bezeichnete sich dagegen selbst in einem Brief an Simpfendörfer vom 20. Mai 1958 als Verfasser der Essener Rede (zit. bei Jones, *Stegerwald* [Anm. 76], S. 28, Anm. 111)

84 Vgl. Ritter, *Volksverein* (Anm. 68), S. 383 f.

85 Vgl. Helga Grebing, *Zentrum und katholische Arbeiterschaft 1918−1933. Ein Beitrag zur Geschichte des Zentrums in der Weimarer Republik*, Phil. Diss., Berlin 1953, S. 91 f.; zur Position Jakob Kaisers vgl. Erich Kosthorst, *Jakob Kaiser. Der Arbeiterführer*, Stuttgart usw. 1967, S. 88 ff. − Wie Kosthorst hervorhebt, wurde in der Rede der Konflikt Republik oder Monarchie ausgespart. Gleichzeitig wurde die Weimarer Verfassung als Notverfassung toleriert; zum problematischen Verhältnis führender christlicher Gewerkschaftler zur Republik und zum Weimarer Staat bzw. ihrer Sehnsucht nach Monarchie und Autorität s. ebd., S. 78 ff.

zentrum bedeutet hätte[86]. Aber auch die Majorität der Zentrumspolitiker zeigte an Stegerwalds Vorstößen, die sie schon seit längerem kannten, nur ein schwaches Interesse. Die Zentrumsführung unter Carl Trimborn bildete eine Programmkommission, die neue, auch für Protestanten reizvolle Richtlinien erarbeiten sollte; sie wurden auf dem Reichsparteitag im Januar 1922 einstimmig angenommen. Damit war dem Plan, das Zentrum in eine neue interkonfessionelle Partei einzubringen, der Wind aus den Segeln genommen[87].

So fanden also die von Stegerwald und Brüning auf dem ersten Nachkriegskongreß der Christlichen Gewerkschaften im November 1920 unternommenen Bemühungen, das Parteiensystem durch die Bildung einer interkonfessionell-christlichen, nationalen Sammlungspartei im Mitte-Rechts-Spektrum umzustrukturieren – ein Ansatz, auf den sich die Unionsgründer im Jahr 1945 wieder bezogen[88] –, nur in christlichen Gewerkschaftskreisen, und auch dort nicht uneingeschränkt[89], eine positive Resonanz. Dagegen stießen sie im Westdeutschen Verband der katholischen Arbeiter- und Knappenvereine auf offenen Widerstand. Denn die KAB-Repräsentanten schlugen nach dem Ersten Weltkrieg im Unterschied zu den überwiegend von antiparlamentarischen Ressentiments und nationalem Pathos erfüllten christlichen Gewerkschaftlern einen eher republikanisch-demokratischen Kurs ein und identifizierten die Republik mit dem sozialen Fortschritt. Stegerwalds Sammlungsparole barg nach Ansicht der westdeutschen KAB-Führung das Risiko, die historisch gewachsene und trotz heftiger innerer Konflikte nach außen hin relativ geschlossene Zentrumspartei zugunsten einer Mitte-Rechts-Partei mit ungewisser Zukunft aufs Spiel zu setzen. Eine parteipolitische Verschmelzung mit der nationalen Rechten sei nicht der richtige Weg, um den Interessen der nichtsozialistischen Arbeiter gerecht zu werden, sie leiste vielmehr der sozialen Reaktion Vorschub. Die politischen Differenzen in den Christlichen Gewerkschaften mit ihrer parteipolitisch heterogenen Mitgliederschaft (z. B. in der Frage der Staatsform) ließen ahnen, daß eine ähnlich konstruierte Partei wegen derselben unvermeidlichen politischen Gegensätze kaum lebensfähig sei. Daher sei es falsch, jetzt das Zentrum zur Disposition zu stellen[90]. Damit trafen die Kritiker einen Punkt, der zum Scheitern der

---

86 Vgl. Morsey, *Zentrumspartei* (Anm. 48), S. 365 f.; Jones, Stegerwald (Anm. 76), S. 15. – Zur Resonanz in der bürgerlichen Presse vgl. Grebing, *Zentrum* (Anm. 85), S. 88 f.
87 Vgl. Morsey, *Zentrumspartei* (Anm. 48), S. 368 ff.
88 Schwering bezeichnet Stegerwald als „Vater der CDU" (Leo Schwering, *Frühgeschichte der Christlich-Demokratischen Union*, Recklinghausen 1964, S. 49).
89 Vor allem die Vertreter der Christlichen Gewerkschaften aus dem Rhein-Ruhr-Gebiet (z. B. der Vorsitzende des christlichen Metallarbeiterverbandes, Wieber, sowie der einflußreiche Vorsitzende des christlichen Bergarbeiterverbandes, Imbusch) wandten sich gegen eine Politisierung der Gewerkschaftsbewegung und gegen eine Zentralisierung der Gewerkschaftsorganisation, wie sie Brüning und Stegerwald noch nach dem Scheitern des „Essener Programms" betrieben. Sie bestanden statt dessen auf der weitgehenden Autonomie der einzelnen Gewerkschaftsverbände gegenüber der DGB-Zentrale. Vgl. Jones, Stegerwald (Anm. 76), S. 22 ff.; Grebing, *Zentrum* (Anm. 85), S. 87.
90 Vgl. Wachtling, *Joos* (Anm. 71), S. 82 f.; Grebing, *Zentrum* (Anm. 85), S. 90 f. Nach Joos' Ansicht hatte Stegerwald – primär von den Interessen der Christlichen Gewerkschaften ausgehend und deren politische Funktion überschätzend – nicht bedacht, „daß Parteien Lebewesen sind, die sich nicht von heute auf morgen auflösen können. Die haben ihre Geschichte" (zit. nach Wachtling, *Joos* [Anm. 17], S. 82, Anm. 15).

Essener Pläne beigetragen haben dürfte: Die Parteien rechts vom Zentrum dachten nicht daran, im Interesse einer Konsolidierung des DGB ihre parteipolitische Existenz aufs Spiel zu setzen.

Die „Katholizität" als Gegengewicht zur christlich-nationalen Devise erhielt — wie schon im „Zentrumsstreit" — abermals eine wichtige Funktion für den Zusammenhalt und die politische Ausrichtung der Zentrumspartei. Doch die KAB-Vertreter, die sich inzwischen aus der integralen Bevormundung gelöst hatten, stellten sich jetzt auf den katholischen Standpunkt, weil sie entschlossen waren, die katholisch-sozialen Maximen, die Politik der Mitte und die Verfassung von Weimar zu bewahren. Sie wollten nicht zulassen, daß die mühsam erreichte innerparteiliche Position der katholischen Arbeiter zugunsten eines keineswegs sicheren Zustroms protestantischer Rechtskräfte geschwächt würde — ein Argument, das auch nach 1945 im Streit zwischen der Union und der wiedergegründeten Zentrumspartei wieder eine Rolle spielen sollte. Beide Positionen, sowohl die der christlichen Gewerkschaftsführung um Stegerwald als auch die der KAB, hatten trotz des offenen Gegensatzes freilich eines gemeinsam: Sie richteten sich gegen die gestärkte Linke. Während Stegerwald aber ein Bündnis mit der Rechten suchte, um ein mindestens gleich starkes einheitliches Gegengewicht zur Sozialdemokratie zu schaffen, auch wenn dies notwendigerweise Teile des linksrepublikanischen Zentrumsflügels abschnüren und die konfessionelle Klammer auflösen mußte, so befürchtete die KAB-Führung, daß — im Gegenteil — die Linksparteien gerade aus einer sich nach rechts öffnenden Neugruppierung bzw. der Preisgabe des Zentrums einen entscheidenden Vorteil ziehen würden. Denn sie rechnete mit einer massenhaften Abwanderung katholischer Arbeiter nach links in dem Moment, wo die katholische Weltanschauung nicht mehr als parteipolitisches Bindeglied funktionierte. Außerdem war vorauszusehen, daß sich in einer christlich-sozialen Rechtspartei die sozialpolitischen Interessenkonflikte verschärfen würden.

Stegerwald selbst verfolgte die Neubildung einer interkonfessionellen bürgerlichen Mittepartei aus verschiedenen Gründen schon bald mit nur noch geringem Interesse — nicht zuletzt wohl auch deshalb, weil sich die Zentrumsführung unter dem Eindruck der Novemberrevolution vorübergehend bereit gezeigt hatte, den christlichen Arbeiterfunktionären mehr Einfluß auf die obersten Parteigremien und die Reichstagsfraktion zuzugestehen[91] und weil sie die Notwendigkeit einsah, die Parteiprogrammatik einer Revision zu unterziehen[92]. Dennoch hatte Stegerwald

---

91 Hatten dem alten Reichstag nur fünf Arbeitervertreter des Zentrums angehört, so waren es in der Nationalversammlung 26. Dagegen waren die Vertreter der Landwirtschaft (einschließlich des adligen Großgrundbesitzes) von 17 auf acht, die Industrierepräsentanten von fünf auf zwei zusammengeschmolzen. Beständig blieb nur der Anteil der Beamten, die in der neuen Zentrumsfraktion 22 gegenüber früher 23 Vertreter stellten. Vgl. Helga Grebing, *Geschichte der deutschen Parteien*, Wiesbaden 1962, S. 96, sowie die detaillierte Aufstellung bei Morsey, *Zentrumspartei* [Anm. 48], S. 154 f. — Stegerwald wurde 1920 auch in den Vorstand der Zentrumspartei gewählt.

92 Vgl. Grebing, *Zentrum* (Anm. 85), S. 93. An der Neuformulierung der Richtlinien (1922) und der neuen Satzung waren Stegerwald (Jones, *Stegerwald* [Anm. 76], S. 25) und Joos (Wachtling, *Joos* [Anm. 71], S. 83 f.) beteiligt und konnten somit ihren Einfluß geltend machen.

die Grundgedanken seines Plans auch 1921 noch nicht völlig aufgegeben. Die Konsolidierung der Mitte — gleich, ob unter dem Namen Zentrum oder CVP — schien ihm nunmehr die Überlebensfrage des Zentrums zu sein. Und eine wesentliche Voraussetzung dafür, daß sie gelingen konnte, war für Stegerwald, daß Erzberger die politische Bühne nicht mehr betrat[93]. Da die Neugründung einer interkonfessionellen Sammlungspartei wegen des Widerstandes der KAB gegen ein solches Projekt nicht mehr durchzusetzen war, kam es jetzt vorrangig darauf an, das Zentrum zu konsolidieren. Das bedeutete konkret: Die politischen und organisatorischen Beziehungen zur BVP mußten wieder verbessert, der Abmarsch konservativ-katholischer Wählerschichten nach rechts verhindert und die Linkswendung der katholischen Arbeitermassen gestoppt werden. Diese Integrationsstrategie ließ sich wiederum nur mit klerikaler Unterstützung realisieren und verstärkte — ganz gegen Stegerwalds Intentionen — den katholischen Zentrumscharakter[94]. Andererseits konnte Stegerwald zeitweise durchsetzen, was er zur Stärkung der Mitte für unerläßlich hielt: den linksrepublikanischen Zentrumsflügel abblocken, die interkonfessionell-christliche Arbeiterbewegung festigen und die parlamentarische Schlüsselrolle des Zentrums fixieren[95].

Nachdem nun Stegerwald sein Konzept 1921 weitgehend *ad acta* gelegt hatte, griff Heinrich Brauns — er war seit Juni 1920 Reichsarbeitsminister — im Jahr 1922 nochmals darauf zurück. Brauns hatte, nachdem sein erster Anlauf 1918 gescheitert war, 1920 erneut, zusammen mit Stegerwald, auf die Bildung einer starken Mittepartei mit Unterstützung von rechtsliberaler und deutschnationaler Seite gedrängt, um eine Koalition des Zentrums mit der SPD zu vermeiden. Denn vom „absoluten Übergewicht" einer Mitte-Rechts-Partei gegenüber der Sozialdemokratie versprach sich auch Brauns die „Sanierung der Volksgemeinschaft"[96]. Die Mehrheit der Deutschen sei nun einmal nicht sozialistisch eingestellt. Brauns plädierte 1922 für eine breite bürgerliche Mitte, die sich in Form einer Arbeitsgemeinschaft um den Kristallisationspunkt Zentrumspartei gruppieren sollte. Sie dürfe jedoch kein „Bürgerblock" gegen die Linke sein, sondern müsse die verfassungsmäßige Republik schützen und ein soziales Programm verwirklichen. Von der extremen nationalistischen Rechten und den Deutschvölkischen grenzte sich Brauns also ab. Doch die KAB-Vertreter ließen sich auch jetzt nicht für die „Vereinfachung" des Parteiwesens gewinnen, obwohl ihnen explizit die demokratisch-soziale, nicht die national-korporatistische Variante des Sammlungskonzepts angeboten wurde und Brauns ausdrücklich versicherte, daß die kulturpolitischen Ziele und religiös-sittlichen Werte des Zentrums nicht zur Disposition stünden. Sie insistierten nach wie vor entschieden auf der Katholizität der Partei. Joseph Joos verstand das Zentrum als „in

93 Vgl. Jones, Stegerwald (Anm. 76), S. 19.
94 Vgl. ebd. — Stegerwald rechnete damit, daß 4,5 Mill. katholische Wählerstimmen nicht dem Zentrum, sondern anderen Parteien zufielen (Morsey, *Zentrumspartei* [Anm. 48], S. 366).
95 Vgl. Jones, Stegerwald (Anm. 76), S. 19.
96 Zu Brauns' Position in den Jahren 1918—1920 vgl. Morsey, *Zentrumspartei* (Anm. 48), S. 365 ff.; vgl. auch oben, Anm. 71.

sich geschlossene religiöse Einheit" und wandte sich dagegen, das Zentrum als ein „historisch gewordenes Gebilde mit ideeller Verwurzelung" im Katholizismus aus diesem Zusammenhang herauszureißen[97]. Das überlieferte Zentrum solle in seiner bestehenden Form erhalten bleiben, sich aber dem evangelischen Volksteil als politischen Kern für eine große Verfassungspartei anbieten.

Stegerwalds parteipolitische Strategie zielte auch in den folgenden Jahren — obgleich er sich zeitweise gegenüber der Linken taktisch verhielt — letztlich auf eine stabile Mehrheit der nationalen Rechten und des Zentrums ab. Für einen solchen Rechtsblock waren die Christlichen Gewerkschaften als soziales Alibi unentbehrlich, und diese Rückendeckung stärkte den DGB gegenüber den Freien Gewerkschaften[98]. Die Funktion der Christlichen Gewerkschaften nach dem Ersten Weltkrieg war — wie Michael Schneider herausgearbeitet hat — ambivalent: „Einerseits stärkten sie die Position der bürgerlichen Parteien und der dahinter stehenden sozialen Gruppen, andererseits hatten sie sozialpolitische Erfolge durchzusetzen geholfen, die zu erringen den Freien Gewerkschaften etwa gegenüber Bürgerblockregierungen kaum allein möglich gewesen sein dürfte."[99] Als Ende der zwanziger Jahre — nach der Wahl Hugenbergs zum DNVP-Vorsitzenden (1928) und der Abspaltung des Christlich-sozialen Volksdienstes (CSVD), nach der Niederlage Stegerwalds bei der Wahl des Zentrumsvorsitzenden 1928 und dem Tod Stresemanns 1929 — deutlich wurde, daß den bürgerlichen Parteien einschließlich des Zentrums die christliche Arbeiterbewegung als Stimmenzuträger zwar willkommen war, sie als bestimmende politische Kraft jedoch nicht zur Geltung kam, erinnerte Stegerwald erneut an sein „Essener Programm" und gab damit zu erkennen, daß die Christlichen Gewerkschaften aus dem Dilemma, in dem sie seit dem Beginn der Weimarer Republik steckten, nicht herausgekommen waren[100].

Im Rückblick auf die Realisierungsbedingungen und die möglichen historisch-politischen Perspektiven des Essener Sammlungskonzepts ist von Zentrumspoliti-

97 Vgl. *Katholische Sozialpolitik im 20. Jahrhundert. Ausgewählte Aufsätze und Reden von Heinrich Brauns*, bearb. v. Hubert Mockenhaupt (*Veröffentlichungen der Kommission für Zeitgeschichte*, Reihe A, Bd. 19), Mainz 1976. Darin sind die *Germania*-Artikel abgedruckt, die Brauns im Juli 1922 verfaßte (ebd., S. 101 ff., 104 ff.; vgl. außerdem S. 114 ff., 141 ff.). — Zur Position der KAV vgl. Wachtling, *Joos* (Anm. 71), S. 83 f.
98 Vgl. Grebing, *Parteien* (Anm. 91), S. 102. — Jones (Stegerwald [Anm. 76], S. 25 ff.) bezweifelt, ob Stegerwald eine klare Konzeption für die parteipolitische Umstrukturierung gehabt habe. Als Gründe für das Scheitern seines Planes nannte er: die innenpolitische Polarisierung nach dem Kapp-Putsch und der Ermordung Erzbergers, Ruhrbesetzung, Inflation usw.; die Abfassung neuer programmatischer „Richtlinien" der Zentrumspartei (1922); die Distanzierung Stresemanns von den „gelben" Gewerkschaften; die Aufrechterhaltung eines gewissen Einflusses der christlichen Gewerkschaftsführer auf die Politik der DNVP u. a. m. — Auch Morsey bemängelt, daß die Stoßrichtung der Stegerwaldschen Konzeption undeutlich geblieben sei: ob sie eher nach rechts oder nach links tendierte, in welcher Weise sie an die Christlichen Gewerkschaften gebunden war, ob sie auf der Basis des Zentrums fundierte oder die Auflösung der Zentrumspartei voraussetzte (*Zentrumspartei* [Anm. 48], S. 372 f.). Außerdem habe dem „Wunsch- und Fernziel" kein Weg zur Realisierung entsprochen (ebd., S. 375).
99 Schneider, *Gewerkschaften* (Anm. 59), S. 687.
100 Vgl. ebd., S. 686; Jones, Stegerwald (Anm. 76), S. 28.

kern wie von Zeithistorikern immer wieder bedauert worden, daß mit dem Scheitern der Konzentrationsbemühungen im Parteiensystem auch die Chance vertan
worden sei, die Mitte zu stärken. Das Zentrum habe damals selbst — anders als
1945 — eine grundlegende Reform des Parteiensystems blockiert, indem es sich an
seine traditionelle Existenzform geklammert habe. Denn ohne eine aktive Beteiligung der Zentrumspartei sei eine Neuformierung der bürgerlichen Mitte damals
nicht möglich gewesen. Der Zerfall der Mitte und die Radikalisierung der extremen
Flügel hätten aber den Untergang der Weimarer Republik herbeigeführt[101]. Diese
Argumentation läßt freilich außer acht, daß die Formulierung der christlich-nationalen Sammlungsparole im Zusammenhang mit einer deutlichen Rechtsentwicklung des Zentrums und der Christlichen Gewerkschaften zu sehen ist, die sich nach
dem Kapp-Putsch von der Weimarer Koalition entfernten[102]. Die christlichen Gewerkschaftsführer vertraten zwar nach wie vor eifrig die sozialen Interessen der
christlichen Arbeiter, glaubten aber nicht, daß dazu unbedingt ein Bündnis mit der
SPD und die Verteidigung der demokratischen Republik notwendig sei. Ihre Kooperation mit den Bürgerblock-Kabinetten nach dem Ende der „katholischen
Demokratie" 1923 schien diese Politik zu rechtfertigen. Daß aber die Hinwendung
nach rechts die Weimarer Republik in den zwanziger Jahren nicht sichern konnte,
hat die Geschichte gezeigt. Nach dem Scheitern der großen Koalition im Frühjahr
1930 leitete der Rechtsblock unter der Führung Brünings, der von den Volkskon-
servativen gestützt und von der SPD toleriert wurde, mit seiner Notverordnungspolitik zum autoritären Staat über. Nach dem Sturz Brünings und den Wahlerfolgen
der NSDAP im Juli 1932 wurde die Zentrumspartei zur Gefangenen ihrer Sammlungsparole. Sie verhandelte mit erklärten Gegnern der Verfassung, um verfassungsmäßige Zustände zu erhalten. Doch die Angebote für eine schwarz-braune Koalition
und zur „nationalen Konzentration" (Kaas) machten allenfalls die Nationalsozialisten hoffähig. Das „Zähmungskonzept", das, konsequent praktiziert, womöglich
eine Spaltung der NSDAP hätte bewirken können, war nicht geeignet, den Ansätzen
zur totalitären Staatsordnung, wie sie dann der Nationalsozialismus verwirklichte,
entgegenzutreten und die Aushöhlung der Demokratie zu verhindern[103].

Das „Essener Programm", dessen Scheitern auch ein Symptom für die Integra-
tionsschwäche der bürgerlichen Parteien in der Weimarer Republik ist[104], blieb so
bestenfalls ein „gescheiterter Vorgriff auf die Zukunft" oder ein „Modell" für spä-

---

101 So z. B. Brüning in seinem Brief an Simpfendörfer. Vgl. oben Anm. 83; Kosthorst, *Kaiser*
(Anm. 85), S. 96; vgl. auch Jones, Stegerwald (Anm. 76), S. 1 f.
102 Vgl. Grebing, *Zentrum* (Anm. 85), S. 76 ff.; dies., *Parteien* (Anm. 91), S. 98. — Erst im
Mai 1921 kam es unter Reichskanzler Joseph Wirth wieder zu einer Erneuerung der Weimarer Koalition, die bis November 1922 dauerte.
103 Vgl. Grebing, *Parteien* (Anm. 91), S. 106 ff.; Rosenberg, *Geschichte* (Anm. 66), S. 124;
Rudolf Morsey, *Der Untergang des politischen Katholizismus. Die Zentrumspartei zwischen christlichem Selbstverständnis und „Nationaler Erhebung" 1932/33*, Stuttgart/Zürich
1977, S. 56 ff., 61 ff., 70 ff., 220; Karl Dietrich Bracher, *Die Auflösung der Weimarer Republik. Eine Studie zum Problem des Machtverfalls in der Demokratie* (Schriften des Instituts für politische Wissenschaft, Bd. 4), Villingen ³1960, S. 287 ff., 295 ff., 374 ff., 580 ff.
104 Vgl. Jones, Stegerwald (Anm. 76), S. 2.

tere konservative Bestrebungen zur Erneuerung und Umgestaltung des deutschen Parteiwesens[105]. Nach der Niederlage des NS-Regimes diente es ehemaligen christlichen Gewerkschaftssekretären und KAB-Funktionären als Vorbild. Die Unionsgründer, die 1945 die „Herolde der neuen Parteiidee" beschworen[106], verschwiegen allerdings, daß es das Ideal der Essener Parteistrategen gewesen war, die parlamentarische Demokratie durch einen berufsständisch gegliederten, autoritären Rechtsstaat zu ersetzen. Die Legitimationskrise, in der sich die bürgerlichen Parteien einschließlich des Zentrums 1945 befanden, und die in der unmittelbaren Nachkriegszeit weithin verbreitete Bereitschaft zu traditionsüberbrückender Gemeinsamkeit schufen nun bessere Bedingungen für eine Konzentration im Mitte-Rechts-Spektrum des deutschen Parteiensystems. Freilich waren ein idealisiertes Deutschtum sowie der Nationalismus als Integrationsideologien nach dem Zusammenbruch des NS-Regimes nicht mehr brauchbar.

2.6.2 Der Zerfall der politischen Einheit der Katholiken

Während im Zentrum über Neuformierung oder Konsolidierung der alten Partei diskutiert wurde, bemühten sich die überwiegend protestantischen Rechtsparteien DVP und DNVP verstärkt darum, absplitternde Teile der Zentrumswählerschaft an sich zu ziehen. Die Schwierigkeiten mit der BVP im Frühjahr 1920 machten das Ausmaß der Rechtsopposition im Zentrum gegen den republikanischen Kurs der Parteiführung — vor allem bei katholischen Bauern, Teilen des Mittelstandes und Intellektuellen — deutlich. Aus Protet gegen die Erneuerung der Weimarer Koalition mit der SPD im Mai 1921 und die klare Stellungnahme von Reichskanzler Joseph Wirth für die Republik trat Martin Spahn zusammen mit einer Gruppe von Aristokraten, ehemaligen Offizieren, höheren Beamten und Akademikern unmittelbar nach der Ermordung Erzbergers im August 1921 zur DNVP über. Er begründete seinen Parteiwechsel damit, daß nicht nur sein Versuch, das Zentrum zum Sammelpunkt einer großen nationalen Rechten zu machen, sondern auch Stegerwalds Vorstoß gescheitert war. Deutschnationale Verbände wie „Jungdeutscher Orden" und „Stahlhelm" drangen nun allmählich auch in die Hochburgen des politischen Katholizismus am Niederrhein und in Westfalen, in Schlesien und Ostpreußen ein[107]. In großen Teilen der katholischen Intelligenzschicht hatte sich nach dem Ersten Weltkrieg ein auf reichsideologischen Vorstellungen basierender nationaler Rechtskurs verbreitet, dessen Verfechter sich wieder auf die konservativ-organische Staatsauffassung der politischen Romantik beriefen, sich zugleich aber mit der Bismarckschen Reichsgründung identifizierten und den kleindeutschen Nationalstaat als eine direkte Fortsetzung des Heiligen Römischen Reiches Deutscher Na-

---

105 Morsey, *Zentrumspartei* (Anm. 48), S. 369; Jones, Stegerwald (Anm. 76), S. 27.
106 Vgl. oben Anm. 88.
107 Ritter, *Volksverein* (Anm. 68), S. 385; ders., *Der Weg des politischen Katholizismus in Deutschland*, Breslau 1934, S. 238.

tion mythisch verklärten. In ihrer Abneigung gegen die „Weimarer Formaldemo-kratie", den „westlerischen Konstitutionalismus" und Liberalismus wurden sie auch von den für die intellektuelle Oberschicht des deutschen Katholizismus re-präsentativen Zeitschriften „Hochland" und „Historisch-politische Blätter" (bis 1923, später „Gelbe Hefte") unterstützt[108]. 1920 wurde ein Katholiken-Ausschuß in der DNVP gegründet, um katholische Zentrumswähler abzuwerben und den „na-tionalen Katholiken" in der DNVP mehr Einfluß zu verschaffen[109].

Zahlenmäßig relevanter als die publizistisch wirkungsvollen deutschnationalen Abwerbungsversuche, die vor allem in der katholischen Bildungsschicht und bei Jungakademikern Anklang fanden, jedoch zu keinen größeren Verschiebungen des Zentrums-Wählerpotentials führten, war die stille Abwanderung katholischer Ar-beiter zu den Linksparteien. Schätzungsweise zwei bis drei Millionen Katholiken wählten 1924 aus sozialen Beweggründen SPD oder KPD. Bei der Reichstags-wahl 1928 verlor das Zentrum nochmals über 400 000 Stimmen (= sieben Mandate) vor allem in seinen Hochburgen in den rheinisch-westfälischen und schlesischen In-dustriegebieten[110]. Damit war abzusehen, daß die politisch-parlamentarische Bastion des deutschen Katholizismus langsam weiter abbröckelte und ihre bisheri-gen Anhänger zu Klassen- oder Interessenparteien abwanderten. Hatten in der Kul-turkampfphase noch etwa 85 Prozent der wahlberechtigten Katholiken die Zen-trumspartei gewählt, so schrumpfte dieser Anteil 1907 auf 65 Prozent, 1912 auf 55 Prozent, 1919 — ohne Berücksichtigung der Frauenstimmen — auf 48 Prozent und betrug 1928 für BVP und Zentrum (ohne Frauenstimmen) 39 Prozent und (mit Frauenstimmen) noch 48 Prozent[111].

Wähler aus der Arbeiterschaft verlor die Zentrumspartei auch an die linksorien-tierte „Christlich-soziale Volksgemeinschaft" (CSVG), die der Eisenbahner Fritz

108 Klaus Breuning, *Die Vision des Reiches. Deutscher Katholizismus zwischen Demokratie und Diktatur (1929—1934)*, München 1969, S. 99 ff.
109 Zur Entwicklung des DNVP-Katholikenaussschusses vgl. Clemens, *Spahn* (Anm. 79), S. 176 f.
110 Vgl. Grebing, *Parteien* (Anm. 91), S. 103 f.; Daten zum Abbröckelungsprozeß der Zen-trumsstimmen in der Weimarer Zeit bei Schauff, *Katholiken* (Anm. 27). Vgl. ferner Wacht-ling (*Joos* [Anm. 71], S. 85 f.) zur Präferenz katholischer Industrieller für die liberalen Parteien und zur sozialpolitisch motivierten Linksabwanderung: Zwei bis drei Millionen katholische Wähler hätten damals links gewählt; Günter Plum, *Gesellschaftsstruktur und politisches Bewußtsein in einer katholischen Region 1928—1933. Untersuchung am Bei-spiel des Regierungsbezirks Aachen (Studien zur Zeitgeschichte)*, Stuttgart 1972, S. 31 f. Plum untersucht das Wählerverhalten der Katholiken im Zusammenhang mit der Verän-derung der Siedlungsformen, der Industriestruktur und der beruflichen Tätigkeit. Vgl. außerdem Lokalstudien für Frankfurt a. M. und Essen: Günter Hollenberg, Bürgerliche Sammlung oder sozialliberale Koalition? Sozialstruktur, Interessenlage und politisches Ver-halten der bürgerlichen Schichten 1918/19 am Beispiel der Stadt Frankfurt am Main, in: *VjHfZ*, 27. Jg. (1979), H. 3, S. 392—430, bes. S. 422 f.: In Frankfurt stimmten nur 41 % der wählenden Katholiken für das Zentrum; in den proletarischen Vierteln, wo das Gros der Katholiken wohnte, stimmte nur ein Drittel, in den bürgerlichen Stadtteilen dagegen die Hälfte der Katholiken für das Zentrum, Herbert Kühr, *Parteien und Wahlen im Stadt- und Landkreis Essen (Beiträge zur Geschichte des Parlamentarismus und der politischen Parteien*, Bd. 49), Düsseldorf 1973, Kap. 4.
111 Vgl. Ritter, *Volksverein* (Anm. 68), S. 388, mit Bezug auf Schauff, *Katholiken* (Anm. 27).

Hüskes 1923/24 gegründet hatte. Obwohl Stegerwalds Parteikonzept auf eine Öff-
nung nach rechts abzielte, beriefen sich auch die Anhänger der CSVG auf sein
„Essener Programm" und das darin von ihnen vermutete soziale und demokratische
Substrat. Die neue christliche Arbeiterpartei warb vor allem im Ruhrgebiet und am
Niederrhein um die mit der „kapitalhörigen" Zentrumspolitik in den Bürgerblock-
Kabinetten unzufriedenen katholischen Arbeiter[112]. 1926 schloß sich die CSVG
mit der süddeutschen Vitus-Heller-Bewegung zur Christlich-Sozialen Reichspartei
(CSRP) zusammen, die eine Synthese von Sozialismus und Christentum und eine
nicht-kapitalistische Gesellschaftsordnung anstrebte: Sie wollte die „Volksgemeinschaft der ausgebeuteten und unterdrückten Klassen" sein, die nur zu schaffen sei
„durch die Diktatur des Proletariats oder die Diktatur der Besten des Volkes für
das schaffende Volk oder durch eine Mehrheitsbildung des schaffenden Volkes in
Stadt und Land"[113].

Die Heller-Bewegung hatte zunächst wegen ihrer Frontstellung gegenüber der
BVP das Wohlwollen führender Zentrumspolitiker gefunden. Diese Kontakte brachen jedoch ab, als sich die Zentrumsführung Mitte der zwanziger Jahre um eine
Verständigung mit der BVP bemühte. Obwohl die Heller-Bewegung ebenso wie die
Christlich-Soziale Reichspartei bei ihren Kampagnen gegen die — im Zentrum heftig
umstrittene — Fürstenabfindung und den Panzerkreuzerbau eine positive Resonanz
bei vielen Katholiken fand, konnte sie dennoch 1928 nicht genügend Stimmen zu-
sammenbringen, um ein Direktmandat in einem Wahlkreis zu erringen[114]. Ihre
Agitation trug aber — ebenso wie der Sozialradikalismus jugendbewegter Kreise —
dazu bei, vielen katholischen Wählern den Übergang zu den Sozialdemokraten und
Kommunisten zu erleichtern[115]. Die Abwanderung nach links war nach den Reichstagswahlen 1928 nicht mehr zu übersehen; sie resultierte aus einer Homogenisierung
von Klasseninteressen, die es vielen katholischen Arbeitern erleichterte, ihre wirt-

112 Wachtling, *Joos* (Anm. 71), S. 89 ff. Stegerwald distanzierte sich von der linken Absplitterung, die das Zentrum bei der Reichstagswahl 1924 immerhin 124 000 Stimmen und ein
bis zwei Mandate gekostet hatte.
113 Ebd., S. 91. — Zur CSVG und zur Vitus-Heller-Bewegung vgl. außerdem Franz Focke, *Sozialismus aus christlicher Verantwortung. Die Idee eines christlichen Sozialismus in der katholisch-sozialen Bewegung und in der CDU*, Wuppertal 1978, S. 115—136: Trotz ihres hohen
Arbeiteranteils seien die beiden unabhängig voneinander entstandenen Linksabsplitterun-
gen „als kleinbürgerlich antikapitalistische ... Oppositionsparteien aus früheren Zentrumsanhängern" anzusehen (S. 115 f.). Die CSVG wollte keine reine Arbeiterpartei, sondern
ein Ausschnitt aus der deutschen „Volksgemeinschaft" sein. Sie rekrutierte „primär kleine-
re Beamte, Angestellte, Rentner und Akademiker; nur im Ruhrgebiet stellten Facharbeiter
eine starke Gruppe."
Nach E. Ritter hatte die CSVG im Ruhrgebiet „zeitweise einen beachtlichen Anhang; ihre
Ausbreitung scheiterte aber an den katholischen Arbeitervereinen und den christlichen
Gewerkschaften" (*Weg* [Anm. 107], S. 238). Ihre Anhänger habe sie größtenteils in der
katholischen Jugendbewegung gefunden.
114 Die CSRP erhielt ca. 130 000 Stimmen, errang jedoch kein Mandat, weil sie in keinem
Wahlkreis die dafür notwendigen 60 000 Stimmen aufbrachte. Vgl. Wachtling, *Joos* (Anm.
71), S. 92.
115 Vgl. Focke, *Sozialismus* (Anm. 113), S. 91 ff., 150 ff.; Bruno Lowitsch, *Der Kreis um die
Rhein-Mainische Volkszeitung*, Frankfurt a. M. 1980, S. 63 ff.

schaftlichen und sozialen Zielsetzungen gemeinsam mit den bisher bekämpften linksgerichteten Gruppen zu verfolgen. Die Interessendivergenz bestand bald nur noch in weltanschaulichen Fragen und verlor auch dort tendenziell an Bedeutung[116].

Das linke katholische Bürgertum sammelte sich unterdessen um die von dem Reichstagsabgeordneten Prof. Friedrich Dessauer herausgegebene „Rhein-Mainische Volkszeitung" (RMV). Im selben Verlag erschien seit 1926 auch die „Deutsche Republik", die keine Rücksichten auf den Mehrheitskatholizismus nehmen mußte und die daher die linksrepublikanische Richtung um so entschiedener vertreten konnte. Ins Verlagshaus der RMV siedelte 1928 auch die Geschäftsführung des „Friedensbundes Deutscher Katholiken" über; Verlagsdirektor Dr. Josef Knecht übernahm die ehrenamtliche Geschäftsführung dieser pazifistischen Organisation. Die 1923 in Frankfurt gegründete RMV — sie berief sich ausdrücklich auf einen „offenen" Katholizismus und das von Prof. Carl Muth herausgegebene „Hochland", das seit dem „Literaturstreit" von der kirchlichen Obrigkeit ständig mit dem Vorwurf des „Modernismus" konfrontiert wurde — entwickelte sich rasch von einem katholisch-liberalen Lokalblatt zum überregionalen Sprachrohr der republikanischen und demokratisch-sozialen Zentrumskräfte. Die RMV-Redaktion blieb freilich ein Kreis von Intellektuellen, keine organisierte innerparteiliche linke Fraktion. Sie setzte vielmehr darauf, mit ihren scharfsinnigen Analysen der politischen Verhältnisse — so z.B. der faschistischen Bedrohung in Europa, die die RMV frühzeitig erkannte — auf das Bewußtsein ihrer Leser zu wirken. Sie hielt gute Beziehungen zu den Christlichen Sozialisten um Dr. Ernst Michel (damals Direktor der Akademie der Arbeit in der Frankfurter Universität), zu den „Religiösen Sozialisten" (Prof. Paul Tillich, Prof. Reinhold Niebuhr, Hendrik de Man u.a.), die mit der SPD zusammenarbeiteten, sowie zu freigewerkschaftlichen Kreisen. Jedoch entwickelten sich daraus keine *organisatorischen* Ansätze im Interesse einer gemeinsamen antifaschistischen Bündnispolitik von linken Christen und Sozialdemokraten.

Nach Ansicht der RMV-Redakteure (Dr. Heinrich Scharp, Dr. Walter Dirks, Dr. Werner E. Thormann, Dr. Karl Heinz Knappstein u.a.) hatte das Zentrum seine Funktion als Interessenvertretung der Katholiken in der Weimarer Republik verloren[116a]. Im Kaiserreich mochte die Fixierung auf die katholischen Sonderinteressen noch legitim gewesen sein. Politisch aber war das Zentrum eine strukturlose Partei, die außer dem Föderalismus keine politische Idee und weder eine außennoch eine innenpolitische Konzeption besaß. Als echte Parlamentspartei, zu der sie in der Weimarer Republik geworden war, mußte sie nun ein auf die Gesamtgesell-

---

116 Ritter (*Volksverein* [Anm. 68], S. 391) zitiert Joos, der auf der Internationalen Konferenz der katholischen Arbeitervereine in Antwerpen im September 1926 Veränderungen im Verhältnis der katholischen Arbeiter zum Partei-Sozialismus feststellt und sich dabei auf eine Umfrage stützt. Vgl. auch Ritter, *Weg* (Anm. 107), S. 233 f. Demnach ging „unter den westdeutschen Arbeitern, die treu zu Wirth hielten, schon das Schlagwort ‚Einheitsgewerkschaft' um". Daß jetzt überhaupt diese Trennung zwischen Weltanschauung und wirtschaftlich-sozialen Interessen gemacht werde, sei eine Novität im katholischen Lager und ein Zeichen für das Auseinanderbrechen der politischen Einheit der Katholiken. — Vgl. außerdem Grebing, *Parteien* (Anm. 91), S. 104.
116a Lt. Information v. Walter Dirks, Interview am 14.12.1983.

schaft bezogenes politisches Programm entwickeln. Anstatt aber die Möglichkeiten, die die Weimarer Republik den Parteien eröffnete, zu nutzen und die neue Rolle im politischen Prozeß zu übernehmen, definierte sich die Zentrumspartei ganz neutral als „Verfassungspartei" und versuchte damit, den tiefgreifenden Konflikten über die Staatsform und die demokratische Struktur der Gesellschaft, die die Weimarer Republik zerklüfteten, aus dem Wege zu gehen. Joseph Wirth war in den Augen der RMV-Redakteure einer der wenigen Zentrumspolitiker, die erkannt hatten, daß die Weimarer Verfassung zwar eine der besten Verfassungen der Welt war, daß es aber nicht genügte, auf ihre quasi-mechanische Wirkung zu vertrauen; es kam vielmehr darauf an, sie mit Leben zu erfüllen. Wirth, der aus dem aufgeklärten badischen Katholizismus kam, dessen Traditionen bis ins frühe 19. Jahrhundert zurückreichten, dachte nicht, wie die meisten katholischen Politiker, idealistisch oder hierarchisch-ständisch, sondern soziologisch; er suchte eine Zusammenarbeit mit den gesellschaftspolitischen Kräften, die seiner Meinung nach zuverlässige Republikaner und Demokraten waren: mit der Arbeiterschaft und dem *citoyen*-Bürgertum, das sich in Weimar in der DDP organisierte. Dem Ex-Reichskanzler ging es nicht um tagespolitische Positionsgewinne. Er sah die Republik von rechts bedroht und glaubte, daß zu ihrer aktiven Verteidigung ein Bündnis des Zentrums, das sich *politisch*, d. h. linksrepublikanisch und demokratisch definieren müsse, mit den genuin demokratischen und republikanischen Kräften der Weimarer Gesellschaft notwendig sei.

Auf dem Kasseler Parteitag des Zentrums im November 1925, ein halbes Jahr nach der Reichspräsidentenwahl 1925 — die Niederlage des Zentrumskandidaten Wilhelm Marx, für den im zweiten Wahlgang auch die Linke gestimmt hatte, gegenüber dem Kandidaten der Rechtsparteien, Generalfeldmarschall Paul von Hindenburg, hatte die Polarisierung der Kräfte auch innerhalb der Zentrumspartei offengelegt —, warb Joseph Wirth leidenschaftlich für seine Linie: Das Problem der Demokratie, das Problem des Parlamentarismus, müsse vom Zentrum selbst, in seinen eigenen Reihen ausgekämpft werden, wenn das Zentrum überhaupt eine politische Partei bleiben wolle. Er griff Adam Stegerwald an, der gefordert hatte, die Diskussion über die Staatsform müsse jetzt in den Hintergrund treten:

„Wir sollen uns zurückhalten mit unserem Bekenntnis zur Republik, während der ganze reaktionäre Heerbann im stillen wühlt und den Beamten, der sich aufrecht zur Republik bekennt, mit Haß und Ingrimm verfolgt. Nein, meine Damen und Herren, das muten Sie uns wirklich nicht zu!"[116b]

Es liege beim Zentrum, sagte Wirth, ob die Deutsche Republik eine antiklerikale Entwicklung nehme; er gab damit seiner Überzeugung Ausdruck, die Zusammenarbeit der „positiv gerichteten Elemente republikanischer Prägung" werde auch in der

---

116b Zit. nach: Offizieller Bericht des Vierten Reichsparteitages der Deutschen Zentrumspartei in Kassel 1925, Berlin o. J., S. 37 f., abgedr. in: *Geschichte der christlich-demokratischen und christlich-sozialen Bewegungen in Deutschland. Grundlagen, Unterrichtsmodelle, Quellen und Arbeitshilfen für die politische Bildung*, Teil II (*Schriften der Bundeszentrale für politische Bildung*, Bd. 216), Bonn 1984, S. 182 f.

Schulfrage wahre Toleranz und religiöse Freiheit möglich machen. Ein entschiedenes Bekenntnis zur Republik hielt auch der Herausgeber des „Hochland", Carl Muth, für notwendig, um nicht den Kulturkampf durch die Frontstellung „hie Republik — Aufklärung, hie Antirepublik — Klerikalismus" neu zu aktualisieren[116c].

Die Entwicklung des Zentrums in den zwanziger Jahren macht deutlich, wie brüchig die Einheit des politischen Katholizismus geworden war. Im Zeichen der politischen Polarisierung ließ die Integrationskapazität des historisch ausgeprägten, klassenübergreifenden Bündnisses unter klerikaler Führung am rechten und am linken Rand spürbar nach. Rechtskatholiken wie Martin Spahn dachten die Position der „Kölner Richtung" konsequent zu Ende und arbeiteten innerhalb wie außerhalb des Zentrums darauf hin, den politischen Katholizismus zu entkonfessionalisieren und zu entklerikalisieren, auch auf die Gefahr hin, daß die Partei sich spaltete. Die Bündniskonzeption des ultramontanen Katholizismus und seine antistaatliche Tradition waren Martin Spahn schon im Zentrumsstreit 1906 als zeitbedingte und inzwischen überholte Fessel für die Zentrumspartei erschienen, die ihrem Charakter nach nicht klerikal, sondern politisch und konservativ-staatsbejahend sei. Um das Ghetto verlassen zu können, müßten die Katholiken eine positive, staatsbewußte Haltung im kleindeutschen, preußisch-dominierten Nationalstaat entwickeln. Das konfessionelle Schisma im Parteiensystem sollte durch nationalpolitische Ziele und in der gemeinsamen Gegnerschaft von Katholiken und Protestanten zum „Weimarer System" überwunden werden[117].

Nationalistische Katholiken wie Spahn und Eduard Stadtler, aber auch Stegerwald und Brüning, pflegten nach dem Ersten Weltkrieg über den „Juniklub"[118] Beziehungen zu den Neukonservativen um Moeller van den Bruck. Berührungspunkte zwischen rechtskonservativen Katholiken und „Konservativer Revolution" waren der Reichsgedanke, das ständisch-organische Denken und ein tief verwurzelter Antiliberalismus. Um das parlamentarische System zu überwinden, nahmen die Rechtskatholiken sogar beim Rätegedanken der Linken Anleihen auf und bauten ihn in ihr Modell einer ständisch-korporativ aufgebauten Wirtschafts- und Gesellschaftsordnung ein. Die Erneuerungspläne der nationalistischen Rechten fanden zeitweise das Interesse deutscher Wirtschaftsführer wie Stinnes und Hugenberg und wurden von ihnen finanziert[119]. Der extreme Antiliberalismus und Antirepublikanismus der Spahn-Gruppe war auch ein Ausgangspunkt für ihre politische Zusammenarbeit mit den rechtskonservativen Exponenten des grundbesitzenden rheinisch-westfälischen Adels um die Freiherrn von Lüninck, deren politisches Ziel es war, einen christlich-konservativen Staat und eine organisch-korporative Staats- und Wirtschaftsordnung zu errichten und die ebenfalls mit den Neukonservativen sympathisierten. In diese adlige Opposition gegen die republikanische Linke misch-

---

116c Ebd., S. 188.

117 Vgl. Clemens, *Spahn* (Anm. 79), S. 175.

118 Klemens von Klemperer, *Konservative Bewegungen zwischen Kaiserreich und National-sozialismus*, München/Wien 1962, S. 117, 119—123.

119 Vgl. Clemens, *Spahn* (Anm. 79), S. 73 ff., 77 ff., 162 ff.

ten sich durchaus auch integralistische Nachklänge[120]. Martin Spahns Weg führte ihn, wie andere rechte „Staatskatholiken" oder „nationale Katholiken" auch über die Deutschnationale Volkspartei und die Neukonservativen in die NSDAP.

Wenn demgegenüber im linken Spektrum des Zentrums Katholiken aus Gruppierungen der Jugendbewegung, aus der katholischen Arbeiterbewegung sowie Intellektuelle eine Rückbesinnung der Partei auf ihre religiöse Grundlage forderten, so war dies keine Neuauflage des Integralismus, sondern der Versuch, die katholische Soziallehre neu zu interpretieren und eine demokratisch-republikanische Zentrumspolitik, auch radikal pazifistische und christlich-sozialistische Vorstellungen aus dem Glauben heraus zu begründen. Ende der zwanziger Jahre wurde freilich auch im Linkszentrum die autoritativ begünstigte Verbindung von Klerus, Zentrumspartei und katholischen Organisationen in Frage gestellt, weil sie eine Front gegen Hunderttausende sozial und politisch andersdenkende Katholiken aufrichtete. Sie nehme insbesondere die Wandlungen im Sozialismus nicht zur Kenntnis, dränge katholische Sozialisten aus den katholischen Gemeinden und erschwere die Integration der katholischen Arbeiterschaft in die deutsche Arbeiterbewegung[121]. Auch Joseph Wirth, der den linken Flügel anführte und sich vergebens darum bemühte, die Weimarer Zentrumspartei dauerhaft auf eine linksrepublikanische Linie festzulegen, war sich darüber im klaren, daß die politische Einheit der Katholiken nicht mehr bestand. Wirth betonte den demokratischen Grundzug der Zentrumsideologie, die im Gegensatz zu reaktionären, liberalen und nationalistischen Gedanken stehe. Er wollte den rechten Zentrumsflügel abstoßen, der sich lediglich aus weltanschaulich-religiösen Motiven noch an das Zentrum gebunden fühle, dessen demokratisch-republikanische Politik jedoch grundsätzlich ablehne und blockiere. Wirth erkannte freilich selbst, daß die Zentrumsideologie, wenn sie nicht mehr von der katholischen Weltanschauung her als „bindende Loyalitätsverpflichtung" begründet war, kein ausreichendes Fundament für eine klassenübergreifende Weltanschauungspartei bot[122]. So war der Zusammenhalt der zerklüfteten Weimarer Zentrumspartei nach wie vor auf die klerikale Vermittlung angewiesen. Auf das Verhältnis von katholischer Kirche und Zentrum bis zur Auflösung der Partei 1933 ist deshalb im folgenden einzugehen.

2.7 Katholische Kirche und Zentrumspartei bis 1933

Die katholische Kirche überstand den Einschnitt von 1918, den Übergang von der Monarchie zur Republik und die grundsätzliche Neuordnung in der Beziehung von Staat und Kirche besser als die protestantische, die mit dem monarchischen Regierungssystem durch die Institution des landesherrlichen Summepiskopats besonders eng verbunden gewesen war. Beide Kirchen hatten aber in der Vergangenheit oft

---

120 Vgl. Ritter, *Weg* (Anm. 107), S. 261, 237.
121 Vgl. Ritter, *Volksverein* (Anm. 68), S. 385 ff.; Lowitsch, *Kreis* (Anm. 115), S. 69.
122 Grebing, *Parteien* (Anm. 91), S. 95, 104.

genug auf der Seite der Mächtigen gestanden und empfanden daher die Revolution als ihre eigene Niederlage[123]. Ebenso wie die Führungsgruppen der evangelischen Kirchen gaben auch große Teile des katholischen Klerus sowie rechtskatholische und integralistische Gruppierungen in der Zentrumspartei ihre innere Distanz zur Weimarer Republik und zur demokratischen Staatsform nicht auf. Der Streit darüber, ob das in Art. 1, Absatz 2 der Weimarer Reichsverfassung verbriefte Prinzip der Volkssouveränität („Die Staatsgewalt geht vom Volke aus") mit der katholischen Lehre vereinbar sei, wurde bis zum Untergang der Weimarer Republik im katholischen Lager nicht entschieden. Die Republik galt als Kind der Revolution und war deshalb für rechtsstehende, nationale Katholiken, auch für viele Geistliche in Rheinland-Westfalen und Bayern, nicht akzeptabel. Theologen wie Josef Mausbach, Carl Walterbach und Peter Tischleder bemühten sich zwar darum, die republikanische Staatsform zu rechtfertigen und konnten sich dabei auf die taktisch kluge Stellungnahme berufen, mit der Leo XIII. 1892 es den französischen Katholiken erleichtern wollte, die Republik als die bestehende Ordnung anzuerkennen. Viele deutsche Katholiken trauerten freilich noch der Monarchie nach und feindeten die Republikaner im Zentrum heftig an, weil sie eine „Verfassung ohne Gott" mit ausgearbeitet hätten. Ein großer Teil der Katholiken fand sich *nolens volens* mit der Republik ab, um auf dem Boden der Tatsachen weiter Politik machen zu können. Diese Gegensätze brachen auf dem Münchener Katholikentag 1922 auf. Eine betont „vaterländische" und von bayerischem Sonderbewußtsein bestimmte, reichsfeindliche Propaganda hatte es Reichskanzler Wirth unmöglich gemacht, dort aufzutreten. Während die Zentrumsführung gerade angesichts der Differenzen mit der BVP hoffte, in München die politische Einheit der Katholiken auf ganz „unpolitische" Weise wieder festigen zu können, nutzten die Veranstalter die Generalversammlung der Katholiken zu einer Demonstration gegen die Republik und für die Wittelsbacher Dynastie und legten damit die innere Zerklüftung des politischen Katholizismus bloß. Kardinal Faulhabers Eröffnungsansprache war eine politische Agitationsrede: Er bezeichnete die Novemberrevolution als „Meineid und Hochverrat". Sie bleibe in der Geschichte „erblich belastet und gezeichnet mit einem Kainsmal, auch wenn sie heute Erfolg hatte, wenn sie da und dort Vorteile brächte"[124]. Konrad Adenauer, der 1922 Präsident des Katholikentages war,

---

123 Zur Situation des Protestantismus nach 1918/19 vgl. Jochen Jacke, *Kirchen zwischen Monarchie und Republik. Der preußische Protestantismus nach dem Zusammenbruch von 1918* (Hamburger Beiträge zur Sozial- und Zeitgeschichte, Bd. 12), Hamburg 1976.
124 Zum „Verfassungsstreit" vgl. Morsey, *Zentrumspartei* (Anm. 48), S. 236 ff.; Klaus Breuning, *Vision* (Anm. 108), S. 20 ff. – Zum Streit um das Prinzip der Volkssouveränität in der Weimarer Reichsverfassung vgl. auch Bachem, *Vorgeschichte* (Anm. 3), Bd. 8, S. 311 ff., sowie neuerdings Bernhard Stangl, *Untersuchungen zur Diskussion um die Demokratie im Deutschen Katholizismus unter besonderer Berücksichtigung ihrer Grundlagen und Beurteilung in den päpstlichen und konziliaren Erklärungen und Stellungnahmen* (tuduv-Studien, Reihe Politikwissenschaften, Bd. 5), München 1985, S. 122–134. Vgl. auch ausführlich: Hugo Stehkämper, *Konrad Adenauer als Katholikentagspräsident 1922. Form und Grenze politischer Entscheidungsfreiheit im katholischen Raum* (Veröffentlichungen der Kommission für Zeitgeschichte, Reihe B, Bd. 21), Mainz 1977, S. 119.

hielt dem Kardinal in seiner Schlußrede entgegen, die Verfassung sei eine unverzichtbare Grundlage für die politische Aktionsfähigkeit der Katholiken im Deutschen Reich und forderte eine nüchterne Sicht der gegebenen Möglichkeiten. In einer Denkschrift, die Adenauer im Oktober 1922 wohl – wie Konrad Repgen vermutet[125] – für den Vatikan ausgearbeitet hat, führte er den zentralen Punkt seiner Argumentation noch weiter aus: Der politische Einfluß der deutschen Katholiken sei nur dann gesichert, wenn sie auf dem Boden der Verfassung mitarbeiteten und sich nicht in eine fruchtlose Opposition begeben würden. „Die Haltung des Kardinals Faulhaber ist unverträglich mit den Interessen des deutschen Katholizismus. Er muß entweder eine grundsätzliche Schwenkung einnehmen oder dazu angehalten werden, sich jeder politischen Betätigung auf das strikteste zu enthalten."[126]

Ungelöst blieb in der Weimarer Republik auch die Schulfrage. In die Auseinandersetzungen um das Reichsschulgesetz griff 1929 auch Papst Pius XI. mit seiner Enzyklika über die christliche Erziehung der Jugend, „Divini illius magistri", ein[127]. Auf diesem Gebiet waren aber in der ihrem Charakter nach säkularen Republik nur Kompromisse zwischen den verschiedenen Interessen möglich; es gelang nicht, die kirchlichen Ansprüche vollständig durchzusetzen und damit eine die katholische Kirche befriedigende Lösung herbeizuführen.

Zwar wurden in der ersten Republik den Kirchen – als Körperschaften des öffentlichen Rechts – eine so weitgehende Freiheit von staatlichen Eingriffen sowie Garantien für ihre traditionell beanspruchten Privilegien zugesichert wie niemals zuvor (völlige Religions- und Glaubensfreiheit, Abbau sämtlicher Kulturkampfrelikte, Selbstbestimmungsrecht bei Verwaltungs- und Personalangelegenheiten, staatliche Subventionsleistungen, Schutz der kirchlichen Feiertage und Zusicherung des Religionsunterrichts als ordentliches Lehrfach an staatlichen Schulen); und mit Art. 137 WRVerf. war die Staatskirchenhoheit grundsätzlich beseitigt. Dennoch arbeiteten die katholischen Kirchenvertreter in der Tradition ihres Kirchenverständnisses seit dem Vaticanum auf weitere Zugeständnisse von staatlicher Seite hin. Ziel der kurialen Konkordatspolitik – Verhandlungsführer war Pacelli, der spätere Papst Pius XII. – war die Anwendung des 1917 in neuer Fassung erschienenen Codex Juris Canonici nach innen und seine Anerkennung von außen. Es ging – mit anderen Worten – im Kern darum, die schon mit der Konkordatspolitik des frühen 19. Jahrhunderts begonnene Zentralisierung des inneren kirchlichen Gefüges fortzusetzen und es weiter zu vereinheitlichen und zu verrechtlichen[128]. Außerdem

125 Vgl. ebd., S. 78.
126 Ebd., S. 120.
127 Die Enzyklika ist abgedruckt in: *Kirche und Staat* (Anm. 18), S. 290. Vgl. dazu auch Wolfgang Sucker, Der deutsche Katholizismus 1945–1950. Eine Chronik (2. Teil), in: *Kirchliches Jahrbuch für die evangelische Kirche in Deutschland 1952*, Gütersloh 1953, S. 238 ff., der auf die Kontinuität vieler diesbezüglicher päpstlicher Äußerungen hinweist. Vgl. außerdem Günther Grünthal, *Reichsschulgesetz und Zentrumspartei in der Weimarer Republik (Beiträge zur Geschichte des Parlamentarismus und der politischen Parteien*, Bd. 39), Düsseldorf 1968.
128 Vgl. *Kirche und Staat* (Anm. 18), S. 126. – Auf die entscheidende Bedeutung (und den Inhalt) der vatikanischen Konkordatspolitik für die kirchenpolitische Entwicklung des Ka-

setzte die Kurie alles daran, die in den Art. 135–141 WRVerf. nicht im Sinne des kanonischen Rechts und damit für die katholische Kirchenführung noch unbefriedigend gelöste Schulfrage durch ein Reichskonkordat zu regeln. Diese Fixierung auf ein Reichskonkordat, das den kurialen Interessen möglichst weit entgegenkam, sollte 1933 zu einer Weichenstellung für den politischen Katholizismus werden.

Die Zentrumspartei als traditionelle kirchen- und kulturpolitische Interessenvertretung der katholischen Kirche in Deutschland geriet freilich nach der Absicherung der kirchlichen Autonomie durch die Weimarer Verfassung und die Bestimmungen der Länderkonkordate in ein Dilemma. Sie gewann zwar durch ihre parlamentarische Schlüsselrolle an politischem Einfluß und konnte ihren Mitgliedern inzwischen auch politische Karrieren eröffnen. Die Verschränkung mit katholisch-kirchlichen Interessen — während gleichzeitig die konfessionelle Bindungskraft nachließ — erwies sich jetzt jedoch als eine strukturelle Schwäche, die nicht mehr zu verdecken war. Denn:

— Wichtige Elemente der Zentrumsprogrammatik hatten ihre Bedeutung verloren, seit die rechtliche Absicherung der kirchlichen Freiheiten und der konfessionellen Parität erreicht war. Das Zentrum mußte eine neue *politische* Identität finden, um die parteipolitische Integration auf Dauer zu gewährleisten.

— Der Anspruch des Zentrums, die politisch-parlamentarische Interessenvertretung *aller* Katholiken zu sein, war angesichts zahlreicher abtrünniger katholischer Wähler, die nach dem Kulturkampf zu anderen Parteien überwechselten, nicht mehr haltbar. Während die Zentrumspartei langsam, aber kontinuierlich schrumpfte, lockerten sich gleichzeitig ihre Beziehungen zu den katholischen Verbänden, die bisher für die Partei einen unverzichtbaren *organisatorischen* Unterbau dargestellt hatten[129].

Obwohl programmatisch auf die Mitte festgelegt, war das Zentrum *soziologisch* doch nie eine Partei der Mitte, d.h. eine Organisation, deren soziale Basis ihren Schwerpunkt zwischen den gesellschaftlichen Polen gehabt hätte und die deshalb in der Lage gewesen wäre, sich je nach den Interessen ihrer Wähler und den historisch-politischen Bedingungen nach links oder rechts zu orientieren. Es war vielmehr eine Partei mit einer weltanschaulich gebundenen Anhängerschaft aus allen sozialen Schichten, deren kulturpolitische Interessen weitgehend befriedigt worden waren[130] und in der nun die politischen Gegensätze voll durchschlugen. Hatte es das Weima-

---

Fortsetzung Fußnote 128

    tholizismus in der Weimarer Zeit verweist Klaus Scholder, *Die Kirchen und das Dritte Reich*, Bd. 1: *Vorgeschichte und Zeit der Illusionen 1918–1934*, Frankfurt a. M./Berlin/ Wien 1977, S. 65 ff. — Der „aufblühende Verbandskatholizismus, die neuen theologischen Ansätze und die geistige Renaissance" seien demgegenüber von sekundärer Bedeutung gewesen. Seit der Dogmatisierung der päpstlichen Infallibilität (1870) hatte die Zentralisierungstendenz in der katholischen Kirche ihren vorläufigen Höhepunkt mit der Verabschiedung des Codex Juris Canonici (1917) erreicht, einer systematischen Zusammenfassung aller schon bisher vorgetragener, wenn auch noch nicht völlig durchgesetzter kirchlicher Rechtsansprüche.

129 Vgl. Morsey, *Untergang* (Anm. 103), S. 18; vgl. auch oben Anm. 110.
130 Vgl. Grebing, *Parteien* (Anm. 91), S. 100 f.

rer Zentrum noch dadurch, daß es sich ganz neutral als „Verfassungspartei" definierte, vermocht, gegensätzliche verfassungspolitische Positionen zu tolerieren, so drohten Ende der zwanziger Jahre die immer weiter auseinanderstrebenden sozialökonomischen und politischen Interessen den Zusammenhalt der Partei zu sprengen. Es kennzeichnet den Zustand der Zentrumspartei am Ende der Weimarer Republik, daß die Notwendigkeit, diesem Desintegrationsprozeß entgegenzusteuern und zu einer politischen Neuorientierung und Neuformierung zu kommen, nur in kleinen Gruppen im rechten und linken Spektrum der Partei empfunden wurde[131]. Die Mehrheit der Parteimitglieder identifizierte sich dagegen offensichtlich mit dem traditionellen Versuch, die rissige Partei mit Hilfe der bewährten weltanschaulich-klerikalen Klammer wieder zusammenzufügen. Diese Bemühung führte seit der Wahl des Prälaten Kaas 1928 zu einer offenen „Klerikalisierung" des politischen Katholizismus bis in die lokalen Parteivorstände hinein[132]. Geistliche in Spitzenfunktionen der Partei galten offensichtlich nicht als Repräsentanten von Gruppeninteressen; man hielt sie vielmehr wie selbstverständlich für geeignet, die parteiinterne Integration zu befördern und die Unterstützung der Partei durch die kirchliche Hierarchie und insbesondere durch das katholische Vereins- und Verbandsleben zu sichern. Die Entwicklung der Zentrumspartei bis zu ihrer Auflösung im Juli 1933 zeigte jedoch, daß der Klerus diese Integrationsfunktion nicht wahrnehmen konnte, weil er im Konflikt zwischen staatlichem und kirchlichem Interesse weder die demokratische Republik noch die politische Autonomie der Partei gegenüber Kirche und Vatikan verteidigen konnte[133].

Der Klerikalisierungsprozeß des Zentrums stand andererseits im Kontrast zur vatikanischen Politik. Denn die Kurie tendierte seit Anfang der zwanziger Jahre dazu, den politischen Katholizismus, wie ihn das Zentrum oder die italienische Volkspartei, der „Partito Popolare", repräsentierten, durch andere Formen der Einflußnahme zu ersetzen[134]. Zu diesem Zweck wurde die „Katholische Aktion"

---

131 Vgl. oben Kap. 2.6. – Siehe auch Josef Becker, Das Ende der Zentrumspartei und die Problematik des politischen Katholizismus in Deutschland, in: *Von Weimar zu Hitler* (Anm. 126), S. 361.

132 Rudolf Morsey (*Untergang* [Anm. 103], S. 29 f.) spricht von einer „Ende der zwanziger Jahre einsetzenden Massierung geistlicher Politiker in führenden Positionen des Zentrums". Als Gründe für diese Entwicklung führt er deren Interessenunabhängigkeit und den Mangel der Zentrumspartei an Führungspersönlichkeiten an. Nach Morseys Ansicht mußte aber die Klerikalisierung des politischen Katholizismus die Glaubwürdigkeit der Kirche beeinträchtigen, da sie so mit den tagespolitischen Kompromissen und Fehlern von Zentrum und BVP belastet und in politische und publizistische Auseinandersetzungen auch auf der Gemeindeebene hineingezogen wurde. Das Engagement der Kirche für die Zentrumspartei wurde von denjenigen Katholiken übel vermerkt, die mit der DNVP sympathisierten. So wandte sich beispielsweise der Katholikenausschuß der Deutschnationalen Volkspartei gegen die bischöflichen Wahlempfehlungen für Zentrum und BVP. – Zur vorherrschenden Stellung von Episkopat und Klerus vgl. auch Ernst Wolfgang Böckenförde, Der deutsche Katholizismus im Jahr 1933. Eine kritische Betrachtung, in: *Von Weimar zu Hitler*, hrsg. von Gotthard Jasper, Köln/Berlin 1968, S. 319.

133 Vgl. unten Kap. 3.

134 Vgl. Scholder, *Kirchen* (Anm. 128), S. 202 ff., insbesondere die Ausführungen über den modernen Konkordatstyp der Lateranverträge mit dem faschistischen Italien (1929); da-

gegründet (1923, in Deutschland 1928)[135]. Sie sollte als überparteiliche und nicht-politische Bewegung das öffentliche Leben mit kirchlich-katholischem Geist durch-dringen und die Einheit der Katholiken, die durch politische und sozioökonomische Differenzen verlorenzugehen drohte, wiederherstellen. Zunehmend konzentrierte sich nunmehr das politische Interesse der Kurie auf den Kampf gegen den atheisti-schen Kommunismus, dem gerne auch die Sozialdemokratie zugeschlagen wur-de[136]. Kirchenpolitisch rückte das Ziel, das neue kanonische Recht mit einem Reichskonkordat in ganz Deutschland durchzusetzen, in den Vordergrund.

Fortsetzung Fußnote 134

    bei ließ die katholische Kirche den Partito Popolare fallen und gab damit ihre parlamenta-rische Vertretung zugunsten des faschistischen Systems auf. Vgl. hierzu auch Klaus Schol-der, „Ein Paradigma von säkularer Bedeutung". Hitler, Kaas und das Ende des politischen Katholizismus in Deutschland. Eine Antwort auf Konrad Repgen, in: *FAZ*, 19. 11. 1977, S. 11. Ein zentrales Element der Entpolitisierung des politischen Katholizismus war im Laterankonkordat, wie später auch im Reichskonkordat, die Bestimmung über das Verbot der parteipolitischen Betätigung von Geistlichen (Art. 32 RK). Siehe jetzt auch Konrad Repgen, Pius XI. zwischen Stalin, Mussolini und Hitler. Zur vatikanischen Konkordatspo-litik der Zwischenkriegszeit, in: *apuz*, B 39/79, 29. 9. 1979, S. 10 ff.

135 Zur „Katholischen Aktion" vgl. Grebing, *Zentrum* (Anm. 85), S. 261 ff.: Mit diesem Aufruf zur Einheit der Katholiken verband sich ein Dilemma, das wohl auch die tiefere Ursache für den geringen Erfolg der Katholischen Aktion in Deutschland war: „Der Charak-ter der deutschen Parteien als Weltanschauungsparteien ermöglichte einfach nicht eine Ab-wendung des Klerus von der Parteipolitik... So blieb also dem katholischen Klerus wirklich nichts anderes übrig, um die Gläubigen an die Kirche zu binden und ihnen im deutschen Parteiwesen eine entsprechende politische Vertretung zu schaffen, als ins Zentrum zu springen."

136 So versuchte Kardinalstaatssekretär Pacelli (später Pius XII.), die politischen Verhältnisse in Deutschland vollständig verkennend, seinen Einfluß auf die Regierungs- und Koalitions-bildung im Reich und in den Ländern unter dem Primat der Konkordatsverhandlungen gegen die Sozialdemokratie und zugunsten einer Sammlung der Rechten geltend zu machen (vgl. Scholder, *Kirchen* [Anm. 128], S. 191 f., 198). – Daß diese Koalitionspolitik gegen links und mit rechts selbst in politischen Krisen- und Umbruchsituationen eine generelle vatikanische Linie war, zeigte sich auch am italienischen Beispiel: Am 11. 9. 1924, auf dem Höhepunkt der Matteotti-Krise, verbot der Papst öffentlich eine Koalition der Popo-lari mit den verfassungstreuen Sozialisten und erleichterte es damit den Faschisten, ihre Herrschaft zu stabilisieren. (Der sozialistische Politiker Giacomo Matteotti war im Juni 1924 von Faschisten erschlagen worden. Dieser Mord löste eine schwere Staatskrise aus. Mit ihrem gemeinsamen Auszug aus dem Parlament planten Sozialisten und Popolari die Öffentlichkeit durch ein alternatives Parlament auf dem Aventin zu mobilisieren.) Vgl. hierzu Repgen, Pius XI. (Anm. 134), S. 12.

Kapitel 3: Reichskonkordat, Ermächtigungsgesetz und das Ende der Zentrumspartei im Jahr 1933

Der deutsche Katholizismus bildete gegen die nationalsozialistische Ideologie zu Beginn der dreißiger Jahre — ebenso wie die organisierte sozialistische und kommunistische Arbeiterbewegung — eine geschlossene Abwehrfront. Katholisches Naturrechtsdenken, die traditionelle politische Repräsentation der Katholiken in der Zentrumspartei, das Kommunikationsnetz des katholischen Vereinswesens und die autoritative amtskirchliche Hierarchie waren die Grundlagen für die regional zwar unterschiedlich praktizierte, im großen und ganzen jedoch kompromißlose Ablehnung der *kulturpolitischen* Ziele der Nationalsozialisten durch die deutschen Katholiken[1]. Seit dem Durchbruch der NSDAP bei den Reichstagswahlen im September 1930 warnten die Bischöfe in verschiedenen Diözesen immer wieder vor der politischen Radikalisierung, der Verherrlichung der germanischen Rasse und den Bestrebungen, eine deutsche Nationalkirche zu errichten. Ihre Haltung trug entscheidend mit dazu bei, daß die NSDAP in geschlossenen katholischen Gebieten nur wenige Anhänger fand und daß die Zentrumspartei im Vergleich zu den Weimarer bürgerlichen Parteien ihren Wählerstamm zusammenhielt[2]. Dennoch

---

1 Vgl. Klaus Scholder, *Die Kirchen und das Dritte Reich*, Bd. 1: *Vorgeschichte und Zeit der Illusionen 1918—1934*, Frankfurt a. M./Berlin/Wien 1977, S. 160 ff., bes. S. 166 ff.; Rudolf Morsey, Die katholische Volksminderheit und der Aufstieg des Nationalsozialismus 1930—1933, in: *Kirche, Katholiken und Nationalsozialismus*, hrsg. v. Klaus Gotto/Konrad Repgen, Mainz 1980, S. 9—22, bes. S. 11 ff. — Den Auftakt gab das bischöfliche Ordinariat Mainz mit Anweisungen, die den Katholiken die Mitgliedschaft in der NSDAP untersagten; anderenfalls wurden sie von den Sakramenten ausgeschlossen. Dieses entschiedene Vorgehen erschien anderen Bischöfen als inopportun, weshalb nach dem Mainzer Vorstoß keine einheitliche Bischofserklärung zum Nationalsozialismus zustandekam. Die bayerischen Bischöfe entschlossen sich für die Einzelfallprüfung und unterschieden zwischen Aktivisten und Mitläufern. Anders als der atheistische Sozialismus und Kommunismus wurde aber der Nationalsozialismus nicht unter die glaubensfeindlichen Organisationen eingereiht. Sichtbare Kirchenstrafen wurden überdies kaum ausgesprochen.
2 Vgl. Jürgen Falter, Wer verhalf der NSDAP zum Sieg? Neuere Forschungsergebnisse zum parteipolitischen und sozialen Hintergrund der NSDAP-Wähler 1924—1933, in: *apuz*, B 28— 29/79, 14. 7. 1979, S. 3—21, hier S. 16 f.: Danach haben bis März 1933 im Reichsdurchschnitt ca. zwei Drittel aller bekenntnistreuen Katholiken (damals ca. 62,4 %) Zentrum gewählt. Vgl. auch Ulrich von Hehl, Das Kirchenvolk im Dritten Reich, in: *Kirche* (Anm. 1), S. 63—82, hier S. 64 sowie Anm. 4. — In der Bischofsstadt Münster verlor die Zentrumspartei bei der Märzwahl 1933 nur 1 000 Stimmen; die NSDAP profitierte hier vor allem von bisherigen Nichtwählern. Vgl. Doris Kaufmann, *Katholisches Milieu in Münster 1928—1933 (Düsseldorfer Schriften zur Neueren Landesgeschichte und zur Geschichte Nordrhein-Westfalens, Bd. 14)*, Düsseldorf 1984, S. 166. In Münster gelang es dem Zentrum und den katholischen Organisationen, ein soziales Netz zu knüpfen, das die von der Krise betroffenen Arbeitslosen und Notleidenden auffing und das politisch-sozial-kulturell integrierte lokale Milieu stabilisierte (ebd., S. 130 ff.).

waren rechtsgerichtete Absplitterungen bei katholischen Akademikern, Beamten und Studenten nicht mehr zu übersehen[3].

Mit dem Wählerzulauf zu den Nationalsozialisten bei der Juliwahl 1932 verstärkte sich die Anziehungskraft der nationalsozialistischen Bewegung auch auf die Katholiken zunehmend[4]. Diese Annäherung hatte ihre Ursache zum einen in der sozialstrukturellen Zusammensetzung der katholischen Bevölkerung, in der die bäuerlichen, kleinbürgerlichen und mittelständischen Elemente überwogen. Gerade in diesen durch die Weltwirtschaftskrise ökonomisch verunsicherten und politisch desorientierten Schichten des alten und des neuen Mittelstandes hatte die NS-Propaganda in den mehrheitlich evangelischen Wahlkreisen ihre stärkste Resonanz gefunden. Zum anderen blieb die katholische Gesellschaftsauffassung — trotz einiger Modifikationen — nach wie vor autoritär-ständischen Denktraditionen verhaftet. Zwar hatte sich Pius XI. in der Enzyklika ,,Quadragesimo anno" (1931) mit dem faschistischen Korporativstaat in Italien auseinandergesetzt und hier insbesondere die starke Stellung des Staates moniert. Positiv erschienen ihm hingegen die friedliche Zusammenarbeit der Klassen, das Streikverbot und die Zurückdrängung der sozialistischen Organisationen und Bestrebungen. Sein Ideal war die berufsständische Ordnung, die erst die rechte Ordnung des Gesellschaftskörpers ermögliche und die Klassenharmonie herstelle[4a].

Die Ideologie einer die Klassengegensätze harmonisierenden Volksgemeinschaft prägte auch die politischen Vorstellungen vieler Katholiken, und der Führerkult

---

3 Vgl. oben Kap. 2.6.1.

4 Wahldaten für die Juliwahl 1932 bei Emil Ritter, *Der Weg des politischen Katholizismus in Deutschland*, Breslau 1934, S. 245 f. — Im Reichsdurchschnitt wählten nach Ritters Angaben 50,5 % aller Katholiken Zentrum oder BVP, in Preußen 51,1 %, in Bayern 43,3 %, in Baden 49,4 %, in Württemberg 66,6 %, in Oldenburg 73,2 %, in Sachsen 37,1 %, in Hessen 47,8 %, in Mecklenburg 20,5 %. In der Diaspora wie auch in den katholischen Industriestädten (Ausnahme: Essen) schnitt das Zentrum vergleichsweise schlecht ab, in Wahlbezirken mit einer stärkeren katholischen Minderheit erzielte es mittlere Ergebnisse, die besten Wahlergebnisse erreichte es in überwiegend ländlichen Regionen. In 21 westdeutschen Großstädten wählten 22,5 % der katholischen Wähler Zentrum, 28,9 % NSDAP, 37,1 % hingegen SPD und KPD. Für die Deutschnationalen stimmten lediglich zwischen 2 % und 6 % der Katholiken. (Diese Statistik weist allerdings Verzerrungen auf, weil bei der Juliwahl 1932 viele Protestanten dem Zentrum ihre Stimme gaben.) Seit der Juliwahl 1932 brach die NSDAP vor allem in ländliche und jugendliche Wählerschichten des Zentrums ein. Vgl. z. B. Scholder, *Kirchen* (Anm. 1), S. 197; Günter Plum, *Gesellschaftsstruktur und politisches Bewußtsein in einer katholischen Region 1928—1933. Untersuchung am Beispiel des Regierungsbezirks Aachen (Studien zur Zeitgeschichte)*, Stuttgart 1972, S. 30. — Der Präsident des Zentralkomitees der deutschen Katholiken teilte im Februar 1933 mit, daß 43 % aller Katholiken und damit mehr als zwei Drittel der Bekenntnistreuen für Zentrum oder BVP votiert hätten. Die restlichen 57 % (nur zu einem Drittel bekenntnistreu) hätten sich folgendermaßen verteilt: ein gutes Viertel seien Nichtwähler bzw. Anhänger von Splitterparteien, ein gleicher Anteil wählte die Sozialdemokraten und je ein Sechstel KPD oder NSDAP, 7 % seien Anhänger der Deutschnationalen. Vgl. Konrad Repgen, Hitlers Machtergreifung und der deutsche Katholizismus. Versuch einer Bilanz, in: *Katholische Kirche im Dritten Reich. Eine Aufsatzsammlung zum Verhältnis von Papsttum, Episkopat und deutschen Katholiken zum Nationalsozialismus 1933—1945*, hrsg. v. Dieter Albrecht, Mainz 1976, S. 1—34, 18 f.

4a Vgl. Oswald von Nell-Breuning SJ, *Die soziale Enzyklika. Erläuterungen zum Weltrundschreiben Papst Pius XI. über die gesellschaftliche Ordnung*, Köln 1950, S. 180 ff. — Dieser Passus richtet sich auch gegen die Anhänger des Universalismus um Othmar Spann.

bestimmte das Klima der Wahlagitation der Zentrumspartei in den letzten Jahren der Weimarer Republik. In den Präsidialkabinetten unter dem Zentrumskanzler Brüning (1930—1932) wurde der Parlamentarismus durch die autoritäre Notverordnungspolitik und die permanente Drohung mit der Reichstagsauflösung immer weiter ausgehöhlt. Sozialstrukturell wie ideologisch war das katholische Lager also keineswegs weniger für autoritäre Krisenlösungsmodelle disponiert als der Protestantismus. Darauf hat der linkskatholische Publizist Walter Dirks hingewiesen, der bereits 1931 die Zersetzung der religiösen Barriere gegenüber der NS-Ideologie und ihre möglichen Folgen für den politischen Katholizismus in Deutschland antizipierte:

„... als Glaubensgemeinschaft ist ... [das Zentrum] für die feindliche Ideologie unangreifbar. Löst sich der ideologische Kampf aber auf ... dann kann sich verhängnisvoll auswirken, daß der Katholizismus vorwiegend gerade von kleinbürgerlichen Schichten getragen wird: So gesichert er religiös ist, so anfällig wird er dann sozial sein. ... Diese Anfälligkeit braucht sich nicht in einem Massenabfall zur NSDAP auswirken; sie kann sich auch als innere Faschisierung des politischen Katholizismus auswirken."[5]

Diese politisch-sozialen und ideologischen Affinitäten erklären freilich nur teilweise, warum die katholische Abwehrfront im Sommer 1933 so schnell zusammenbrach. Um die zwiespältige Haltung der katholischen Kirche in Deutschland gegenüber dem Nationalsozialismus zu verstehen, muß man sich zudem die Entwicklung des Verhältnisses von Kirche und Staat in der Weimarer Republik vergegenwärtigen. Der Episkopat hatte seine innere Distanz zum „Weimarer System" nicht aufgegeben. Der Streit um die Volkssouveränität auf dem Münchener Katholikentag 1922 machte ebenso wie die Auseinandersetzungen in der Schulfrage und der Kampf gegen den Verfall der Sittlichkeit deutlich, daß die katholische Kirche an ihren naturrechtlichen Ordnungsvorstellungen festhielt, obwohl sie sie in einer sich ausdifferenzierenden Gesellschaft immer weniger zur Geltung bringen konnte[6]. Sie wehrte sich dagegen, mit anderen weltanschaulichen Gruppierungen auf eine Stufe gestellt und aus dem politischen Raum herausgedrängt zu werden und sehnte sich zurück nach einer ideologisch geschlossenen Gesellschaft, in der kirchliche Autorität und staatliche Obrigkeit einander gegenseitig stützten. Eine Rückkehr zum konservativen preußisch-deutschen Staat, in dem die katholische Kirche nach dem Abbruch des Kulturkampfs zusammen mit den evangelischen Orthodoxen ihren Platz als Stütze der bestehenden gesellschaftlichen Verhältnisse gefunden hatte, war nicht mehr denkbar. Daher setzten die katholischen Kirchenvertreter nun ihre Hoffnung auf eine neu zu errichtende, das Weimarer Übel überwindende, möglichst an christlichen Werten ausgerichtete Volks- und Staatsgemeinschaft, die die pluralistische Zerklüftung überwand, den gesellschaftlichen Modernisierungsprozeß bremste und in der Kirche und Klerus ihre verlorene Stellung zurückgewin-

---

5 Walter Dirks, Katholizismus und Nationalsozialismus, in: *Die Arbeit*, 8. Jg. (1931), S. 201 ff.
6 Vgl. Plum, *Gesellschaftsstruktur* (Anm. 4), S. 184 ff.; vgl. auch Heinrich Lutz, *Demokratie im Zwielicht. Der Weg der deutschen Katholiken aus dem Kaiserreich in die Republik 1914—1925*, München 1963.

nen könnten[7]. Die Kirchenfeindlichkeit der NSDAP und die Perspektive, daß eine machtpolitische Veränderung nur durch Gewalt zu erreichen sei, verbot zunächst jede Annäherung an die Nationalsozialisten. Doch ist — gerade auch im Hinblick auf die weitere Entwicklung des Verhältnisses von katholischer Kirche und nationalsozialistischem Staat — von Bedeutung, daß die Bischöfe seit 1930 explizit nur die weltanschaulichen Grundsätze der Nationalsozialisten verurteilten, die mit der katholischen Lehre unvereinbar waren; ihren politischen Zielen jedoch standen sie weitgehend neutral gegenüber oder identifizierten sich sogar partiell damit[8]. Der Totalitätsanspruch der NS-Ideologie stellte von Anfang an eine extreme Herausforderung für die katholische Kirche dar, weil abzusehen war, daß er mit ihren Ansprüchen im vorkirchlichen Raum kollidieren mußte. Mangelndes politisches Differenzierungsvermögen — die Amtskirche subsumierte alle ihre kulturpolitischen Gegner unter dem Sammelbegriff „Bolschewismus" — und ihre Indifferenz gegenüber jeder rechtmäßigen Obrigkeit hätten jedoch ein Arrangement katholischer Kirchenvertreter mit dem NS-Regime durchaus möglich gemacht, wenn es ihnen gelungen wäre, „den totalen Anspruch des Staates in christliche Totalität umzufunktionieren oder zumindest die Staatsgewalt zu wohlwollender Neutralität gegenüber diesem Anspruch zu verpflichten. Als dieser Staat allerdings das Politische ganz für sich forderte, den Katholiken die ‚pflichtmäßige Beschäftigung mit solchen Fragen, die sich auf die Gestaltung des gesellschaftlichen und staatlichen Lebens im Sinne des christlichen Glaubens beziehen', verbot, mußte sich die Kirche zwangsläufig gegen ihn wenden."[9]

Im folgenden sind nun drei Aspekte darzustellen, die erklären, warum der deutsche Katholizismus, nachdem er zu Beginn der dreißiger Jahre gegen den extremen Nationalismus und Rassismus immun geblieben war, im Verlauf des Jahres 1933 vor dem Nationalsozialismus kapitulierte: die vatikanische Konkordatspolitik, das Umschwenken des deutschen Episkopats und nicht zuletzt die Integrationsbereitschaft der deutschen Katholiken.

3.1 Die vatikanische Konkordatspolitik

Für kurze Zeit wurde der von „kanonischer Leidenschaft" erfüllte und schon in den zwanziger Jahren mit den Konkordatsplänen Pacellis vertraute Prälat Kaas zu einer „Schlüsselfigur der deutschen Politik und der deutschen Kirche"[10]. 1928 war er in einer Kampfabstimmung — gegen Stegerwald und Joos — zum Vorsitzenden der Zentrumspartei gewählt worden. Man muß nicht in eine personalistische Geschichts-

---

7 Vgl. Plum, *Gesellschaftsstruktur* (Anm. 4), S. 197 f.
8 Zum ideologischen Hintergrund vgl. ebd., S. 152 ff.; Ernst-Wolfgang Böckenförde, Der deutsche Katholizismus im Jahre 1933. Eine kritische Betrachtung, in: *Von Weimar zu Hitler 1930–1933*, hrsg. v. Gotthard Jasper, Köln/Berlin 1968, S. 317–343, hier S. 341 f.
9 Plum, *Gesellschaftsstruktur* (Anm. 4), S. 177.
10 Scholder, *Kirchen* (Anm. 1), S. 81 f.; zur Rolle von Kaas vgl. auch S. 185, 209 ff., 300 ff. — Weitere Literatur bei Josef Becker, Das Ende der Zentrumspartei und die Problematik des politischen Katholizismus in Deutschland, in: *Von Weimar zu Hitler 1930–1933* (Anm. 8), S. 344–376.

schreibung verfallen, wenn man Kaas' Aktivitäten in der eigenartigen Doppelrolle eines Vertrauensmannes für Regierung und Vatikan in den Tagen nach den Märzwahlen 1933 bis zum Ermächtigungsgesetz (23. März 1933) und in den Verhandlungen um das Reichskonkordat beleuchtet. Tatsächlich hat sein Wirken dazu beigetragen, daß die Auflösung der Zentrumspartei im Juli 1933 als Preis für das Reichskonkordat erscheinen konnte. Damit verknüpft sich in der zeitgeschichtlichen Forschung seit langem die Annahme, daß zwischen der Zustimmung der Reichstagsfraktion des Zentrums zum Ermächtigungsgesetz und dem Abschluß des Reichskonkordats ein Zusammenhang besteht — Thesen, die zwar aktenmäßig nicht vollständig belegbar sind, die als Kombination historischer Fakten und Zeugnisse teilweise jedoch durchaus plausibel erscheinen[11].

11 Der Zusammenhang zwischen Ermächtigungsgesetz und Reichskonkordat wurde zuerst von Karl Dietrich Bracher untersucht. Vgl. *Nationalsozialistische Machtergreifung und Reichskonkordat. Ein Gutachten zur Frage des geschichtlichen Zusammenhangs und der politischen Verknüpfung von Reichskonkordat und nationalsozialistischer Revolution*, hrsg. v. d. hessischen Landesregierung in Wiesbaden, April 1956. — Vgl. außerdem Scholder, *Kirchen* (Anm. 1), der sich auf S. 305 ff. mit der einschlägigen Literatur auseinandersetzt. Vgl. auch ders., ,,Ein Paradigma von säkularer Bedeutung". Hitler, Kaas und das Ende des politischen Katholizismus in Deutschland. Eine Antwort auf Konrad Repgen, in: *FAZ*, 19. 11. 1977, S. 11, sowie die Kontroverse Scholder/Repgen in: *VjHfZ*, 26. Jg. (1978), H. 4, S. 535—570, und 27. Jg. (1979), H. 1, S. 159—161, in der die unterschiedlichen Positionen deutlich werden. Vgl. neuerdings auch Konrad Repgen, Zur vatikanischen Strategie beim Reichskonkordat, in: *VjHfZ*, 31. Jg. (1983), H. 3, S. 506—535 (Repgen geht auf der Grundlage neuerschlossener Quellen über das österreichische Konkordat auf Methodenfragen und Bewertungsprobleme ein) sowie Gerhard Schulz, Neue Kontroversen in der deutschen Zeitgeschichte: Kirchengeschichte, Parteien und Reichskonkordat, in: *Der Staat*, 22. Jg. (1983), H. 4, S. 578—607.
Die Analyse Scholders ist mangels einer vollständigen Quellenüberlieferung bzw. -verfügbarkeit teilweise auf Rückschlüsse und Interpretationen angewiesen, berücksichtigt aber die Vielschichtigkeit der historischen Umstände. Demgegenüber wollen Repgen und Morsey nicht von einem Junktim zwischen Reichskonkordat und Auflösung der Zentrumspartei sowie der Zustimmung des Zentrums zum Ermächtigungsgesetz ausgehen, solange ein schlüssiger Quellenbeweis fehle. (Vgl. Rudolf Morsey, *Der Untergang des politischen Katholizismus. Die Zentrumspartei zwischen christlichem Selbstverständnis und ,,Nationaler Erhebung" 1932/ 33*, Stuttgart/Zürich 1977, S. 207). Die Entwicklung in Rom und Berlin verlief ihrer Ansicht nach ,,doppelsträngig" und ohne inneren Zusammenhang. Doch bleiben auch diese Darstellungen letztlich hypothetisch. — Ein Teil der katholischen Historiographie entlastet Kaas von jedem Vorwurf im Zusammenhang mit den Ereignissen des Jahres 1933, so z. B. Becker, Ende (Anm. 10), S. 345 ff. —
Der Kern der Kontroverse, auf deren Details hier nicht weiter einzugehen ist, spitzt sich auf den Zeitpunkt zu, zu dem die Reichskonkordatsverhandlungen ins Gespräch kamen: vor oder nach der Zustimmung des Zentrums zum Ermächtigungsgesetz. Repgen, den Scholders Schlüsse nicht überzeugen, ist der Auffassung, die Zentrumsfraktion habe dem Ermächtigungsgesetz unabhängig von den Wünschen Roms zugestimmt. Papen und Hitler hätten die Initiative zum Reichskonkordatsplan ergriffen und Kaas habe erst am 8. April 1933 von der Offerte erfahren, als er zusammen mit von Papen im D-Zug Brenner/Rom gefahren sei. (Vgl. Konrad Repgen, Pius XI. zwischen Stalin, Mussolini und Hitler. Zur vatikanischen Konkordatspolitik in der Zwischenkriegszeit, in: *apuz* B 39/79, 29. 9. 1979, S. 10 ff.) Dieser Kontroverse ist — bei unveränderter Aktenlage — nichts hinzuzufügen, zumal die harten Fakten und deren historisch-politische Wirkungen unstrittig sind. Es geht dabei nicht um eine neuaufgelegte ,,Dolchstoßlegende" bzw. Verschwörungstheorie oder deren Zurückweisung, sondern um eine nüchterne Bestandsaufnahme des Wirkungszusammenhangs, die freilich angesichts der unbefriedigenden Aktenlage quellenkritisch evident Erwiesenes mit hypothetischen Schlußfolgerungen verbinden muß. — Vgl. Schulz, Kontroversen, S. 604.

Die Symbiose zwischen einem autoritär-faschistischen Staat und einer autoritären Kirche hatte Kaas schon 1932 mit Blick auf die Lateranverträge zwischen dem faschistischen Italien und dem Vatikan sehr positiv beurteilt[12]. Im historischen Kontext der Ereignisse lassen sich denn auch Motive erschließen, die den Zentrumsvorsitzenden bewogen haben mögen darauf hinzuwirken, daß seine Fraktion dem Ermächtigungsgesetz zustimmte. Vergegenwärtigt man sich die politische Biographie Kaas', seine enge Zusammenarbeit mit Pacelli in den Konkordatsverhandlungen seit 1920, seinen persönlichen Einsatz für das Zustandekommen des Reichskonkordats, so kann man mit Scholder[13] zur – freilich nicht zweifelsfrei beweisbaren – Einschätzung gelangen, daß es für Kaas seit den Märzwahlen 1933, die bereits unter bürgerkriegsähnlichen Zuständen stattfanden, keinen Loyalitätskonflikt zwischen seiner Rolle als einem hierarchiegebundenen Kirchenmann und der eines der Weimarer Republik verpflichteten Zentrumspolitikers mehr gegeben hat. Der Schluß liegt nahe, daß Kaas nach dem Wahlsieg der Rechtsparteien am 5. März und den zunehmend eingeschränkten Wirkungsmöglichkeiten der Zentrumspartei danach trachtete, im Interesse einer langfristigen Strategie der katholischen Kirche die durch die Machtübernahme Hitlers entstandene historische Situation zu nutzen, um die kurialen Konkordatspläne zu verwirklichen – auch wenn dies die Auflösung der Zentrumspartei bedeutete.

Das Verhalten eines Teils der Zentrumsführung[14] läßt in der Tat die Vermutung zu, daß sie der – zweifelhaften – Absicherung klerikaler Interessen durch ein autoritär-terroristisches Regime eine Priorität vor dem verfassungsmäßigen Schutz ihrer

---

12 Vgl. Ludwig Kaas, Der Kondordatstyp des faschistischen Italiens, in: *Zeitschrift für ausländisches öffentliches Recht und Völkerrecht*, Bd. 3, 1 (1933), S. 488–522, zit. nach Scholder, *Kirchen* (Anm. 1), S. 780, Anm. 45. Zur Bewertung vgl. ebd., S. 209 ff.; ders., Paradigma (Anm. 11); Leonore Siegele-Wenschkewitz, *Nationalsozialismus und Kirchen*, Düsseldorf 1972, S. 105 f. – Nach Schulz, Kontroversen (Anm. 11), S. 588, gibt es für eine Annäherung Kaas' an Hitler keinen Beleg; vgl. auch ebd., S. 596.
13 Vgl. Scholder, *Kirchen* (Anm. 1), S. 193 f., 309 f., 315. Zur Einschätzung von Kaas vgl. auch Plum, *Gesellschaftsstruktur* (Anm. 4), S. 202; Ludwig Volk, *Das Reichskonkordat vom 20. Juli 1933. Von den Ansätzen in der Weimarer Republik bis zur Ratifizierung am 10. September 1933* (Veröffentlichungen der Kommission für Zeitgeschichte, Reihe B, Bd. 5), Mainz 1972, S. 201–210.
14 Zur Gruppe der Opponenten, die sich in einer Probeabstimmung in der Reichstagsfraktion gegen das Ermächtigungsgesetz aussprachen, gehörten: Brüning, Joos, Bolz, Wirth, Bockius, Dessauer, Ersing, Fahrenbrach, Imbusch, Christine Teusch, Helene Weber, Kaiser, Schauff und H.-J. Schmitt. Sie unterwarfen sich jedoch der Fraktionsdisziplin. Vgl. Morsey, *Untergang* (Anm. 11), S. 140. Zu den Differenzen zwischen Kaas und Brüning vgl. ebd., S. 148 f. Zu den Verhandlungen zwischen Zentrumsfraktion und Hitlerregierung im März 1933 im Vorfeld der Abstimmung über das Ermächtigungsgesetz vgl. *Das Ermächtigungsgesetz vom 24. März 1933*, bearb. u. hrsg. v. Rudolf Morsey, Göttingen 1968. Die veröffentlichten Dokumente belegen, daß die Zentrumsvertreter (Kaas, Stegerwald, Hackelsberger) besonderen Wert auf Garantien legten, die sie freilich nicht schriftlich zugesichert erhielten: Übernahme der Zentrumsbeamten, Gewährleistung der richterlichen Unabhängigkeit, das Fortbestehen der Länder, Nichtanwendung des Ermächtigungsgesetzes auf kulturpolitische Fragen u. a. m. Vgl. ebd., S. 26 ff.; Morsey, *Untergang* (Anm. 4), S. 131. Schwer nachzuvollziehen ist eine zusätzliche Erklärung für die Zustimmung der Zentrumsfraktion zum Ermächtigungsgesetz: Sie habe den 94 sozialdemokratischen Abgeordneten, die dagegen stimmten, Schutz geboten. Vgl. ebd., S. 144.

politischen Aktionsmöglichkeiten einräumte. Dadurch setzte sie faktisch die Zentrumspartei aufs Spiel und nahm letztendlich auch die systematische Zerstörung der Weimarer Republik durch die Rechtsparteien in Kauf. Im Unterschied dazu hatte Windthorsts Taktik — in einer für die Partei ebenfalls existentiellen Konfliktsituation — im Septennatsstreit 1886/87 gerade die politische Autonomie des Zentrums behauptet (ohne freilich dessen Loyalität zur Kirche aufzukündigen) und damit die Grundvoraussetzung seiner politisch-parlamentarischen Existenz erhalten. Auch unter diesem Aspekt ist es kein Zufall, daß nach dem Zusammenbruch des NS-Regimes niemand aus der Zentrumsführung des Jahres 1933 den Anspruch auf eine geradlinige Fortsetzung der Parteigeschichte erhob. Zu tief war hier offensichtlich das Bewußtsein des politischen Versagens, wenngleich diese Einsicht nicht offengelegt wurde.

3.2 Das Umschwenken des deutschen Episkopats

Obwohl die Kurie mit ihrer Konkordatspolitik und wegen des von ihr als zentrale politische Aufgabe bezeichneten Kampfes gegen den Bolschewismus einer Aussöhnung mit dem italienischen Faschismus zugestimmt hatte und schon 1932 auch gegenüber der NSDAP Verständigungsbereitschaft erkennen ließ, behielten die deutschen Bischöfe bis zum März 1933 ihre — 1932 in Fulda noch einmal bekräftigte — Zurückhaltung bei. Der Nationalsozialismus war nach ihrer Auffassung eine andere Form der Religionsfeindlichkeit bzw. des Bolschewismus unter nationalem Vorzeichen. Durch die Regierungserklärung Hitlers und das Ermächtigungsgesetz am 23. März 1933 geriet der Episkopat jedoch unter erheblichen Druck, denn nun versprach Hitler als Reichskanzler Zusicherungen, die er in seiner Eigenschaft als Parteiführer zuvor noch verweigert hatte (Anerkennung der Länderkonkordate, gute Beziehungen zum Hl. Stuhl u. a. m.). Pfarrklerus, Leiter von katholischen Organisationen, katholische Politiker, Publizisten und vor allem die Beamten drängten ohnehin seit längerem nach konkreten Handlungsanweisungen und präzisen Auskünften über das Fortbestehen oder die Aufhebung der kirchlichen Sanktionen gegen die NSDAP. Allerdings überraschte die geradezu ,,panische" Eile, in der der Vorsitzende der Fuldaer Bischofskonferenz, Kardinal Bertram, seine Kundgebung vom 28. März 1933 abfaßte, zumal diese die kirchlichen Verbote zurücknahm und als Aufforderung an die Gläubigen verstanden werden mußte, die ,,rechtmäßige Obrigkeit" des NS-Regimes anzuerkennen[15].

---

15 Zur Entstehung der Erklärung vgl. Ludwig Volk, Zur Kundgebung des deutschen Episkopats vom 28. März 1933, in: *Stimmen der Zeit*, 173 (1963/64), S. 431—456; Scholder, *Kirchen* (Anm. 1), S. 317 ff.; Morsey, *Untergang* (Anm. 11), S. 121, 154. — Die Beurteilung der Erklärung des Vorsitzenden der Fuldaer Bischofskonferenz, der sich später der Vorsitzende der Freisinger Bischofskonferenz, Kardinal Faulhaber, anschloß, ist kontrovers. Umstritten ist, ob die Veränderung der kirchlichen Positionen gegenüber dem Nationalsozialismus als ein taktischer Schachzug zur Absicherung religiöser Belange gemeint war, mit dem die schlimmsten Verfolgungen der katholischen Religionsgemeinschaft abgewendet werden soll-

Wie Böckenförde urteilt, kommt dieser bischöflichen Kundgebung eine „grundsätzliche Bedeutung" zu, denn mit ihr wurde das Ermächtigungsgesetz „auch ‚geistlich' legitimiert und einer politischen Opposition der Katholiken gegen das neue Regime der innere Rückhalt entzogen"[16]. Die Zustimmung, die die Bischöfe dann auch in ihrem in Fulda am 30. Mai/1. Juni 1933 beschlossenen Hirtenbrief zum Ausdruck brachten, ist − so Günter Plum − indes nicht darauf zurückzuführen, daß der Episkopat seine bisher zur NS-Ideologie geäußerten Vorbehalte aufgegeben hätte. Vielmehr spricht einiges dafür, daß die Bischöfe „*trotz* der berechtigten Befürchtungen und angesichts einer alle Versprechungen widerlegenden Praxis" im März und Juni 1933 einen *modus vivendi* mit dem NS-Staat für möglich hielten, weil sie zumindest in den Grundlinien eine partielle Übereinstimmung zwischen der naturrechtlichen Staatsauffassung und der nationalsozialistischen Staatsideologie zu erkennen glaubten[17]. Die Betonung der Staatsautorität, das Postulat der organischen Gliederung der Gesellschaft, der Vorrang des Allgemeinwohls vor dem Interesse des Individuums waren zentrale Elemente des naturrechtlichen Denkens, dessen Begrifflichkeit dem NS-Regime in seiner Konsolidierungsphase nichts entgegensetzte, sondern seine Stabilisierung noch befördern half. Plum kommt deshalb m. E. zu Recht zu dem Schluß, daß die katholische Kirche als Institution − 1933 vor die Entscheidung für einen demokratischen oder für einen autoritären Staat gestellt − für die autoritäre Variante optiert habe. Zwar hatte die Kirche in der Wahl der Mittel oft Flexibilität bewiesen und auch die Formen der Demokratie zu nutzen verstanden. 1933 jedoch tendierte die römisch-katholische Kirche, die sich in ihrer 2000-jährigen Geschichte zu einem hierarchisch-autoritären Gebilde ausgeformt hatte, dazu, sich an Gesellschaftsauffassungen und Staatsformen anzupassen, die ihren eigenen Ordnungsvorstellungen und ihrem zentralistischen Aufbau wesensverwandter waren als die Demokratie. Bis zum Spätherbst 1933 versuchte sich daher der kirchenamtliche Katholizismus mit dem NS-Regime zu arrangieren.

Auf die Analogie der politischen Konstellation, in der sich das Zentrum im Jahre 1933 befand, mit dem strukturell ähnlich gelagerten Septennatskonflikt ist bereits

---

Fortsetzung Fußnote 15

  ten, oder ob die veränderte Einstellung Resultat einer folgenreichen Fehleinschätzung der
  Möglichkeiten eines katholisch-kirchlichen Arrangements mit einem erklärtermaßen antidemokratischen System oder schlicht der Versuch war, die zum Nationalsozialismus hin tendierenden Anhänger der katholischen Kirche nicht zu verlieren. Zu diesen Fragen liegt von katholischer Seite eine reichhaltige, teilweise apologetische Literatur vor. Vgl. dazu Plum, *Gesellschaftsstruktur* (Anm. 4), S. 167 f.; Scholder, *Kirchen* (Anm. 1), S. 317 ff.; Ernst Deuerlein, *Der deutsche Katholizismus 1933*, Osnabrück 1963, S. 145 ff.; Ulrich von Hehl, *Katholische Kirche und Nationalsozialismus im Erzbistum Köln 1933−1945 (Veröffentlichungen der Kommission für Zeitgeschichte, Reihe B, Bd. 23)*, Mainz 1977, S. 32−37, 251−253.
16 Böckenförde, *Katholizismus* (Anm. 8), S. 322 f.; vgl. auch Scholder, *Kirchen* (Anm. 1), S. 320, der hier auch kritische Stimmen aus dem Jahr 1933 erwähnt.
17 Plum, *Gesellschaftsstruktur* (Anm. 4), S. 171, S. 265, Anm. 98. Gegen die „Affinitätsthese" wenden sich Becker, *Ende* (Anm. 10), S. 351; Repgen, *Machtergreifung* (Anm. 4), S. 25. Repgen (ebd., S. 23) sieht andererseits die „gefährliche Linie" einer Politik der „Koexistenz zwischen Katholizismus und Nationalsozialismus" bis Ende 1933.

hingewiesen worden. Vor dem Abschluß des Ermächtigungsgesetzes setzte die NS-Presse — ebenso wie das vor der Abstimmung über das Septennat die der Bismarck-schen Politik verpflichtete Presse getan hatte — alles daran, in der Öffentlichkeit den Eindruck entstehen zu lassen, als sei über die Zentrumspartei hinweg eine Einigung zwischen NSDAP und Vatikan möglich[18], die die langersehnten Wünsche der Katholiken endlich verwirkliche; damit war zugleich das Interesse vieler Katholiken angesprochen, die beim „nationalen Aufbruch" nicht abseits stehen wollten. Diesen Zersetzungsprozeß der Zentrumspartei, die 1933 kein festgefügter Turm mehr war, sondern nur noch ein Sammelbecken von Interessengruppen darstellte, hat Rudolf Morsey anschaulich beschrieben[19]. Die Aussicht auf die Realisierung der von der Kurie verfolgten Konkordatspläne, die damit wie immer in Zusammenhang stehende Zustimmung der Reichstagsfraktion des Zentrums zum Ermächtigungsgesetz und endlich der Umschwung des deutschen Episkopats schufen zudem ein politisch-psychologisches Klima, das die Partei schneller in die Agonie führte als den vatikanischen Unterhändlern lieb sein konnte; denn ihre Position in den Konkordatsverhandlungen wurde durch den Niedergang der Zentrumspartei und die Aufhebung der bischöflichen Sanktionen geschwächt. Kurie und Bischöfen war jetzt im Interesse des Verbandsschutzes für die katholischen Organisationen an einem schnellen Verhandlungsabschluß und der Ratifizierung des Reichskonkordats gelegen; sie waren nicht mehr in der Lage, Bedingungen zu stellen oder Sicherheitsgarantien einzufordern. Von den römischen Verhandlungen wurde auch das Zentrum überrollt[20].

18 Vgl. Morsey, *Untergang* (Anm. 11), S. 122 f.: Der „Völkische Beobachter" erschien am 15. März 1933 mit der Schlagzeile: „Der Vatikan gegen die Zentrumspolitik". In der KVZ vom 17. März 1933 wies (vermutlich) Kaas ebenfalls auf die historische Parallele hin, wobei er zeitgemäßere Lösungsmöglichkeiten andeutete.
19 Vgl. Morsey, *Untergang* (Anm. 1); s. auch Detlef Junker, *Die deutsche Zentrumspartei und Hitler 1932/33. Ein Beitrag zur Problematik des politischen Katholizismus in Deutschland* (*Stuttgarter Beiträge zur Geschichte und Politik*, Bd. 4), Stuttgart 1969.
20 Während der Schlußverhandlungen über das Konkordat ging man in Rom davon aus, daß der Untergang von Zentrum und BVP so gut wie entschieden war. Vgl. Ludwig Volk, Die Fuldaer Bischofskonferenz von Hitlers Machtergreifung bis zur Enzyklika „Mit brennender Sorge", in: *Katholische Kirche* (Anm. 4), S. 35–65, hier S. 40; Konrad Repgen, Vatikanische Strategie (Anm. 11), S. 512. — Zu den Konkordatsverhandlungen und ihren Rückwirkungen auf das Zentrum vgl. Robert Leiber SJ, Reichskonkordat und Ende der Zentrumspartei, in: *Stimmen der Zeit*, 167 (1960/61), S. 213–223; Plum, *Gesellschaftsstruktur* (Anm. 4), S. 201; Morsey, *Untergang* (Anm. 11), S. 195. Pacelli drückte sein Mißfallen darüber aus, daß die Bischöfe Hitler zu schnell entgegengekommen seien. — Repgen, Vatikanische Strategie (Anm. 11), S. 521, unterscheidet drei „Parteien" im Vatikan, deren Positionen zur Konkordatsofferte nicht auf einen Nenner gebracht werden konnten: (1) Ablehnung wegen unversöhnlicher weltanschaulicher Gegensätze von katholischer Kirche und NS-Staat und aus Furcht vor den politisch-psychologischen Folgen; (2) Zustimmung, um die zu erwartende Verfolgung der Kirche abzuschwächen und eine „moralische Kraftquelle" aus der Bereitschaft zur friedlichen Einigung zu ziehen; (3) eine Zwischenposition, die Verhandlungen nicht ablehnen wollte, aber auf Zeitgewinn arbeitete. Diese dritte Gruppe, zu der Repgen Pacelli und Robert Leiber rechnet, habe im Konkordat die Möglichkeit gesehen, den Machtbereich der Kirche juridisch, also durch vertragliche Vereinbarungen, zu erweitern. Falls Hitler den Vertrag brechen würde, könnte die Kirche dem NS-Regime einen Schlag versetzen, wenn sie das Konkordat kündigte. Dazu kam es freilich nicht. Die Kurie verhandelte — so Repgen — entsprechend der Kompromißstrategie „ohne Drängen und Abschlußwillen", geriet

Katholische Historiker haben festgestellt, daß das Zentrum weniger an der Inter-
essenorientierung der katholischen Kirche als an seiner inneren Schwäche zerbrochen sei. Insofern habe der Vatikan, wenn überhaupt, etwas geopfert, dessen
Ende ohnehin vorhersehbar gewesen sei. Repgen spitzt diese Argumentation sogar
noch zu: Die parlamentarische Selbstaufgabe der Zentrumspartei durch ihre Zustimmung zum Ermächtigungsgesetz und die Bischofserklärung vom 28. März 1933 hätten es der Kurie geradezu unmöglich gemacht, die Konkordatsofferte von Papens
abzulehnen[21]. Diese Sichtweise vernachlässigt allerdings eine wesentliche Tatsache:
daß nämlich die Haltung des Vatikans den Untergang des Zentrums wenn nicht herbeigeführt, so doch beschleunigt hat. Denn es war absehbar, daß Art. 32 des Konkordats, der den Hl. Stuhl verpflichtete, Geistlichen und Ordensleuten jede parteipolitische Betätigung zu untersagen, dem Zentrum den wirksamsten Integrations-
mechanismus entziehen würde. Über die Intention Hitlers und von Papens, mit Art.
32 nach dem Muster der Lateranverträge die Entklerikalisierung des Zentrums zu
erreichen und ihm damit den Todesstoß zu versetzen, gab es damals keine Illusionen. Zwar erzwang, wie Becker feststellt[22], die Einparteienherrschaft der NSDAP
die Auflösung der Zentrumspartei ebenso wie die aller anderen Parteien. Doch
bleibt ein — auch für die politische Kultur der nachfaschistischen Ära nicht unbedeutender — Unterschied bestehen: Dem Verbot der Sozialdemokratie, deren Abgeordnete das Ermächtigungsgesetz ablehnten, und der Illegalisierung der KPD, deren Reichstagsmandate annulliert und deren Parlamentarier bereits verhaftet oder
auf der Flucht waren, steht das Ende der Zentrumspartei gegenüber, die ihren Handlungsspielraum freiwillig aufgab. Und zweifellos hat weder dieser Entschluß noch
die Haltung des Vatikans dazu beigetragen, die Widerstandsbereitschaft von Bischöfen und treu katholischem Kirchenvolk zu stärken[23].

Fortsetzung Fußnote 20
    aber dann durch die Gleichschaltungspolitik Hitlers gegenüber den katholischen Verbänden
    unter Druck. Sie schloß das Konkordat ab, ohne ausreichende Sicherungen für die Verbände
    auszuhandeln und obwohl dadurch die Auseinandersetzung der Dollfuß-Regierung mit dem
    Nationalsozialismus erschwert wurde.
21 So beispielsweise Repgen, Pius XI (Anm. 11), S. 18 f. — Repgen betont die positive Seite des
    Art. 32. Er habe nach der Auflösung des Zentrums eine nationalsozialistische Invasion im
    Klerus verhindert. Die Entpolitisierungsklausel sei „eine wertvolle Stärkung der Widerstands-
    kraft des deutschen Katholizismus gegen Hitlers System und Bewegung" gewesen. — Vgl.
    auch Morsey, Untergang (Anm. 11), S. 207: Hitler habe mit dem Reichskonkordat für etwas
    bezahlen müssen, „was er zum Zeitpunkt des Abschlusses bereits erreicht hatte: Das Ver-
    schwinden des politischen Katholizismus". Vgl. auch Repgen, Machtergreifung (Anm. 4),
    S. 21, S. 27 f. — Anders dagegen Schulz, Kontroversen (Anm. 11), S. 587: „Die Parteien
    wurden nicht als Opfer dargebracht; aber Hitler betrachtete sie als das Opfer, das er begehrte,
    und die römischen Verhandlungen gingen über sie hinweg."
22 Vgl. Becker, Ende (Anm. 10), S. 350.
23 Dies räumt auch Klaus Gotto ein; vgl. Die Kanzel den Deppen. Hitlers Vernichtungskampf
    gegen die christlichen Kirchen, in: Die politische Meinung, 29. Jg. (Jan./Febr. 1984), H. 212,
    S. 81. Zum Zusammenhang zwischen dem Ende der Zentrumspartei und dem Reichskonkor-
    dat vgl. auch Junker, Zentrumspartei (Anm. 19), S. 215.

3.3 Die Integrationsbereitschaft der deutschen Katholiken

Ein „spätes Postskriptum hinter den Kulturkampf" hat Hans Maier die Zustimmung des Zentrums zum Ermächtigungsgesetz genannt[24]. Ähnlich argumentiert Becker, wenn er meint, man könne die Politik der Zentrumsführung im Jahre 1933 nicht verstehen „ohne das Trauma des Kulturkampfes, ohne die Befürchtung, daß ein Nein an der Seite der SPD die Konstellation von 1870/71 heraufbeschwören und den deutschen Katholizismus erneut in ein nationales ‚Ghetto' einschließen würde"[25]. Mit seiner Regierungserklärung lud Hitler nun die Kirchen zum Aufbau einer „wirklichen Volksgemeinschaft" ein, und auf diese Aufforderung hatten viele Katholiken schon lange gewartet. Seit 1932 hatte mancherorts bereits eine massenhafte Abwanderung der Katholiken in die NSDAP eingesetzt. Im Frühjahr 1933 verließen auch bisher treue Zentrumsanhänger und Kommunalparlamentarier ihre alte Partei[26]. Viele katholische Beamte drängten schon nach dem Ausgang der Märzwahlen 1933 zur Mitarbeit des Zentrums an einer Regierung der Nationalsozialisten und zum demonstrativen Verzicht auf jegliche Opposition gegen den extremen Rechtskurs; und etliche Zentrumsabgeordnete interessierten sich, als sich die Auflösung des Zentrums abzeichnete, lebhaft für ihre Übernahme als Hospitanten in die NSDAP-Fraktion[27].

1933 schlug auch die Stunde der „nationalen Katholiken". Im April 1933 wurde um Franz von Papen der Bund „Kreuz und Adler" gegründet, dem sich einige Adlige und Akademiker anschlossen, für den sich aber auch Theologen wie Abt Ildefons Herwegen von Maria Laach und Robert Grosche interessierten. Der Bund verstand sich als überparteiliche Organisation von Katholiken und stellte trotz seiner kurzen Lebensdauer einen politischen Kristallisationspunkt derjenigen Kreise des deutschen Katholizismus dar, die von der katholischen Reichsideologie her einen Zugang zum Nationalsozialismus herstellten. Schon im Oktober 1933 wurde dieser Bund wieder aufgelöst und in die „Arbeitsgemeinschaft katholischer Deutscher" übergeführt, die bis 1934 bestand. Die Reichsideologie lebte fortan in einem „politisch verdünnten Raum" weiter als „Theologie des Reiches"[28].

Vizekanzler Franz von Papen, der Unterhändler der NS-Regierung bei den Konkordatsverhandlungen, traf sicherlich eine im katholischen Lager verbreitete Stimmung, als er unmittelbar nach dem Abschluß der Konkordatsverhandlungen auf einer Tagung des Katholischen Akademikerverbandes in Maria Laach am 22. Juli 1933 erklärte, das Konkordat bedeute den endgültigen Abschluß des Kulturkampfs

---

24 Hans Maier, Katholizismus, nationale Bewegung und Demokratie in Deutschland, in: *Hochland*, 57. Jg. (1964/65), S. 330, Neudruck in: ders., *Kirche und Demokratie. Weg und Ziel einer spannungsreichen Partnerschaft*, München 1972, S. 178–196, bes. S. 193.

25 Becker, Ende (Anm. 10), S. 352. – Die Bischöfe hegten offenbar die Befürchtung, das katholische Volk werde einen erneuten Kulturkampf nicht überstehen.

26 Vgl. Scholder, *Kirchen* (Anm. 1), S. 197; Morsey, *Untergang* (Anm. 11), S. 118.

27 Vgl. ebd., S. 162, 197 f.

28 Klaus Breuning, *Die Vision des Reiches. Deutscher Katholizismus zwischen Demokratie und Diktatur (1929–1934)*, München 1969, S. 225 ff.; vgl. auch Waldemar Gurian, *Der Kampf um die Kirche im Dritten Reich*, Luzern 1935, S. 96 f.

in Deutschland. Der Papst habe sich bereit erklärt, „dem Vertragswerk zuzustimmen
... aus der Erkenntnis, daß das neue Deutschland eine entscheidende Schlacht gegen den Bolschewismus und die Gottlosenbewegung geschlagen habe und daß Er
voll Vertrauen in die Zusicherungen des Reichskanzlers sei, die nationale Wiedergeburt auf der alleinigen Grundlage des Christentums durchzuführen"[29]. Selbst
als die Bischöfe in ihrer „Denkschrift an den Führer und Reichskanzler" vom 20.
August 1935 auf die ersten Behinderungen der Religionsfreiheit im NS-Staat hinwiesen, betonten sie noch einmal ausdrücklich die Integrationsbereitschaft der
Katholiken:

> „Es kann unmöglich die Absicht der Staatsregierung sein, mit dem neuen Stichwort vom poli-
> tischen Katholizismus die Katholiken von dem inneren Miterleben der Wende in unserem Volk
> und von dem äußeren Mitwirken in der Staatsgemeinschaft auszuschließen. Erst recht nicht die
> Bischöfe, die den Bischofseid des Reichskonkordats Art. 16 schwören: ‚pflichtgemäß um das
> Wohl und Wehe des deutschen Staatswesens besorgt zu sein'."[30]

Kulturkampfreminiszenzen, die naturrechtliche Staatsauffassung und das unhisto-
rische Gesellschaftsbild des Neothomismus sowie der tradierte Antiliberalismus und
Antisozialismus hatten seit dem Ausgang des 19. Jahrhunderts das Gefüge des politischen Katholizismus ideologisch gefestigt und die Richtung der katholisch-sozialen
Bewegung bestimmt. Autoritativ regulierte, konfessionstypische Ordnungsvorstellungen hatten die katholische Subkultur fast ein Jahrhundert lang vor Einflüssen
der Gesamtgesellschaft abgeschirmt und die schichtspezifisch divergierenden Einzel-
interessen der Katholiken überformt. Daß der politische Katholizismus anfangs gegenüber dem Nationalsozialismus resistent blieb, erklärt M. Rainer Lepsius mit diesem tradierten Anspruch der Katholiken auf ihre „kulturelle Autonomie"[31], anders
gesagt: mit der kollektiv erlebten historischen Erfahrung der sozialen Diskrimini-
rung und kulturellen Isolierung sowie deren psychischer Verarbeitung und Verfe-
stigung als milieubedingte, klassenübergreifende Identifikationsmuster. Erst als die
kirchliche Hierarchie – so Lepsius – die weltanschauliche Immunisierung des katholischen Milieus gegenüber der sich zunehmend zur nationalsozialistischen Volksgemeinschaft uniformierenden Gesamtgesellschaft aufgegeben habe, hätten große
Teile der katholischen Bevölkerung den politischen Zielen der Nationalsozialisten
verfallen können. Denn als das Brechungsmoment der katholisch-kulturellen Autonomie fortfiel, zeigte sich, wie sehr sich insbesondere die Mittelschichtkatholiken
an die Inhalte und den Stil der herrschenden deutschen Politik angepaßt hatten. Der
konfessionelle Proporz, den die Weimarer Reichsverfassung in Aussicht gestellt
hatte, genügte vielen von ihnen nicht; sie sehnten sich nach der völkischen Eingliе-

---

29 Zit. nach Wolfgang Sucker, Der deutsche Katholizismus 1945–1950. Eine Chronik (1. Teil),
in: *Kirchliches Jahrbuch für die evangelische Kirche in Deutschland 1951*, Gütersloh 1952,
S. 296 f.
30 Zit. nach Maria Sevenich, *Gebt dem Kaiser, was des Kaisers ist. Ein Beitrag zur Geschichte
des politischen Katholizismus*, Hamburg 1949, S. 72.
31 M. Rainer Lepsius, *Extremer Nationalismus. Strukturbedingungen vor der nationalsozialistischen Machtergreifung (Veröffentlichungen der Wirtschaftshochschule Mannheim, Bd. 15),*
Stuttgart usw. 1966, S. 31 ff.

derung, die sie nun ganz individuell zu vollziehen bereit waren und woran sie bisher die Reste der Kulturkampftradition gehindert hatten. „Der politisch organisierte Katholizismus zerfiel" — so Lepsius —, als der katholisch-kulturelle Autonomieanspruch auf kirchliche Fragen reduziert wurde und „im Konkordat eine formale Realisierungschance besaß"[32].

3.4 Reichskonkordat und Kirchenkampf

Das Reichskonkordat lastete nach 1945 als eine schwere Hypothek nicht nur auf der katholischen Kirche und der Kurie, sondern vor allem auf der Zentrumspartei bzw. dem gesamten politischen Katholizismus:

- Es war der erste große außenpolitische Erfolg der NS-Regierung. Es symbolisierte eine „Vertrauenskundgebung" des Papstes als einer moralischen Instanz, die auch nach innen das Verhältnis von Millionen Katholiken und Nichtkatholiken zum NS-Regime beeinflußte[33].
- Der Abschluß des Reichskonkordats wurde, wenn ein direkter Zusammenhang auch nicht nachweisbar ist, von vielen Zentrumsanhängern mit dem Ende ihrer traditionsreichen Partei unmittelbar in Verbindung gebracht. Die Zentrumspartei erschien ihnen nunmehr „als zeitbedingte Form politischen Gestaltungswillens und damit ebenso als überlebt wie die ihr angeschlossenen oder nahestehenden Organisationen und Verbände"[34]. (Die Standesorganisationen mußten sich Art. 31 des Konkordats anpassen und ihren Charakter verändern, sofern sie nicht — wie die Christlichen Gewerkschaften — schon im Sommer 1933 gleichgeschaltet wurden.)
- Das Arrangement der Kurie mit dem NS-Regime und ihr Desinteresse am Untergang der Weimarer Republik haben den kirchlich-katholischen Anspruch auf moralische Kompetenz nicht nur in religiösen, sondern auch in den zentralen Bereichen des öffentlichen Lebens bei einem Teil der katholischen Gläubigen weiter relativiert.

Fragt man nach dem Nutzen, den dieser Vertrag der Kirche verschaffte, so bliebe bestenfalls der Zeitgewinn zu nennen, der den katholischen Organisationen, insbesondere der Katholischen Jugend[35] und der Katholischen Arbeiterbewegung (KAB)[36], in den dreißiger Jahren noch einen begrenzten Aktionsspielraum gewähr-

---

32 Ebd., S. 35.
33 Vgl. Sevenich, *Politischer Katholizismus* (Anm. 30), S. 62 ff.
34 Morsey, *Untergang* (Anm. 11), S. 215.
35 Zur Katholischen Jugend vgl. Barbara Schellenberger, *Katholische Jugend und Drittes Reich. Eine Geschichte des Katholischen Jungmännerverbandes 1933–1939 unter besonderer Berücksichtigung der Rheinprovinz (Veröffentlichungen der Kommission für Zeitgeschichte, Reihe B, Bd. 17)*, Mainz 1975; Klaus Gotto, *Die Wochenzeitung Junge Front/Michael. Eine Studie zum katholischen Selbstverständnis und zum Verhalten der jungen Kirche gegenüber dem Nationalsozialismus (Veröffentlichungen der Kommission für Zeitgeschichte*, Reihe B, Bd. 8), Mainz 1970.
36 Zur Katholischen Arbeiterbewegung vgl. Jürgen Aretz, *Katholische Arbeiterbewegung und Nationalsozialismus. Der Verband katholischer Arbeiter- und Knappenvereine Westdeutsch-*

te. Denn das Konkordat blieb, nachdem es seinen propagandistischen Zweck für das NS-Regime erfüllt hatte, angesichts der „kirchenfeindlichen Dynamik der nationalsozialistischen Staatsführung" nur „ein Fetzen Papier"[37]. Schon deshalb, weil sich Kurie, Episkopat und NS-Regierung 1934/35 nicht über die Ausführungsbestimmungen zu Artikel 31 einigen konnten, bot das Reichskonkordat nur eine minimale Schutzfunktion für die katholischen Organisationen, mit deren Existenzsicherung der rasche Abschluß gerechtfertigt worden war. Die Vertreter der katholischen Verbände drängten die Bischöfe daher, offensiver zu verhandeln und ihre Aktionsfelder besser abzusichern.

Aber obwohl sich die Bischöfe inzwischen zunehmend in der Defensive sahen, waren sie in ihrer Mehrzahl noch immer nicht bereit, den Angriffen der Nationalsozialisten auf die katholischen Verbände öffentlich entgegenzutreten. Statt dessen machten sie, um das Konkordat als Ganzes zu retten, in den Verhandlungen über die Jugend- und Standesvereine erhebliche Konzessionen. Innerkirchliche Meinungsverschiedenheiten über die zukünftige Funktion des Verbandskatholizismus hinderten sie daran, eine besser koordinierte Abwehrstrategie zu entwickeln und öffentlich wirksame Proteste gegen NS-Übergriffe zu artikulieren. Sie tendierten eher dazu, die Funktionsbereiche der katholischen Organisationen von sich aus weiter einzuschränken und die Verbandszentralen stärker an die Amtskirche anzubinden. In diese Richtung ging auch der Versuch, die katholischen Arbeitervereine in die Katholische Aktion einzugliedern und damit zu rein religiösen Männervereinen umzufunktionieren. Diese Neudefinition bedeutete für die KAB, die ohnehin auf parteipolitische, politische und gewerkschaftliche Aktivitäten verzichten mußte, eine erhebliche Einschränkung ihrer Eigenständigkeit. Zentrale Bereiche ihrer bisherigen Arbeit (Versicherungswesen, Rechtsberatung usw.) zog überdies die DAF an sich. Durch die systematische Entpolitisierung der KAB, die von der NS-Regierung betrieben und von den Bischöfen weitgehend unwidersprochen hingenommen wurde, verlor jedoch die KAB-Verbandszentrale zunehmend den Rückhalt, den sie auch für eine reduzierte Weiterarbeit dringend gebraucht hätte. So erschien den Präsides und Verbandsführern ihre Arbeit angesichts der mangelnden kirchlichen Unterstützung allmählich als „Martyrium ohne Auftrag"[38].

Ebensowenig wie den katholischen Arbeitern boten die Konkordatsvereinbarungen den katholischen Jugendverbänden einen ausreichenden Schutz. Bereits am 1.

Fortsetzung Fußnote 36
  lands 1923–1945 (*Veröffentlichungen der Kommission für Zeitgeschichte*, Reihe B, Bd. 25), Mainz 1978; Franz Prinz SJ, *Kirche und Arbeiterschaft — gestern — heute — morgen*, München/Wien 1974, S. 210 ff.
37 Sucker, Katholizismus (Anm. 29), S. 297.
38 Aretz, *Arbeiterbewegung* (Anm. 36), S. 169 ff. — Die Formulierung stammt aus einer Denkschrift, die von den Verbandsführern der kirchlichen Verbände der Bischofskonferenz übergeben wurde. Sie ging vor allem auf die Lage der Jugendverbände ein, die neben den katholischen Arbeitervereinen besonders harten Pressionen ausgesetzt waren. Zum Vertrauensschwund in den katholischen Verbänden vgl. Volk, Bischofskonferenz (Anm. 20), S. 54 f., 45; zum mangelnden Einsatz der Bischöfe für die Belange der KAB vgl. auch Aretz, ebd., S. 133 f., 168 ff., 179, 187 f., 189 ff.; zur KAB vgl. außerdem Prinz, *Arbeiterschaft* (Anm. 36), S. 212 f., 217 f.

Juli 1933 versuchte die Gestapo, die katholischen Jugendorganisationen, die sie als Unter- bzw. Hilfsorgane der Zentrumspartei bezeichnete, gleichzuschalten[39]. Noch während der Konkordatsverhandlungen waren die katholischen Jugendgruppen auf lokaler Ebene ständigen Angriffen unterer Parteiinstanzen ausgesetzt. Diese Taktik der NS-Regierung, die einerseits der institutionellen Kirche zeitweilig Verhandlungsbereitschaft signalisierte und andererseits die Laien durch physischen Terror einschüchterte, hatte einen doppelt negativen Effekt: Sie setzte zunächst die Konkordatsverhandlungen unter Zeitdruck, denn von deren Abschluß erhofften sich Bischöfe und Kurie rechtliche Garantien. (Tatsächlich verfügte Hitler denn auch nach der Paraphierung des Konkordats die Aufhebung der am 1. Juli 1933 angeordneten Zwangsmaßnahmen[40].) Längerfristig trennte diese Taktik der NS-Regierung aber die Amtskirche von den individuell bedrängten und zur Verteidigung der minimalen Rechte ihrer Organisationen entschlossenen Laien. Denn um die schleppenden Verhandlungen über die Ausführungsbestimmungen zum Art. 31, der die Funktionsbestimmung und die Organisationsfreiheit der katholischen Vereine festlegte, nicht zu erschweren, vermieden die Bischöfe alle öffentlichkeitswirksamen Maßnahmen, mit denen sie den Abwehrversuchen der katholischen Laien nach außen hin demonstrativ hätten Rückhalt geben können[41]. Die Bischöfe bestimmten so in der Phase 1933–1935/36 die Grenzlinie des kirchlichen Widerstandes mit der Maßgabe, die Folgeverhandlungen zu Art. 31 nicht zu beeinträchtigen, obwohl seit spätestens 1934 absehbar war, daß eine beiderseitige „Befriedungsaktion" nicht mehr möglich war und die Repressionen sich verschärften[42]. Der Vorsitzende der Fuldaer Bischofskonferenz, Kardinal Bertram, stoppte schon im Ansatz jeden Versuch seiner Mitbrüder, die katholische Öffentlichkeit – etwa durch deutliche und auf die aktuelle Situation bezogene Hirtenworte – zu mobilisieren. Er verfolgte statt dessen unbeirrt eine dem Kirchenvolk nicht vermittelte Politik der schriftlichen Eingaben, um auf diese Weise den Bruch mit dem NS-Regime zu vermeiden.

39 Vgl. Schellenberger, *Jugend* (Anm. 35), S. 36; Plum, *Gesellschaftsstruktur* (Anm. 4), S. 209.
40 Vgl. oben, Anm. 20.
41 Carl Amery nennt Opfer des katholischen Laien-Widerstandes, die von der katholischen Kirche keine Unterstützung erfuhren: den Redakteur des „Geraden Weg", Fritz Gerlich, der sofort nach der Machtergreifung verhaftet und umgebracht wurde; die Mitglieder des katholischen Friedensbundes, die katholischen Kriegsdienstverweigerer P. Max Josef Metzger und Jägerstetter (vgl. Carl Amery, *Die Kapitulation oder Deutscher Katholizismus heute*, Reinbek 1963, S. 38 ff.). Vgl. auch Schellenberger (*Jugend* [Anm. 35], S. 137 ff.) zur Ermordung des Reichsführers der Deutschen Jugendkraft (DJK), Adalbert Probst, im Zusammenhang mit dem sog. Röhm-Putsch 1934. Auch hier sich die Bischöfe nicht, wie es die DJK-Führung für notwendig gehalten hätte, für den Fortbestand der katholischen Sportorganisation oder für die Aufklärung der Ermordung von Probst ein, der – so die Gestapo – „auf der Flucht" erschossen worden sei. Ferner wurden 1934 Führungsmitglieder des katholischen „Quickborn", z. B. Prof. Alois Grimm, erschossen, ohne daß dies die offiziellen kirchlichen Institutionen zu öffentlichem Protest veranlaßte (s. Walter Laqueur, *Die Deutsche Jugendbewegung. Eine historische Studie*, Köln 1978, S. 233 ff.).
42 Vgl. Schellenberger, *Jugend* (Anm. 35), S. 52. – Die Verhandlungen gerieten immer wieder bei denselben Punkten ins Stocken: bei der Liste der konkordatsgeschützten Verbände, der Stellung der Verbandszentralen, dem Doppelmitgliedschaftsverbot (in katholischen Jugendverbänden und HJ bzw. DAF), dem Recht zum öffentlichen Auftreten, der Versammlungsfreiheit und der Mitgliederwerbung.

Die Widerstandsaktionen katholischer Christen, die nach 1945 zum Ruf der katholischen Kirche als Märtyrerkirche beitrugen, blieben, als sie den kirchlichen Schutz am nötigsten gebraucht hätten, meist ohne offizielle, kirchlich-katholische Unterstützung[43], weil die Kirche den Rahmen, den das Reichskonkordat absichern sollte, von sich aus auf keinen Fall gefährden wollte.

So blockierten also die Zwänge der Konkordatspolitik den aktiven katholischen Widerstand besonders in den Jahren der Konsolidierung des NS-Regimes und isolierten die wenigen militanten katholischen Antifaschisten von der Mehrheit ihrer Glaubensgenossen. Das Konkordat bot in immer geringerem Maße eine Grundlage dafür, die kirchlich-katholischen Interessen zu behaupten und garantierte seit Mitte der dreißiger Jahre allenfalls einen „Schwebezustand[44], in dem die Rechtspositionen der Kirche zunehmend fraglicher wurden. Die unschlüssige Verhandlungsführung des deutschen Episkopats, die auch in Rom keinen Anklang fand, resultierte aus der Unfähigkeit der Fuldaer Bischofskonferenz, ihre Meinungsverschiedenheiten über die bessere Abwehrstrategie auszudiskutieren und sich auf ein gemeinsames entschlossenes Vorgehen zu einigen[45]. Wie schwer hier ein Konsens zu finden war, zeigt sich z. B. daran, daß zwei der mit dem Kontakt zur NS-Regierung beauftragten Bischöfe, der Freiburger Erzbischof Gröber und der Osnabrücker Bischof Berning, anfangs durchaus mit Teilzielen der NS-Politik sympathisierten[46]. Kardinal Bertram hielt es bis 1944, gegen den Willen anderer Bischöfe, für

---

43 Vgl. Anm. 41; Beispiele aus dem weitgehend ungeschützten katholischen Jugendwiderstand auch bei Arno Klönne, *Gegen den Strom. Ein Bericht über die Jugendopposition gegen den Hitler-Faschismus*, hrsg. v. Hessischen Jugendring, Frankfurt a. M. ²1978, S. 70 ff.; vgl. auch „Aus der Geschichte lernen 1933–1983", in: *Jugendpolitik*, H. 1, März 1983, S. 15 ff.; *Wir „Hoch- und Landesverräter". Antifaschistischer Widerstand in Oberhausen. Ein Lesebuch*, Oberhausen 1983, 7. Kap., S. 170 ff.; Hermann Friese, *Ein Bürger und seine Stadt*, Bd. 2: *Gedanken und Beiträge zu den Ereignissen im Emsland nach 1933*, Meppen 1983, S. 111 ff.
44 Schellenberger, *Jugend* (Anm. 35), S. 53.
45 Neuere Forschungsergebnisse zeigen Versäumnisse und mangelndes Stehvermögen des deutschen Episkopats in der Verhandlungsführung mit den Nationalsozialisten auf. Zur Kritik am Episkopat vgl. Ludwig Volk, Bischofskonferenz (Anm. 20); ders., Die Fuldaer Bischofskonferenz von der Enzyklika „Mit brennender Sorge" bis zum Ende der NS-Herrschaft, in: *Katholische Kirche* (Anm. 4), S. 66–102. Volk formulierte diese Kritik auch auf dem 86. Katholikentag 1980 in Berlin (vgl. „*Christi Liebe ist stärker*", Paderborn 1980, S. 508). Ein Porträt der Bischöfe, die den Anpassungskurs nicht mittrugen, gibt Volk in: *Zeitgeschichte in Lebensbildern. Aus dem deutschen Katholizismus des 20. Jahrhunderts*, Bd. 2, hrsg. v. Rudolf Morsey, Mainz 1975, S. 88–100 (Konrad Kardinal von Preysing, 1880–1950; Michael Kardinal von Faulhaber, 1869–1952); vgl. außerdem Rudolf Morsey, Clemens August Kardinal von Galen (1878–1946), ebd., S. 37–47.
46 Der Freiburger Erzbischof Gröber sprach sich im März 1934 für die Eingliederung der katholischen Jugend in die Hitlerjugend aus. Die katholischen Organisationen sollten aber nicht vollständig aufgelöst werden, sondern „Führerschulen für die katholische Hitlerjugend bilden". Vgl. Schellenberger, *Jugend* (Anm. 35), S. 45, Anm. 106. – Der Osnabrücker Bischof Berning trug seit Juli 1933 als Preußischer Staatsrat Mitverantwortung für die nationalsozialistische Schul- und Kulturpolitik (vgl. ebd., S. 39, Anm. 61). – Zur Verhandlungsführung des Episkopats über den Vorschlag, die katholischen Jugendverbände den nationalsozialistischen Jugendorganisationen zu unterstellen vgl. ferner *Akten deutscher Bischöfe über die Lage der Kirche 1933–1945*, Bd. 1: *1933–1934*, bearb. v. Bernhard Stasiewski (*Veröffentlichungen der Kommission für Zeitgeschichte*, Reihe A, Bd. 5), Mainz 1968, S. 508 ff. (Dok. 122, 124), S. 612 f. (Dok. 138). – Vgl. auch *Volksstimme*, Nr. 13, 31. 1.

richtig, Adolf Hitler zum Geburtstag zu gratulieren. Er setzte, wie Berning, Schulte und Buchberger, auf die Kompromißstrategie. Demgegenüber plädierten der deutschnational gesonnene von Galen, der rechtskonservative bayerische Monarchist Faulhaber, der inzwischen vom Anhänger zum Kritiker der NS-Regierung gewandelte Gröber und vor allem von Preysing, der von Anfang an jedes Zugeständnis an die Nationalsozialisten für falsch gehalten hatte, für ein offensiveres, Massenreaktionen auslösendes Vorgehen. Sie setzten sich aber auch in der seit 1941 verschärften Phase des Kirchenkampfes nicht gegen ihren Vorsitzenden durch, und so gelang es ihnen bis zum Kriegsende nicht, das Führungsproblem in der Fuldaer Bischofskonferenz in ihrem Sinne zu lösen.

Nicht allein den deutschen Bischöfen anzulasten ist ein Geburtsfehler der Konkordatspolitik, nämlich der, daß die kurialen Kirchenvertreter 1933 das Reichskonkordat ratifizierten und mit „blindem Vertrauensvorschuß" gegenüber der NS-Regierung darauf verzichteten, den Verbandskatholizismus besser abzusichern[47]. Aus diesen Erfahrungen in der NS-Ära erklärt sich auch das Mißtrauen, das nach dem Zweiten Weltkrieg in der Diskussion über die Organisation der katholischen Laien bzw. über das Verhältnis von katholischem Verbandswesen und Amtskirche vorübergehend eine Rolle spielte. So wurde die Entpolitisierung der Verbände kritisiert und die Vermutung geäußert, der Bedeutungsverlust der Verbandszentralen, deren Macht und Autonomie der Amtskirche unbequem geworden sei, habe durchaus in deren Interesse gelegen[48]. Eine der Vorkriegszeit vergleichbare Vielfalt und Stärke des katholischen Verbandslebens ist im deutschen Katholizismus nach 1945 nicht mehr erreicht worden.

1937 konnte die kirchen- und religionsfeindliche Politik der NS-Regierung nicht mehr ignoriert werden; und angesichts des Quietismus der Fuldaer Bischofskonferenz sah sich Pius XI. nun veranlaßt, von Rom aus die Öffentlichkeit über die Meinung der katholischen Kirche aufzuklären. In der Enzyklika „Mit brennender Sor-

---

Fortsetzung Fußnote 46
1949. Nach dem Bericht von Wilhelm Karl Gerst sangen fünf Bischöfe bei einer Tagung auslandsdeutscher Katholiken 1938 in Frankfurt mit Hitler-Gruß das Horst-Wessel-Lied.

47 Schellenberger, *Jugend* (Anm. 35), S. 41 f., Anm. 75, S. 55. — Hintergrund dieses Vertrauens war wohl die Überzeugung, das NS-Regime könne auf Dauer nicht ohne die Kirchen auskommen und werde sich schließlich mit ihnen einigen. Anlaß zu derartigen Vermutungen gab z. B. ein Handschreiben Hitlers vom 28. April 1933 an Kardinal Bertram. Darin hieß es: „Die nationalsozialistische Bewegung hat keinen sehnlicheren Wunsch als den, es möchten doch die beiden Kirchen dem Kampf zur Niederzwingung des Bolschewismus und der Wiederherstellung einer wirklichen Autorität sowie der Stärkung und Festigung unseres gesamten Lebens ein gütiges Verstehen entgegenbringen." (Zit. nach Bertram an Kerrl, 27. 4. 1937, in: *Mit Brennender Sorge. Das päpstliche Rundschreiben gegen den Nationalsozialismus und seine Folgen in Deutschland*, hrsg. v. Simon Wirt, Freiburg 1945, S. 39 f.)

48 Vgl. Aretz, *Arbeiterbewegung* (Anm. 36), S. 91, 104, 138; vgl. auch Hermann Joseph Schmitt, Denkschrift zur Lage des „sozialen Katholizismus" in Deutschland nach 1945 insbesondere zur „Arbeiterseelsorge", vorgelegt auf der Plenarkonferenz der deutschen Bischöfe zu Fulda 1947, in: *Texte zur katholischen Soziallehre II. Dokumente zur Geschichte des Verhältnisses von Kirche und Arbeiterschaft am Beispiel der Katholischen Arbeitnehmer-Bewegung (KAB) Deutschlands*, Kevelaer 1976, Bd. 2, S. 1118.

ge"[49] wandte er sich gegen die NS-Ideologie, insbesondere gegen Rassenkult und Neuheidentum. Er zeigte sich beunruhigt über die zunehmenden Kirchenaustritte, über die wachsende Einflußnahme der NSDAP auf die Erziehung der Jugend, d. h. über die immer stärker in den Hintergrund gedrängte katholische Konfessionsschule und den Einfluß des Staates auf Religionsunterricht und Jugendverbände. Er verlangte die Rückkehr zum christlichen Glauben und die Anerkennung des römischen Primats. Mit der Forderung nach der Freiheit der Religion und des kirchlichen Organisationswesens bezog er sich auf die Konkordatsvereinbarungen, die das rechtliche Verhältnis von Kirche und Staat regelten, die der nationalsozialistische Staat jedoch aushöhle, weil er einen „Vernichtungskampf" gegen die Kirche führe. Er dankte denjenigen Laien und Priestern bzw. Ordensleuten, die um ihres Glaubens willen Benachteiligungen, Gefängnis und sogar KZ-Haft[50] auf sich nahmen. Am 21. März 1937 von den katholischen Kanzeln verlesen, verbot der Minister für kirchliche Angelegenheiten unter Berufung auf Art. 4 des Reichskonkordats den Druck und Vertrieb des päpstlichen Rundschreibens. Immerhin war durch die römische Initiative der kirchliche Protest über die Schwelle des Schweigens in die Öffentlichkeit getreten. Auch der Vorsitzende der Fuldaer Bischofskonferenz, Kardinal Bertram, gelangte nun zu der Auffassung, die „taktvolle Zurückhaltung", um die man sich bisher bemüht habe, müsse aufgegeben werden, da sonst ein „für die staatlichen wie für die kirchlichen Interessen gleich gefährliches Irrewerden des christus- und kirchentreuen Volkes an der staatlichen und kirchlichen Autorität" drohe. Bertram unterschied noch immer zwischen Partei und Staat und sprach von „christentums- und kirchenfeindlichen Stellen und Kreisen", denen die Reichsregierung „Einhalt ... gebieten und dadurch den inneren Frieden der deutschen Volksgemeinschaft" sichern könnte[51].

Aus heutiger Sicht ist deutlich, daß die Bischöfe mit ihrer reservierten Politik die innere Geschlossenheit des Katholizismus in einer Krisensituation erhalten wollten, die fälschlich in Analogie zum Kulturkampf gebracht wurde und der mit den vertrauten Erklärungsmustern begegnet werden sollte. Dieses Analogiedenken lag nahe, weil die antikatholische NS-Propaganda die anti-ultramontanen Stereotypen und Ressentiments aus dem Kulturkampf wiederbelebte. Im Kulturkampf hatte sich die kirchliche Hierarchie allerdings völlig mit dem Laienwiderstand identifiziert, ja diesen geradezu initiiert und angeleitet und war in ihrer kämpferischen Haltung von der Kurie bestärkt worden. Im Unterschied dazu nahm die Mehrzahl der deutschen Bischöfe im Kirchenkampf 1933−1945 die Beschneidung des katho-

---

49 *Mit Brennender Sorge* (Anm. 47), S. 1−24.
50 In diesen Jahren befanden sich bereits etliche Priester aus dem Pfarrklerus in Gefängnissen und Konzentrationslagern. Viele katholische Priester wurden im KZ Dachau festgehalten. Pius XII. nennt in seiner Ansprache vom 2. Juni 1945 allein 2 800 polnische Geistliche und Ordensleute, die zwischen 1940 und 1945 nach Dachau geschafft wurden; im Sommer 1942 wurden 480 „Kultdiener deutscher Zunge" eingeliefert, vornehmlich aus einigen Diözesen Bayerns und Rheinland/Westfalens (vgl. *Mit Brennender Sorge*, S. 77).
51 Schreiben des Vorsitzenden der Fuldaer Bischofskonferenzen an den Reichs- und preußischen Minister für die Kirchlichen Angelegenheiten, Breslau, 26. 3. 1937, abgedr. in: ebd., S. 29.

lischen Vereins- und Organisationswesens weitgehend hilflos hin; sie baute keine wirkungsvolle innere Kommunikationsstruktur auf und schwieg auch zum Martyrium kirchlicher „Blutzeugen". Während einzelne Laien, Kapläne und Ordensgeistliche ohne ausreichende episkopale Rückendeckung die minimale Funktionsfähigkeit ihrer Verbände verteidigten, vertraute der Episkopat vor allem auf die mentale Resistenz der in den Pfarrgemeinden um die konkordatsgeschützte Amtskirche gescharten Gemeindemitglieder gegen die völkische Integrationsideologie.

Mit dem Begriff „Milieu" hat Carl Amery den Immobilismus, die Passivität, das fehlende Engagement für die christlichen Werte, den blinden Gehorsam und das Obrigkeitsdenken kritisiert, die die Katholiken für die Aufgaben der Christen in der Gegenwart desensibiliert hätten. Der großen Mehrheit der Katholiken hätten die seelischen und moralischen Voraussetzungen für jede Widerstandsarbeit gefehlt, und der Widerstand des deutschen Katholizismus sei schon aus einer Position der moralischen und gesellschaftlichen Schwäche heraus begonnen worden. Andererseits hätte aber gerade die − in ländlichen Traditionszonen des politischen Katholizismus und in kleineren Bischofsstädten noch nicht in Frage gestellte − quasi naturwüchsige katholische Geschlossenheit die Stärke des deutschen Katholizismus im NS-Staat mit ausgemacht[52]. Was hier positiv über die Abwehrkräfte des katholischen „Milieus" ausgesagt wird, gilt analog auch für die verschiedenen Milieus der sozialistischen und der kommunistischen Arbeiterbewegung. Nachdem durch die terroristische Gleichschaltung die politischen und gewerkschaftlichen Organisationen zerschlagen worden waren, erhielten die soziokulturellen Milieus um so wichtigere Funktionen und ermöglichten − vorübergehend − nicht nur die Aufrechterhaltung gewachsener Lebenszusammenhänge, sondern auch soziale Absicherung, individuelles Überleben und manchmal sogar Widerstand. Die alte Anhängerschaft von Zentrum und katholischen Organisationen konnte in den Pfarrgemeinden ein Kommunikationsnetz bewahren, wenngleich die katholische Restöffentlichkeit in den Kriegsjahren zusehends schrumpfte. In den Jahren nach dem Zweiten Weltkrieg sollte sich zeigen, daß dieses katholische Milieu politisch reaktivierbar war.

Trotz der unterschiedlichen Haltungen einzelner Kleriker und Laien zum NS-Regime − vom Arrangement bis zur Auflehnung − und trotz der Versuche der NS-Regierung, auf Kirche und Gläubige einzuwirken, verteidigte die katholische Kirche in Deutschland im Unterschied zur evangelischen Kirche ihre institutionelle Autonomie. Nicht durch aktiven Widerstand, sondern aufgrund ihres institutio-

---

52 Amery, *Kapitulation* (Anm. 41), S. 40 ff. − So gelang es z. B. auch der NS-Propaganda nicht, das Vertrauen der katholischen Bevölkerung in den Klerus durch Sittlichkeits- und Devisenprozesse zu erschüttern. Vgl. hierzu Hans Günter Hockerts, *Die Sittlichkeitsprozesse gegen katholische Ordensangehörige und Priester 1936/37. Eine Studie zur nationalsozialistischen Herrschaftstechnik und zum Kirchenkampf* (Veröffentlichungen der Kommission für Zeitgeschichte, Reihe B, Bd. 6), Mainz 1971. − Dieser Milieuwiderstand ist leider bisher erst unzureichend erforscht. Es fehlen Untersuchungen zur lokalen und regionalen Ausprägung sowie zu schicht- und verbandsspezifischen Aspekten. Vgl. z. B. *Bayern in der NS-Zeit. Soziale Lage und politisches Verhalten der Bevölkerung im Spiegel vertraulicher Berichte*, hrsg. v. Martin Broszat/Elke Fröhlich/Falk Wiesemann (Veröffentlichung im Rahmen des Projekts *Widerstand und Verfolgung in Bayern 1933−45 im Auftrag des Bayerischen Staatsministers für Unterricht und Kultus*, bearb. v. Institut für Zeitgeschichte in Verbindung mit den Staatlichen Archiven Bayerns, Bd. 1), München/Wien 1977.

nellen Selbstbehauptungswillens gelangte die katholische Kirche als Ganze in Gegnerschaft zum NS-Regime[53]. Auf diese Entwicklung nahm auch Pacelli, seit 1939 Pius XII., in seiner Ansprache an das Kardinalskollegium am 2. Juni 1945 Bezug. Auch wenn das Konkordat nicht die Zustimmung aller Katholiken gefunden habe, so sei es doch „eine rechtliche Verteidigungsgrundlage" gewesen, „eine Stellung, in der sie [die Katholiken] sich verschanzen konnten, um von da aus, solange es ihnen möglich war, der ständig steigenden Flut der religiösen Verfolgung sich zu erwehren"[54]. Spätestens seit der Enzyklika „Mit brennender Sorge" könne niemand der Kirche mehr vorwerfen, „sie habe nicht rechtzeitig den wahren Charakter der nationalsozialistischen Bewegung und die Gefahr, der sie die christliche Kultur aussetze, klar aufgezeigt". Der Nationalsozialismus habe „die Kirche als Feindin des deutschen Volkes anprangern wollen". Diese Behauptung sei aber „das glänzendste und ehrenvollste Zeugnis des entschlossenen, dauernden, von der Kirche getragenen Widerstandes" gegen die „zerstörerischen Lehren und Methoden" des NS-Regimes[55]. Auf die Zurückhaltung des Gesamtepiskopats angesichts der ständigen Verletzung der Menschen- und Bürgerrechte durch die Nationalsozialisten und der Verfolgung gerade auch katholischer Priester und Gläubigen ging Pius XII. jedoch ebensowenig ein wie auf das Schweigen der Kirche zur Expansionspolitik des Dritten Reiches und zum Holocaust[56].

Auch aus den weiteren Verlautbarungen der Kirchenführung geht hervor, daß sie ihr Verhalten in den vergangenen „unseligen" Jahren nicht zum Anlaß einer Selbstreflektion nahm. Für sie war das Dritte Reich nur eine Unterbrechung ihrer Tradition, eine „Feuerprobe", in der sich die Beständigkeit und Stärke der katholischen Kirche aufs neue erwiesen hatte. Von missionarischem Sendungsbewußtsein erfüllt, das durch diese selbstgewisse Überzeugung noch beflügelt wurde, sah sich die katholische Kirche als universale Ordnungskraft und als *den* entscheidenden moralischen Faktor der Nachkriegszeit[57]. Die Behauptung der katholisch-kirchlichen Autonomie galt nun *per definitionem* als Garantie gegen den Totalitarismus gleich welcher Couleur[58].

---

53 Zur These, die innere Geschlossenheit habe das antifaschistische Image der katholischen Kirche bewirkt, vgl. außer Amery (*Kapitulation* [Anm. 41], S. 40 f.) Frederic Spotts, *Kirchen und Politik in Deutschland*, Stuttgart 1976, S. 31; Gerhard Kraiker, *Politischer Katholizismus in der BRD. Eine ideologiekritische Analyse*, Stuttgart usw. 1972, S. 27. Diese These bestätigen auch Ulrich von Hehl, *Erzbistum Köln* (Anm. 15), S. 247, und Burkhard van Schewick, *Die Katholische Kirche und die Entstehung der Verfassungen in Westdeutschland 1945—1950* (Veröffentlichungen der Kommission für Zeitgeschichte, Reihe B, Bd. 30), Mainz 1980, S. 8. Beide werten sie aber grundsätzlich anders: Der Wille zur Selbstbewahrung, nicht der aktive Widerstand müsse Kriterium für den Begriff kirchlicher „Widerstand" sein.
54 Ansprache des Heiligen Vaters Papst Pius XII. anläßlich der Gratulation des Kardinalskollegiums zu seinem Namenstag am 2. Juni 1945, in: *Mit Brennender Sorge* (Anm. 47), S. 71—81, S. 73.
55 Ebd., S. 78.
56 Vgl. Saul Friedländer, *Pius XII. und das Dritte Reich. Eine Dokumentation*, Reinbek 1965; Georg Denzler/Volker Fabricius, *Die Kirchen im Dritten Reich. Christen und Nazis Hand in Hand?*, 2 Bde., Frankfurt a. M. 1984, S. 48—60, 76—94, 100—108, 133—161, 162—178.
57 Vgl. Sucker, Katholizismus (Anm. 29), S. 313.
58 So z.B. Repgen, Machtergreifung (Anm. 4), S. 31 f.; Volk, Bischofskonferenz (Anm. 20), S. 41 f.

Kapitel 4: Politischer Katholizismus im Nachkriegsdeutschland

4.1 Die Ausgangssituation 1945

Hauptanliegen katholischer Politik, die aus Entwicklungsgeschichte und Erfahrungshorizont des politischen Katholizismus seit dem 19. Jahrhundert tradiert und unter sich wandelnden politischen Verhältnissen verfochten worden sind, waren:
- die rechtliche Absicherung der Kirche im säkularisierten Staat;
- die staatliche Anerkennung der kirchlichen Autonomie, verstanden als Recht auf Selbstverwaltung in Fragen der Personal- und Finanzpolitik, aber auch als Schutz der kirchlichen Privilegien;
- der Öffentlichkeitsanspruch der katholischen Kirche, d. h. die Gewährleistung der kirchlichen Einflußnahme auf Schule und Erziehung sowie die Geltung katholischer Moralvorstellungen im öffentlichen Leben;
- die naturrechtlich begründeten Ordnungsvorstellungen in Staat und Gesellschaft soweit wie möglich durchzusetzen.

Das Erreichte abzusichern und auszubauen, war auch nach 1945 Gegenstand katholischer Interessenpolitik, und die römisch-katholische Kirche besaß dafür nach dem Zweiten Weltkrieg — im Unterschied zu den evangelischen Landeskirchen[1] — eine günstige Ausgangsposition. Denn sie war aus den Trümmern des Dritten Reiches politisch gestärkt hervorgegangen:
- Trotz der Ausgrenzung aus der NS-Gesellschaft Ende der dreißiger Jahre hatte sie ihre organisatorische Kontinuität wahren können. Die Struktur der Amtskirche mit ihren Bistümern und Orden war — von den Ostgebieten abgesehen — weitgehend intakt geblieben. Geschwächt war hingegen der Verbandskatholizismus, insbesondere die katholische Arbeiterbewegung und die katholischen Jugendorganisationen[2].
- Auch juristisch gab es eine formale Kontinuität. Die rechtliche Position der katholischen Kirche war in der Weimarer Reichsverfassung, in den Länderkonkordaten und im Reichskonkordat von 1933 verankert, und die westlichen Be-

---

1 Trotz des Widerstandes, den die „Bekennende Kirche" gegen die Gleichschaltung der evangelischen Landeskirchen geleistet hatte, war in protestantischen Kreisen das Gefühl weit verbreitet, die Kirche sei durch die NS-Verbrechen in eine Legitimationskrise gestürzt worden. Zum Widerstand der Bekennenden Kirche vgl. Friedrich Zipfel, *Kirchenkampf in Deutschland 1933–1945. Religionsverfolgung und Selbstbehauptung der Kirchen in der nationalsozialistischen Zeit* (Veröffentlichungen der Historischen Kommission zu Berlin beim Friedrich-Meinecke-Institut der Freien Universität Berlin, Bd. 11), Berlin 1965, S. 40 ff.; vgl. auch Klaus Scholder, *Die Kirchen und das Dritte Reich*, Bd. 2: *Das Jahr der Ernüchterung 1934. Klärungen und Scheidungen*, Berlin 1985.

2 Vgl. oben, Kap. 3.

satzungsmächte erkannten diesen Rechtsanspruch vorläufig als bindend an. Es war einer ihrer Grundsätze, die Religionsgemeinschaften in Deutschland nicht zu behindern und in das bestehende Verhältnis von Kirche und Staat nicht einzugreifen[3].

– Die katholische Kirche in Deutschland hatte 1945 sowohl Verbindungen zu einer funktionsfähigen supra-nationalen, weltkirchlichen Zentrale als auch Kontakte zu den Kirchen in den Ländern der westlichen Siegermächte. Sie konnte die diplomatischen Vertretungen des Hl. Stuhls aktivieren, damit sie im Ausland im Interesse der deutschen Katholiken offiziell intervenierten und kirchliche Hilfsleistungen für Deutschland organisierten[4].

– Die religiöse Renaissance, die sich schon kurz vor Kriegsende angedeutet hatte, setzte sich in den ersten Nachkriegsmonaten fort und festigte die kirchliche Autorität. In allen Regionen der Westzonen – insbesondere übrigens in den evangelischen Kirchen – nahmen Kirchgangshäufigkeit und Zahl der Kirchenbesucher erheblich zu. Viele aus der Kirche Ausgetretene baten um Wiederaufnahme; die Zahl der Kindstaufen, kirchlichen Hochzeiten und Wallfahrten schnellte in die Höhe[5]. Nach dem Zusammenbruch des NS-Regimes faszinierte das Christentum

---

3 Nach dem Bericht eines britischen Arbeitsausschusses des C.C.G. über das Reichskonkordat war für die Kontroll-Kommission die Weitergeltung des Konkordats eine primär politische Frage und erst in zweiter Linie ein Rechtsproblem. Man ging im streng rechtlichen Sinne nicht von einer Gültigkeit des Konkordats aus, betrachtete es jedoch im Zusammenhang der politischen Direktiven als gültig, sozusagen als ein vorläufiges Arrangement. Man berief sich auf die britische Direktive Nr. 39, nach der die Freiheit der Religionsausübung zu gewährleisten und der Respekt für die Kirchen zu fördern sei. Es wurde zugesichert, daß vorläufig keine Schritte unternommen würden, um die bestehende Organisation oder die Funktionsweise der Kirchen in Deutschland zu verändern. Das Konkordat wurde demnach als eine äußere Form für das Funktionieren des katholischen Lebens und bewußt unter dem Aspekt seiner Entstehungsgeschichte gesehen. Vgl. PRO FO 371, 46808, C 4165, 25. Juli 1945. – Vgl. auch die von Spotts genannten Direktiven (Frederic Spotts, *Kirchen und Politik in Deutschland*, Stuttgart 1976, S. 335, Anm. 10).

Daß das Verhältnis zwischen katholischer Kirche und Militärregierungen dennoch Reibungspunkte enthielt, deutet sich schon in der amerikanischen Direktive Nr. 12 „German Church Affairs" aus dem Jahr 1944 an, die noch mit den britischen Behörden als Grundlage für die EAC-Diskussion abgestimmt werden sollte. Darin wird das Konkordat als geltendes Recht betrachtet; es dürfe jedoch nicht – so heißt es – mit Proklamationen, Anweisungen, Befehlen der Besatzungsbehörden in Widerspruch geraten. Periodika und andere religiöse Literatur könnten ebenso wie Hirtenbriefe und die Korrespondenz von Kirchenbeamten zensiert werden. Vgl. PRO FO 371, 46808, C 124/94/18, 12. 1. 1944.

4 Vgl. Spotts, *Kirchen* (Anm. 3), S. 49; Konrad Repgen, Die Außenpolitik der Päpste im Zeitalter der Weltkriege, in: *Handbuch der Kirchengeschichte*, Bd. VII: *Die Weltkirche im 20. Jahrhundert*, Freiburg usw. 1985, S. 83.

5 Nach Kardinal Faulhabers Ansicht hatte jetzt „für die Seelsorge eine große Stunde geschlagen". „Wir erleben auch Wunder der Gnade, viele Rücktritte zur Kirche und Bekehrungen", berichtete er an Pius XII. am 17. Mai 1945, zit. nach Ludwig Volk, *Akten Kardinal Michael von Faulhabers 1917–1945*, Bd. II: *1935–1945 (Veröffentlichungen der Kommission für Zeitgeschichte*, Reihe A, Bd. 26), Mainz 1978, S. 1059 f. – Daten für einige Orte in der britischen Zone, in: *Weekly Political Intelligence Summary*, Nr. 4, 31. 7. 1945, PRO FO 371, 46933, C 4364. Danach kann man ungefähr von einer Verdreifachung der Anzahl der Kirchenbesucher ausgehen. Die Steigerung ist allerdings angesichts der Bevölkerungsfluktuation nicht eindeutig zu quantifizieren. Hauptursache für die religiöse Erneuerung schien zu sein, daß „the people are spiritually weary after the materialism and political strife of the past

durch sein Menschenbild, seinen Glauben an die verzeihende Gnade Gottes und seine konservative Grundhaltung viele politisch desillusionierte Deutsche. Die Anziehungskraft der Kirchen nahm durch ihre karitativen Aktivitäten in der unmittelbaren Nachkriegszeit nur noch zu. Und da für Gottesdienste und religiöse Zusammenkünfte das allgemeine Versammlungsverbot nicht galt, boten die Kirchenbesuche auch unkontrollierte Kommunikationsmöglichkeiten. Allerdings gibt es keine verläßlichen Daten über die unmittelbar nach 1945 einsetzende religiöse Renaissance, die es ermöglichten, die soziale Basis einer neuen Religiosität schichten-, alters-, geschlechts- und regionalspezifisch aufzugliedern[6].

— In den ersten Monaten nach der bedingungslosen Kapitulation sahen die westlichen Besatzungsbehörden in der katholischen Kirche die einzige Institution, die sowohl dem NS-Regime geschlossenen Widerstand entgegengesetzt habe als auch dem abendländischen Wertesystem verpflichtet sei. Sie räumten ihr daher im Vergleich zu anderen Organisationen viele Privilegien ein[7]. Die Reputation, die die katholische Kirche in den Augen der westlichen Besatzungsmächte genoß[8], trug mit dazu bei, daß viele der auf die deutschen Verhältnisse nur unzureichend vorbereiteten Militärregierungsoffiziere sofort nach der Besetzung die örtlichen Repräsentanten der katholischen Kirche aufsuchten und die kirchlichen Behörden beim Aufbau neuer lokaler Verwaltungen um Rat und Unterstützung baten. Ein

Fortsetzung Fußnote 5

12—15 years, and seek a Christian resolution of the problems which confront them; disillusioned people are seeking truth and a solid anchor in a world which has fallen about their ears; even former Nazis are thought to be trying to find shelter under cover of the Church, though this latter is being carefully watched." (Ebd.) — Daten für die evangelische Kirche bei Herbert Reich, Die Aus- und Übertrittsbewegung 1884—1949, in: *Kirchliches Jahrbuch für die evangelische Kirche in Deutschland 1951*, Gütersloh 1952, bes. S. 381 ff.

6 Den Versuch einer soziologisch-statistischen Analyse unternimmt Pfarrer Jakob Clemens in seiner Gemeinde Köln-Riehl: Eine Großstadtpfarrei nach dem Kriege, in: *Stimmen der Zeit*, 143. Bd., 74. Jg. (1948/49), H. 5, S. 366—376: Die Gemeinde setzte sich vor dem Kriege zur Hälfte aus gehobener Mittel- und Oberschicht und zur Hälfte aus Arbeitern und Beamten, seit 1945 überwiegend aus Arbeiterfamilien (Bau- und Metallindustrie) und kaufmännischen bzw. Verwaltungsangestellten und ihren Familien zusammen. Die Einwohnerzahl veränderte sich nur geringfügig. Aus diesen Zahlen läßt sich eine religiöse Renaissance nicht ablesen: 1937—1947 traten in dieser Pfarre 380 Katholiken aus; in den Jahren 1941—1947 baten aber nur 55 Personen um Wiederaufnahme.

7 Nur ca. 3 % des Klerus waren NS-Belastete. — Für die anfänglich positive Einschätzung gibt es in den amerikanischen und britischen Akten viele Belege. In den amerikanischen OSS-Berichten und britischen FO-Kommentaren wurde der Widerstand der Kirche gegen den Nationalsozialismus allerdings kritischer beurteilt. Dort kam man bei der Analyse konkreter Widerstandshandlungen und einzelner Widerstandsgruppen zu der Einschätzung, daß vor allem Sozialdemokraten, Kommunisten und Gewerkschaftler den antifaschistischen Widerstand getragen hatten. Zwar wird nicht ausgeschlossen, daß Weimarer Zentrumskreise eine illegale katholische Jugendorganisation finanziert hatten; als Repräsentant des katholischen Widerstands wird ein katholischer Priester als Mitglied der — von Kommunisten 1942 als Versuch einer Einheitsfront aller NS-Gegner gebildeten — Bewegung „Freies Rheinland" genannt. Vgl. OSS-Bericht Nr. 922 „The Underground Movement in Germany" sowie CES „Christian Opposition", 1943 (Kopie im PA ZI6).

8 Diese Einschätzung resultierte bei den Amerikanern auch aus Ergebnissen der Militärhistoriographie, die die fehlende Zusammenarbeit mit dem katholischen Klerus während der Rheinlandbesetzung nach dem Ersten Weltkrieg kritisiert hatte.

solches Vorgehen wurde den amerikanischen und britischen Besatzungsoffizieren auch vom „SHAEF-Handbook for Military Government in Germany Prior to Defeat or Surrender (1944)", Abschnitt 849, empfohlen. Die Auflösung des nationalsozialistischen Staates und der NS-Organisationen durch die Siegermächte sowie das Verbot jeglicher parteipolitischer und gewerkschaftlicher Betätigung auf überregionaler Ebene schufen kurzfristig eine Situation, in der Angehörigen der katholischen Hierarchie sowohl die Chance allgemeiner politischer Beratung als auch Möglichkeiten der Einflußnahme auf personalpolitische Entscheidungen der Militärbehörden zufielen[9].

4.2 Konflikte der katholischen Kirche mit den westlichen Militärregierungen

Als einzige Institutionen im Nachkriegsdeutschland waren die Kirchen nicht der direkten Kontrolle durch die Militärregierungen unterworfen. Sie konnten sich als „nationale Körperschaften" darstellen und so eine gewisse Unabhängigkeit von zonalen Politiken und Veränderungen der Besatzungspolitik beanspruchen. Dennoch kam es wegen widersprüchlicher Planungsvorgaben und Praktiken der Besatzungsbehörden (bei Reisegenehmigungen, Versammlungserlaubnissen und der Zensur von kirchlicher Post und Hirtenbriefen) immer wieder zu Reibereien. Auch die kirchliche Forderung nach der Konfessionsschule bot ausreichend Konfliktstoff[10].

Die günstige Ausgangsposition der katholischen Kirche verschlechterte sich in dem Maße, in dem die unterschiedlichen Interessen von Kirche und Besatzungsmächten aufeinanderstießen. Das ungebrochene Vertrauen, das die amerikanischen und britischen Militärregierungsoffiziere der Amtskirche zu Beginn der Besetzung entgegenbrachten, wurde schon bald – nach den ersten spektakulären personalpolitischen Fehlentscheidungen, die bei der Einsetzung lokaler Verwaltungen auf geistlichen Rat hin getroffen worden waren (Beispiel Aachen)[11] – erschüttert. Denn es

---

9 Beispiele bei Spotts, *Kirchen* (Anm. 3), S. 50. Gotto spricht von „quasi-staatlichen Funktionen", die die katholische Kirche in den ersten Besatzungsmonaten ausgeübt habe (vgl. Klaus Gotto, Die katholische Kirche und die Entstehung des Grundgesetzes, in: *Kirche und Katholizismus 1945–1949*, hrsg. v. Anton Rauscher, München usw. 1977, S. 89). – Zu den kirchlichen Einflußmöglichkeiten vgl. aus britischer Sicht *Weekly Political Intelligence Summary*, Nr. 2, 14. 7. 1945, PRO FO 371, 46933, C 4198. Für die amerikanische Zone vgl. Faulhabers Bericht über seine Kontakte zu den Militärbehörden, in: *Faulhaber-Akten*, Bd. II (Anm. 5), S. 1059 ff.: Faulhaber an Pius XII. am 17. 5. 1945; S. 1065 ff.: Pastorale Anweisungen von 18. 6. 1945. – Zum politischen Einfluß des Aachener Bischofs vgl. Saul K. Padover/L. F. Gittler/P. R. Sweet, The Political Situation in Aachen, in: *Propaganda in War and Crisis*, hrsg. v. Daniel Lerner, New York 1951, Kap. 25. Die Meinung des Bischofs galt einigen Besatzungsoffizieren als die „vox populi" in dieser katholischen Region (ebd., S. 450).
10 Vgl. Spotts, *Kirchen* (Anm. 3), S. 51 ff., ferner unten Kap. 10.1.
11 Die amerikanische Militärregierung setzte in Aachen im Oktober 1944 auf den Rat des Bischofs van der Velden hin einen konservativen Kirchenanwalt als Oberbürgermeister ein. Obwohl selbst kein Nationalsozialist, besetzte dieser wichtige Stellen in der Stadtverwaltung und der Handelskammer mit ehemaligen NSDAP-Mitgliedern; auch Lizenzen für Geschäfte vergab er vorwiegend an ehemalige Mitglieder der nationalsozialistischen Partei.

stellte sich heraus, daß die Geistlichkeit zwar selbst keine direkten Kontakte zur NS-Elite gepflegt hatte, daß sie sich aber aus Furcht vor Kommunismus und Sozialismus oft mit bürgerlichen Politikern umgab, die die Abgrenzung zur extremen Rechten nicht eindeutig vollzogen hatten. Bald war auch nicht mehr zu übersehen, daß der Klerus zwar die Privilegien beanspruchte, die die Westalliierten den Kirchen in begrenztem Maße zugestanden; einige Kirchenführer betrachteten aber die Besatzungsbehörden noch immer als Feinde, mit denen sie nur bedingt zusammenarbeiten wollten. Da es in zentralen Bereichen alliierter Nachkriegspolitik — insbesondere in der Entnazifizierungs- und Demokratisierungspolitik, aber auch in der Flüchtlingsfrage — keinen tragfähigen Konsens gab, verkehrten die meisten Bischöfe mit den Militärregierungsoffizieren zunehmend weniger herzlich und eher geschäftsmäßig[12].

Anders als die evangelischen Kirchen, die sich in ihrem „Stuttgarter Schuldbekenntnis" einer schonungslosen Selbstkritik unterzogen[13], lehnte der deutsche Episkopat eine politisch-moralische Verantwortung *aller* Deutschen für die NS-Verbrechen ab und wurde darin vom Vatikan unterstützt[14]. Mit der Kollektiv-

Fortsetzung Fußnote 11

    Obwohl die Linksparteien in Aachen 1933 ca. 25 Prozent der Stimmen erhalten hatten, berief der neue Oberbürgermeister keinen Vertreter der Arbeiterschaft in die Lokalverwaltung. Zur neuen Aachener Elite gehörte dagegen eine Reihe von Ingenieuren, Technikern und Geschäftsleuten, die bis 1945 z. T. recht gute Verbindungen zu Kreisen der Rüstungsindustrie (Veltrup) besaßen. Ziel ihrer Gesellschaftspolitik war ein autoritärer korporativer Staat; freie Wahlen, politische Parteien und Gewerkschaften hielt sie für überflüssig. Die arbeiterfeindliche Politik der neuen Aachener Lokalverwaltung führte zu örtlichen Auseinandersetzungen mit der Militärregierung und löste eine heftige Kontroverse in der amerikanischen Presse aus. Die ersten negativen Erfahrungen mit der konservativen politischen Orientierung kirchlicher Stellen wurden durch die folgende dramatische Entwicklung in Aachen überschattet: Der rechtskonservative Bürgermeister und sein Stellvertreter, die auf kirchlichen Rat hin von der amerikanischen Militärbehörde eingesetzt worden waren, gehörten nämlich zu den wenigen Opfern des — anfangs von den Besatzungstruppen völlig überschätzten — Werwolf. Deutsche Soldaten, die hinter den feindlichen Linien absprangen, erschossen die beiden Amtsträger wegen Kollaboration mit den Amerikanern. Vgl. Saul Padover, *Experiment in Germany*, New York 1946, S. 233 ff.; s. außerdem Padover/Gittler/Sweet, The Political Situation in Aachen (Anm. 9), S. 434 ff. Weitere Beispiele für das zunehmende Mißtrauen bei Spotts, *Kirchen* (Anm. 3), S. 86 f.

12 Vgl. z. B. Interview mit Bischof Matthias (Ehrenfried), Würzburg, 9.1.1947 („The Church and Military Government"), NA RG 260, OMGB 10/7−2/6; vgl. außerdem „The Churches and Political Life in Post-War Germany", 2.1.1946, NA US POLAD 840.4, S. 19; „The Catholic Church in Bavaria" (*Trend Report*, Nos. 13−14 and supplement), NA RG 260, OMGB 10/90−1/21, II.

13 Die Stuttgarter Erklärung vom Oktober 1945 besagte u. a.: „Wohl haben wir lange Jahre hindurch im Namen Jesu Christi gegen den Geist gekämpft, der im nationalsozialistischen Gewaltregime einen furchtbaren Ausdruck gefunden hat, aber wir klagen uns an, daß wir nicht mutiger bekannt, nicht treuer gebetet, nicht fröhlicher geglaubt und nicht brennender geliebt haben!" (*Kirchliches Jahrbuch für die evangelische Kirche in Deutschland 1945−48*, Gütersloh 1950, S. 19 ff.). Zur Entstehungsgeschichte des „Stuttgarter Schuldbekenntnisses" vgl. die Schilderung von Bischof Otto Dibelius, Nachdruck „So habe ich's erlebt", in: *Der Tagesspiegel* v. 15.5.1980.

14 Die Weihnachtsansprache des Papstes 1944 richtete sich gegen eine Kollektivverdammung des deutschen Volkes. Auch in seiner Ansprache vom 2. Juni 1945 vor dem Kardinalskollegium lehnte er eine Kollektivschuld der Deutschen ab. Weil neben dem nazistischen auch

schuldthese wies die Amtskirche jedes offizielle Schuldbekenntnis zurück; sie ana-
lysierte auch nicht ihre eigene zwiespältige Rolle bei der Stabilisierung des NS-Regimes und im Widerstand, geschweige denn die politischen und ökonomischen
Strukturen, die die nationalsozialistische Herrschaft mit ermöglicht hatten. „Laßt
die Kritiker wüten", soll Pius XII. gesagt haben, „wir haben getan, was richtig
war"[15]. Nach Ansicht der Bischöfe war der Nationalsozialismus das Werk einiger
weniger Verbrecher, die das — durch Reformation und Materialismus dem Glauben
ohnehin entfremdete — deutsche Volk in die Irre und ins Elend geführt hätten. Von
den Besatzungsmächten erwarteten sie in erster Linie eine Linderung der materiellen
Not in Deutschland, die Wiederherstellung der bürgerlichen Ordnung sowie des
gesellschaftspolitischen Einflusses der katholischen Kirche und entsprechende Mitwirkungsmöglichkeiten beim Wiederaufbau. Solange es keine autorisierte deutsche
Regierung gab, machten sie sich z. B. in ihrem Fuldaer Memorandum (1945) zum
Sprecher für die Interessen der deutschen Bevölkerung: Sie beklagten sich über die
Entnazifizierungsprozeduren und die durch die politische Säuberung verursachte
Verzögerung des Wiederaufbaus, über Ernährungsprobleme, die Lage der Kriegsge-
fangenen sowie der Jugend in der Ostzone und nicht zuletzt über die Übergriffe von
Besatzungstruppen und DPs. Wurde ihren Wünschen, die einer stark verkürzten, weil
nur auf die eigenen Interessen bezogenen Optik entsprangen, nicht entsprochen, so
sparten Bischöfe und Geistliche nicht mit Kritik: Die Besatzungsbehörden über-
träfen — so Graf von Galen —, was die Amtsenthebung von politisch mißliebigen Beamten und die Internierungspraktiken sowie die Kontrolle kirchlicher Äußerungen
angehe, noch die Nationalsozialisten an Grausamkeit[16].

Fortsetzung Fußnote 14
   noch ein anderes Deutschland existiert habe, verbiete sich jedes Pauschalurteil. Vgl. hierzu
   Ludwig Volk, Der Hl. Stuhl und Deutschland 1945—1949, in: *Kirche und Katholizismus*
   (Anm. 9), S. 63. — Die rheinisch-westfälischen Bischöfe sprachen sich auf der „Konferenz
   der westdeutschen Bischöfe" in Werl vom 4. bis 6. 6. 1945 ebenfalls gegen die „abwegige
   Behandlung" der Schuldfrage aus. In ihrer anläßlich der Fuldaer Bischofskonferenz am
   23. 8. 1945 verfaßten Bittschrift an den Kontrollrat lasteten die in Fulda versammelten
   Bischöfe die Schuld der NS-Regierung an. Sie vertrauten darauf, daß die wirklich Schuldigen
   gefunden und in ordentlichen Verfahren verurteilt und bestraft werden würden. Die größtenteils unschuldige deutsche Bevölkerung sollte ihr Leben auf einer neuen Basis aufbauen und
   wieder in die Völkergemeinschaft eingegliedert werden. Vgl. Enclosure No. 1 to Despatch
   No. 907, 28. 8. 1945, NA RG 59, 862.404/8—2845. — Auch der Münchener Kardinal Faulhaber plädierte für Einzelfallprüfung statt für Kollektivverdammung und bezeichnete es als
   „das schwerste und aktuellste Problem" der Zeit, einen „gerechten und humanen Maßstab
   zu finden, damit nicht mit den Schuldigen vor dem Gericht der Militärregierung die Schuld-
   losen ohne Einzelprüfung mitverurteilt werden." (*Faulhaber-Akten*, Bd. II [Anm. 5], S.
   1069 f.) — Die kircheninterne Entnazifizierung war für die katholische Kirche — im Unterschied zur evangelischen — kein Problem (aufgrund Art. 32 des Reichskonkordats).
15 Spotts, *Kirchen* (Anm. 3), S. 32 f., 69 ff.
16 Vgl. Sir Strang to Mr. Bevin, 16.8.1945, FO 371, 46969, C 4758/4757/18.
   Zum Fuldaer Memorandum vgl. Anm. 14. — Der Bischof von Münster (1933—1946, dann
   Kardinal) war konservativer Nationalist und Monarchist. Schon in der Weimarer Republik
   hatte er von einer nationalkonservativen Position aus und als Freund von Papens Distanz
   zur Zentrumspartei gehalten (vgl. Jürgen A. Bach, *Franz von Papen in der Weimarer Repu-*

Diese Haltung der Bischöfe zur Politik der Besatzungsmächte wird von exponiert katholischen Autoren als konsequente Fortsetzung des kirchlichen Protests gegen das NS-Regime gedeutet[17]. Es ist dies eine Sichtweise, die den ideologisch-politischen Bezugspunkt dieser Kritik ebenso außer acht läßt wie sie die Probleme der Besatzungsmächte im nachfaschistischen Deutschland vernachlässigt und die zudem der Frage aus dem Weg geht, ob katholisches und nachfaschistisches Pluralismus- bzw. Demokratieverständnis überhaupt vereinbar waren. Vergleicht man die in den ersten Nachkriegsjahren von einigen Bischöfen an den Tag gelegte Unerbittlichkeit gegenüber den Westmächten und ihrer von oben verordneten Demokratisierungspolitik mit der Nachgiebigkeit des Gesamtepiskopats gegenüber der NS-Regierung, so verwundert es kaum, daß die Haltung der Kirche die Alliierten irritierte.

So wurden die Äußerungen des Klerus von den westlichen Besatzungsbehörden bald mit zunehmendem Mißtrauen beobachtet[18]. Obgleich sie die Kirchen anfänglich im Vergleich zu Antifa-Gruppen, Gewerkschaften und Parteien privilegiert hatten, zielte ihre Politik letztlich doch auf eine Entkonfessionalisierung des öffentlichen Lebens in Deutschland ab; sie wollten einem neuen „Klerikalismus" nicht Vorschub leisten und auch die Ansprüche anderer gesellschaftlicher Gruppen angemessen berücksichtigen. Daher brachte z. B. der für die Presse-Kontrolle in der amerikanischen Zone zuständige Brigadier General Robert A. McClure kein Verständnis für die herben Vorwürfe der Bischöfe auf, die ihre Interessen bei der Vergabe von Presselizenzen und Papierzuteilungen nicht gewürdigt sahen und ihm ihre Beschwerden über Bischof Muench und den politischen Berater der US-Militärregierung, Robert Mur-

Fortsetzung Fußnote 16
blik, Aktivitäten in Politik und Presse 1918–1932, Düsseldorf 1977, S. 201 ff., 265 ff.).
Zu seiner Bischofsweihe im Dom zu Münster waren noch SA und Stahlhelm-Formationen aufmarschiert, um das neue – und im Reichskonkordat vermeintlich gesicherte – Bündnis zwischen Staat und Kirche zu dokumentieren (vgl. Rudolf Morsey, *Zeitgeschichte in Lebensbildern. Aus dem deutschen Katholizismus des 20. Jahrhunderts,* Bd. 2, Mainz 1975, S. 40). Seit 1941 trat er dann offen als Gegner des Nationalsozialismus auf, insbesondere gegen Neuheidentum und Euthanasie (vgl. oben, Kap. 3). – Nach Galens Ansprache an 3 000 Wallfahrer in Telgte am 1. Juli 1945 – also noch zur Zeit des Versammlungsverbots –, in der er die britische Besatzungspolitik scharf verurteilte, kam es zum Konflikt mit der Militärregierung. – Seine Rede anläßlich der Verleihung des Kardinalspurpurs „Rechtsbewußtsein und Rechtsunsicherheit" wurde in handschriftlichen Kopien auch in der US-Zone verbreitet. Darin wandte sich von Galen erneut gegen die Kollektivschuldthese und gegen die Amtsenthebung ehemaliger Nationalsozialisten. Die Nationalsozialisten hätten, so von Galen, im Unterschied zu den Westalliierten den entlassenen Beamten wenigstens noch Ruhegehälter gezahlt. Der Nationalsozialismus sei entstanden, nicht weil zu wenig, sondern weil zu viel Demokratie geherrscht habe. Er lehnte auch jeden Anspruch der sowjetischen Alliierten ab, Deutsche in Kriegsverbrecherprozessen anzuklagen. Die Alliierten trügen selbst einen Teil der Schuld am 2. Weltkrieg: Sie hätten es unterlassen, das NS-Regime oder die NS-Organisationen von außen her rechtzeitig als verbrecherisch zu bekämpfen. Vgl. NA RG 260, OMGB 10/90–2/7, 1–2, 2–2; zum Konflikt zwischen von Galen und den britischen Besatzungsbehörden vgl. auch Spotts, *Kirchen* (Anm. 3), S. 58, 85 f.; Diskussionsbericht, in: *Kirche und Katholizismus* (Anm. 9), S. 136 f.
17 Vgl. Spotts, *Kirchen* (Anm. 3), S. 55; vgl. außerdem Ludwig Volk SJ und Rudolf Morsey zur Rolle der Bischöfe von Preysing, Faulhaber und von Galen, in: *Zeitgeschichte in Lebensbildern* (Anm. 16), S. 99, 111, 45 f.
18 Vgl. Spotts, *Kirchen* (Anm. 3), S. 72.

phy, übermittelt hatten. McClure wies nach, daß etwa ein Viertel der gesamten Papierproduktion in der amerikanischen Zone für religiöse Presseerzeugnisse bereitgestellt worden sei; von 224 Magazinen seien 70 religiöse und davon wiederum die Hälfte katholische Publikationen[19]. Den Offizieren der Information Control Division (ICD), die zunächst einmal eine unabhängige, freie Presse in Deutschland aufbauen wollten, wurde von der katholischen Hierarchie nichtsdestotrotz ein politisches Einverständnis mit den Linksparteien, Antiklerikalismus und Anwendung von NS-Methoden unterstellt.

Bereits seit dem Sommer 1945 fürchteten die westlichen Militärbehörden, daß die Kirchen zum Sammelbecken der gesellschaftlichen Kräfte werden könnten, die nicht nur nicht mit den Maßnahmen der Besatzungsmächte, sondern auch nicht mit dem Aufbau einer parlamentarischen Demokratie in Deutschland einverstanden waren. Die britische Militärregierung beobachtete insbesondere die evangelische Kirche mit Argwohn[20]. Doch sie mißtraute auch so prominenten katholischen Geistlichen wie den von Pius XII. am 18. Februar 1946 in den Kardinalsrang erhobenen Bischöfen von Galen und Frings, die beide kurz nach Kriegsende mit der britischen Besatzungsmacht auf Konfliktkurs gingen[21]. Die Briten bezeichneten die katholischen

---

19 Vgl. Murphy an McClure, 4. 11. 1946; McClure an Murphy, 14. 11. 1946; Murphy an Dorn, 4. 11. 1946, sowie Muench an Murphy: „Report on Observations during My Visitation Trip to German Bishops", o.D., NA US POLAD 757/24. – Muench bezeichnete die Einrichtung von Simultanschulen als „Gleichschaltung der Erziehung" und als Wiederbelebung des Nazismus. Er warnte vor einem neuen Kulturkampf und kritisierte im übrigen die Entnazifizierungspolitik der US-Militärregierung. Zur Person und Funktion Muenchs vgl. unten Kap. 10, Anm. 10.

20 PRO FO 371, 46808, C 3274, 21. 6. 1945. – Die britischen Besatzungsbehörden hatten sich schon im Juni 1945 darüber verständigt, daß aus politischen Gründen die Aktivitäten und Predigten von katholischen und evangelischen Geistlichen zu beobachten seien. Mißtrauen hinsichtlich der Bekennenden Kirche wird von der 21. Army Group gegenüber dem britischen Foreign Office (in einem Schreiben von Mr. Steel, dem britischen Beauftragten für politische Angelegenheiten im Kontrollrat, vom 20. 6. 1945) geäußert. Dort werden weitere Kontrollmaßnahmen, aber auch eine bessere Abstimmung mit der amerikanischen Politik gefordert. – Wie Mr. Steel am 3. 8. 1945 an das F. O. berichtete, war mit dem schottischen Armeekaplan Tindal endlich ein Investigator für die evangelische Kirche gefunden worden, nach dem das F. O. lange gesucht hatte (vgl. PRO FO 371, C 4593, 9. 8. 1945). Einen ersten Bericht über seine Eindrücke, die er bei seiner Rundreise im Juli 1945 durch die britische Besatzungszone gewonnen hatte, legte Tindal am 11. August vor. Vgl. „First Impressions of the German Evangelical Church July 1945", PRO FO 371, 46809.

21 Vgl. oben Anm. 16. – Daß der Bischof von Münster die Alliierten mit den Nationalsozialisten verglich, verschlechterte die Beziehungen zwischen den britischen Behörden und der katholischen Kirche erheblich. Von Galen wurde aufgefordert, seine Äußerungen zurückzunehmen. Nicht zuletzt wegen seiner starren Haltung gegenüber den Briten erhielt er im Sommer 1945 keine Genehmigung für eine Romreise (vgl. PRO FO 371, 46254, C 2928, 7. 6. 1945). Auch Kardinal Frings, der Vorsitzende der Fuldaer Bischofskonferenz, widersetzte sich der britischen Besatzungspolitik. Er wandte sich nicht nur gegen Entnazifizierung, Demontage, Beschlagnahmung von Häusern, den Abtransport von Kohle und die schlechte Lebensmittelversorgung, sondern auch gegen die britischen Sozialisierungspläne für die Grundstoffindustrien des Ruhrgebiets und gegen die von ihm vermutete Begünstigung der Linksparteien durch die britische Militärregierung. Er machte den britischen Behörden den Vorwurf, sie täten nicht genug, um die materielle Not zu lindern und lieferten dadurch das verzweifelte deutsche Volk dem Kommunismus aus (vgl. Spotts, *Kirchen* [Anm. 3], S. 59 ff.).

Kirchenführer schon bald nach Kriegsende als „intolerant und voreingenommen" und kamen zu der Einschätzung, die katholische Kirche übe keinen demokratischen, sondern eher einen nationalistischen Einfluß auf die Deutschen aus[22].

Im Unterschied zu den Briten, die ihre vom Prinzip der Nichteinmischung in kirchliche Angelegenheiten geprägte Politik allen Konflikten zum Trotz weitgehend durchhielten − als einzige Besatzungsmacht verzichteten sie auf Zensur und auf Eingriffe in die kircheninterne Entnazifizierung[23] −, sah sich die US-Militärregierung häufig zu Interventionen veranlaßt. Allerdings stieß sie im amerikanisch besetzten Bayern auch auf eine extrem konservative Richtung des deutschen Katholizismus[24]. Hier stellten katholische Geistliche so viele „Unbedenklichkeitsbescheinigungen" aus, daß die US-Behörden von einer massiven Behinderung der Entnazifizierung durch die katholische Kirche sprachen. Die Institution der katholischen Kirche, einst Gegnerin des Nationalsozialismus, sei inzwischen zum Hindernis für eine Demokratisierung geworden. Um die Jahreswende 1946/47 hatte sich das Verhältnis zwischen der amerikanischen Militärregierung und der katholischen Kirche in Bayern so verschlechtert, daß ICD-Investigatoren damit beauftragt wurden, Gottesdienste und andere kirchliche Veranstaltungen zu besuchen und die hohe Geistlichkeit zu interviewen, um Einstellungen und Aktivitäten des Klerus genauer kennenzulernen. Man behielt sich von amerikanischer Seite die Kontrolle kirchlicher Publikationen und die Zensur kirchlicher Eingaben an die amerikanische Regierung vor − Maßnahmen, die von katholischer Seite mit Berufung auf das Reichskonkordat als völlig unzulässige Eingriffe angesehen wurden. Das Interesse der amerikanischen Militärregierung galt bald nicht mehr nur dem Widerstand katholischer Kirchenvertreter gegen Entnazifizierung und Umerziehung, sondern auch der Verbreitung von antidemokratischem und nationalistischem Denken sowie von separatistischen und monarchistischen Strömungen[25]. Auch in der französischen Besatzungszone, die zu etwa

---

22 Geheimer Bericht, abgedr. in: „British Zone Review" am 8. 6. 1946, zit. nach Spotts, *Kirchen* (Anm. 3), S. 62, 336, Anm. 30. Bereits im Juli 1945 hatte der politische Berater des britischen Militärgouverneurs Montgomery, Sir William Strang, in einem offiziellen Bericht an Außenminister Eden, der auch den Kabinettsmitgliedern zur Information vorgelegt wurde, geschrieben: „The Catholic hierarchy has shown a strongly patriotic, and even nationalist, tendency, and their sermons are inspired by zeal for a German revival. Examples are rare of sermons inspired by a consciousness of guilt or of need for repentance for crimes committed." (PRO FO 371, 46933, C 3858, 13. 7. 1945). − Ähnlich auch die amerikanische Militärregierung, vgl. „Churches" (Anm. 12).

23 Vgl. Spotts, *Kirchen* (Anm. 3), S. 57.

24 Vgl. Walter L. Dorn, *Inspektionsreisen in der US-Zone*, Stuttgart 1973, S. 82 ff. − Insbesondere die bayerischen Bischöfe hingen zutiefst konservativen Vorstellungen an. „Die katholische Geistlichkeit in Südbayern überließ sich ganz der sehnsüchtigen Erinnerung an die bayerische Monarchie, die sich im Laufe der Zeit mit den romantischen Vorstellungen des bayerischen Separatismus und eines Donaubundes verband" (Spotts, *Kirchen* [Anm. 3], S. 261). Die katholische Kirche stützte sich in Bayern vorwiegend auf großagrarische, mittelständische sowie handwerkliche, mittel- und kleinbäuerliche Interessen.

25 Vgl. NA RG 260, OMGB 10/90−1/21; OMGB 10/7−2/6−1/1 (10. 12. 1946). − Die Zensur der bischöflichen Publikationen in Bayern bezeichnet Ludwig Volk als „Anmaßung" und „Willkür lokaler Machthaber" (Diskussionsbericht, in: *Kirche und Katholizismus* [Anm. 9], S. 138).

zwei Dritteln katholisch war, kam es zu schweren Differenzen zwischen Besatzungsbehörden und Episkopat. Mit Blick auf das Verhalten der Bischöfe Gröber und
Bornewasser in der Konsolidierungsphase des Dritten Reiches, insbesondere bei der
Saarabstimmung 1935, vermuteten hier französische Beobachter eine Kontinuität
von reaktionär-nationalistischen Neigungen des deutschen Klerus in dieser Region[26].

Die Kritik an Mißgriffen und deutschlandpolitischen Konzeptionen der Alliierten,
die hier nicht erörtert werden können, mag im einzelnen durchaus berechtigt gewesen sein. Gleichwohl ist nicht zu übersehen, daß der Widerstand katholischer Geistlicher gegen die Entnazifizierung, die Verdrängung der Schuldfrage, die Polemik
gegen den zunächst noch vorhandenen Konsens der Anti-Hitler-Koalition und
nicht zuletzt die Kritik an der Demokratisierungs- und Umerziehungspolitik der
US-Militärregierung – um nur die Hauptkonfliktpunkte zu nennen – die Militärbehörden am Ende in ein Dilemma führten, mit dem sie bei der Planung ihrer insgesamt
durchaus kirchenfreundlichen Politik nicht gerechnet hatten. Denn nicht zuletzt
dieses unvorhergesehenen Dissenses wegen nahmen sie den Öffentlichkeitsanspruch
der katholischen Kirche, der ja nicht nur auf religiöse und moralische Fragen, sondern auch auf die Gestaltung sozio-ökonomischer Strukturen und die politisch-
kulturelle Verfassung bezogen war, nicht zur Kenntnis und räumten ihr auch keine
direkten Einwirkungsmöglichkeiten auf die Besatzungspolitik ein[27]. Andererseits

26 Erzbischof Gröber (Freiburg) war vor allem durch seine Hirtenbriefe in der ersten NS-Periode
   und durch seine Rolle bei den Konkordatsverhandlungen belastet (vgl. Kap. 3). Bischof
   Bornewasser (Trier) hatte sich bei der Saarabstimmung 1935 für die Rückgliederung der Saar
   ins nationalsozialistische Deutschland eingesetzt und war wegen seiner Hirtenbriefe und des
   von ihm in der NS-Zeit entbotenen „Deutschen Grußes" angreifbar. Während er behauptete,
   die französische Militärregierung sei von Freimaurern und Kommunisten beherrscht, wurde
   er von den Militärbehörden als reaktionärer Nationalist betrachtet. Mehrmals forderten sie
   den Klerus auf, Bornewassers Hirtenbriefe nicht zu verlesen (vgl. Spotts, *Kirchen* [Anm. 3],
   S. 66 f.). – Morsey unterscheidet in der amerikanischen und französischen Besatzungszone
   zwischen offizieller Besatzungspolitik und lokalen, teilweise starken „linksgerichteten Kräften", die die katholische Kirche örtlich behindert hätten (s. Diskussionsbericht, in: *Kirche
   und Katholizismus* [Anm. 9], S. 137).
27 Vgl. Spotts, *Kirchen* (Anm. 3), S. 54 f., 78, 94. – Das hatte die katholische Kirche jedoch
   erwartet. Noch in Jalta waren die Vertreter der britischen und der amerikanischen Delegation übereingekommen, den Vatikan über den britischen Gesandten beim Hl. Stuhl, Sir Osborne, inoffiziell und vertraulich wissen zu lassen, die katholische Kirche werde „eine große
   Rolle bei der Rettung Deutschlands aus dem Chaos nach der Niederlage und bei der Erziehung der deutschen Jugend" spielen. Damit war beabsichtigt, den Widerstand der deutschen
   Wehrmacht in den letzten Kriegsmonaten zu schwächen und die Unterstützung der katholischen Bevölkerung bei der Besetzung zu erhalten. Das Prinzip der bedingungslosen Kapitulation sollte nicht geschwächt, aber konterkariert werden. Der Vatikan sah in diesem Angebot
   eine Bestätigung seiner Wünsche und berief sich später darauf. Die britische Reaktion zeigt
   freilich, daß die Zusage einerseits taktisch bestimmt war und daß das Foreign Office andererseits nicht daran dachte, der katholischen Kirche gegenüber anderen Religionsgemeinschaften
   Vorrechte einzuräumen (insbesondere auch in Fragen, die die soziale Organisation betrafen).
   Man ging davon aus, daß die katholische Kirche auch ohne besondere britische Unterstützung
   ihre Arbeit aufnehmen werde und versicherte erneut, man erkenne ihre Bedeutung für den
   deutschen Wiederaufbau an. Bessere Kontakte des Papstes zu den deutschen Katholiken
   seien erst möglich, wenn der Kontrollrat eingerichtet sei. Vgl. Tel. Nr. 93, 7. Juni 1945,
   „Catholic Church in Germany", Mr. Osborne an Foreign Office, Cabinet Distribution from
   Foreign Office to Holy See, Nr. 89, 16. Juni 1945, PRO FO 371, 46254, Nr. C 2928/32/18
   sowie NA RG 59, 862.404: 2–1445; Spotts, *Kirchen* (Anm. 3), S. 49.

konnten sie aber nicht verhindern, daß die Konfrontation mit den katholischen Kirchenführern auf die öffentliche Meinung zurückwirkte und Maßnahmen der Militärregierung einen Teil der erhofften politisch-moralischen Wirkung nahm.

Für die Westalliierten war es damals nicht einfach, den politischen Standort der Geistlichkeit zu bestimmen: Wollte sich der Klerus künftig — wie es das Reichskonkordat vorsah — aus der Parteipolitik generell heraushalten, oder leitete nicht gerade das politische Vakuum mit seinen Einflußmöglichkeiten für den Klerus eine Phase seiner Repolitisierung ein? Wollte die katholische Kirche auf der Woge der religiösen Erneuerungstendenzen auf einer Neuordnung von Gesellschaft und Politik im Sinne einer „Rechristianisierung" bestehen? Stand der obere Klerus noch immer überwiegend im nationalkonservativen Lager, oder hatte sich während des Dritten Reiches ein Generationswechsel vollzogen, so daß sich allmählich eine wendigere, eher demokratisch orientierte klerikale Führungsschicht nach vorne schob?[28] Konnte der Klerus aufgrund seines tradierten Weltbildes überhaupt die Demokratisierungsprogramme der Westalliierten aktiv unterstützen? In der ersten Nachkriegszeit sahen viele der für kirchliche Fragen zuständigen Besatzungsoffiziere vor Ort jedenfalls keine Indizien dafür, daß die gesellschaftlichen Ursachen, die zur Machtübergabe an die Nationalsozialisten geführt hatten, vom Klerus erkannt worden wären. In ihren Berichten über die katholischen Gottesdienste stellten sie vielmehr fest, viele Priester interpretierten den Nationalsozialismus ausschließlich mit religiös-moralischen Kategorien und verurteilten ihn vor allem als ein Zerfallsprodukt der geistesgeschichtlichen Entwicklung. Die materielle Not der Nachkriegsjahre sei als Strafe für den Abfall von Gott und das Vordringen des Materialismus zu betrachten; sie müsse mit Demut getragen werden und könne nur durch die erneute Hinwendung zu den christlichen Grundwerten überwunden werden[29]. Die kirchlich-katholischen Vorstellungen über die Gesundung der deutschen Gesellschaft orientierten sich eher am Ideal der „Wiederverchristlichung" als am Ziel einer bewußten psychischen Verarbeitung der Erfahrungen im Dritten Reich oder gar der politischen Bewältigung der NS-Ära und entsprachen damit einer in den alten Eliten und den Mittelschichten weit verbreiteten Bewußtseinslage. So trug die Haltung des Klerus nach 1945 entscheidend mit dazu bei, das für die Frühphase der Bundesrepublik charakteristische Syndrom der Verdrängung individueller und kollektiver Schuldzusammenhänge zu verfestigen.

4.3 Veränderungen im Gefüge des deutschen Katholizismus

Der Flüchtlingsstrom der nahezu sechs Millionen Katholiken[30], die sich auf dieser unfreiwilligen Völkerwanderung unterschiedlich auf die vier Besatzungszonen ver-

---

28 Zum Generationswechsel vgl. Diskussionsbericht, in: *Kirche und Katholizismus* (Anm. 9), S. 157 f.

29 Vgl. z. B. *Weekly Political Intelligence Summary*, Nr. 2, 14. 7. 1945, PRO FO 371, 46933, C 4198.

30 Zur Aufgliederung der katholischen Flüchtlinge (die von den bis 1947 insgesamt aufgenommenen Flüchtlingen ungefähr die Hälfte ausmachten) nach ihrer Herkunft vgl. Hans Braun,

teilten[31], brachte für die katholische Kirche eine Reihe von organisatorischen, seel-sorgerischen und karitativen Problemen mit sich; er bewirkte vorübergehend auch eine Krise ihres Selbstverständnisses, die Carl Amery als „Krise des Milieukatholizismus" bezeichnete[32].

Um die heimatvertriebenen und geflohenen Katholiken seelsorgerisch zu betreuen, fehlten der Amtskirche in den ersten Nachkriegsjahren die Kräfte. Priestermangel, Raumnot, das Fehlen kirchlichen Geräts behinderten eine regelmäßige kirchliche Betreuung der katholischen Gläubigen und eine organisierte Flüchtlingsseelsorge um so mehr, als die Kirche mit der Umsiedlungsaktion nicht gerechnet und daher keine organisatorischen Vorkehrungen für die mit der katholischen Massenzuwanderung neu auf sie zukommenden Probleme getroffen hatte[33]. Neue katholische Gemeinden entstanden plötzlich inmitten einer überwiegend protestantischen Bevölkerung und veränderten die Struktur vieler Diaspora-Diözesen. Während den Diözesanleitungen für die kirchliche Bearbeitung dieser Gebiete, insbesondere auch in der SBZ, Personal fehlte, drängten viele ostdeutsche Priester in die geschlossenen katholischen Räume West- und Südwestdeutschlands, in denen die seelsorgerische Situation viel besser war[34].

Aber auch in den homogen-katholischen Konfessionszonen West- und Süddeutschlands, in die nun katholische Flüchtlinge einzogen, entstanden unvorhergesehene Integrationsprobleme. Denn die ostdeutschen Katholiken hatten andere Formen der Frömmigkeit ausgebildet, für die sie bei ihren westdeutschen Glaubensgenossen nicht immer Verständnis fanden. Weil verschiedene Ausprägungen des Katholizismus stark in den regionalen Volkskulturen wurzelten, waren Kultformen und religiös geprägte Verhaltensnormen häufig mit einer tradierten regionalspezifischen Lebens- und Alltagsmoral verwachsen; und der gemeinsame Glaube funktionierte anfangs

Fortsetzung Fußnote 30

Demographische Umschichtungen im deutschen Katholizismus nach 1945, in: *Kirche und Katholizismus* (Anm. 9), S. 12: Danach strömten 500 000 Nordostdeutsche aus den Diözesen Ermland, Schneidemühl, Danzig, Berlin und Kulm, 1,8 Mill. Schlesier (aus Breslau, Glatz, Branitz, Kattowitz), 2,4 Mill. Sudetendeutsche aus der Tschechoslowakei, 0,6 Mill. Südostdeutsche aus Ungarn, Rumänien und Jugoslawien und 100 000–200 000 Balten und Innerpolen in den Westen.

31 Bei der Volkszählung von 1946 erfaßte man 3,9 Mill. Flüchtlinge in der sowjetischen Zone, 3,2 Mill. in der britischen Zone, 2,9 Mill. in der amerikanischen Zone und nur 50 000 in der französischen Zone. Vgl. dazu *Deutschland-Jahrbuch 1949*, hrsg. v. Klaus Mehnert/Heinrich Schulte, Essen 1949, S. 253.

32 Carl Amery, *Die Kapitulation oder Deutscher Katholizismus heute*, Reinbek 1963. Zum Flüchtlingsproblem als dem „handgreiflichen Test am lebenden Objekt des Milieus" vgl. ebd., S. 70 f.

33 Vgl. hierzu Otto B. Roegele, Der deutsche Katholizismus im sozialen Chaos. Eine nüchterne Bestandsaufnahme in: *Hochland*, 41. Jg. (1948/49), H. 3, S. 205 ff. – Hindernisse beim organisatorischen Wiederaufbau der Kirchen waren die Zonengrenzen, die Neugliederung der Länder und insbesondere der Schnitt durch die an der Grenze zur Ostzone gelegenen Bistümer Würzburg, Fulda, Paderborn und Osnabrück.

34 Vgl. Roegele, Bestandsaufnahme (Anm. 33), S. 215 ff. (Beispiele und Briefe katholischer Geistlicher aus der SBZ ebd., S. 212 f.). Zum Priestermangel und zu den Problemen der Katholiken in der Diaspora vgl. Paulus Sladek O.S. Aug., Die religiöse Lage der Heimatvertriebenen, in: *Stimmen der Zeit*, 143. Bd., 74. Jg. (1948/49), H. 6, S. 425 ff., hier S. 432.

nicht überall als gesellschaftlich-kulturelles Bindeglied. In der Konfrontation verschiedener katholischer Lebensformen brachen soziokulturelle Differenzen und Anpassungsprobleme auf, die nicht zuletzt auch von sozialstrukturellen Unterschieden und Deklassifizierungsprozessen begleitet waren und die durch ethnozentrische Ressentiments und Eigenbrötelei der ortsansässigen Bevölkerung weiter verschärft wurden[35]. Die Assimilierung verschiedener katholischer Regionalkulturen und ihre Auswirkungen auf den Nachkriegskatholizismus sind bisher nur unzureichend erforscht.

4.3.1 Die „Krise des Milieukatholizismus"

Nicht die Städte oder die Diasporagebiete, die man in der katholischen Kirche noch am Ende der zwanziger Jahre als besonders gefährdet angesehen hatte[36], sondern, im Gegenteil, die bisher als intakte und traditionell stärkste Bastion des Katholizismus geltenden katholischen Landgebiete offenbarten nach 1945 ihr recht oberflächliches Verständnis vom Christentum. Ein zum Ritual erstarrtes religiöses Brauchtum überdeckte nur den inneren Verfall eines christlichen Lebensgefühls; Besitzstandsdenken und das Beharren auf der eigenen Bequemlichkeit blockierten praktische Taten christlicher Nächstenliebe; ein „grausamer Traditionalismus" verhinderte die Wahrnehmung der politischen und sozialen Erschütterungen und ließ ein Bedürfnis nach geistiger Erneuerung und gesellschaftlichen Veränderungen nicht aufkommen[37]. Manchmal waren auch die Dorfpriester selbst unbewußter Teil dieses katholischländlichen Milieus – ein Resultat kirchlich-katholischer Rekrutierungspolitik seit dem Anfang des 19. Jahrhunderts. Daß der dörfliche Pfarrklerus im Spannungsfeld der Probleme der Vertriebenen und der Interessen der einheimischen Bevölkerung oft überfordert war, ist vor allem für weite Teile Bayerns belegt und war im übrigen auch Thema auf den Kirchentagen 1948 und 1949[38].

---

35 Schlesische und ostpreußische Katholiken wurden in den katholischen Gebieten Westdeutschlands „nur allzuleicht unter antipreußischem Affekt beurteilt" (Sladek, Heimatvertriebene [Anm. 34], S. 426 f.); den katholischen Sudetendeutschen, auch ihrem Klerus, wurde Nationalismus, NS-Anfälligkeit, mangelnde Integrationsbereitschaft und religiöse Lauheit vorgeworfen. Die Frömmigkeit der Südostdeutschen aus der alten Habsburgermonarchie war teilweise von den aufgeklärt-katholischen Tendenzen des Josephinismus geprägt, teilweise von einer in den religiösen Erneuerungsversuchen des 19. Jahrhunderts verstärkten sinnlichbarocken Gläubigkeit, wie sie z. B. in der Marienverehrung ihren Ausdruck fand. Vgl. hierzu Roegele, Bestandsaufnahme (Anm. 33); Sladek, Heimatvertriebene (Anm. 34), S. 427. Zum Forschungsstand vgl. Diskussionsbericht, in: *Kirche und Katholizismus* (Anm. 9), S. 135.
36 Zu Milieuzerfall und Gewohnheitschristentum in den zwanziger Jahren vgl. z. B. Dr. Konermann, *Die religiöse und sittliche Lage der Industrie-Massen und ihre kirchliche Erfassung. Vorträge und Predigt-Material*, Münster 1928, S. 19 ff.
37 Vgl. Roegele, Bestandsaufnahme (Anm. 33) (Anm. 33), S. 221.
38 So kritisierte Generalvikar Wosnitza auf dem Bochumer Katholikentag 1949, ostdeutsche Katholiken würden als Fremde betrachtet und „sogar aus dem Kirchenstuhle ausgewiesen". Die Abwehr sei auf dem Dorfe stärker als in der Stadt. Im katholischen Land bestehe für die vertriebenen Katholiken eine „wirkliche Glaubensgefahr", denn „im katholischen Land stirbt er am Mangel an Liebesgemeinschaft unter den Glaubensbrüdern". In: *Gerechtigkeit*

Die verärgerten Reaktionen auf die Kritik, der ländliche Katholizismus habe gegenüber den Flüchtlingen versagt, zeigen allerdings, wie schwer es der Amtskirche fiel, sich öffentlicher Kritik — auch aus den eigenen Reihen — zu stellen. Nach wie vor demonstrierte sie nach außen hin innere Geschlossenheit, auch wenn sie längst auf dem Spiel stand, und obwohl die Kritik gerade ihre Defizite aufzeigte, die Säkularisierung des katholischen Milieus beklagte, Deutschland selbst zum „Missionsland" erklärte und eine „geistige Diaspora" im nachkriegsdeutschen Katholizismus diagnostizierte. Nur eine geistige Neuorientierung und die Ausbreitung der Laienbewegung auch in der Arbeiterschaft konnten nach Meinung der katholischen Kritiker eine dauerhafte Spaltung zwischen katholischem Milieu und katholisch-geistiger Elite verhindern[39].

Wahrscheinlich erwarteten die Flüchtlinge von den Einheimischen nicht — wie Amery vorgeschlagen hatte — die „Teilung des Mantels"[40], zu der die wenigsten christlichen „Altbürger" damals bereit gewesen wären, wohl aber eine stärkere

---

Fortsetzung Fußnote 38

schafft Frieden. Der 73. Deutsche Katholikentag vom 31. August bis 4. September 1949 in Bochum, hrsg. v. Generalsekretariat des Zentralkomitees der Deutschen Katholikentage, Paderborn 1949, S. 152 ff. Vgl. zu diesem Thema außerdem Braun, Umschichtungen (Anm. 30), S. 21 ff.; Wolfgang Sucker, Der deutsche Katholizismus 1945—1950. Eine Chronik (1. Teil), in: *Kirchliches Jahrbuch* (Anm. 5), S. 317 ff.

39 Vgl. Roegele, Bestandsaufnahme (Anm. 33), S. 228 ff. — Heftige Dementis anläßlich des Berichts von Roegele gab es in der katholischen Presse, so im *Bayerischen Klerusblatt* v. 1. 3. 1949 u. 1. 4. 1949 (s. auch Amery, *Kapitulation* [Anm. 32], S. 74) oder vom Erzbischöflichen Ordinariat in Bamberg. Roegele antwortete: Verbotenes oder gebotenes Ärgernis? in: *Hochland*, 41. Jg. (1948/49), S. 542 ff. Hier enthüllte er auch die Identität seiner Informantin Ottilie Moßhamer, deren Bericht inzwischen — gekürzt — die *Trierer Theologische Zeitschrift* veröffentlicht hatte. Sie schrieb:
„Sie sind satt auf dem Land, zufrieden. Sie schimpfen und jammern über die Saatkartoffelpreise, über den Flüchtlingskommissar, über die Milchablieferung, über das schlechte Bier. Aber wie sonst die Welt geht, ist ihnen gleichgültig. Von den ungeheuren Veränderungen sind sie wenig erschüttert; die Welt hat sich um sich selbst gedreht, die Achsen haben geknirscht, sie haben es kaum gemerkt ... Wie's immer war, so bleibt es! — Und doch ist auch fürs Land die letzte Stunde zur kirchlich-religiösen Erneuerung ... An diesen Verhältnissen ist viel auch der Seelsorger auf dem Land schuld. Er ist geradezu oft der Exponent des Traditionalismus und eines unerschütterten geruhsamen Daseins, der ängstliche Hüter dessen, was war, der nichts Neues anfangen will und aufkommen läßt. Eine Schicht im Seelsorgeklerus auf dem Land ist wirklich scheu vor der Arbeit, bequem. Eine weitere, viel breitere Schicht ist der Aufgabe, besonders in der Jugend (und Vertriebenen-) Seelsorge gegenüber hilflos." (Zit. nach Roegele, Bestandsaufnahme [Anm. 33], S. 221.)
Eine religiöse Krise des Dorfes konstatiert auch Domvikar Heinrich Tenhumberg aus Münster in Westfalen. Die deutliche Gefährdung des Christentums auf dem Lande werde allerdings durch eine „bewußt gepflegte Elitebildung" konterkariert; eine neue Blüte, eine religiöse Erneuerung des Landes, bahne sich an. Vgl. Heinrich Tenhumberg, Grundzüge im soziologischen Bild des westdeutschen Dorfes, in: *Landvolk in der Industriegesellschaft (Schriftenreihe für ländliche Sozialfragen. Veröffentlichungen der Agrarsozialen Gesellschaft e. V. Göttingen*, H. 7), hrsg. v. W. Abel, Hannover 1952, S. 20—50.

40 „Das wäre das Eine Wort gewesen, die Eine Geste, die etwas Neues eingeleitet hätte: nämlich die freiwillige Liquidation des bürgerlichen Besitzstandes und seine gemeinschaftliche Neuaufteilung. Nur diese große Antwort wäre (vom Standort des Christen aus) der Größe der gestellten Frage angemessen gewesen; und es ist nicht abzusehen, was für eine Zukunft sie verursacht hätte." (Amery, *Kapitulation* [Anm. 32], S. 71.)

menschliche Solidarität. Im katholischen Lager wurden (z. B. auf dem Bochumer Katholikentag 1949) damals verschiedene Formen einer grundlegenden Neuordnung des Eigentums diskutiert, um kontinuierliche soziale Spannungen zu vermeiden[41]. Unter Berufung auf den christlichen Eigentumsbegriff der päpstlichen Sozialenzykliken „Rerum novarum" (1891) und „Quadragesimo anno" (1931), die den Generalnenner katholischer Gesellschaftspolitik nach dem Zweiten Weltkrieg ausmachten, galt den meisten Katholiken die Sozialisierung bzw. die gesetzliche Enteignung von Großgrundbesitz nur als äußerstes Mittel. Möglichst viele Menschen sollten aber im Interesse der sozialen Befriedung und der Stabilisierung der zerrütteten Familienverhältnisse ein eigenes Auskommen finden und ein kleines Eigentum bilden können[42]. Eine Umverteilung von Privatbesitz wurde in fast allen Vorschlägen tabuisiert; hingegen sollten Staat, Gemeinden und Kirchen sowie ein gesetzlicher Lastenausgleich für einen gerechteren Ausgleich der gesellschaftlichen Ressourcen sorgen.

Schon allein die Tatsache, daß die Währungsreform im Juli 1948 zum Vorteil der Sachwertbesitzer durchgesetzt worden war, hatte indessen die Grundsatzentscheidungen über die künftige Wirtschaftsordnung und Sozialstruktur der Bundesrepublik im Sinne einer Interessenkoalition aus Westalliierten und wiedererstarktem westdeutschem Bürgertum präjudiziert. Diese Zäsur fällt bezeichnenderweise mit dem Zeitpunkt zusammen, zu dem das Interesse der einheimischen Katholiken am Flüchtlingselend merklich abzunehmen beginnt[43]. Und ebenso wie die Währungsreform das Schicksal der gesellschaftspolitischen Neuordnungspläne in der ersten Nachkriegszeit besiegelte, ist sie auch ein Stichtag für den deutschen Katholizismus. Die „Zeitenwende des Milieus", so Amery, ermöglichte dem katholischen Milieu den Weg aus der Krise und die Rückkehr zur „Normalität" eines von Gewohnheitschristentum und materialistischem Denken doppelt geprägten Alltags[44].

---

41 Vgl. Oswald v. Nell-Breuning, Sozialisierung, in: *Stimmen der Zeit*, 139. Bd., 72. Jg. (1947) H. 6, S. 425 ff.; vgl. auch die Referate auf dem Katholikentag in Bochum (1949) in den Gruppen III und IV, in: *Gerechtigkeit schafft Frieden* (Anm. 38), S. 214 ff.

42 Es wurde allerdings bezweifelt, ob die Erfordernisse der sozialen Gerechtigkeit die Besitzenden zum freiwilligen Verzicht motivieren würden. Vgl. Oswald v. Nell-Breuning SJ, Bodenreform und Siedlung, in: *Stimmen der Zeit*, 140. Bd., 72. Jg. (1947), H. 10, S. 286 ff.: „Es ist ja nichts Neues, daß von vielen, die sich Christen nennen, und wohl auch gutgläubig für Christen halten, das Christentum eine Art Versicherungseinrichtung für irdischen Besitz und das auf diesen Besitz sich gründende irdische Wohlleben angesehen wird ... Man hat den Eindruck, als sei für diese üble Art von Christentum heute wieder Konjunktur ...'' Es sei fraglich, ob von christlich-katholischer Seite getan werde, „was um des Gemeinwohles, hier des geordneten, befriedeten, ersprießlichen Zusammenlebens in der Volksgemeinschaft willen geboten ist und von der zuständigen Obrigkeit im einzelnen genauer bezeichnet und umschrieben wird." (Ebd., S. 290 f.)

43 Vgl. Sladek, Heimatvertriebene (Anm. 34), S. 428; Eugen Golomb, *Kirche und Katholiken in der Bundesrepublik. Daten und Analysen*, Aschaffenburg 1974, S. 13.

44 Amery, *Kapitulation* (Anm. 32), S. 75 f.

4.3.2 Das Ende der konfessionellen Homogenität

Die Massenzuwanderung der Flüchtlinge und Vertriebenen veränderte auch das konfessionell-geographische Gefüge, das in Deuschland seit dem Westfälischen Frieden 1648 mit Ausnahme von Städten und Industriegebieten weitgehend erhalten geblieben war. Die Konfessionsverteilung der Flüchtlinge entsprach im großen und ganzen dem Verhältnis der Konfessionen in den drei Westzonen. Die Auswirkungen der Bevölkerungsumschichtung zeigten sich daher vor allem auf regionaler und lokaler Ebene. Mit der konfessionellen Durchmischung löste sich die Homogenität der katholischen Konfessionszonen auf[45]. Auch in seinen Traditionsgebieten auf dem Lande war nun der Katholizismus konfessioneller Konkurrenz ausgesetzt. Die fehlende seelsorgerische Betreuungskapazität erleichterte in der ersten Nachkriegszeit mancherorts eine sich ohnehin vollziehende Annäherung und Vermischung von Anhängern verschiedener Glaubensrichtungen[46]. Überall dort, wo die traditionellen Garanten des katholischen Milieus auf dem Lande ins Wanken gerieten − die Regelmäßigkeit der Religionsausübung, die konfessionelle Homogenität sowie die emotional enge Verbindung von Kirche, Volkskultur, Heimatliebe und Interessenstrukturen −, schwächte sich auch der Einfluß der katholischen Kirche auf das Gemeindeleben ab. Nachdem die kurze religiöse Renaissance verebbt war, setzte eine massive Säkularisierung religiös bestimmter Werthaltungen ein und machte den Blick frei für den gesellschaftlichen Entwicklungsprozeß, der geistesgeschichtlich mit der Aufklärung und sozialgeschichtlich mit der Industrialisierung eingesetzt hatte und in dem sich viele traditionell-religiös bestimmte Orientierungsmuster und konfessionelle Abgrenzungsmechanismen längst aufzulösen begonnen hatten.

So sind die tieferen Gründe für die interkonfessionelle Verständigung in der Gesellschafts-, Verfassungs-, Partei- und Gewerkschaftspolitik nach der Niederlage des NS-Regimes nicht primär in den religiös motivierten Diskussionen und Annäherungsversuchen katholischer und evangelischer Theologen und Laien in den dreißiger und vierziger Jahren zu suchen[47]; auch die konfessionelle Durchmischung nach dem Zweiten Weltkrieg bietet nur ein zusätzliches Erklärungsmoment für die jetzt eingetretene Konstellation. Das Abschleifen des großen konfessionellen Gegensatzes im politischen Raum ist vor allem die Folge eines längerfristigen historisch-politischen und sozialstrukturellen Veränderungsprozesses, an dem sich sowohl die katholischen

---

45 So blieben beispielsweise in Bayern von 1 424 Gemeinden mit rein katholischer Bevölkerung nur noch neun, von den 140 rein evangelischen Gemeinden keine übrig. Vgl. Walter Menges, Wandel und Auflösung der Konfessionszonen, in: *Die Vertriebenen in Westdeutschland*, hrsg. v. Eugen Lemberg/Friedrich Edding, Bd. 3, Kiel 1959, S. 13; s. auch Braun, Umschichtungen (Anm. 30), S. 12 ff.; Spotts, *Kirchen* (Anm. 3), S. 45 ff.

46 So besuchten Katholiken evangelische Gottesdienste, schickten ihre Kinder zum evangelischen Konfirmandenunterricht, schlossen Katholiken (insbesondere Vertriebene) Mischehen. 1947 kamen in München auf 100 katholische Ehen ca. 51 Mischehen (vgl. Roegele, Bestandsaufnahme [Anm. 33], S. 227).

47 Die theologische Argumentation im Hinblick auf die interkonfessionelle Annäherung muß hier ebenso ausgeklammert werden wie z. B. Veränderungen des Luther-Bildes, Una-Sancta-Bewegung usw.

als auch die protestantischen Kirchenvertreter weitgehend reaktiv orientierten. Aufgrund der sich differenzierenden Interessen ihrer Anhänger in der Industriegesellschaft und um dem Säkularismus[48] entgegenzutreten, bewegten sie sich notgedrungen aufeinander zu. Der Anpassungsprozeß wurde im katholischen Lager sicherlich dadurch erleichtert, daß die Traditionsgebiete des Integralismus — insbesondere Oberschlesien und das Saarland als polnisch und französisch besetzte Gebiete — 1945 territorial ausgegrenzt bzw. an den Rand des politischen Geschehens gedrängt waren. Daher gewannen die in den westlichen Regionen Deutschlands verankerten und schon im Gewerkschafts- und Zentrumsstreit hervorgetretenen flexibleren Strömungen des politischen Katholizismus noch an Gewicht und setzten sich nunmehr endgültig gegen die integrale Richtung durch. Interkonfessionell-christliche, bürgerlich-konservative, gewerkschaftsfreundliche und republikanische Orientierungen sollten nun einen bestimmenden Einfluß bei der Neuformierung des politischen Katholizismus nach 1945 gewinnen.

4.4 Politischer Katholizismus nach 1945 — Ende oder Neuorientierung?

Mit dem Ende der politisch-parlamentarischen Repräsentation der Katholiken im Juli 1933 war das historische Bündnis der mit dem Katholizismus traditionell verflochtenen gesellschaftspolitischen Kräfte in der Zentrumspartei endgültig zerbrochen. Schon am 23. März 1933, dem Tag der Verabschiedung des Ermächtigungsgesetzes, prognostizierte Heinrich Brüning, daß das Zentrum, einmal aufgelöst, nicht mehr wiederzubeleben sei[49]. Um die Zukunft der Partei nach dem Ende des NS-Regimes nicht zu verschütten, hatte er damals — erfolglos — vor der kampflosen Selbstaufgabe der Partei gewarnt. Den „lautlosen Ausklang" der Zentrumspartei hat Rudolf Morsey als „Untergang des politischen Katholizismus" bezeichnet. Die Form der Selbstpreisgabe habe „jede Art von illegaler Weiterarbeit ebenso [ausgeschlossen]

---

48 Im Unterschied zum Begriff der *Säkularisierung*, der den Emanzipationsprozeß der modernen Welt aus der „christlichen Einheitskultur" des Mittelalters bezeichnet, meint *Säkularismus* als zivilisationskritische Kategorie eine bewußte Diesseitsorientierung, die dem christlichen Glauben keinen Raum mehr lasse und eine viel größere Herausforderung darstelle als die nicht-christlichen Religionen („Anti-Christ"). Vgl. Hermann Lübbe, Das Theorem der säkularisierten Gesellschaft, in: *Säkularisierung*, hrsg. v. Heinz-Horst Schrey (*Wege der Forschung*, Bd. CDXXIV), Darmstadt 1981, S. 65 f.; vgl. ebd., S. 12 f.

49 Vgl. Aufzeichnung v. Carl Bachem vom 28. 4. 1933, abgedr. in: Erich Matthias/Rudolf Morsey, *Das Ende der Parteien 1933. Darstellungen und Dokumente*, Königstein/Ts. 1979, S. 435, Dok. Nr. 17; S. 443, Dok. Nr. 23. Demnach wollte Brüning eine Auflösung durch die Reichsregierung abwarten, um die Partei aus der Verantwortung zu nehmen. Dennoch plädierte er keineswegs für Widerstand. Bachem schreibt: „Nachdem die Bischöfe einmütig zur Anerkennung der neuen Regierung sich bekannt haben, wäre ein solcher Widerstand für uns auch moralisch nicht mehr zu rechtfertigen, unmöglich gewesen. Es bleibt nichts übrig, als dem Beispiel der Bischöfe sich anzuschließen und trotz allem weiter den Versuch zu machen, innerhalb der nationalsozialistischen Partei und in Zusammengehen mit dieser nach Kräften für den Schutz unserer religiösen Interessen bemüht zu bleiben."

... wie eine spätere Wiedererrichtung des Zentrumsturms"[50]. Tatsächlich war nach dem Ende des von der Anti-Hitler-Koalition besiegten NS-Regimes das Aktionsfeld für eine traditionelle Zentrumspolitik in Deutschland völlig verändert. Krieg und Kriegsfolgen, insbesondere die Aufteilung Deutschlands in Besatzungszonen, die Besatzungspolitik der Westalliierten, die Massenvertreibung und die schon 1945 einsetzende West-Ost-Polarisierung schufen politisch wie sozial- und konfessionsstrukturell modifizierte Ausgangsbedingungen für die Neu- bzw. Wiedergründung von Parteien in Westdeutschland.

So mußte auch die Führung der katholischen Kirche in Deutschland die Grundlinien der von ihr seit dem 19. Jahrhundert vertretenen Politik überdenken. Sie mußte politische Opportunität und traditionellen Konservatismus neu bestimmen und Bündnispartner finden, um das alte Ziel, die Sicherung katholischer Grundforderungen, zu erreichen. Die von beiden Kirchen empfundene Krise und Bedrohung ließ sie näher zusammenrücken; freilich erschien eine Aufhebung des Schismas wegen der dogmatischen Differenzen auch 1945 unmöglich. Gleichwohl strebten sie eine bessere Kooperation auf gesellschaftspolitischem Gebiet an, um nicht — jede für sich — in die religiöse Innerlichkeit von Sekten zu verfallen. Eine solche Annäherung war inzwischen möglich geworden. Denn der Protestantismus hatte die Erfahrungen mit der NS-Diktatur so verarbeitet, daß nun einerseits die Verantwortung der Kirche für die öffentlichen Dinge betont, andererseits aber zugleich die Unabhängigkeit der Kirche vom Staat gefordert wurde. Das veränderte Politik- und Staatsverständnis des deutschen Protestantismus schlug sich außerdem in einer vorsichtig positiveren Einstellung zum demokratischen Rechtsstaat nieder. Wie bei den Katholiken gab es auch im Protestantismus nach 1945 starke konservative Kräfte, die eine Rechristianisierung der Gesellschaft wünschten und für die die christliche Schule eine unverzichtbare Sozialisationsinstanz darstellte. Und inzwischen sprachen auch evangelische Kirchenrechtler statt vom Öffentlichkeitsauftrag vom Öffentlichkeitsanspruch der Kirchen und verlangten eine rechtliche Privilegierung der beiden Großkirchen durch den Staat und ihre Unterscheidung von den übrigen Religionsgemeinschaften[51]. Die als strategisch notwendig erkannte interkonfessionelle Zusammenarbeit in der Gesellschafts-, Kultur- und Verfassungspolitik barg freilich auch eine Gefahr in sich, die im katholischen Lager schon früh antizipiert wurde: Man befürchtete, daß sich eine konfessionelle Indifferenz verbreiten könnte und katholische Prinzipien verwässert würden. Mischehenpraxis und Gemeinschaftsschule (als kon-

---

50 Rudolf Morsey, *Der Untergang des politischen Katholizismus. Die Zentrumspartei zwischen christlichem Selbstverständnis und „Nationaler Erhebung" 1932/33*, Stuttgart/Zürich 1977, S. 221.

51 Vgl. Gotthard Jasper, Die Entwicklung des Verhältnisses von Demokratie und protestantischer Kirche in Deutschland, in: *Kirche und Politik*, hrsg. v. Herbert Kühr, Berlin 1983, S. 23—58, insbes. S. 39 f. — Zur Diskussion auf katholischer Seite vgl. Max Pribilla SJ, Zeitaufgaben der Christenheit, in: *Stimmen der Zeit*, 139. Bd., 72. Jg. (1947), H. 5, S. 338 f.; ders., Interkonfessionelle Verständigung. Die Weltkirchenkonferenz von Amsterdam, in: *Stimmen der Zeit*, 143. Bd., 74. Jg. (1948/49), H. 5, S. 241 ff.; ders., Interkonfessionelle Verständigung. Das Gespräch zwischen Katholiken und Protestanten, in: *Stimmen der Zeit* 143. Bd., 74. Jg. (1948/49), H. 5, S. 329 ff.

krete Annäherungen der Konfessionen im praktisch-religiösen Alltag) galten daher nach wie vor als gefährliche Lauheit.

Bis Kriegsende war die tradierte antikommunistische Stoßrichtung des Katholizismus[52] nicht aufgegeben worden, und ihr ideologisches Grundmuster variierte auch nach der bedingungslosen Kapitulation des NS-Regimes vor den Alliierten der Anti-Hitler-Koalition kaum. Seit 1945 stand der Inbegriff des katholischen Feindbildes, die UdSSR, als Besatzungsmacht in einem Teil Deutschlands. Der von den Nationalsozialisten begonnene Krieg hatte nun auch für die Deutschen Tod und Elend gebracht, Familien auseinandergerissen, die materiellen und psychischen Lebensgrundlagen zerstört, Wohnungen, Fabriken und Kirchen verwüstet sowie

---

52 Zur kirchenamtlichen Abgrenzung gegen den atheistischen Sozialismus und Kommunismus vgl. Rerum Novarum (1891) und Quadragesimo anno (1931), abgedr. in *Texte zur katholischen Soziallehre. Die sozialen Rundschreiben der Päpste und andere kirchliche Dokumente*, hrsg. v. Bundesverband der Katholischen Arbeitnehmer-Bewegung (KAB) Deutschlands, Kevelaer 1982, S. 31−68, 91−150; Divini redemptoris (Rundschreiben Papst Pius' XI. vom 19. März 1937); ferner: I. Dekret des Heiligen Offiziums vom 1. Juli 1949, in dem den Katholiken untersagt wird, kommunistischen Parteien beizutreten; II. Erklärung des Heiligen Offiziums vom 11. August 1949 betr. Eheschließung mit Kommunisten; III. Monitum des Heiligen Offiziums vom 28. Juli 1950 betr. kommunistischer Kinderorganisationen (abgedr. in: Papst Pius XI., *Rundschreiben über den atheistischen Kommunismus*, Recklinghausen 1951).
Katholisch-kirchliche Verlautbarungen verurteilten seit 1930 im Nationalsozialismus eine Form des Bolschewismus. Nachdem das Intermezzo des Jahres 1933 nicht zu einem längerfristigen Arrangement mit dem NS-Regime geführt hatte, zog sich die Tendenz, beide Herrschaftsformen einander gleichzusetzen, durch den katholischen Widerstand. So werden die Hirtenworte, die Mitte der dreißiger Jahre den Kommunismus verurteilten, nachträglich als eine verschlüsselte Form der Opposition gegen das NS-Regime interpretiert, die damals jedem, der zwischen den Zeilen lesen konnte, verständlich gewesen sei. Auch die KAB vollzog diese Gleichsetzung mit (s. die *WAZ* über die sogenannte Gottlosenbewegung, die antikirchlichen Maßnahmen der Sowjetregierung und die Aufstände mexikanischer und spanischer Landarbeiter). Ein auf der Fuldaer Bischofskonferenz im August 1936 beschlossener Hirtenbrief, in dem die Bischöfe die ,,barbarischen Untaten" der Kommunisten im ,,unglücklichen" Spanien verurteilten, konnte sogar den schwelenden Konflikt zwischen KAB-Verbandsführung und deutschem Episkopat wegen dessen mangelndem Einsatz für die KAB (vgl. oben, Kap. 3) entschärfen. Vgl. Jürgen Aretz, *Katholische Arbeiterbewegung und Nationalsozialismus. Der Verband katholischer Arbeiter- und Knappenvereine Westdeutschlands 1923−1945* (Veröffentlichungen der Kommission für Zeitgeschichte, Reihe B, Bd. 25), Mainz 1978, S. 206 f. − Daß die spanische Karte stach, d. h., daß die katholische Kirche in Deutschland für den faschistischen Angriff Francos auf die demokratisch gewählte Volksfront-Regierung Spaniens Partei nahm und dieses Votum von der Mehrheit der deutschen Katholiken als mutige, eindeutige Stellungnahme gegen das NS-Regime gewertet wurde, zeigt, wie weit die spezifisch katholische Variante der Totalitarismus-Doktrin verbreitet war. Der Rahmen für das katholische Feindbild war nicht die Diktatur oder der Terror, sondern die Kirchenfeindlichkeit gleich welcher Provenienz. − Noch im Hirtenwort zu Weihnachten 1936 boten die Bischöfe Adolf Hitler ihre Unterstützung im Abwehrkampf gegen den ,,bolschewistischen Todfeind" als dem Totengräber der staatlichen Ordnung und der religiösen Kultur an. Zur kirchlichen Apologetik gegen den Nationalsozialismus vgl. Amery, *Kapitulation* (Anm. 32), S. 58; ders., Yoghis und Kommissare. Der westdeutsche Katholizismus 1945−1962, in: *Bestandsaufnahme. Eine deutsche Bilanz 1962*, München usw. 1962, S. 163. − Die Interpretation der Kommunismus-Enzyklika von 1937 durch Pius XII. (1941) sollte es dagegen den Katholiken in den USA ermöglichen, Gewissensbedenken wegen der militärischen Unterstützung der Sowjetunion zurückzustellen. Vgl. Repgen, *Außenpolitik* (Anm. 4), S. 88.

gesellschaftliche Strukturveränderungen bewirkt, deren Ausmaß noch nicht absehbar war. In dieser historisch-politischen Situation stellte der Bolschewismus nach Ansicht der meisten katholischen Kleriker und Laienführer eine akute Bedrohung dar, weil er das gesellschaftliche und politische Chaos verstärkte und mit ihm die Säkularisierung beschleunigte. Die Antwort darauf konnte für die katholischen Kirchenvertreter nur ein konservatives Konzept für den gesellschaftspolitischen Wiederaufbau und die möglichst rasche Eingliederung eines nicht-kommunistischen Deutschlands in die westliche Staatengemeinschaft sein[53]. Diese Richtung entsprach den politischen Zielvorstellungen der Mehrheit der deutschen Katholiken, die ihr gesellschaftliches Integrationsbedürfnis traditionell an den Entwurf einer konservativ-autoritären Gesellschaftsordnung gebunden hatten. Von kleineren oppositionellen Unterströmungen abgesehen, reihte sich auch die Mehrzahl der kirchentreuen Protestanten in die Front des christlichen Abendlandes gegen den atheistischen Bolschewismus ein[54].

In der Zeit der direkten Begegnung von Klerus und politischer Macht nach 1945 war der letztlich offensiv bestimmte kirchlich-katholische Anspruch auf umfassende Kompetenz in religiösen, geistigen und politisch-moralischen Fragen offen zutage getreten. Es ließ sich freilich absehen, daß die Besatzungsperiode und die Möglichkeiten direkter Einflußnahme nicht von Dauer sein würden. So ging die Amtskirche nach der kurzen Phase „quasi-staatlicher" Aktivitäten (Gotto) (die im übrigen gezeigt hatten, wie stark die Kirche auch im Interesse einer überregional einheitlichen Politik der Transmissionsfunktion einer politischen Organisation bedurfte) in der Praxis bald wieder dazu über, ihre Infrastruktur für den Aufbau einer parteipolitischen Organisation zur Verfügung zu stellen. Ohne einen politischen Puffer, ein Instrument, das kirchliche Anliegen in die Form und die Sprache politischer Programmatik übersetzen konnte, mochte der Klerus offenbar doch nicht auskommen. Vielleicht haben die wachsenden Mißstimmigkeiten zwischen dem höheren Klerus und den westlichen Militärbehörden einen stattlichen Teil der Geistlichkeit dazu bewogen, bei der Schaffung eines neuen, die katholischen Interessen auf zeitgemäße Weise vermittelnden politischen Instruments mitzuwirken; für manche war das parteipolitische Engagement schlicht eine aus Weimarer Tagen vertraute Gewohnheit. Jedenfalls beteiligten sich viele katholische Geistliche und Funktionäre kirchlicher

---

53 Als Beispiel hier die Ansichten des Bischofs von Aachen, Johannes van der Velden (Interview mit einem katholischen amerikanischen Besatzungsoffizier): Er stellte sich für die Zukunft Deutschlands eine konservativ-autoritäre Staatsform vor, um die Gefahr einer Nazi-Renaissance oder einer kommunistischen Revolution zu bannen. Die Weimarer republikanische Staatsform sei der deutschen Mentalität nicht angemessen. Er plädierte für eine konstitutionelle Monarchie oder für eine autoritäre Präsidialdemokratie. Das katholische Rheinland war seiner Meinung nach zivilisierter als der Osten des Deutschen Reiches, der noch nicht ganz christianisiert sei. Van der Velden, vor 1933 Generalsekretär des „Volksvereins für das katholische Deutschland", zeigte nur wenig Verständnis für die politischen Ziele der Aachener Arbeiterschaft, die, wenn sie nur Brot habe, schon zufrieden sei. Vgl. PRO FO 371, 46808, C 94, 9. 1. 1945, „Interrogation of Catholic Bishop of Aachen", vgl. auch oben, Anm. 11.
54 Vgl. *Die Katholiken vor der Politik*, hrsg. v. Gustav E. Kafka, Freiburg 1958, S. 5 f.; vgl. auch Jasper, Entwicklung (Anm. 51), S. 43, 34.

Organisationen in katholischen Regionen wie z. B. in Bayern[55] oder in Rheinland-Westfalen selbst an der Gründung und am organisatorischen Aufbau der Unionsparteien. Nicht wenige, vor allem ältere Kleriker, engagierten sich damals aber auch für die Wiedergründung der Deutschen Zentrumspartei[56]. Ganz selbstverständlich schien ihnen die katholisch-kirchliche Interessenvertretung am ehesten durch die rasche Parteinahme für eine christlich-konservative Politik gewährleistet. Die parteipolitischen Initiativen des Klerus standen freilich im Gegensatz zur Empfehlung der katholischen Kirchenleitung, die Geistlichen sollten sich politisch zurückhalten und keine politischen Ämter oder parlamentarische Funktionen übernehmen. Sie waren auch nicht vereinbar mit Art. 32 des Reichskonkordats, der die Entpolitisierung des Klerus festschrieb.

So weist die Haltung von Kirche und Klerus zu Politik und Parteien in den ersten Nachkriegsmonaten durchaus einige Widersprüche auf, aus denen sich schließen läßt, daß über die Formen eines wiederbelebten politischen Katholizismus im katholischen Lager zunächst keine Einigkeit bestand: Während der Vatikan nach 1945 auf der Weitergeltung des Reichskonkordats insistierte und daher danach trachtete, die Vereinbarungen kirchlicherseits möglichst einzuhalten, vermittelten die deutschen Bischöfe dem amerikanischen Beobachter auf der Fuldaer Bischofskonferenz im August 1945 noch den Eindruck, sie wollten das Reichskonkordat am liebsten suspendieren und statt dessen, bis der Kontrollrat eine Entscheidung getroffen hätte, auf die Länderkonkordate zurückgehen[57]. Eine eindeutige Stellungnahme zur Parteifrage zögerten sie zunächst hinaus, wahrscheinlich, weil sie – selbst noch uneins – keine ausreichenden Informationen vom Vatikan hatten. Es ist auch nicht auszuschließen, daß sie sich durch das Reichskonkordat und die Umstände der Zentrumsauflösung 1933 belastet fühlten[58]. Für den Papst hingegen blieb das Reichskonkordat ein Grundpfeiler seiner Kirchenpolitik und zwar – so Spotts – aus mehreren Gründen: Es war zum einen die Krönung seiner Bemühungen als Nuntius in Deutschland, und er beharrte auch nach dem Ende des NS-Regimes auf dem Vertrag, um zu beweisen, daß es kein aus aktuellem Opportunismus zustandegekommenes Arrange-

---

55 Vgl. *Trend Report*, Nos. 13–14 (Anm. 12) sowie NA RG 260, OMGB 10/71–1/1, 2/6, 23. 12. 1946, über Stadtpfarrer Muhler, München. Er begründete die dortige CSU-Gruppe mit und war später kulturpolitischer Sprecher der CSU. Zu Prälat Meixner, Domkapitular aus Bamberg, vgl. Sucker, Katholizismus (Anm. 38), S. 273. Im *Trend Report* weitere Beispiele offener klerikaler Unterstützung für die CSU, die vor allem in kleineren Gemeinden wirksam war. Allerdings übernahmen katholische Geistliche nur in vereinzelten Fällen die Leitung lokaler CSU-Organisationen. Die CSU-Landesleitung habe – so der *Report* – wegen des interkonfessionellen Anspruchs eine offene parteipolitische Betätigung der Geistlichen nicht gerne gesehen und eine subtilere Beeinflussung der Gläubigen gewünscht. Einige Bischöfe wiesen außerdem auf Art. 32 des Reichskonkordats hin. Andererseits sei über karitative Institutionen vermittelter sozialer Druck auf die Gemeindemitglieder ausgeübt worden, etwa durch Mehlzuteilungen aus Schwarzmarktlieferungen an katholische Gläubige unmittelbar vor Wahlen u. a. m. (OMGB 10/90–2/10).
56 Viele Belege im Schriftwechsel des ersten Generalsekretärs der im Oktober 1945 wiedergegründeten Zentrumspartei, Dr. Klein, Archiv der Deutschen Zentrumspartei Münster (im folgenden zit. als DZPAM).
57 Vgl. Spotts, *Kirchen* (Anm. 3), S. 130; NA RG 59, 862.404/8–2845.
58 Vgl. Spotts, *Kirchen* (Anm. 3), S. 80.

ment zur Normalisierung der Beziehungen zwischen der katholischen Kirche und der NS-Regierung gewesen war, sondern ein langfristig brauchbares kirchenpolitisches Instrument, um die katholischen Interessen zu sichern. Zum anderen war das Reichskonkordat eine vertragliche Grundlage für die Einrichtung von Konfessionsschulen im Territorium des ehemaligen Deutschen Reiches und bildete damit eine rechtliche Verhandlungsbasis der Kirche auch für die Nachfolgestaaten des Deutschen Reiches[59]. Die Differenzen über die Auslegung des Art. 32 waren freilich nur zum Teil durch die Kommunikationsdefizite der ersten Nachkriegszeit verursacht; sie spiegeln auch prinzipielle Meinungsverschiedenheiten über die politische Aktivität des Klerus wider, die auch in den folgenden Jahren nicht ausgeräumt werden konnten. Ein spektakuläres Beispiel dafür war, daß der Kölner Kardinal Joseph Frings, der vor den nordrhein-westfälischen Kommunalwahlen 1948 Mitglied der CDU geworden war, auf Weisung des Papstes und zum Entsetzen Adenauers schon drei Monate später wieder aus der Partei austreten mußte[60].

Vom Rückzug des Klerus aus der aktiven Politik — einer Tendenz, die sich nach dem Zweiten Weltkrieg tatsächlich langfristig durchsetzte — war in der unmittelbaren Nachkriegszeit noch wenig zu spüren. Die Positionsbestimmungen der Bischöfe in Fulda 1945 und ihr gesellschaftspolitisches Engagement nach Kriegsende sind vielmehr Indizien dafür, daß sie den Einfluß auf das öffentliche Leben, den sie unter der Besatzungsherrschaft wiedergewonnen hatten, nicht aufgeben, sondern eher ausweiten und verstärken wollten[61]. Es waren nicht die Inhalte katholischer Politik, sondern die politische Form, in der sie zukünftig besser vertreten werden konnten, über die sich die Bischöfe anfangs noch nicht einig waren.

4.4.1 Katholische Kirche, Zentrumsgedanke und Unionskonzept im Jahr 1945

Daß sich der Episkopat in einer Zeit, in der über die besatzungspolitischen Zielsetzungen noch Ungewißheit bestand, nicht einseitig auf eine Partei, die katholisch-kirchliche Interessen im politischen Raum vertrat, festlegen wollte, geht aus einem Bericht des Mainzer Bischofs Stohr über eine Zusammenkunft rheinischer Bischöfe in Koblenz am 15. Mai 1945 hervor. Nicht nur — wie erwähnt — im Hinblick auf Art. 32 des Reichskonkordats, sondern offenbar auch wegen verschiedener ,,nicht ganz glücklicher Ratschläge''[62] wurde den Geistlichen politische Zurückhaltung empfohlen. Der Neu- bzw. Wiederbildung einer katholischen Interessenpartei, wie sie das alte Zentrum dargestellt hatte, standen die Bischöfe nach Kriegsende reserviert gegenüber. Nach Stohrs Bericht erwog man, die ,,Neuaufrichtung'' der alten

59 Vgl. ebd., S. 183 f.
60 Vgl. Volk, Hl. Stuhl (Anm. 14), S. 82 f. — Kardinal Faulhaber weigerte sich demgegenüber, den Art. 32 sofort und ,,befehlsmäßig'' einzuhalten, ,,um eine Erschütterung der gesamten christlichen Politik zur Zeit zu verhüten.''
61 Vgl. dazu unten, Kap. 10.
62 *Faulhaber-Akten* (Anm. 5), S. 1057 f.

Zentrumspartei — auch des Namens wegen bestanden Bedenken — möglichst lange zu verzögern:

„Man will unbedingt abwarten bis sich etwas solches als notwendig erweisen sollte — etwa zur Abwehr drohenden Übels. Sympathisch wird der Gedanke erörtert, daß es jetzt gelingen könnte, das ganze Parteileben so umzugestalten, das englische Vorbild des 2—3 Parteienwesens derart zu verwirklichen, daß alle Parteien Kirche und Christentum freundlich gegenüberstünden, den religiösen Kampf ablehnten, Freiheit proklamierten, so daß die Kirche die Wahl solcher Parteien freigeben könnte. Auch um dieses Gedankens willen wäre eine Zurückhaltung bzgl. Zentrum oder dergl[eichen] sehr wichtig: Türen offen halten!"[63]

Auch Anfang Juli 1945 waren führende Kirchenvertreter in Westdeutschland anscheinend noch nicht zu einem abschließenden Urteil darüber gekommen, wie die neue Partei beschaffen sein sollte[64]. Während die kämpferischen Bischöfe von Preysing, von Galen und Gröber schon früh für eine interkonfessionelle christlich-konservative Partei eintraten, rangen sich andere Mitglieder des Episkopats offensichtlich nur zögernd zu dieser Lösung durch. So sprachen sich zunächst die Bischöfe nördlich der Mainlinie bei ihrer Zusammenkunft in Werl im Juni 1945 und dann auch die Fuldaer Bischofskonferenz (21.—23. August 1945) zwar nicht dezidiert für eine Partei, aber indirekt für das Konzept der interkonfessionellen Sammlung aus[65]. Ein gegen die Linke gerichtetes Bündnis zwischen einer selbständigen protestantischen und einer katholischen Partei hätte den Wünschen einiger Bischöfe (z. B. Frings) allerdings eher entsprochen[66]. Wie Spotts schreibt, ist es der Argumentation einer im Vatikan einflußreichen Gruppe deutscher Jesuiten (Bea, Leiber, Zeiger, Hirschmann, Nell-Breuning, Gundlach u. a.) zu verdanken, daß sich die Bischöfe der höheren Einsicht fügten. Denn ihrer Meinung nach zeichnete sich nach dem historischen

---

63 Ebd.

64 Vgl. Zentrumsvorstellungen im Raum Köln (14. 7. 1985), in: *Zwischen Befreiung und Besatzung. Analysen des US-Geheimdienstes über Positionen und Strukturen deutscher Politik 1945*, hrsg. v. Ulrich Borsdorf/Lutz Niethammer, Wuppertal 1978, S. 167 f.

65 Aus dem Bericht des politischen Beraters Murphy an das Department of State geht nicht hervor, daß die Bischöfe für eine interkonfessionelle Partei ausgesprochen hätten. Sie äußerten lediglich ihre Skepsis gegenüber einer Wiederbegründung einer katholischen Zentrumspartei und sprachen sich ansonsten für eine in allen Parteien wirkende Katholische Aktion aus. Da damit schwerlich die Linksparteien gemeint sein konnten, läßt sich schließen, daß die Katholische Aktion als eine Art Arbeitsbegriff für die Entfaltung des kirchlich-katholischen Einflusses auf breiterer politischer Ebene diente und auch ein Bündnisangebot an die nationalkonservativen protestantischen Kräfte ermöglichte. Wie eine solche Sammlungskonzeption konkret aussehen könnte, war den Bischöfen damals offenbar noch nicht klar (vgl. NA RG 59, 862.404/8—2845). Einen Monat später berichtete Murphy über die bemerkenswerten Gemeinsamkeiten zwischen Protestanten in Treysa und Katholiken in Fulda: Die Kirchenführer beider Konfessionen wünschten den Rückzug des Klerus aus der Politik und befürworteten die Konfessionsschule, eine konfessionelle Presse und konfessionelle Jugendorganisationen sowie eine Hilfe für die Ostflüchtlinge (vgl. NA RG 59, 862.404/9—2545).
Nach Helmuth Pütz (*Die CDU*, Düsseldorf 1971, S. 84) hat der Episkopat die Zentrumspartei in Werl „fallengelassen". Zu Werl vgl. auch Hans Georg Wieck, *Die Entstehung der CDU und die Wiedergründung des Zentrums im Jahre 1945*, Düsseldorf 1953, S. 76; Spotts, *Kirchen* (Anm. 3), S. 257.

66 Vgl. Spotts, *Kirchen* (Anm. 3), S. 263.

Scheitern der Deutschnationalen Volkspartei (DNVP) und der Deutschen Volkspartei (DVP) die Neugründung einer konservativen protestantischen Partei nicht ab,
und sie fürchteten, daß die Protestanten daher wahrscheinlich den Liberalen und
den Sozialdemokraten zufallen würden:

> „Mit geringer Begeisterung für eine interkonfessionelle Partnerschaft und mit der düsteren Vor-
> ahnung, daß die katholischen Ziele durch den Protestantismus verwässert würden, kamen die
> Bischöfe schließlich zu der Überzeugung, die Gefahr von links sei größer als das Risiko einer
> katholisch-protestantischen Partei. Manche Bischöfe, zum Beispiel Frings und Jaeger, erfaßten
> diese Logik sehr rasch, andere, zum Beispiel Faulhaber, nur langsam, noch weitere, zum Beispiel
> die Bischöfe von Hildesheim, Speyer und Passau, gaben nie ihre persönliche Vorliebe für eine
> katholische Partei auf, mußten sich aber den übrigen anschließen."[67]

So ließen sich die Bischöfe davon überzeugen, daß – vorausgesetzt, das Unionskonzept behauptete sich – mit Hilfe einer katholisch-protestantischen Sammlungspartei eine christlich-konservative politische Machtposition aufgebaut werden könnte,
die es der katholischen Kirche ermöglichte, ihren unter der NS-Herrschaft trotz des
Konkordates verlorenen Einfluß auf das Erziehungswesen, im öffentlichen Leben
und auf die politische Kultur im Nachkriegsdeutschland zurückzugewinnen und auszubauen. Die katholische Dominanz in der Union war freilich nur dann gesichert,
wenn der politische Katholizismus seine frühere Einheit weitgehend bewahrte und
sich nicht in eine interkonfessionell-christliche und eine traditionell katholische
Partei aufsplitterte. Dem im Oktober 1945 wiedergegründeten Zentrum kam in dieser kirchenpolitischen Strategie allenfalls die Funktion eines Auffangbeckens für die
mit dem Unionskonzept nicht einverstandenen ehemaligen Zentrumswähler bzw.
Katholiken zu. Es konnte zudem als parteipolitische Reserve dienen, falls die interkonfessionelle politische Sammlung mißlang.

So erklärt sich denn auch, warum die Mehrheit des Klerus 1945 – trotz traditioneller Sympathien für das Zentrum und dessen kirchentreue Führungsschicht –
schon bald nicht nur nicht mehr daran dachte, die Wiedergründung der Zentrumspartei zu unterstützen, sondern, im Gegenteil, auf das Scheitern der einstigen politisch-parlamentarischen Vertretung katholischer Interessen hinarbeitete. Denn eine
parteipolitische Ausdifferenzierung des katholischen Lagers mußte die Chance, über
eine katholische Hegemonie in der CDU im Namen aller Christen katholische Interessenpolitik durchzusetzen, erheblich verschlechtern. Damit war das Schicksal des
Nachkriegszentrums gleichsam vorherbestimmt.

Weshalb ein Teil der ehemaligen Zentrumsmitglieder dennoch – gegen den
Willen großer Teile des Klerus – an ihrer Traditionspartei Zentrum festhielt, welche
unterschiedlichen bündnispolitischen Konzeptionen nach 1945 zu einer vorübergе-
henden Spaltung des politischen Katholizismus in der Bundesrepublik führten und
wie die Auseinandersetzung zwischen CDU und Zentrum verlief, in deren Folge das
Nachkriegszentrum in den fünfziger Jahren dann endgültig an die Peripherie des
bundesdeutschen Parteiensystems rückte, soll im folgenden untersucht werden.
Doch zunächst richtet sich der Blick auf die im katholischen Lager 1945 diskutierten parteipolitischen Gründungsansätze.

67 Ebd.

Teil B

Integrationspartei
oder Bürgerblock?

Kapitel 5: Kontinuitätslinien und Neuansätze: Parteikonzepte im Lager des politischen Katholizismus nach der Kapitulation des NS-Regimes

Im Frühjahr 1945 waren in Rheinland-Westfalen, dem Kerngebiet des ehemaligen preußischen Zentrums im Westen, die Positionen über die künftige Struktur einer Nachfolgeorganisation des Weimarer Zentrums und deren Funktion im bürgerlichen Parteienspektrum noch nicht festgelegt. Unter der Oberhoheit der britischen Militärregierung, deren Pläne man noch nicht genau kannte, wurden zunächst einmal alte Freundschaften wiederaufgenommen, neue politische Verbindungen gesucht, bekannte und neue Strategien zur Neu- bzw. Umgruppierung der Parteien im kleinen Kreis diskutiert. In diese Parteiformierungs-Diskussion gingen auch Erfahrungen aus katholischen Oppositionskreisen gegen das NS-Regime mit ein, die teils in loser Form existiert und im wesentlichen sozialethische Fragen erörtert hatten, teils — im Umkreis des 20. Juli 1944 — sich auch über die personelle Zusammensetzung einer Regierung nach dem Sturz des Dritten Reiches verständigt hatten[1]. Wegen ihrer Kontakte zu Goerdeler und den Kreisauern war nach dem Scheitern des Attentats auf Hitler die Verbandsführung der Westdeutschen Arbeitervereine verhaftet worden; Bernhard Letterhaus, der inzwischen in der Auslandsabteilung des OKW arbeitete, und Nikolaus Groß wurden hingerichtet, andere Beteiligte zu hohen Zuchthausstrafen verurteilt[2]. Auf das Vermächtnis der „Blutzeugen" aus der katholischen Arbeiterbewegung beriefen sich die Berliner CDUD-Gründer Andreas

1 Zur Charakterisierung der oppositionellen Zirkel in Köln und Düsseldorf und deren Einfluß auf die Programmatik der CDU in der Gründungsphase vgl. Franz Focke, *Sozialismus aus christlicher Verantwortung. Die Idee eines christlichen Sozialismus in der katholisch-sozialen Bewegung und in der CDU*, Wuppertal 1978, S. 176 ff. Focke unterscheidet den Kreis um die KAB-Zentrale, das Kettelhaus, der Verbindungen zum 20. Juli hatte, bürgerliche Gruppen aus Mitgliedern der katholischen Studentenverbindung Unitas, die mit den Dominikanern Siemer und Welty zeitweise einen Gesprächskreis bildeten, einen Kreis um das Kölner Kolpinghaus sowie einen Bibelkreis in Düsseldorf, zu dem auch Protestanten stießen.

2 KAB-Verbandspräses Otto Müller starb im Gefängniskrankenhaus; die christlichen Gewerkschaftler Johannes Albers und Heinrich Körner wurden zu langen Zuchthausstrafen verurteilt, Körner wurde nach seiner Entlassung von einer verirrten Kugel getötet. Wilhelm Elfes und Pater L. Siemer waren in Abwesenheit zum Tode verurteilt worden, das Todesurteil gegen Andreas Hermes wurde nicht vollstreckt. Im Unterschied zur Führungsgruppe der Katholischen Arbeitervereine im Westen, die Kontakte zum 20. Juli 1944 gehabt hatte, erloschen die führenden Männer der Kolpingfamilie, deren Anpassungsversuche an die Nationalsozialisten sämtlich gescheitert waren, „wie eine abgebrannte Kerze". Vgl. hierzu Heinz-Albert Raem, *Katholischer Gesellenverein und deutsche Kolpingsfamilie in der Ära des Nationalsozialismus (Veröffentlichungen der Kommission für Zeitgeschichte*, Reihe B, Bd. 35), Mainz 1982, S. 246. — Seit 1944 hatte es auch im Kölner Kolpinghaus einen oppositionellen Gesprächskreis gegeben, dessen Überlegungen jedoch nicht zu einem „festen Handlungskonzept" führten. Beteiligt waren Theodor Babilon, Heinz Richter, Leo

Hermes und Jakob Kaiser sowie die Kölner Kolpingmänner Leo Schwering und Karl Zimmermann, die, ohne Kenntnis von der Berliner Gründung zu haben, ungefähr gleichzeitig im Sommer 1945 die Initiative zur CDP-Gründung in Köln ergriffen.

Über die Neuordnungspläne des katholischen Widerstandes im Zusammenhang mit dem 20. Juli sind nur spärliche schriftliche Quellen überliefert[3]. Schon wegen der Heterogenität der bürgerlich-aristokratischen Widerstandskreise existierten dort zeitweise durchaus unterschiedliche Vorstellungen über Staat und Gesellschaft nach dem Zusammenbruch des Nationalsozialismus – von der Restauration der Monarchie bis zu einer staatssozialistisch geprägten oder berufsständisch-genossenschaftlich strukturierten Demokratie. Insgesamt liefen alle hier entwickelten Konzeptionen – was angesichts der legalen Machtübernahme der Nationalsozialisten und ihres Massenanhangs durchaus erklärbar ist – auf eine Form der Erziehungsdiktatur hinaus, die eine Partizipation der Parteien und der Bevölkerung mehr oder weniger restriktiv kanalisieren sollte. Es ist freilich zu fragen, ob beispielsweise die Neuordnungsvorstellungen des Goerdeler-Kreises mit ihrer ständisch-organischen Gesellschaftsauffassung und ihrer autoritären Komponente oder das Ideal des christlich geprägten, autoritativen Staates, den die Kölner KAB-Gruppe um Bernhard Letterhaus anstrebte, als Demokratisierungskonzeptionen im Deutschland des Jahres 1945 noch zeitgemäß waren[4]. Was Hans Mommsen für die Neuordnungspläne des natio-

---

Fortsetzung Fußnote 2

Schwering und Karl Zimmermann, die nach dem 20. Juli verhaftet und in das Deutzer KZ-Durchgangslager gebracht wurden. Richter und Babilon kamen in Buchenwald ums Leben. Schwering und Zimmermann kamen frei; sie gehörten später zu den Mitbegründern der Kölner CDP (vgl. ebd., S. 231 ff.).

3 Vgl. Jürgen Aretz, *Katholische Arbeiterbewegung und Nationalsozialismus. Der Verband katholischer Arbeiter- und Knappenvereine Westdeutschlands 1923–1945 (Veröffentlichungen der Kommission für Zeitgeschichte,* Reihe B, Bd. 25), Mainz 1978, S. 229 ff.; Anna Hermes, *Und setzet ihr nicht das Leben ein. Andreas Hermes – Leben und Wirken. Nach Briefen, Tagebuchaufzeichnungen und Erinnerungen,* Stuttgart 1971, S. 114, 116 f. – Vgl. auch Rudolf Uertz, *Christentum und Sozialismus in der frühen CDU. Grundlagen und Wirkungen der christlich-sozialen Ideen in der Union 1945–1949 (Schriftenreihe der Vierteljahreshefte für Zeitgeschichte,* Bd. 43), Stuttgart 1981, S. 23 ff.

4 Vgl. Aretz, *Arbeiterbewegung* (Anm. 3), S. 232; Hans Rothfels, *Deutsche Opposition gegen Hitler,* hrsg. u. eingel. v. Hermann Graml, München 1977, S. 125. – Vgl. außerdem die selbstkritische Einleitung Helmut Thielickes zur Denkschrift des „Freiburger Kreises" um Goerdeler und Bonhoeffer. Mit Blick auf die autoritäre Staatsauffassung der Denkschrift stellt Thielicke fest, sie sei „hie und da nicht ganz aus dem Schatten des Naziregimes" herausgetreten und daß „selbst ihre Antithesen noch gewisse Spuren von damals aufweisen" würden. Dies gelte nicht nur für die Staatsautorität, sondern auch für die Judenfrage, wo die Freiburger den „nazistischen Rassegedanken ... naiv und unkritisch" übernommen hätten und einem „Apartheidsprinzip" das Wort redeten. Für die nachfaschistische Zeit enthielt die Freiburger Denkschrift nur ein äußerst allgemein gehaltenes politisches „Minimalprogramm"; Beschränkungen der Rede- und Pressefreiheit, der Versammlungs- und Koalitionsfreiheit waren allerdings schon einkalkuliert. Vgl. *In der Stunde Null. Die Denkschrift des Freiburger „Bonhoeffer-Kreises": Politische Gemeinschaftsordnung. Ein Versuch zur Selbstbesinnung des christlichen Gewissens in den politischen Nöten unserer Zeit,* Tübingen 1979, S. 18 ff. – Im Bereich der Wirtschaftsordnung enthielt die Denkschrift hingegen bereits die Grundzüge dessen, was nach dem Kriege als „soziale Marktwirtschaft" bezeichnet wurde. Vgl. ebd.,

nalkonservativen Widerstandes festgestellt hat[5], trifft daher im weiteren Sinne auch für die katholischen Antifaschisten zu, die sich auf die Widerstandstradition berufen konnten: Ihr faktischer Einfluß auf die Demokratiegründung in Westdeutschland blieb gering. So eindrucksvoll einerseits die politische Ethik der Verschwörer des 20. Juli ist, die im Bewußtsein ihrer Isolation das Attentat planten, um gegen die Verletzung von Recht und Moral zu protestieren, so waren andererseits ihre handlungsleitenden Ideologien — wie Mommsen darstellt — „einer geschichtlichen Epoche zuzuordnen, die mit dem Zusammenbruch des Nationalsozialismus und der faschistischen Bewegungen im Mai 1945 — mit einigen nachlaufenden Tendenzen bis zum innenpolitischen Wendejahr 1948/49 — ihren Endpunkt fand".

Was den Aufbau des Parteiensystems anging, so waren sich die mit dem 20. Juli affilierten katholischen Politiker darüber einig gewesen, daß eine neue große, sozial orientierte Partei gegründet werden müsse, die das konfessionelle Schisma im politischen Raum überwinden könnte[6]. Gleichwohl ist die Darstellung Schwerings, die Blutzeugen hätten „ein klares politisches Ordnungsbild im Herzen getragen"[7], als

---

Fortsetzung Fußnote 4

S. 90 ff., 153 ff.; Christine Blumenberg-Lampe, *Das wirtschaftspolitische Programm der Freiburger Kreise. Entwurf einer freiheitlich-sozialen Nachkriegswirtschaft. Nationalökonomen gegen den Nationalsozialismus*, Berlin 1973. Während Goerdeler marktwirtschaftlich-liberal dachte, diskutierten die Kreisauer und die Kölner Gemeinwirtschaftsmodelle. Die staatliche Intervention in die Wirtschaft sollte jedoch nicht zum „Kollektivismus" führen; Dezentralisation, Mitbestimmung der Betriebsgewerkschaften, das Subsidiaritätsprinzip der katholischen Soziallehre oder der Genossenschaftsgedanke wurden daher als Regulative eingeführt. Vgl. Focke, *Sozialismus* (Anm. 1), S. 192.

5 Hans Mommsen, *Der Widerstand gegen Hitler und die deutsche Gesellschaft*, Vortrag, gehalten am 2.7.1984 auf der Internationalen Konferenz zum 40. Jahrestag des 20. Juli 1944 in Berlin, Manuskript, S. 24 ff.; daraus wird auch im folgenden zitiert. Zum katholischen Widerstand vgl. außerdem Rudolf Lill, *Katholiken im Widerstand. Opfer und Erbe des 20. Juli 1944, Kirche und Gesellschaft*, Nr. 114, hrsg. v. d. Katholischen Sozialwissenschaftlichen Zentralstelle Mönchengladbach, Köln 1984; *Verfolgung und Widerstand 1933– 1945. Christliche Demokraten gegen Hitler*, Begleitschrift zur Ausstellung des Archivs für Christlich-Demokratische Politik, o. O. 1984.

6 Hermes, *Andreas Hermes* (Anm. 3), S. 116, 118; Wilhelm Elfes, Leitsätze eines Vortrages in einer Geheimkonferenz in Bochum i. W. (Sommer 1942), in: ders., *Ich bitte ums Wort. Zur Diskussion mit meinen Freunden*, o. O., o. J., S. 9; Werner Conze, *Jakob Kaiser. Politiker zwischen Ost und West 1945–1949*, Stuttgart usw. 1969, S. 15; Focke, *Sozialismus* (Anm. 1), S. 188 ff. — Andreas Hermes arbeitete zusammen mit Wilhelm Elfes, Nikolaus Groß, Heinz Körner u. a. an einem Programm für ein Deutschland nach Hitler. (Vgl. hierzu auch Wilhelm Elfes, *Gespräche um Deuschland*, Krefeld o. J. [1957], S. 9.) Hermes konzentrierte sich darauf, ein Parteikonzept für eine christliche Partei der „Bürger, Bauern und Arbeiter" zu entwickeln, das sich an Stegerwalds Essener Rede von 1920 orientierte und versuchte 1943 vergeblich, dafür auch Jakob Kaiser zu gewinnen. Vgl. Focke, *Sozialismus* (Anm. 1), S. 189 f.

7 Leo Schwering, *Frühgeschichte der Christlich Demokratischen Union*, Recklinghausen 1953, S. 29. Vgl. auch ders., *10 Jahre Christliche Union in Köln. Eine Festschrift 1955*, hrsg. v. d. CDU Köln, S. 28: „diese christliche Partei begann ihre Existenz mit Märtyrern." Zur parteioffiziellen Kontinuitätsthese vgl. außerdem Helmut Kohl, Rede zum 20. Juli 1979, in: *Deutsches Monatsblatt*, 7/1979; Norbert Blüm, Rede auf dem Parteitag der CDU Rheinland am 19.10.1985 in Düsseldorf. Vgl. auch Gerhard Schulz, Die CDU. Merkmale ihres Aufbaus, in: *Parteien in der Bundesrepublik. Studien zur Entwicklung der deutschen Parteien bis zur Bundestagswahl 1953 (Schriften des Instituts für politische Wissenschaft*, Bd. 6), Stuttgart/Düsseldorf 1955, S. 41 ff., der die Kontinuitätslinien stärker differenzierend untersucht.

eine Überhöhung der CDU-Frühgeschichte zu werten. Vielmehr lassen die parteipolitischen Neuansätze im Frühjahr 1945 ebenso wie die programmatischen Auseinandersetzungen in der späteren Union den Schluß zu, daß in der bürgerlichen
Opposition gegen das NS-Regime noch keine, über die von Schwering beschriebene
„Sehnsucht" hinausgehenden, konkreteren Vorstellungen über Form und Politik
einer künftigen, christlich-interkonfessionellen Partei entwickelt worden waren.

Nicht nur die Initiatoren der interkonfessionellen Union, sondern auch die
Wiederbegründer des Zentrums wiesen zu ihrer antifaschistischen Legitimation auf
politische Verfolgung und berufliche Nachteile durch Amtsenthebung, Berufsverbot
und Beförderungsstopp für bekenntnistreue Christen hin. Die Verfolgungswelle
nach dem 20. Juli 1944 hatte viele der bekannteren Zentrumsrepräsentanten, unabhängig von ihrer oppositionellen Aktivität bzw. Passivität, betroffen. Mehr als
tausend Mitglieder der Zentrumspartei waren − so Brüning − zwischen Herbst 1943
und Frühjahr 1945 hingerichtet worden[8]. Legt man den von katholischer Seite ver-
wendeten Widerstandsbegriff zugrunde, der vor allem eine mentale Reserve gegen
die nationalsozialistische Ideologie und die Aufrechterhaltung persönlicher, aus gemeinsamer parteipolitischer Vergangenheit herrührender Kontakte beinhaltet, so
lassen sich auch die Diskussionskreise ehemaliger Zentrumsmitglieder, auf die sich
die Wiederbegründer des Zentrums im Jahr 1945, Dr. Wilhelm Hamacher[9] und Johannes Brockmann[10], bezogen, als oppositionelle Zirkel bezeichnen. Hamacher
hatte übrigens über Hermes ebenfalls in Kontakt zum Goerdeler-Kreis gestan-

---

8 Heinrich Brüning an Hendrik Poels, 26.1.1946, in: ders., *Briefe 1946−1969*, hrsg. v. Claire
   Nix, Stuttgart 1974, S. 27. − Gleichwohl ist nicht zu übersehen, daß die Opfer des katholischen Widerstandes im Vergleich zu den Toten und Verfolgten des sozialistischen und
   kommunistischen Arbeiterwiderstandes relativ wenige waren.
9 Dr. Wilhelm Hamacher (1883−1951), Oberstudiendirektor aus Troisdorf bei Köln, Reichs-
   rat, Generalsekretär der rheinischen Zentrumspartei bis 1933. Hamacher war zunächst
   Mitglied der CDP-Programmkommission und nahm noch an der konstituierenden Sitzung
   der rheinischen CDP in Köln am 2.9.1945 teil. Nach seiner Entscheidung für das Zentrum
   wurde er am 14.10.1945 auf der Gründungsversammlung des Nachkriegszentrums in Soest
   zum ersten Vorsitzenden dieser Partei gewählt. Seit dem 1.6.1946 war er auch Vorsitzender der rheinischen Zentrumspartei. Dr. Hamacher wurde Sommer 1946 erster Kultusminister in
   Nordrhein-Westfalen, schied aber noch im selben Jahr wegen Krankheit aus seinen Ämtern
   aus; ab 1948 übernahm er wieder den Posten des stellvertretenden Vorsitzenden der Zentrumspartei. Als Zentrumsvertreter gehörte Hamacher seit 1949 dem Deutschen Bundestag an.
10 Johannes Brockmann (1888−1975), Volksschullehrer. 1925−1933 Zentrumsabgeordneter im Preußischen Landtag. Vor 1933 arbeitete er in verschiedenen katholischen und
   kommunalpolitischen Verbänden; so war er Vorsitzender des katholischen Junglehrer-
   verbandes. 1933 wurde er von den NS-Behörden entlassen, nach dem 20. Juli 1944 war er
   längere Zeit inhaftiert. 1945 Schulrat im Kreis Münster-Land, dann Generalreferent Kultus
   in der westfälischen Provinzialregierung. Vorsitzender der Zentrumsfraktion in NRW
   1946−1958; 1948/49 Mitglied des Parlamentarischen Rates; 1953−1957 MdB. Seit 1946
   war er geschäftsführender, 1948 vorübergehend auch gewählter Vorsitzender der Zentrumspartei. Seit 1947 war er außerdem Vorsitzender des nordrhein-westfälischen Landesverbandes der Zentrumspartei. 1949 wurde er als Zentrumsabgeordneter in den Bundestag gewählt, legte sein Mandat jedoch nieder, um Fraktionsführer im NRW-Landtag
   bleiben zu können. Seit 1952 war er geschäftsführender, seit dem 9.3.1953 gewählter Vorsitzender der Zentrumspartei als Nachfolger von Helene Wessel; er blieb es bis 1969, als
   Gerhard Ribbeheger ihn aus Altersgründen ablöste.

den[11]. Auch die Zentrumsgründer erhoben nach dem Krieg den Anspruch, aus den Fehlern und Erfahrungen der Vergangenheit Konsequenzen gezogen zu haben. Die „Freunde aus der westfälischen Zentrumspartei, [die sich] von Zeit zu Zeit zu politischem Gedankenaustausch" in Brockmanns Haus im münsterländischen Rinkerode (Kreis Münster) getroffen hatten, waren sich nach Brockmanns Erinnerung darin einig, „daß eine von allen in demokratischer und sozialer Beziehung schwankenden und unzuverlässigen Elementen befreite Zentrumspartei nach dem Zusammenbruch wieder ins Leben gerufen werden müsse"[12].

Formaljuristisch und faktisch gab es 1945 kein Gremium, das legitimiert gewesen wäre zu entscheiden, ob das Zentrum wiedergegründet werden solle oder nicht[13]. So standen sich also bis zum Ende des ersten Nachkriegsjahres in der Debatte um die Form einer Nachfolgepartei des Weimarer Zentrums im wesentlichen zwei Richtungen gegenüber, die beide nicht unmittelbar aus dem bürgerlichen Widerstand hervorgegangen waren, sondern ihre Legitimation mehr oder weniger aus der alten Zentrumstradition bezogen: Auf der einen Seite fanden sich die Anhänger des traditionellen Zentrumsgedankens, die nach wie vor eine politische Interessenvertretung des katholischen Bevölkerungsteils für nötig hielten; zugleich verstanden sie aber, mit Berufung auf Windthorst, die alte Zentrumspartei trotz ihrer faktischen konfessionellen Enge als politische, nicht klerikale Partei und somit potentiell als Basis einer katholisch-dominierten, interkonfessionell-politischen Sammlung. Demgegenüber forderten die katholischen Anhänger der Unionsidee die *Neu*gründung einer inter- bzw. überkonfessionellen, klassenübergreifenden Sammlungspartei, die sowohl Momente der Zentrumstradition als auch die veränderten politischen und sozialen Bedingungen katholischer Politik nach 1945 berücksichtigen sollte. In beiden Parteiansätzen kreisten die Diskussionen freilich um Struktur und Programm einer – mehr oder minder – inter- bzw. überkonfessionellen Sammlung, die zwar einen quantitativ relevanten Teil der Arbeiterschaft integrieren sollte, die sich letztlich jedoch als eine bürgerliche Partei definierte.

11 Vgl. Hermes, *Andreas Hermes* (Anm. 3), S. 130. Anna Hermes bezeichnet Hamacher als einen „klugen Mann", der angesichts des NS-Regimes voller Selbstvorwürfe gewesen sei. – Den von ihm gegründeten „Albertus-Magnus-Kreis" bezeichnete Dr. Hamacher als eine „versteckte Untergrundbewegung zur Klärung über neue Wege und neue Ideen unserer Politik, wenn einmal das Naziregime zu Ende sei" (HSTAD, RWN 48–7). Über den Kreis und seine Aktivitäten liegen mir jedoch keine Dokumente vor, die eine genauere Einschätzung ermöglichen würden. Von Dr. Hamacher ist bekannt, daß er Pläne zur Wiederbelebung des Volksvereins und der Katholischen Aktion begrüßte.
12 BAK, Nachlaß Brockmann (künftig zit. als NB), 26. – Die Teilnehmer dieses Rinkeroder Kreises, die sich während des NS-Regimes um Brockmann versammelten und ihre Zusammenkünfte als Jagdausflüge tarnten, waren Johannes Gronowski, Dr. Rudolf Amelunxen, Dr. Bernhard Reismann, Heinrich Stücker und Dr. Josef Kannengießer. Auch Helene Wessel scheint schon während des Krieges Verbindung zu diesem Kreis gehabt zu haben (BAK, NB 25). An anderer Stelle ist von einem Kontakt des Generalsekretärs der rheinischen Zentrumspartei vor 1933, Dr. Hamacher, zu dieser Runde die Rede. Vieles deutet jedoch darauf hin, daß die Westfalen erst nach Kriegsende Verbindung zu Dr. Hamacher aufnahmen (BAK, NB 25; Interview mit Dr. Bernhard Reismann am 30.11./1.12.1978).
13 Vgl. Hans Georg Wieck, *Die Entstehung der CDU und die Wiedergründung des Zentrums im Jahre 1945 (Beiträge zur Geschichte des Parlamentarismus und der politischen Parteien*, Bd. 2), Düsseldorf 1953, S. 54.

In der ersten Nachkriegszeit hatten sich dagegen unter den Erben der alten Zentrumspartei zunächst noch einige Politiker gefunden, für die die interkonfessionelle Annäherung eine historisch bereits überholte Forderung war und die für eine völlige Umstrukturierung des überkommenen Parteiensystems eingetreten waren. Diesem Ziel lag ein Parteienkonzept zugrunde, das sich an einer Polarisierung des Parteiensystems zwischen „Harzburger Front" und demokratischem Potential orientierte. Das Bürgertum, so hieß es, habe seine politische Chance 1933 verspielt; ausgehend von einer durch Krieg und Kriegsfolgen bewirkten Proletarisierung breiter Bevölkerungsschichten wurde die umfassende Sammlung eines — primär von seiner sozialstrukturellen Situation her definierten — Spektrums von Arbeiterschaft und Mittelschichten in einer weltanschaulich neutralen Mitte-Links-Partei angestrebt. Diese oft als „Labour-Party"-Konzeption bezeichnete Vision einer politischen Sammlung, die sich auf das einzig kreative Potential der werteschaffenden Arbeitskraft stützen wollte, verfolgte vom Standpunkt eines gewerkschaftsfreundlichen politischen Katholizismus aus im wesentlichen folgende Ziele:
— die Aussöhnung der weltanschaulich-konfessionellen Gegensätze innerhalb der Arbeiterschaft;
— die Annäherung von Mittelschichten- und Arbeiterinteressen;
— die politische Neutralisierung bzw. Integration der sozialistischen (teilweise auch der kommunistischen) Traditionen in der Arbeiterbewegung.
Die politische Einigung der Arbeiterschaft in einer „Partei der Arbeit" um den Kern einer politisch neutralen und weltanschaulich toleranten Einheitsgewerkschaft als politisches Gegengewicht zum vermeintlich nach wie vor funktionsfähigen Rechtskartell hätte freilich vorausgesetzt, daß nicht nur das Zentrum, sondern auch die Linksparteien bereit gewesen wären, auf ihre organisationspolitische Eigenständigkeit zu verzichten. SPD und KPD waren aber ihrem Selbstverständnis nach Arbeiterparteien, und folgerichtig konnte die Vorstellung von einer breiten Mittepartei auf sie nur wenig attraktiv wirken, solange nicht geklärt war, ob dadurch nicht zwangsweise der Spielraum für die Vertretung von Arbeiterinteressen geringer werden würde[14]. Die rasche Reorganisation der Linksparteien war somit auch ein Grund dafür, daß das „Labour-Party"-Konzept von fast allen Protagonisten aus dem katholischen Lager bis Ende 1945 aufgegeben wurde und in der Diskussion der ehemaligen Zentrumsmitglieder nur noch am Rande eine Rolle spielte.

5.1 Ein Zwischenspiel im Frühsommer 1945: Das Labour-Party-Konzept

Die Konzeption einer Sammlung der linken Mitte, die in den verschiedenen Gründerkreisen nur vage formuliert wurde, erschien unter dem Eindruck der im Sommer

---

14 Zu den Chancen einer Arbeiterpartei neuen Typs nach 1945 vgl. Ute Schmidt/Tilman Fichter, Arbeiterklasse und Parteiensystem. Aspekte der Parteiengeschichte in den ersten Nachkriegsjahren 1945—1949, in: *Die Linke im Rechtsstaat*, Bd. 1: *Bedingungen sozialistischer Politik 1945—1965*, Berlin 1976, S. 17—71, hier S. 54 ff.; vgl. auch Arno Klönne, *Die deutsche Arbeiterbewegung. Geschichte, Ziele, Wirkungen*, Düsseldorf/Köln 1980, S. 284 f.

1945 noch verbreiteten atmosphärisch-antikapitalistischen Grundstimmung vielen politischen Aktivisten im Lager des Zentrums und der Christlichen Gewerkschaften zunächst unmittelbar einleuchtend. Franz Focke sieht gerade bei den bürgerlichen Intellektuellen und katholischen Politikern, die nach der Kapitulation 1945 den „sozialistischen Zug der Zeit" beschworen, eine „unübersehbare Parallele zu den ubiquitären Volksgemeinschafts- und Sozialismussehnsüchten der Zeit nach dem Zusammenbruch des Wilhelminischen Reiches"[15]. Die Sympathie für eine tiefgreifende Umgestaltung des Parteiwesens sei „ein typisches Produkt des tabula rasa Syndroms" gewesen, das in besonderem Maße viele christliche Sozialisten befallen habe, die von der Möglichkeit eines fast voraussetzungslosen Neubeginns ausgegangen seien[16]. Tatsächlich waren im Unterschied zu den meisten Angehörigen der linken Parteien, die auf ihre antifaschistischen Aktivitäten und Traditionen pochten und schon kurz nach Kriegsende die Neuorganisation vorbereiteten, nicht wenige ehemalige Mitglieder der Zentrumspartei, insbesondere christliche Gewerkschaftler, unter dem Eindruck des Versagens ihrer Organisation vor dem Nationalsozialismus bereit, einen Schnitt in ihrer Partei- bzw. Organisationsgeschichte vorzunehmen. Sie hielten nun den Zeitpunkt für gekommen, um Lehren aus der Vergangenheit zu ziehen und nicht nur die gewerkschaftliche, sondern auch die politische Einheit der Arbeiterschaft herzustellen.

Wie problematisch eine christlich-sozialistisch-kommunistische Zusammenarbeit oder gar Einheitspartei speziell den Sozialdemokraten erschien, zeigte sich in Berlin, wo die Labour-Party-Konzeption Anhänger sowohl auf Zentrumsseite als auch in der Sozialdemokratie fand und wo deshalb – im Unterschied zu Westdeutschland – 1945 konkrete Verhandlungen geführt wurden[17]. Hier konferierte im Mai 1945 Jakob Kaiser mit einem sozialdemokratischen „Organisationskomitee"[18]. Zusammen mit sozialdemokratischen Funktionären und Vertretern der Weimarer Freien Gewerkschaften plädierte er für eine Reorganisation der SPD auf so breiter politischer Basis, daß sie in der Lage wäre, das Gros der ehemaligen Zentrumsanhänger aufzunehmen und sich damit die Gründung einer Nachfolgeorganisation des Zentrums erübrigen würde. Kaiser wäre damals bereit gewesen, einer deutschen Labour Party den Namen SPD zu geben und sie damit auch in deren antifaschistische Tradition zu stellen[19]. Sein sozialdemokratischer Verhandlungspartner Karl Germer

15 Focke, *Sozialismus* (Anm. 1), S. 198.
16 Vgl. ebd., S. 202. Focke unterstellt insbesondere Walter Dirks ein solches „Null-Stunden-Denken". Dirks selbst verwies allerdings für sich jedes „tabula-rasa"-Denken ab und argumentierte historisch. Vgl. Interview mit Walter Dirks am 14.12.1983.
17 Vgl. Wieck, *Entstehung* (Anm. 13), S. 210, Anm. 326; vgl. auch Karl J. Germer, *Von Grotewohl bis Brandt. Ein dokumentarischer Bericht über die SPD in den ersten Nachkriegsjahren*, Landshut 1974, S. 29 ff.
18 Frank Moraw, *Die Parole der „Einheit" und die Sozialdemokratie (Schriftenreihe des Forschungsinstituts der Friedrich-Ebert-Stiftung*, Bd. 94), Bonn-Bad Godesberg 1973, S. 83.
19 Vgl. Focke, *Sozialismus* (Anm. 1), S. 199; zu Kaisers Parteikonzeption s. Conze, *Kaiser* (Anm. 6), S. 15 ff. Conze sieht Kaiser ebenso wie Andreas Hermes in der Tradition von Essen (1920); nach 1945 habe er die Wiedergründung des Zentrums abgelehnt und kurzzeitig für eine „große linke Volks- oder Arbeiterpartei ähnlich der britischen Arbeiterpartei" plädiert.

berichtete am 17. Mai an Hermann Schlimme, der 1933 Vorstandsmitglied der SPD und des ADGB war:

„Wenn irgend möglich, will man eine Neugründung der Zentrumspartei vermeiden, wobei man die Auffassung hegt, daß nach dem Vorbild der englischen Labour-Party eine Erfassung der Arbeiterschaft auf allerbreitester Basis durchzuführen ist. Inspiriert werden meiner Ansicht nach diese Gedankengänge durch die rege Zusammenarbeit anläßlich des 20. Juli, welche ja auch die in Zukunft als politische Sondergruppe ausgeschlossenen rechtsgerichteten Kreise erfaßte. ... Die Stellung der Kommunisten zu dieser Frage ist unklar, da Leuschner persönlich jede Aussprache mit dieser Richtung vermieden haben soll ...“[20]

Hatte Kaiser mit seiner nur in Umrissen skizzierten Programmatik für die Labour Party — eine „gesunde Synthese von Sozialismus und Freiheit“, die sich vom Klassenkampfgedanken und weltanschaulichen Materialismus absetzen sollte — auch zunächst in der Berliner Sozialdemokratie Anhänger gefunden, so stellte sich bald heraus, daß Germer und seine Freunde sich gegenüber Otto Grotewohl, Erich Gniffke und Gustav Dahrendorf, die die Führung des späteren Zentralausschusses der SPD in Berlin bildeten, nicht durchsetzen konnten. Für sie stand die Frage der Zusammenarbeit und des organisatorischen Zusammenschlusses mit der KPD im Mittelpunkt des Interesses[21]. Aber auch in Gewerkschaftskreisen setzte sich die Labour-Idee nicht durch[22].

Auch in Frankfurt, wo vor 1933 der Kreis um die Rhein-Mainische Volkszeitung (RMV) einen Kristallisationspunkt des linken Zentrumsflügels gebildet hatte, waren die Unionsgründer zunächst mit einem neuen Bündniskonzept angetreten. In den ersten Besprechungen des politischen Ausschusses der „Katholischen Volksarbeit“, einer in Anlehnung an die Katholische Aktion der zwanziger Jahre von Laien und Geistlichen gegründeten Organisation, in der sich um den Initiator des Kreises, den katholischen Stadtpfarrer Dr. Herr, katholische Intellektuelle und frühere Mitarbeiter der RMV wie Walter Dirks, Karl Heinz Knappstein und Clemens Münster sowie Marcel Schulte, Pfarrer Eckert und der letzte Frankfurter Zentrumsvorsitzende Jacob Husch zusammenfanden, stand allerdings die Parteifrage zunächst noch nicht im Vordergrund. Vielmehr ging es um das Problem der Schuld und die Klärung des Verhältnisses von Christentum und Nationalsozialismus. Die Zustimmung der Reichstagsfraktion des Zentrums zum Ermächtigungsgesetz und die vatikanische

---

20 „Bericht von Herrn Karl Germer an Herrn Hermann Schlimme vom 17.5.1945“ (Abschrift), Landesarchiv Berlin, Zeitschriftensammlung, Standort Nr. 3771, Dokumentensammlung der Forschungsgruppe für Berliner Nachkriegsforschung. Vgl. auch Moraw, *Parole* (Anm. 18), S. 83. Dort wird als Datum der Kontaktaufnahme der 18. Mai genannt. Vgl. ferner Wieck, *Entstehung* (Anm. 13), S. 212.
21 Vgl. Focke, *Sozialismus* (Anm. 1), S. 200; Moraw, *Parole* (Anm. 18), S. 83 ff.
22 Vgl. Conze, *Kaiser* (Anm. 6), S. 16: „Selbst die in der Nachfolge Leuschners stehenden Gewerkschaftspartner Göring, Schlimme auch Ufermann hatten keinerlei Neigung zu einer großen Arbeiterpartei im Sinne Kaisers gezeigt.“ Anders Focke, *Sozialismus* (Anm. 1), S. 199: Germer habe „viele seiner Freunde aus den ehemaligen Freien Gewerkschaften sowie viele der ihm erreichbaren Freunde aus der früheren SPD gewinnen“ können.

Konkordatspolitik sollten nicht länger verdrängt, sondern aufgearbeitet werden[23].
Eine Analyse der Entwicklung des politischen Katholizismus und des Dilemmas, an
dem die Zentrumspartei gescheitert war, ging hier also der Parteigründung voraus.

Bereits Ende Mai hatte Walter Dirks im Frankfurter „Bürgerrat" ein Parteikonzept
zur Diskussion gestellt, das einen Zusammenschluß der antifaschistischen Kräfte
forderte, die vor 1933 dem Zentrum, dem demokratischen Bürgertum, der Sozialdemokratie sowie den Kommunisten angehört hatten. Diese damals als „Sozialistische
Einheitspartei (SED)" bezeichnete Partei unterschied sich freilich von der Labour-
Party-Konzeption in einem wesentlichen Punkt. Sie wollte nicht, wie diese, ein Ausgleich der noch aktionsfähigen Reste der Weimarer Parteien jenseits der „Harzburger
Front" sein, sondern etwas leisten, wozu die verkrusteten Parteien der Arbeiterbewegung nicht mehr imstande waren: die Spaltung der christlichen, sozialistischen
und kommunistischen Arbeiterschaft aufheben und Kleinbürger wie Bauern für eine
sozialistische Perspektive gewinnen. Walter Dirks' Ansatz, der auf „umwegige" Weise
zum Sozialismus führen wollte, zielte mithin viel radikaler auf eine tiefgreifende gesellschaftliche Erneuerung und Umgestaltung ab als das Labour-Party-Konzept[24].
Ihm war das Labour-Konzept zu stark auf Harmonie, auf den Ausgleich der Klassenkräfte bedacht, „zu brav"; denn er ging von einem kämpferischen Sozialismus aus,
in dem sich marxistische Ideen und christlicher Glaube verbinden sollten. Das Parteiprojekt scheiterte kurz darauf am Organisationsfetischismus der traditionellen
Arbeiterparteien – für Dirks ein erster Akt der Restauration. Von den Kommunisten fühlten sich Dirks und seine Freunde als „nützliche Idioten" behandelt, die
für einen verspäteten, oberflächlichen Antifaschismus instrumentalisiert werden
sollten. Die KPD wollte jedoch mit ihnen keine ernsthafte Strategiediskussion führen, weil sie ihr Programm schon in der Schublade hatte. Die SPD beharrte auf
ihrer Organisationstradition schon aus juristischen Notwendigkeiten: Sie wollte
ihre Vermögensansprüche, Verlagsrechte usw. nicht verlieren. Daß die Einheit der
Arbeiterbewegung 1945 nicht zustandekam, war für Dirks eine erschütternde Erfahrung. SPD und KPD erschienen ihm wie „zwei falsche Hälften", die jeweils nur
die halbe Wahrheit besaßen und doch nicht zusammenkamen. So sah er in der
CDU eine dritte sozialistische Partei, die die Einheitsfront voranbringen und den
Sozialismus erkämpfen würde. Als sich freilich 1946/47 zeigte, daß die CDU zwar
als einzige Partei die historisch-politische Konstellation zur Neuformierung genutzt hatte, jedoch eine von bürgerlichen Honoratioren bestimmte Partei geblieben war, die primär handfeste Mittelstandsinteressen vertrat, zog sich die RMV-
Gruppe aus der hessischen CDU zurück. Walter Dirks hielt die interkonfessionelle
Versöhnung nach wie vor für eine faszinierende ökumenische Idee; er wandte sich
aber gegen den Versuch, das Christentum als Deckmantel für eine bürgerlich-kon-

---

23 Vgl. Heinrich Rüschenschmidt, *Gründung und Anfänge der CDU in Hessen* (*Quellen und
Forschungen zur hessischen Geschichte*, Bd. 42), Darmstadt/Marburg 1981, S. 44.
24 Interview mit Walter Dirks am 14.12.1983. – Anders bei Hans Georg Wieck, *Christliche
und freie Demokraten in Hessen, Rheinland-Pfalz, Baden und Württemberg 1945–1946*
(*Beiträge zur Geschichte des Parlamentarismus und der politischen Parteien*, Bd. 10), Düsseldorf 1958, S. 38, gestützt auf den Bericht Marcel Schultes.

servative Politik zu benutzen und die Wählermassen erneut über klerikale Instanzen an diese Partei zu binden. Eine Wiedergründung des Zentrums hielt Dirks für wenig chancenreich; gleichwohl beobachtete er das Fortwirken linksrepublikanischer Positionen im nordrhein-westfälischen Zentrum nicht ohne Interesse. Er glaubte freilich, daß für eine solche Politik die soziale Basis des Zentrums zu schmal sei[25]. Außerdem war mit dem Reichskonkordat 1933 die überlieferte Form der Verbindung von katholischer Kirche und Politik, wie sie das Zentrum repräsentiert hatte, aufgelöst worden.

Bis Juni 1945 wurde das Labour-Party-Konzept auch in Paderborn von einer Gruppe ehemaliger Zentrumsleute, insbesondere Mitgliedern der katholischen Arbeitervereine[26], vertreten. Die Initiative ging hier von Geistlichen aus dem Umkreis der katholischen Arbeiterbewegung aus: von Pfarrer Hesse, Johannes Hirschmann SJ und Dr. Kaspar Schulte, der als Diözesanpräses der katholischen Arbeiter- und Männervereine des Erzbistums Paderborn und als ehemaliges Vorstandsmitglied des Westdeutschen Verbandes der KAB, deren Führungsschicht die NS-Verfolgung zu spüren bekommen hatte, eine besondere politische Verantwortung empfand. Nach Schultes Berichten hatten sich die Paderborner zunächst mehrheitlich für die Gründung einer möglichst breiten Partei ohne spezielle Bindung an den christlichen Volksteil mit einer betont sozialen, ja „sozialistischen" Ausrichtung entschieden[27]. Mit diesem Konzept einer Labour Party, die nach Pater Hirschmanns Plänen naturrechtlich begründet sein und zusammen mit den religiösen Sozialisten aufgebaut werden sollte, gingen die Paderborner im Juni 1945[28] in eine von ihnen nach Essen einberufene Konferenz, zu der sich die Vertreter der Arbeitervereine, der ehemaligen Christlichen Gewerkschaften, Kleriker und politisch aktive Laien einfanden, um die Frage der anstehenden Parteigründung zu diskutieren. Aus dieser Gruppierung entwickelte sich wenig später der „Wattenscheider Kreis", ein Gründerkreis der Christlich Demokratischen Partei (CDP), der in Westfalen die Traditionen des organisierten

25 Interview mit Walter Dirks am 14.12.1983.
26 Vgl. Wieck, *Entstehung* (Anm. 13), S. 106. — Gisela Schwarze, *Eine Region im demokratischen Aufbau. Der Regierungsbezirk Münster 1945/46 (Düsseldorfer Schriften zur Neueren Landesgeschichte und zur Geschichte Nordrhein-Westfalens, Bd. 11)*, Düsseldorf 1984, S. 81, setzt dieses Parteikonzept mit dem Christlichen Sozialismus aus der CDU-Frühphase gleich und weist darauf hin, daß dessen Programminhalte nicht nur von den Arbeitervertretern im Ruhrgebiet, im Paderborner Raum und im Münsterland (Emsdetten, Bocholt) propagiert wurden, sondern auch von den als „mittelständisch" bezeichneten CDP-Gründungsmitgliedern Lensing, Jöstingmeier, Dr. Peters und Dr. Kannengießer.
27 „Gedanken zur Bildung von Parteien im christlichen Volksteil", 6.10.1945, HSTAD, RWN 48−12, vgl. auch Arkadij R. L. Gurland, *Die CDU/CSU, Ursprünge und Entwicklung bis 1953*, hrsg. v. Dieter Emig, Frankfurt a. M. 1980, S. 31 f., mit Bezug auf Wieck, *Entstehung* (Anm. 13), S. 106. Gurland geht allerdings auf die Juni-Konferenz in Essen nicht ein.
28 Die Konferenz fand − so Schwarze, *Region* (Anm. 26), S. 62 − am 18. Juni in Essen statt; Peter Hüttenberger, *Nordrhein-Westfalen und die Entstehung seiner parlamentarischen Demokratie (Veröffentlichungen der Staatlichen Archive des Landes Nordrhein-Westfalen, Reihe C, Bd. 1)*, Siegburg 1973, datiert Schultes Einladung auf den 3. Juni 1945 (ebd., S. 54), ebenso Schwering, *Frühgeschichte* (Anm. 7), S. 66. Nach Schwering hat in Essen „der Geist Stegerwalds ... nun doch einen späten Sieg" errungen.

sozialen Katholizismus weitgehend absorbierte. Den überlieferten Berichten zufolge
— die Protokolle der Besprechungen gingen verloren — einigte man sich in Essen relativ rasch darauf, das alte Zentrum nicht wiederzubegründen. Statt dessen hob man
die gerade für die katholische Arbeiterschaft wichtigen Motive für eine interkonfessionelle Zusammenarbeit hervor: die positiven historischen Erfahrungen in den interkonfessionellen Christlichen Gewerkschaften, die erwartete Stärkung im Verhalten
gegenüber den Nichtchristen am Arbeitsplatz, die moralisch-politische Verpflichtung
gegenüber den von den Nationalsozialisten verfolgten westdeutschen KAB-Repräsentanten und nicht zuletzt die Sympathie für die Berliner Aktivitäten Jakob Kaisers,
der eine Leitfigur der christlichen Gewerkschaftsbewegung und Mitbegründer der
CDUD war[29]. Zwar wurde in Essen offensichtlich noch nicht über die Frage Christlich Demokratische Partei oder Labour-Party-Konzept entschieden. Doch schon
wenig später schlossen sich die Paderborner Labour-Anhänger der sich im „Wattenscheider Kreis" herausbildenden Mehrheitsmeinung an, „im Interesse der Einheit"
und „nach dem Grundsatz der Demokratie", die — so Schulte — selbstverständliche
Voraussetzung der Besprechungen gewesen sei[30]. Sie gaben aber auch dem Drängen
und der Überredung einiger entschlossener CDP-Initiatoren nach[31].

Ebenfalls aus den Traditionen der katholisch-sozialen Bewegung bildete sich im
rheinischen Mönchen-Gladbach im Frühsommer 1945 um Oberbürgermeister Wilhelm Elfes ein Ansatz zu einer „Partei der Arbeit" heraus, der jedoch nicht zu einer
offiziellen Gründung führte, sondern im Januar 1946 in der örtlichen Unionsgründung aufging[32]. Auch in Mönchen-Gladbach verloren die christlichen Sozialisten
schon im ersten Nachkriegsjahr — trotz der politischen Autorität Elfes' — ihre führende Rolle in der Partei. Elfes, ein führender Aktivist in der katholischen Arbeiterbewegung seit der Jahrhundertwende[33], hatte schon 1926 die Einheitsgewerkschaft
gefordert[34]. Seine Beziehungen zur Kölner KAB-Zentrale waren auch während des
NS-Regimes nicht abgerissen; zusammen mit Andreas Hermes hatte er an Programmentwürfen für die Nachkriegszeit gearbeitet. Elfes hatte auch mit dem ehemaligen

---

29 Vgl. Wieck, *Entstehung* (Anm. 13), S. 107 f., der einen Bericht Dr. Schultes zitiert, sowie
    Schwering, *Frühgeschichte* (Anm. 7), S. 66 ff.
30 „Gedanken" (Anm. 27).
31 Schwering, *Frühgeschichte* (Anm. 7), S. 112 f., 67 f., berichtet, es sei Lambert Lensing und
    Anton Gilsing aus Dortmund gelungen, die Paderborner Labour-Anhänger auf die CDP-
    Linie zu bringen. Sicherlich hat auch die „unauffällige Vorarbeit" des mit Brüning und
    Lensing befreundeten Paderborner Dompropstes Paul Simon die Entscheidung zugunsten
    der CDP mit befördert. Zur Schlüsselrolle Simons, der schon vor 1933 für eine interkon-
    fessionelle Partei eingetreten war, vgl. auch Schwarze, *Region* (Anm. 26), S. 63, 79.
32 Vgl. Albert Eßer, *Sozialistisch, christlich-sozial, bürgerlich. Gruppen, Tendenzen, Ent-
    wicklungen in der Christlich-demokratischen Union — Partei der Arbeit in M. Gladbach
    1945—1948*, Schriftliche Hausarbeit, Köln 1980, S. 10.
33 Vgl. dazu die sehr informative Arbeit von Albert Eßer, *Wilhelm Elfes und die katholische
    Arbeiterbewegung*, Schriftliche Hausarbeit im Rahmen der ersten Staatsprüfung für das
    Lehramt an der Sekundarstufe II, Köln 1984, die mir der Verfasser freundlicherweise zur
    Verfügung stellte.
34 Vgl. oben S. 100, Anm. 116. Die *Frankfurter Rundschau* v. 26.2.1946 druckte einen Ar-
    tikel aus der *Westdeutschen Arbeiterzeitung* vom 27.2.1926 nach, in dem Elfes für die ge-
    werkschaftliche Einigkeit der Arbeiter eintrat.

preußischen und Reichsinnenminister Carl Severing (SPD) über ein neues Parteimodell gesprochen, das an die Kooperation von Zentrum und SPD im „Reichsbanner" zur Verteidigung der Weimarer Republik erinnerte[35]. Die Lehren, die Elfes aus der Kritik an der Politik der Christlichen Gewerkschaften und der Zentrumspartei in der Weimarer Zeit zog und die er bereits 1942 auf einer Geheimkonferenz in Bochum vortrug[36], lassen sich im wesentlichen auf folgende Punkte bringen, die alle für eine Neuordnung des Parteiwesens sprachen:

1. Das Ziel der gewerkschaftlichen und politischen Einheit der Arbeiter: Eine vor 1933 geeinte Arbeiterschaft hätte die NS-Barbarei verhindern können. Daher müsse dem Weimarer Parteienwirrwarr ein Ende gemacht werden:

„Nicht wieder das Alte, nicht wieder zurück! Zu weit haben wir uns vom alten Ufer entfernt, um wieder dort anzulegen: Wir können nicht mehr, aber wir wollen auch nicht mehr dorthin zurück!"[37]

Es gelte jetzt, einen dicken Strich unter die Vergangenheit zu ziehen, nicht wie Lots Weib zurückzublicken, sondern in einer „Front des schaffenden Volkes" alle Kräfte für den friedlichen Wiederaufbau zusammenzuraffen. Die gemeinsame Front sollte bestehen aus einer „Partei der Arbeit", die die soziale und politische Kraft der schaffenden Stände einheitlich zusammenfaßte, einem nach Berufsständen gegliederten Organisationswesen zur Vertretung der wirtschaftlichen und sozialen berufsspezifischen Standesanliegen und schließlich einer Genossenschaftsbewegung im Zirkulationsbereich.

2. Die Notwendigkeit, eine neue Sozialordnung zu schaffen und die bisherige, auf kapitalistische Ausbeutung und Proletarisierung gerichtete Wirtschaftsverfassung zu überwinden: Die Vorherrschaft des Kapitals sei zu brechen, Wirtschafts- und Sozialpolitik müßten miteinander verbunden sein. Sozialpolitik dürfe nicht bloß die Opfer des Kapitalismus auffangen, sondern den Arbeitern müsse ein „würdiger Stand" in der Wirtschaft gesichert werden. Elfes forderte die Überführung großkapitalistischer Unternehmen in Gemeineigentum auf genossenschaftlicher Grundlage, eine Bodenreform, die Verstaatlichung des Versicherungswesens und der Großbanken, die Beseitigung arbeitsloser Einkommen und Arbeitspflicht für jeden arbeitsfähigen Deutschen. Außerdem müsse der totale Staat beseitigt und eine „gesunde Verbindung von staatlicher Führung und staatsbürgerlicher Selbsthilfe" erreicht werden.

3. Die Antiquiertheit einer katholischen Partei: In der aktuellen historischen und geographisch-politischen Lage Deutschlands hielt Elfes es für wichtig, klare politi

---

35 Elfes, *Gespräche* (Anm. 6), S. 7 f.; vgl. auch Hüttenberger, *Nordrhein-Westfalen* (Anm. 28), S. 104, 49. Zum Parteikonzept Elfes' im ersten Nachkriegsjahr vgl. ferner: Niederschrift über die Tagung von Mitgliedern der Christlich-Demokratischen und der Sozialdemokratischen Partei auf der Godesburg in Bad Godesberg am 30.9.1945, Archiv der Sozialen Demokratie, Bonn (AsD), WW 70.
36 Elfes, Leitsätze (Anm. 6), S. 7–13.
37 Ebd., S. 8.

sche Verhältnisse zu schaffen. Da aber Katholiken in politischen Fragen unterschiedlicher Meinung sein könnten, müsse ihre persönliche Entscheidung über Staats- und Wirtschaftssystem frei sein. Die katholische Kirche könne sich im übrigen nach dem Ende des Kulturkampfs auf ihre Heilsmission beschränken und dürfe nicht die Identifikation der Gläubigen mit einer bestimmten Politik erzwingen[38]. Nur eine Partei, die die persönliche Gewissensfreiheit tolerierte, sei imstande, der weltanschaulichen Differenziertheit des deutschen Volkes gerecht zu werden und die Gegensätze zu versöhnen. Als Vorbilder dienten Elfes die nüchtern-pragmatischen Verhältnisse, wie er sie schon in den zwanziger Jahren in England kennengelernt hatte.

Die Ansätze in Berlin, Frankfurt, Paderborn und Mönchen-Gladbach mündeten allesamt in die CDU ein[39]. Zwar waren sie im einzelnen durchaus unterschiedlich akzentuiert; so gingen die Frankfurter mit ihrem Ziel des „umwegigen" Sozialismus wohl am weitesten in eine sozialistische Richtung, zumal sie auch die Kommunisten einbeziehen wollten, während ansonsten vor allem die organisatorische Verbindung der sozialen Basen einer gemäßigten Sozialdemokratie und des Zentrums angestrebt wurde. In Paderborn und Mönchen-Gladbach schlugen mit dem naturrechtlichen und berufsständischen Denken die ideologischen Traditionslinien der katholischen Sozialbewegung durch. Gleichwohl war den neuen Parteiansätzen zweierlei gemeinsam:

– die Absicht, eine *sozialfortschrittliche*, ja sozialistische Partei zu gründen und eine grundlegende Neuordnung der Wirtschafts- und Gesellschaftsordnung durchzusetzen;
– der Entschluß, eine *politische*, weltanschaulich tolerante Partei zu bilden, die nicht an die katholische Kirche gefesselt sein sollte.

Auch nach der organisatorischen Konsolidierung von CDU und SPD blieb der Arbeiterflügel der CDU diesen Grundgedanken verpflichtet, die sich teilweise noch im Ahlener Programm vom 3. Februar 1947 wiederfinden lassen. Die CDU-Linke war außerdem z. B. in Hessen und Nordrhein-Westfalen auf Kommunal- und Landesebene zur Kooperation mit der SPD bereit und lehnte noch 1949, nach der ersten Bundestagswahl, die Polarisierungsstrategie Adenauers gegenüber der Sozialdemokratie ab[40]. Damit zeichnete sich eine Veränderung im neuformierten Zentrumslager

---

38 Wilhelm Elfes, Der Christ in der Politik. Fragen und Antworten zu einem aktuellen Thema. Überlegungen in einem verschwiegenen Versteck vor der Gestapo (Herbst und Winter 1944/45), in: *Ich bitte ums Wort* (Anm. 6), S. 35.
39 Gleichwohl gab es noch im Herbst 1945 in katholischen Arbeiterkreisen Versuche, zum rechten SPD-Flügel Kontakte aufzunehmen (vgl. Schwarze, *Region* [Anm. 26], S. 82). Zu diesem Zeitpunkt hatte Kurt Schumacher freilich bereits unmißverständlich klargemacht, daß die Sammlung der Arbeiterbewegung seiner Meinung nach in der SPD stattfinden müsse. – Vgl. auch Uertz, *Christentum* (Anm. 3), S. 36 f.
40 Während im bizonalen Wirtschaftsrat seit Juni 1947 eine Koalition aus CDU/CSU, FDP und DP existierte, bestand in sieben von elf Ländern eine von CDU und SPD gemeinsam getragene Regierung. Auch nach der Bundestagswahl 1949, als beide Parteien ungefähr gleich stark hervorgingen, waren viele CDU-Politiker, vor allem aus Kreisen der katholischen Arbeiterbewegung, gegen eine rein bürgerliche Koalition. Immerhin gelang es Adenauer, Jakob Kaiser im Herbst 1949 einzubinden und damit den linken Flügel mit auf seinen Kurs zu bringen. Vgl. *Auftakt zur Ära Adenauer. Koalitionsverhandlungen und Regierungsbildung 1949*, bearb. v. Udo Wengst (*Quellen zur Geschichte des Parlamentarismus und der politischen Parteien*, Bd. 3), Düsseldorf 1985, S. XXI.

ab: Hatten vor 1933 nur die Linksrepublikaner, nicht etwa der Arbeiterflügel generell, ein differenzierteres Verhältnis zur Sozialdemokratie entwickelt, so waren nun weite Teile der CDU-Linken bereit, mit Sozialdemokraten, die sich vom Materialismus gelöst hätten, gewerkschaftlich und politisch zusammenzuarbeiten. Weimarer Republikaner und ehemalige Angehörige der christlich-nationalen Gewerkschaften hatten sich in ihrer Einschätzung der SPD einander angenähert. Dagegen unterstützten Exponenten der KAB-Führung, die sich in den zwanziger Jahren mehr als die christlichen Gewerkschafter nach links offen gehalten hatte, nach 1945 die intransigente Politik des liberal-konservativen Unionsflügels um Adenauer gegenüber der SPD[41]. In diesen Positionsveränderungen spiegeln sich unterschiedliche Reaktionen auf die Bildung der Einheitsgewerkschaft wider, die das Selbstbewußtsein der christlichen Gewerkschafter in der Union stärkte, während die katholischen Arbeitervereine als religiöse Bildungsvereine zusehends wieder unter integralistischen Einfluß kamen[42].

Es verwundert nicht, daß im Sommer 1945 gerade auch von den führenden Zentrumspolitikern, die schon die Weimarer Koalition mitgetragen hatten, Anstöße zur Bildung einer „Labour Party" ausgingen. Im Juli 1945 erhielt der ehemalige Reichskanzler und prominenteste Repräsentant des Weimarer Linkszentrums, Dr. Joseph Wirth, von den französischen Besatzungsbehörden eine befristete Aufenthaltsgenehmigung für ihre Zone. Aus seinem Schweizer Exil reiste er für zwei Tage nach Freiburg, um dort über eine solche Parteigründung zu diskutieren. Während der NS-Zeit hatte Wirth in der Schweizer Emigrantengruppe „Demokratisches Deutschland" gearbeitet, der auch bekannte Sozialdemokraten (z. B. Wilhelm Hoegner) und Demokraten angehörten[43]. Im Jahr 1945 strebte Wirth eine „neue Sammlungs-Einheitspartei der sozialen Mitte" an, die Sozialdemokraten, Demokraten und Zentrum umfassen sollte. „Die Struktur der von ihm geplanten Sammelpartei wollte", so beschrieb der Freiburger CDU-Mitgründer Max Müller das „interessante Zwischenspiel", „unter weitgehendem Verzicht auf weltanschauliche Elemente gleichsam die

41 Zur Entwicklung der KAB nach 1945 vgl. Helga Grebing, *Geschichte der deutschen Arbeiterbewegung. Ein Überblick*, München 1966, S. 282; Ute Schmidt, Katholische Arbeiterbewegung zwischen Integralismus und Interkonfessionalität: Wandlungen eines Milieus, in: *Das Ende der Arbeiterbewegung in Deutschland? Ein Diskussionsband für Theo Pirker*, hrsg. v. Rolf Ebbighausen/Friedrich Tiemann (*Schriften des Zentralinstituts für sozialwissenschaftliche Forschung der Freien Universität Berlin*, Bd. 43), Opladen 1984, S. 216—239; vgl. auch unten S. 304.
42 Unterstützt von der Mehrheit der Bischöfe, betrieb die KAB-Führung nach der zweiten Bundestagswahl 1953 die Wiedergründung christlicher Gewerkschaften und die Spaltung des DGB.
43 Vgl. NA RG 59, 862.00/7—2445, EDW—1390, 24.7.1945. — Zusammen mit J. Wirth reisten Dr. Schmidt und Dr. Kindt-Kiefer, ebenfalls Mitglieder der Arbeitsgemeinschaft „Demokratisches Deutschland", am 24. Juli nach Freiburg. Zur Aktivität dieser Schweizer Emigrantengruppe vgl. auch NA RG 59, 862.00/7—2345, Nr. 12158. Sie beriet Emigranten und Flüchtlinge, die in Deutschland politisch aktiv werden wollten, um dort eine demokratische und sozial-fortschrittliche Entwicklung in Gang zu setzen. — Eine Darstellung dieser Gruppe gibt ihr Mitglied Karl Hans Bergmann, *Die Bewegung „Freies Deutschland" in der Schweiz 1943—1945*, München 1974.

einer einheitlichen großen Mitte-Links-Partei sein"[44]. Nach Wirths Abreise[45] wurde jedoch diese Initiative in Freiburg nicht weiter verfolgt; die Auseinandersetzungen gingen hier vielmehr hauptsächlich um die Alternative Zentrum oder BCSV[46] bzw. CDU, um die — wie es in Baden hieß — „Prälaten-" oder „Erzbischofspartei". Joseph Wirth schloß sich bis 1948 keiner politischen Partei an[47].

Carl Spiecker, ein ebenfalls aktiver Vertreter des linksrepublikanischen Weimarer Zentrumsflügels, der im Spätsommer 1945 aus kanadischem Exil nach Deutschland zurückkehrte[48], versuchte noch in dieser Zeit, in der auf örtlicher Ebene bereits die Gründung von Parteien vorbereitet wurde, Anhänger für eine „Labour Party" zu fin-

44 Max Müller, Zur Vorgeschichte der Gründung der badischen CDU in Freiburg/Br. in: Leo Wohleb, *Der andere politische Kurs. Dokumente und Kommentare*, hrsg. v. Paul-Ludwig Weinacht, Freiburg 1975, S. 123.

45 Zu Wirths Person und Politik nach 1945 vgl. *Die unterlassene Ehrung des Reichskanzlers Joseph Wirth. Blüten eines provinziellen Antikommunismus*, hrsg. v. Gernot Erler u. Karl Otto Sattler, Freiburg 1980, S. 60 ff.; als mögliche Erklärung für seine politische Zurückhaltung nach 1945 vgl. die in Anm. 36, S. 161 f., angeführten Lebensumstände.

46 Vgl. unten Kap. 7, Anm. 7, 8.

47 1948/49 beteiligte sich dann an der Gründung der „Union der Mitte" (vgl. unten Kap. 8.2) sowie an der „Deutschen Union", die sich als überparteiliche Gruppierung begriff. 1952 initiierte er die „Deutsche Sammlung" und gründete 1953 zusammen mit Wilhelm Elfes den „Bund der Deutschen für Einheit, Frieden und Freiheit", mit dem Ziel, die deutsche Wiedervereinigung durch Verhandlungen mit Ost-Berlin und Moskau zu erreichen. Zum Bund der Deutschen (BdD) vgl. *Parteien-Handbuch. Die Parteien der Bundesrepublik Deutschland 1945–1980*, Bd. 1, hrsg. v. Richard Stöss (*Schriften des Zentralinstituts für sozialwissenschaftliche Forschung der Freien Universität Berlin*, Bd. 38), Opladen 1983, S. 856–859.

48 Dr. Carl (Karl) Spiecker (1888–1953) war die schillerndste Persönlichkeit des 1945 wiedergegründeten Zentrums. Nach seinem Studium war er 1912–1916 Zentrums-Parlaments-Korrespondent, nahm 1916–1917 am Krieg teil und arbeitete 1917–1919 als Journalist in der Nachrichtenabteilung des Auswärtigen Amtes. 1919–1922 wurde er auf Joseph Wirths Drängen hin Staatskommissar in Oberschlesien. Seit 1922 war er Verlagsdirektor der führenden Tageszeitung des Zentrums, der *Germania*, 1923–1925 als Ministerialdirektor Leiter der Presseabteilung der Reichsregierung, dann Ministerialdirektor in der Reichskanzlei.
In der Weimarer Republik stand er auf dem linken Flügel und arbeitete zusammen mit Matthias Erzberger, Joseph Wirth und Wilhelm Marx. Seine innerparteilichen Gegenspieler waren rechte Zentrumskräfte wie Franz von Papen oder Graf von Galen, der spätere „Löwe von Münster". Seit Mitte der zwanziger Jahre wurde Spiecker verstärkt von rechts angegriffen und in verschiedene Prozesse (um die Zentrumszeitung *Germania*) verwickelt. Mit der Rechtswendung des Zentrums ging auch Spieckers politischer Einfluß zurück. 1928 wurde er Vorstandsmitglied des „Reichsbanners Schwarz-Rot-Gold", des „Republikanischen Reichsbundes", der „Vereinigung Republikanische Presse". 1930–1931 war er unter der Regierung Brüning Sonderbeauftragter des Reiches für die Bekämpfung des Nationalsozialismus. In dieser Funktion versuchte er erfolglos, durch die Abspaltung der Strasser-Richtung die Zersplitterung der NSDAP in die Wege zu leiten. 1933 wurde er wegen „nationaler Unzuverlässigkeit" entlassen und ging in die Emigration: 1933–1940 lebte er in Frankreich, 1940–1941 in England, 1941–1942 in den USA und 1943–1945 in Kanada. In seinem Exil war er publizistisch tätig; er arbeitete in jenen Jahren verschiedentlich auch mit den Regierungen der westlichen Kriegsalliierten zusammen, „performing various tasks concerned with Free Germany Movements" (vgl. *Political Parties in Western Germany*, prepared by Political Activities Branch, CAD, NA RG 260, OMGB 13/150-3/3/21 [1949], S. 54), was Brünings Abneigung gegen Spiecker noch weiter verstärkte. Zu den Verdächtigungen Brünings gegen Spiecker vgl. Brüning, *Briefe* (Anm. 8), S. 19, 22 f.

den. Er trat auch an den damals längst auf die CDP festgelegten Leo Schwering heran[49]. Da sich das Labour-Konzept als nicht mehr realisierbar erwies, schloß sich Spiecker im Herbst 1945 nun dem inzwischen wiedergegründeten Zentrum an und versuchte dort, seine Idee einer politischen Mittepartei, die frei von weltanschaulichen Bindungen sein müsse, durchzusetzen[50].

Im ersten Nachkriegsjahr sind im christlichen Lager noch mehrfach Versuche unternommen worden, sozial orientierte, weltanschaulich neutrale Parteien zu bilden[51]. Zwei Beispiele aus Rheinland-Westfalen, über deren weiteres Schicksal allerdings wenig bekannt ist, mögen dies verdeutlichen: Der politische Bund „Neuer Wille – Christliche Linke" (wahrscheinlich eine Gruppierung um den Linkskatholiken Joseph Rüther aus Brilon[52]) definierte sich als vorläufige Sammlungsbewegung, noch nicht als Partei. Die christlichen Parteien hätten es unterlassen oder seien – wie früher das Zentrum – aufgrund ihrer politischen und sozialen Heterogenität gar nicht imstande, „die Forderungen von ,links', die heute die Lebensforderungen unseres Volkes sind, vor allem die der Siedlung und der Aufteilung des Großgrundbesitzes, aufzustellen", so heißt es in einem wahrscheinlich 1945 entstandenen Manifest[53]. Es sei aber unmöglich,

„zugleich die Ziele der Arbeiter und der Großindustrie, der Kleinbauern und Siedler auf der einen und der Großgrundbesitzer auf der anderen, der Anhänger aufrichtiger Demokratie auf der einen und die einer ‚autoritären' Regierungsform nach Art des früheren ‚Rechts'zentrums auf der anderen Seite, die der Antimilitaristen und die des Militäradels, der Militärfamilien, der Offiziers- und Kriegervereine wahrzunehmen."

Die Initiatoren des neuen Bundes befürchteten, daß in der CDU – trotz des Bruchs mit dem alten Zentrum und der neuen Programmatik – die altbekannten Führer aus der Vergangenheit und aus den Gesellschaftsschichten, die traditionell den Deutschnationalen und dem Rechtszentrum nahestanden, die politische Macht zurückgewinnen könnten. Diesen Rechtstrend wollten sie verhindern. Denn:

---

49 Vgl. Schwering, *Frühgeschichte* (Anm. 7), S. 135.
50 Vgl. unten Kap. 6 u. 7.
51 Demgegenüber betonte der „Bund religiöser Sozialisten", eine linkskatholische Gruppierung um Theo Pirker und Joseph Rossaint, die in Bayern und in Essen aufgetreten war und die eine Verbindung von christlicher und sozialistischer Politik anstrebte, gerade das weltanschauliche Element. Den religiösen Sozialisten ging es weniger um eine aktuelle Neuformierung des Parteiensystems als um eine Neubestimmung des Politikinhalte durch die Kooperation von Christen und Sozialisten und um eine neue Definition langfristiger politischer Ziele. Den religiösen Sozialisten war ihre gesellschaftliche Minoritätsposition durchaus bewußt (vgl. NA RG 260, OMGB 10/90-3/2 1-4, 10/90-3/5, 10/91-1/4, 13/149-3 /4 sowie Information v. Theo Pirker, München/Berlin).
52 Vgl. Martin Stankowski, *Linkskatholizismus nach 1945. Die Presse oppositioneller Katholiken in ihrer Auseinandersetzung für eine demokratische und sozialistische Gesellschaft*, Köln o. J., S. 307, Anm. 52. Danach trat Rüther am 12.1.1946 mit Walter Dirks in Verbindung, den er aus den zwanziger Jahren kannte. Er übersandte Dirks ein Thesenpapier mit acht „Befürchtungen bei der Gründung der christlich demokratischen Partei" und zugleich den Vorschlag zur Gründung des Bundes. Das Thesenpapier findet sich auch im Nachlaß Hamacher (HSTAD, RWN 48–12).
53 Manifest „Planung zu einem politischen Bund: ,Neuer Wille – Christliche Linke' " (HSTAD, RWN 48–12). Danach wird im folgenden zitiert.

„Die heutigen Lebensnotwendigkeiten unseres Volkes liegen nicht in der Richtung, die man früher als ‚rechts' bezeichnete; die Geschichte hat es mit katastrophaler Deutlichkeit gezeigt. Sie liegen auch nicht in der ‚Mitte', die in den Gegensätzen heutiger geschichtlicher Wirklichkeit eine nur weltanschaulich durchzuhaltende, politisch unmögliche Fiktion ist. Arbeiter und Großkapital, Siedler und Großgrundbesitzer können politisch zusammengehen. Sie können nur weltanschaulich einig sein nämlich in der Anerkennung sittlicher Grundsätze, die aber verschiedene politische Zielsetzung zulassen. Der Weg in die Zukunft unseres Volkes kann zwar nur in Einklang mit den Grundsätzen christlicher Sittenlehre betreten werden, aber der *politische* Weg geht unzweideutig nach ‚links'."

Am Vorbild der englischen Labour Party orientierte sich offensichtlich auch eine im Rheinland im August 1945 auftretende „Deutsche Arbeiter-Partei 1945", die den Weimarer Parteien vorwarf, „im entscheidenden Moment versagt" zu haben; daher müsse „etwas grundsätzlich Neues" geschaffen werden. Die Partei wollte weltanschaulich neutral und demokratisch-sozial sein. In ihrem Parteiprogramm maß sie den Gewerkschaften einen zentralen Stellenwert beim wirtschaftlichen, sozialen und kulturellen Wiederaufbau zu und forderte u. a. die Verstaatlichung der Schlüsselindustrien[54].

Das von Adam Stegerwald, dem ehemaligen Vorsitzenden der Christlichen Gewerkschaften, im Sommer 1945 entwickelte Programm einer „Arbeiter- und Bauernpartei" unterscheidet sich von den Labour-Ansätzen, auch wenn die Bezeichnung zunächst eine ähnliche Stoßrichtung vermuten läßt[55]. Denn Stegerwald, der von der amerikanischen Militärregierung inzwischen zum Regierungspräsidenten von Würzburg ernannt worden war und sich auf eine maßgebliche Rolle bei der Regierungsbildung in Deutschland vorbereitete, sprach sich auch 1945 unmißverständlich vor allem dafür aus, das Zentrum bzw. die BVP um „wertvolle Kräfte von rechts" zu ergänzen[56]. Wie schon vor 1933 plädierte er für einen christlichen Block als Gegengewicht zur SPD. Immerhin wurde 1945, um im Bilde des Stegerwald-Biographen Schorr zu bleiben, von verschiedener Seite „beschwörend an den Sarg geklopft", in dem das Stegerwaldsche Konzept der zwanziger Jahre sein „Begräbnis erster Klasse" erhalten hatte[57]: Auf die Essener Rede von 1920 beriefen sich sowohl diejenigen, die die Gewerkschaften als Kristallisationspunkt einer parteipolitischen Neubildung

---

54 Deutsche Arbeiter-Partei 1945, Moers, an Dr. Hamacher, 25.3.1946. In diesem Schreiben erklärte die „Deutsche Arbeiter-Partei 1945" ihre Sympathie mit der auf der ersten Parteikonferenz des Zentrums verfaßten Entschließung zum weltanschaulich neutralen bzw. überkonfessionellen Charakter des Nachkriegszentrums (DZPAM 19—20).
55 Vgl. Franz Josef Stegmann, Geschichte der sozialen Ideen im deutschen Katholizismus, in: *Geschichte der sozialen Ideen in Deutschland (Deutsches Handbuch für Politik,* Bd. 3), München/Wien 1969, S. 485. — Vgl. außerdem zu Stegerwald: Josef Deutz, *Adam Stegerwald. Gewerkschafter — Politiker — Minister 1874—1945. Ein Beitrag zur Geschichte der christlichen Gewerkschaften in Deutschland,* Köln 1952; Helmut J. Schorr, *Adam Stegerwald, Gewerkschaftler und Politiker der ersten deutschen Republik. Ein Beitrag zur Geschichte der christlich-sozialen Bewegung in Deutschland,* Recklinghausen 1966.
56 Diese Ansicht äußerte Stegerwald im Juni 1945 sowohl gegenüber Vertretern der amerikanischen Militärregierung als auch in einem Schreiben an den gerade ernannten bayerischen Ministerpräsidenten Dr. Fritz Schäffer (vgl. Schorr, *Stegerwald* [Anm. 55], S. 386).
57 Ebd., S. 75; vgl. auch Schwering, *Frühgeschichte* (Anm. 7), S. 50.

suchten[58], als auch die Anhänger einer interkonfessionellen Mitte-Rechts-Partei[59].
Gleichwohl gingen im Einverständnis über die notwendige Parteineuformierung die
Nuancen nicht völlig unter; und immer wieder scheinen in den Unionsgründungsan-
sätzen Positionen aus den innerparteilichen Kämpfen des Weimarer Zentrums durch.
So schickte Johannes Albers aus Köln Stegerwald, seinem Kollegen aus den früheren Christlichen Gewerkschaften, im August 1945, eine Woche vor der Kölner CDP-
Gründung, die Kölner Leitsätze zu. Sein eigentliches Ziel sei aber, so schrieb Albers,
eine ,,Partei der Arbeiter und Bauern'' sowie eine soziale und gerechte Wirtschafts-
und Lebensordnung und gab sich damit als ein Anhänger des Christlichen Sozialismus zu erkennen. Für solche Ideale seien die Kampfgefährten aus den katholischen
Arbeitervereinen in den Tod gegangen[60]. Stegerwald sah dies freilich anders: Auf
die Auseinandersetzung zwischen Christlichen Gewerkschaften und KAB-Führung
über die Umgestaltung des Parteiwesens in den zwanziger Jahren anspielend[61], urteilte er, das Schicksal der KAB-Leute, die damals seine Hauptwidersacher im eigenen Lager gewesen seien, sei ,,bei größerem politischen Weitblick vor einigen Jahrzehnten vermeidbar gewesen''[62].

Während im Kölner CDP-Gründerkreis zumindest anfangs eine christlich-sozialistische Unterströmung wirkte, deren Pathos aus der Identifikation mit den Kölner
Widerstandskreisen herrührte, argumentierte Stegerwald primär taktisch. Seine programmatischen Schriften aus dem Jahr 1945 belegen außerdem eine rein pragmatische Aneignung der Demokratie. Das Wesen der Demokratie setzte er gleich mit
dem Grundsatz ,,Was du nicht willst, das man dir tu', das füg auch keinem andern
zu!'' und konstatierte in diesem Sinne eine Gemeinsamkeit mit den fundamentalen
Grundsätzen des Christentums. Demokratie äußerte sich für Stegerwald sowohl im
,,kameradschaftlichen Verhalten von Mensch zu Mensch'' als auch in der glücklichen
Vermählung von individueller Freiheit und Gemeinschaftsbewußtsein[63]. Dieser un-
präzise und nach wie vor weniger an der Realität einer pluralistischen Gesellschaft

---

58 So z. B. der Mannheimer CDU-Gründerkreis, der auch eine um die Richtungsgewerkschaf-
   ten gruppierte Sammlungspartei diskutierte. Vgl. Schulz, CDU (Anm. 7), S. 65; s. auch
   Wieck, *Christliche und freie Demokraten* (Anm. 24), S. 125.
59 Zum Einfluß Stegerwalds auf die Gründung der CSU vgl. Alf Mintzel, *Die CSU. Anatomie
   einer konservativen Partei (Schriften des Zentralinstituts für sozialwissenschaftliche Forschung der Freien Universität Berlin*, Bd. 26), Opladen 1975, S. 87 ff. sowie S. 546, Anm.
   35: In den Richtungskämpfen der bayerischen Union zwischen einem konservativ-katho-
   lisch-bayerisch-etatistischen und einem liberal-konservativen, interkonfessionell-christlichen Flügel war Stegerwald (ebenso wie Josef Müller) Exponent der letztgenannten Richtung. – Vgl. auch Ernst Deuerlein, *CDU/CSU 1945–1957. Beiträge zur Zeitgeschichte*,
   Köln 1957, S. 53 ff. Deuerlein erwähnt, daß auch in Bayern ,,der Gedanke einer ,Partei
   der Arbeit' unter Einschluß der Sozialdemokraten erwogen'' worden sei, ohne die Vertreter dieses Konzepts namentlich aufzuführen und ohne eine Beziehung zu Stegerwalds
   Bemühungen herzustellen.
60 Schorr, *Stegerwald* (Anm. 55), S. 388; Uertz, *Christentum* (Anm. 3), S. 33.
61 Vgl. oben Kap. 2.
62 Adam Stegerwald, *Von deutscher Zukunft*, Würzburg 1946, S. 7 (gekürzte Fassung eines
   Vortrages auf der konstituierenden Versammlung der CSU am 13.10.1945 in Würzburg).
63 Ders., *Wo stehen wir?*, Würzburg 1946, S. 22 ff. (Rede Stegerwalds im Stadthaus zu Würzburg am 21.8.1945).

als am Ideal eines weitgehend spannungsfreien Gesellschaftskörpers orientierte Demokratiebegriff ging auch in sein Parteikonzept ein. Die christliche Arbeiterschaft stehe am Scheideweg: Sie könne entweder mit einer religiös toleranten Sozialdemokratie paktieren oder aber — und hierfür trat Stegerwald ein — „mit dem verständigen Teil des neben den marxistischen Parteien bestehenden Volksteils sich wieder zu einer politischen Gemeinschaft vereinigen in der Erwartung und Hoffnung, daß damit tatsächlich aus den Deutschen endlich einmal ein Volk wird, das frei ist von den aus Neid, Propaganda und Klassenhetze entstehenden Spannungen"[64]. Den Blick unverwandt auf das 1920 gescheiterte Projekt gerichtet, ging es ihm auch 1945 um eine „nationale, christlich-kulturelle Staatspartei großen Stils", die — mit einer klaren parlamentarischen Mehrheit ausgestattet — eine stabile Mitte-Rechts-Regierung stützen und dazu beitragen würde, die Volkssubstanz zu erhalten und Deutschland zum Träger und Schützer abendländischer Kultur zu machen[65].

Die „Partei der Arbeiter und Bauern" dagegen war nur eine zugkräftige Übergangsparole. So schrieb Stegerwald an Albers:

„Es kommt ja in der Hauptsache darauf an, daß man beim ersten Wahlkampf viel Volk hinter sich bekommt. Das läßt sich am sichersten erreichen, wenn die Massen sehen, daß etwas Neues mit vertrauenerweckenden Menschen dargeboten wird. Und das Neue muß eben gezeigt werden in der Verständigung zwischen Stadt und Land, zwischen Protestanten und Katholiken. Aus dieser Situation heraus gibt es für den ersten Wahlkampf keine günstigere Parole als ‚christlich-soziale Arbeiter- und Bauern-Partei' ... Auf die Dauer gefällt mir der Titel nicht ... Bei größerer Beruhigung kann dann meinetwegen die Firma ‚Christliche Demokratie' gewählt werden."[66]

Mit der „Arbeiter- und Bauernpartei" strebte Stegerwald also nicht etwa eine Organisation an, die vorrangig die ständischen Interessen dieser sozialen Schichten vertreten sollte; vielmehr ging es ihm darum, Arbeiter und Bauern als die zahlenmäßig stärksten Wählergruppen für eine konservative, aber sozial ausgerichtete Politik zu gewinnen. Vom angestrebten Parteicharakter her wie vom Standpunkt der Stimmenmaximierung aus war es nur konsequent, auch „dem Handwerk und dem städtischen

---

64 Ders., *Zukunft* (Anm. 62), S. 11.
65 Vgl. ebd. Zum Parteikonzept Stegerwalds vgl. auch ders., *Wohin gehen wir?*, Würzburg 1946, S. 8 ff. Diese Schrift enthält neben Ausführungen, die auf dem Vortrag Stegerwalds vom 13.10.1945 (vgl. Anm. 62) aufbauen, ein Interview mit Dr. Dürr, dem CSU-Vorsitzenden für Würzburg.
     Daß er 1920 ohne Erfolg geblieben war, begründete Stegerwald mit währungspolitischen Schwierigkeiten, innenpolitischen Spannungen nach der Ermordung Erzbergers, dem Tod seiner einflußreichsten Förderer, Hitze und Trimborn, mit „politischer Instinktlosigkeit", „konfessioneller Engherzigkeit", dem 1919 verpaßten Zeitpunkt, seiner eigenen Arbeitsüberlastung sowie politischen Heterogenität der christlichen Gewerkschaftsführer (ebd., S. 26 f.). Hätte er selbst noch stärker auf eine Neuformierung der Mitte-Rechts-Parteien gedrängt, so wäre der Zusammenhalt der christlich-nationalen Gewerkschaften ernsthaft gefährdet worden. Beim „Auseinandermanövrieren und Zerschlagen dieser Parteien" (so schrieb er in: *Von deutscher Zukunft* [Anm. 62], S. 7) sei er weniger erfolgreich gewesen als „Hitler in seiner Art": „Hitler konnte ungehemmt vorstürmen, weil er ehedem nichts hinter sich hatte, während ich einen ‚Porzellanwagen' hinter mir mitziehen mußte" (vgl. oben Kap. 2, Anm. 98).
66 Zit. nach Schorr, *Stegerwald* (Anm. 55), S. 288 f.

Bürgertum ... in der Partei ein[en] angemessenen Platz einzuräumen"[67]. Dem „intellektuellen Element" und der Jugend wurden die Funktionen von „Prellböcken" und „Klammern" zugedacht. So sollte nun endlich der „Konstruktionsfehler" der alten Zentrumspartei korrigiert werden, in der die agrarischen und mittelständischen Interessen stets die Priorität besessen hatten, obwohl die katholischen Arbeiter ihre weitaus größte und bestorganisierte Wählergruppe gestellt hatten[68]. Die neue Partei sollte der Entwicklung der Industriegesellschaft in doppelter Weise Rechnung tragen: indem sie erstens einen ausgewogeneren innerparteilichen Interessenproporz herstellte und zweitens die Bedeutung des wachsenden Anteils der Arbeiter, Angestellten und Beamten am gesamten Wählerpotential erkannte. Es galt, den sich vergrößernden Anteil der lohnabhängigen Schichten aufzufangen, wenn sie sich nicht der Sozialdemokratie zuwenden sollten.

In der CSU, an deren Gründung Stegerwald neben Josef Müller u. a. maßgeblichen Anteil hatte, sah Stegerwald die Partei verwirklicht, die er 1920 in Essen gefordert hatte[69]; er konnte sich in seiner Funktion als Regierungspräsident allerdings nicht öffentlich für sie engagieren. Eine Wiederbegründung der Zentrumspartei lehnte er ab, weil der demokratische Staat, der den Deutschen von den Siegerstaaten aufgezwungen werde, und eine konfessionelle Minderheitspartei nicht kompatibel seien. Stegerwald forderte den Rückzug des Klerus aus der Politik, doch sollten sich die Kirchen als sittlich-moralische Mächte betätigen. Außerdem müßten „die ethisch-kulturellen Grundelemente" in einer deutschen Partei erhalten bleiben. Für die Trennung von Staat und Kirche sei Deutschland noch nicht reif, die Auflockerung des gegenseitigen Verhältnisses sei hingegen das Gegebene[70]. Das 20. Jahrhundert sei nicht mehr von konfessionellen Streitigkeiten und den Auseinandersetzungen

---

67 Stegerwald, *Wo stehen wir?* (Anm. 63), S. 31 f.; daraus wird im folgenden zitiert. – Schwering ist der Auffassung, Stegerwald habe mit der „Arbeiter- und Bauernpartei" zunächst sein eigenes Kind verleugnet, dann aber nach einem Besuch in Köln im Oktober 1945 wieder den alten Plan aufgenommen. „Es ging ihm wie Moses, der das Land der Verheißung schaute, es jedoch nicht betreten durfte; seine Tat jedoch bleibt eine geschichtliche Leistung" (*Frühgeschichte* [Anm. 7], S. 50 f.).

68 Adam Stegerwald, *Arbeiterwähler und Zentrumspartei*, Vortrag, gehalten am 27. Juli 1918 vor Arbeiterzentrumswählern in Köln, Krefeld o. J., S. 26 f. (Bei der Reichstagswahl 1903 wurden ca. 45–50 Prozent der Stimmen, die das Zentrum gewann, von Arbeitern abgegeben, also mindestens soviel, wie Bauern und Mittelstand zusammengerechnet.)

69 Im Anhang zu *Wohin gehen wir?* (Anm. 65) findet sich das von Stegerwald mitformulierte CSU-Programm für Würzburg-Stadt und -Land. Abschnitt 7 fordert bei grundsätzlicher Anerkennung der Privatinitiative eine planmäßige Wirtschaftslenkung zur Überwindung des Nachkriegselends sowie die Verstaatlichung der Schlüsselindustrien und der Bodenschätze. Abschnitt 10 enthält ein Bekenntnis zur Einheitsgewerkschaft und zum – mit der Stegerwaldschen Konzeption letztlich nicht zu vereinbarenden – Christlichen Sozialismus (S. 69). – Vgl. auch Deuerlein, *CDU/CSU* (Anm. 59), S. 56, und Walter Berberich, *Die historische Entwicklung der christlich-sozialen Union in Bayern bis zum Eintritt in die Bundespolitik*, Phil. Diss., Würzburg 1965, S. 3, 10 ff., 120, der Stegerwald eine zentrale Rolle bei der Gründung der interkonfessionellen CSU beimißt, seine tatsächliche Wirkung jedoch erheblich überschätzt (s. Mintzel, *CSU* [Anm. 59], S. 546, Anm. 35).

70 Adam Stegerwald, Neugestaltung des deutschen Lebens. Anhang zur Druckfassung der Rede Stegerwalds in Würzburg am 21.8.1945, datiert: 21.8.45, in: *Wo stehen wir?* (Anm. 63), S. 32.

von Kirche und Staat geprägt; die heute wichtigen Fragen beträfen das Verhältnis zwischen Kirche und moderner Kultur sowie den zur Weltangelegenheit gewordenen Emanzipationskampf der Arbeiterschaft. Ebenso wie in der französischen Revolution das Bürgertum seine soziale und politische Position gegen die feudale Aristokratie durchgesetzt habe, erkämpfe sich die Arbeiterschaft gegenwärtig ihren „staatserhaltenden Platz im Staats- und Gesellschaftskörper"[71].

Zusammenfassend lassen sich für das Scheitern des Labour-Party-Konzepts zwei Gründe anführen:

Zum einen stand seiner Verwirklichung das autonome Verbandsinteresse bzw. die Parteitraditionen vor allem von SPD und KPD entgegen. Darüber hinaus zeigten die Repräsentanten der alten ADGB-Gewerkschaften, aber auch die der anderen Verbände, die als Kristallisationspunkt der Labour Party gedacht waren, kein Interesse an einer solchen Parteikonstruktion, da sie ihr Ziel in der Bildung der Einheitsgewerkschaft sahen und darüber hinaus durchaus unterschiedliche parteipolitische Intentionen verfolgten. Vielen Anhängern von SPD, KPD sowie den meisten Gewerkschaftsmitgliedern schien sicherlich auch die Vereinigung der beiden Arbeiterparteien von größerem Interesse zu sein als ein Zusammenschluß mit bürgerlichen Kreisen, von denen — sicherlich nicht unrealistisch — angenommen wurde, sie hätten ihr antisozialistisches Ressentiment noch nicht abgelegt und wollten eine Labour Party womöglich nur als „Trittbrettfahrer" nutzen. Aber auch in den alten Zentrumskreisen fand das neue Konzept nur eine geringe Resonanz.

Zum anderen wäre die Umsetzung des Labour-Konzepts, auch bei stärkerem Interesse der angesprochenen Gruppierungen, schwer gefallen. Denn: Auch wenn sich Jakob Kaiser vor dem 20. Juli mit führenden Sozialdemokraten darüber verständigt hatte, „daß auch in Deutschland parteipolitische Gebilde wachsen könnten, die von einer so ausgesprochenen Toleranz sind, daß weltanschauliche Verschiedenheiten der Auffassungen für die Gemeinsamkeiten der praktischen Politik keine Hemmung mehr zu bilden brauchen"[72], so waren doch die Bedingungen, unter denen sich 1945 das politische Leben wieder herausbildete, anders als man sie sich damals vorgestellt hatte. Das nationalsozialistische Regime war nicht durch den antifaschistischen Widerstand von innen heraus gestürzt worden; es kapitulierte vor den Armeen der alliierten Siegermächte, die jetzt die Bedingungen des Wiederaufbaus diktierten. Dazu gehörte zunächst das Verbot jeder parteipolitischen und gewerkschaftlichen Betätigung; es galt in den Westzonen bis Mitte September 1945 und wurde erst nach der Potsdamer Konferenz aufgehoben. Danach war in den Westzonen die Wiedergründung der Organisationen an die Auflage gebunden, den Organisationsaufbau von unten nach oben stufenweise zu vollziehen („Drei-Phasen-Plan"). In Berlin und in der sowjetischen Besatzungszone wurden antifaschistische Parteien und Gewerkschaften dagegen schon am 10. Juni 1945 zugelassen. In dieser kurzen Phase restriktiver Besatzungspolitik bis zur Lizenzierung der Parteien durch die Militärregierung

---

71 Ders., *Zukunft* (Anm. 62), S. 5 f.
72 Zit. nach Wieck, *Entstehung* (Anm. 13), S. 212, aus einer Rede, die Jakob Kaiser am 2. Februar 1946 auf der Delegiertenkonferenz des FDGB in Berlin hielt. Vgl. auch Grebing, *Geschichte* (Anm. 42), S. 278.

mußte sich entscheiden, welche Parteikonzepte sich durchsetzen würden. Die im Vergleich zu den anderen Besatzungszonen frühzeitige Lizenzierung von Parteien in Berlin und in der SBZ durch die SMAD ebenso wie die spätere Lizenzierungspraxis in den Westzonen verhalf den traditionellen politischen Denkmustern wie den ihnen entsprechenden noch aktionsfähigen politischen Strömungen und sozialen Bewegungen wieder zur Artikulation und – wie im Falle der CDU – zur Neugruppierung. Dem neuen Ansatz, der quer zu den parteipolitischen Traditionen Arbeiter- und Mittelschichten aus dem sozialen Spektrum verschiedener Parteien herauszubrechen versuchte, um eine neue weltanschaulich neutrale Mitte-Links-Partei zu formieren, war kaum Zeit geblieben, sich bekannt zu machen, geschweige denn die Möglichkeit, politische Erfahrungen zu sammeln. Für eine kurze Zeitlang übte er jedoch im katholischen Lager eine Faszination aus, der sich anfangs auch manche Protagonisten der CDU nicht entziehen konnten[73].

5.2 *Zentrum oder CDU – Integrationspartei oder Bürgerblock?*

Daß mit der CDU und der – am 14. Oktober 1945 in Soest wiedergegründeten – Zentrumspartei nach dem Ende des Zweiten Weltkrieges zwei einander heftig bekämpfende Parteien im katholischen Lager entstanden, die um das Wählerpotential des Weimarer Zentrums konkurrierten, ist in der damaligen tagespolitischen Auseinandersetzung vor allem auf zwei Ursachen zurückgeführt worden:
– auf den bornierten Konfessionalismus katholischer Zentrumstraditionalisten, die die zeitgemäße interkonfessionelle Neuformierung in der Union nicht mitmachen wollten;
– auf den politischen Ehrgeiz und die Profilierungssucht der bei der Unionsgründung nicht zum Zuge gekommenen Zentrumspolitiker Hamacher, Brockmann und vor allem Spiecker.
Diese Thesen entsprachen beispielsweise der Auffassung Brünings[74] und finden sich auch in der Historiographie wieder[75]. Doch ist die Spaltung im Lager des politischen

---

73 So gestand Leo Schwering in einem 1959 an Richard Muckermann gerichteten Brief ein, er habe in seiner Darstellung der CDU-Entwicklung die Bedeutung, die das Labour-Konzept 1945/46 für die Union und später für die Zentrumspartei tatsächlich gehabt habe, absichtlich heruntergespielt. Aus politischen Gründen habe er damals manchen Zusammenhang anders gewichten müssen, um möglichen Gegnern, insbesondere der Militärregierung und der Zentrumspartei, nicht in die Hände zu arbeiten (HSTAD, RWN 125–12).
74 Vgl. den Brief Brünings an Leo Schwering, o. D., zit. nach: Leo Schwering, Stegerwalds und Brünings Vorstellungen über Parteireform und Parteiensystem, in: *Staat, Wirtschaft und Politik in der Weimarer Republik. Festschrift für Heinrich Brüning*, hrsg. v. Ferdinand A. Hermens/Theodor Schieder, Berlin 1967, S. 23–40, hier S. 38 ff.; vgl. auch Brüning, *Briefe* (Anm. 8), S. 19, 24.
75 Vgl. Hüttenberger, *Nordrhein-Westfalen* (Anm. 28), S. 77, 79; Schwering, *Frühgeschichte* (Anm. 7), S. 95 ff.; Helmuth Pütz, *Die CDU (Ämter und Organisationen der Bundesrepublik Deutschland, Bd. 30)*, Düsseldorf 1976, S. 36 f.; *Die deutschen Parteien im Überblick. Von den Anfängen bis heute*, hrsg. v. Walter Schlangen, Düsseldorf 1979, S. 172. – Wieck, *Entstehung* (Anm. 13), S. 138, hält demgegenüber fest, daß sich die Zentrumsverfechter

Katholizismus nicht allein durch die − übrigens in den breiten Reihen der Unionsanhänger keineswegs plötzlich verschwundene − konfessionelle Borniertheit traditioneller Zentrumskräfte oder die politischen Ambitionen einzelner Politiker erklärbar; die Unvereinbarkeit beider Parteiansätze und das Scheitern der Einigungsbe-
strebungen in den ersten Nachkriegsjahren ergaben sich vielmehr aus
− der je spezifischen Verarbeitung der Parteigeschichte und Vergangenheitsbewäl-
  tigung;
− einem anderen Parteikonzept und einem unterschiedlichen Politikverständnis.
Die politisch-ideologischen Differenzen, die die separate Existenz der Zentrumspartei begründen sollten, wurden freilich weder theoretisch durchgearbeitet noch politisch konsequent vor- bzw. ausgetragen; daher versandeten die kontroversen Ansätze häufig in persönlichen Ressentiments oder in Hilflosigkeit. Dennoch durchzogen die Gegensätze, in denen erneut die politischen Flügelkämpfe des Weimarer
Zentrums aufbrachen, als Relikt der gemeinsamen Parteigeschichte einen breiten
Teil des früheren Zentrumslagers. Andererseits gab es zeitweise auch − jenseits der
politischen Opportunitäten und Grabenkämpfe − personelle und politische Affinitäten und Querverbindungen zwischen Anhängern der CDU und des Zentrums. Erst
vor diesem Hintergrund erklärt sich das idiosynkratische Verhältnis zwischen Union
und sogenanntem „Neuzentrum", auf dessen Problematik im folgenden näher einzugehen ist.

5.2.1 Konfliktpotentiale in der neuen Formation

Nicht nur das Zwischenspiel der Labour-Party-Idee, sondern auch die ersten Ansätze
zur CDU-Gründung haben gezeigt, daß viele „Christliche Demokraten der ersten
Stunde"[76] es für notwendig hielten, den 1933 geschleiften Zentrumsturm preiszugeben, um entweder mit einer „Partei der Arbeit" oder im Rückgriff auf das „Essener Programm" etwas Neues zu beginnen. Den jüngeren Zentrumsmitgliedern fiel es
leichter, die belastete Vergangenheit mit einem, wenn auch schmerzlichen Schnitt
abzutrennen[77]. Andere, weniger „modern" denkende Unionsanhänger sahen in der
Verbindung mit den noch aktivierbaren politischen Kräften und Traditionen des
protestantischen Bürgertums ein − von der Kirchenführung gebilligtes und darum

Fortsetzung Fußnote 75
　　vor allem deshalb gegen die Christlichen Demokraten wandten, weil sie einen Rechts-
　　schwenk befürchteten. Vgl. auch Ute Schmidt, Die Deutsche Zentrumspartei, in: *Parteien-*
　　handbuch (Anm. 47), S. 1198; Schwarze, *Region* (Anm. 26), sieht aufgrund neu ausge-
　　werteter Quellen die Auseinandersetzung zwischen CDU und Zentrum in Westfalen in ei-
　　nem anderen Licht (S. 58 ff., 83 ff.).
76　So der Titel einer Sammlung der Biographien von CDP/CDU-Gründern, in der u. a. auch
　　die Lebensbilder von Johannes Albers, Karl Arnold, Josef Gockeln, Andreas Hermes,
　　Jakob Kaiser, Adam Stegerwald gezeichnet werden (hrsg. v. d. Konrad-Adenauer-Stif-
　　tung für politische Bildung und Studienförderung e. V., Bonn 1966).
77　Vgl. Schwering, *Frühgeschichte* (Anm. 7), S. 100.

akzeptiertes — Gebot der politischen Klugheit; für sie bedeutete die interkonfessionelle christliche Partei nichts anderes, als das alte Zentrum in erweiterter, neuer Form wählbar zu machen. Während sich das Gros der Zentrumsmitglieder — auch wegen des Schweigens der ehemaligen Zentrumsführung[78] und der Haltung der Kirche zum Widerstand und in der Schuldfrage[79] — schwer tat, die historisch-politische Mitverantwortung nicht nur der Deutschen, sondern auch des Zentrums für das Ende der Weimarer Republik zu sehen, setzte man sich in den Gründerzirkeln der Union auf unterschiedliche Weise mit dem Nationalsozialismus auseinander[80]. Zwar bemühte sich der am ehesten interkonfessionell zu nennende Berliner Gründerkreis zumindest ansatzweise um eine historisch-analytische Argumentation, doch brach auch hier die der katholischen Gesellschaftstheorie verpflichtete Auffassung durch, den Bolschewismus wie den Nationalismus als Resultat einer Abkehr vom göttlichen Sittengesetz zu betrachten[81]. Am weitesten trieben die Frankfurter Unionsgründer um Walter Dirks die historisch-politische Analyse voran[82]. Demgegenüber rechneten die Kölner CDP-Gründer auf so pathetisch-moralische Weise mit dem Nationalsozialismus ab, daß die „Kölner Leitsätze" auf Drängen der Wuppertaler Protestanten in den entsprechenden „demagogischen" Passagen geändert werden mußten[83].

In der rheinisch-westfälischen CDU, mit der sich das wiedergegründete Zentrum

78 Kaas trat, nachdem er sich 1933 nach Rom zurückgezogen hatte, in der deutschen Politik nicht mehr hervor. Brüning hielt sich politisch ebenfalls zurück und vertrat die Ansicht, Emigranten sollten sich in der deutschen Nachkriegspolitik generell zurückhalten. Dieser Meinung waren auch amerikanische Deutschlandexperten wie z. B. der politische Berater der amerikanischen Militärregierung in Deutschland, Robert D. Murphy, die Emigranten bestenfalls als Berater akzeptierten. Murphy hatte übrigens Vorbehalte gegen Brünings politische Einschätzungen: So hielt er dessen Auffassung, daß die Initiatoren des 20. Juli bzw. deren gesellschaftspolitisches Umfeld die geeignete politische Führungsschicht für · ein postfaschistisches Deutschland seien, für falsch (vgl. OSS, 19. Okt. 1944, Memorandum for the Director of Strategic Services, Secretary of State. Subject: A Prominent German on the Problem of Germany. 800 Pol. Affairs 1944 Germany, Box 826, NA RG 84. Dieses OSS-Papier gibt Brünings Auffassungen ausführlich wieder. Zu Murphys Reaktion darauf vgl. 800 Pol. Affairs 1944, Germany, Box 826, NA RG 84, 1.11.1944 und 11.11. 1944).
79 Vgl. oben Kap. 4.
80 Vgl. Schulz, CDU (Anm. 7), S. 41 ff. — Die Gründungsaufrufe sind abgedr. in: *Dokumente zur parteipolitischen Entwicklung seit 1945*, Bd. 2: *Programmatik der deutschen Parteien*, 1. Teil, bearb. u. hrsg. v. Ossip K. Flechtheim, Berlin 1963, S. 27 ff.; zu den Gründerkreisen vgl. auch Ute Schmidt, Die Christlich Demokratische Union Deutschlands, in: *Parteienhandbuch* (Anm. 47), S. 514 ff.
81 So plädierte z. B. Andreas Hermes in seinen ersten öffentlichen Reden für eine sich im rechtsstaatlichen Rahmen vollziehende gründliche Säuberungsaktion, die die wirklich Schuldigen zur Rechenschaft ziehen müsse. Das Zerstörungswerk des Nationalsozialismus führte er aber nicht auf die historisch-politischen und ökonomischen Bedingungen zurück, sondern auf Verfallserscheinungen, die viel früher eingesetzt und eine Abkehr vom ewig göttlichen Sittengesetz zur Folge gehabt hätten. Jetzt müsse daher ein Erziehungswerk beginnen, das die Rückkehr zu den „unveräußerlichen Werten wahrer seelischer Kultur", d. h. zu den ewigen Werten des Christentums möglich mache und damit auch den Boden für den Wiederaufstieg des deutschen Volkes — als Ganzes und mit demokratischer Verfassung — bereite (zit. nach Hermes, *Andreas Hermes* [Anm. 3], S. 299 ff.).
82 Vgl. oben Kap. 5.1 sowie Anm. 23; s. auch *Dokumente* (Anm. 80), S. 36 ff.
83 Vgl. Gurland, *CDU/CSU* (Anm. 27), S. 114 f.

auseinanderzusetzen hatte, dominierte zunächst eine starke Gruppe, die aus den Reihen der katholischen Arbeiterbewegung kam; deshalb spricht Schwering davon, daß sich der ehemalige „linke" Zentrumsflügel nach vorn geschoben habe[84]. Dieser Gruppe ging es nicht nur um eine interkonfessionelle, sondern vor allem um eine sozial fortschrittliche und demokratische Partei. Für eine vorrangig Arbeiterinteressen berücksichtigende Partei war es von Vorteil — darauf hatte Stegerwald mit seinem unterschwelligen Antiklerikalismus schon vor 1933 gedrängt —, wenn sie sich aus der engen Fessel der Kirche löste; anderenfalls könnte sie wegen der Einheit in kirchen- und kulturpolitischen Fragen immer wieder gegen ihren Willen zu Kompromissen mit arbeiterfeindlichen Interessen gezwungen werden. Andererseits war die katholische Arbeiterbewegung trotz dieser Emanzipationsbestrebungen von kirchlicher Bevormundung, die auch heftige Kritik am Verhalten der Bischöfe z. B. wegen ihrer nur zögernden Proteste gegen das NS-Regime mit einschloß[85], ideologisch noch immer stark an die Kirche gebunden. Dieser Widerspruch manifestierte sich in ihrer Faschismusanalyse ebenso wie in ihren Neuordnungsvorstellungen. So sind die „Kölner Leitsätze", die als eine Art „Urprogramm" die programmatische Entwicklung der CDU im Westen bestimmten[86], in ihrer ersten Fassung Ergebnis einer von christlichen Gewerkschaftlern und KAB-Leuten in Köln initiierten Zusammenarbeit mit den Dominikanerpatres Siemer und Welty, die bis 1941 zurückreichte[87]. Das hier entwickelte vorläufige Notprogramm, das die Arbeitervertreter ursprünglich auch den Bischöfen als Vorlage für einen Hirtenbrief hatten übergeben wollen[88], dokumentiert die Ausprägung des Christlichen Sozialismus, der als eine — zeitweilige — Verschmelzung der ordnungspolitischen Vorstellungen der christlichen Gewerkschaftler mit den sozialethischen Grundsätzen über das Verhältnis von Individuum und Gemeinschaft anzusehen ist, wie sie die Walberberger Dominikanerschule streng nach der Lehre Thomas von Aquins entwickelt hatte[89]. Die sozialradikalen Forderungen der Leitsätze mit ihrer Absage an das kapitalistische Profitstreben, dem Ziel umfassender Wirtschaftsplanung und -lenkung sowie nach Überführung der Grundstoffindustrien in die Gemeinwirtschaft gingen weit über das sozialreformerische Programm hinaus, das die Christlichen Gewerkschaften vor 1933 aufgestellt hatten und das eher solidaristische Einschläge aufweist[90]. Gestützt auf die vom ganzheitlichen, mittelalterlichen Ordnungsbild ausgehende Soziallehre der Dominikanerschule strebten die Kölner Christlichen Sozialisten eine letztlich nach dem Modell der berufsständischen Ordnung gestaltete „wirtschaftsdemokratische Sekundärverfassung" an, die allerdings dem Privateigentum grundsätzlich den Vorrang vor dem

---

84 Vgl. Schwering, _Frühgeschichte_ (Anm. 7), S. 69.
85 Im Kölner KAB-Kreis hatte man z. B. erwogen, den deutschen Episkopat zu einem offiziellen Protest gegen Maßnahmen des NS-Regimes zu bewegen (vgl. Wieck, _Entstehung_ [Anm. 13], S. 53, Anm. 90). — Zum Verhältnis der KAB zu den Bischöfen vgl. auch oben Kap. 3.
86 Uertz, _Christentum_ (Anm. 3), S. 27, 32.
87 Vgl. ebd., S. 23.
88 Vgl. ebd., S. 25.
89 Vgl. ebd., S. 30.
90 Vgl. ebd., S. 31, 33.

Gemeineigentum einräumte[91]. Als Orientierungsmaßstab schien das Bild einer klein-
gewerblich strukturierten Industrie durch, die nicht für den Markt produzieren und
Profit erwirtschaften, sondern zuallererst den notwendigen und „gehörigen" Bedarf
decken sollte. Weitgehende Staatseingriffe in den Wirtschaftsablauf wurden einkalkuliert. Lagen die Forderungen nach einer Strukturreform der Wirtschaft voll im
atmosphärisch-antikapitalistischen Trend der ersten Nachkriegsperiode, so war —
zumindest bei Welty — der Begründungszusammenhang für die „umwälzende Neuordnung" geprägt von den antiliberalen Zügen der sozialphilosophischen Tradition,
auf die sich die katholische Sozialbewegung im 19. Jahrhundert bezogen hatte. Die
Sozialethik Weltys verband sich — wie widersprüchlich auch immer — mit seinem
gesamtgesellschaftlichen Ordnungskonzept, der naturrechtlich begründeten „christlichen Gesamtlebensordnung", die, sofern sie Anspruch auf Realisierung erhob,
m. E. zu Recht als Rechristianisierungsmodell bezeichnet werden kann[92].

Zwar hatten die Walberberger Dominikanerpatres an der Programmformulierung
und der Kölner CDP-Gründung mitgewirkt, doch überließen sie die Umsetzung den
Gewerkschaftlern Albers, Arnold und Schwering, die damit in der sich neu formierenden Partei keinen leichten Stand hatten. Dennoch blieb der Christliche Sozialismus in der CDU der britischen Zone eine eigenständige Strömung und hielt sich mit
dem liberal-konservativen Adenauer-Flügel im Frühjahr 1947 bei der Formulierung
des Ahlener Programms ein letztes Mal die Waage[93]. Nachdem die Labour-Idee aufgegeben — Elfes hing ihr 1945/46 als letzter an — und die Allianz mit den konservativen Protestanten geschlossen war, gerieten die katholischen Arbeiterführer in eine
doppelt schwierige Situation: Sie mußten sich einerseits von der SPD, mit der sie in
der Sozialpolitik häufig übereinstimmten, politisch und weltanschaulich abgrenzen;
andererseits mußten sie mit den liberaler gesonnenen Protestanten, die konträre
wirtschafts- und sozialpolitische Positionen vertraten, in der eigenen Partei um innerparteiliche Machtpositionen ringen. Die Gründung der Sozialausschüsse war daher ein
— innerparteilich durchaus umstrittener — Versuch, die eigene Fraktion zu konsolidieren und zu verhindern, daß sich die CDU durch die Verbindung mit den bürgerlichen Protestanten und mit den zuströmenden Ex-Nationalsozialisten analog zur

---

91 Ebd., S. 31 f.; vgl. auch Gerold Ambrosius, *Die Durchsetzung der Sozialen Marktwirtschaft in Westdeutschland 1945—1949. Beiträge zur Wirtschafts- und Sozialpolitik in
   Deutschland nach 1945 (Beiträge zur Zeitgeschichte,* Bd. 10, hrsg. v. Institut für Zeitgeschichte), Stuttgart 1977, S. 18, 214.
92 Vgl. Eberhard Welty, *Die Entscheidung in die Zukunft. Grundsätze und Hinweise zur Neuordnung im deutschen Lebensraum,* Heidelberg 1946. Zur Kritik an Weltys Staats- und
   Gesellschaftslehre vgl. Focke, *Sozialismus* (Anm. 1), S. 181 ff.: Focke betont die Ambivalenz von Weltys Konzept, auf das sich 1945 „gleichzeitig ein radikaler und intoleranter
   Antiliberalismus wie auch ein demokratischer und sozialistischer Emanzipationswille"
   berufen hätten. Vgl. ähnlich auch Bernd Uhl, *Die Idee des Christlichen Sozialismus in
   Deutschland 1945—1947,* Phil. Diss., Freiburg 1973, S. 79 ff. — Uertz, *Christentum*
   (Anm. 3), S. 19 ff., führt hingegen die Kritik an Weltys Modell der „christlichen Gesamtlebensordnung" bzw. an deren autoritären und antidemokratischen Zügen auf ein Mißverständnis zurück: Uhl und Focke würden den Unterschied zwischen der theologisch-
   kirchlichen und der politischen Ordnung, den Welty mit Bezug auf Thomas von Aquin
   vollziehe, nicht bemerken.
93 Vgl. Uertz, *Christentum* (Anm. 3), S. 15; Schmidt, CDU (Anm. 80), S. 531 ff.

„Harzburger Front" zu einer sozialpolitisch reaktionären und aggressiven Rechtspartei zurückentwickelte[94].

Daß das Bündnis des Arbeiterflügels mit den konservativen Protestanten aus den
Reihen der Bekennenden Kirche und der linken DNVP-Abspaltung vor 1933, dem
CSVD, nicht zerbrach, lag daran, daß beide ein gegenseitiges Interesse aneinander
hatten: Den Arbeitervertretern erschien nur eine breite, gemäßigt bürgerliche, sozialpolitisch engagierte, christlich-demokratische Sammlungsbewegung geeignet, der
ihrer Ansicht nach drohenden Gefahr eines gesellschaftspolitischen Linksrutsches zu
begegnen. Sie wollten eine Polarisierung vermeiden, denn in einer sich verschärfen-
den Rechts-Links-Konfrontation wären die christlich-sozialen Auffassungen und damit ihre eigene Position wohl bald zerrieben worden. Auch die Liberal-Konservativen waren sich bis zur Währungsreform durchaus der Gefahren bewußt, die durch
eine Abwanderung der katholischen Arbeiterstimmen zu einem neuen Mitte-
Links-Block unter Einschluß von SPD und Zentrum gerade für ihre politischen und
sozialen Interessen entstanden wären. Als wahrscheinlichste Konsequenz einer solchen Konstellation wäre ein Bündnis der bürgerlichen Mitte mit der politisch diskre-
ditierten Rechten erzwungen worden. Gerade Adenauer hat sich gegen eine solche
Entwicklung gestemmt und die Integration der beiden Parteiflügel betrieben. Nicht
zuletzt deshalb beteiligte er sich aktiv an der Programmformulierung in der CDU
(„Neheim-Hüstener Programm" vom 1. März 1946 und „Ahlener Programm" vom
3. Februar 1947) und setzte seinen ganzen politischen Einfluß daran, Konflikte, die
in der Frühphase der Partei zur Spaltung hätten führen können, auszuklammern, auf
einen späteren Zeitpunkt zu verschieben oder pragmatisch zu schlichten[95]. In dem
Maße allerdings, in dem sich die bürgerliche Richtung in der CDU seit 1947/48 wieder stabilisierte, wurde die Partei – gegen den Willen ihrer sozial-progressiven Gründer – „die Erbin aller früheren Interessen und Parteien. Damit wurde der Reform-
impuls der katholischen Erneuerung bald entscheidend gebremst."[96]

So traten in der CDU der britischen Zone bis zur Gründung der Bundesrepublik
mehrere Konfliktebenen zutage, die den Konsens der Gründer aus dem Lager des
politischen Katholizismus gefährden konnten.

1. Das Verhältnis zur katholischen Kirche: Nach dem Ende des NS-Regimes waren
die Unionsgründer angetreten, das in der katholischen Soziallehre ausgeprägte
christliche Menschenbild wieder in der Politik zur Geltung zu bringen. Der Aufstieg
der Nationalsozialisten wurde – sofern nicht kriminellen Elementen oder dämoni-

---

94 Vgl. *Erbe und Aufgabe. Bericht über die Tagung der Sozialausschüsse der CDU der britischen Zone in Herne in Westfalen am 21./22. Februar 1947.* Siehe insbes. das Referat
Karl Arnolds: Die soziale und politische Situation und die Aufgabe der christlichen Arbeitnehmerschaft, ebd., S. 12 ff.
95 Vgl. Ambrosius, *Durchsetzung* (Anm. 91), S. 39 f., sowie die quellenmäßig am besten
fundierte Darstellung bei Uertz, *Christentum* (Anm. 3), S. 75 ff., 89 ff. Vgl. auch Adenauers eigene Version, in der er die Geschichte nachträglich begradigt, in: Konrad Adenauer,
Erinnerungen 1945–1953, Stuttgart 1965, S. 60 f.
96 Walter Dirks, Gesellschaftliches Engagement?, in: *Katholizismus und Kirche. Zum Weg
des deutschen Katholizismus nach 1945*, Würzburg 1965, S. 80.

sierten Parteiführern zugerechnet — in der Gedankentradition christlich-sozialer Ideologie auf die durch Aufklärung und Liberalismus vorbereitete, zersetzende Wirkung des Materialismus, nicht auf sozioökonomische und historisch-politische Bedingungen zurückgeführt. Derselbe materialistische Ungeist aktualisiere sich — so hieß es — gegenwärtig in der Bedrohung durch den Bolschewismus. Es gelte, die Gefahr jedes Totalitarismus in einer geschlossenen Abwehrfront zu bekämpfen. Die Erben der Zentrumspartei stilisierten sich damit, wie schon nach dem Ersten Weltkrieg, zum Retter aus dem Chaos und zum Bollwerk des christlichen Abendlandes gegen die „rote Flut"[97]. Im Selbstverständnis vieler Unionsgründer verklärte sich das antibolschewistisch-christliche Sammlungskonzept, das nun die Weimarer Rechtskräfte mit einbezog, zur Union der traditionell-demokratischen, nichtsozialistischen Kräfte, die einander durch die nationalsozialistische Verfolgung nahegekommen seien.

Stimmten die katholischen Unionsgründer in der Beurteilung des Zeitgeschehens auch mit der Amtskirche völlig überein, so waren sie — obwohl persönlich zumeist tief gläubig — doch bestrebt, den kirchlich-katholischen Einfluß aus der Politik der Union herauszuhalten. Gleichwohl hatten sie gegen die offene klerikale Unterstützung für die Partei aus politisch-taktischen Gründen nichts einzuwenden. Distanz zum Klerus forderten nicht nur die christlichen Arbeiterführer, sondern auch Liberal-Konservative wie Adenauer, dessen kritische Einstellung gegenüber den Bischöfen und der Widerstandslegende der Amtskirche deutlich zum Ausdruck kam, als er im Februar 1946 an den Bonner Pastor Custodis schrieb:

„Nach meiner Meinung trägt das deutsche Volk und tragen auch die Bischöfe und der Klerus eine große Schuld an den Vorgängen in den Konzentrationslagern. Richtig ist, daß nachher vielleicht nicht mehr viel zu machen war. Die Schuld liegt früher. Das deutsche Volk, auch Bischöfe und Klerus zum großen Teil, sind auf die nationalsozialistische Agitation eingegangen ... Ich glaube, daß wenn die Bischöfe alle miteinander an einem bestimmten Tage öffentlich von den Kanzeln aus dagegen Stellung genommen hätten, sie vieles hätten verhüten können. Das ist nicht geschehen und dafür gibt es keine Entschuldigung. Wenn die Bischöfe dadurch ins Gefängnis oder in Konzentrationslager gekommen wären, so wäre das kein Schade, im Gegenteil. Alles das ist nicht geschehen und darum schweigt man am besten."[98]

Eine gewisse Distanz zu den kirchlich-katholischen Forderungen war eine Überlebensfrage für die Union als bürgerlich-interkonfessionelle Sammlungspartei. So mochte z. B. das in Kölner Widerstandskreisen entwickelte Konzept eines christlich-autoritären Staates den Wiederaufbau- und Gesundungsvorstellungen der meisten katholischen Bischöfe durchaus entsprechen; solche Vorstellungen ließen sich aber angesichts der Konstellation der politischen Kräfte in der entstehenden Bundesrepublik nicht realisieren. Pragmatischer denkende Unionspolitiker wie Adenauer oder Teile der Protestanten waren sich darüber im klaren. Damit waren freilich die Kon-

---

97 Rainer Barzel, *Die deutschen Parteien*, Geldern 1952, S. 232. Ähnliche Formulierungen gibt es in Fülle, z. B. auch bei Joseph Joos, *KAB in der Geschichte der christlichen Arbeiterbewegung Deutschlands*, Köln o. J., S. 49.
98 Adenauer an Pastor Dr. Bernhard Custodis, 23.2.1946, zit. nach *Adenauer-Briefe 1945–1947*, bearb. v. Hans Peter Mensing (*Rhöndorfer Ausgabe*), Berlin 1983, S. 173 f.

flikte mit dem Klerus, die 1948/49 bei der Diskussion des Grundgesetzes in der Frage des Elternrechts (bzw. des kirchlichen Einflusses auf das Erziehungswesen) aufbrachen und die das Verhältnis zwischen der katholischen Kirchenführung und der Union zeitweise erheblich verschlechterten, vorstrukturiert[99].

2. *Die soziale Frage*: Spätestens seit 1947 verloren die christlichen Sozialisten in der rheinisch-westfälischen CDU an Boden. Bis dahin hatten sie nicht bewirken können, daß gemeinwirtschaftliche Organisationsstrukturen zur Sicherung des von ihnen geforderten „machtverteilenden Prinzips" institutionalisiert worden waren. Fast unbemerkt machte die ihrem Sozialprogramm von der Dominikanerschule eingezogene sozialphilosophisch-theologische Stütze der durchsetzungsfähigeren und vom Vatikan präferierten Interpretationsrichtung der Jesuiten Platz, die die neuzeitlichen Veränderungsprozesse stärker berücksichtigte und die katholische Wirtschaftsethik durch die Rezeption liberaler nationalökonomischer Theorien schon in den zwanziger Jahren modifiziert hatte. Das Bekenntnis zur sozialen Marktwirtschaft verstanden die katholischen Arbeitervertreter daher nicht als einen Bruch mit dem bis dahin vertretenen Modell der gemeinwirtschaftlichen Ordnung, sondern, im Gegenteil, als Weiterentwicklung der eigentumsrechtlichen und gesellschaftspolitischen Grundsätze nach der marktwirtschaftlichen Seite hin[100]. Die Protagonisten des Christlichen Sozialismus paßten sich also den Liberal-Konservativen um den Preis der Teilhabe am wirtschaftlichen Erfolg der sozialen Marktwirtschaft an und beschränkten sich in der Folge nurmehr darauf, möglichst weitgehende sozialpolitische Zugeständnisse für ihre Klientel zu erreichen. Der Arbeiterflügel bestimmte die Politik der Union schon bald nicht mehr, sondern bildete in der Partei — wie im alten Zentrum — faktisch wieder eine Interessengruppe neben anderen. Er geriet in die zwiespältige Rolle, die Entwicklung der Union zu einer konservativen Mitte-Rechts-Partei oder zu einem Bürgerblick einerseits zu bremsen, andererseits, als Mehrheitsbeschaffer, aber auch zu verschleiern. So war es denkbar, daß ein Teil der katholischen Arbeiter der Union wieder den Rücken kehren würde.

3. *Die nationale Frage*: CDU-Mitbegründer wie Andreas Hermes, Wilhelm Elfes oder Jakob Kaiser waren nicht bereit, zugunsten einer Westoption auf die Einheit

---

99 Vgl. unten Kap. 10.
100 Ambrosius, *Durchsetzung* (Anm. 91), S. 222 f., erklärt diesen Anpassungsprozeß aus dem Strukturproblem des Christlichen Sozialismus: Die wirtschaftspolitischen Konzepte seien aus dem unhistorischen naturrechtlichen Begründungszusammenhang abgeleitet worden, andererseits habe man es versäumt, die sozialökonomischen Entwicklungsfaktoren nach 1945 zu analysieren. Darüber hinaus habe sich die Soziallehre „den Anforderungen, die eine moderne Industriegesellschaft an eine sozialökonomische Neuordnung im wirtschaftsdemokratischen Sinn" stellte, „nicht gewachsen" gezeigt, denn sie „vermittelte konservative und restaurative Elemente" und führte zu einem „Zielkonflikt", den die Christlichen Sozialisten nicht lösen konnten. —
Die programmatische Wende vom Ahlener Programm zu den Düsseldorfer Leitsätzen (1949) wurde allerdings in der Union kaum diskutiert. Die katholischen Arbeitervertreter Albers und Kaiser erhoben nur schwache Einwände und ordneten sich den Gegebenheiten des Bundestagswahlkampfes unter. Vgl. Dorothee Buchhaas, *Die Volkspartei. Programmatische Entwicklung der CDU 1950–1973* (*Beiträge zur Geschichte des Parlamentarismus und der politischen Parteien*, Bd. 68), Düsseldorf 1981, S. 168 ff.

der deutschen Nation zu verzichten. Kaisers Brückenschlag-Politik und die von ihm einem Gesamtdeutschland zugedachte Vermittlerrolle zwischen Ost und West scheiterten freilich im Klima des Kalten Krieges. Kaiser verlor den Kampf um die innerparteiliche Führung der Union und beteiligte sich – von Adenauer in die Regierung eingebunden[101] – in den fünfziger Jahren nur noch an entschärften Versuchen, die Einheit der Nation zu postulieren. So bereitete er im Frühjahr 1954 die „Gesamtdeutsche Aktion, Bund für die Wiedervereinigung" vor, die bei ihrer Konstituierung am 14. Juni 1954 als „Volksbewegung für die Wiedervereinigung" auftrat und aus der später das überparteilich angelegte „Kuratorium Unteilbares Deutschland" hervorging[102]. Andere CDU-Gründer, für die die deutsche Einheit eine zentrale Frage blieb und die deshalb auch die Entwicklung zur Bundesrepublik kritisierten, wie Hermes oder Theodor Steltzer, mußten in das zweite oder dritte Glied zurücktreten oder wurden – wie Wilhelm Elfes 1951 – ausgeschlossen. Hermes' zunächst breit angelegter Versuch, mit der 1949/50 gegründeten „Gesellschaft für die Wiedervereinigung Deutschlands" jenseits der Parteien eine Volksbewegung für die nationale Einheit und damit bessere Voraussetzungen für eine Verhandlungslösung zu schaffen, ist als eine Vorform der Mobilisierung gegen Adenauers intransigente Westpolitik anzusehen, die erst im Laufe der fünfziger Jahre im Zuge einer forcierten Westintegrationspolitik (Wiederaufrüstung, EVG-Verträge, NATO-Beitritt, Atombewaffnung) akut wurde. Zwar löste Adenauers Politik auch innerhalb der Union heftige Diskussionen aus, letztlich enthielten sie jedoch keine Sprengkraft[103].

Ob das Nachkriegszentrum in der Lage war, die Konfliktpotentiale in der Union für sich zu nutzen und für frühere Zentrumsanhänger oder jüngere christlich denkende Wähler eine attraktive Alternative zur Union zu entwickeln, war eine zunächst noch offene Frage. Nur wenn es seinen Organisatoren gelang, enttäuschte Unionswähler abzuwerben oder sogar ganze Gliederungen herauszubrechen und auch bisherige Nichtwähler anzusprechen, konnten sie sich eine Chance ausrechnen, der CDU Paroli zu bieten. Andernfalls mußte das Nachkriegszentrum zur Traditionskompanie verkümmern.

5.2.2 Zentrums-Historismus

Wie ein Leitthema dominierte die Auseinandersetzung mit dem Rechtszentrum um von Papen und mit den Parteien und Organisationen der „Harzburger Front" die politisch-programmatischen Diskussionen der Zentrumspartei nach 1945. Demgegenüber fällt auf, daß die weiteren Ursachen für das Legitimationsdefizit des politischen Katholizismus – auch wenn sie teilweise im Kreis der Soester Wiederbegründer eine wichtige Rolle spielten – nach außen hin nachsichtiger behandelt wurden:

---

101 Vgl. *Auftakt* (Anm. 40), S. XXI.
102 Vgl. Hermes, *Andreas Hermes* (Anm. 3), S. 265.
103 Vgl. Frederic Spotts, *Kirchen und Politik in Deutschland*, Stuttgart 1976, S. 205 ff.; Peter Egen, *Die Entstehung des Evangelischen Arbeitskreises der CDU/CSU*, Diss., Bochum 1971, S. 70 ff.

die Zustimmung des Zentrums zum Ermächtigungsgesetz, die Selbstauflösung im
Zusammenhang mit dem Reichskonkordat und nicht zuletzt die fatale Notver-
ordnungspolitik des in Zentrumskreisen auch nach dem Zweiten Weltkrieg als
„Führer" verehrten Ex-Kanzlers Brüning.

Das Ermächtigungsgesetz hatte nicht nur die Zustimmung der Zentrumsfraktion
im Reichstag gefunden, sondern war in verschärfter Form am 18. Mai 1933 auch
von den Zentrumsabgeordneten im Preußischen Landtag gebilligt worden – und zu
diesen preußischen Abgeordneten hatten auch die Wiederbegründer des Zentrums,
Johannes Brockmann und Helene Wessel, gehört[104]. Nachträglich wurde das Ermächtigungsgesetz, sofern es – wie z. B. in einem Flugblatt der westfälischen Zentrumspartei Münster aus dem Jahre 1945 – Erwähnung fand, als bloß formaler Akt
der Bestätigung einer bereits durch das Rechtskartell der „Harzburger Front" geschaffenen politischen Kräftekonstellation bagatellisiert[105]. Trotz parteiinterner
Kritik am Verhalten des höheren Klerus im Dritten Reich wurde eine öffentliche
Auseinandersetzung über die Funktion des Reichskonkordats bewußt vermieden,
offensichtlich nicht zuletzt deshalb, weil eine Kritik an der katholischen Kirche die
ohnehin problematische Beziehung des Nachkriegszentrums zum Klerus wahrschein-

---

104 Zusammen mit NSDAP und Deutschnationalen hatte das preußische Zentrum im Mai
     1933 – gegen die Stimmen der Sozialdemokraten – dem Ermächtigungsgesetz zuge-
     stimmt. Individuelle Anpassung und Auflösungserscheinungen der Partei blieben damals
     kaum noch verborgen. Vgl. dazu Herbert Hömig, *Das preußische Zentrum in der Weima-
     rer Republik* (*Veröffentlichungen der Kommission für Zeitgeschichte*, Reihe B, Bd. 28),
     Mainz 1979, S. 277. – Nur zwei preußische Zentrumsabgeordnete verwehrten demnach die
     Zustimmung: Franz von Galen, der Bruder des Bischofs, gab als einziger sein Mandat zu-
     rück; Bernhard Letterhaus von der Kölner KAB blieb der Abstimmung fern. Helene Wes-
     sel hatte sich offenbar ebenfalls gegen die Zustimmung ausgesprochen. – Helene Wessel
     (1898–1969), Fürsorgerin. 1915–1928 Parteisekretärin der Zentrumspartei in Dortmund-
     Hörde. 1928–1933 Abgeordnete im Preußischen Landtag. 1945 im Vorstand der wieder-
     gegründeten Zentrumspartei. 1948–1949 Mitglied des Parlamentarischen Rates. 1949 MdB
     für das Zentrum; 1946–1950 Mitglied des Landtages von Nordrhein-Westfalen; Mitglied
     des Zonenbeirats der britischen Zone; 1946–1949 Lizenzträgerin der Zentrumszeitung
     Neuer Westfälischer Kurier. 1949 übernahm sie den Vorsitz der DZP nach dem Tod
     Strickers. Am 21.11.1951 gründete sie, zusammen mit Gustav Heinemann, die „Notge-
     meinschaft zur Rettung des Friedens in Europa". Am 27.1.1952 trat sie den Vorsitz der
     DZP an Johannes Brockmann ab. Am 12.11.1952 trat Helene Wessel aus der DZP aus und
     gründete schon am 29.11.1952 zusammen mit Heinemann die GVP. 1952 schied sie auch
     aus der Bundestagsfraktion der Föderalistischen Union (Bayernpartei – Zentrum) aus.
     1953 war sie Präsidialmitglied der Gesamtdeutschen Volkspartei (GVP). 1954 wurde sie
     Gewerkschaftssekretärin für Sonderaufgaben in der Abteilung Wirtschaftspolitik des Lan-
     desbezirks Nordrhein-Westfalen des DGB. 1957 trat Helene Wessel zur SPD über. Über die
     nordrhein-westfälische Landesliste der SPD kam sie 1957 wieder in den Bundestag. Auch
     1961 und 1965 erhielt sie wieder ein Bundestagsmandat.
105 *Warum Zentrum?*, BAK, NB 5. Darin heißt es: „Das Ermächtigungsgesetz ist ja nur eine
     Formsache gewesen, die ‚Harzburger Front' hat Hitler an die Macht gebracht!" Ähnlich
     argumentiert auch ein undatiertes, ungezeichnetes Papier „Zentrum und Ermächtigungs-
     gesetz": Hier wird die Diktatur als ein bewährtes und erprobtes „letztes Hilfsmittel zur
     Lösung der politischen Krise" im Rückgriff auf die römische Geschichte (sic) und im
     Hinblick auf die Anwendung des Art. 48 in der Weimarer Republik ausdrücklich gerecht-
     fertigt. Aus dieser Sicht erscheint das Ermächtigungsgesetz selbst im historischen Rück-
     blick noch als adäquates politisches Instrument, das nur dadurch diskreditiert war, daß
     Hitler es mißbraucht hatte (HSTAD, RWN 48–12).

lich noch weiter verschlechtert hätte. Während sich für die ehemaligen Zentrums-mitglieder in der CDU durch die politische Zusammenarbeit mit Protestanten all-mählich eine gewisse Distanz zur katholischen Kirche gleichsam naturwüchsig herausbildete, war das Verhältnis des Zentrums zum Klerus auch nach 1945 ein um-strittenes Thema. Die Zentrumsführung beschränkte sich zunächst einmal auf die Forderung, die obere Geistlichkeit solle sich aus der Tages- und Parteipolitik stärker heraushalten. Es liege durchaus im wohlverstandenen Interesse der Kirche, daß sich die Institution nicht wie vor 1933 mit den Richtungskämpfen im katholischen Lager belaste. Die „verhängnisvollen Zustände" der Jahre vor 1933 dürften nicht wieder-kehren[106].

Auch gegen das politische Konzept des Zentrums in der Krise, wie es die Zen-trumsführung unter Brüning 1930—1932 praktiziert hatte — eine partielle Außer-kraftsetzung der Verfassung durch die Notverordnungspolitik, die Instrumentalisie-rung der Reichstagswahlen in der Absicht, die Linke unter Druck zu setzen und eine rigide Sparpolitik zu Lasten der sozial schwächeren Schichten —, erhoben die Wie-derbegründer des Zentrums im Sommer und Herbst 1945 keine erkennbaren Ein-wände. Im Gegenteil: Sie erklärten Brüning nicht nur zum Exponenten der demo-kratischen Kräfte im Zentrum vor Hitler und klammerten damit seine objektiv destabilisierende Rolle für die Republik aus, sondern sie beriefen sich mit unge-brochener Emphase auch noch auf sein Erbe:

„Hätte das Volk einem Reichskanzler *Brüning* gefolgt, würde dieser Zusammenbruch vermieden und damit dem deutschen Volke unendliches Leid erspart geblieben sein. Brüning wurde getra-gen von den Kräften des demokratischen Zentrums. Seine politische Linie, seine politischen Ziele waren Linie und Ziele des demokratischen Zentrums. Dieses demokratische Zentrum ist daher zuerst mit berufen, an der Neuordnung des Volkslebens mitzuarbeiten und dem Volke neue Ziele und neue Wege der Rettung und der Hilfe aufzuzeigen. Diese Ziele und diese Wege sollen aus dem alten christlichen Kulturgut unseres Volkes genommen werden und aus der Kraft und Fülle unseres Glaubens."[107]

Trotz mancher Ansätze zur Kritik an der Politik des Weimarer Rechtszentrums am Vorabend der NS-Machtübernahme wurde 1945 also weder im Nachkriegszentrum noch in den Unionsparteien eine eigene Faschismusanalyse entwickelt. Statt dessen entwickelten die beiden Fraktionen im katholischen Lager spezifische Mechanismen der Verdrängung. Während die Unionsgründer aus dem alten Zentrum schon bald den Ballast der Vergangenheit abwarfen, knüpften die Zentrumsverfechter 1945 einfach dort wieder an, wo das Weimarer Zentrum untergegangen war. Sie nahmen den Tageskampf der Jahre 1932/33 wieder auf, indem sie noch einmal mit von Papen abrechneten und sich erneut von den nationalkonservativen protestanti-

---

106 Vgl. ebd. sowie Interview mit Dr. Reismann am 30.11./1.12.1978.
107 BAK, NB 2 (möglicherweise verfaßt von Joh. Brockmann). Auch die CDP berief sich, wenn auch nicht ganz so euphorisch, auf Brüning. In der „Entschließung der Gründungs-versammlung der Christlich Demokratischen Partei" heißt es: „Unser Vorbild ist Dr. Hein-rich Brüning, dessen völkerversöhnende Politik und dessen echte Aufbauarbeit von den Zerstörern Deutschlands in vermessenem Übermut unterbrochen und zunichte gemacht wurde" (HSTAD, RWN 48—7).

schen Gruppierungen abgrenzten, deren Mitglieder 1945 teilweise zu den Christlichen Demokraten gestoßen waren.

Die scheinbar bruchlose Fortsetzung der Weimarer Konfrontation geschah nun aber unter dem völlig anderen Vorzeichen der anstehenden Parteineuformierung. Das Dilemma der Zentrumsverfechter lag darin, daß ihre Kritik an den „Steigbügelhaltern" Hitlers zwar an einem richtigen Punkt ansetzte; sie erkannten aber nicht, daß sich die historisch-politischen Rahmenbedingungen und sozialstrukturellen Voraussetzungen für die Wieder- bzw. Neugründung von Parteien, insbesondere des Zentrums, in vielerlei Hinsicht entscheidend verändert hatten. So boten sich für eine Neuformierung des Mitte-Rechts-Spektrums mit dem Blick auf ein Zwei- bzw. Drei-Parteien-System nach dem Zweiten Weltkrieg sehr viel bessere Chancen als 1920. Denn:

– Das von den westlichen Besatzungsmächten verhängte temporäre Verbot einer überregionalen Organisation von Parteien und Gewerkschaften bremste den organisatorischen Vorsprung der rasch wiederentstehenden Linksparteien und ermöglichte dem Bürgertum eine Phase der Umorientierung.

– Angesichts des NSDAP-Verbots und der Lizenzierungspraxis der Westalliierten, die Parteien mit einer antinationalsozialistischen und zugleich sozialintegrationistischen Zielsetzung favorisierten, verbreiterte sich die potentielle Wählerbasis der Union auch um die Anhänger extrem rechtsorientierter Gruppen, die sich unter anderen Bedingungen schwerlich in eine Mitte-Rechts-Sammlung hätten einbinden lassen.

– Der sich schon bald abzeichnende Ost-West-Konflikt mit der Konsequenz der deutschen Teilung, die Abtrennung der Ostgebiete des besiegten Deutschen Reiches und die Flüchtlingsströme, die in den Westen zogen, veränderten sowohl das sozial- und konfessionsstrukturelle Gefüge im Gebiet der drei Westzonen als auch die durch solche Faktoren mitgeprägten regionalen politischen Kulturen.

– Angesichts der neuen weltpolitischen Machtkonstellation und der sozialen Not war im westdeutschen Bürgertum die Befürchtung, die Kontinuität der bürgerlichen Gesellschaft könnte gefährdet sein, so stark, daß es sich auf eine möglichst breite, gemäßigt konservative Sammlungsbewegung einließ, um ein Gegengewicht zur vermeintlich gestärkten Linken zu bilden.

Während die Unionsbefürworter die günstige Stunde nutzten, gingen die Zentrumsverfechter 1945 von der Vorstellung aus, das Parteiensystem werde nach dem Kriege – zumindest in seinen Grundzügen, d. h. mit einer ähnlich extremen Rechts-Links-Polarisierung – wiederentstehen und dem Zentrum als der „Partei der Mitte und des sozialen Ausgleichs" Platz bieten zwischen den stärker gewordenen Organisationen der Arbeiterbewegung auf der Linken und den konservativen und nationalistischen Kräften der in der Tradition der Deutschnationalen stehenden Parteien auf der Rechten. Sie schätzten auch die Überlegungen der Bischöfe und ihre Konsequenzen für den politischen Katholizismus nicht richtig ein. So klammerten sie sich an die althergebrachten Kategorienmuster ihrer Parteigeschichte und eröffneten mit ihrer Politik im Sommer 1945 einen Kampf, der bereits 1933 verloren war.

Einige Beispiele aus den programmatischen Entwürfen der Gründungsphase[108] mögen die Argumentationsrichtung verdeutlichen, die die Führungsgruppe des Nachkriegszentrums einschlug, indem sie sich zwar nicht prinzipiell gegen eine politische Zusammenarbeit mit Protestanten aussprach, sich aber doch explizit gegen eine interkonfessionelle Sammelpartei wandte. Die Parteibasis durch die Integration von Protestanten zu verbreitern, komme — so wurde befürchtet — einer Öffnung nach rechts im Sinne der ,,Harzburger Front" gleich. Die konfessionellen Gegensätze seien ein sekundäres Problem angesichts der Notwendigkeit, ,,die Liquidation des verbrecherischen Systems autokratischer Volks- und Staatsführung" nachzuholen:

,,Nicht ,christliche Sammlung', sondern Säuberung des gesamten politischen Bereiches von allen Restbeständen totalitären Denkens und autokratischer Gesinnung war das höchste Gebot der Stunde nach dem Zusammenbruch des dritten Reiches. So aber bot die Neugründung der ,christlichen Sammlungspartei' allen die Möglichkeit einer Unterwanderung der CDU, denen das Zentrum die Wiederkehr in Einfluß und Macht des politischen Lebens verwehren wollte. Das ist der entscheidende Gegensatz zwischen Zentrum und der CDU."[109]

In einem Zentrumsflugblatt, das im Rheinland und in Westfalen verbreitet wurde, begannen die Verfasser mit einer Aufstellung der Wahlergebnisse für das Land Preußen bei der letzten Reichstagswahl in der Weimarer Republik am 5. März 1933:

Parteien	gültige Stimmen
NSDAP	10 312 090
SPD	3 961 514
KPD	3 137 162
Zentrum	3 368 231
Kampffront ,,Schwarz-Weiß-Rot"	2 111 049
Deutsche Volkspartei	242 609
Christlich-sozialer Volksdienst	215 550

Sie projizierten die Stimmenverhältnisse in die Situation des Jahres 1945 und schlossen daraus, daß die CDP allein mit den Stimmen des CSVD auf keine Mehrheit rechnen konnte, sondern daß sie das Wählerpotential der Parteien der ,,Harzburger Front" ansprechen müsse, wenn sie die Mehrheit im Nachkriegsdeutschland erreichen wolle. Damit seien aber auch der Parteiencharakter und die Politik der Union als einer potentiellen Rechtspartei vorgeprägt:

---

108 Die Entwürfe finden sich in den Nachlässen der Zentrumspolitiker bzw. ersten Vorsitzenden der wiederbegründeten Zentrumspartei, Dr. Hamacher und Johannes Brockmann. Sie sind häufig undatiert, nicht namentlich gezeichnet und daher schwer zuzuordnen. Jedoch kann aus der Argumentation, den sich wiederholenden Topoi und aus handschriftlichen Zusätzen darauf geschlossen werden, daß diese Papiere, zumindest großenteils, aus der Feder der Zentrumswiederbegründer oder ihrer Freunde stammen.

109 BAK, NB 25.

„Die Zahlen zeigen deutlich, daß die Christlich-Demokraten, um die 215 550 Stimmen des Christlich-sozialen Volksdienstes zu gewinnen, die Einheit der Zentrumspartei mit 3 368 231 Stimmen preiszugeben bereit sind. Oder sie rechnen mit den Stimmen der Kampffront Schwarz-Weiß-Rot und der Deutschen Volkspartei, also mit den Stimmen der ‚Harzburger Front'! Oder sie rechnen mit den Stimmen der NSDAP! Auf jeden Fall ist die christlich-demokratische Partei eine Partei, die auf die Wählermassen der rechts vom Zentrum stehenden Parteien rechnet. Also ist sie eine Rechtspartei!"[110]

Schlaglichtartig dokumentiert das Flugblatt die Denkweise der kleinen Führungsgruppe um Johannes Brockmann und Wilhelm Hamacher. Die Parteigründer stellten sich gar nicht die Frage, ob etwa Teile der bürgerlichen, kleinbürgerlichen und bäuerlichen Wählerschichten, die auf dem Höhepunkt der Weltwirtschaftskrise größtenteils nationalsozialistisch gewählt hatten, sich nach dem verlorenen Zweiten Weltkrieg wieder auf eine konservative Mitteposition hin orientieren würden − schon deshalb, weil der extreme Nationalismus und Rassismus nach der Niederlage des NS-Regimes diskreditiert waren. Das Zentrum, das sich selbst *per definitionem* als Mittepartei verstand, nahm die Modifikation politischer Bewußtseinsinhalte im bürgerlichen Parteienspektrum überhaupt nicht wahr, weil es wie fixiert auf die Situation des Jahres 1932/33 starrte und faktisch − trotz der ständigen Anti-„Harzburger-Front"-Polemik − das Dritte Reich und seine Folgen auch für die Politik der Konservativen ausblendete. So konnten sich die Zentrumsgründer denn auch das Unionsbündnis von Teilen des Weimarer Zentrums mit den protestantischen Konservativen und Splittern des politischen Liberalismus nur als Verrat ehemaliger Zentrumsführer am größten Teil der Zentrumswählerschaft erklären[111]. Notwendigerweise mußte dieses Bündnis ihrer Ansicht nach zur Rechtspartei degenerieren, während das Nachkriegszentrum quasi automatisch seine alte Funktion, heterogene soziale Schichten und politische Kräfte zu integrieren, behalten würde.

Wie stark die traditionalistisch borniert Komponente im Zentrum nach 1945 tatsächlich gewesen ist, belegen nicht nur diese Argumentationsmuster, sondern auch die politische Sprache der Exponenten des Jahres 1945. Die Beharrungskraft wird zum Beispiel im Entwurf zu einem Manifest mit dem Titel: „Wir waren Zentrum! Wir bleiben Zentrum! Die fünf Gebote der Zentrumstreue", spürbar:

„1. Bleibt Zentrum: weil es unser Erbe ist! Wir Westfalen halten, was wir ererbt. Wir sind treu auch in der Politik …

110 „Ziffern zum Nachdenken" (hektogr. Flugblatt), HSTAD, RWN 48−12; BAK, NB 5. In einem Schreiben des Generalsekretärs der wiedergegründeten Zentrumspartei, Dr. Klein, an die Internal Affairs und Communication Division Control Commission for Germany vom 14.1.1946 wird mit Hinweis auf die Wahlergebnisse vom 13.3.1933 zu den Provinziallandtagen ähnlich argumentiert (vgl. HSTAD, RWN 48−7). − Freilich traf dieses Argument für die katholischen Traditionszonen in Rheinland-Westfalen, also dort, wo das Flugblatt verteilt wurde, am wenigsten zu.

111 So z. B. Kanzler Heinrich Brüning. Er hatte in privaten (von der CDP aber propagandistisch gegen das Zentrum ausgespielten) Briefen die interkonfessionelle Zusammenarbeit in der Union ausdrücklich begrüßt. Von Zentrumsseite wurde die Authentizität dieser Briefe damals heftig bestritten. Nachzulesen ist das Engagement Brünings für die interkonfessionelle Erweiterung in seinen 1974 veröffentlichten Briefen (vgl. oben Anm. 74).

2. Bleibt Zentrum: weil Ihr stolz seid! Wir wollen, daß eine Partei weiter besteht, die noch die Ehre des alten Zentrumsnamens weiter verdient! ... Die Selbstauflösung des Zentrums vor der Macht des Nationalsozialismus geschah ohne unsere Zustimmung. Die Neugründung einer Zentrumsersatzpartei geschah ebenso ohne unsere Zustimmung.
3. Bleibt Zentrum: weil Ihr treu seid! Wir wollen das Testament Windthorsts erfüllen, der das Zentrum allen öffnen, nicht aber es begraben wissen wollte! ... Wir bleiben einem Namen treu, der uns mit den katholischen Geschlechtern der Vergangenheit verbindet, die uns zur Zentrumstreue weiter verpflichten!
4. Bleibt Zentrum, weil Ihr weitschauend seid! Wir wollen im alten Zentrum den Garanten der wesentlichen katholischen Einheit auch für die Zukunft ...
5. Bleibt Zentrum, weil Ihr als alte Zentrumswähler respektiert werden wollt."

Das Credo dieses Manifests nahm das Thema der Überschrift noch einmal auf und gipfelte in der Parole: „Wir waren Zentrum, wir bleiben Zentrum: aus Überzeugung und Selbstachtung, aus Treue und Erfahrung für immer!"[112] Daß mit einer solchen Parole im Nachkriegsdeutschland keine parlamentarische Mehrheit zu gewinnen war, scheint dem Gründungskreis des Nachkriegszentrums offenbar schon damals klar gewesen zu sein. Nicht die Mehrheitsbildung mit den Stimmen von rechts, sondern eine qualifizierte Minderheit in der Mitte des Parteienspektrums zu werden, war deshalb ihr Ziel. Es kam ihnen primär darauf an, die katholische Tradition der „Politik der Mitte" am Leben zu erhalten und weiter glaubwürdig erscheinen zu lassen.

Unverkennbar sind in dieses milieuverhaftete Denken Schlüsselerlebnisse mit eingegangen. Sie wurden aber nicht so verarbeitet, daß sie die Grundlage für eine realistische Einschätzung der damaligen politischen Situation und der bündnispolitischen Möglichkeiten hätten bilden können; statt dessen verfestigten sie sich zu Analogien und zu einem in sich kreisenden Geschichtsbild, das nur von der Wiederholung des Vergangenen lebte. Das belegt auch die Diskussion über die Parteineuformierung. So wurde die Unionsgründung schlicht mit dem bereits im November 1918 im Ansatz gescheiterten Versuch gleichgesetzt, das Zentrum zu einer interkonfessionell-christlichen Volkspartei zu erweitern. In dem Flugblatt „Warum Zentrum?" vom Dezember 1945 hieß es dazu unter anderem:

„Unter Preisgabe des Namens Zentrum sollte eine neue Partei unter dem Namen Christliche Volkspartei ins Leben gerufen werden, in der Erwartung, daß diese Partei eine Ausdehnung nach rechts finden würde."[113]

Damals wie heute hätten sich Zentrumspolitiker — teilweise seien es (wie Leo Schwering) sogar dieselben Personen — bereit gefunden, das von Rechtskreisen vorübergehend abgelegte und taktisch motivierte Bekenntnis zum Volksstaat bzw. zur

---

112 „Wir waren Zentrum! Wir bleiben Zentrum!" BAK, NB 5. Ein weiterer Beleg für diese Haltung findet sich in der Flugschrift „*Warum Zentrum?*" Dort heißt es z.B.: „Die Sozialdemokratische- und Kommunistische Partei sind unter alten Namen wieder ins Leben getreten. Warum sollte es das Zentrum nicht? ... Was hat sich in den zwölf Jahren des Nazi-Terrors ereignet, das zwingend wäre, das Zentrum *nicht* wieder zu beleben? ... Rein gar nichts! Die Wähler sind dem Zentrum treu geblieben! Warum sollten die Führer den Wählern nicht treu bleiben?"
113 Vgl. Anm. 112, BAK, NB 5 sowie HSTAD, RWN 48—7 (o. Verf., Düsseldorf, Dezember 1945). Aus diesem Flugblatt wird im folgenden zitiert. Zur CVP vgl. oben Kap. 2.

Demokratie ernstzunehmen. Die protestantischen Rechtskräfte hätten ihre demokratische Unzuverlässigkeit freilich bereits damals bewiesen; schon kurz nach dem Scheitern des neuen Parteiansatzes hätten sie sich bekanntlich in der Deutschnationalen Volkspartei und der Deutschen Volkspartei organisiert, dort ihre genuinen, mit Zentrumspolitik nicht zu vereinbarenden politischen Interessen verfolgt und damit letztlich dem Nationalsozialismus den Weg bereitet. Die Zentrumswiederbegründer des Jahres 1945 argwöhnten, das Wort demokratisch werde erneut „zum Deckmantel für ausgesprochen antidemokratische Kräfte, [die] ... schon von 1920 ab die Weimarer Demokratie mit allen Mitteln bekämpft und sie untergraben" hätten. Eben diese Kreise seien es, die sich jetzt zur Christlich Demokratischen Partei hingezogen fühlten. Doch das Bürgertum, das in der Weimarer Republik politisch rechts vom Zentrum gestanden oder „mit den politischen Anschauungen der antidemokratischen Reaktion innerlich sympathisiert" habe, sei nie demokratisch gewesen, „wie überhaupt rechts vom Zentrum keine demokratische Gesinnung zu finden war".

Die Anspielung auf die nach dem Ersten Weltkrieg unternommenen Bemühungen zur Konzentration im bürgerlichen Parteienspektrum illustriert aufs neue die analytische Schwäche der Zentrumsführung: Sie ersetzte die konkrete Untersuchung der zweifellos vorfindbaren Rechtstendenzen in den Unionsparteien wieder durch eine historische Reminiszenz. Sie scheute jedoch eine offene Auseinandersetzung mit dem 1920 von Stegerwald favorisierten „Essener Konzept" und mit der Tatsache, daß es 1945 von weiten Teilen des Weimarer Arbeiterzentrumsflügels als Leitbild für eine neue Partei aufgegriffen wurde. Und sie registrierte nicht, daß durch die Bildung der Einheitsgewerkschaft und die veränderte Einstellung der früheren christlich-nationalen Gewerkschaftler zu Republik und Demokratie gegenüber 1920 eine neue Konstellation entstanden war, die sich auch auf die Parteineuformierung im bürgerlichen Lager auswirken mußte. Von den Aufsätzen des geistlichen Direktors des Volksvereins, Heinrich Brauns, kursierten zwar Kopien, doch scheinen sie in der innerparteilichen Diskussion des Nachkriegszentrums keine größere Resonanz gefunden zu haben[114]. Auch die linksorientierten Abspaltungen der CSRG in Rheinland-Westfalen und der CSVG Vitus Hellers haben in der Strategiediskussion des Zentrums nach 1945 offenbar keine Rolle gespielt. Dagegen sind Joseph Wirths kritische Überlegungen zur überalterten Struktur der Zentrumspartei in der Weimarer Republik (vermutlich von Spiecker) im Laufe des Jahres 1946 in der parteiinternen Auseinandersetzung wiederaufgenommen worden[115]. Zwar beriefen sich die Zentrumsverfechter nicht − wie die KAB der zwanziger Jahre − explizit auf das Prinzip der Katholizität. Doch auch sie sahen in der Erhaltung ihrer alten Parteistruktur und einer − faktisch nie relevanten − prinzipiellen Offenheit ihrer Partei

---

114 So z. B. im Nachlaß Hamachers HSTAD, RWN 48. Hamacher verwendete sie lediglich als Beleg für sein „Zwei-Säulen"-Konzept.

115 Vgl. *Volk ohne Mitte. Das Zentrum im Kampf*, o. O., o. J. (Essen 1946), S. 10. Diese Streitschrift rekurrierte auf die historische Auseinandersetzung um den Zentrumscharakter und zitierte aus einem offenen Brief Joseph Wirths an Joseph Joos, in dem er sich für die Erhaltung der Zentrumspartei in ihrer gegenwärtigen Form und gegen die Neubildung einer reaktionären Sammelpartei aussprach (1924).

für Nichtkatholiken eine wirksame Blockade gegen die Rechtsentwicklung: Sozial fortschrittliche und republikanische Kräfte könnten sich dem Zentrum anschließen, so hieß es, und Antidemokraten und Nationalisten zur Minorität machen.

Was die politischen Vorstellungen der Zentrumswiederbegründer prägte, war das Erlebnis der traditionellen Affinität zwischen Rechtskatholizismus und protestantischem Deutschnationalismus und vom Schaden, den diese Koalition der Zentrumspolitik in den Krisensituationen der Weimarer Republik gebracht hatte. Dieses belastete Bündnis schien ihnen 1945 in neuer Form in der Union wiederaufzuleben. So erblickten sie in dem Streit der westfälischen Unionsgründer über die Bezeichnung „demokratisch" im Namen der CDP, der die Kluft zwischen den Anhängern eines eher demokratisch-sozialen und eines konservativ-antidemokratischen Zentrums wieder aufriß, einen neuen Beweis für ihren alten Verdacht. Die Wiedergründung des Zentrums in Westfalen mit dezidiert republikanisch-demokratischer Tendenz wurde möglicherweise gerade dadurch forciert, daß im Vorfeld der Unionsgründung im Münsterland eine Gruppierung auftrat, die sich an rechtskonservative Zentrumstraditionen anlehnte. Zu dieser Fraktion gehörten der mit Hermes befreundete Bauernvertreter Bornefeld-Ettmann, ein Teil des Klerus und nicht zuletzt der nationalkonservative Münsteraner Bischof, Graf Galen, der auch nach 1945 von der Kanzel aus das Prinzip der Volkssouveränität ablehnte und die Demokratie verwarf[116].

Während die CDP/CDU den Rechtsvorwurf zurückwies und darauf verwies, daß die Mehrzahl der ehemaligen christlichen Gewerkschaftler und katholischen Arbeiterfunktionäre inzwischen in der Union aktiv sei und eine Rechtswendung niemals dulden würde, bestritt die Zentrumsführung freilich auch die demokratische Legitimation der früheren Christlichen Gewerkschaften:

„Die Christlichen Gewerkschaften hatten, ausgenommen die in Westdeutschland beheimateten christlichen Arbeiterschichten, eine starke Anlehnung nach rechts, da sie mit der durch und durch nationalistischen und antisemitischen Angestelltengewerkschaft, dem Deutschnationalen Handlungsgehilfenverband, innerhalb des deutschen Gewerkschaftsbundes vereinigt waren."[117]

Die Attacke machte sich an der Person Stegerwalds fest, der fast 30 Jahre lang den Vorsitz der Christlichen Gewerkschaften innegehabt hatte und nun zu den Mitbe-

---

116 Vgl. Wieck, *Entstehung* (Anm. 13), S. 118 f. (Lenz an Hermes v. 27.8.1945) u. S. 138; Schwarze, *Region* (Anm. 26), S. 66 f. — Bornefeld-Ettmann war vor 1933 Mitglied des dem Zentrum nahestehenden Bauernvereins gewesen und nahm im Sommer 1945 Kontakt zu den Wiederbegründern des Zentrums auf. Er gehörte zunächst zu der Gruppe, die im Juli 1945 in Lippstadt das westfälische Zentrum neu begründete (vgl. unten Kap. 6), wechselte aber dann zur CDP über. — Als Gegenorganisation zum „Westfälischen Bauernverein" wurde vor 1933 der „Westfälische Bauernbund" gegründet; diese Organisation vertrat entschieden die Interessen der Kleinbauern und Pächter, kooperierte mit der 1927 gegründeten „Deutschen Bauernschaft" (Geschäftsführer: Heinrich Lübke) und galt als eine Bastion des Linkszentrums. Vgl. Ferdinand Jacobs, *Von Schorlemer zur Grünen Front. Zur Abwertung des berufsständischen und politischen Denkens*, Düsseldorf 1957, S. 48, 53 sowie Heide Barmeyer, *Andreas Hermes und die Organisationen der deutschen Landwirtschaft. Christliche Bauernvereine, Reichslandbund, Grüne Front, Reichsnährstand 1928—1933*, Stuttgart 1971.
117 „*Warum Zentrum?*" (Anm. 112).

gründern der CSU gehörte. Sie stützte sich im wesentlichen auf einen Artikel in der „Frankfurter Rundschau" vom 30. November 1945, in dem das von Stegerwald 1932/33 vertretene Konzept, die NSDAP in eine Regierung der „nationalen Konzentration" einzubinden und dadurch zu „zähmen", angegriffen wurde. Außerdem warf man Stegerwald vor, er habe 1938/39 den Episkopat zu einem Ausgleich mit dem NS-Regime angeregt und sich darüber hinaus 1943 in einem Brief an Hitler mit dessen Politik identifiziert. Als Konsequenz aus diesen Vorwürfen hieß es dann in der Flugschrift „Warum Zentrum?": „Stegerwald würden wir im Zentrum niemals mehr geduldet haben."[118]

Nun waren Stegerwalds ambivalentes Verhältnis zur Weimarer Republik und seine autoritäre Haltung in der Weimarer Zeit kein Geheimnis gewesen; auch christliche Gewerkschaftler wie Karl Arnold und Bernhard Letterhaus hatten damals — freilich erfolglos — gegen Stegerwalds Auffassungen opponiert. An dem Dissens zwischen den Christlichen Gewerkschaften und der KAB-Führung war der politische Katholizismus damals nicht auseinandergebrochen[119]. Die Vermutung liegt nahe, daß die Zentrumsbegründer ihre Kritik an Stegerwald erst in dem Moment formulierten, als er selbst dem Zentrum den Rücken gekehrt hatte und sich für die Union engagierte. So berechtigt die Kritik an Stegerwalds Demokratieverständnis im Kern auch gewesen sein mag, so falsch war der Zeitpunkt, zu dem sie vorgebracht wurde. Denn die Mehrheit der früheren christlichen Gewerkschaftler hatte nach den Erfahrungen mit der Realität des Nationalsozialismus dem Mythos der nationalen Erhebung längst abgeschworen. Und die alte Auseinandersetzung um die Staatsform spielte in dem von den Armeen der Anti-Hitler-Koalition besetzten Deutschland keine auch nur annähernd vergleichbare Rolle wie in den ersten Jahren der Weimarer Republik: Denn nach Hitler war der Monarchismus obsolet.

So ergaben sich also aus dem Traditionsbezug des Nachkriegszentrums — zusammengefaßt — zwei Konsequenzen: Einerseits verstellte der Rückgriff auf Versatzstücke der unbewältigten Parteigeschichte ebenso wie die Ideologisierung der „Politik der Mitte" den Blick auf neue Entwicklungen in Politik und Gesellschaft und verhinderte eine situationsadäquate eigene Positionsbestimmung des Nachkriegszentrums in der sich umgruppierenden Parteienlandschaft. Andererseits wurden in der politischen Auseinandersetzung mit den Christlichen Demokraten historische, noch immer virulente Konflikte freigesetzt, die im Weimarer Zentrum nie konsequent

---

118 Vgl. ebd. sowie „Zentrumspartei, vervielfältigen! weiterverbreiten!" (Flugblatt), BAK, NB 2. — Adam Stegerwald (geb. 1874, gest. am 3.12.1945) blieb nach der Demission des Kabinetts Brüning am 30.5.1932, in dem er Reichsarbeitsminister gewesen war, politisch inaktiv. Er gehörte weder zum Umfeld des Kreisauer Kreises noch der Goerdeler-Gruppe. Es spricht vieles dafür, daß Stegerwald — ähnlich wie Adenauer — jeden Widerstand von innen damals für sinnlos gehalten und als Privatmann den politischen Wechsel abgewartet hat. Kurz vor dem 20. Juli 1944 übersiedelte er von Berlin in seinen Geburtsort Geußenheim bei Würzburg, wo ihn im Sommer 1944 die Gestapo verhaftete und zwei Monate festhielt. Nach dem Einmarsch der amerikanischen Truppen wurde er von der amerikanischen Militärregierung als Regierungspräsident in Würzburg eingesetzt. Dort beteiligte er sich aktiv am Aufbau der CSU (vgl. auch oben Kap. 5.1).
119 Zu diesem Konflikt vgl. oben Kap. 2.

ausgetragen werden konnten, weil sie stets vom Anspruch der Einheit des politischen Katholizismus überdeckt wurden. Je mehr aber das Nachkriegszentrum gegenüber der Union in die Defensive geriet, desto monotoner wiederholten seine Verfechter ihre Anklagen, die allzuoft auf einzelne politische Gegner gerichtet und ansonsten zu pauschal waren, um das Strukturproblem des politischen Katholizismus am Ende der Weimarer Republik auf den Begriff zu bringen. So entstand der sich durch die Geschichte des Nachkriegszentrums hindurchziehende Widerspruch, daß Teile der Parteiführung zwar intentional an fortschrittliche Zentrumspositionen anknüpften, die Partei praktisch jedoch am Ende im Traditionalismus versank.

5.3 Das „Prinzip der Mitte" als naturrechtlich begründetes Parteikonzept des Nachkriegszentrums

Die Ablehnung der „Sammelpartei" durch die Zentrumsbefürworter folgte mithin einerseits aus ihrer analogiebeherrschten, aber doch politischen Prognose für die CDP/CDU: Sie antizipierten deren unvermeidlichen Rechtskurs und bezweifelten die Integrationsfähigkeit des Bündnisses; beides legte schließlich nahe, die Union werde bald auseinanderfallen und den katholischen Bevölkerungsteil ohne politische Repräsentanz zurücklassen. Sie entsprang aber andererseits einem durchaus unpolitischen Traditionalismus. Denn mit dem Sammlungskonzept der CDP/CDU wurden ihrer Meinung nach auch für den inneren Zusammenhalt des Zentrums bisher konstitutive Elemente preisgegeben. In diesem Zusammenhang erhielt der Streit um den Parteinamen eine erhebliche Bedeutung. Die Unionsgründer argumentierten im Vorfeld der CDU-Gründung, der Name „Zentrum" werde in der evangelischen Bevölkerung als Symbol einer rein katholischen Partei verstanden und abgelehnt, er sei der interkonfessionellen Öffnung daher hinderlich. Wenn Zentrumspolitik auf verbreiterter Basis fortgesetzt werden solle, müsse der alte Name abgelegt werden. Für die Zentrumswiedergründer war dagegen der Name „Zentrum" selbst Ausdruck ihrer politischen Prinzipien; ihn aufzugeben war gleichbedeutend mit einem fundamentalen Bruch in der Parteitradition.

Tatsächlich bestand zwischen der Namensfrage und dem Parteicharakter ein auch weltanschaulich-ideologiegeschichtlich vermittelter Zusammenhang. Denn das grundlegende Prinzip der Zentrumspolitik, die „Politik der Mitte", war vom katholischen Naturrechtsverständnis her untermauert, das für Anhänger anderer Glaubensbekenntnisse nur schwer nachzuvollziehen war. Gleichwohl stellte das Naturrecht aus der Sicht des Zentrums den Ausgangspunkt für eine interkonfessionelle Zusammenarbeit dar. (Im Unterschied zur katholischen Soziallehre verstand die evangelische Sozialethik die politische und gesellschaftliche Verfassung als eine säkulare, nicht als Teil eines geschlossenen naturrechtlichen Ordnungszusammenhangs; die Protestanten lehnten daher auch eine enge Verbindung von Christentum und Politik bzw. die katholische Auffassung von einer „christlichen Partei" ab[120].)

---

120 Vgl. dazu Uertz, *Christentum* (Anm. 3), S. 50.

Die katholische Naturrechtslehre geht zurück auf das universalistische Weltbild in der Tradition der aristotelisch-thomistischen Philosophie und der Scholastik des Mittelalters[121]. Danach leben die Menschen in einer von Gott gegebenen „natürlichen Ordnung", deren Sinn in der Offenbarung niedergelegt ist und die durch das ebenfalls göttlich bestimmte Sittengesetz aufrecht erhalten werden soll. Trotz ihrer außermenschlichen Setzung ist diese Ordnung nicht nur für die Katholiken, die Gottes Willen in ihrem Glauben anerkennen, real; sie kann auch mit der menschlichen Vernunft erkannt werden und zwar deshalb, weil diese selbst Teil der von Gott geschaffenen menschlichen Natur ist. Damit besteht eine zeitliche Priorität der Natur vor der Offenbarung und der Gnade, ja, diese setzt die von Gott geschaffene menschliche Natur voraus. Die Sinnhaftigkeit der gottgewollten Ordnung kann, da jedes Naturverlangen auf die Gotteserkenntnis gerichtet ist, prinzipiell von allen Menschen, auch den Nicht- oder Andersgläubigen, verstanden werden. Deshalb ist das göttliche Sittengesetz – als ein für alle Menschen verbindliches Gebot – die universelle Grundlage menschlichen Zusammenlebens und damit auch die inhaltliche Bestimmung jeder Politik.

Die katholische Naturrechtslehre hat sich in der Vergangenheit – gerade auch in der neothomistischen Version des 19. Jahrhunderts – mit einer statischen Gesellschaftsauffassung und einem entsprechend bestimmten Menschenbild verbunden. Da die natürliche Ordnung gottgewollt ist, kann sie durch menschliches Bemühen nicht grundsätzlich verändert werden. Die Aufgabe der Menschen besteht demnach auch nicht primär darin, die jeweils vorfindbaren gesellschaftlichen Verhältnisse im Sinne utopischer Glücksvorstellungen zu verändern oder eine Vervollkommnung menschlicher Verhaltensweisen anzustreben; vielmehr soll der Mensch Gottes Willen, den dieser in der Offenbarung und im göttlichen Sittengesetz zum Ausdruck bringt, erkennen, sich ihm unterwerfen und sich Gott auf dem Wege des Glaubens annähern. Der naturrechtlich begründeten Gesellschaftsauffassung liegt eine Harmonievorstellung zugrunde, die das Prinzip der Synthese, das im Weltverständnis der Scholastiker Theologie und Philosophie, Glaube und Vernunft, Offenbarung und Wissenschaft, Gott und Natur verband, aus dem theologisch-philosophischen Zusammenhang herauslöst und zum inneren Gestaltungsprinzip menschlichen Zusammenlebens überhaupt erhebt.

Die Zentrumspartei, die ihre Politik auf dem – aus dem katholischen Naturrechtsverständnis abgeleiteten und zum gesellschaftspolitischen Ordnungsentwurf geronnenen – „Prinzip der Mitte" aufbaute, legte sich dadurch in doppelter Weise fest: Zum einen wurde das politische Prinzip der „Mitte" bzw. des „Maßes" zum elementaren Bestandteil einer Politik, die von spezifisch katholischen, moralisch-religiösen Wertvorstellungen geprägt war und deshalb auch im wesentlichen nur beim katholischen Bevölkerungsteil Anerkennung fand. Auch die vom Zentrum erhobenen kultur- und sozialpolitischen Forderungen ordneten sich in das Koordinatensystem des katholisch-naturrechtlichen Weltverständnisses ein, dem als zen-

---

121 Wolfgang Kluxen, Thomas von Aquin: Das Seiende und seine Prinzipien, in: *Grundprobleme der großen Philosophen. Philosophie des Altertums und des Mittelalters*, hrsg. v. Josef Speck, Göttingen 1978, S. 180 ff.

trale Institutionen der menschlichen Gesellschaft die Familie, die Kirche und der Staat galten. Ihr Verhältnis zueinander mußte — dem Grundverständnis der Zentrumspolitik entsprechend — so geregelt werden, daß die göttlichen Intentionen nachvollzogen, zugleich aber auch die Möglichkeiten aller Menschen berücksichtigt werden konnten.

Die Zentrumspolitiker verstanden sich im weitesten Sinne als Diener Gottes, die Politik wurde ihnen zum Opfergang. Es erschien ihnen selbstverständlich, daß sie bei der Ausübung ihrer Politik zum Wohle der Allgemeinheit Angriffen oder Anfechtungen ausgesetzt waren; ebenso selbstverständlich hatten sie auch in schwierigen Situationen fest zu bleiben und anderen Menschen Vorbild zu sein. Der Kampf für die gerechte Sache Gottes machte die Zentrumspolitik zum heiligen Streit. Von diesem Zusammenhang her erklärt sich teilweise auch die martialische Metaphorik des Zentrums, die einer politischen Sprachanalyse unterzogen werden müßte, um zu erklären, wie sich im Zentrum beides vereint: eine verbale Radikalität, die jede Aktivität als Streit für die gute Sache deklarierte (z. B. politische Gesinnungsgemeinschaft als „Waffenbrüderschaft"), und gleichzeitig nur allzuoft ein praktisch-politischer Quietismus, der die vollständige Immobilität als Zeichen politischer Vernunft betrachtete.

Faktisch hatte sich der Begriff der Synthese, formalisiert zum politischen „Prinzip der Mitte", in der Tagespolitik der Zentrumspartei längst zu einer systemstabilisierenden, funktionalen Kategorie gewandelt, deren politische Konsequenzen sich viel eher in dem Topos des „Züngleins an der Waage" fassen als mit einer — jeweils historisch-konkret zu definierenden — politisch-programmatischen Position der „Mitte" verbinden ließ. Gleichwohl wurde die Funktion des *per definitionem* ausgleichenden Moments von den Zentrumswiederbegründern gerade angesichts der aktuellen sozialen und politischen Spannungen der Nachkriegszeit 1945 als unabdingbar angesehen und war nach wie vor positiv besetzt. Gäbe es das Zentrum nicht schon, so hieß es, müßte es jetzt geschaffen werden[122].

So gesehen, mußte es vielen seiner treuen katholischen Anhänger als gravierender Substanzverlust erscheinen, den Namen „Zentrum" aufzugeben. Ihr Plädoyer für die Interkonfessionalität ging vom Naturrecht als dem „Angelpunkt menschlichen Seins", dem „Zentralpunkt der geschichtswirkenden Kräfte", dem „überzeitlich-gestaltenden Prinzip"[123] und damit dem Ausgangspunkt für die Lösung aller Lebensfragen aus und unterschied sich von der Forderung nach dem politisch-pragmatischen Bündnis von Katholiken und Protestanten in der Union wie ein quasi religiös begründeter, ewiger Auftrag von der bloß aktuellen politischen Opportunität. So hatte die CDU aus der Sicht des Zentrums, nur um ihre Basis zu erweitern, prinzipienlos „eine unselige Verkettung mit reaktionären, chauvinistischen und imperialistischen Kräften" vollzogen[124]. Demgegenüber sah die Zentrumspartei die Not-

122 So in verschiedenen Flugblättern der Jahre 1945/46; vgl. auch *Volk ohne Mitte. Das Zentrum im Kampf* (Anm. 115).
123 „Weltanschauliche oder politische Partei? Versuch einer Klärung", o. D., o. Verf., HSTAD, RWN 48—12.
124 Ebd.

wendigkeit ihrer interkonfessionellen Erweiterung ausschließlich im Interesse einer klaren Politik der „unabhängigen, versöhnenden Mitte im sozialen, politischen und Weltgeschehen". Gestützt auf das Naturrecht — und damit dem Anspruch nach ebenfalls interkonfessionell —, strebte sie „die rechte Synthese aus der Polarität Natur — Übernatur, Einzelmensch — Gemeinschaft, Tradition — Fortschritt" an[125]:

> „Was liegt ...näher, als die ‚anima naturaliter christiana', d. h. die gottgegebenen natürlichen Voraussetzungen jeglichen Christseins zur Grundlage politischer Zielsetzungen zu machen. Ihr Wesen ist im göttlichen Naturrecht und im ewigen Sittengesetz durch die Stimme des Gewissens einem jeden Menschen eingeschrieben und für einen jeden verpflichtend. Es gibt daher keine umfassendere Grundlage für die Arbeit im politischen Raum, eine Grundlage, auf der sich Katholiken wie Protestanten und Andersdenkende zusammenfinden können. Dies ist insofern auch eine ideale Lösung, als unsere Zeit geradezu danach ruft, überhaupt erst einmal den Menschen in seinen natürlichen Seelenkräften, in seiner natürlichen Grundhaltung zu formen, um ihn, hierauf aufbauend, zur Harmonie des christlichen Menschenbildes hinzuführen. So treten auch wir in gleicher Weise in den politischen Raum, indem wir nämlich aus unserem Christsein heraus, aufbauend auf dem Naturrecht und dem Sittengesetz, Politik machen. Wir dienen damit nicht nur am besten unserer Kirche, sondern geben auch der nichtchristlichen Welt ein Beispiel, wie das Christentum die Welt zu gestalten und einer Harmonie und Ordnung wenigstens näherzuführen vermag."[126]

Das naturrechtlich begründete Politikverständnis der Zentrumspartei konnte den Anspruch der Interkonfessionalität freilich nicht einlösen. Statt dessen sollte es in den folgenden Jahren die Auseinandersetzung mit der CDU sehr viel mehr erschweren, als wenn das Zentrum nach Kriegsende 1945 als dezidiert katholische Partei auf den Plan getreten wäre — eine Strategie, die im Nachkriegszentrum durchaus noch Anhänger hatte.

125 Ebd.
126 Ebd.

Kapitel 6: Die Konsolidierung des Zentrums im Sog der Christlichen Demokraten

Die ehemaligen Zentrumsabgeordneten des Reichstages und der Länderparlamente[1], die kommunalen Mandatsträger, Aktivisten der christlichen Arbeiterbewegung, katholischen Verbandsfunktionäre, Kleriker und nicht zuletzt die zahlreichen dem alten Zentrum nahestehenden Journalisten und Verleger, die jetzt wieder politisch aktiv wurden, konnten sich aufgrund des von der Militärregierung zunächst verhängten Organisationsverbots und wegen verkehrsbedingter Kommunikationsschwierigkeiten zunächst nur auf lokaler Ebene in privaten Zirkeln verständigen. So agierten die Vorläufer der CDU in Rheinland-Westfalen anfangs ohne jede unmittelbare Beziehung zu den Initiativen in den anderen Zonen, z. B. zur Berliner CDUD-Gründung vom 16./17. Juni 1945 oder zum Frankfurter CDU-Gründerkreis. Doch die frühe Lizenzierung der Union in Berlin und in der sowjetischen Besatzungszone durch die SMAD setzte die west-, nord- und süddeutschen Gründerkreise schon bald unter Zugzwang. Ihr entschlossenes Vorgehen drängte auch die Zentrumsgetreuen zur organisationspolitischen Entscheidung.

6.1 Der Differenzierungsprozeß zwischen Union und Zentrum

Die Kölner Gruppe hatte sich schon im Juni 1945 über die notwendigen Schritte zur „Überwindung" und „Bewältigung" des alten Zentrums verständigt[2] und bis

---

1 Die rheinisch-westfälische CDP zählte im November 1945 folgende „Traditionsträger des Zentrums" in ihren Reihen, obwohl sich nicht alle von ihnen noch politisch aktiv betätigten bzw. noch im Exil waren: Brüning, Marx, Esser, Mönnig, Stegerwald, Hermes, Ersing, Blum, Gronowski, Gilsing, Schreiber, Schmelzer, Bornefeld-Ettmann, Ulitzka, Lukaschek, André, Beyerle, Schetter, Schwering, Albers, Kaiser, Ehrhardt, Baumhoff, Vockel, Krone, Teusch, Weber und Zillken. Auch Carl Bachem, der Historiograph des Zentrums, habe sich „mit ganzer Seele" für die CDP entschieden: Die Zeit des Zentrums sei vorbei „und es ist verfehlt, nochmals einen Versuch zu machen, es zum Leben zu elektrisieren" (Lensing an Schulte, 22.11.1945; darin wird Bachems Schreiben an Lensing vom 20.11.1945 in Auszügen wiedergegeben, BAK, NB 4). –
Johannes Brockmann dementierte diese Behauptung. Nach seiner Aufstellung waren von den 22 westfälischen Zentrumsabgeordneten sechs verstorben; von den restlichen 16 seien je fünf für die CDP bzw. das Zentrum und sechs „entweder aus dem politischen Leben ausgeschieden oder [hätten] ... noch keine klare Stellung eingenommen" (BAK, NB 3).
2 Vgl. Leo Schwering, *Frühgeschichte der Christlich-Demokratischen Union*, Recklinghausen 1963, S. 34 ff. – Zur Kölner Gruppe gehörten u. a. – neben Schwering – Peter Schaeven, Dr. Theodor Scharmitzel und Dr. Wilhelm Warsch. Schwering war ein Bewunderer Stegerwalds und seiner Essener Rede von 1920. 1883 geboren, war er bis 1921 Gymnasiallehrer und seit 1912 Vorsitzender des Volksvereins in Köln. Seit 1921 Zentrums-Abgeordneter

Juli auch die Programmberatungen im Kloster Walberberg zum vorläufigen Abschluß gebracht[3]. Nun betrieb sie angestrengt die überlokale Ausbreitung ihres Sammlungskonzepts, das sich zwar in Köln, dem westdeutschen Zentrum des politischen Katholizismus und einem Schwerpunkt des Verbandskatholizismus, durchgesetzt hatte, aber noch nicht im rheinisch-westfälischen Raum, wo die Zentrumstradition nach wie vor präsent war[4]. Der Erfolg der Kölner hing davon ab, ob sie sowohl die Masse der früheren Zentrumsanhänger als auch eine relevante Anzahl von Protestanten für sich gewinnen konnten. Daher wollten sie die Wiedergründung des Zentrums verhindern oder wenigstens entscheidend verzögern[5].

Im Frühjahr und Sommer 1945 war also die parteipolitische Konstellation im christlich-bürgerlichen Spektrum in Westdeutschland für die damals handelnden Personen noch durchaus offen. Selbst den seit April zielbewußt auf die Sprengung des Zentrumsturms hin arbeitenden Kölner CDP-Initiatoren Schwering und Dr. Wilhelm Warsch erschien es als ein so ungeheures Wagnis, vom alten Zentrum Abschied zu nehmen und es durch eine interkonfessionelle Sammlungspartei zu ersetzen, daß sie — obwohl sie mit der Forcierung der CDP-Gründung auf eine Entscheidung drängten — bereit waren, den individuell Zögernden eine gewisse Zeit zur emotionalen Ablösung von ihrer bisherigen parteipolitischen Heimat einzuräumen[6]. Auch das „Organisationswunder"[7] der CDP/CDU konnte nicht darüber hin-

Fortsetzung Fußnote 2

im Preußischen Landtag, schwerpunktmäßig mit kulturpolitischen Fragen befaßt, während des NS-Regimes im Gesprächskreis des Kölner Kolpinghauses (vgl. dazu Kap. 5, Anm. 2). Ebenso wie Schwering, der sich nach 1918/19 nur schwer mit dem Ende der Monarchie abfinden konnte, gehörte auch Scharmitzel (geb. 1878), Generalsekretär des Windthorstbundes, zu jenen, die den Linkskurs des Zentrums zu Beginn der Weimarer Republik ablehnten. Scharmitzel war Verleger der „Rheinischen Post" gewesen und hatte zusammen mit anderen Mitgliedern der katholischen Studentenverbindung Unitas einem Gesprächskreis von katholischen Gegnern des Nationalsozialismus im Dominikanerkloster in der Kölner Lindenstraße angehört. Vgl. Hans Georg Wieck, *Die Entstehung der CDU und die Wiedergründung des Zentrums im Jahre 1945 (Beiträge zur Geschichte des Parlamentarismus und der politischen Parteien*, Bd. 2), Düsseldorf 1953, S. 54 ff.

3 Die Programmdiskussion der CDP beschreibt ausführlich Rudolf Uertz, *Christentum und Sozialismus in der frühen CDU. Grundlagen und Wirkungen der christlich-sozialen Ideen in der Union 1945—1949 (Schriftenreihe der Vierteljahrshefte für Zeitgeschichte*, Bd. 43), Stuttgart 1981; vgl. außerdem Franz Focke, *Sozialismus aus christlicher Verantwortung. Die Idee eines christlichen Sozialismus in der katholisch-sozialen Bewegung und in der CDU*, Wuppertal 1978, S. 209 ff.; Arkadij R. L. Gurland, *Die CDU/CSU. Ursprünge und Entwicklung bis 1953*, hrsg. v. Dieter Emig, Frankfurt a. M., S. 101 ff.; Schwering, *Frühgeschichte* (Anm. 2), S. 71 ff.; Josef Hofmann, *Journalist in Republik, Diktatur und Besatzungszeit. Erinnerungen 1916—1947*, hrsg. v. Rudolf Morsey (*Veröffentlichungen der Kommission für Zeitgeschichte*, Reihe A, Bd. 23), Mainz 1977, S. 152 f.

4 Vgl. Schwering, *Frühgeschichte* (Anm. 2), S. 39.

5 Vgl. ebd. sowie S. 69: „Dem Zentrum zuvorzukommen blieb strategisches Ziel und brachte in die ganze Frühzeit der Gründung eine gewisse Eile und Hast."

6 Im ersten Rundbrief der CDP des Rheinlands vom 23. Oktober 1945 setzt sich Generalsekretär Dr. Karl Zimmermann mit der Gründung des neuen Zentrums auseinander. Die Reaktion darauf müsse „menschlich" sein, denn in der Wiedergründung offenbar „ein Stück deutsches Schicksal und deutscher Tragik": die Zerrissenheit. Nicht das Ziel der Politik scheide Christliche Demokraten und Zentrumsanhänger, sondern die Methode und der Weg (vgl. HSTAD, RWN 119—5).

7 So erschien es Adenauer (der übrigens nicht zu den Kölner Gründern gehörte, sondern sich

wegtäuschen, daß „der Bruch mit einer großen Tradition ... nicht ohne weiteres
fällig" war[8] und daß viele Zentrumsangehörige sich noch stark an ihre Traditionspartei gebunden fühlten. Der „Geist des Zentrums" lebte — so schrieb Schwering —
noch „in Millionen Herzen"[9] und, laut Wieck, besonders „im Bewußtsein ihrer
leitenden Kräfte fort"[10]. Deshalb kam es bei der CDP-Gründung neben dem Zeit-
faktor auf einen weiteren strategischen Aspekt an: Das Zentrum mußte zuerst in
seinen rheinisch-westfälischen Hochburgen, wo 70 Prozent seiner Anhänger behei-
matet waren, aufgesogen werden. Denn wenn an Rhein und Ruhr der Durchbruch
gelänge — so hofften die Kölner —, sei „das Ringen auch im übrigen Deutschland
für die neue Partei entschieden"[11]. Zwar setzten sich die CDP-Initiatoren mit ihrem
Vorstoß und dem Appell zur Einheit bei den oberen und mittleren Funktionärs-
schichten der alten Zentrumspartei relativ rasch durch. Ihre Legitimation für die
Parteineuformierung blieb aber in breiten Teilen der Zentrumswählerschaft vorerst
noch eine Zeitlang umstritten. Traditionelle Orientierung und emotionale Barrieren behinderten mindestens solange das Entstehen der neuen Partei auf Ortsebene,
bis einzelne anerkannte Führungsgruppen der alten Zentrumspartei im Einverständnis mit großen Teilen des Klerus die interkonfessionelle Sammlungskonzeption — und damit zugleich ihr Erfolgskonzept — überlokal repräsentierten[12]. Charakteristisch für die CDP-Gründung ist also nicht der spontane Konsens der Mitglieder als Grundlage für einen Parteiaufbau von unten nach oben, sondern, im
Gegenteil, die Durchsetzung des Unionskonzepts von der mittleren Führungsebene
her nach unten[13]. Dieser Meinungsbildungsprozeß mußte sich auch auf die Wiederbegründung des Zentrums auswirken.

6.1.1 Lokale Voraussetzungen für den Wiederaufbau des Zentrums bis zu den Kommunalwahlen 1946

Während sich nicht nur in Köln, sondern auch in mehreren rheinischen Ruhrgebietsstädten, z. B. in Essen, die lokale Zentrumsprominenz aus den Weimarer Jah-

Fortsetzung Fußnote 7
    erst später anschloß) im Nachhinein. Vgl. Konrad Adenauer, *Erinnerungen 1945–1953*,
    Stuttgart 1965, S. 53.
  8 Schwering, *Frühgeschichte* (Anm. 2), S. 38.
  9 Ebd., S. 13. — Über die Ablösungsschwierigkeiten vom alten Zentrum diskutierte Schwe-
    ring mit Richard Muckermann (Zentrum/ seit 1949 CDU) in einem Briefwechsel anläßlich
    der Abfassung seiner Frühgeschichte. Die CDP-Initiatoren hätten „Furcht vor dem Zen-
    trum" verspürt, weil sie wußten, wie ihnen allen „seine Geschichte noch immer ... im Blu-
    te steckte" (Schwering an Muckermann, 19.12.1963, HSTAD, RWN 125–12).
10 Wieck, *Entstehung* (Anm. 3), S. 54.
11 Schwering, *Frühgeschichte* (Anm. 2), S. 13.
12 Zum Aufbau der CDP auf der Lokalebene vgl. die Untersuchung von Hartmut Pietsch,
    *Militärregierung, Bürokratie und Sozialisierung. Zur Entwicklung des politischen Systems
    in den Städten des Ruhrgebiets 1945–1948* (Duisburger Forschungen, Bd. 26), Duisburg
    1978, S. 170 ff., 222 ff.
13 So auch die Einschätzung britischer Militärregierungsoffiziere, vgl. *Political Intelligence
    Summary* Nr. 10, 14.9.1945, FO 371, 46934.

ren frühzeitig und meist einhellig für die Union entschied[14], waren in Rheinland-Westfalen inzwischen auch verschiedene Initiativgruppen entstanden, in denen man sich nicht so schnell damit abfinden wollte, die alte politische Heimat der Katholiken preiszugeben. Die unentschiedene Haltung eines Teils der ehemaligen Zentrumsmitglieder bremste die CDP-Initiativen in mehreren Städten und wirkte dort noch in einer deutlich schleppenden Mitgliederentwicklung der Union nach.

Im Rheinland war beispielsweise der Düsseldorfer Kreis gespalten. Prominente ehemalige Zentrumsmitglieder (Dr. Franz Kaufhold, Josef Gockeln u. a.) hatten bei der örtlichen Militärregierungsbehörde zunächst einen Antrag auf Wiederzulassung der alten Zentrumspartei eingereicht. Erst im November 1945 zogen 12 der 16 Antragsteller ihre Unterschrift zurück. Ausschlaggebend für den Übertritt der ehemaligen Zentrumsbefürworter zu der hier von Karl Arnold u. a. initiierten CDP war gewesen, daß sich der Episkopat allmählich zu einer Parteinahme für die Christlichen Demokraten durchrang und daß auch der örtliche Klerus seine Meinung änderte[15]. Eine Restgruppe um den Zentrumsjournalisten Dr. Karl Klein ging nun an den

---

14 Vgl. Dorothee Buchhaas/Herbert Kühr, Von der Volkskirche zur Volkspartei — Ein analytisches Stenogramm zum Wandel der CDU im rheinischen Ruhrgebiet —, in: *Vom Milieu zur Volkspartei. Funktionen und Wandlungen der Parteien im kommunalen und regionalen Bereich*, hrsg. v. Herbert Kühr (*Studien zur Stadt- und Regionalpolitik*, Bd. 4), Königstein/Ts. 1979, S. 136—232. — Der Untersuchung, die sich im wesentlichen mit der Elitenrekrutierung bzw. -zirkulation und der Mitgliederentwicklung und der Binnenorganisation der CDU im rheinischen Ruhrgebiet befaßt, liegt die Annahme zugrunde, „daß die CDU des Rheinlandes und vor allem der rheinischen Ruhrgebietsstädte in besonderem Maße das Erbe der alten Zentrumspartei in personeller, organisatorischer und sozialpolitischer Hinsicht übernommen hat" (ebd., S. 114; vgl. auch Pietsch, *Militärregierung* [Anm. 12], S. 182, der die CDP-Ortsgruppen in den Ruhrgebietsstädten ebenfalls als Reorganisation des alten Zentrums ansieht). — In Essen, wo der ehemalige christliche Gewerkschaftler Heinrich Strunk aktiv wurde, entschied man sich bereits im Juli 1945 für die CDP, deren Gründungsversammlung jedoch erst am 27.1.1946 stattfand. Die Essener Zentrumspartei wurde von Dr. Heinrich Steffensmeier und Richard Muckermann am 10.11.1945 gegründet und hatte Ende 1946 2429 Mitglieder, etwa halb so viele wie die Union.

15 Vgl. Wieck, *Entstehung* (Anm. 2), S. 88; Gurland, *CDU/CSU* (Anm. 3), S. 23 f. — Zur Entwicklung in Düsseldorf vgl. auch Detlev Hüwel, *Karl Arnold. Eine politische Biographie* (*Düsseldorfer Schriften zur Neueren Landesgeschichte und zur Geschichte Nordrhein-Westfalens*, Bd. 1), Wuppertal 1980, S. 64. Hüwel macht für die Verzögerung der CDP-Konstituierung auch die Lizenzierungspolitik der lokalen britischen Militärbehörden verantwortlich. — Nach seinem Übertritt zur CDP sei Gockeln — so berichtet J. Odenthal — dann offensiv gegen das Zentrum aufgetreten. Entscheidend für den Klimawechsel war in Düsseldorf die Haltung des örtlichen Klerus: Nach der Fuldaer Bischofskonferenz im August 1945 äußerten von 42 Düsseldorfer Priestern nur noch sechs ihre Sympathie mit dem Zentrum (vgl. HSTAD, RWN 48—12). Der Kölner Erzbischof Frings verhielt sich gegenüber den Düsseldorfer Zentrumsbefürwortern in einer Audienz am 6. September 1945 noch unentschieden, gab aber die bei der Fuldaer Bischofskonferenz geäußerten Zweifel wieder, ob eine Wiedergründung des Zentrums als konfessionelle Partei sinnvoll sei. Die Bevölkerung betrachte führende Persönlichkeiten des Zentrums als belastet, auch sei die Politik des Zentrums vor 1933 nicht grundsatzklar genug gewesen. Probleme mit der CDP sah Frings in der Frage der Konfessionsschule voraus. Vgl. Peter Hüttenberger, *Nordrhein-Westfalen und die Entstehung seiner parlamentarischen Demokratie* (*Veröffentlichungen der Staatlichen Archive des Landes Nordrhein-Westfalen*, Reihe C, Bd. 1), Siegburg 1973, S. 80.

Wiederaufbau der Düsseldorfer Zentrumspartei, die der Union noch längere Zeit zu schaffen machte[16].

Ebenso wie in Düsseldorf waren auch in Oberhausen, Recklinghausen und Gelsenkirchen-Buer die Positionen im Sommer 1945 noch nicht eindeutig abgesteckt, weil sich die lokalen Zentrumseliten nicht überall bzw. nicht sofort für die Christlichen Demokraten gewinnen ließen. Daß die Zentrumspartei in Oberhausen eine Ortsgruppe gründen konnte, bevor die CDP auftrat, verschaffte ihr einen ansehnlichen Startvorteil, dessen Wirkungen bis in die fünfziger Jahre anhielten. Hier fand das Zentrum in den Nachkriegsjahren eine relativ große Anhängerschaft; es hatte Anfang 1946 zehnmal so viele Mitglieder wie die CDU und stellte mit dem Zentrumsveteranen Otto Pannenbecker (von Beruf Oberpostdirektor) zeitweise sogar den Oberbürgermeister. Der evangelische Mitbegründer der Oberhausener CDP und Vorsitzende der CDU-Fraktion in der Stadtvertretung, Otto Aschmann, zeigte sich deshalb vor den ersten Kommunalwahlen 1946 resigniert, zumal die Union nicht den erwarteten Anhang „in gewissen Wählerkreisen" – vermutlich den evangelischen – gefunden habe; er erhoffte sich eine Aktivierung der Parteiarbeit, wenn die Oberhausener Union bei den bevorstehenden Kommunalwahlen gegenüber dem Zentrum unterliegen würde[17]. Ein Jahr später hatte sich die Lage in Oberhausen für die CDU nur wenig verbessert: Aschmann konstatierte, die CDU-Fraktion sei „heute eine Gruppe ohne jede Gefolgschaft", und es sei ein Unding, wenn nach anderthalb Jahren Kommunalpolitik die CDU nur 300 Mitglieder geworben habe, die zudem noch zur Hälfte Arbeitsinvaliden seien[18].

Auch die am 20. Oktober 1945 vollzogene Zentrumsgründung in Gelsenkirchen-Buer, die der Großkaufmann Josef Weiser, vor 1933 MdR, mit seinen zahlreichen Anhängern initiiert hatte, fand im weiteren Umkreis eine gewisse Resonanz und trug mit dazu bei, die CDP-Gründungen in den angrenzenden Städten Bottrop und

---

16 In Düsseldorf hatte das Nachkriegszentrum im Herbst 1946 immerhin 1220 Mitglieder (lt. Übersichtstabelle für den Delegiertentag am 16./17.11.1946 in Werl [BAK, NB 3]; 1947 waren es bereits 1562 Mitglieder (Rechenschaftsbericht der Kreisparteien, HSTAD, RWN 125). – Die Zahl der CDU-Mitglieder stieg hier erst im Laufe des Jahres 1946 von 130 auf über 2300 an. Damit lag das Verhältnis der CDU-Mitglieder zur Gesamtzahl der Wahlberechtigten (Mitgliederdichte) mit 0.8 im dritten Quartal 1946 noch zur Hälfte unter dem Landesdurchschnitt von 1.6. Vgl. CDU des Rheinlandes, 3. Vierteljahresbericht 1946, HSTAD, RWN 119–2.
17 Otto Aschmann an Otto Schmidt, 1.10.1946 (HSTAD, RWN 119–2).
18 Otto Aschmann an Otto Schmidt, 18.7.1947 (vgl. ebd.). – Daten zur Mitgliederentwicklung der CDU im Rheinland s. Anm. 16. Speziell zur Entwicklung in den Ruhrgebietsstädten sowie zum Problem der Zuverlässigkeit dieser Angaben vgl. Pietsch, *Militärregierung* (Anm. 12), S. 224. – Die CDU-Mitgliederzahlen in Oberhausen und Duisburg fallen weit hinter die anderer Ruhrgebietsstädte zurück. In Duisburg verzeichnete das Zentrum 1946 2007, 1947 bereits 4020 Mitglieder; die CDU erfaßte dagegen (am 30.9.1946) nur 1839 Mitglieder (= Mitgliederdichte 0.8). Nach ihrer Lizenzierung am 17.12.1945 erhielt die Oberhausener CDP von der britischen Militärregierung vier Sitze im Stadtparlament, das Zentrum dagegen 15 Sitze zugeteilt (vgl. Pietsch, *Militärregierung* [Anm. 12], S. 180). – Ende 1946 zählte das Zentrum in Oberhausen 1517 Mitglieder, die CDU dagegen lediglich 337 (Mitgliederdichte 0.3). Quelle: s. Anm. 16.

Gladbeck zu verzögern[19]. Hier wurde nämlich, wie vielerorts in katholischen Regionen, die Gründung sowohl der Zentrumspartei als auch der Union von den Beteiligten ganz unproblematisch als Reorganisation des alten Zentrums angesehen und ein Bruch mit der Parteigeschichte weder empfunden noch angestrebt. Daher setzte die Auseinandersetzung um Zentrum oder Union auf der lokalen Ebene oft überhaupt erst ein, nachdem überregional bereits die Weichen gestellt waren; und zu diesem Zeitpunkt neigten die meisten örtlichen Initiativen dazu, sich dem Konzept anzupassen, das ihnen in ihrer näheren Umgebung als das erfolgreichere gegenübertrat. In Recklinghausen kam es, nachdem man zunächst ein „Katholiken-Comité" nach Art des Volksvereins hatte einrichten wollen, erst im November 1945 zur Unionsgründung. Die Zentrumsverfechter versammelten sich hier um einen bekannten Parteiveteranen, den Baumeister Franz Bielefeld, der von 1928 bis 1933 MdR und von 1923 bis 1933 Kreisvorsitzender der Recklinghausener Zentrumspartei war. 1945 wurde Bielefeld wieder Präsident der Handwerkskammer Münster; dieses Amt hatte er bereits von 1927 bis 1933 innegehabt. Das Zentrum in Gelsenkirchen und Recklinghausen blieb allerdings von Anfang an viel schwächer als die örtlichen Unionsparteien[20].

Eine besondere Situation bestand in den überwiegend evangelischen Regionen um Wuppertal, Remscheid und Solingen sowie im Oberbergischen Kreis. Konfessionsverhältnis, Sozialstruktur und politisch-kulturelle Traditionslinien stellten hier andere Ausgangsbedingungen für die Neubildung der Union und des Zentrums als in den alten rheinischen Zentrumshochburgen. Die größtenteils evangelischen Wuppertaler CDP-Gründer standen den Zentrumstraditionen von vornherein reserviert gegenüber; ja, sie quälten sich mit der ständigen Befürchtung, daß die katholische Führungsschicht des Weimarer Zentrums die Macht nicht wirklich mit ihnen teilen wollte und daß die Katholiken, falls sie bei den angesprochenen protestantischen Konservativen nicht den erhofften Anklang fänden, nicht zögern würden, das alte Zentrum zu erneuern. Dies war der Grund dafür, weshalb die evangelischen Wuppertaler CDU-Vertreter sowohl in der Programmdiskussion als auch bei der Besetzung von Führungspositionen streng darauf achteten, daß ihr politischer Einfluß in der rheinischen Unionspartei gewahrt wurde und längerfristig ein innerparteilicher Konfessionsproporz — gemessen am Konfessionsverhältnis der Bevölkerung, nicht etwa der CDU-Mitglieder — zustandekam[21].

---

19 Vgl. Pietsch, *Militärregierung* (Anm. 12), S. 181. — In Bottrop kam es erst im November 1945 zur CDP-Konstituierung. Prominente CDP-Sympathisanten wie Hugo Mönnig, ehemals Vorsitzender der rheinischen Zentrumspartei, sowie Hermann Pünder, Amelunxens Nachfolger im Amt des Regierungspräsidenten von Münster nach seiner Amtsenthebung 1932, griffen in den Gründungsprozeß ein, indem sie brieflich gegen eine Wiedergründung des Zentrums Stellung bezogen (lt. Information von Schönberger an Wessel, 8.11.1945, AsD, NW 1—23).

20 In beiden Städten gewann das Zentrum nicht einmal halb so viele Mitglieder wie die CDU: Gelsenkirchen (Herbst 1946: CDU 6500; DZP 3013); Recklinghausen (Herbst 1946: CDU 3246; DZP 710). Daten zum Zentrum s. Anm. 16; zur CDP s. Pietsch, *Militärregierung* (Anm. 12), S. 224, 180 f.

21 Zu den Auseinandersetzungen um konfessionelle Parität und zur Programmdiskussion vgl. den hierfür ergiebigen Nachlaß Otto Schmidt (HSTAD, RWN 119), den Franz Focke aus-

Die Wuppertaler CDP war einerseits von Personen bestimmt, die wie der Rechtsanwalt Dr. Otto Schmidt vor 1933 christlich-sozialen, völkischen und deutschnationalen Strömungen angehangen hatten; andere kamen aus dem Lager des politischen Liberalismus (aus DDP und DVP). Außerdem spielten auch die persönlichen Kontakte zu Vertretern der Bekennenden Kirche eine wichtige Rolle[22]. In sozialpolitischen Fragen bezogen die Wuppertaler Unionsgründer, allen voran der Unternehmer Dr. Klaus Brauda, den Standpunkt des gewerblichen Mittelstandes, d. h. sie traten als Interessenvertreter der für das Rhein-Wupper-Gebiet typischen, branchenmäßig gestreuten Klein- und Mittelindustrie auf, forderten vorrangig die uneingeschränkte Privatinitiative der Unternehmer und wiesen jede substantielle Mitbestimmungsforderung der Arbeiter als unzulässigen Eingriff in ihre Rechte ab. Selbst der früher im Umkreis der Christlichen Gewerkschaften aktive Buchdrucker Emil Marx wandte sich gegen die „fordernde Haltung" der christlichen Arbeiterschaft, die die Wirtschaft beunruhige und die Privatinitiative behindere; außerdem gewähre sie keine Abgrenzungsmöglichkeit zu dem Teil der Arbeiterschaft, „der durch die Schau der Dinge die Aufgaben der Zeit nicht zu erkennen vermag". Er erinnerte an Stegerwald, der nicht primär Klassenpolitik betrieben, sondern die Interessen des „Volksganzen abgewogen" habe. Wenn die Gewerkschaftssekretäre jetzt „vorpreschten" und die christlichen Grundsätze aus dem Blick verlören, bestehe die Gefahr der Parteispaltung in einen rechten und einen linken Flügel[23]. Suchten die Wuppertaler einerseits die Forderungen des Gewerkschaftsflügels zurückzudrängen, so stemmten

Fortsetzung Fußnote 21
gewertet hat (vgl. Focke, *Sozialismus* [Anm. 3], S. 212, 215 ff.). Zur Paritätsforderung vgl. z. B. die „Entschließung der evangelischen Vertreter der CDU der Nordrheinprovinz zur Frage des Verhältnisses der evangelischen Bevölkerung zur CDU. Evangelische Tagung v. 20.6.46" (HSTAD, RWN 119−3). Zu den programmatischen Differenzen vgl. auch Uertz, *Christentum* (Anm. 3), S. 40 ff.; die konservativen Protestanten wünschten eine Rückdrängung des katholischen Naturrechtsdenkens im CDU-Programm. Den Christlichen Sozialismus Berliner und Kölner Prägung lehnten sie ab.

22 1934 hatten in Wuppertal die zwei Synoden der Bekennenden Kirche stattgefunden. Der evangelische Pastor Hermann Lutze war seit Juli 1945 aktiv an der Programmdiskussion der CDP in Wuppertal beteiligt („Barmer Richtlinien"; vgl. hierzu im einzelnen Wieck, *Entstehung* [Anm. 2], S. 92 f.; Gurland, *CDU/CSU* [Anm. 3], S. 28; Hüttenberger, *Nordrhein-Westfalen* [Anm. 15], S. 53 f.). − Nach der Landtagswahl in Nordrhein-Westfalen am 20.4.1947 sahen die Wuppertaler Protestanten das interkonfessionelle Bündnis ernsthaft gefährdet. Hermann Lutze nun „die Ratten ... in Scharen das sinkende Schiff verlassen ..." Er kritisierte, daß „Besitzbürger" und „Ultramontane die CDU für sich auszunutzen versuchen", plädierte jedoch bei Otto Schmidt dafür, daß die evangelischen Christen in der Partei bleiben müßten um zu verhindern, daß die Union sich zu einer rein katholischen Partei zurückentwickelte (Lutze an Schmidt, 30.4.1947, HSTAD, RWN 119−3).

23 Marx an Albers, 25.3.1946, HSTAD, RWN 119−2. − Trotz ihrer starken Vorbehalte gegen den Gewerkschaftsflügel bzw. die Sozialausschüsse in der CDU − sie wurden auf der Evangelischen Tagung im Juni 1946 (vgl. Anm. 21) als potentieller „Sprengkörper zwischen den Parteien" bezeichnet − waren die Wuppertaler CDU-Gründer andererseits auf den linken CDU-Flügel angewiesen: so z. B. Otto Schmidt, der wegen seiner völkisch-nationalen Vergangenheit bei der Lizenzierung seines Kölner Verlages in Schwierigkeiten mit den britischen Militärbehörden geriet und deshalb den Sozialausschüßler Albers um Fürsprache bitten mußte (vgl. Schmidt an Albers, 15.7.1947, HSTAD, RWN 119−2).

sie sich andererseits auch gegen den starken Einfluß des rheinischen Bürgertums, insbesondere der Vertreter schwerindustrieller Interessen, auf die rheinische Führungsgruppe der Partei um Adenauer.

In Wuppertal, das von überwiegend protestantischen und pietistischen Einflüssen geprägt war, hatte die Zentrumspartei eine nicht ungünstige Ausgangsposition. Im Jahr 1946 stellten die Katholiken hier nur ein Fünftel der Bevölkerung und blieben auch politisch in der Diaspora[24]. Örtlich einflußreiche katholische Geistliche begrüßten daher die Wiederbelebung der Zentrumspartei als der traditionellen politischen und kulturpolitischen Interessenvertretung der katholischen Minorität. Der Kreis der Wuppertaler Zentrumsgründer rekrutierte seine Anhänger wegen dieser Konstellation aus anderen Traditionen und aus anderen sozialen Schichten als die hiesige CDP. Das Wuppertaler Zentrum unterschied sich auch in den folgenden Jahren durch den Rekurs auf die katholische Soziallehre und seine soziale Orientierung von der CDP/CDU und deren Initiatoren, die überwiegend neoliberale Tendenzen vertraten. Vor allem wegen der lokalen katholisch-kirchlichen Unterstützung durch den Klerus und die katholischen Verbände konnte es sich mit einer relativ stabilen Wählerbasis − 1946: 37 765 Wählerstimmen (davon 5000 praktizierende Katholiken[25]) − gegenüber der Union behaupten. Hier blieb das Zentrum für die CDU einerseits gefährlich, weil die Zersplitterung der katholischen Stimmen die Chancen der Union verringerten[26]; andererseits blieb es aber auch ein möglicher Bündnispartner. Denn die CDU organisierte in Wuppertal im Vergleich zu anderen rheinischen Städten relativ wenige Mitglieder[27] und konnte den katholischen Bevölkerungsteil kaum für sich mobilisieren. Wegen ihres neoliberal-unternehmerfreund-

24 Vgl. Wieck, *Entstehung* (Anm. 2), S. 91; vgl. auch Frederic Spotts, *Kirchen und Politik in Deutschland*, Stuttgart 1976, S. 256 f.: Otto Schmidt habe erklärt, die Katholiken hätten überall dort, wo sie in der Minderheit gewesen seien, „normalerweise ihren eigenen Weg gehen wollen. Nur wenn sie das Übergewicht besäßen, „seien sie an einer Zusammenarbeit interessiert gewesen." Dennoch war die CDU hier nicht etwa eine protestantische Partei. So beklagte sich Otto Schmidt bei Adenauer darüber, daß trotz des geringen katholischen Bevölkerungsanteils der Vorstand der Wuppertaler CDU zu 40 Prozent von Katholiken besetzt sei.

25 Franz Hüskes aus Wuppertal an Kardinal Frings und an Stadtdechant Brandt in Wuppertal am 17.10.1946. Hüskes bedauert, daß das für die Zentrumspartei positive Wahlergebnis bei den Kommunalwahlen 1946 den Empfehlungen des Klerus zu verdanken sei. Die Zentrumsanhänger seien vor allem unpolitisch denkende Frauen und Mädchen. Die Zersplitterung der katholischen Stimmen führe aber zur Mehrheitsbildung der SPD, so z. B. in Wuppertal, Bochum, Bottrop, Gelsenkirchen, Oberhausen, Osnabrück, im Landkreis Bersenbrück und in Tecklenburg (HSTAD, RWN 119−2, Wahlergebnis v. 13.10.1946 s. Übersichtstabelle, vgl. Anm. 16; jeder Wähler konnte mehr als eine Stimme abgeben).

26 Auch Klaus Brauda (CDU) machte nach der Kommunalwahl 1946 in einem Brief an Stadtdechant Brandt dem Zentrum den Vorwurf, mit seiner Kandidatur den christlichen Wahlsieg in neun Wuppertaler Wahlbezirken verhindert zu haben: „Bei einer vernünftigen Einstellung des Zentrums wie verschiedener katholischer Geistlicher, welche diesen Bruderkampf begünstigt haben, wäre ein christlicher Wahlsieg mit gut 30−31 Mandaten und die Vermeidung der gegenwärtigen sozialistischen Mehrheit mit all ihren nachteiligen Folgen für Kirche, Religion und Bekenntnisschulen möglich gewesen." (21.10.1946, HSTAD, RWN 119−2.)

27 Am 30.9.1946 hatte die Wuppertaler CDU 1255, das Zentrum 1537 Mitglieder.

lichen Habitus hatte sie darüber hinaus unter dem evangelisch-bürgerlichen Wähler-potential Abgrenzungsprobleme zur FDP.

Eine vergleichbare Konfessionsstruktur und schichten- bzw. klassenspezifische Ausgangsposition bestand in den ersten Nachkriegsjahren für das Zentrum im Ober-bergischen Kreis. Hier gruppierte sich das protestantische Bürgertum ebenfalls um die CDP/CDU, während das Zentrum seine Anhänger eher unter den katholischen Handwerkern und Arbeitern fand[28]. Mit die besten Ergebnisse erzielte das wieder-gegründete Zentrum freilich im überwiegend katholischen Siegkreis, der Heimat Dr. Hamachers[29].

Länger und heftiger als im Rheinland stritten sich Christliche Demokraten und Zentrumsbefürworter in den „buntscheckigeren" westfälischen Gründerzirkeln[30]. In den agrarischen Regionen Westfalens war die Zentrumstradition ungebrochener und die Identifikation mit dieser Partei auch nach dem Zweiten Weltkrieg bei vie-len ihrer Anhänger noch so ausgeprägt, daß die CDP-Initiatoren anfangs vorsichti-ger taktierten. Sie traten häufig nicht offen als Gründer einer neuen Partei auf, sondern nahmen zunächst einmal die Tradition des alten Zentrums wieder auf und ließen die Parteifrage nach außen hin vorerst offen. In Dortmund z. B. suchten der Verleger Lambert Lensing und der christliche Arbeitersekretär Anton Gilsing bei den britischen Militärbehörden Ende Mai 1945 um die Genehmigung nach, lokale Parteibüros einzurichten, um den „früheren Mitgliedern der Zentrumspartei" und den „jetzt neu hinzustoßenden" Personen eine Möglichkeit zur Registrierung zu geben[31]. Daher wurde hier mit Billigung der Militärregierung zunächst formal die alte Zentrumspartei wiederaufgebaut. Einen Tag nach der überlokalen westfälischen CDP-Gründung erklärte Lensing dann die Partei für aufgelöst und beantragte die Zu-lassung der Dortmunder CDP[32].

---

28 So schrieb Dr. Jansen an Hamacher am 31.7.1947: „Man könnte von der ganzen CDU des oberbergischen Landes sagen: Sie reden von Christus und meinen Kattun." Der calvini-stisch geprägte Materialismus habe in der CDU großen Einfluß. Die Wohlhabenden unter-stützten hier die CDU, während die katholischen Arbeiter Zentrum oder SPD wählten (HSTAD, RWN 48—53; vgl. auch RWN 125, 1—5). — Diese klassenspezifische Ausdiffe-renzierung zeigt sich auch in einer Gliederung der CDU-Mitglieder im Oberbergischen Kreis nach Berufsgruppen: 1946 waren hier Arbeiter (9,7 %), Angestellte (12,7 %) und Beamte (5,5 %) gegenüber Handwerkern (14 %), Kaufleuten und Fabrikanten (13 %), Bauern (17,1 %), Hausfrauen (12,6 %) und Rentnern (7,2 %) nur schwach vertreten (vgl. Viertel-jahresbericht 3/1946, s. Anm. 16).
29 Im Siegkreis gab das Zentrum 1105 Mitglieder an, bei den Kommunalwahlen vom 13.10. 1946 erreichte es dort 78 999 Stimmen. Hingegen erzielte die CDU hier das nach Oberhau-sen schlechteste Ergebnis bei der Mitgliederwerbung (Mitgliederdichte 0.4). Quelle s. Anm. 16.
30 Gurland, *CDU/CSU* (Anm. 3), S. 35; vgl. auch Hüttenberger, *Nordrhein-Westfalen* (Anm. 15), S. 56.
31 Lambert Lensing und seine politischen Freunde an Oberst Wilson, 29.5.1945, abgedr. bei Schwering, *Frühgeschichte* (Anm. 2), Tafel 1 u. 2. Schwering fügt hinzu, die Dortmunder Unionsgründer hätten „sich hinter dem Schutzschild des Zentrums verschanzt"; der Bezug auf die Christlichen Gewerkschaften — der im Faksimile des Briefes jedoch nicht ersicht-lich ist — habe allerdings bereits den Ansatz zu einer neuen Parteikonzeption erkennen lassen (vgl. ebd., S. 65).
32 Vgl. Pietsch, *Militärregierung* (Anm. 12), S. 177.

Von der Mitgliederentwicklung her läßt sich freilich noch nicht auf den Wähleranhang schließen. Die Kommunalwahlen im September/Oktober 1946 waren für die
CDP ein durchschlagender Erfolg; sie stellte danach etwa zwei Drittel der Mandatsträger in den kommunalen Vertretungskörperschaften. Die rheinische CDP gewann
mehr Stimmen als das rheinische Zentrum hier vor 1933 besessen hatte; damit
war deutlich geworden, daß die neue Partei über die Zentrumsstimmen hinaus neue
Wählerschichten erschließen konnte, die derzeit keine andere politische Heimat besaßen. Nach der Kommunalwahl verstärkte die CDP ihre organisatorischen Bemühungen gerade auch in den elf Wahlkreisen, in denen das Zentrum damals noch eine
starke Konkurrenz für sie war (Oberhausen, Remscheid, Siegkreis, Wuppertal, Mönchen-Gladbach, Düsseldorf, Duisburg, Solingen, Grevenbroich, Bonn und Bonn-
Land). Das Zentrum wiederum trat zur Kommunalwahl 1946 mit einer wenig effek-
tiven Organisation an und erreichte daher ein sehr viel schlechteres Ergebnis als zwei
Jahre später bei der Kommunalwahl 1948. Wahlabsprachen mit dem Zentrum hatte
die CDP, um die Stärkeverhältnisse zu messen, rundweg abgelehnt[33].

6.1.2 CDP-Initiativen und Militärregierung

Ebenso wie in den industriellen Ballungsräumen des Rheinlandes (Essen, Duisburg
u. a.) gingen auch in den meisten westfälischen Ruhrgebietsstädten (Dortmund, Bochum, Herne, Wattenscheid u. a.) Impulse zur Unionsbildung von Gruppierungen
aus, die sich dem christlichen Arbeiterflügel zurechneten[34]. Obwohl den Grün-

---

33 Vgl. Vierteljahresbericht 3/1946 (Anm. 16). Zum Zeitpunkt der Kommunalwahlen 1946
    organisierte die rheinische CDU ca. 5 % ihrer Wähler und 1,6 % der Wahlberechtigten ins-
    gesamt. Zur Organisation der CDU vgl. auch Pietsch, *Militärregierung* (Anm. 12), S. 222 ff.
    — Wahlergebnisse des Nachkriegszentrums s. Anhang.
34 In Bochum und Dortmund traten Anton Gilsing und Johannes Gronowski auf, beide Ve-
    teranen aus dem Arbeiterflügel der alten Zentrumspartei, denen 1945 schon fast mythi-
    sche Züge anhafteten. Gilsing war Mitglied der Weimarer Nationalversammlung gewesen,
    außerdem Mitglied des Preußischen Staatsrates und des Reichsrates, Vorsitzender der Bo-
    chumer Zentrumspartei und 2. Vorsitzender des westfälischen Zentrums.
    Gronowski (1874—1958) hatte 1902 damit begonnen, die Christlichen Gewerkschaften
    in Dortmund aufzubauen, in einer Stadt also, die damals als Stützpunkt der Sozialdemo-
    kratie und der Freien Gewerkschaften galt und in der das Zentrum bereits viele katholi-
    sche Arbeiter an die Linke verloren hatte (vgl. Heinrich Mengelkamp, Katholische Arbei-
    terbewegung in Dortmund, Nachdruck in: gz, Mai 1980; W. Muder, Aus der katholischen
    Arbeiterbewegung Dortmunds, in: *Jahrbuch für die Katholiken Dortmunds*, Dortmund
    1929, S. 86 ff.). — Der „Schlosser von Dortmund" war 1908 im Wahlkreis Dortmund-
    Land in den Preußischen Landtag gewählt worden, dem er bis 1933 angehörte. 1922—
    1933 war er außerdem Oberpräsident von Westfalen, eine Karriere, die ihm einige seiner
    konservativen Parteifreunde offensichtlich mißgönnten. (Darauf spielt Brockmann in sei-
    nem Brief an Gronowski vom 25.5.1947 an [BAK, NB 48], wobei er eine Verbindung zwi-
    schen dem Weimarer Rechtszentrum und dem rechten Flügel der CDU herstellt; Gronow-
    ski, seit April 1946 Landesvorsitzender der CDU in Westfalen, verweigerte die Annahme
    des Briefes wegen der darin seiner Meinung nach enthaltenen „Spitzfindigkeiten", „Ent-
    stellungen" und „Verdächtigungen".) Sekretär der Dortmunder Ortspartei wurde der aus
    der katholischen Arbeiterbewegung kommende Paul Steup.

dungszirkeln von Anfang an auch bürgerlich-konservative Politiker angehörten, wurden die treibenden Kräfte von der britischen Militärregierung häufig als Reste des Weimarer Linkszentrums angesehen und teilweise wohlwollend unterstützt[35]. Dennoch waren sich die politischen Beobachter der britischen Militärregierung durchaus darüber im klaren, daß es in den Unionsparteien nicht nur einen sozial-politisch progressiven Flügel gab, der von Fall zu Fall auch zur Zusammenarbeit mit der SPD bereit war, sondern — ganz besonders in Bayern — auch einen stärker konservativen Flügel, dessen Hauptziel es war, den Linkstrend in Europa nach dem Zweiten Weltkrieg abzublocken[36]. Über das innerparteiliche Kräfteverhältnis der beiden Flügel, ihre Konsistenz und damit auch über die Entwicklungsperspektive der Partei selbst war damit — zumindest zur Zeit des westalliierten Parteienverbots, aber auch noch im Herbst 1945 — keine schlüssige Prognose möglich. Die Briten sahen freilich die Widersprüche in den ersten Programmentwürfen der Union und führten sie darauf zurück, daß zum einen die Mittelschichten nicht abgestoßen und zum anderen die katholischen Arbeiter gebunden werden sollten. Die Aussichten für eine Fortsetzung der Zentrumspolitik erschienen ihnen nicht günstig; die alt-ehrwürdige Zentrumspartei sei — so schrieb Sir William Strang am 21. August 1945 an Außenminister Bevin — in einer zerbrechlichen Verfassung:

„This old-established Catholic Party is in a rickety condition. In our zone it is most powerful, of course, in the Rhineland, where in a number of towns the administration has been put into the hands of its members. The Bavarian administration has also a strong Catholic flavour.
The Party is, however, handicapped by its programme, and in a country where all declarations of political principles and policy appear somewhat academic at a time when most people are concentrating on food and shelter, none could be more dispiriting than the platitudes of the Centre. It can count, however, on support from part of the middle classes, who may regard it

---

35 Vgl. die Berichte des politischen Beraters der britischen Militärregierung, Sir William Strang, an Außenminister Bevin sowie die Analysen der Political Intelligence Division (FO 371). — Die Förderung unterschied sich je nach den örtlichen Bedingungen. Während die Dortmunder und die Bochumer CDP-Initiativen durch Oberst Wilson unterstützt wurden, blieb ein ähnlicher Vorstoß im rheinischen Nachbargebiet erfolglos. Vgl. Schwering, *Frühgeschichte* (Anm. 2), S. 65.
36 So berichtet Sir W. Strang über die Parteiflügel in der Union an den britischen Außenminister Bevin im September 1945: „Some of the Centre Party leaders realise that they cannot hope to emerge as a national middle class party unless they discard the specifically Catholic basis of the old party and unite both Catholics and Protestants, as the Christian Democratic Union has done in Berlin. Several applications to form local parties on the lines have already been received within our zone, notably from Brunswick, Cologne, Dortmund, Krefeld, Osnabrück and Siegen. The left wing of the party, among whom Lensing of Dortmund is the most prominent [vgl. Kap. 5, Anm. 26] have added to the usual platform of freedom of religion and denominational education a demand for nationalisation of coal, steel and heavy industries and for a planned economy by which the State will guarantee private enterprise and public welfare. On the other hand the more conservative members of the party, some of whom are entrenched in the administration, particularly in the American Zone, are either loath to give up the Catholic basis of the party or determined to give in as little as possible to the prevailing leftward trend in Europe. One of these recently petitioned Military Government to abolish the Antifa pressure groups who are loud in their cries for more drastic de-Nazification. . . . They feel that there is scope for a moderate right-wing party free from all suspicion of nationalism" (Sir Strang to Mr. Bevin, 14.9.1945, Political Summary No. 5, PRO FO 371, 46969).

as a safe and uncompromised party, but it remains to be seen what proportion of its old industrial proletarian following will return to the fold."[37]

Man müsse abwarten, was aus den Christlichen Gewerkschaften werde und ob die Koordinationsbemühungen der Berliner CDU Erfolg hätten. Derzeit sei auch nicht abzusehen, ob die Verschmelzung mit anderen religiösen Gruppen bzw. mit den protestantischen Konservativen und den Liberalen gelingen würde. Immerhin gelangten die Briten schon bald zu der Auffassung, daß es den CDP-Initiatoren in Rheinland-Westfalen gelungen sei, die Mehrheit der ehemaligen Zentrumsleute — und zwar Rechte wie Linke — um sich zu sammeln und daß diejenigen, die das alte Zentrum wiederbegründen wollten, eine wenig aussichtsreiche Minderheit darstellten.

Zwar konnte die CDP in ihrer ersten Konsolidierungsphase unter den Bedingungen alliierter Nachkriegspolitik — wie andere Parteien auch — nur eine geringe politische Präsenz entfalten, doch suchten ihre Vertreter in der Nordrheinprovinz überall dort, wo es möglich erschien, die Kommunalverwaltungen mit ihren Parteigängern zu besetzen und damit noch zur Zeit des Organisationsverbots politisch-administrative Machtpositionen zu erobern. Die Tendenz der „Zentrumsverwaltungen", die allenfalls wenigen älteren gemäßigten sozialdemokratischen Beamten ein Mitspracherecht in kommunalen Gremien einräumen wollten, andererseits aber ehemalige Nationalsozialisten aus Industrie und Geschäftswelt als „unentbehrliche Fachleute" protegierten und in ein Geflecht von Patronage einbanden, nährte bei den britischen Behörden schon bald den Verdacht, in den kommunalen Bürokratien könnten sich die gouvernemental-konservativen Zentrumskräfte rasch wieder nach vorne schieben. Deren Illiberalität, aber auch der Vorwurf der Ineffektivität bei den dringendsten Wiederaufbauarbeiten und nicht zuletzt das unzureichende Engagement bei der Versorgung ehemaliger NS-Verfolgter trugen mit dazu bei, daß der Oberpräsident Dr. Fuchs und der Kölner Oberbürgermeister Adenauer im Oktober 1945 entlassen wurden[38].

Die Militärregierung beobachtete interessiert die Ausweitungsversuche der CDP nach Norden und Nordosten; als Kontaktpersonen für Adenauer und Rudolf Amelunxen[39] galten in Hannover Dr. Bernhard Pfad, ein Studienfreund Brünings, Vor-

37 Sir Strang to Mr. Bevin, 24.8.1945, Political Summary No. 2, PRO FO 371, 46969.
38 Vgl. z. B. Sir Strang to Mr. Bevin, 23.10.1945, Political Summary No. 9, PRO FO 371, 46969. — Vgl. hierzu auch Adenauers Darstellung, in: *Erinnerungen 1945—1953* (Anm. 7), S. 33 ff. Zur Tendenz der „Zentrumsverwaltungen", Sozialdemokraten auszuklammern, vgl. das Kölner Beispiel: Der einzige Sozialdemokrat in der Kölner Stadtverwaltung unter Adenauer war verantwortlich für Gartenbau und Friedhofswesen. Vgl. auch den OSS-Bericht „Zentrumsvorstellungen im Raum Köln/Bonn" (14.7.1945), in: *Zwischen Befreiung und Besatzung. Analysen des US-Geheimdienstes über Positionen und Strukturen deutscher Politik 1945*, hrsg. v. Ulrich Borsdorf/Lutz Niethammer, Wuppertal 1976, S. 165 f.
39 Dr. Rudolf Amelunxen, geb. 1888, 1919 Regierungsrat im Wohlfahrtsministerium in Berlin, 1921 Oberregierungsrat, 1923 Ministerialrat im Preußischen Staatsministerium, 1926—1932 Regierungspräsident in Münster. Während der NS-Zeit arbeitete er als Hilfsschlosser. 1945 Oberpräsident der Provinz Westfalen, 1946 Ministerpräsident des Landes Nordrhein-Westfalen, 1947 Sozialminister, 1950—1958 Justizminister. Vgl. auch unten S. 222.

sitzender der hannoveranischen Zentrumspartei von 1925 bis 1933 sowie der Oldenburger Rechtsanwalt Dr. August Wegmann; beide waren vor 1933 Mitglieder der Reichstagsfraktion des Zentrums gewesen.

6.1.3 Die Zeit der Abstimmungen (1945)

In der alten Verwaltungs-, Beamten- und Garnisonstadt Münster mit ihrem agrarischen Umfeld hielt unterdessen eine starke Gruppe um Schulrat Johannes Brockmann an der alten Zentrumspartei fest. Bis in den Sommer 1945 hinein konnten sich die Zentrumsverfechter in den Diskussionsprozeß um Neuformierung oder Wiedergründung der Zentrumspartei noch eingebunden fühlen. Um so größer war ihre Enttäuschung, als nach der ersten Sammlungsphase und einer kurzen Folge von Verhandlungen die Unvereinbarkeit der Parteiansätze deutlich wurde. Am 26. Juli 1945 trafen sich die Anhänger beider Richtungen – eingeladen von Dr. Josef Kannengießer, vor 1933 stellvertretender Generalsekretär des westfälischen Zentrums – im Hause des Dechanten Steinbrück in Lippstadt, um die alte Partei neu zu begründen. Für die einen bedeutete das, an die Zentrumstradition anzuknüpfen, für die anderen war es offenbar nur eine vorübergehende Notlösung[40]. So liegen über Datum und Verlauf der Lippstädter Versammlung unterschiedliche Berichte vor, weil manche Teilnehmer die spätere Spaltung damals noch nicht antizipierten und die Ereignisse im Nachhinein im Licht ihrer späteren politischen Entscheidung sahen. Von den Wiederbegründern des Zentrums wurde das Treffen in Lippstadt als Ausgangspunkt für den Wiederaufbau der Partei nach 1945 interpretiert, auch wenn danach noch mehrere Beratungen zwischen Zentrumsanhängern und Christlichen Demokraten stattfanden, die den Aufbau der Zentrumsorganisation noch weiter verzögerten. Nach CDU-Angaben soll es dagegen in Lippstadt nicht zur Abstimmung über die Wiedergründung gekommen sein.

Adenauer hatte in seiner Funktion als – von den Briten eingesetzter – Oberbürgermeister von Köln im Juli 1945 Kontakte zu den evangelischen Gebieten Ostwestfalens, nach Hannover zu Dr. Pfad, nach Bayern zum Münchener Oberbürgermeister Karl Scharnagl und zu den norddeutschen Konservativen um Dr. Hans Schlange-Schöningen angeknüpft, um herauszufinden, ob der Unionsgedanke außerhalb des Rheinlandes in politisch interessierten protestantischen, aber auch in katholischen Kreisen überhaupt Anklang fände. Nach seinem Eindruck waren die Aussichten eher „mäßig". Auch Schwering und Scharmitzel erkundeten das westfälische Terrain und besprachen sich Anfang August mit Amelunxen. Von ihm erfuhren die beiden Kölner CDP-Aktivisten von einer Sitzung früherer Zentrumsmitglieder, die der Diözesanpräses der katholischen Arbeiter- und Männervereine Pader-

---

40 Schwering, *Frühgeschichte* (Anm. 2), S. 96 f., nennt als Datum den 26.7.1945. Ebenso Gisela Schwarze, *Eine Region im demokratischen Aufbau. Der Regierungsbezirk Münster 1945/46 (Düsseldorfer Schriften zur Neueren Landesgeschichte und zur Geschichte Nordrhein-Westfalens,* Bd. 11), Düsseldorf 1984, S. 69. In den Akten des Zentrums wird dagegen zumeist der 15.7. angegeben.

borns, Dr. Kaspar Schulte, für den 6. August nach Dortmund einberufen hatte[41].
Hier sollte, so Schultes Anregung, bei paritätischer Beteiligung beider Richtungen
(je fünf) ein verbindlicher Mehrheitsbeschluß für eine gemeinsame Partei gefaßt
werden. Während sich die Zentrumsvertreter an die Absprache hielten und nur fünf
Delegierte entsandten, waren die Christlichen Demokraten — auf Betreiben Schwerings und Scharmitzels hin — stark überrepräsentiert[42]. So kam es zu einer erbitterten Konfrontation zwischen denen, die geglaubt hatten, die Entscheidung über die
Wiederbegründung des Zentrums bereits in Lippstadt gefällt zu haben und den westfälischen Anhängern der Unionsidee, die nun erstmals eine massive Verstärkung aus
dem Rheinland erhalten hatten. Der „Wattenscheider Kreis", der die Vertreter der
westfälischen Ruhrgebietsstädte und die aktiven Gruppen der katholischen Arbeitervereine der Diözese Paderborn zusammenfaßte, orientierte sich nun an der CDP[43].

In Dortmund war also wieder keine endgültige Entscheidung zwischen Zentrumsbefürwortern und Christlichen Demokraten erzielt worden, denn die Lippstädter
Zentrumsanhänger fühlten sich von den rheinischen CDP-Initiatoren majorisiert
und verließen deshalb die Veranstaltung vorzeitig[44]. Es wurde beschlossen, die
Diskussion in größerem Kreis eine Woche später in Wattenscheid fortzusetzen, um
eine definitive Entscheidung zu treffen. Hier feierten die Christlichen Demokraten
bereits ihren Sieg. Die Zentrumsbefürworter blieben aus Protest gegen das ihrer Meinung nach undemokratische — weil getroffene Vereinbarungen hinsichtlich der
regionalen Repräsentation und der zahlenmäßigen Parität verletzende — Vorgehen
ihrer Kontrahenten der Sitzung fern[45]. War die CDP-majorisierte Probeabstimmung
vom 6. August noch knapp zugunsten der Christlichen Demokraten ausgefallen[46],

---

41 Vgl. Schwering, *Frühgeschichte* (Anm. 2), S. 92. — Schulte starb am 14. April 1980 im Alter von 80 Jahren. In der Nachkriegszeit förderte Schulte vor allem die Wiederbegründung
kirchlicher Vereine und Verbände (vgl. *gz*, 6/1980, S. 8). Unmittelbar nach dem Kriege
unterstützte er das Paderborner Labour-Party-Konzept (vgl. oben Kap. 5.1). Auch nach
der Durchsetzung der CDP trat er als Vermittler zwischen Christlichen Demokraten und
Zentrumsanhängern auf. (Vgl. auch Kap. 10, Anm. 104.)
42 Vgl. ebd., S. 98: „Alles mußte von Köln aus geschehen, um soweit wie möglich den kämpfenden Freunden Schützenhilfe zu leisten. In Westfalen war die Entwicklung eben anders
als im Rheinland. Die Reisegruppe verstärkte sich ... später hat Lensing die Hilfe, die den
Westfalen überraschend kam, in ihrem hohen Werte lebhaft gewürdigt, es sei eine Unterstützung im entscheidenden Augenblick gewesen, die vor allem darin lag, daß die Stadt
Köln sich für die CDU entschieden und weil die Rheinländer ein Programm mitbrachten,
das den neuen Ereignissen auf allen Gebieten bereits Rechnung trug, infolgedessen dem des
Zentrums überlegen war. ... Sehr fiel es den Kölnern auf, daß die heftigsten Gegner des
neuen Parteigedankens aus den ländlichen Bezirken kamen ... die westfälische Landwirtschaft bekundete offenbar dem alten Zentrum erneut unerschütterliche Treue."
43 Vgl. ebd., S. 97; Wieck, *Entstehung* (Anm. 2), S. 112 ff.
44 Interview mit Dr. Reismann am 30.11./1.12.1978.
45 Vgl. Darstellung Brockmanns, BAK, NB 4; Wieck, *Entstehung* (Anm. 2), S. 113; Schwering
(*Frühgeschichte* [Anm. 2], S. 99) spricht von „Rückzugsgefechten" des Zentrums.
46 Vgl. Wieck, *Entstehung* (Anm. 2), S. 113. Wieck nennt unterschiedliche Angaben für das
Abstimmungsergebnis. Nach Schwering war das Verhältnis 11 : 7 : 3, nach einem Zentrumsflugblatt 9 : 7, nach Dr. Reismann 13 : 6. Enthalten hatten sich hier Schwering selbst
und Dr. Franz Wagner aus Gelsenkirchen, der bis Dezember 1945 CDP-Mitglied war und
dann aus Enttäuschung über die schleppende Entnazifizierungspolitik der CDP zum Zentrum überwechselte (vgl. BAK, NB 3,4).

so verbesserte sich das Verhältnis für sie eine Woche später in Wattenscheid, am 13. August 1945, mit 7 : 1 erheblich. Der in Lippstadt zum Generalsekretär des westfälischen Zentrums gewählte Dr. Kannengießer trat nun zur CDP über[47].

Die Zentrumsanhänger aus dem Münsterland fanden sich aber mit der Entwicklung zugunsten der CDP nicht ab. Sie verwiesen auf die bevorstehende Lizenzierung von SPD, KPD, DDP und Zentrum durch die britische Militärregierung und gingen davon aus, daß das örtlich bereits wieder entstehende Zentrum im Einvernehmen mit den Anordnungen der britischen Militärregierung auf jeden Fall wiederkommen werde[48]. Mit dieser Argumentation versuchte Dr. Stricker von der Zentrumsposition her die CDP unter Druck zu setzen und plädierte für die Beibehaltung des alten Namens, unter dem eine Einigung beider Richtungen noch möglich sei[49]. Dabei übersah er allerdings, daß die britischen Militärbehörden bereits im Sommer 1945 mit der CDP als einem wichtigen politischen Faktor rechneten.

Im Rheinland war damals noch keine endgültige Entscheidung gefallen, obwohl die Christlichen Demokraten bereits etliche lokale Gründungen vorbereiteten. Als Indiz für die anfangs noch scheinbar unsicheren Erfolgschancen der Christlichen Demokraten im Niederrhein-Gebiet, das traditionell stärker mit Düsseldorf als mit Köln verbunden war, konnte man z. B. die − bereits erwähnte − Spaltung der Düsseldorfer Gruppe ansehen. Überwiegend agrarisch geprägt, war der Niederrhein von seiner Sozialstruktur und politischen Kultur her eher mit Westfalen vergleichbar und deshalb für die Christlichen Demokraten eine nicht zu unterschätzende Bastion

---

47 Auch für Wattenscheid differieren die Angaben über die Teilnehmerzahl. Wieck (ebd., S. 114) spricht von 150 Anwesenden, Schwarze (*Region* [Anm. 40], S. 72) von etwa 100, ein Bericht der britischen Militärbehörden meldet 86 Anwesende, von denen sich 75 für die CDP ausgesprochen hätten (vgl. *Weekly Political Intelligence Report*, Nr. 9, PRO FO 371, 46935). − Der Lagerwechsel Dr. Kannengießers löste bei den Zentrumsgetreuen heftige Reaktionen aus, denn der Dissident, der die Lippstädter Versammlung selbst einberufen und dort eine Parteifunktion übernommen hatte, bezeichnete nun eben diese Partei als „Absplitterung". Brockmann verwahrte sich gegenüber Kannengießer gegen den Vorwurf, er wolle eine „sogenannte Zentrumspartei" aufziehen. Die Treue zum Zentrum, „das Mark der Ehre", sei ihm, so schrieb er, wichtiger als Experimente, die, weil sie eine „altbewährte Partei" und damit die politische Einigkeit der in ihrer inneren Geschlossenheit wohl größten christlichen Volksgruppe" opferten, als „ein Vorgang größter politischer Tragik ... [und] als außerordentlich unüberlegt und unverantwortlich bezeichnet werden" müßten. Hatte Kannengießer gegenüber Brockmann geäußert, es sei gut, wenn das Zentrum neben der CDP fortbestehe, um im Falle eines Scheiterns der CDP deren katholische Anhänger wieder aufzufangen, so war das für Brockmann „die erschütternde Offenbarung einer innerlich völlig unbegründeten und unausgereiften Entscheidung" (BAK, NB 5). − Zur Auseinandersetzung mit Kannengießer vgl. auch das Flugblatt „Zentrumspartei. Vervielfältigen! Weiterverbreiten!" (BAK, NB 2), eine Reaktion auf Kannengießers Flugblatt „Liebe Freunde", sowie ein Brief „Von sehr beachtlicher Seite", der Dr. Kannengießer als Antwort auf sein Flugblatt zugesandt und vom Zentrum als Propagandamaterial für seine Position verbreitet wurde (26.11.1945, BAK, NB 4). − Siehe auch Wieck, *Entstehung* (Anm. 2), S. 114, sowie Schwarze, *Region* (Anm. 40), S. 301, Anm. 68, mit Kannengießers Begründung für seinen Meinungswandel.

48 Die offizielle Zulassung der Parteien auf Kreisebene erfolgte in der britischen Zone am 15.9.1945. Zu diesem Zeitpunkt bestanden bereits einige Ortsgruppen der Zentrumspartei.

49 Vgl. Wieck, *Entstehung* (Anm. 2), S. 114, 135.

der Zentrumsbefürworter. Noch bevor die Positionen weiter abgeklärt waren – zu diesem Zweck wurde eine Versammlung der rheinischen Gruppen für den 20. August ins Düsseldorfer Rheinbahnhaus einberufen[50] –, schufen die Kölner mit der CDP-Gründung am 19. August 1945 ein unübersehbares *fait accompli*. Mit den durch keine demokratische Mehrheitsentscheidung ehemaliger Zentrumsmitglieder autorisierten örtlichen CDP-Gründungen mußten die Christlichen Demokraten in den Augen der entschiedenen Zentrumsbefürworter jede Legitimation für weitere Verhandlungen verlieren. Bei der Zusammenkunft im Rheinbahnhaus, zu der sich mehr als 60 Interessierte aus ca. 40 Orten des Rheinlandes einfanden, trat der spätere erste Vorsitzende der Zentrumspartei, Dr. Wilhelm Hamacher, zum erstenmal öffentlich gegen die Christlichen Demokraten auf. Er forderte Aufschub, bis eine grundsätzliche Entscheidung getroffen sei. Bis dahin müsse man vom Zentrum als etwas Bestehendem ausgehen, das jedes Experiment mit so ungewissem Ausgang verbiete. Auch aus politischen Erwägungen sprach er sich gegen das Sammlungskonzept der Christlichen Demokraten aus, weil es den reaktionären Weimarer Kräften Unterschlupf biete.

Für Dr. Hamacher schien 1945 der Zeitpunkt gekommen zu sein, zu dem die Katholiken in Deutschland aus ihrer Minoritätsposition herauskommen und eine geistig-moralische Führungsrolle übernehmen könnten. Die Führungsfunktion des politischen Katholizismus dürfe nicht leichtfertig geschwächt oder – in der Terminologie des Zentrums – „vermanscht" werden. Er empfahl statt dessen ein „getrenntes Marschieren" von Katholiken und Protestanten im politischen Raum und erwies sich damit als Anhänger der sogenannten Zwei-Säulen-Theorie[51]. Obwohl Hamacher – nach seinem eigenen Eindruck – auf der Düsseldorfer Tagung viele Teilnehmer für sich einnehmen konnte, unterlag die Position der Zentrumsbefürworter mit 7 : 40 Stimmen nun auch im Rheinland[52]. Schwering bescheinigte dem „im Beharren verstrickten Mann", der kein Redner, eher ein Wissenschaftler gewesen sei, ein „zu kompliziertes geistiges Niveau" und charakterisierte damit implizit die vorherrschende Stimmung auf der Düsseldorfer Tagung. Hamachers „fremdartige Darlegungen" hätten angesichts des Engagements von drei evangelischen Pfarrern und der spürbaren „Aufbruchstimmung" in der Jugend nicht überzeugen können. Jedoch habe der Appell an die Emotionen der Älteren, für die die Zentrumspartei stets ein „Etwas von Gefühlen undefinierbarer Art" gewesen sei[53], seine Wir-

---

50 Vgl. ebd., S. 106.
51 Dr. Hamachers Rede in Düsseldorf wird von Schwering (*Frühgeschichte* [Anm. 2], S. 105 ff.) teilweise referiert. Dr. Hamacher nennt selbst in einem Rückblick „Zur Geschichte der Wiederbegründung des Zentrums" (HSTAD, RWN 48–7) die für ihn zentralen Gesichtspunkte. – Zur „Zwei-Säulen-Theorie" vgl. auch Wieck, *Entstehung* (Anm. 2), S. 112, 230. Er überliefert, daß auch Dr. Stricker diesem Konzept des „getrennt marschieren, vereint schlagen" angehangen und für eine römisch-katholische Staatspartei nach holländischem Vorbild plädiert habe. Dieses Konzept muß er allerdings schon wenig später aufgegeben haben.
52 Dr. Hamacher erwähnt in seinem Memorandum (vgl. Anm. 51), daß ihm sogar so entschiedene CDP-Protagonisten wie der frühere christliche Gewerkschaftler und Unionsgründer in Essen, Heinrich Strunk, ihre tiefe Sympathie bekundet hätten.
53 Schwering, *Frühgeschichte* (Anm. 2), S. 107 f.

kung keineswegs verfehlt. Die CDP-Initiatoren waren offensichtlich klug genug, die Mächtigkeit der Gefühlsmomente zu erkennen, und so unterschätzten sie deren potentielle Wirkung — gerade bei der älteren Generation der Katholiken — zumindest solange nicht, bis sich nach den ersten Wahlen die Kräfteverhältnisse zugunsten der Union klärten.

Mit Rücksicht auf die emotionellen Bedürfnisse der älteren Zentrumswählerschaft baten Schwering und Scharmitzel am 26. August 1945 den letzten Vorsitzenden der rheinischen Zentrumspartei, Justizrat Hugo Mönnig, in dessen Person sich — so Schwering — „die Tradition des Zentrums schlechthin konzentrierte", um eine sichtbare Unterstützung[54]. Sein Votum für die CDP erschien den Christlichen Demokraten in einer emphatisch stilisierten Situation, in der „letzte historische Bindungen um höherer Ziele willen gelöst werden mußten"[55], — ganz realistisch — von unschätzbarem propagandistischen Wert.

Mit der Düsseldorfer Versammlung war die CDP-Politik der Abstimmungen in der Auseinandersetzung mit den Zentrumsbefürwortern zu einem erfolgreichen Abschluß gekommen. Man war jetzt entschlossen, die Provinzparteien der CDP zu konstituieren und keine weitere Rücksicht mehr auf das Zentrum zu nehmen[56]. Nun sammelten sich auch die unterlegenen Zentrumsanhänger. Dr. Hamacher besprach sich noch am Abend der Abstimmungsniederlage in Düsseldorf mit dem früheren katholischen Filmverbandsfunktionär und Schriftsteller Richard Muckermann[57] und dem Redakteur Dr. Karl Klein[58] und erfuhr dabei von der Weigerung der Düs-

---

54 Ebd., S. 108. Anders die Einschätzung der Rolle Mönnigs bei Rudolf Morsey, *Die Zentrumspartei in Rheinland und Westfalen*, in: *Politik und Landschaft*, hrsg. v. Walter Först (*Beiträge zur neueren Landesgeschichte des Rheinlandes und Westfalens*, Bd. 3), Köln/Berlin 1969, S. 39.

55 Schwering, *Frühgeschichte* (Anm. 2), S. 108.

56 Vgl. ebd., S. 107.

57 Richard Muckermann, geb. am 28.11.1891, Bruder des Jesuitenpaters Friedrich Muckermann (1883—1946), 1933 emigriert nach Rom), mit dem zusammen er 1924—1941 die Zeitschrift „Film-Rundschau" herausgab. Bis 1933 war R. Muckermann Referent der Reichszentrale für Heimatdienst in Essen. Nach 1933 leitete er den Katholischen Lichtspielverband und war Vizepräsident des Internationalen Katholischen Filmkomitees (OCIC). (Zur Produktion dieser katholischen Filmgesellschaften und zur Tätigkeit R. Muckermanns vgl. Heiner Schmitt, *Kirche und Film. Kirchliche Filmarbeit in Deutschland von ihren Anfängen bis 1945*, Boppard 1979.) 1941 wurde Muckermann kurzfristig inhaftiert. Im Juli 1945 Mitgründer der ersten Düsseldorfer Zeitung, 1946 Chefredakteur des Zentrumsblattes „Rhein-Ruhr-Zeitung". Seit 1922 Mitglied der Zentrumspartei, gehörte Muckermann 1945 mit zu ihren Wiederbegründern, war Mitglied des Hauptvorstandes und geschäftsführendes Mitglied des Direktoriums der DZP. Gründer der Kreispartei Düsseldorf Mettmann, 1946 Mitglied des Kreistages Düsseldorf-Mettmann. 1947 wurde er als Zentrumsvertreter in den Landtag von Nordrhein-Westfalen gewählt. Nach seinem Übertritt zur CDU vertrat er diese Partei 1949—1961 im Bundestag.

58 Dr. Karl Klein, seit 1923 Redakteur des „Aufwärts", 1926—1933 Chefredakteur der Zentrumszeitung „Düsseldorfer Tageblatt". Klein gehörte (zusammen mit R. Muckermann, dem Verleger Jakob Pötz u. a.) zur Gruppe der Düsseldorfer Zentrumsbefürworter und wurde nach der Wiedergründung der Partei ihr Generalsekretär. Verärgert über die Wahl R. Muckermanns zum Geschäftsführer des Direktoriums und über den Kurs, den die Partei seit 1946 einschlug (vgl. Kap. 7), trat er Anfang Oktober 1946 aus der Zentrumspartei aus. Klein war erster Chefredakteur des Bulletins der Bundesregierung.

seldorfer Zentrumsinitiative, das CDP-Experiment zu unterstützen[59]. Auch in Wuppertal, Oberhausen, Kettwig und Iserlohn sowie in verschiedenen westfälischen Orten „marschiere" das Zentrum erneut. In der näheren Umgebung von Dr. Hamachers Wohnort, im Siegkreis, stehe die Wiedergründung mehrerer Ortsparteien des Zentrums kurz bevor.

Hamacher suchte in jenen Tagen das Gespräch mit Adenauer, der freilich keine Eile zeigte, sich mit den Zentrums-Traditionalisten zu verständigen. Zur Vorbereitung einer Unterredung zwischen den beiden früheren rheinischen Zentrumspolitikern, die am 1. September stattfinden sollte, faßte Hamacher eine Woche nach dem Düsseldorfer Treffen in einem Brief an Adenauer seine Argumente nochmals zusammen[60]. Seiner Meinung nach waren sowohl die „Kölner Leitsätze" nicht ausgereift als auch die Änderung des Parteinamens nicht notwendig:

„Das Zentrum ist nicht aus Mangel an Ideen, sondern aus Mangel an Mut zum Wagnis vom politischen Kampfboden abgetreten; nicht in dem Zustimmen zum Ermächtigungsgesetz, sondern in der Selbstauflösung liegt m. E. der Hauptfehler; wir können auch ohne mit der geschichtlichen Wahrheit in Konflikt zu kommen, sagen, daß das Zentrum auch 1933 den Beweis erbringen wollte, daß es das Vaterland und das Ganze stets über die Partei gestellt hat. Wir machen jetzt durchweg den verhängnisvollen historischen Denkfehler, daß wir die politische Hochflut von 1933 mit dem Wissen von 1945 messen, anstatt sie mit der damaligen Stimmung zu werten. Und nun glauben die Wegbereiter dieser neuen Leitsätze (das alte Zentrumsprogramm ist reifer und besser durchgearbeitet), mit dem Wechsel des Anzugs von den politischen Gegnern nicht mehr als die alten Vertreter des Zentrums erkannt und angegriffen zu werden. Hier hilft kein Beschönigen und Verschweigen, sondern nur ein offenes Bekennen."

Nach Hamachers Ansicht war also nicht die Politik der Zentrumspartei, sondern ihre Selbstauflösung falsch gewesen. Für die Verbrechen des Nationalsozialismus machte er die politische und militärische Führung des Reiches verantwortlich. Außerdem warf er den Siegermächten vor, daß sie nicht schon viel früher, nämlich 1935 und 1938, eingegriffen hätten. Die Tatsache, daß das Zentrum 1945 als einzige bürgerliche Partei von der britischen Militärregierung zugelassen werden sollte, eröffnete nach Hamachers Auffassung dem politischen Katholizismus in Deutschland jetzt endlich die ersehnte historische Chance:

„In einem Zeitpunkt, wo wir deutschen Katholiken aus der Fülle und Geschlossenheit unserer Ideenwelt das Ende dieses Krieges zu einer Wende nicht nur im Schicksal unseres Volkes, sondern auch in der Neugestaltung des Abendlandes dank unserer universalen Beziehungen machen können, wenn wir endlich einmal statt des bisher so beklagenswerten Schielens und Anlehnungsbedürfnisses an die anderen Richtungen zu einem gesunden entschlossenen Selbstbewußtsein übergehen; in diesem Zeitpunkt wollen die Wegbereiter eines neuen, noch nicht einmal zügigen Namens den alten Turm abbrechen oder verlassen mit dem Vorhaben, den evangelischen Volksteil aus seinen festgewurzelten Vorurteilen herauszuholen, einen politischen Wechsel ausstellen, von dem sie selbst nicht überzeugt sind daß er zieht; denn sie sagen selbst: ‚Wenn das Experiment nicht gelingt, kehren wir zum alten Zentrum zurück.' So darf man nicht mit Volk und mit Ideen spielen."

---

59 Vgl. oben S. 200.
60 Hamacher an Adenauer, 26.8.1945, HSTAD, RWN 48—29. Aus diesem Brief wird im folgenden zitiert.

Solange sich das politische Leben wegen der Kontrolle durch die britische Militärregierung noch nicht frei entfalten könne, solle man sich vorläufig — so empfahl
der Studienrat — auf die „Volksschule der Politik", d. h. die kommunale Ebene,
beschränken und zu diesem Zweck das Kommunalprogramm der Zentrumspartei
aktualisieren. Es sei ja noch nicht abzusehen, „wann wir zur Oberschule der Lan-
des- und Reichspolitik oder gar zur Hochschule der Außenpolitik zugelassen werden". Neue politische Leitsätze und einen anderen Namen „durchzupeitschen",
sei außerdem illoyal gegenüber den noch nicht heimgekehrten Soldaten.

Hamacher war der Exponent einer traditionalistischen Richtung, die sich für eine
Fortsetzung des politischen Katholizismus mit konservativ-autoritärer Prägung
engagierte und sich deshalb dem Nachkriegszentrum zuwandte, das ihrer Erwartung
nach traditionelle katholische Politik betreiben sollte. Um die moralische Zersetzung durch den Nationalsozialismus zu überwinden, wollte Hamacher mit „weitest-
gehender Unterstützung der Kirche eine religiöse und sittliche Erneuerungsbewegung unseres Volkes als Erstaufgabe in Angriff nehmen und von dort aus betonen,
daß Religion und Politik, religiöse und politische Existenz eines Volkes untrennbar
aufeinander angelegt und miteinander verknüpft sind". Er explizierte erneut seine
Vorstellung davon, wie Katholiken und Protestanten politisch zusammenarbeiten
könnten:

„Glauben diese [die Protestanten] mit uns im Zentrum wegen seiner katholischen bzw. ultramontanen Tradition nicht zusammengehen zu können, so wollen wir ihnen helfen, es nicht nur
dulden, daß sie eine eigene christliche Partei gründen, daß wir mit ihnen ein Neben- und Miteinander in einem Kartell oder Block bilden und so zusammenarbeiten; dann würde jede Verman-
schung und Unklarheit vermieden; wir marschieren dann als altes Zentrum mit der alten Fahne
in die neue Zeit, oder gar, wir machen nach dem Beispiel Hollands ganz klare Fronten: eine
römisch-katholische Staatspartei auf den Rundschreiben Leos XIII. und Pius' XI., und die Evangelischen eine christliche Partei oder wie sie sie nennen mögen; und wenn dann die ersten Erfahrungen auf alten Wegen mit der alten Tradition und den alten Grundsätzen gesammelt sind,
können wir neue Entschlüsse fassen."

Das Postulat der Demokratie bezeichnete er als nur wenig aussagekräftig. Dagegen
hielt er die Grundmuster des Zentrums aufrecht: das „schöpferische Prinzip der
Mitte", das „Persönlichkeits- und Gemeinschaftsideal", Tradition und Erfahrung
und vertraute auf den „Beweis der Geschichte", daß Staat und Gesellschaft auf der
Zentrumsidee aufgebaut werden könnten.

Auf der Gründungsversammlung der rheinischen CDP am 2. September 1945 in
Köln, auf der die Kölner (und mit ihnen die Bonner und Aachener Gruppen), die
Düsseldorfer Fraktion der Christlichen Demokraten (einschließlich der des Niederrheins und der rechtsrheinischen Gruppen aus dem Ruhrgebiet) sowie die evangelischen Gruppierungen des Rheinlandes (Wuppertal, Remscheid, Solingen) zusammengefaßt wurden[61], machte Dr. Hamacher einen letzten vergeblichen Versuch, die
CDP-Gründer umzustimmen oder einen Aufschub zu erreichen. Er selbst hatte sich

---

61 Vgl. Wieck, *Entstehung* (Anm. 2), S. 98 ff., S. 102.

zu diesem Zeitpunkt noch nicht entschieden, ob er mit den Christlichen Demokraten zusammenarbeiten wollte[62]. Nach seinem eigenen Bericht sprach er

„unter großem Beifall der Versammlung ... die Hoffnung aus, daß Brüning bald wieder unter uns sein möchte, um die Lenkung der deutschen Außenpolitik zu übernehmen und dank seiner ausländischen Beziehungen den Kontakt des deutschen Volkes mit dem Auslande wiederherzustellen. Zum Schluß meiner Bemerkungen sprach ich den dringenden Wunsch aus, im Hinblick auf die Beschränkung unserer politischen Bewegungsfreiheit auf die Kommunalwahlen, die von der Militärregierung ja eindeutig begrenzt und festgelegt war, bei diesen Wahlen auch nach den alten Formen und den alten Grundsätzen, d. h. also dem Zentrumsprogramm zu wählen. Daraufhin hörte ich eine scharfe und eindeutige Ablehnung des Herrn Dr. Scharmitzel. Mit einer klaren Geste des Verzichts, daß ich dann nicht mitmachen könne, verließ ich die Versammlung."[63]

Die Abstimmung über den neuen Namen der Partei, die die wenigen in dieser Versammlung am 2. September noch verbliebenen Zentrumsbefürworter als „Vergewaltigung" empfanden, erfolgte übrigens, wie Muckermann monierte, ohne Gegenprobe[64].

In einem zweiten Brief an Adenauer vom 24. September 1945 begründete Hamacher nun seine Entscheidung für das Zentrum[65]. Die Gründungsversammlung der rheinischen CDP im Kölner Kolpinghaus am 2. September 1945 erschien ihm, so schrieb er,

„wie ein Einbruch in die Idee und das Werk von Adolph Kolping, das auf der klaren, wahren und universalen Idee der katholischen Glaubens- und Sittenlehre aufgebaut und heute noch so jugendfrisch ... [ist] wie zu Lebzeiten des Gesellenvaters. Das Thema der Reformation meldete sich an."

Dem ehemaligen rheinischen Generalsekretär des Zentrums erschien es

„wie ein böser Traum, daß so ein Experiment wie die C.D.P. ausgerechnet von Köln, dem Zentrum katholischen Denkens, Fühlens und Wollens seinen Ausgang nimmt, und daß man dort eine Erziehungsarbeit von Jahrzehnten, wie sie doch vom Kölner und Rheinischen Zentrum geleistet worden ist, in die Vergessenheit versinken lassen will. Ist Köln wirklich eine innere Gefahr für den deutschen Katholizismus? Davor möge uns Gott bewahren in einer Stunde, wo für die sittliche, geistige und religiöse Wiedergeburt unseres Volkes sozusagen alles von der stoßkräftigen Festigkeit und Schlagkraft des aktiven weltzugewandten Katholizismus abhängt. Wir brauchen ja nur die alte Tradition wieder aufzunehmen, das große Kapital, das im Laufe des 19. Jahrhunderts an religiösen und geistigen Werten, im Laufe von 75 Jahren an politischen Werten

---

62 Vgl. ebd., S. 57, Anm. 99. — Die Christlichen Demokraten suchten Dr. Hamacher, den ehemaligen Generalsekretär der rheinischen Zentrumspartei, zu gewinnen, da sein Prestige genutzt werden sollte. Schwering setzte den Zauderer unter starken Zeitdruck. Die Frage, welcher von beiden, ob Hamacher oder Dr. Joseph Ruffini — beide zögerten —, der CDP von größerem propagandistischen Nutzen sein könnte, wurde von CDP-Seite zunächst offen gelassen, dann zugunsten Ruffinis entschieden, um den man sich daraufhin stärker als um Hamacher bemühte. Es ist zu vermuten, daß in diesen Konflikt Unstimmigkeiten in der Führung des rheinischen Zentrums vor 1933 in die Nachkriegszeit hineingewirkt haben.
63 HSTAD, RWN 48—7.
64 Vgl. ebd. — Hamacher bezeichnete den Stil dieser Versammlung als völlig undemokratisch.
65 Hamacher an Adenauer, 24.9.1945, HSTAD, RWN 48—29. Aus diesem Brief wird im folgenden zitiert.

des Vertrauens, der Erfahrung, der Kampferfolge, auch Kampfenttäuschungen, der Disziplin sich angesammelt hat, nur zu aktivieren und wieder in den neuen Kampf zu werfen, so wird uns der Erfolg nicht versagt bleiben. Das Wort Zentrum ist ein fester politischer Begriff; Freunde und Gegner wissen, was er bedeutet, unsere Gegner nehmen ihre alten Namen wieder auf, ausgerechnet wir sollen uns der alten Firma schämen; mag sie Fehler und Schwächen haben, sie hat aber auch Aktiva."

Schließlich richtete Hamacher einen letzten Appell an Adenauer, eine gemeinsame Lösung zu finden und den Zwiespalt zu beenden. Er hoffe, so schrieb er mit resignativem Unterton, daß Adenauer, der seine letzte Hoffnung sei, sich mit Brüning zu gemeinsamer politischer Arbeit „zum Wohle unseres Volkes und Vaterlandes und auch unserer Kirche, aber auch unseres Rheinlandes wie des gesamten Abendlandes" zusammenfinde.

Die westfälische Provinzpartei der CDP konstituierte sich ebenfalls am 2. September 1945 in Bochum[66]. Wegen der schlechten Verkehrsverhältnisse war eine Gründungsveranstaltung gemeinsam mit den Rheinländern in Essen − am historischen Ort der Stegerwald-Rede − nicht möglich. Die westfälische CDP verband die Gruppen aus dem Industrierevier und den Paderborner Kreis mit evangelischen Gruppierungen aus dem Ravensberger Raum und dem Gebiet um Hagen, die bis 1933 dem Christlichen Volksdienst nahegestanden hatten. Außer Dr. Kannengießer, dessen Umschwenken am 13. August in Wattenscheid schon erwähnt wurde, traten nun auch der populäre Johannes Gronowski, Dr. Helfrich und Franz Bornefeld-Ettmann (MdR bis 1933) öffentlich für die CDP ein. Von den dreizehn Teilnehmern in Lippstadt hatten damit inzwischen mindestens fünf das Lager gewechselt[67].

In Westfalen mußte sich die CDP explizit als Fortsetzung und Erweiterung des alten Zentrums, nicht etwa als neue Partei neben dem Zentrum, definieren, wenn sie sich gegenüber einer wiederbegründeten Zentrumspartei behaupten und durchsetzen wollte. Um gegen die westfälischen Zentrumsanhänger, die mit der CDP-Gründung nicht einverstanden waren, langfristig bestehen zu können, legten die Christlichen Demokraten in Westfalen stärker als ihre Parteifreunde im Rheinland Wert darauf, daß traditionelle Zentrumsforderungen wie die nach Elternrecht und Konfessionsschule in das CDP-Programm aufgenommen wurden[68]. Diese Position vertraten sie auch in der gemeinsamen Programmkommission der rheinischen und westfälischen CDP, die nach der Bildung beider Provinzverbände am 2. September 1945 eingerichtet worden war und die aus den verschiedenen Vorlagen und Entwürfen ein verbindliches Parteiprogramm ausarbeiten sollte. Die Westfalen erreichten, daß in der zweiten Fassung der „Kölner Leitsätze" die traditionell-katholischen Forderungen stärker als im ersten Entwurf berücksichtigt wurden.

---

66 Vgl. Wieck, *Entstehung* (Anm. 2), S. 124 ff.; Schwarze, *Region* (Anm. 40), S. 76.
67 Vgl. Wieck, *Entstehung* (Anm. 2), S. 123. Wieck nennt als Teilnehmer in Lippstadt: Amelunxen, Brockmann, Kannengießer, Lensing, Wessel, Helfrich, Reismann, Stricker, Bielefeld, Vahle, Bornefeld-Ettmann, Wibbelt, Dechant Steinbrück. Nach Zentrumsdarstellung waren es zwölf Anwesende, von denen nur drei zur CDP gingen (BAK, NB 5,6).
68 Vgl. Schwarze, *Region* (Anm. 40), S. 6 ff., zur Entwicklung der CDP-Programmatik in Westfalen; vgl. auch Wieck, *Entstehung* (Anm. 2), S. 124 ff.

Eine solche Änderung der frühen CDP-Programmatik kam allerdings nicht nur durch den westfälischen Einfluß zustande. Sie entsprach auch den deutlichen, nur aus Gründen politischer Vernunft kurzfristig zurückgestellten Interessen einiger katholischer Bischöfe. Und sie war im Herbst 1945 nicht zuletzt deshalb durchzusetzen, weil die evangelischen Bündnispartner in Westfalen — trotz ihrer Reserve gegenüber der katholischen Interpretation des Elternrechts — gegen die kulturpolitischen Ansprüche der Katholiken keine grundsätzlichen Einwände erhoben, sofern die katholischen Forderungen in einer Form präsentiert wurden, die die konfessionelle Parität prinzipiell anerkannte[69]. Wenn die westfälische CDP also stärker als die rheinische auf die Zentrumsgeschichte rekurrierte, so vor allem deshalb, weil hier sowohl katholische als auch evangelische Christliche Demokraten die Konkurrenz eines neuen Zentrums mit dem in dieser Traditionszone erwarteten Zulauf eher fürchten mußten. Inzwischen sammelten sich die Zentrumsgetreuen bereits um die Münsteraner Zentrumsgruppe.

6.2 Die Wiederbegründung der Zentrumspartei am 14. Oktober 1945 in Soest

Auf die Initiative der Münsteraner Zentrumsbefürworter hin fand am 16. September in Brockmanns Wohnort Rinkerode bei Münster eine letzte größere gemeinsame Konferenz von Christlichen Demokraten und Zentrumsanhängern statt, auf der es wiederum zu keiner Einigung kam[70]. Mit dem Scheitern dieser letzten Verhandlungsrunde, zu der erstmals auch Delegationen aus dem oldenburgischen, hannoverschen und braunschweigischen Raum sowie aus dem Eichsfeld erschienen waren, wurde nun allerdings offenkundig, daß sich die Vorstellungen der Christlichen Demokraten über Rheinland-Westfalen hinaus allmählich in den anderen Regionen der britischen Zone verbreiteten. Denn auch die Zentrumsrepräsentanten aus dem Gebiet des späteren Niedersachsen, die nach Rinkerode gekommen waren, in der Erwartung, dort würden bindende Beschlüsse über die künftige Struktur des alten Zentrums gefaßt[71], orientierten sich inzwischen zunehmend an den Positio-

---

69 Vgl. auch Hofmann, *Journalist* (Anm. 3), S. 152—160.
70 Nach Brockmanns Darstellung war diese Tagung „auf Wunsch von besonderer Seite" zustandegekommen, eine Formulierung, mit der zumeist Anregungen des Klerus umschrieben wurden (BAK, NB 2,3). Teilnehmer der Konferenz waren u. a. der letzte Zentrumsvorsitzende in Hannover, Dr. Bernhard Pfad, J. Brockmann, Dr. Stricker, Dr. Reismann, Dr. Amelunxen, Dr. Hamacher, Dr. Schwering, Dr. Scharmitzel, Christian Blank. Zum Verlauf der Tagung vgl. Wieck, *Entstehung* (Anm. 2), S. 139 f., sowie Dr. Hamachers Bericht (HSTAD, RWN 48—7); Schwering, *Frühgeschichte* (Anm. 2), S. 177.
71 In seinem Brief vom 5.9.1945 an Adenauer und Amelunxen kündigte Dr. Pfad die Teilnahme von sechs bis acht „maßgebenden Zentrumsleuten" aus seiner Region an, die auf die Rinkeroder Entscheidung Einfluß nehmen wollten. Er schrieb: „Es handelt sich für uns vor allem darum, in welcher Struktur das Zentrum bestehen und wirken soll. Das Zentrum hatte früher in unseren Landen eine besondere Aufgabe zu erfüllen, aber auch außerordentliche Schwierigkeiten zu überwinden. *Und diese Lage hat sich auch in den neuen Zeitläufen für uns nicht wesentlich geändert.*" (Abschrift), BAK, NB 1; Hervorhebung v. Verf.

nen der CDP. Für die westfälischen Zentrumswiederbegründer war das eine herbe Enttäuschung, um so mehr, als sich gerade die niedersächsischen Zentrumsgruppen bis dahin als besonders treue Hüter der Parteitradition dargestellt hatten[72]. Wie selbstverständlich ging der im Sommer 1945 wiedergewählte hannoversche Zentrumsvorsitzende Pfad davon aus, daß über die Zukunft des Zentrums auf der — nach provinzialem Proporz zusammengesetzten — Führungsebene und nicht etwa an der Parteibasis entschieden werden müßte. Und so favorisierten die Hannoveraner im Sommer 1945 mehrheitlich die CDP-Richtung, wie sie ihnen der „Führer des rheinischen Zentrums", Adenauer, repräsentierte[73]. Immerhin deutet die Tatsache, daß noch Mitte September Einigungsverhandlungen stattfanden, in denen ehemalige Zentrumsrepräsentanten aus dem weiteren Gebiet der britischen Zone eine Verständigung suchten, darauf hin, daß zum Zeitpunkt der CDP-Konstituierung im Rheinland und in Westfalen der Differenzierungsprozeß zwischen CDP und Zentrum auf Zonenebene keineswegs abgeschlossen war[74]. Dort komplizierte sich die Situation nämlich insofern, als die Durchsetzung des Unionskonzepts nicht, wie in Rheinland-Westfalen, in erster Linie Resultat einer zentrumsinternen Auseinandersetzung war, sondern insbesondere davon abhing, ob die nach rechts tendierenden Protestanten der CDP oder einer christlich-konservativen, evangelisch-dominierten Partei den Vorzug geben würden. Solche Ansätze zur Bildung einer deutschkonservativen Partei gab es in Niedersachsen um den evangelischen Landesbischof August Marahrens. Außerdem entstand in Hannover eine „Demokratische Partei" um Handelskammerpräsident Henkel, die insbesondere die Mittelschichten organisieren wollte und zu einer Verbindung mit den Christlichen Demokraten nur dann bereit war, wenn sie das „C" aus ihrem Namen strichen[75]. Schon nach dem umstrittenen Ergebnis der Lippstädter Tagung im Juli 1945 und der Majorisierung der Zentrumsbefürworter in Dortmund hatte sich gezeigt, daß weitere Besprechungen zwischen Zentrums- und CDP-Anhängern die Positionen

72 Bis zum Zeitpunkt der Rinkeroder Zusammenkunft hatte Dr. Hamacher in Dr. Pfad den „Hüter des Grabes Windthorsts" gesehen. J. Brockmann hat allem Anschein nach das Ergebnis der Tagung als positiv empfunden. Die Trennung CDP-Zentrum stand demnach fest, allerdings nicht die Differenzen mit den niedersächsischen Gruppen. An den Zentrumsbefürworter Pfarrer August Stoecker in Dortmund berichtete J. Brockmann noch am 18.9. 1945: „Das Zentrum steht fest" und nannte als Führung für Westfalen: Dr. Reismann, für das Rheinland: Dr. Kaufhold, für Hannover: Dr. Pfad und für Hildesheim: Arntz. Dr. Hamacher sei für die Leitung der Zonenpartei vorgesehen. Brockmann bat Pfarrer Stoecker darum, in Dortmund den Arbeiterführer zu mobilisieren, die den Zentrumsgedanken hochhielten. Er sei froh, daß das Rechtszentrum bzw. die Richtung von Papen zur CDP abgeschwenkt sei, wenn auch zu beklagen sei, daß „versehentlich" einige gute demokratische Zentrumsanhänger wie Gronowski mitgegangen seien (AsD, NW 1—23)

73 Pfad an Adenauer, 5.9.1945 (Abschrift), BAK, NB 1. Weitere Führungspersönlichkeiten, an denen sich Dr. Pfad orientierte, waren Dr. Amelunxen (Westfalen), Dr. Wegmann (Oldenburg) sowie Oberbürgermeister Dr. Petermann (Osnabrück).

74 Die Verzögerung läßt sich größtenteils auf die Kommunikationsprobleme der ersten Nachkriegszeit zurückführen. Die niedersächsischen Gruppen waren, wie aus Pfads Briefen hervorgeht, über die rheinisch-westfälische Entwicklung nur schlecht informiert.

75 Zur Entwicklung in Niedersachsen vgl. die Berichte der britischen Political Intelligence Division, die sich häufig auf Informationen Dr. Pfads bezogen (PRO FO 371, 46933, 46934, 46935).

nicht mehr klären, sondern allenfalls dazu dienen konnten, den organisatorischen Wiederaufbau der Zentrumspartei zu verzögern. Faktisch erhielten damit die Christlichen Demokraten einen Vorsprung. Nach dem Scheitern der Rinkeroder Konferenz am 16. September sahen sich daher die Münsteraner Zentrumsbefürworter zum Handeln gezwungen, um der Verwirrung im christlichen Lager entgegenzuwirken und um die lokalen Initiativen zur Wiedergründung der Zentrumspartei in den ländlichen Regionen Westfalens nicht zu gefährden. Den letzten Anstoß gab ein Bericht in der katholischen Sendung des Rundfunks am 16. September über die Gründungsversammlung der westfälischen CDP, die am 2. September in Bochum stattgefunden hatte. Einen Tag später schrieb Johannes Brockmann an Dr. Hamacher, den er als ersten Vorsitzenden des Nachkriegszentrums vorschlug:

„Es geht nun nicht mehr anders, wir müssen klar heraus. Ich erhalte heute wieder Briefe, daß Tausende auf unseren Ruf warten."[76]

Waren die Unionsgründer, besonders in Westfalen, mit der Schwierigkeit konfrontiert, einerseits bei Protestanten für die interkonfessionelle Neugründung werben zu müssen und andererseits den traditionell-katholischen Wählerstamm des Zentrums nicht aus den Augen zu verlieren, so mobilisierten Brockmann und seine politischen Freunde ganz bewußt traditionalistische Sentiments. Angesichts der bevorstehenden Lizenzierung der SPD, KPD, DDP und der Zentrumspartei durch die britische Militärregierung legten sie Wert darauf, in einer Rundfunkerklärung die Fortexistenz der alten Zentrumspartei bekannt zu geben. Sodann bereiteten sie am historischen Entstehungsort des Soester Programms von 1870 eine „Proklamationsveranstaltung" vor, mit der die Parteikontinuität dokumentiert werden sollte. Im Unterschied zur Gründungsversammlung der westfälischen CDP in Bochum, zu der — so Brockmann — „ ‚viel Volk‘ auf die Beine gebracht" worden sei, legten die Zentrumswiederbegründer keinen Wert auf einen breiten Teilnehmerkreis; sie wollten nur die „Führer all der Zentrumsgruppen" aus der britischen Zone sowie „einige besondere Persönlichkeiten" einberufen[77].

Bei seiner ersten, von Amelunxen vermittelten „Fühlungnahme" mit Dr. Hamacher am 2. September 1945 hatte Brockmann schon von Ansätzen einer Parteiorganisation berichtet. Doch sei auch in Münster die Frage der Neu- oder Wiederbegründung des Zentrums bzw. der CDP noch nicht ausdiskutiert. Es habe sich aber „unter den führenden Persönlichkeiten ... ein so fester Kreis treuer Zentrumsanhänger gebildet, daß gar keine Rede davon sein kann, daß wir jemals uns bereit finden würden, das Zentrum zu verlassen"[78]. Zum Führungskern, der sich aus alten

---

76 Brockmann an Hamacher, 17.9.1945, BAK, NB 1.
77 Ebd.
78 Brockmann an Hamacher, 2.9.1945, BAK, NB 1. — Zur Gründung der CDP in Münster vgl. den Bericht von Hermann Pünder, der sich selbst als Mitinitiator bezeichnet (Hermann Pünder, *Von Preußen nach Europa. Lebenserinnerungen*, Stuttgart 1968, S. 201 f.). Nach Pünders Vorstellung sollte die neue Partei vor allem staatstragend sein, ein Grund dafür, weshalb die katholisch-konfessionelle Bindung gelöst werden müsse. Vgl. ferner Hüttenberger *Nordrhein-Westfalen* (Anm. 15), S. 55 f.; Hüttenberger schreibt die wesentliche Initiative Bischof v. Galen zu. Sein Hauptmotiv sei die Sorge über die schnelle Reorganisation

Zentrumsmitgliedern inzwischen herauskristallisiert habe, zählte er den Bürgermeister von Neuhaus/Paderborn, den ehemaligen preußischen Staatsrat Schilling, sowie den früheren Reichstagsabgeordneten Franz Bielefeld in Recklinghausen; in Münster gruppiere sich die Zentrumsführung um den Verleger Dr. Fritz Stricker, Rechtsanwalt Dr. Bernhard Reismann und die ehemalige Zentrumsabgeordnete im Preußischen Landtag, Helene Wessel. Auch zum Rheinland bestünden gute Verbindungen. Rechtsanwalt Dr. Franz Kaufhold aus Düsseldorf vertrete eine größere Gruppe ehemaliger Zentrumsmitglieder, die das alte Zentrum im Niederrheingebiet wieder aufbauen wollten[79]. Vordringlichstes Anliegen sei nun die Sammlung der örtlichen Parteigruppen und die Etablierung einer Führung für Rheinland-Westfalen. „Dann kommen Hannover, Oldenburg usw. irgendwie schon zu uns", schrieb Brockmann zuversichtlich[80].

Auf der Proklamationsveranstaltung, die am 14. Oktober 1945 in Soest an historischer Stelle stattfand, feierte man gleichzeitig das 75jährige Jubiläum des Zentrums. Hier bestimmten vor allem die westfälischen Anhänger die Szene: Brockmann und Helene Wessel, Dr. Stricker[81] und Dr. Reismann[82], lokale Honoratioren

Fortsetzung Fußnote 78

der Linksparteien gewesen. Vgl. auch Schwarze, *Region* (Anm. 40), S. 85. Die Gründungsversammlung der Zentrumspartei in Münster fand am 1.12.1945 statt (Brockmann an Wessel, 2.12.1945, AsD, NW 1−23).

79 Zur Spaltung der Düsseldorfer Gruppe in Christliche Demokraten und Zentrumsbefürworter vgl. oben S. 200.

80 Brockmann an Hamacher, 2.9.1945, BAK, NB 1.

81 Dr. Fritz Stricker (1897−1949), Verlagsdirektor. Mitglied der Zentrumspartei seit 1919, 1924 Stadtverordneter in Münster und mehrere Jahre lang Vorsitzender der Stadtverordnetenfraktion, 1922−1926 Leiter der Landesabteilung Westfalen der Reichszentrale für Heimatdienst. 1931−1933 gf. Vorstandsmitglied des Deutsch-niederländischen Vereins und Hrsg. der Vereinszeitschrift „Noabserschopp". 1926−1933 Verlagsdirektor und leitender Redakteur der „Münsterischen Morgenpost" im ZENO-Konzern. Um diese kleine Lokalzeitung (ca. 3000 Aufl.) gruppierte sich vor 1933 eine progressive Zentrumsrichtung gegen die konservative Hauptströmung; bei den Stadtverordneten-Wahlen 1929 stellte die Minderheitsrichtung eine eigene Liste auf, die sich als berufsständische Vertretung der Arbeiter, unteren Angestellten und niederen Beamten verstand. Sie gewann die Hälfte der Zentrumsstimmen und erhielt 13 von 27 Zentrumsmandaten. Vgl. hierzu Wieck, *Entstehung* (Anm. 2), S. 138; Doris Kaufmann, *Katholisches Milieu in Münster 1928−1933. Politische Aktionsformen und geschlechtsspezifische Verhaltensräume* (Düsseldorfer Schriften zur Neueren Landesgeschichte und zur Geschichte Nordrhein-Westfalens, Bd. 14), Düsseldorf 1984, S. 121, 245, Anm. 10. − 1945 wurde Stricker zum Generalreferenten für Verkehr und zum Pressechef in der Provinzregierung Westfalens ernannt. 1946−1947 war er Verkehrsminister im 1. und 2. Kabinett Amelunxen sowie Landespressechef. Mitglied des Direktoriums der DZP, seit 31. Januar 1949 deren erster Vorsitzender bis zu seinem Tod am 9. Juli 1949.

82 Dr. Bernhard Reismann, geb. 1903, Rechtsanwalt. Zentrumsmitglied seit 1930 und Mitglied des Kreisvorstands. Seit 1933 Stadtverordneter in Münster. Reismann rechnete sich zur Richtung Dr. Strickers um die „Münsterische Morgenpost". Vorsitzender der westfälischen Zentrumspartei seit 1945; 1946 Mitglied des ernannten westfälischen Provinzialrates und des ernannten Landtages von Nordrhein-Westfalen. Zweiter Fraktionsvorsitzender und Bezirksvorsitzender der Zentrumspartei für den Bezirk Münster-Land, Mitglied im Landes- und Hauptvorstand des Nachkriegszentrums, Vorsitzender des Justizausschusses des Landtages. Regierungspräsident von Münster. MdB 1949−1953.

aus der Münsteraner Gegend, dem Sauerland und dem Paderborner Land, so z. B. die Bürgermeister Wibbelt aus Telgte und Glasmeyer aus Neheim-Hüsten (beide waren ehemalige Mitglieder des Provinziallandtages) sowie Bürgermeister Schilling (Neuhaus/Paderborn). Mit Baumeister Bielefeld (Recklinghausen) und Großkaufmann Weiser (Gelsenkirchen-Buer) erschienen lediglich zwei überregional bekannte Repräsentanten des Weimarer Zentrums[83]. Der damals von den britischen Militärbehörden als Oberpräsident von Westfalen eingesetzte und 1946 zum Ministerpräsidenten der 1. und 2. Landesregierung von Nordrhein-Westfalen ernannte Dr. Rudolf Amelunxen, der 1932 auf Drängen der Nationalsozialisten als einer der ersten Zentrumspolitiker aus seinem Amt als Regierungspräsident von Münster entfernt worden war[84], hielt sich 1945 als Beamter aus der Parteipolitik heraus, wenngleich er die Wiedergründung des Zentrums begrüßte und sich der Partei später anschloß.

Hochstimmung und Siegeszuversicht bestimmten den Verlauf der Soester Veranstaltung. Und wenn sich auch schon im Herbst 1945 abzeichnete, daß sich mit Spiecker, Stricker und – mit gebotener Zurückhaltung – Amelunxen profilierte Politiker des Weimarer Linkszentrums gegen die CDP und für das Nachkriegszentrum entscheiden würden, so entsprach doch der Stil dieser und vieler folgender Versammlungen durchaus noch dem althergebrachten Muster öffentlicher Selbstdarstellung, das die alte Zentrumspartei in Jahrzehnten ausgeprägt hatte: Es wurde nicht diskutiert, sondern akklamiert; es wurde „geführt" und „begeistert gefolgt"; es wurde Einigkeit demonstriert, wo Auseinandersetzungen bevorstanden. Allein die Tatsache, daß das nur wenig präzise Soester Programm aus dem Jahr 1870 den Zentrumsaktivisten 1945 nach wie vor als geeignete, nur zu aktualisierende programmatische Grundlage ihrer Politik erschien, macht sowohl ihren unerschütterlichen Traditionalismus sichtbar als auch das Bemühen, die Parteitradition gegen die abtrünnigen Unionsgründer zu okkupieren. So blieb der Bergarbeitersohn und Philosophiestudent Kassing, der als einziger darüber diskutieren wollte, wie das neue Zentrum einen radikalen Bruch mit der bürgerlichen Seite des Weimarer Zentrums vollziehen könne und – gestützt auf die „sieghaften Ideen der Katholizität" – eine „sozial-revolutionäre Linie" (gemeint war die Verwirklichung der Sozialenzykliken) vertreten könnte, isoliert[85].

Die folgende Schilderung der Proklamationsveranstaltung spiegelt die Traditionsbezogenheit wider:

83 BAK, NB 2. Mitgliederverzeichnis der Zentrums-Fraktionen des Reichstages und der Landtage bis 1933 in: *Nationale Arbeit. Das Zentrum und sein Wirken in der deutschen Republik*, hrsg. v. Karl Anton Schulte, Berlin/Leipzig 1929, S. 454 ff.

84 Zu Amelunxens Biographie vgl. oben Anm. 39. Amelunxen wurde entlassen, weil er sich geweigert hatte, 1932 nach dem Preußen-Schlag das SA-Verbot wieder aufzuheben.

85 Vgl. Kassing an Helene Wessel, 20.10.1945, BAK, NB 1. Kassing schreibt, es sei der „bürgerliche Mensch" gewesen, der dem Nationalsozialismus in den Sattel geholfen habe; der „bürgerliche Mensch des Zentrums" habe dem Ermächtigungsgesetz zugestimmt, und „der bürgerliche Typ des Christen" habe 1933/34 den Nationalsozialismus verharmlost; diese Harmlosigkeit habe zu den Erlassen der Bischöfe geführt, die den Weg für die NSDAP freigemacht hätten. Kassing erwähnte auch das Reichskonkordat.

„Die Teilnehmer kamen aus allen Berufsständen, und es herrschte eine für das Zentrum begeisterte Stimmung, wie sie nur verglichen werden kann mit der, die 1870 die Männer erfüllt haben muß, die am 28. Oktober 1870 in Soest das berühmte ‚Soester Programm‘ des Zentrums aufgestellt haben. Herr Dr. Hamacher übernahm auf allgemeinen Wunsch die Leitung der Versammlung und legte in einem formvollendeten, tief schürfenden Referate die politisch geistigen Grundlagen zur Wiederbelebung der Zentrumspartei.

Schulrat Brockmann, Rinkerode, gab eine Übersicht über die bisherigen Verhandlungen, insbesondere mit den Anhängern der christlich-demokratischen Richtung, die der Versammlung von Soest voraufgingen.

Es war ein weihevoller Augenblick von geschichtlicher Bedeutung, der alle Anwesenden ergriff, als das Soester Programm vom 28. Oktober 1870 verlesen und unter begeisterter Zustimmung zur Grundlage der Neubildung des Zentrums und der weiteren Gestaltung seiner Ziele und Aufgaben erhoben wurde."[86]

Im kleinen Kreis der Gesinnungsfreunde herrschte also „begeisterte Einmütigkeit". Man war entschlossen, „der Fahne des Zentrums treu zu bleiben", das Zentrum selbst als politische Partei zu erhalten und seine Tore nun „weit zu öffnen". Man beharrte allerdings auf dem „scharfen Trennungsstrich" gegenüber den früheren Mitgliedern der Weimarer Rechtsparteien. Die Existenzfrage des Zentrums nach 1945, wie die Partei nämlich in der harten Konkurrenz mit der CDP bestehen könne, reduzierte sich unterdessen im Pathos der Wiedergründung von einer politischen zu einer formalen Frage. Da die CDP-Gründung als Exodus aus der Zentrumspartei angesehen wurde, konnten es die Versammelten „einmütig" ablehnen, „über die Frage ‚Zentrum oder christlich-demokratische Partei?‘ überhaupt zu verhandeln", denn sie sprachen ja den ehemaligen Zentrumsmitgliedern, die „in Verbindung mit ehemaligen Mitgliedern der ehemaligen Rechtsparteien über diese Frage verhandelt und auch entschieden haben", jede Legitimation ab. Ihrer Ansicht nach hätte die Entscheidung über eine Neuformierung allein von den noch lebenden, vor 1933 „erwählten Vertretern innerhalb der Provinzialparteien" des Zentrums getroffen werden können. Solche Argumente wurden auch dem CDP-Anhänger Feldmann entgegengehalten, der daraufhin die Versammlung verließ[87].

Traditionalistisches Denken bestimmte nicht nur die Atmosphäre der Soester Proklamationsveranstaltung, sondern prägte im Herbst 1945 auch die meisten lokalen Zentrumsinitiativen, die „das alte, ruhmreiche und kampferprobte Banner des Zentrums" wieder aufrichten wollten[88]. In der Gründungsphase artikulierten die Zentrumsanhänger in den ländlichen Traditionsgebieten der Partei noch deutlicher als ihre Repräsentanten in Soest ein vor allem den „Vätern" und den vorangegangenen Generationen verpflichtetes Politikverständnis. Auch sie rekurrierten weniger auf die konkrete Politik als auf die historische Bedeutung der alten Zentrumspartei, und die Identifikation mit ihren Gründern und „Führern" ersetzte ihnen weitgehend ein aktuelles politisches Programm. Einige knappe Passagen aus Gründungsaufrufen und Flugblättern der — 1945 teilweise noch mit unterschiedlicher Bezeichnung auftretenden — Ortsparteien des Nachkriegszentrums mögen das illu-

86 Bericht über die Soester Tagung, 14.10.1945, o. Verf., BAK, NB 2.
87 Ebd. – Vgl. auch Schwarze, *Region* (Anm. 40), S. 88.
88 Solche Formulierungen sind charakteristisch für die ersten Entwürfe, vgl. BAK, NB 2.

strieren. So heißt es in einem Flugblatt des „Zentrum (Christlich-demokratische Partei)" Iserlohn vom 9. August 1945:

„Getreu der Tradition unserer Väter streiten wir für Wahrheit, Recht und Freiheit. Wir stehen unerschütterlich und fest auf christlich-demokratischem Grunde. Unser Ziel ist die Einigung aller Gleichgesinnten."[89]

„Das neue Zentrum. Die Partei der Mitte" Werl berief sich in einem Flugblatt vom Oktober 1945 ebenfalls auf die „ruhmreiche Geschichte":

„Eine Partei, die am Anfang einen Windthorst, am Ende einen Brüning hervorbrachte, kann sich nicht aufgeben. Als Partei der Mitte weist das Zentrum auch in der Gegenwart einen politischen Mittelweg."[90]

Auch die „Zentrumspartei" Wickede-Wiehagen übernahm im November 1945 aus der „ruhmreichen Vergangenheit" die alte Zentrumsparole „Für Wahrheit, Recht und Freiheit":

„Diese Devise soll auch zukünftig Richtschnur und Leitstern des neu entstandenen Zentrum sein! Wie in den Zeiten seiner größten Männer, eines *Windthorst*, die Wahrheit verkündet, für Freiheit und Recht gefochten wurde, wie in den sturmbewegten Zeiten nach dem ersten Weltkrieg diese Devise Richtschnur seines Handelns war, die in *Brüning* den stärksten Verfechter fand, so soll es im neuen Deutschland wieder sein."[91]

Und in seinem Rundbrief zum Jahreswechsel 1945/46, in dem „in stolzer Gewißheit die Wiedereröffnung des Zentrums angekündigt" wird, bezeichnete Dr. Aloys Rüberg, Kreisvorsitzender der „Zentrums-Partei für den Stadt- und Landkreis Iserlohn", das Zentrum als

„Vermächtnis der Väter, ... das uns ... lieb und teuer geworden ist. ... Wäre das Zentrum noch nicht da, es müßte geschaffen werden. Wir haben eine fest umrissene Weltanschauung, wir haben einen berechtigten Platz im politischen Leben, wir haben eine Tradition der Väter, wir haben nicht zuletzt eine nie wankende Anhängerschaft in allen Schichten der Bevölkerung."[92]

Im Aufruf zur Gründungsversammlung in Schwerte (am 20. Januar 1946) heißt es, gegen die Christlichen Demokraten gewendet:

„Die früheren Zentrumsanhänger, die jetzt für die christlich-demokratische Partei werben, begründen ihr Verlassen der altbewährten Zentrumspartei damit, daß sie zur Zeit des Kulturkampfes infolge der Not der Zeit gegründet worden sei, jetzt aber nicht mehr zeitgemäß wäre. Jahrzehnte nach dem Kulturkampfe ist die Zentrumspartei als politische Partei in allen den Stürmen der ruhende Pol in der Politik gewesen und der unüberwindliche Zentrumsturm geblieben, der von rechts und links immer wieder angegriffen wurde.
    Generationen haben für den Bestand und die Erhaltung dieser wahren Volkspartei mit einer Hingabe und Begeisterung gearbeitet und gekämpft, was bewundernswert ist."[93]

---

89 BAK, NB 5.
90 BAK, NB 5. Dieses Flugblatt wurde im November 1945 auch vom vorläufigen Vorstand des Zentrums im Siegkreis weiterverbreitet (HSTAD, RWN 48—10).
91 BAK, NB 5.
92 BAK, NB 5.
93 BAK, NB 5.

Auf der Soester Tagung wurde der Vorstand der DZP gebildet:

1. Vorsitzender	Dr. Wilhelm Hamacher Studienrat	Troisdorf
2. Vorsitzender	Dr. Fritz Stricker Verlagsleiter	Münster
Vorstandsmitglieder:	Franz Bielefeld Baumeister	Recklinghausen
	Breitenstein Landgerichtsdirektor	Hildesheim
	Johannes Brockmann Schulrat	Rinkerode
	Dr. Karl Klein Redakteur	Düsseldorf
	Richard Muckermann Schriftsteller	Kettwig
	Jakob Pötz Verleger	Düsseldorf
	Dr. Bernhard Reismann Rechtsanwalt	Münster
	Dr. Aloys Rüberg Steuerberater	Iserlohn
	Helene Wessel Fürsorgerin	Dortmund

Der Verleger Jakob Pötz wurde zum ersten Vorsitzenden der rheinischen Zentrumspartei gewählt; Dr. Bernhard Reismann wurde erster Vorsitzender der westfälischen Zentrumspartei. Die Westfalen dominierten auch im Vorstand über die Vertreter aus dem Rheinland und aus Niedersachsen (6 : 4 : 1)[94]. Erst zwei Tage vor der Soester Zusammenkunft diskutierten die Initiatoren der Gründungsversammlung, Brockmann und Dr. Hamacher, mit Parteifreunden (Vahle, Wessel, Stricker, Reismann, Kassing, Arntz) den Entwurf eines Parteiprogramms, über den sie sich vorher nur schriftlich verständigt hatten. In Soest wurde der Entwurf von Hamacher, Stricker, Spiecker und Reismann noch einmal überarbeitet und dann einer Programmkommission übergeben (Steffensmeier, Brockmann, Hirtsiefer, Muckermann, Kassing, Klein, Spiecker)[95]. Mit dem Generalsekretariat der Partei, das in Düsseldorf am 1. November eingerichtet wurde, betraute man Dr. Klein.

94 Vgl. Wieck, *Entstehung* (Anm. 2), S. 147.
95 Helene Wessel an Brockmann usw., 18.10.1945, BAK, NB 1; vgl. auch Wieck, *Entstehung* (Anm. 2), S. 147. — Kassing ist als Anhänger des Christlichen Sozialismus einzuschätzen, auch H. Wessel war der Auffassung, „das sogenannte bürgerliche Zeitalter" liege „in seinen letzten Zügen" (vgl. Anm. 85). — Zu Vahles Biographie vgl. „Background Information from P.I.D. on Senior Administrative Officials in Germany (British Zone) appointed by Military Government", 1.11.1945, PRO FO 371, 46914: Vahle, geb. 1897, kath., war vor 1933 Mitglied sowohl des Zentrums als auch der SPD (!). Während des NS-Regimes Verwaltungsbeamter in Schwelm und 1940—1945 Mitglied der NSDAP. Seit 1934 Unterstützung der SS, wiewohl nie Mitglied. Mitglied des VDA 1938—1939, Blockwart in der NSV 1933—1945. 1945 Mitbegründer der Zentrumspartei. Vahle galt trotz NSDAP-Belastung

6.3 Zur Konstituierung des Nachkriegszentrums in Niedersachsen

Wenn im folgenden die Entwicklung der Zentrumspartei in der ehemaligen preußischen Provinz Hannover gestreift wird (das Land Niedersachsen ist eine Schöpfung
der Besatzungsmächte und existiert erst seit 1946), so unter einem besonderen
Aspekt. Die Darstellung konzentriert sich auf die Schwierigkeiten der Zentrumspartei, sich im Spannungsfeld von katholischer Kirche und CDU zu konsolidieren. Es
ist also nicht meine Absicht, den Prozeß der Wiedergründung des Zentrums in weiteren regionalspezifischen Ausprägungen zu untersuchen[96]; vielmehr geht es darum, die Konstellation Zentrum, CDU und katholische Kirche um die Jahreswende
1945/46 an einem ähnlich gelagerten Beispiel zu betrachten und zu präzisieren. Im
niedersächsischen Raum war der besatzungspolitische Rahmen identisch mit dem in
Nordrhein-Westfalen, und die Zentrums- bzw. CDU-Gründungen fanden mit einer
Verzögerung von nur wenigen Wochen ungefähr zur selben Zeit statt wie im angrenzenden nordrhein-westfälischen Gebiet; auch hier gab es − z. B. um Hildesheim −
geschlossene katholische Siedlungsgebiete, in denen die Zentrumstraditionen noch
lebendig waren. Allerdings unterschied sich die Situation im Bistum Hildesheim in
einem wichtigen Punkt: Von 700 000 katholischen Gläubigen waren 500 000 Flüchtlinge. Nur 10 Prozent der zugewanderten Katholiken wurden in homogen-katholischen Gebieten untergebracht; die große Mehrheit dagegen lebte in überwiegend
protestantischen Gebieten, in denen zwar neue Gemeinden entstanden, die von
Flüchtlingspriestern betreut wurden, die katholischen Flüchtlinge aber den protestantischen Einfluß doch unmittelbar erlebten. Dort, wo keine katholische Messe
abgehalten wurde, besuchten viele von ihnen den evangelischen Gottesdienst[97].
Katholiken aus Schlesien und dem Ermland stießen zu den niedersächsischen Zen-
trumsinitiatoren, um in der Fremde wenigstens ein Stück politische Heimat wieder-
zufinden. So dominierten auch in der Gründungsphase des Zentrums in Niedersachsen die Traditionalisten.

War die Hannoveraner Zentrumsgruppe um Dr. Pfad kurz nach dem Treffen in
Rinkerode am 16. September 1945 zu den Christlichen Demokraten umgeschwenkt,
so bekannte sich der Hildesheimer Kreis nach wie vor zum Zentrum. Er fand zunächst auch die Unterstützung des Hildesheimer Bischofs Joseph Godehard Machens und seines Generalvikars Dr. Wilhelm Offenstein[98]. Dennoch geriet die Hildesheimer Zentrumsinitiative schon bald in erhebliche Schwierigkeiten. Da nicht

---

Fortsetzung Fußnote 95
    auch Antifaschisten als guter Mensch, der sich gegenüber Gegnern des NS-Systems hilfs-
    bereit gezeigt habe. Die Kommunisten schätzten ihn hingegen als Opportunisten ein.
96 Die Entwicklung des Zentrums in Niedersachsen bearbeitete Joseph Nietfeld, Historisches
    Seminar der TU Braunschweig.
97 Vgl. Wolfgang Sucker, Der deutsche Katholizismus 1945−1950. Eine Chronik (1. Teil),
    in: *Kirchliches Jahrbuch für die evangelische Kirche in Deutschland 1951*, hrsg. v. Joa-
    chim Beckmann, Gütersloh 1952, S. 307; s. auch Protokoll der DZP-Hauptvorstands-
    sitzung v. 10.1.1948, DZPAM 6.
98 „Vertraulicher Mitteilungsbrief an unsere Mitarbeiter in der Zentrumspartei und an unsere
    Freunde (Kein Flugblatt)", 3. März 1946 (Verfasser Dipl.-Ing. Becker), HSTAD, RWN 48−
    16. Die Versuche Dr. Kannengießers, die Hildesheimer Zentrumsanhänger zum Übertritt
    in die CDP zu bewegen, blieben demnach erfolglos.

einmal der Ansatz eines Parteiapparats aufgebaut worden war und die – nicht gewählten – dominierenden lokalen Honoratioren und Standesvertreter ihre Politik auch nicht aufeinander abstimmten, da man zudem keinen Kontakt zur Parteispitze in Düsseldorf hielt, blieb die Hildesheimer Zentrumspartei eine Gruppierung unkoordinierter Gesprächszirkel[99]. Dies betraf sowohl ihr kommunalpolitisches Auftreten als auch ihre Strategie gegenüber den sich formierenden Christlichen Demokraten. Um die Jahreswende 1945/46 war die Scheidelinie zwischen Zentrum und CDU vielen Hildesheimer Zentrumsfreunden noch so unklar, daß sie sich damals als Christliche Demokraten wie als Zentrumsmitglieder bezeichneten und sich für beide Richtungen zur Verfügung hielten[100]. Der vorläufig mit der Parteiführung betraute Rechtsanwalt Dr. Hans Beitzen verhandelte im Januar 1946 eigenmächtig mit Dr. Pfad von der hannoverschen CDU über eine Aufteilung der Einflußbereiche beider Parteien: Die CDU sollte ihre Mitgliederwerbung und Propaganda auf den Raum Hannover beschränken, während das Zentrum die Bezirke Hildesheim-Stadt und -Land als Domäne erhalten sollte; hier wollte Dr. Beitzen für einen Bürgerblock gegen die SPD werben. Die Verhandlungen wurden von einem Teil der niedersächsischen Zentrumsanhänger abgelehnt, zum einen deshalb, weil Dr. Beitzen damit nicht beauftragt worden war und er seine Parteikollegen über seine Absprachen auch nicht informierte. Vor allem aber fürchteten sie die Hinhaltetaktik der Christlichen Demokraten und versprachen sich einen größeren Erfolg davon, wenn sie selbst auf eine überregionale Ausbreitung des Zentrums hinarbeiteten und überall dort, wo es möglich war, Ortsgruppen aufbauten[101]. In diesem Konflikt trat Dr. Beitzen in den Hintergrund und überließ die Parteiarbeit einem Kreis um den

---

99 Im „Mitteilungsbrief" (vgl. Anm. 98) heißt es: „Besonders interessierte Parteifreunde trafen sich jeden Dienstagabend in der Wohnung des Herrn Dr. Beitzen. Ein kleiner Kreis von Arbeitern, ein anderer kleiner Kreis von Handwerkern trafen sich an anderen Abenden ebendaselbst. Die Namen dieser Gruppen waren gegenseitig nicht bekannt. Über den Inhalt der Besprechungen wurde man gegenseitig nicht orientiert, und man wußte auch nicht, wer wen berufen hatte. Der Vorstand, wie er seinerzeit gebildet war, kam nie zusammen. Bei wichtigen Ereignissen erfuhr man höchstens die Tatsache, keine der Gruppen wurde ernstlich befragt, z. B. nicht bei der Benennung der Stadtverordneten. Und diese wieder tagten in der gleichen Weise, ohne einen Fraktionsvorsitzenden zu haben, ohne geregelte Fraktionssitzungen durchzuführen. Ohne vorherige Besprechungen begab man sich in die Stadtverordnetensitzungen und verhielt sich dann auch dementsprechend. Weder kannten wir unsere Stadtverordneten, noch kannten unsere Stadtverordneten uns. Es war ein unfruchtbares Nebeneinander. Von einer systematischen Arbeit oder gar von Aktivität war nichts zu spüren ... Mit der Gesamtleitung der Deutschen Zentrumspartei in Düsseldorf hat Herr Dr. Beitzen grundsätzlich keine Verbindung aufgenommen."

100 Arntz an das Generalsekretariat der DZP, Düsseldorf, 7.1.1946 (der Brief stammt wohl vom 7.2.1946), BAK, NB 3. Danach konnten diejenigen, die sich offen als Christliche Demokraten bezeichneten, weiter in der Zentrumspartei bleiben. 14 entschiedene Zentrumsanhänger trafen sich daraufhin separat in der Wohnung von Arntz.

101 Vgl. „Mitteilungsbrief" (Anm. 98) sowie Arntz an das Generalsekretariat der DZP (Anm. 100). Die CDU hielt sich nicht an die mit Dr. Beitzen getroffenen Abmachungen; sie gründete inzwischen Ortsgruppen auch im Einzugsbereich des Hildesheimer Zentrums und übernahm bereits gegründete Zentrumsgruppen, so z. B. in Peine und Holzminden. Das Zentrum löste sich dort auf, weil Dr. Beitzen die Schreiben der Kreisgruppen nicht beantwortet hatte und sich das Gerücht verbreitete, daß das Hildesheimer Zentrum wahrscheinlich doch bald zur CDU übertreten werde. Unter diesen Bedingungen lehnten auch die Hannoveraner Zentrumsverfechter eine Zentrumsgründung ab.

Zentrumsveteranen Arntz. Am 24. Februar sollten nun endlich nach einem zwei-
wöchigen Diskussionsvorlauf auf allen Parteiebenen und nach einer Großveranstal-
tung mit Dr. Hamacher Vertrauensmänner gewählt und ein Vorstand gebildet werden. Dazu kam es freilich nicht, weil sich durch das Zusammenspiel von Klerus und
CDU die Ereignisse dramatisierten. Am 5. Februar erfuhren einige Zentrumsvertreter, daß der frühere Schriftleiter des Katholischen Kirchenblattes, Dr. Josef Nowak,
zusammen mit zwei ehemaligen Arbeitersekretären die CDU schon auf der Regie-
rungsbezirksebene gegründet habe[102]. Aus diesem Anlaß fand einen Tag später in
der Wohnung des Hildesheimer Bischofs eine Zusammenkunft statt, in der das Thema einer Einigung zwischen Zentrum und CDU nochmals diskutiert wurde. Einige
Teilnehmer der Diskussionsrunde lehnten den Übertritt zur CDU entschieden ab,
obwohl die hannoversche CDU-Führung ihnen — so lautete zumindest das Verhand-
lungsergebnis Dr. Beitzens — eine angemessene personelle Repräsentation zugesagt
hatte und die Beibehaltung des Namens Zentrum im Untertitel empfahl. Denn die
Zentrumsvertreter wollten im überwiegend protestantischen Niedersachsen nicht
auf die traditionelle politische Vertretung der katholischen Minorität verzichten.
Damit waren sie auf das Wohlwollen der Amtskirche angewiesen, doch der Bischof
votierte am 6. Februar gegen das Zentrum. Ihm waren augenscheinlich die CDU-
Gründer um Dr. Nowak ,,nicht genehm''[103], und so überzeugte er die meisten (acht
von 13) Anwesenden von der Notwendigkeit, das Zentrum in der Union aufgehen
zu lassen, mit folgender Begründung: Es gehe darum, den bischöflichen, d. h. den
kirchlich-katholischen Einfluß auf die Hildesheimer CDU zu wahren und die Einigkeit der Katholiken zu erhalten; im übrigen hätten sich inzwischen alle Bischöfe
gegen die Wiedergründung des Zentrums entschieden[104]. Der Bischof gab zu verstehen, daß er die Union nicht aus grundsätzlichen Erwägungen, sondern aus augenblicklichen Zweckmäßigkeitsgründen vorziehe; er rechne mit ihrem baldigen Zerfall.
Im ,,Vertraulichen Mitteilungsbrief'' an die Zentrumsführung in Düsseldorf wird die
Argumentation des Bischofs wiedergegeben:
,,Nach wie vor gebe er dem Zentrum den Vorzug, aus taktischen Gründen neige er zur CDU ...
Die CDU sei nach seiner Ansicht eine Modepartei, der im Augenblick alles nachlaufe. Die CDU
trage den Keim der Auflösung in sich und werde in absehbarer Zeit auseinanderfallen.''[105]

---

102 Am 5. Februar wurden die Zentrumsvertreter Arntz und Studienassessor Jung zu Prof.
     Algermissen gebeten, wo sie Dr. Beitzen und Stadtrechtsdirektor Büsse antrafen. — Die
     Gründer der CDU waren (neben Dr. Nowak) der Gewerkschaftssekretär Kirchner, 1946
     Direktor der Ortskrankenkasse, und der ehemalige Arbeitersekretär Engelke, jetzt städti-
     scher Angestellter. Zu ihnen gesellten sich einige Protestanten, deren Namen im Zentrums-
     bericht nicht erwähnt werden (s. ,,Mitteilungsbrief'' [Anm. 98]).
103 Die Gründe seiner Aversion lassen sich aus den Akten nicht erschließen. Die Zentrumsver-
     treter bezogen sich auf einen Brief Dr. Nowaks an Dr. Beitzen, der ihnen deutlich machte,
     ,,weshalb Dr. Nowak kaltgestellt werden sollte und mußte''. ,,Aus Pietät gegen den Bi-
     schöflichen Stuhl'' nahmen sie nicht öffentlich Stellung. Auch die hannoverschen CDU-
     Vertreter hatten zugesichert, falls das Zentrum zu ihnen übertrete, sorgten sie dafür, daß
     Dr. Nowak und seine Freunde kaltgestellt würden (,,Mitteilungsbrief'' [Anm. 98]).
104 Mit dieser Begründung gab sich Arntz, der als einziger bei der Abstimmung noch anwesen-
     der Zentrumsverfechter gegen den Bischof gestimmt hatte, allerdings nicht zufrieden. Das
     Zentrum werde weiter arbeiten ,,und in Form eines Windthorstbundes ... zum entschei-
     denden Kampf rüsten'' (Arntz an DZP-Düsseldorf, 7.2.1946 [Anm. 100]).
105 ,,Mitteilungsbrief'' (Anm. 98).

Am 8. Februar 1946 – an diesem Tag wurde das Hildesheimer Zentrum lizenziert – teilte Bischof Machens den Seelsorgern seiner Diözese mit,

„daß er sich – ohne die Freiheit der politischen Stellungnahme der Geistlichen antasten zu wollen – für die CDU entschieden habe; es heißt ebenfalls, nicht aus grundsätzlichen, sondern aus praktischen Erwägungen."[106]

Um den genauen Wortlaut der Mitteilung Nr. 1311 vom 8. Februar 1946 entbrannte nun zwischen Zentrum und CDU ein heftiger Streit. Die CDU verbreitete den Bischofsbrief als Flugblatt und veränderte darin den Sinn der bischöflichen Verlautbarung, indem sie das Wort „nur" einfügte: „nicht (nur) grundsätzliche Erwägung über die verschiedenen Programme . . ."[107]. Die Parteizentrale des Zentrums in Düsseldorf erklärte den am 6. Februar im Bischofshaus gefaßten Beschluß, nach dem die Zentrumspartei „unter Wahrung (ihrer) . . . Eigenart" in die CDU überführt werden sollte, für ungültig und erkannte die Hildesheimer Zentrumspartei „als Glied der Gesamtpartei" an[108]. Daraufhin ordnete die britische Militärregierung auf Anregung des inzwischen zur CDU übergetretenen Dr. Beitzen für den 31. März 1946 eine Abstimmung unter den CDU- und den Zentrumsmitgliedern an, bei der sich von 213 abstimmungsberechtigten Personen 159, also mehr als 75 Prozent der Beteiligten, gegen die Auflösung des Zentrums und nur 51 für den Eintritt des Zentrums in die CDU entschieden[109]. Das Hildesheimer Zentrum nahm den Abstimmungserfolg als Beweis dafür, „daß die meisten Zentrumsanhänger trotz aller CDU-Versuche der ruhmreichen Deutschen Zentrumspartei die Treue bewahren"[110]. Es hatte zum damaligen Zeitpunkt noch nicht erkannt, daß sich eine katholische Politik gegen das Votum der Bischöfe nicht realisieren ließ.

106 Ebd.
107 Abgedr. im Mitteilungsblatt der CDU (Rhein-Wupper-Kreis) vom 20.3.1946, Nr. 1: „Ein Bischofswort zur CDU". Auf Anfrage des Zentrums antwortete das Bischöfliche Generalvikariat Hildesheim am 11.3.1946 (Nr. 2038, Unterzeichner Dr. Offenstein), die von der CDU verbreitete Fassung des Bischofsworts sei „eine stark sinnentstörende Abweichung von der wirklichen Fassung . . . Auf diese Weise ist die bischöfliche Erklärung, die sich das Ziel setzte, die hiesigen Schwierigkeiten überwinden zu helfen, fälschlicherweise zu einer grundsätzlichen Stellungnahme gegen das Zentrum umgeändert worden" (s. Zentrumsflugblatt „CDU fälscht Bischofsbrief", BAK, NB 3).
108 „Mitteilungsbrief" (Anm. 98). Zuständigkeit und Abstimmungsberechtigung der Anwesenden wurden bereits am Abend des 6.2.1946 bestritten, da sie nicht nach repräsentativen Gesichtspunkten ausgewählt worden seien und sowohl die Mitgliederschaft als auch der Vorstand übergangen worden sei. Weiter heißt es im „Mitteilungsbrief", das bischöfliche Amt und die bischöfliche Autorität hätten sich dahingehend ausgewirkt, „daß eine politische Entscheidung nach der bestimmten Richtung hin zustande kommen mußte. Die innere Freiheit der Abstimmenden war nicht gewährleistet. Ein hohes kirchliches Amt wurde für eine rein politische Entscheidung nutzbar gemacht." Die niedersächsischen Zentrumsanhänger könnten aber ihren „kämpfenden Zentrumsfreunden in Rheinland und Westfalen, die nicht um eine zweckhafte, sondern um eine grundsätzliche Entscheidung ringen, nicht in den Rücken fallen".
109 Vgl. Jung an Brockmann, 4.4.1946, BAK, NB 3. Jetzt könne man endlich mit der eigentlichen Arbeit beginnen, schrieb Jung. „Ein ganzes Jahr lang hat man uns gehemmt und uns die Zeit zerredet"; s. auch Becker an Brockmann, April 1946, BAK, NB 3.
110 „Abstimmung in Hildesheim" (Flugblatt), BAK, NB 5.

Kapitel 7: Zwei Linien im Nachkriegszentrum 1945—1949

Nach der Umorientierung des Klerus auf die Unionsidee[1] verlor das Zentrum endgültig das Monopol der politischen und kulturellen Interessenvertretung für den katholischen Bevölkerungsteil. Der Entzug der gewohnten kirchlich-katholischen Unterstützung erschwerte es nicht nur, den Wiederaufbau des Zentrums gegenüber dem traditionalistisch denkenden katholischen Wähleranhang zu legitimieren; die neue Situation erforderte darüber hinaus eine *programmatische Neuorientierung*, den Aufbau eines *eigenständigen Organisationsapparates*, die Entwicklung *kirchenunabhängiger Mobilisierungsformen* und die Schaffung einer selbständigen *Presse*. Unter den neuen Bedingungen und in der Konfrontation mit den Christlichen Demokraten eine klare Linie für ihre Partei finden zu müssen, stellte die Führungseliten des Nachkriegszentrums vor eine schier unlösbare Aufgabe. Denn es repräsentierte ein Wählerpotential, das teils aus traditionalistischem Sentiment, teils aus Aversion gegen die Verbindung mit früheren Anhängern der Weimarer Rechtsparteien nicht in den Unionsparteien aufging und das diese Heterogenität auch in den folgenden Jahren nicht abstreifen konnte. Richtungskämpfe verschiedener Führungsgruppen und Interessen verhinderten eine organisatorische Konsolidierung und legten die Angriffsflächen der von den kirchlichen Institutionen ungeschützten Partei bloß. Diese Auseinandersetzungen zwischen der „weltanschaulichen Richtung" und der „Essener Richtung" und ihre Auswirkungen auf die Diskussionen über Programm und Charakter des Nachkriegszentrums werden im folgenden ausführlich geschildert.

7.1 „Von den Freunden verlassen" — Die weltanschauliche Richtung

Für viele Zentrumsleute in den Städten und Gemeinden Rheinland-Westfalens und in den katholischen Gebieten Niedersachsens war es bis zur Jahreswende 1945/46 kaum vorstellbar, daß sich der Klerus für immer vom Zentrum abwenden könnte. Denn das Zentrum war für sie *per definitionem* der politische Arm der katholischen Kirche. Darin bestärkte sie auch der erste Generalsekretär der wiedergegründeten Zentrumspartei, der frühere Chefredakteur des Düsseldorfer Tagesblatts, Dr. Karl Klein, der in der Zeit, als das Zentrum noch kein Presseorgan besaß, einen ausgedehnten Schriftwechsel mit Sympathisanten und Gegnern der Partei führte[2]. So

---

1 Vgl. oben Kap. 4.
2 Im Parteiarchiv der Deutschen Zentrumspartei (Staatsarchiv Münster), DZPAM 6, 9, 14—20. Das Generalsekretariat der DZP in Düsseldorf wurde am 1.11.1945 eingerichtet.

schrieb Dr. Klein Anfang Dezember 1945 einem zweifelnden Pfarrer im westfälischen Ramsdorf:

„Die Zentrumspartei ist als einzige Partei der wirklich zuverlässige Hort des Christentums und der Kirche gewesen und wird es sein. Die wenigen evangelischen Gruppen, die mit den Katholiken zusammenzugehen bereit sind, können das auch auf dem Boden der Zentrumspartei tun, die solchen Kräften ihre Tore seit jeher immer weit offengehalten hat."[3]

Eine Einigung mit der CDP sei deshalb nicht möglich, weil die CDP darunter „die Unterwerfung der Zentrumsleute" verstehe. Klein trat — wie schon der Parteivorsitzende Dr. Hamacher in Soest — dafür ein, daß sich die Protestanten in einer eigenen Gruppe organisieren und dann in einem Kartell mit dem Zentrum christliche Kulturpolitik machen sollten („Zwei-Säulen-Konzept"). Er äußerte die Zuversicht, daß dem Zentrum die Unterstützung der Katholiken gewiß sei:

„Jedenfalls hat die Neubegründung der Zentrumspartei beim katholischen Volk Freude und Begeisterung ausgelöst. Wir wissen, daß wir das katholische Volk hinter uns haben, sobald wir es nur aufrufen. Dieses katholische Volk will klare Grundsätze und klare Ideen, so wie es sie von der Zentrumspartei immer gewohnt war. Die Wiedererrichtung der Zentrumspartei ist für uns eine Gewissensfrage. . . . Ich bedaure sehr, Ihnen mitteilen zu müssen, daß wir nicht darauf verzichten werden, die deutschen Katholiken zum erneuten Zusammenschluß in der Zentrumspartei aufzurufen."[4]

Ebenso wie der Parteivorsitzende Dr. Hamacher sah auch Generalsekretär Dr. Klein in der wiedergegründeten Zentrumspartei eine Kampfpartei für katholisch-kulturpolitische Ziele mit aktiver Beteiligung von katholischen Geistlichen. An einen Dechanten in Vreden/Westfalen schrieb er:

„Der Katholizismus kann in Deutschland nur soviel öffentliche Geltung und soviel Einfluß haben, als er sich selbst durch politische Zusammenfassung zu erringen vermag. Es hätte den evangelischen Bekenntnischristen durchaus freigestanden, bei gutem Willen und bei vorbehaltloser Sicht der zukünftigen politischen Entwicklung sich der Zentrumspartei anzuschließen. . . . Was aber durch eine Verwässerung der Grundsätze durch die Zusammenwürfelung in einer einzigen Partei zum Schaden des Christentums noch entstehen kann, ist jetzt schon deutlich zu ahnen. Ich erinnere nur an die Unklarheiten in der Schulfrage. Es gilt, mit klaren Grundsätzen in die politische Zukunft hineinzugehen, sonst stehen wir über kurz oder lang in Deutschland vor einer Simultanisierung aller Kulturgebiete, die all das unter sich begräbt, was in einem jahrzehntelangen Kampf an Freiheit und Einfluß errungen werden mußte.
Die Ausbreitung der Zentrumspartei nimmt von Tag zu Tag zu und die Bereitschaft, mit der das Volk auf das Wiedererstehen der Zentrumspartei reagiert, ist der beste Beweis dafür, daß wir auf dem richtigen Weg sind. Diesen Weg werden wir von uns aus konsequent weiter gehen . . . Wir hoffen, daß auch unsere Geistlichen dem Volke Mitführer sind, so wie sie es in der Vergangenheit waren und daß beide in Treue zusammenstehen, gerade angesichts der großen äußeren und inneren Not, die es zu bewältigen gilt."[5]

Damit ist die Vorstandslinie umrissen, mit der das Nachkriegszentrum unter Berufung auf den von Heinrich Brüning repräsentierten Kurs des Weimarer Zentrums zu-

3 Klein an Pfarrer Limenkemper, Ramsdorf (Kreis Borken), 7.12.1945, DZPAM 19—20.
4 Ebd.
5 Klein an Dechant Bülten, Vreden i. W., 7.1.1946, DZPAM 19—20.

nächst die alten Zentrumsanhänger mobilisierte und erneut den Klerus für sich zu gewinnen suchte. Sie wurde als die „weltanschauliche" oder auch als die „Düsseldorfer Richtung" bezeichnet. Ihre Anfangserfolge verbuchte sie bei der katholischen Bevölkerung in den ländlichen Gebieten des linken Niederrheins und Westfalens sowie im Siegkreis und fand dort auch die Sympathie einer größeren Anzahl von Ortsgeistlichen. So übernahm z. B. in Mönchen-Gladbach Propst Koenen, ungeachtet des Artikels 32 des Reichskonkordats, den Vorsitz der örtlichen Zentrumspartei; doch auch in den Ruhrgebietsstädten Essen und Oberhausen fand das Zentrum bei manchen Klerikern zunächst einen „guten Resonanzboden"[6]. Zur weltanschaulichen Richtung bekannten sich auch katholische Geistliche aus anderen Regionen; prominentester Kleriker war wohl der Freiburger Prälat Dr. Ernst Föhr, der schon im Mai 1945 die Zentrumspartei in Baden wiedergegründet hatte, der aber wegen der restriktiven französischen Lizenzierungspolitik und wegen der dezidierten Parteinahme des Freiburger Erzbischofs Dr. Konrad Gröber für die Union zum Rückzug gezwungen wurde[7]. Um so mehr setzte er seine Hoffnung auf seine politischen Freunde in Rheinland-Westfalen und beschwor sie, bis zu dem Zeitpunkt durchzuhalten, zu dem eine Verbindung zwischen Zentrum und CDU erreicht werden könnte, bei der die Zentrumspositionen gewahrt würden:

„Ich beschwöre Sie, halten Sie das Zentrumsbanner hoch, damit auch wir bald die ruhmvolle Fahne wieder unentwegt hissen können. Ich lebe und sterbe als Zentrumsmann! Nachdem vom

6 Klein an Propst Koenen, M.-Gladbach, 18.12.1945, DZPAM 19—20. Klein schrieb u. a.: „Der Klerus ist allgemein sehr stark an dem Wiedererstehen der Zentrumspartei interessiert, da die Zentrumspartei auch kulturpolitisch und vor allen Dingen in der Schulfrage den alten klaren Standpunkt vertritt." Nach der Bildung eines — vorläufigen — Vorstandes vergingen in M.-Gladbach allerdings noch Wochen, bis die Ortspartei eine Gründungsversammlung abhielt (Klein an Koenen, 6.2.1946, DZPAM 19—20). Gegenüber Brockmann behauptete Klein, die Geistlichkeit am linken Niederrhein erwarte „durchweg das Wiedererstehen der Zentrumspartei" (25.1.1946, DZPAM 19—20). Vgl. auch Klein an Zimmermann, Niederfischbach/Sieg, 22.11.1945 (DZPAM 19—20).

7 Am 16. Dezember 1945 wurde in Südbaden die Badische Christlich-Soziale Volkspartei (BCSV) gegründet, nachdem sich Prälat Föhr und Dr. Karl Person den Wünschen des Erzbischofs gebeugt hatten. Gröber hatte zunächst eine „Christliche Arbeitsgemeinschaft" katholischer und protestantischer Akademiker gegründet, die den Aufbau einer interkonfessionellen Partei unterstützte. Die französischen Besatzungsbehörden, nach deren Ansicht das alte Zentrum preußisch dominiert und zentralistisch orientiert war, unterstützten diese Initiative und übten auf Programm und Organisation der BCSV, die ihrer Ansicht nach eine badische Landespartei, nicht etwa ein Landesverband der CDU sein sollte, erheblichen Einfluß aus. Erst im November 1947 benannte sich die BCSV in CDU um und schloß sich damit den Unionsparteien an. Daraufhin trat die Gruppe um Prälat Föhr, die ihre Einwilligung zur BCSV-Gründung nur unter dem Vorbehalt einer organisatorischen Scheidung von BCSV und CDU gegeben hatte, aus der BCSV aus und begründete im Dezember 1951 die badische Zentrumspartei neu. Das badische Zentrum suchte Verbindung zur DZP in Nordrhein-Westfalen und Niedersachsen, konnte zu diesem Zeitpunkt aber keinen funktionierenden badischen Landesverband der Zentrumspartei mehr aufbauen. Zur Auseinandersetzung in Baden vgl. Hans Georg Wieck, *Christliche und freie Demokraten in Hessen, Rheinland-Pfalz, Baden und Württemberg 1945—1946 (Beiträge zur Geschichte des Parlamentarismus und der politischen Parteien, Bd. 10)*, Düsseldorf 1958, S. 114 ff.; Gerhard Schulz, Die CDU. Merkmale ihres Aufbaus, in: *Parteien in der Bundesrepublik. Studien zur Entwicklung der deutschen Parteien bis zur Bundestagswahl 1953 (Schriften des Instituts für politische Wissenschaft, Bd. 6)*, Stuttgart/Düsseldorf 1955, S. 63 f.

Rhein die Verwirrung ins Reich getragen wurde, muß vom Rhein auch die Gesundung und Klärung wieder kommen. Hoffentlich taucht bald auch unser verehrter Brüning wieder auf."[8]

Obwohl seit Beginn des Jahres 1946 — spätestens nach den Ereignissen in Hildesheim — unübersehbar war, daß die Bischöfe der Unionsidee zuneigten, hielten die Vertreter der Düsseldorfer Richtung an ihrer Auffassung fest, die eine objektive Interessenidentität von Klerus und Zentrumspartei postulierte[9]. Das Zentrum vertrete — so argumentierten sie — nicht nur traditionsgemäß die kulturpolitischen Ziele der katholischen Kirche; es organisiere auch weite Teile der katholischen Bevölkerung, die die CDU ablehnten und die, wenn sie nicht die Zentrumsalternative hätten, politisch heimatlos würden oder der Sozialdemokratie anheimfielen. Diese Gefahr bestünde insbesondere für die katholischen Regionen am linken Niederrhein, für das Aachener und das Dürener Land:

„Die Zentrumspartei verhindert die Gefahr des Abschwenkens weitester Kreise der ehemaligen Zentrumswählerschaft zur Linken hin und wirkt so sammelnd für die Behauptung des katholischen Gedankens."[10]

Im Frühjahr 1946 vertraute der Generalsekretär noch darauf, daß sich der örtliche Seelsorgeklerus wenigstens teilweise hinter das Zentrum stellen werde; die Haltung des Episkopats bezeichnete er als neutral. Die Bischöfe bezögen weder für die CDU noch für das Zentrum Partei. Sie rieten dem Klerus, bei der Übernahme von Parteifunktionen Zurückhaltung zu wahren, wollten jedoch die Geistlichen nicht daran hindern, ihre staatsbürgerlichen Rechte wahrzunehmen.

Auch Johannes Brockmann, damals Vorstandsmitglied der Zentrumspartei, hielt es im Februar 1946 noch nicht für eine unumstößliche Tatsache, daß sich die Kirchenvertreter auf Dauer gegen das Zentrum stellen würden. In einem Brief an die Hildesheimer Parteifreunde erwähnte er, der Bischof von Münster, Kardinal Graf von Galen, habe ebenso wie der Generalvikar des Erzbistums Paderborn, Prälat

8 In seinem Brief an Dr. Hamacher vom 12.12.1945 schildert Prälat Föhr ausführlich die Verhältnisse in Baden. (Bis zu diesem Zeitpunkt war die Parteiarbeit in der französischen Besatzungszone nur auf informeller Basis gestattet. Öffentliches Auftreten der Parteien und Organisationsarbeit waren verboten.) Nach dem Bekanntwerden der Gründung von CDP und Zentrum in der britischen Zone sei auch in Baden der Streit um die Fortsetzung der Zentrumspartei entbrannt. Erzbischof Gröber sei gegen Prälat Föhr aufgetreten; er habe damit gedroht, die Christlich-Soziale Union als Gegenpartei zu der von Föhr bereits im Mai 1945 wiedergegründeten Zentrumspartei beim Militärregierung anzumelden und habe als erster einen Gründungsaufruf für die neue Partei unterzeichnet. Um einen Streit zu vermeiden, der ihrer Meinung nach das Ansehen der Kirche geschädigt hätte, zogen sich die Zentrumsbefürworter um Prälat Föhr zurück und überließen das Feld dem von Bischof Gröber gegründeten „Christlich Sozialen Volksbund". Im Kreis um Erzbischof Gröber seien — so Föhr — teilweise „Steigbügelhalter des Nationalsozialismus" gewesen (Föhr an Hamacher, 12.12.1945, DZPAM 14—18).
9 Sie orientierten sich dabei nach wie vor an den Gesprächen mit Kirchenvertretern im Herbst 1945, denen zufolge die Position des Klerus in der Parteifrage — insbesondere wegen der Stellung zur Konfessionsschule — noch nicht völlig festgelegt zu sein schien. Vgl. z. B. den Bericht der Düsseldorfer Zentrumswiederbegründer „Notiz über eine Unterredung in Köln betr. die Meinung der deutschen Bischöfe zur Gründung von christlichen Parteien", HSTAD, RWN 48—7. Vgl. auch oben Kap. 6, Anm. 15.
10 Klein an Pfarrer Walter Fernges, Weiden bei Aachen, 1.3.1946, DZPAM 19—20.

Friedrich Maria Rintelen (1941–1951; später Weihbischof von Magdeburg), im Kampf beider christlicher Parteien Neutralität zugesichert[11]. Dennoch war er angesichts der Parteinahme vieler Geistlicher aus allen Rängen der kirchlichen Hierarchie für die CDU weit skeptischer als die meisten Anhänger der weltanschaulichen Richtung im Zentrum und vertrat die Auffassung, daß das Zentrum in jedem Fall und unabhängig von der Position der Kirche wieder als politische Partei auftreten müsse:

„Ich wage auszusprechen, daß die Stellungnahme kirchlicher Würdenträger für oder gegen die CDU bzw. für oder gegen das Zentrum in keiner Weise für den Fortbestand der Zentrumspartei entscheidend sein darf. Es darf nicht dazu kommen, daß die Kirche wiederum mit irgendwelchen parteilichen Angelegenheiten belastet wird. Ebensowenig darf die Partei unter irrigen politischen bzw. parteipolitischen Auffassungen kirchlicherseits leiden!"[12]

Brockmann wagte sogar eine Kritik an der kirchlichen Position und deutete an, daß die kirchlichen Institutionen wegen ihrer Haltung in den Jahren 1933/34 womöglich bald den Schutz einer kirchenpolitischen Vertretung brauchen könnten:

„Ich bedaure die Kurzsichtigkeit mancher kirchlicher Stellen. Ich bin überzeugt, daß die Haltung kirchlicher Stellen, um nicht zu sagen, der Kirche, zum Nationalsozialismus 1933/34 von den Gegnern der Kirche noch zu einer schweren Aggression gegen die Kirche zu einem Zeitpunkt führen wird, der diesen Gegnern für ihre Zwecke nützlich erscheint. Die Geistlichkeit muß sich darüber klar sein, daß die Kirche unter völlig veränderten politischen Verhältnissen diese Auseinandersetzung durchführen muß. Weiter möchte ich zu diesem Punkt nichts sagen."[13]

7.2 Klerikale Vermittlungsangebote

Unterdessen betätigten sich einzelne Kleriker als Vermittler zwischen Zentrum und CDP und suchten eine Verständigung herbeizuführen, bei der beide Parteien ihr Gesicht wahren konnten. Sie engagierten sich freilich nicht nur, um die als schädlich und verwirrend betrachtete Spaltung im christlichen Lager aufzuheben, sondern waren auch interessiert daran, die Zentrumsanhänger möglichst geschlossen als eine stabile Kerngruppe in der interkonfessionellen CDU zu verankern und damit zu gewährleisten, daß die Union langfristig für kirchlich-katholische Interessen eintrat. Denn einige der katholischen Kirchenpolitiker, die eine Formveränderung der politischen Interessenvertretung der katholischen Kirche für notwendig hielten, erkannten durchaus auch das Risiko, das mit einer stärkeren Distanz der Parteipolitik von den Interessen der katholischen Kirche verbunden war. Die Vermittlungsbemühungen hatten deshalb zum Ziel, das Zentrum gleichsam als Fraktion oder als Rest

---

11 Brockmann an Anton Arntz, Hildesheim, 15.2.1946, DZPAM 14–18.
12 Ebd.
13 Ebd. – Brockmann hatte bereits am 2.9.1945 gegenüber Hamacher Kritik am Klerus anklingen lassen. Es sei besser, wenn sich die Prälaten und die höhere Geistlichkeit größter Zurückhaltung befleißigten, schrieb er. „Die Gründe dafür dürften ihnen geläufig sein" (Brockmann an Hamacher, 2.9.1945, BAK, NB 1).

kaholischer Kampfestradition in die lokal unterschiedlich geprägte CDP hineinzunehmen[14].

Noch während der Vorbereitungen zur Wiedergründung der Zentrumspartei im Oktober 1945 hatte beispielsweise der Paderborner Domvikar und Diözesanpräses Dr. Kaspar Schulte einen Vermittlungsvorschlag gemacht, um — wie er schrieb — zu verhindern, daß sich die Uneinigkeit im Lager des politischen Katholizismus zum Schaden für die katholischen Interessen auswirkte. Er hatte eingeräumt, daß bei der Entscheidung für die CDP Fehler gemacht worden seien, hauptsächlich wohl deshalb, weil in der ersten Nachkriegszeit ohnehin keine unanfechtbare Entscheidung getroffen werden konnte — es sei denn, durch eine Abstimmung aller Zentrumsmitglieder, die nicht Mitglieder der NSDAP gewesen waren[15]. Schulte hatte nochmals alle Gründe angeführt, die für die CDP und die Preisgabe des Zentrums sprachen:

— Die Erfordernisse der gegenwärtigen Situation machten es erforderlich, daß nunmehr alle christlichen Kräfte zusammenarbeiteten.

— Die Schwierigkeit, politisch aktive Protestanten „zum Zentrum hinüberzuholen", setze den Abschied vom konfessionellen Namen voraus.

— Die Jugend könne sich mit dem Begriff „christlich" stärker identifizieren als mit der Zentrumsdevise „Für Wahrheit, Recht und Freiheit".

— Mit dem Modell der „Christlichen Volkspartei" von 1918/19 existiere ein historischer Vorläufer. Selbst wenn die interkonfessionelle Öffnung 1945 wegen einer denkbaren protestantischen Passivität erfolglos bliebe und die Katholiken wieder zum Zentrum zurückkehren müßten, so habe man doch „wenigstens die Rechtfertigung, in geschichtlich entscheidender Stunde seine Pflicht getan zu haben"[16].

Die Befürchtung der Zentrumsbefürworter, daß „durch das Hereinfluten früherer Rechtskreise einem reaktionären Kurs Vorschub" geleistet werde, sei, wie die Erfahrung mit dem Weimarer Rechtszentrum lehre, in einem neuen Zentrum nicht weniger begründet als in der CDP. Auch den Vorwurf, die CDP sei politisch heterogen, könne man an das Weimarer Zentrum zurückgeben. Angesichts der geringfügigen ideologischen Differenzen beider Parteiansätze sei es wenig sinnvoll, wenn sich deren Exponenten in parteipolitischen Auseinandersetzungen aufrieben und das Wahlvolk über den Kämpfen der Führer „irre und wahlmüde" werde. Der „unselige Kampf" zwischen der „Kölner" und der „Berliner" Richtung im Zentrum vor 1914 habe schon einmal viel Schaden angerichtet. Deshalb hatte Schulte den Wiederbegründern des Zentrums den Vorschlag gemacht, am 14. Oktober auf eine Parteigründung zu verzichten und statt dessen mit einem zeitgemäß erweiterten Programm als eine geistige Bewegung in die CDP einzugehen:

„Dieses Programm   dahin geht mein Vorschlag — wird nicht Grundlage einer Partei, sondern einer Bewegung innerhalb der größeren christlich-demokratischen Partei. Die Träger

14 So z. B. in Hildesheim. Hier sollte das wiedergegründete Zentrum in die CDU übergeführt werden „unter voller Wahrung der Organisation" bzw. der „Eigenart" der Zentrumspartei (Arntz an Generalsekretariat der DZP, 7.2.1946, DZPAM 14—18).
15 Vgl. „Gedanken zur Bildung von Parteien im christlichen Volksteil" von Diözesanpräses Dr. Schulte, Paderborn, 6.10.1945, HSTAD, RWN 48—12. Vgl. auch oben S. 210.
16 Ebd.

des Gedankens einer neu belebten Zentrumspartei werden zu Hütern der Tradition des Zentrums in der neuen größeren Partei. Solche geistigen Bewegungen einer Partei sind von größter Bedeutung; sie bewahren das Parteileben vor dem Versanden; sie sind immer wieder der anregende Teil des Parteikörpers."[17]

Wie die Zentrumsanhänger auf diesen Vermittlungsvorschlag reagiert haben, ließ sich aus den Akten nicht ersehen[18]. Immerhin bot Präses Schulte im April 1946 erneut seine Dienste an, um eine Einigung oder doch wenigstens eine Zusammenarbeit der beiden Parteien anzubahnen. Das Zusammengehen von CDU und Zentrum erschien ihm als eine geeignete Defensivstrategie gegen das seiner Ansicht nach rücksichtslose Vordringen der Linken in der Kommunalpolitik und in der Auseinandersetzung um die Konfessionsschule. Die Gefahr, daß sich die CDU zur Rechtspartei entwickeln könne, sei nach der Gründung der Deutschen Konservativen Partei in Kiel im März 1946 geringer geworden. Programmatische Differenzen, die eine Kooperation von Zentrum und CDU ausschließen könnten, gäbe es nicht. Nur große Parteien könnten künftig politischen Einfluß ausüben; Spaltung und Uneinigkeit im christlichen Lager bedeuteten nur Einflußminderung oder Einflußverlust. Er schlug deshalb eine neue Gesprächsrunde für den 30. April 1946 in Wattenscheid vor, in der sich jeweils drei Vertreter beider Parteien zu drei Themenkomplexen äußern sollten: zur Definition einer christlichen Politik, insbesondere des Christlichen Sozialismus; zur Frage der Nichtwähler und politisch Desinteressierten und zur Stellung der christlichen Parteien im Parteiensystem[19].

Inzwischen war aber die Entwicklung im Zentrum weitergegangen; die weithin ablehnende Haltung des Klerus hatte einer neuen Gruppierung in der Partei, der „Essener Richtung" um Dr. Carl Spiecker, Auftrieb gegeben und die Vertreter der weltanschaulichen Richtung um Dr. Hamacher und Dr. Klein – auch wenn sie, wie Klein schätzte, ca. 75 Prozent der damals ca. 40 000 Zentrumsmitglieder hinter sich hatten[20] – in die Defensive gedrängt. Die Auseinandersetzungen mit der CDU verschärften sich im Frühjahr 1946 weiter, so daß eine Einigung, wie einige Geistliche sie anstrebten, zu diesem Zeitpunkt immer unwahrscheinlicher wurde.

17 Ebd.
18 Schultes Vorschlag vom 6.10.1945 fand sich mit einem Anschreiben in den Nachlässen von Dr. Hamacher und Helene Wessel.
19 Vgl. Schulte an den Zonenvorstand des Zentrums und der CDU, 8.4.1946, DZPAM 128. Brockmann nahm die Einladung an, erwartete aber nur eine propagandistische Wirkung. Vgl. auch Peter Hüttenberger, *Nordrhein-Westfalen und die Entstehung seiner parlamentarischen Demokratie (Veröffentlichungen der Staatlichen Archive des Landes Nordrhein-Westfalen, Reihe C, Bd. 1)*, Siegburg 1973, S. 87. Hüttenberger führt dies u. a. auch darauf zurück, daß im Zentrum eine Abneigung gegen den Begriff „Christlicher Sozialismus" bestanden habe. Schulte bemühte sich in den folgenden Jahren weiter um eine Einigung. So referierte er am 11.2.1948 vor 22 Geistlichen im Essener Gesellenhaus. Die Versammlung verabschiedete eine „Willenserklärung", die die Führungen der rivalisierenden Parteien aufforderte, sich zu „Aussprachegemeinschaften", parlamentarischen Arbeitsgemeinschaften und Wahlbündnissen zusammenzufinden (HSTAD, RWN 48–24). Zur Einschätzung Schultes durch die Zentrumsführung vgl. auch „Diskussion Parteivorsitzender – CDU", Absatz II, 7, HSTAD, RWN 48–11.
20 Klein an Hamacher, 25.4.1946, DZPAM 19–20. Nach Kleins Schätzung waren es im Mai 1946 sogar 60 000 eingeschriebene Mitglieder und 240 000 Sympathisanten (Klein an Lambertz, 2.5.1946, DZPAM 14–18).

7.3 Linkswendung ab 1946: Die „Essener Richtung"

Am 9./10. März 1946 hielt die Zentrumspartei ihren ersten Parteitag in Essen ab, auf dem eine erste Bestandsaufnahme über den Stand der Organisation und eine politische Positionsbestimmung versucht wurden. Carl Spiecker wurde zum stellvertretenden Parteivorsitzenden gewählt. Spiecker zählte nicht zu den Initiatoren der Wiedergründung, hatte sich aber nach dem Scheitern seiner Pläne zur Neubildung einer Labour Party[21] im Oktober 1945 den Wiedergründern angeschlossen und beteiligte sich seither an der Ausformulierung eines neuen Zentrumsprogramms, das noch Ende des Jahres 1945 in Umlauf kam[22]. Gegen seine Konzeption einer weltanschaulich neutralen politischen Mitte-Links-Partei hatten Teile der Zentrumsführung von Anfang an schwere Bedenken gehegt. So hatte Helene Wessel nur wenige Tage nach der Soester Proklamationsveranstaltung, auf der sie in den Vorstand der Zentrumspartei gewählt worden war, „an die Herren: Brockmann, Stricker, Reismann, Kassing, Vahle und Jambor" geschrieben, sie sei um die Formulierung des Parteiprogramms besorgt. Insbesondere kritisierte sie − wie schon in Soest − die Linie Spieckers, der ihrer Meinung nach die weltanschauliche Bindung des Zentrums im Interesse einer Erweiterung der bündnispolitischen Aktionsmöglichkeiten der Partei aufgeben wollte:

„Betont das Zentrum nicht in seinem Programm seine ganz klare weltanschauliche, staatspolitische, soziale und wirtschaftliche Einstellung, dann steht es auf einem schwankenden Boden und hat sein Fundament auf Flugsand gebaut. Dr. Spiecker macht mit seinem Vorschlag den 2. Schritt vor dem 1., d. h. er stellt die Partei schon in eine politische Aktionshaltung ohne die Gewähr zu schaffen, daß auch die entsprechenden Wählerstimmen die Möglichkeit zur staatspolitischen Arbeit der Partei mit anderen Parteien geben. Was nutzt uns eine politische Aktionsbasis, die nachher nicht die entsprechende Wählerzahl hinter sich hat. . . . Es könnte für das neu entstandene Zentrum sehr verhängnisvoll werden, wenn wir gerade auf weltanschaulichem Gebiete nicht ganz klar und deutlich unsere Haltung darlegen."[23]

Im Unterschied zu den Anhängern einer traditionellen Zentrumspolitik trat Spiecker für die Auflösung des Zusammenhangs von Weltanschauung und Politik ein. In einer „gesunden" parlamentarischen Demokratie müßten sich − so forderte er − politisch Gleichgesinnte unabhängig von ihrer weltanschaulichen Auffassung in einer Partei zusammenschließen. Weltanschauung sei eine Frage des Gewissens, nicht der Partei.

---

21 Vgl. oben Kap. 5.1.
22 Wie Klein Hamacher am 3.1.1946 mitteilte, wurde dieses Programm in Münster bereits offiziell verkündet und in Essen veröffentlicht. „Ich halte es in der jetzigen Form für gut und angemessen. Wenn Du es aber auf dem Parteitag nochmals zur Beratung zu stellen gedenkst, wollen wir das tun." (DZPAM 19−20.) Auf dem Essener Parteitag wurde das neue Programm m. W. nicht öffentlich diskutiert. (Vgl. auch „Niederschrift über den ersten Parteitag des Zentrums", BAK, NB 3, sowie „streng vertraulich". Bericht über den Essener Parteitag, o. Verf. o. D., HSTAD, RWN 48−8, in dem das neue Programm deshalb auch nicht als verbindlich angesehen wurde.) − Zur Formulierung des Parteiprogramms vgl. ferner Brockmann an Hamacher, 9.12.1945, BAK, NB 1. Brockmann bedauerte die Abwesenheit Hamachers und Kleins bei der endgültigen Gestaltung des Parteiprogramms und erklärte sich damit einverstanden, das Zentrum als überkonfessionelle, politische Partei zu definieren.
23 Helene Wessel an Brockmann usw., 18.10.1945, BAK, NB 1.

Die Parteien müßten sich auf die Staatspolitik, d. h. die Sicherung der Lebensbedingungen der Bevölkerung und der Staatlichkeit Deutschlands, konzentrieren. Weltanschauliche Konflikte, wie z. B. die Auseinandersetzung um die Konfessionsschule oder das Verhältnis von Kirche und Staat, sollten durch Volksabstimmungen entschieden und der Wille der Bevölkerung dann vom Parlament gesetzlich fixiert werden. Der neue Staat müsse nicht nur formal, sondern auch von der Substanz her demokratisch sein und auf europäischem Kulturbewußtsein aufbauen. Das Christentum sei zwar „europäische Erbmasse", aber auch „der moderne, glaubenslose Staat … [sei] erfüllt von christlichem Erbgut", das geschützt und an kommende Generationen weitergegeben werden solle, um die abendländisch-christliche Kultur zu erhalten, Toleranz zu entwickeln und die Voraussetzungen für eine lebensfähige Demokratie zu schaffen[24].

In einer der ersten Ausgaben der Rhein-Ruhr-Zeitung, die seit Mai 1946 zum Organ der Spiecker-Linie wurde, hieß es:

„Politik aber soll immer Staatspolitik sein, weil sie der Verwirklichung des Staatsgedankens dienen soll. Parteipolitik, die gegen dieses Grundgesetz verstößt, artet in Klüngelwirtschaft aus, weil sie das Wohl des Volksganzen aus dem Auge verliert. Der moderne Staat baut nicht mehr nur auf e i n e r Weltanschauung auf, sondern ist dem Gestaltungswillen v e r s c h i e d e n e r Weltanschauungen ausgesetzt. Die politische Arena zum Turnier- und Tummelplatz weltanschaulicher Auseinandersetzungen zu machen, ist Verkennung und Verdrehung von Staatspolitik und Weltanschauung …"[25]

Mit Spiecker ging die „Essener Richtung" also sowohl von der prinzipiellen Gleichberechtigung verschiedener Weltanschauungen bei der Gestaltung der Politik als auch davon aus, daß sich Christen in mehreren Parteien organisieren könnten. Demzufolge wandte sie sich gegen die Plakatierung einer einzigen Partei als christlich. Sie wollte eine Zuspitzung der parteipolitischen Konfrontation in einem neuen „Kulturkampf" vermeiden, in dem sich das deutsche Volk in einen christlichen „Bürgerblock" und einen marxistischen Weltanschauungsblock aufspalten und bis zum Bürgerkrieg verfeinden könnte. Hier sollte das Zentrum „versöhnend und ausgleichend" wirken und langfristig eine Veränderung des in Weltanschauungsblöcke gespaltenen Parteiensystems erreichen. Emphatisch schließt die Schrift „Volk ohne Mitte. Das Zentrum im Kampf", in der sich der Einfluß der Spiecker-Gruppe auf das Nachkriegszentrum niederschlug, mit den Sätzen:

„Das Zentrum bleibt heute wie immer dem Gedanken der deutschen Volksgemeinschaft treu. Es will das Volk nicht auseinanderreißen, sondern auf dem Weg der Mitte sich finden lassen … Wir dürfen nicht dulden, daß heute das Christentum zum Panier eines Bürgerblocks werde, der noch einmal den aussichtslosen Versuch macht, ein verbissenes Spießbürgertum in die neue Zeit hinüberzuretten."[26]

Angesichts des verlorenen Rückhalts der Hierarchie und der zwingenden Alternative: Neuorientierung oder Untergang der Partei, modifizierten nun auch einige

---

24 Carl Spiecker, Das neue Zentrum, in: *Der Tagesspiegel* v. 19.9.1946.
25 *RRZ* v. 17.5.1946. – Vgl. auch *Westdeutsche Rundschau* v. 10.7.1946 (Auszug in HSTAD, RWN 48–12).
26 *Volk ohne Mitte. Das Zentrum im Kampf*, Essen o. J. (1946), S. 53.

Traditionalisten ihre Positionen oder paßten sie zumindest partiell der Spiecker-
Linie für eine Politik der Mitte jenseits des Klerus an. Für die Zentrumsideologen
war das zunächst kein Widerspruch, denn der Naturrechtsgedanke, wiewohl von
Spiecker als Ausgangspunkt zur Verbreiterung der Zentrumsbasis angeboten, war
ein genuin katholischer Grundbegriff[27]. So antwortete beispielsweise Dr. Hamacher
einem um die katholischen Prinzipien der Partei besorgten Anhänger, das naturrechtliche Denken stehe keineswegs im Widerspruch zur katholischen Glaubens-
und Sittenlehre. Es bringe nicht „konfessionelle Enge", sondern „katholische Weite" zum Ausdruck, sei „nicht ein Teil, sondern das Ganze", ... „nicht nur leere
Form, sondern auch Vollgehalt", ... „nicht antiprotestantisch, sondern wahrhaft
katholisch"[28]. Auch das Konzept einer Partei der Mitte, von Spiecker vor allem auf
die Funktion des Zentrums im Parteiensystem und auf die Antizipation seines bündnispolitischen Spielraums bezogen, war ein den Zentrumstraditionalisten durchaus
vertrautes und mit der katholischen Interpretation des Naturrechts verbundenes
Denkmuster. Für sie war die „Mitte" nicht nur eine Definition des politischen
Standorts, sondern auch eine ideologisch bestimmte Vorstellung von der Aufgabe
ihrer Partei. In Dr. Hamachers Soester Rede hieß es:

> „Diese Mitte als konstruktive Idee sucht stets nach der Synthese der naturgegebenen Gegen-
> sätze und Spannungen, nach dem Ausgleich unter den Ständen, zwischen Besitz und Nichtbe-
> sitz, zwischen Kapital und Arbeit, zwischen Erneuerung und Verbrauch, zwischen Wirtschaft
> und sozialen Forderungen, zwischen den gesunden lebenskräftigen konservativen Ideen und
> dem aufkommenden tragbaren Fortschritt, aber auch zwischen Idee und Wirklichkeit, zwi-
> schen Natur und Übernatur."[29]

Nahm Spiecker die Auflösung der Bindung der Zentrumspartei an die katholische
Kirche also zum Anlaß für strategische Überlegungen, wie auf längere Sicht die
Trennung von Weltanschauung und Parteipolitik sowie eine Erweiterung der sozialen Basis für eine zukünftig mehrheitsfähige „Politik der Mitte" zu erreichen sei,
so erblickten die Anhänger der weltanschaulichen Richtung darin nur eine aktuelle
Störung des Verhältnisses von Kirche und Zentrumspartei, wie sie sie aus der Parteigeschichte — so im Septennatsstreit 1886/87, im Zentrums- und Gewerkschaftsstreit 1890—1914 — kannten und auf deren Beseitigung sie geduldig hinarbeiteten.
Da aber die Positionen Spieckers und seiner Anhänger einerseits auf vertrauten
katholischen Naturrechtsvorstellungen basierten bzw. an historische Leitbilder anknüpften und andererseits in der veränderten Situation dem Zentrum einen neuen
Anfang ermöglichten, wurden sie unter kurzfristig-taktischem Aspekt teilweise
auch von Traditionalisten rezipiert. Trotz dieses Anpassungsprozesses beider Richtungen Anfang 1946 blieben sie letztlich unvereinbar. Nach dem ersten Parteitag
des Zentrums am 9./10. März 1946, auf dem die „Essener Richtung" eine deutliche
Resonanz gefunden hatte, sahen entschiedene Anhänger der weltanschaulichen

---

27 Vgl. oben Kap. 5.3.
28 Hamacher an Heribert Aretz, 14.2.1946, HSTAD, RWN 48—7.
29 Wilhelm Hamacher, *Warum Zentrum?*, Düsseldorf 1946 (Abdruck der Soester Rede v. 14.10.
1945), S. 11.

Richtung ihre Position in den Führungsgremien der Partei (Direktorium, Partei-apparat) schon nicht mehr ausreichend vertreten[30].

Die retrospektive Grundhaltung der Traditionalisten und das defensive Verhältnis der Anhänger der weltanschaulichen Richtung zum Klerus blieben nach wie vor virulent. Diese Tendenz kam z. B. im Brief Dr. Hamachers an die Werler Bischofs-konferenz am 23. März 1946 zum Ausdruck, in dem er die kirchlichen Stellen, insbesondere die Vertreter der katholischen Verbände, zur Neutralität im Streit zwischen den beiden christlichen Parteien aufforderte. Durch die Parteinahme der Bischöfe von Trier, Hildesheim, Paderborn für die CDU, die Umfunktionie-rung von Sekretariaten der Katholischen Arbeiterbewegung zu CDU-Parteibüros sowie durch die Aktivitäten der Katholischen Jugend und des Kolpingwerks sei − so Hamacher − „eine große Beunruhigung in der treu katholischen Anhänger-schaft der Zentrumspartei entstanden".

„Das katholische Volk, das auch heute wieder sich politisch mit der Zentrumspartei verbun-den weiß, versteht nicht, daß gerade kirchliche Stellen sich gegen eine Partei erklären, die, wie von jeher so auch heute, die kulturpolitischen Interessen der deutschen Katholiken mit un-wandelbarer Klarheit und Entschiedenheit vertritt."[31]

Obgleich die Antwort des Vorsitzenden der Bischofskonferenz, Kardinal Dr. Joseph Frings, vom 29. März 1946 deutlich erkennen ließ, daß die Amtskirche der CDU inzwischen den Vorzug gab, so nährte sie dennoch die Hoffnung traditionalisti-scher Zentrumsverfechter, sie könnten die Unterstützung der Kirche zurückgewin-nen, falls das Unions-Experiment mißlänge. Denn es hieß darin, die Bischöfe hätten sich im Interesse der Einheit und „nur aus taktischen Gründen" für die Partei ent-schieden, die zuerst aufgetreten sei:

„Ihre Partei hat den Nachteil, zu spät auf dem Plan erschienen zu sein, als bereits an vielen Orten die CDU sich konstituiert hatte. Wir richten daher im Interesse der guten Sache und weil der Feind links steht, d. h. im Lager der materialistischen Weltanschauung, an Sie die Bitte, überall da, wo die CDU Fuß gefaßt hat ... von der Gründung von Gruppen Ihrer Partei abzu-sehen, in den Versammlungen keine Befehdung der CDU zu gestatten und alles zu tun, um zu einer Einigung oder zu einem Bündnis zu gelangen."[32]

---

30 „streng vertraulich" (Anm. 22). Ins Direktorium wurden gewählt: Dr. Wilhelm Hamacher, Helene Wessel, Dr. Carl Spiecker, Dr. Fritz Stricker, Johannes Brockmann, Dr. Heinrich Steffensmeier, Heinrich Peterburs. Richard Muckermann wurde Geschäftsführer des Direk-toriums. („Niederschrift", vgl. Anm. 22.) − Der bisherige Generalsekretär Dr. Klein beklagte sich bei Dr. Stricker über die neue Entwicklung und darüber, daß er persönlich übergangen worden sei. Der Essener Parteitag sei „überstürzt" gewesen. Er habe „jedenfalls nicht die Neigung, die Absichten und Ziele einer sehr stark örtlich orientierten Gruppe mitzumachen" (gemeint ist offensichtlich die „Essener Richtung"). − „Daß auch meine westfälischen Freunde jüngst in Essen in einer Richtung taktierten, über deren Ziel ich mir nach meinen Beobachtungen zwar nicht ganz im unklaren war, die dann aber personaliter zu einer Über-raschung führte, die die Merkmale der Treulosigkeit an sich trug, hat mich doch sehr ge-schmerzt." (Klein an Stricker, 26.3.1946, DZPAM 19−20.)
31 Hamacher an die Konferenz der Hochwürdigsten Herren Bischöfe, Werl i. W., 23.3.1946 (Ab-schrift), HSTAD, RWN 48−40.
32 Frings an Hamacher, 29.3.1946, HSTAD, RWN 48−12; vgl. auch Hüttenberger, *Nordrhein-Westfalen* (Anm. 19), S. 86. Zum taktischen Verhalten von Frings gegenüber dem Zentrum vgl. außerdem oben Anm. 9.

Hamacher verteidigte in seiner Antwort an Kardinal Frings die Unabhängigkeit der Zentrumspartei von der Kirche und bezog sich dabei auf Windthorsts Vorbild im Septennatsstreit 1886/87:

> „Im Hinblick auf ihre Geschichte und ihren Charakter als Partei des Ausgleichs der Gegensätze und der Mäßigung hält das Zentrum es für eine Gewissenspflicht, sich mit aller Kraft dafür einzusetzen, daß die Deutsche Zentrumspartei als *politische* Partei überall in ihrer alten Stärke und Bedeutung wiederersteht. Sie sieht sich durch das Schreiben Eurer Eminenz genötigt, die Eigenständigkeit politischen Handelns erneut zu betonen, wie es Ludwig Windthorst in der Septennatsfrage gleichfalls zu tun gezwungen gewesen ist; sie wird mit Klarheit, Wahrheit und Sachlichkeit für ihre politischen Ziele eintreten, wie sie es bisher getan hat."[33]

Die historische Analogie, die auch Johannes Brockmann herstellte[34], lag im Frühjahr 1946 zwar nahe, war jedoch kurzschlüssig. Denn am Ende des Kulturkampfs war es vor allem um die Manövrierfähigkeit einer Partei mit einer doppelten Funktion gegangen: Das Zentrum hatte damals sowohl den Integrationswünschen der unterprivilegierten katholischen Minorität im wilhelminischen Deutschland als auch den Forderungen der kirchlichen Institutionen nach mehr Einfluß Rechnung zu tragen; es konnte die gesellschaftspolitischen Interessen des katholischen Bevölkerungsteils aber nur dann effektiv auf der parlamentarischen Ebene vertreten, wenn es sich in politischen Fragen einen von klerikalen Weisungen relativ unabhängigen Handlungsspielraum erhielt[35]. Windthorst hatte – im Unterschied zu den Traditionalisten in der Zentrumsführung des Jahres 1946 – das Verhältnis von Zentrumspartei und Kirche nicht als ein statisch für immer gegebenes betrachtet; auch erhob er nicht die Forderung, das Zentrum solle die Interessen der katholischen Kirche selbst gegen ihren Willen wahrnehmen. Vielmehr hatte er sich, bevor er seine berühmte Rede im Kölner Gürzenich hielt, zunächst einmal erkundigt, ob von kirchlicher Seite überhaupt noch ein Bedürfnis nach der Fortexistenz des Zentrums als politisch-parlamentarischer Repräsentanz bestand oder ob die Kirche angesichts einer veränderten politischen Konstellation andere Formen der Einflußnahme vorzog[36]. Demgegenüber war 1945/46 deutlich geworden, daß sich das Ghettobewußtsein der Katholiken längst aufzulösen begonnen hatte; maßgebliche Teile des Klerus sahen die primäre Aufgabe katholischer Nachkriegspolitik in Deutschland nun zunächst darin, den Säkularisierungsprozeß aufzuhalten und die Linkstendenzen zurückzudrängen und orientierten sich im Konsens mit der Majorität der bekenntnistreuen Katholiken auf eine interkonfessionelle Form katholisch-kultur-

---

33 Hamacher an Frings, 12.4.1946, HSTAD, RWN 48–42. In seiner Antwort bedauerte Hamacher auch die Formulierung des Kardinals, der Feind stehe links. Hamacher erinnerte an die „staatsfeindlichen Kräfte von rechts", die den Aufstieg des Nationalsozialismus ermöglicht hätten.

34 Brockmann an Pater Theophil Ohlmeier, Mühlen i. Oldenburg, 3.5.1946, DZPAM 128. – (Brockmann hielt eine katholische Partei ohne die Unterstützung der Bischöfe allerdings für „undenkbar".) Christlich sei in letzter Konsequenz immer katholisch; eine Erweiterung der Zentrumsbasis in der augenblicklichen Situation müsse daher vom Naturrechtsbegriff ausgehen.

35 Vgl. oben Kap. 2.4.1.

36 Vgl. ebd.

politischer Interessenvertretung um. Unter solch gewandelten Voraussetzungen hätte aber der neue Kurs des Zentrums als politischer Partei viel direkter auf die konkrete soziopolitische Realität nach dem Zweiten Weltkrieg Bezug nehmen müssen, als es die Traditionalisten im Nachvollzug Windthorsts zu tun bereit waren.

Spieckers Absicht war es hingegen gerade, ein auf die gegenwärtige politische und soziale Situation zugeschnittenes politisches Konzept zu entwickeln, durch das zukünftig sowohl internationale Spannungen als auch innere soziale Konflikte und parteipolitische Fehden gemildert werden könnten. Nach seinen Vorstellungen, die er vor den ersten Wahlen in der britischen Zone im Herbst 1946 zusammenfaßte[37], sollte sich ein föderativ gegliedertes Deutschland in ein föderatives Europa einordnen, in ein Europa, das nicht ohne oder gegen die zu „Schutzherren Europas" gewordenen Mächte England und Rußland aufzubauen sei. In allen europäischen Ländern müßten soziale Reformen durchgeführt werden, denn „die kapitalistische Wirtschaft ... [habe] die vielfältigen Probleme, die von der sieghaft voranstürmenden Technik auf allen Gebieten des Lebens aufgeworfen worden sind, nicht zu meistern vermocht". In Deutschland sei die soziale und wirtschaftliche Neuordnung eine der wichtigsten Aufgaben:

„Höher als das Besitzrecht des einzelnen steht die im Interesse des Gemeinwohls zu beobachtende und zu gestaltende Eigentumsordnung. Dieser Krieg hat die Ungleichheit der Besitzverteilung vollends unerträglich gemacht, und die durch ihn verursachte Not verlangt gebieterisch eine nach Leistungsfähigkeit gestaffelte Ausgleichung der auf die Schultern unseres Volkes gelegten Lasten. Sozialisierung ist kein Schreckwort mehr, bedeutet aber keineswegs n u r Verstaatlichung, sondern Überführung in Gemeinbesitz, mag es sich um Staat, Gemeinde, Genossenschaften oder Belegschaften handeln. Maßgeblich ist immer das Gemeinwohl, und die Form der Überführung muß von Zweckmäßigkeit und Verdienst, von Gerechtigkeit und Klugheit bestimmt werden ... Darüber hinaus erblickt das Zentrum in der Anteilnahme der Arbeiterschaft am Ertrage des Unternehmens, für das sie ihre Kraft einsetzt, ebenso wie in der Mitbeteiligung der Arbeitnehmer an der Verantwortung der Betriebsleitung eine zeitgemäße Forderung. Das Zentrum hat den Ehrgeiz, aus jedem werktätigen Menschen einen B ü r g e r zu machen, damit dieser schöne Begriff wieder zu Ehren kommt und klassenkämpferische Anwandlungen keinen fruchtbaren Boden mehr finden."[38]

In die Vision Spieckers ging die Vorstellungswelt des linksrepublikanischen Weimarer Zentrumsflügels ein: politische Unabhängigkeit vom Klerus, soziale Neuordnung, Offenheit für ein Bündnis mit den Sozialdemokraten, Stärkung des republikanisch-demokratischen Bewußtseins und eine entspannungsorientierte Außenpolitik. Die „Essener Richtung" um Spiecker versuchte, diese Konzeption nach 1945 neu zu aktualisieren und das Nachkriegszentrum als Partei der Mitte im deutschen Parteiensystem zu verankern[39]. Jedoch stießen die Bemühungen, die gesamte Partei auf diesen Kurs zu bringen, auf erhebliche Schwierigkeiten. In den Auseinandersetzungen des Jahres 1946/47 zeigte sich, daß die Positionen der Spiek-

---

37 Vgl. Spiecker, Das neue Zentrum (Anm. 24).
38 Ebd.
39 Die Nähe zur Berliner CDUD, insbesondere zu Hermann Katzenberger, bis 1922 Generalsekretär der Zentrumspartei, den Spiecker noch aus der „Germania"-Zeit kannte, aber auch zu Jakob Kaiser, ist unübersehbar.

ker-Gruppe im Nachkriegszentrum nicht durchzusetzen waren. Der innerparteiliche Dissens wurde außerdem von der CDU und Teilen des Klerus instrumentalisiert und noch weiter verschärft. Den Auftakt hierzu gab Adenauer; eine von ihm nach einem vertraulichen Gespräch mit Spiecker am 14. März 1946 angefertigte Aktennotiz wurde von dem Essener CDP-Aktivisten und früheren christlichen Gewerkschaftler Heinrich Strunk unter Bruch der Vertraulichkeit zu propagandistischen Zwecken benutzt. Damit sollte belegt werden, daß Spiecker das Zentrum nicht mehr als christliche Partei ansehe und auch Dr. Hamacher schon schwankend geworden sei. Spiecker wolle das Zentrum zu einer mehrheitsfähigen politischen Mittepartei umformen, die − anknüpfend an seine Labour-Party-Pläne − den linken Teil der CDU und den rechten Teil der SPD in einer ,,Demokratischen Union'' aufnehmen solle. Die neue Partei solle nicht mehr weltanschaulich fundiert, sondern auf dem Naturrecht − als einer breiteren Basis für einen politischen Zusammenschluß Gleichgesinnter − aufgebaut sein[40].

7.4 Innerparteiliche Auseinandersetzungen über den Charakter der Zentrumspartei im Jahr 1946

Wie Helene Wessel schon im Oktober 1945 befürchtet hatte, fehlte dem Nachkriegszentrum die soziale Basis, die Spieckers Konzeption vorbehaltlos mitgetragen hätte. Denn ein großer Teil des Mitglieder- und Wählerpotentials, das sich der Partei in der Wiedergründungsphase zumeist aus traditionalistischen Motiven angeschlossen hatte, war sozialstrukturell agrarisch-kleingewerblich-mittelständisch und mental konservativ-katholisch geprägt. Die Hauptsorge dieser Gruppe, zu der auch eine konservativ denkende, katholische Bildungsschicht von Beamten, Juristen, Lehrern und anderen Akademikern gestoßen war, galt der Erhaltung des traditionell katholischen Milieus; gemeinsam mit einigen Ortsgeistlichen setzte sich diese Gruppierung vor allem für die Wiedererrichtung der katholischen Konfessionsschule und für eine konfessionelle Lehrerbildung ein. Damit vertrat sie eine auf die *bona particularia* verengte, traditionell katholische Interessenpolitik, denn ihr zentraler politischer Bezugspunkt war die Sicherung der von katholischen Glaubensgrundsätzen her bestimmten Wert- und Ordnungsvorstellungen und deren bestimmender Einfluß auf das öffentliche Leben[41].

Nun ließ sich das Gros der Zentrumsanhänger 1945/46 zwar für eine politische Abgrenzung zu den früheren Weimarer Rechtskräften und den Gedanken einer von der katholischen Soziallehre her begründeten Sozialreform gewinnen. Sie fürchteten jedoch, die Konkretisierung solcher Pläne − Bodenreform und Sozialisierung bzw. eine eventuelle Kooperation mit der SPD − könnte womöglich auch mittelständisches Besitztum antasten oder das Verhältnis zum Klerus weiter verschlechtern. Die aktiven katholischen Arbeiter Westdeutschlands, die für eine sozialreformerische

---

40 Aktennotiz, 15.3.1946 (Abschrift), HSTAD, RWN 48−20. Adenauers Versicherung, die weitere Verbreitung des Flugblatts zu unterbinden, blieb freilich ohne Wirkung.
41 Zur Sozialstruktur der DZP vgl. unten Kap. 9.

Wirtschafts- und Sozialpolitik zu gewinnen gewesen wären, standen ohnehin bereits zum großen Teil im Lager der CDU, die ihren Funktionären häufig bezahlte Posten und ein breiteres Wirkungsfeld bieten konnte als das Zentrum[42]. Ihre Forderungen nach Mitbestimmung und nach einer sozialen Neuordnung auf christlich-sozialer Grundlage waren in der Frühphase der CDU vorübergehend auch in den Entwurf des Christlichen Sozialismus und in einzelne Abschnitte des Ahlener Programms der CDU der britischen Zone eingegangen. In den CDU-Sozialausschüssen sammelte sich 1945/46 ein nicht unerheblicher Teil der alten katholischen Arbeiterbewegung[43]. Andererseits wurde bei Betriebsratswahlen im Industrierevier deutlich, daß auch das Zentrum in einzelnen Betrieben und Schachtanlagen bis zu Beginn der fünfziger Jahre noch immer eine Basis hatte[44]; und die Kommunalwahlergebnisse belegten, daß die Partei in den vom katholischen Arbeitermilieu geprägten Stadtvierteln der Ruhrgebietsstädte noch lokale Stützpunkte fand. So befand sich die Zentrumsführung in einem Dilemma: Hätte sie sich stärker um die verbliebenen katholischen Arbeiter bemüht, so wäre sie das Risiko eingegangen, den weitaus größeren Teil ihrer Anhänger aus dem ländlichen Mittelstand zu verprellen[45].

Immerhin waren in der Wirtschafts- und Sozialpolitik zwischen den beiden Richtungen Kompromisse möglich, die die Grundlage für eine — zumindest in Umrissen vorgezeichnete — sozial-progressive Zentrumsprogrammatik boten. Indes stieß Spieckers Konzept einer Trennung von Weltanschauung und Politik bei den ländli-

---

42 Darüber, wie die katholischen Arbeiter zum Zentrum zurückzuholen seien, diskutierte Carl Spiecker am 13.1.1947 mit den Geistlichen von Oberhausen. Während die meisten Geistlichen der Ansicht waren, dies könne nur dann gelingen, wenn das Zentrum das Katholische in den Vordergrund stellte, legte Spiecker das Schwergewicht auf den *politischen* Charakter der Zentrumspartei. Daß die CDU viele katholische Arbeiter- und Gewerkschaftssekretäre gewonnen hatte, bezeichnete er als „das große Wunder der CDU". Er führte es darauf zurück, daß die CDU ihnen „500 Mark Gehalt gegeben" habe. Die Sekretäre der Christlichen Gewerkschaften und der katholischen Arbeitervereine seien während der NS-Zeit verbürgerlicht; im Unterschied zu den SPD- und KPD-Leuten, die 1933 wieder in die Fabrik gegangen seien, hätten sie „einen Zigarrenladen oder eine Wirtschaft" aufgemacht. Vgl. Abschrift eines Berichts über diese Zusammenkunft, o. Verf., o. D., Nachlaß Helene Weber, IfZ, ED 160.
43 Vgl. den Bericht über die erste überlokale Zusammenkunft der Sozialausschüsse der CDU von Niederrhein/Westfalen in Herne am 8./9.11.1946: Karl Zimmermann, „*Neues Wollen, neue Ordnung*", Gummersbach 1947. (Eine Kopie dieser Schrift überließ mir freundlicherweise Prof. Dr. Christoph Kleßmann, Universität Bielefeld.) Der Bericht über die zweite Herner Tagung am 21./22.1947 erschien unter dem Titel „*Erbe und Aufgabe*", o. O. 1947 (Archiv der Katholischen Arbeitnehmerbewegung, Kettelerhaus, Köln).
44 Vgl. unten Kap. 9.2.1.
45 Vor demselben Problem stand 1946 auch die CDU. Jakob Kaisers Ausführungen zum Christlichen Sozialismus beunruhigten die mittelständische Basis, die Eingriffe in das Privateigentum befürchtete. Das schrieb der Wuppertaler Druckereibesitzer und CDU-Mitgründer Dr. Klaus Brauda an Konrad Adenauer am 8.4.1946 nach einem Gespräch, das er in seiner Funktion als Vorsitzender des Wirtschaftsverbandes mit dem Verleger Jakob Pötz, dem ersten Vorsitzenden der rheinischen Zentrumspartei, geführt hatte. Pötz habe ihm gegenüber ironisch über die „Entlastung" gesprochen, die der „Auszug" der Christlichen Gewerkschaften für das Zentrum bedeute. Die Unruhe im Mittelstand werde dem Zentrum zugute kommen (HSTAD, RWN 119—1).

chen Wählerschichten auf massives Unverständnis[46]. Während sich die Anhänger der weltanschaulichen Richtung unter dem Kampfruf „Das Zentrum wird sein wie es war oder es wird nicht sein!" formierten[47], versuchte die Essener Gruppe — wohl in realistischer Einschätzung der Grundstimmung in der Parteibasis und der Mehrheitsverhältnisse — die kommenden innerparteilichen Konflikte von der Führungsebene her zu entscheiden. Sie arbeitete im Laufe des Jahres 1946 auf eine Zentralisierung des Parteiapparates hin und dominierte, da Spiecker zusammen mit Heinrich Steffensmeier und Richard Muckermann schon im Mai 1946 die Rhein-Ruhr-Zeitung übernommen hatte[48], zunehmend auch die Außendarstellung der Partei. Auf Drängen der Essener hin etablierte sich die Geschäftsstelle des Direktoriums — zum Geschäftsführer hatte man den Spiecker-Anhänger Muckermann gewählt — in Essen, wo die Aktivisten der Essener Richtung wohnten und wo auch die Rhein-Ruhr-Zeitung verlegt wurde[49]. Doch der bisherige Generalsekretär Klein, der auch das parteioffizielle Informationsblatt redigierte, wollte sein Amt und die Leitung des Parteiapparates nicht aufgeben und geriet so in einen permanenten Streit mit der Geschäftsstelle des Direktoriums[50].

46 Pfarrer Huhnen aus Engelskirchen schrieb am 8.10.1946 an Dr. Hamacher: „Das Zentrum sieht das Gesicht der Zukunft nicht vom Bürger und von einer rechtsgerichteten Aristokratie bestimmt, sondern vom Arbeiter, wendet sich deshalb dem Arbeiter zu, mag der Arbeiter zunächst auch mehr auf der Linken stehen, wo es um die politische Partei geht. Aber daß man glaubt, sich des Arbeiters dadurch vergewissern zu können, daß man eine Politik erstrebt ohne das Fundament einer ganz bestimmten Weltanschauung, rein ökonomisch-wirtschaftlich, wie man mir sagte, das zeugt doch entweder davon, daß hier bei gewissen Zentrumsmännern das wahre Gespür für Politik verloren ging oder nie vorhanden war." (HSTAD, RWN 48–7.)

47 Sprecher dieser Richtung waren z. B. der Steuerberater Dr. Aloys Rüberg, Iserlohn, Otto Pannenbecker, Oberpostamtmann, später Oberbürgermeister, Oberhausen, die Studienräte Friedrich Laube und Haeffs aus Düsseldorf, Paula Lienkamp und Landrat Cramer aus Werl. (HSTAD, RWN 48–8.)

48 Die *Rhein-Ruhr-Zeitung* erschien erstmals am 14.5.1946 in einer Auflage von 94 000 Exemplaren (Lizenzträger: Dr. Carl Spiecker, Dr. Wilhelm Hamacher, Dr. Heinrich Steffensmeier; Chefredakteur: Richard Muckermann). Bis zur Lizenzierung des *Neuen Westfälischen Kuriers* am 6.9.1946 (Erscheinungsort: Werl; Lizenzträger: Helene Wessel, Josef Weiser, Fritz Erhardt; Chefredakteur: Dr. Clemens Altewischer; Auflage: 139 000 Exemplare) war die *RRZ* die einzige Zentrumszeitung.

49 Zu den Anhängern Spieckers zählten der Schriftsteller und Chefredakteur der *Rhein-Ruhr-Zeitung* Richard Muckermann, Essen-Kettwig, der Vizepräsident der Essener Industrie- und Handelskammer und Verleger Dr. Heinrich Steffensmeier, Essen, sowie der Fabrikant Ferdinand Haake aus Paderborn. — Bezeichnend für das wechselseitig paralysierende Verhältnis, in dem sich die Vertreter beider Richtungen damals befanden, scheint mir der Hinweis von Quirin Blümlein an Dr. Hamacher vom 16.12.1946 zu sein, auch der Betriebsassistent Jakob Ballensiefen aus Siegburg sei nun im „Fahrwasser" Spieckers. Die meisten Zentrumsmitglieder ständen in einem Abhängigkeitsverhältnis zu Spiecker. Der neue Kurs sei für die Zentrumspartei „keinesfalls der richtige ..., hierüber sind sich sehr viele einig". Trotz dieser Einsicht riet Blümlein abzuwarten, wie Spiecker sich in Zukunft verhalten werde (HSTAD, RWN 48–8).

50 Dr. Klein fühlte sich seit dem Essener Parteitag im März 1946 immer stärker isoliert. Er kritisierte vor allem die vom Spiecker-Gruppe initiierte Entwicklung des Zentrums von der „Glaubensbewegung" zur bloßen „Gesinnungsgemeinschaft". Vor den Kommunalwahlen im Herbst 1946 trat er zur CDU über. Mit der Geschäftsführung des Direktoriums wurde im Sommer 1946 Wilhelm Stüer beauftragt. Zum Streit Klein/Stüer vgl. beispielsweise den

Der innerparteiliche Konflikt, der um den Zusammenhang von weltanschau-
lich-religiöser Bindung und praktisch-politischer Zielsetzung sowie um das Verhältnis zum Klerus kreiste, spitzte sich bis Mitte 1946 weiter zu. Enttäuschte persönliche Ambitionen[51] und Sedimente von Weimarer Richtungskämpfen in der Parteiführung[52] verschärften die Tonlage. Immer wieder ließen sich die Bruchstellen
nur notdürftig kitten. Erstmals war auf dem Delegiertentag der westfälischen Zentrumspartei in Werl am 9./10. Februar 1946 Kritik am Klerus laut geworden, weil
er die Union präferierte, doch konnte die Parteiführung die Publikation einer entsprechenden Entschließung gegen die Haltung des Episkopats und anderer kirchlicher Institutionen – zur Erleichterung der weltanschaulichen Richtung – noch
rechtzeitig unterbinden[53]. Für die Mehrheit der Zentrumsbasis, die noch den Denk-

Fortsetzung Fußnote 50
Briefwechsel Klein/Muckermann vom 22.7.1946 und vom 24.7.1946, HSTAD, RWN 48–8.
Das Informationsblatt der Partei für parteiamtliche Mitteilungen erschien 14-tägig in einer
Auflage von 5000 Exemplaren.
51 Der Vorsitzende der rheinischen Zentrumspartei, der Verleger Jakob Pötz, hatte sich vergebens um eine Zeitungslizenz bemüht. Für Pötz, dessen Zeitungsunternehmen vor 1933 die
halbe Nordrheinprovinz beliefert hatte, war dies eine unerträgliche Zurücksetzung. Zusammen mit Dr. Klein wechselte auch Pötz noch im Herbst 1946 zur CDU über (vgl. HSTAD,
RWN 48–9; Hüttenberger, *Nordrhein-Westfalen* [Anm. 19], S. 90).
52 Brüning haßte Spiecker offenbar so sehr, daß er in seinen – von den Zentrumsgegnern propagandistisch ausgeschlachteten – Briefen an Maier-Hultschin den Namen seines Gegners
nicht einmal aussprach. „Der Herr" bzw. „der Mann" habe sich – so Brüning – „immer
eifrig mit Intrigen" gegen seine Politik gestellt. Brüning erwähnte auch die Skandale, in die
Spiecker und Steffensmeier 1919/20 und 1924 verwickelt gewesen seien (Abschrift der
Brüning-Briefe HSTAD, RWN 48–36). Hintergrund der von Brüning erwähnten „Skandale"
war der Machtkampf zwischen dem republikanischen Flügel (um Matthias Erzberger und
Joseph Wirth) und dem konservativen katholischen Adel (um Graf Galen, Graf Praschma,
später auch Franz von Papen sowie dem Industriellen Florian Klöckner) um die Zentrumszeitung *Germania*. (Carl Spiecker trat 1922 – zusammen mit dem ehemaligen Generalsekretär der Zentrumspartei Hermann Katzenberger, mit dem er auch nach 1945 befreundet
war – als Verlagsdirektor in die *Germania* ein.) Ohne Wissen seiner politischen Gegner sicherte sich Spiecker, um die Erzbergersche Linie in der *Germania* durchhalten zu können,
1922 das drittgrößte Aktienpaket der Zeitung und wurde deshalb später – nun schon im
Amt des Reichspressechefs der Regierung Marx – beschuldigt, Reichsgelder veruntreut und
die Witwe Erzbergers übervorteilt zu haben. In den Weimarer Jahren wurde Spiecker zum
eigentlichen Gegenspieler von Papens und Zielscheibe für Angriffe der rechtsgerichteten
Presse. Obwohl die Vorwürfe gegen Spiecker vor Gericht nicht haltbar waren, schwand sein
innerparteilicher Einfluß im Zuge der Rechtsentwicklung des Zentrums. (Vgl. Jürgen A.
Bach, *Franz von Papen in der Weimarer Republik. Aktivitäten in Politik und Presse 1918–
1932*, Düsseldorf 1977, S. 221 ff.) Spiecker wies die Vorwürfe Brünings, die von dem früheren christlichen Gewerkschaftler Heinrich Strunk (Essen) verbreitet, aber auch in der eigenen Partei aufgegriffen wurden, zurück. Er kritisierte jetzt offen die Rechtsentwicklung
im Weimarer Zentrum nach der Reichspräsidentenwahl 1925 und vor allem die Zustimmung
der Reichstagsfraktion des Zentrums zum Ermächtigungsgesetz am 23.3.1933. Brüning habe
in der Bekämpfung des Nationalsozialismus während und nach seiner Kanzlerschaft versagt.
Als einziger politischer Emigrant habe er „bis heute keine öffentliche Erklärung gegen den
Nationalsozialismus abgegeben", und er sei von den Nazis auch nicht ausgebürgert worden.
Brüning habe ihn, Spiecker, weder in den 13 Monaten 1930/31 unterstützt, in denen er Sonderbeauftragter zur Bekämpfung des Nationalsozialismus gewesen sei, noch in den Jahren
des Exils (vgl. HSTAD, RWN 48–36).
53 Vgl. „streng vertraulich" (Anm. 22).

mustern der katholischen Kampfzeit verhaftet war, blieb der Ansatzpunkt Spieckers
– daß nämlich die Katholizität allein keineswegs eine einheitliche politische Richtung verbürge, man sich also zur Durchsetzung gemeinsamer politischer Ziele auf
eine möglichst breite sittliche Handlungsnorm beziehen müsse[54] – letztlich nicht
nachvollziehbar. Wenngleich die Zentrumsführung um Hamacher, Brockmann und
Wessel immer wieder hervorhob, daß vom Boden des Naturrechts aus den katholischen Grundsätzen niemals zuwider gehandelt werden könne, da das Naturrecht
im Grunde katholisches Gedankengut sei[55], so wollten doch viele Traditionalisten
das Katholische nicht zuletzt deshalb in den Vordergrund stellen, weil sonst ihrer
Meinung nach kein Unterschied zur CDU mehr bestand. Sie forderten den Parteivorsitzenden auf, das Steuer herumzureißen und Spiecker den Parteiaustritt nahezule-
gen. So schrieb z. B. der Krefelder Domkapitular und Stadtdechant Monsignore
Prof. Dr. Schwamborn, Oberpfarrer an St. Dionysius und Mitbegründer der örtlichen Zentrumspartei im November 1945, an Dr. Hamacher:

> „Ich bin fest überzeugt, daß die Gedanken Spieckers der Totengräber des Zentrums sind, da sie
> den Grundsätzen des Zentrums nicht entsprechen. Sie werden viele, falls ihnen nicht deutlich
> und energisch widersprochen wird, aus unseren Reihen treiben. Es ist notwendig, daß Sie als
> Vorsitzender ein klares und deutliches Wort sagen, es wird helfen, da es einen sicheren Reso-
> nanzboden hat."[56]

Die vor allem in der Nordrheinprovinz ausgeprägten Gegensätze prallten nun auf
dem Delegiertentag der rheinischen Zentrumspartei am 1./2. Juni 1946 in Düsseldorf aufeinander: 127 Zentrumsvertreter aus 27 Kreisparteien diskutierten dort
über den Charakter der Zentrumspartei. Tags zuvor hatte sich der Parteivorsitzende
Hamacher bereits in Gesprächen mit einem Vertreter der kirchlichen Behörde in
Köln sowie mit dem rheinischen Zentrumsvorsitzenden Pötz und Generalsekretär
Klein um einen Kompromiß zwischen den beiden Richtungen bemüht. Er erreichte den Rücktritt von Pötz und übernahm selbst den Vorsitz der rheinischen Zentrumspartei; außerdem legte er den Delegierten eine Entschließung vor, die – so
verzeichnet es der offizielle Bericht – „mit Begeisterung aufgenommen" wurde und
der alle Anwesenden – auch Pötz, Klein, Spiecker und Steffensmeier – zustimm-
ten[57]. In ihr hieß es, das Zentrum sei und bleibe „die alte politische Partei der Mitte", wie sie von den Brüdern Reichensperger, von Mallinckrodt und Windthorst gegründet worden und „von den späteren, nun schon heimgegangenen Führern Gröber
und Trimborn weitergeführt" worden sei. Schon die Berufung auf die Gründer biete
„die Gewähr, daß sich im wiederbegründeten Zentrum Männer und Frauen aus in-

---

54 Vgl. *Informationsmaterial für die Kreisvorsitzenden und Sekretäre der DZP*, Nr. 1 (Mai
   1946), HSTAD, RWN 125–28.
55 HSTAD, RWN 48–7, 8, 9.
56 Schwamborn an Hamacher, 26.5.1946, HSTAD, RWN 48–7. – Viele Briefe mit ähnlicher
   Tendenz finden sich im Nachlaß Hamacher (HSTAD, RWN 48).
57 „Erklärung zum Charakter der Zentrumspartei", abgedr. in: *Das Zentrum. Nachrichtenblatt
   für die rheinische Zentrumspartei*, Nr. 3, Düsseldorf, 24.6.1946 (HSTAD, RWN 48–10).
   Daraus auch die folgenden Zitate. Vgl. auch Bericht über den rheinischen Delegiertentag,
   HSTAD, RWN 48–7.

nerstem Verantwortungsbewußtsein zusammengefunden" hätten, die „aus ihrer Glaubenshaltung heraus die Politik zu gestalten" suchten. Das Zentrum baue auf „altem christlichen Erbe" auf, das es der jungen Generation überliefern wolle, und dazu gehörten die Bekenntnisschule und die konfessionelle Lehrerbildung. Es werde für die Rechte der Kirche im öffentlichen Leben und für die Zusammenarbeit von Kirche und Staat eintreten und aus christlicher Haltung heraus auch seine Position zur sozialen Frage bestimmen. Es wolle sich außerdem für die „im ewigen Sittengesetz und im Christentum verankerte Freiheit der Persönlichkeit und für das im Naturrecht wurzelnde Urrecht des Menschen auf Privateigentum einsetzen, dem freilich der Schöpfer der Menschen als der wahre Besitzer allen Eigentums eine soziale Verpflichtung auferlegt" habe.

Obwohl in diesen Formulierungen beide Positionen aufgenommen waren, zeigte sich die geringe Tragfähigkeit des Kompromisses schon wenige Tage später in den internen Auseinandersetzungen um die Publikation der Düsseldorfer Entschließung. Die Rhein-Ruhr-Zeitung brachte nur eine gekürzte Wiedergabe auf der zweiten Seite und druckte statt dessen auf der Titelseite eine Rede ab, die Spiecker auf der Abschlußkundgebung gehalten hatte. In der Kurzfassung fehlte ausgerechnet der Satz, der die Bekenntnisschule und die konfessionelle Lehrerbildung zum Inhalt hatte. Die Veröffentlichungspolitik der Rhein-Ruhr-Zeitung provozierte nun den offenen Protest eines Teils der Zentrumsbasis. Die Vorsitzenden und Vertreter von 15 rheinischen Kreisparteien (Rhein-Wupper-Kreis, Wuppertal, Düsseldorf, Rees, Siegkreis, Grevenbroich-Neuss, Duisburg, Oberhausen, Kempen-Krefeld, Dinslaken, Rheydt, Mönchen-Gladbach, Bonn-Stadt, Bonn-Land und Krefeld) beantragten die Einberufung eines außerordentlichen Delegiertentages zur endgültigen Klärung der offiziellen Parteirichtung für den Fall, daß sich Spiecker nicht „durch eine klare und unter allen Umständen bindende Verpflichtung" bereit erklärte, die in der Entschließung vom 1./2. Juni 1946 vertretenen Grundsätze anzuerkennen und sich entsprechend zu verhalten. Kritische Kommentare zur Haltung der Bischöfe und Geistlichen, wie sie die RRZ zuweilen abgedruckt habe, sollten fortan unterbleiben, da die Zentrumspartei auf das Vertrauen des Klerus größten Wert lege[58]. Ende Juli 1946 beschwerte sich die DZP-Stadtgruppe Leverkusen beim Parteivorsitzenden Hamacher über Spieckers Äußerungen vor Vertretern der Frankfurter Presse, in denen er erneut den vorrangig politischen Charakter der Zentrumspartei betont hatte. Darin sahen die Leverkusener einen Angriff auf das geistige Fundament der Partei und einen Widerspruch zu ihrer Tradition. In ihrem Brief hieß es schließlich:

„Wir sehen heute ein, daß jene ernsten Mahner recht behalten haben, die schon am 2. Juni 1946 in Düsseldorf die Meinung vertraten, die angezogene Erklärung bedeute keine Ausmerzung der Spieckerschen Häresie, sondern nur die Verkleisterung eines drohenden Risses. Wir sind nicht gewillt, einer Partei fürderhin Gefolgschaft zu leisten, die, wenn die Spieckersche Auffassung sich durchsetzen sollte, notwendigerweise in Liberalismus und Sozialismus enden muß."[59]

58 Entschließung, HSTAD, RWN 48–9.
59 DZP-Stadtgruppe Leverkusen an Hamacher, 28.7.1946, HSTAD, RWN 48–9, sowie Abschrift, BAK, NB 3.

Von dieser Stimmung in großen Teilen der Basis offenbar nur wenig beeindruckt, erklärte der Chefredakteur der Rhein-Ruhr-Zeitung, Richard Muckermann, nach dem rheinischen Delegiertentag, „die inneren Auseinandersetzungen hätten zur inneren Klärung beigetragen, müßten aber nunmehr beendet sein.... Eine Kampfstellung bestehe nur zwischen Zentrum und CDU." Die Stärke des Zentrums „sei die restlose Einigkeit im Innern"[60].

7.5 CDU-Offensive gegen die „Essener Richtung"

Die Zerrissenheit des Nachkriegszentrums war der CDU-Führung nicht verborgen geblieben. Vor den Kommunalwahlen im September und Oktober 1946 setzte sie alles daran, den vorhandenen Zwiespalt zu vertiefen, prominente Anhänger der weltanschaulichen Richtung abzuwerben und dadurch die Essener Richtung weiter zu isolieren als eine weltanschaulich nicht gebundene Gruppierung, die mit einem „annektierten Namen"[61] Politik im Schlepptau der SPD mache. So verkehrte sich also die Tendenz der CDU-Propaganda gegen die Zentrumspartei in ihr Gegenteil: War das Zentrum zunächst als Rest unzeitgemäß integraler, d. h. borniert-konfessioneller Parteipolitik bezeichnet worden, so wurde nun behauptet, Spieckers Konzept sei eine Irreführung des katholischen Zentrumsvolks. Spiecker arbeite im Auftrag der britischen Besatzungsmacht und wolle eine Partei nach dem Modell der Labour

---

60 Protokoll der Vorstandssitzung der DZP am 4.7.1946 in Essen, DZPAM 6. – Muckermanns Position wird auch aus einem Brief ersichtlich, den er am 10.7.1946 an Hamacher adressierte: „Die innere Linie ist klar. Ich habe keinerlei Bedenken. Eine Alternative zwischen Quadragesimo anno und Sozialismus scheint mir gar nicht notwendig zu sein ... Wir werden schon die richtige Synthese finden." Er bezog sich auf eine Schrift von Neundörfer aus dem Jahr 1927, die er wiederentdeckt habe und in der die gleichen Gedanken ausgeführt worden seien, die die Essener Richtung in den letzten Monaten entwickelt habe. Weiter schrieb Muckermann siegessicher, die Bedenken, die kürzlich auf einer Dechantenkonferenz geäußert worden seien, halte er für „ungefährlich". „Wir werden darüber zur Tagesordnung übergehen. Alle Angriffe werden zerschellen, wenn wir jetzt unbeirrt diese Linie halten, denn je mehr wir sie halten, desto kraftvoller wird der Strom, der sich uns anschließt." (HSTAD, RWN 48–7.)
61 Auf die Angriffe des CDU-Organs Kölnische Rundschau antwortete Spiecker in der Rhein-Ruhr-Zeitung v. 17.5.1946 mit dem Artikel: „Christentum in Erbpacht", abgedr. in: Informationsmaterial (Anm. 54). Seine Antwort kommentierte die Kölnische Rundschau tags darauf unter dem Titel „Ein annektierter Name" (HSTAD, RWN 48–12). – In dieselbe Richtung argumentierte eine Flugschrift „Zentrumspartei"? Eine Irreführung des katholischen Volkes (o. D., Verf. „Rhenanus"). Rhenanus bezeichnete die Essener Richtung, die sich anschicke, die Macht in der Zentrumspartei zu übernehmen, als „antiklerikal" und „klassenkämpferisch-sozialistisch" sowie als undemokratisch und fanatisch. Nach dem Übertritt von Dr. Klein und Pötz im Oktober 1946, denen eine größere Anzahl von Bezirkssekretären zur CDU gefolgt sei, hätten die Essener einen „Säuberungs-Prozeß" gegen diejenigen Parteimitglieder eingeleitet, „die dem Spiecker-Kreis irgendwie einmal unbequem geworden" seien. Das neue Zentrum mache seine Politik „stets in Anlehnung an die Linke" und solle sich nicht mehr Zentrum, sondern offen „republikanisch-sozialistische Partei" nennen. Die Flugschrift schließt mit der Forderung: „Darum muß dieser zersetzende Störfaktor aus dem politischen Leben ausgeschaltet werden." (HSTAD, RWN 119–3.)

Party schaffen, die nicht mehr christlich sei und die sowohl Teile der CDU als auch der SPD aufnehme.

In der erwähnten Aktennotiz Adenauers vom 15. März 1946 war die veränderte Stoßrichtung der CDU gegen das Zentrum bereits angelegt. Was aber für viele Zentrumsanhänger zunächst noch wie ein Mißverständnis aussah, das der weiteren Klärung in Gesprächen mit der Unionsführung und dem Klerus bedurfte, stellte sich schon bald als ein kalkuliertes Manöver der CDU-Wahlkampfleitung heraus, um die Konkurrenzpartei zu spalten. Spiecker erläuterte sein Konzept ein zweites Mal am 9. April 1946 in einem Gespräch, das die neun Kölner Dechanten angeregt hatten, um eine Fusion von CDU und Zentrumspartei vorzubereiten; es fand im Haus von Dr. Robert Grosche statt. Über die Zusammenkunft kursierte bald ein von Dechant Schreiber verfaßter Bericht, in dem Spieckers halbstündige Ausführungen in drei knappen Sätzen referiert wurden: ,,Politik und Religion hätten nichts miteinander zu tun ...; die Politik fuße auf dem Naturrecht ... Auch das alte Zentrum habe auf dem Boden des Naturrechts gestanden und sei keine christliche Partei gewesen."[62]

Auch wenn Spiecker solche Simplifizierungen zurückwies[63], so verfehlten sie ihre Wirkung nicht. Geistliche, die bis dahin noch zu Gesprächen mit der Zentrumsseite bereit gewesen waren, meldeten nun Bedenken an und kündigten ihre Unterstützung auf, falls sich der neue Kurs in der Zentrumspartei durchsetze. So forderte z. B. Monsignore Dr. Schnitzler aus dem Damianeum Warburg die DZP-Parteispitze auf, sich von folgenden Behauptungen zu distanzieren: Die Zentrumspartei wolle nicht mehr als katholische Partei gelten, sie bekämpfe die CDU, nehme aber Fühlung mit SPD und KPD, sie wolle die SPD spalten und deren rechten Flügel absorbieren, und schließlich habe sie sich formell, wenn auch erfolglos, über einen einflußreichen katholischen Geistlichen beschwert, der für die CDU eingetreten sei. Nur wenn all das dementiert werde, so kündigte Schnitzler an, hätten er und ,,andere Herren die Möglichkeit, in der Zentrumspartei nach wie vor eine Hoffnung für die Zukunft zu sehen". Anderenfalls müßten sie dort, wo sie für das Zentrum eingetreten seien, ihren ,,Irrtum berichtigen"[64].

Die Wendung in der CDU-Taktik und die Verunsicherung, die die Behauptung, das Nachkriegszentrum sei keine christliche Partei mehr, nun auch bei bisher sympathisierenden Klerikern hervorrief, kränkten den Parteivorsitzenden Hamacher tief. Hinzu kam seine persönliche Enttäuschung über Adenauer, zu dem er ,,seit einem Menschenalter in einem seltenen Treueverhältnis gestanden habe"; Adenauer lehnte

---

62 Anwesend waren die Dechanten Grosche, Gickler und Schreiber sowie Adenauer und Henseler für die CDU; als Vertreter des Zentrums kamen Hamacher, Spiecker und Ballensiefen (vgl. ,,Bericht über Einigungsversuche zwischen C.D.U. und Zentrum", verfaßt von Dechant Schreiber, Köln-Bickendorf, 15.5.1946 [Abschrift], HSTAD, RWN 48–12). Eine erste von den Dechanten angeregte Zusammenkunft hatte bereits am 5.2.1946 stattgefunden; an diesem Treffen nahm Spiecker nicht teil.
63 Spiecker an Dechant Schreiber, 27.8.1946 (DZPAM 128). Schon am 17.5.1946 hatte Spiecker zu diesem Thema eine Erklärung abgegeben, deren Inhalt sich mit dem Artikel ,,Christentum in Erbpacht" deckte (*Informationsmaterial* [Anm. 54]). Die ihm unterstellte Behauptung, Politik und Religion hätten nichts miteinander zu tun, bezeichnete er als ,,irrsinnig".
64 Schnitzler an das Generalsekretariat der DZP, 12.5.1946, DZPAM 19–20.

jetzt nicht nur jede gleichberechtigte Zusammenarbeit mit Hamacher „rundweg"
ab, sondern er unterstellte ihm auch Äußerungen, die er nicht getan hatte und —
wie er schrieb — aus seiner ganzen Haltung heraus gar nicht getan haben konnte[65].
Nachdem bei Dreiecksgesprächen zwischen CDU, Zentrum und verschiedenen geistlichen Vermittlern die vereinbarte Vertraulichkeit mehrfach gebrochen und das
Zentrum nach außen hin als nicht kooperationsbereit dargestellt worden war, verbreitete sich unter den Zentrumsvertretern zunehmend Bitterkeit und eine Unlust,
weitere Verhandlungen oder Gespräche mit CDU und Klerus aufzunehmen. Diese
Paralyse herbeizuführen, lag durchaus im Interesse der CDU. Konrad Adenauer vertraute damals darauf, daß das Zentrum wohl von seinen inneren Konflikten aufgerieben werden würde; man könne also die Entwicklung im Neu-Zentrum ruhig sich
selbst überlassen[66].

Das tat die CDU-Führung freilich nicht. CDU-Propagandisten schürten vielmehr
im Sommer 1946 mit unübersehbarem Erfolg die Zweifel treuer katholischer Zentrumsanhänger über den Charakter ihrer Partei und verbreiteten die bekannten
Gerüchte über Spieckers Agententätigkeit[67]. Der Parteivorsitzende Hamacher sollte nun für die CDU gewonnen werden. So bemühte sich Maria Sevenich[68] im Einverständnis mit dem Berliner CDU-Mitgründer Andreas Hermes um eine Aussprache mit Hamacher, um ihn über die Motive seiner Parteifreunde aufzuklären. Sie
wisse aus zuverlässiger Quelle, daß Spiecker „eine Organisation plane, die von den
Katholiken bis zu den Kommunisten gehen" solle. Sie behauptete, Spiecker gehe in
dieselbe Richtung wie der Journalist Wilhelm-Karl Gerst, der in Frankfurt eine „un-
heilvolle Arbeit" leiste und eine Labour Party aufbauen wolle. Dies entspreche

---

65 Vgl. den Briefwechsel zwischen Hamacher und dem Kölner Kaplan Allekotte, 27.5.1946;
    6.6.1946, HSTAD, RWN 48—30 sowie den Briefwechsel Hamacher/Süsterhenn, 14.6.1946;
    1.7.1946; 4.7.1946, HSTAD, RWN 48—67.
66 Vgl. *Konrad Adenauer und die CDU der britischen Besatzungszone 1946—1949. Dokumente
    zur Gründungsgeschichte der CDU Deutschlands*, hrsg. v. d. Konrad-Adenauer-Stiftung,
    Bonn 1975, S. 149. (Protokoll über die Tagung des Zonenausschusses der CDU für die briti-
    sche Zone v. 26.—28.6.1946 in Neuenkirchen.)
67 So Dr. Schreiber in Viersen am 22.6.1946 lt. Brief des Kreisdelegierten Dürselen aus Vier-
    sen an Hamacher, 26.6.1946 (Dürselen gehörte zu denen, die nach dem rheinischen Dele-
    giertentag vom 1./2.1946 den Ausschluß Spieckers aus der Partei forderten). Die Zentrums-
    partei werde durch Spieckers Pläne weniger hinzu gewinnen, als sie durch Beibehalten ihres
    katholischen Wesenszuges verliere (HSTAD, RWN 48—8). Dürselen spricht von der „gren-
    zenlosen Aktionsmüdigkeit" der Zentrumstraditionalisten und von Erwägungen, zur CDU
    überzutreten.
68 Maria Sevenich-Meyer (1907—1970) war bis 1933 Kommunistin. 1933 emigrierte sie in die
    Schweiz und nach Frankreich; 1940 wurde sie von der Gestapo gefaßt und zu einer Zucht-
    hausstrafe verurteilt. In der Haft konvertierte sie zum katholischen Glauben. 1945 befreit,
    schloß sie sich den Frankfurter CDU-Gründern an und wurde Vorstandsmitglied der hessi-
    schen CDU sowie Mitglied des ernannten hessischen Landtags. 1946 übersiedelte sie nach
    Langförden, Kreis Vechta (Niedersachsen). Auch in Niedersachsen arbeitete sie zunächst
    noch für die CDU — sie war eine wirkungsvolle Rednerin — und erhielt 1947 ein Mandat
    im niedersächsischen Landtag. 1948 trat sie aus der CDU aus und im Oktober 1949 zur
    SPD über. Von Oktober 1965 bis Juli 1967 war sie niedersächsische Ministerin für Bundes-
    angelegenheiten, für Vertriebene und Flüchtlinge sowie Mitglied des Bundesrates.

einem Plan, den der SPD-Vorsitzende Kurt Schumacher schon in seiner Haftzeit
gefaßt habe, nämlich:

„die SPD auf einer christlichen Linie umzubauen und daß er damit rechne, mit diesem Umbau
einen Teil der SPD-Anhänger an die KPD zu verlieren. Diesen Ausfall wollte Schumacher auf-
holen aus den Kreisen rechts von der SPD, also der heutigen CDU ... Es wurde mir gesagt, daß
dieser neue Versuch Schumachers hingerichtet sein würde auf eine neue Labour-Party, für die
ja auch in manchen religiös sozialistischen Kreisen starke Sympathie bestand. Das neue Zentrum sei in Westfalen gegründet worden wesentlich mit der Absicht, diesen Prozeß weiterzu-
treiben und der Aufspaltung der CDU im Interesse der SPD zu dienen.“[69]

Frau Sevenich hielt den Labour-Party-Plan vor allem deshalb für gefährlich, weil
ihrer Ansicht nach eine Mitte-Partei aus dem Potential der rechten SPD und der
linken CDU aller Voraussicht nach schwach sein würde; sie würde von einer starken
KPD und einer „ebenso starken Rechtspartei radikaler Prägung“ in einer Zangen-
bewegung aufgerieben werden. Sie vermutete, daß Schumacher von dieser Position
inzwischen abgekommen sei und nach dem Bekenntnis zum Marxismus auf dem
Hannoveraner Parteitag jetzt versuche, die Linke in der SPD zu binden. Maria Sevenich plädierte für ein Zweiparteiensystem, wodurch sich alle radikalen Bestrebungen
neutralisieren müßten. Sie versuchte Dr. Hamacher gegen seine westfälischen Parteifreunde einzunehmen, indem sie ihm ihre persönlichen Eindrücke schilderte:

„Als ich dann nach Westfalen kam, stellte ich bei Reismann, Stricker und diesem Kreis fest,
daß meine Informationen stimmten und daß für sie das Zentrum nichts anderes ist, als die vorläufige Basis, eine Labour-Party zu begründen. Außerdem stellte ich natürlich fest, daß ein Teil
der Männer des Zentrums aus alter Treue dem Zentrums-Namen gegenüber dabei waren. Ich
konnte mich aber nie des Eindrucks erwehren, als hätten diese Männer keine Ahnung davon,
daß ihre Treuegefühle mißbraucht werden. Diesen Eindruck habe ich auch bei Ihnen.“[70]

Auf Hamachers Streitigkeiten mit Spiecker anspielend, bedauerte sie, daß Hamacher
nicht bei der CDU sei. Hamacher lehnte aber eine Zusammenkunft mit Frau Sevenich und Hermes sowie weitere Begegnungen mit CDU-Vertretern ab. Die Vertraulichkeit solcher Gespräche sei, auch wenn sie zuvor ausdrücklich vereinbart gewesen seien, zu oft verletzt worden; überdies stehe Adenauer so deutlich auf Konfrontationskurs, daß Hamacher weitere Unterredungen nicht mehr für sinnvoll hielt[71].

---

69 Maria Sevenich an Hamacher, 12.6.1946, HSTAD, RWN 48—65. — Vgl. auch Wieck, *Christ-*
liche und freie Demokraten (Anm. 7), S. 57 f. Danach suchte Spiecker Verbindungen zur
Frankfurter „Intelligenzlergruppe“, die er von seinem Plan einer Mitte-Links-Partei überzeugen wollte. Wieck zitiert einen Bericht Maria Sevenichs, demzufolge sie von Eugen Kogon
und Walter Dirks über Schumachers Pläne informiert worden sei. Frau Sevenich ging davon
aus, daß — durch das Zentrum von außen und durch die Frankfurter Gruppe von innen —
die eben entstandene CDU wieder aufgespalten, der linke Flügel abgetrennt und der SPD
zugeführt werden sollte. Wieck zitiert auch einen Bericht von Marcel Schulte über die Beziehungen der Frankfurter CDU-Mitbegründer zu Spiecker und zum westfälischen Zentrum.
Daraus geht hervor, daß sich die Frankfurter gegenüber der Zentrumspartei reserviert ver-
hielten. — W. Dirks kannte Spiecker, hatte jedoch keinen engeren Kontakt zu ihm; er räumte dem Nachkriegszentrum keine Chancen ein und war im übrigen kein Anhänger des Labour-
Party-Konzepts, vgl. oben Kap. 5.1.
70 Sevenich an Hamacher, 12.6.1946, HSTAD, RWN 48—65.
71 Hamacher an Sevenich, o. D., HSTAD, RWN 48—65.

Auch Graf Franz von Galen, der jüngere Bruder des Kardinals und Großneffe von
Bischof Ketteler, wandte sich im Sommer 1946 an Hamacher, der inzwischen Kultusminister im ersten Kabinett Amelunxen war, und bat ihn um eine persönliche
Aussprache. Graf Galen, der sich bis zu diesem Zeitpunkt noch nicht öffentlich für
die CDU bzw. gegen das Zentrum festgelegt hatte, identifizierte sich in seinem Brief
mit Hamachers Gedanken, wie sie in seiner Soester Rede vom 14. Oktober 1945
zum Ausdruck gekommen waren. Seine Sympathie sei − so schrieb von Galen −
beim alten Zentrum, dem er bis 1933 angehört habe. Hingegen lehnte er Spieckers
Position ab; einer Partei, „die grundsätzlich die republikanische Staatsform und die
Aufteilung des Großgrundbesitzes fordert, könnte ich niemals beitreten"[72]. Sie sei
auch nicht mit der Politik des alten Zentrums vereinbar, das stets für Thron und
Altar gekämpft habe. Zu einer für Anfang September verabredeten Zusammenkunft Hamachers mit von Galen, an der auch Generalreferent Brockmann teil-
nehmen sollte, kam es jedoch nicht, weil Hamacher damals schwer erkrankte und
die westfälischen Zentrumsvertreter Stricker und Brockmann den Termin mit dem
Grafen aus Zeitgründen (wegen der Regierungsbildung in Nordrhein-Westfalen)
hinausschoben. Kurz darauf, am 11. September 1946, trat von Galen der CDU
bei und veröffentlichte einen Tag später, am Vorabend der Kommunalwahlen in
der britischen Zone, einen Aufruf zur Wahl der CDU[73]. Darin unterschied er die
CDU als eine christliche Partei, die „Gottes Wort" vertrete, vom neuen Zentrum,
das nach den Aussagen Spieckers weltanschaulich nicht gebunden sei, sondern der
„unbeständigen Tagesmeinung von Menschen" nachgebe. Wie schon Adenauer in
seiner Recklinghausener Rede vom 18. Mai 1946 und mit Bezug auf die kirchliche
Stellungnahme in „Quadragesimo anno" lehnte von Galen den Christlichen Sozialismus ab. Dem stellvertretenden Zentrumsvorsitzenden Spiecker warf er vor, er ver-
harmlose den grundlegenden Gegensatz zwischen einer christlich-sozialen Gesinnung und dem Sozialismus als einer rein diesseitsbezogenen Ideologie. Vertreter
der Zentrumsführung machten sich vielmehr „gewollt oder ungewollt zum Schritt-
macher des Sozialismus", und es sei erwiesen, „daß die Deutsche Zentrumspartei,
vom katholischen Standpunkt aus gesehen, grundsätzlich" irre. Daher forderte
von Galen die überzeugten Katholiken im Münsterland, in Westfalen und im Nordrheingebiet auf, CDU zu wählen. Sein Aufruf richtete sich insbesondere an die
überwiegende Mehrheit der Zentrumsanhänger, deren „guten Willen" er kenne
und unter denen sich viele seiner alten Freunde und „hochachtbare Männer" be-
fänden[74].

Die westfälische Zentrumsführung reagierte auf diesen Angriff, indem sie sich
mit dem politischen Inhalt des Galen-Briefes auseinandersetzte. In einem Flugblatt[75]
bedauerte sie, daß der „verewigte Kardinal" von Galen, der sich stets um Neutralität bemüht habe, in den Wahlkampf hineingezogen worden sei. Dem Vorwurf, das

72 Graf Galen − Zentrum (Eine Erklärung der Leitung der Zentrumspartei), BAK, NB 5.
73 (Abschrift), HSTAD, RWN 48−43. Daraus wird im folgenden zitiert.
74 Ebd.
75 „Franz Graf von Galen", BAK, NB 5.

Zentrum sei keine christliche Partei mehr, hielt sie die Erklärung entgegen, die auf dem rheinischen Delegiertentag am 1./2. Juni 1946 einstimmig abgegeben worden war. Der Sozialismus-Verdacht treffe nicht das Zentrum, wohl aber die CDU; so sei ein entsprechender Beschluß auf dem Godesberger Reichstreffen im Dezember 1945 bis jetzt noch nicht revidiert worden. Franz Graf von Galen wurde als ,,Sachwalter des Großgrundbesitzes"[76] bezeichnet. Er schiebe religiöse Motive nur vor; im Grunde gebe er aber ,,unbewußt den wirtschaftlichen Interessen des Großgrundbesitzes gegenüber den Interessen des gesunden westfälischen Bauerntums den Vorzug" und erteile aus seiner ,,monarchistischen Haltung heraus den demokratischen Ideen eine Absage". Franz von Galen bestätigte tatsächlich nur die schlimmsten Befürchtungen der Zentrumsführung nach 1945 über die Rechtslastigkeit der CDU.

Es erschienen noch weitere Flugblätter der Zentrumspartei, die sich mit von Galens Plädoyer für die CDU befaßten. Für das Zentrum wurde es immer wichtiger, eine klare Position in der Frage der Bodenreform[77] zu beziehen, da die CDU ihrer Konkurrenzpartei unterstellte, sie wolle den bäuerlichen Klein- und Mittelbesitz antasten. Nach dem Plan des Zentrums sollten aber ,,in erster Linie die Besitzungen von Kriegsverbrechern und Volksverführern aus der Nazizeit und die Besitzungen solcher Personen herangezogen werden, die von Hitler und seiner Regierung als ihre getreuen Anhänger mit Gütern beschenkt wurden"[78]. Ferner sollten militärisches Gelände, Ländereien der öffentlichen Hände und Teile des Großgrundbesitzes neu verteilt werden. Das Zentrum lehnte den von Bornefeld-Ettmann (CDU) vorgelegten Vorschlag ab, nach dem alle bäuerlichen Betriebe über hundert Morgen − prozentual gestaffelt − Land abgeben sollten, weil eine solche Lösung den Großgrundbesitz weitgehend schone, die große Anzahl der Klein- und Mittelbauern hingegen stark belaste[79]. Graf Galen setzte hingegen die Zentrumsforderung, die Lati-

76 Der westfälische Adel verfügte nach Angaben der Zentrumsführung über Areale zwischen 5000 und 50 000 Morgen (vgl. Flugblatt, Anm. 75). Von Zentrumsseite wurde auch darauf hingewiesen, wie es zu dieser Akkumulation des Grundbesitzes gekommen war: Rechtmäßige Besitzer waren von bewaffneten Feudalherren vertrieben worden (ihren Grundbesitz hatten sich dann Mächtigere als ,,herrenloses Gut" angeeignet), durch ,,Ungerechtigkeiten bei der Markenteilung" zugunsten des Großbesitzes und durch überproportionale Entschädigung für die Enteignung linksrheinischer Bodenflächen nach dem Reichsdeputationshauptschluß von 1803. Vgl. hierzu eine Zuschrift zum Flugblatt des Grafen von Galen: ,,Aus bäuerlichen Kreisen", BAK, NB 3.
77 Zur Diskussion der Bodenreform-Gesetzgebung in der britischen Besatzungszone vgl. *Der Tagesspiegel* v. 20.9.1946: Ein vom Zonenbeirat für die britische Zone eingesetzter ,,Sonderausschuß zur Begutachtung der mit der Agrarreform zusammenhängenden Fragen" bereitete einen Gesetzentwurf vor. Die Vertreter aller beteiligten Parteien waren sich darüber einig, daß das Hauptziel der Agrarreform die Steigerung der landwirtschaftlichen Produktion und der verstärkte Personaleinsatz sein müsse. Differenzen hatten die Parteienvertreter in der Frage der Modalitäten der Entschädigung sowie der zur Landabgabe heranzuziehenden Betriebsgrößenklassen. Zur Bodenreform in der britischen Zone vgl. ferner Günter J. Trittel, *Die Bodenreform in der britischen Zone 1945−1949 (Schriftenreihe der Vierteljahreshefte für Zeitgeschichte*, Bd. 31), Stuttgart 1975.
78 ,,Galen-Flugblatt", BAK, NB 5.
79 Vgl. ebd. − Mitte 1946 bezog das Zentrum zur Bodenreform eine positive, wenn auch sehr allgemeine Position. Im landwirtschaftlichen Ausschuß der Partei einigte man sich auf einer Tagung am 21./22. Juni 1946 in Mecklenbeck, an der auch niedersächsische Zentrumsvertreter teilnahmen, darauf, daß ,,unter keinen Umständen landwirtschaftlicher Besitz zugun-

fundien aufzuteilen (vgl. „Arbeitsziele" vom 14. Oktober 1945)[80], in seiner Rede am 4. Oktober 1946 in Merfeld mit der Bodenreformpraxis in der Ostzone gleich. Eine solche Enteignung gefährde – wie schon im Hirtenwort der westdeutschen Bischöfe vom 23. März 1946 formuliert – die christliche Eigentumsordnung und verstoße gegen Recht und Gesetz[81]. Nach christlicher Auffassung sei die ungleiche Verteilung der Erdengüter naturgemäß und gottgewollt; eine Veränderung, die privates Eigentum antaste, dürfe nur im Interesse des Gemeinwohls und erst dann erfolgen, wenn keine anderen Mittel verfügbar seien. Westfälische Adlige aus seinem Bekanntenkreis seien aber aus praktischer christlicher Gesinnung heraus bereit, freiwillig Bauplätze, Kleingartenparzellen und Bauernhöfe an Kriegsgeschädigte zu verkaufen.

Graf Galen breitete in dieser Rede aufs neue die Argumente aus, mit denen er bereits im September seinen Beitritt zur CDU erklärt hatte: Das neue Zentrum habe mit dem alten nicht mehr gemein als das alte Firmenschild; die neue Führung benutze den vertrauten Namen nur, um ein treues Wählerpotential in betrügerischer Absicht hinter sich zu bringen. Wenn Windthorst jetzt als Vorkämpfer für die primär politische Aufgabe der DZP dargestellt werde, so verwies von Galen diese Interpretation des Septennatsstreits ins Reich der Legende. Das alte Zentrum sei – das wisse er von seinem Vater, einem Freund Windthorsts – auch bei der Beurteilung politischer Fragen stets von katholischen Glaubensgrundsätzen ausgegangen. Die Prinzipien der Gerechtigkeit und der sozialen Liebe dürften aber nicht zum Christlichen Sozialismus führen, denn Christentum und Marxismus unterschieden sich grundsätzlich voneinander, nicht graduell. Im alten Zentrum sei diese Meinung unumstritten gewesen; sie werde sich auch in der CDU durchsetzen. Hingegen arbeite das neue Zentrum in die Hände der Sozialisten. Graf Galen bekannte außerdem, daß er die Monarchie für die beste Staatsform hielt. Dafür spreche „die 1000-jährige ruhmreiche Geschichte des deutschen Kaiserreichs bis 1806". Als Monarchist lehne er „die Entstellung der monarchischen Idee in der unchristlichen Staatsvergottung und der undeutschen Staats-Allmacht des Preußentums ab". Der preußische Geist – „schlagt ihn tot", rief Galen aus – sei „der Totengräber des deutschen Reiches und der Wegbereiter des Nationalsozialismus" gewesen. Im Unterschied zum neuen Zentrum wolle die CDU eine „christliche Demokratie" verwirk-

---

Fortsetzung Fußnote 79
sten der Flüchtlinge angetastet werden dürfe, wohl aber Großgrundbesitz, Besitz von Kommunen, Kirchen, Aktiengesellschaften usw." (Im Bizonen-Rat legten sich die Zentrumsvertreter 1947 auf einen Grenzwert von 600 Morgen bzw. 200 000 RM Einheitswert fest; an diesem Richtsatz orientierten sich dann auch die Parteigremien.)

80 Vgl. Punkt 8 der „Arbeitsziele" aus dem in Soest am 14.10.1945 verabschiedeten Zentrumsprogramm. Dort heißt es: „Die Schaffung gesunder bäuerlicher Klein- und Mittelbetriebe wird gefördert, weil ein starkes Bauerntum die Kraftquelle jeder Nation ist; Neuschaffung selbständiger bäuerlicher Existenzen für Landarbeiter, Kleinbauern und Ostflüchtlinge durch Aufteilung der Latifundien." (BAK, NB 2.)

81 Franz Graf von Galen, Rede in Merfeld am 4.10.1946 (Manuskript), HSTAD, RWN 48–43. – Von Galen bezog sich außerdem auf Pius XII., der in seiner Ansprache an die katholischen Arbeitervereine Italiens am 11.3.1945 eine entschädigungslose Enteignung verurteilt hatte.

lichen, was für den Grafen identisch war „mit der urdeutschen genossenschaftlichen Auffassung einer reich gegliederten berufsständischen Ordnung". Demokratie bedeute für ihn nicht etwa die Souveränität des Volkswillens, sondern die Delegation einer Regierung, die ihre Autorität allein von Gott erhalte. Graf Galen schloß seine Rede mit dem Wunsch, daß der Parteienhader aufhören möge, die Anhänger von CDU und Zentrum seien sich ohnehin in den wichtigsten Fragen einig, nämlich Ordnung und Freiheit wiederherzustellen sowie die materielle Not zu beheben. Schon Bischof Ketteler habe gesagt, eine katholische Partei sei nur vorübergehend notwendig, denn alle Christen müßten sich in einer Partei zusammenschließen. Und Pius XII. habe in seinem Aufruf zu den französischen Wahlen am 1. Juni 1946 darauf hingewiesen, daß die Völker Italiens und Frankreichs nun „zwischen christlicher Kultur und gottlosem Materialismus" zu wählen hätten; dies sei auch das Stichwort für Deutschland[82].

7.6 Das Zentrum in der Paralyse – Ein Resümee zur Situation der Zentrumsführung 1946/47

Die genannten Beispiele für die CDU-Offensive gegen das Zentrum – das in großer Zahl verbreitete Papier von Dechant Schreiber beim Klerus, die Auftritte Maria Sevenichs in Westfalen und die unverhüllte Agitation des Grafen Galen vor den Kommunalwahlen 1946 – waren Varianten der neuen CDU-Strategie, die nur die Sezession der konservativen Zentrumsanhänger zum Ziel haben konnte. Nachdem sich die DZP – allen Bemühungen zum Trotz, die Wiedergründung zu verhindern – nun doch neu konstituiert hatte und, das sollten die Herbstwahlen 1946 zeigen, in der britischen Zone auch bei schlechten Ausgangsbedingungen immerhin noch eine halbe Million Stimmen hinter sich brachte[83], genügte der Traditionalismus-Vorwurf als propagandistisches Kampfmittel allein nicht mehr. Gelang es der CDU in den Wahlversammlungen des Jahres 1946 hingegen, die Spiecker-Gruppe als Wegbereiter des Sozialismus zu stilisieren, sie zum Kern der Parteiführung zu erklären

---

82 Vgl. ebd. – Zu Ketteler vgl. oben S. 64 f.
83 Bei den ersten Kommunalwahlen in der britischen Zone wurden am 15.9.1946 in den kleinen Städten und Landgemeinden die Vertreterversammlungen gewählt. Bei dieser Wahl trat das Zentrum noch nicht in allen Wahlkreisen an. Für die Zentrumspartei wurden am 15.9. 1946 in der britischen Zone 584 753 Stimmen abgegeben (= 1706 Sitze). Zum Vergleich: Die CDU erhielt 6 637 664 Stimmen und 19 129 Sitze. (In der britischen Zone waren 6 700 000 Personen wahlberechtigt; die Wahlbeteiligung betrug 75 %; endgültiges Wahlergebnis, abgedr. in: *Der Tagesspiegel* v. 19.9.1946.) Am 13.10.1946 fanden die Wahlen zu den Vertretungen der Stadt- und Landkreise in der britischen Zone statt. Hier erhielt das Zentrum in der britischen Zone 1 138 179 Stimmen und 211 Sitze, die CDU dagegen 11 029 953 Stimmen und 3518 Sitze. (Vgl. *Der Tagesspiegel* v. 15., 18. u. 20.10.1946; das Zentrum verlangte so bald wie möglich Neuwahlen.) Die absoluten Zahlen für die Stimmergebnisse des Jahres 1946 sind mit den Ergebnissen der kommenden Wahlen nicht vergleichbar, da 1946 jeder Wähler bis zu drei Stimmen, später aber nur eine Stimme abgeben konnte. (Quelle: *Statistische Kurzberichte Nordrhein-Westfalen*, hrsg. v. Statistischen Landesamt Düsseldorf, Jg. 1948, 22.10.1948, Nr. 5, S. 2.)

und damit das Image der Zentrumspartei nach links zu rücken, so war damit zu rechnen, daß die konservativen und auf ihre Traditionspartei fixierten Zentrumsanhänger resignieren und ihre Vorbehalte gegen die CDU womöglich aufgeben würden.

Das Kalkül der CDU ging nur teilweise auf. Viele Zentrumstraditionalisten zogen sich nun aber von der Parteiarbeit zurück. Die Essener Gruppierung geriet dadurch in eine zunehmend schwierigere Situation: Trieb sie die innerparteiliche Auseinandersetzung um den Parteicharakter und um die Entwicklung einer republikanisch-demokratischen, sozialfortschrittlichen Politik weiter voran, so mußte sie befürchten, daß die mehrheitlich konservative Basis dem Werben der CDU nachgab und abwanderte. Vermied sie aber die innerparteiliche Konfrontation und hielt dennoch weiter an ihren Zielvorstellungen fest, so blieb ihr nur die Möglichkeit, Schlüsselpositionen im Parteiapparat zu besetzen und als elitäre Kadergruppe zu agieren. Offensichtlich hielt sie es zunächst für besser, den parteiinternen Konflikt zu kalmieren; auch in der Auseinandersetzung mit der CDU und dem Klerus hielt sie sich zurück[84]. Sie vertraute offenbar darauf, daß sich ihre Konzeption für das Nachkriegszentrum, die in der überregionalen Presse ein durchaus positives Echo fand[85], langfristig durchsetzen würde.

Daß die Essener den offenen Konflikt scheuten, lag freilich nicht allein an der destabilisierten Lage des Nachkriegszentrums, sondern war sicherlich auch darauf zurückzuführen, daß mit Spiecker und seinen Anhängern keine politisch konsistente Gruppierung auftrat. Selbst die Führungsgruppe der Essener Richtung war nur wenig homogen. Spiecker, der aktivste und erfahrenste Politiker der Gruppe, begriff seine Aktivitäten als Fortsetzung der linksrepublikanischen Zentrumspolitik, wie er sie bereits in den zwanziger Jahren verfolgt hatte; damals wie jetzt wandte er sich gegen jede Kooperation mit den Deutschnationalen und Nationalliberalen, und das verband ihn mit seinem früheren Kollegen Heinrich Steffensmeier. Eine andere Biographie hatte dagegen der Schriftsteller Richard Muckermann, den Hamacher im Rheinbahnhaus in Düsseldorf am 20. August 1945 noch als Anhänger seiner, also der weltanschaulich-traditionellen Zentrumslinie angesehen hatte. Muckermanns Hauptinteresse vor 1945 war es gewesen, einen katholischen Medienkonzern aufzubauen und damit den katholisch-kirchlichen Einfluß auf die gesellschaftliche Moral

---

84 Ein Beispiel für diese Zurückhaltung: In Rheydt trat der örtliche CDU-Vorsitzende Pech gegen Spiecker auf und wies auf dessen Konflikt mit dem früheren Berliner Pfarrer und inzwischen verstorbenen Kardinal von Galen hin. Spiecker erklärte daraufhin, er habe in Berlin anläßlich der Auseinandersetzungen um die Zentrumszeitung *Germania* mit von Papen um den Besitz der Mehrheitsaktien gekämpft. Da Graf Galen Herrn von Papen unterstützt habe, sei er auch mit ihm in Konflikt geraten. Diese zurückliegenden Ereignisse jetzt hervorzuholen, bezeichnete Spiecker als „eine politische Niedertracht". Als die CDU daraufhin in Flugblättern verbreitete, Spiecker habe den toten Kardinal als Reaktionär bezeichnet und mit von Papen auf eine Stufe gestellt, protestierte Spiecker lediglich gegen die Verfälschung seiner Worte und verzichtete darauf, die politische Stoßrichtung noch einmal deutlich zu machen (BAK, NB 6).

85 So vor allem in der liberal-konservativen Berliner Tageszeitung *Der Tagesspiegel* und in der *Frankfurter Neuen Presse*. Spieckers Kontaktmann zur Berliner Presse soll Prof. Kleinschmidt gewesen sein.

zu stützen[86]. Die Artikel Richard Muckermanns in der Rhein-Ruhr-Zeitung und seine Meinungsäußerungen in den Führungsgremien des Nachkriegszentrums verströmten 1946 häufig einen recht diffusen Idealismus und eine emphatische Siegesgewißheit, was — gemessen an der gesamtpolitischen Lage der Partei — heute merkwürdig inadäquat erscheint. Der Paderborner Fabrikant Ferdinand Haake dagegen scheint ein pragmatisch denkender Anhänger Spieckers gewesen zu sein, der in der Paderborner Zentrumsgruppe ziemlich isoliert war. Ihm ging es vor allem um das politische und organisatorische Überleben der Partei[87].

Gegenüber der Essener Gruppe und ihren Anhängern, die auch Teile der Zentrumsjugend mit einschloß[88], wirkte das Gros der Parteimitglieder — ihr Sprecher war bis zu seiner Erkrankung Dr. Hamacher — in seiner Milieuverhaftung, mit seinem statischen Geschichtsbild und dem unerschütterlichen Glauben an den unverlierbaren Gehalt überkommener Wertvorstellungen und Prinzipien relativ geschlossen. Die geringe Innovationsfreudigkeit dieser Gruppe, ihre Unfähigkeit, die sozio- und konfessionspolitischen Veränderungen im Nachkriegsdeutschland wahrzunehmen und darauf zu reagieren, sind bereits im Zusammenhang mit dem Prozeß der Wiedergründung der Partei beschrieben worden[89]. Je mehr aber die Anhänger der weltanschaulichen Richtung, verunsichert durch die Ablehnung seitens der meisten Kleriker und der CDU, in die Defensive gingen, desto stärker bestimmten die Neuerer um Spiecker den Kurs des Nachkriegszentrums. Die Zentrumspartei verkörperte nach der Essener Definition seit Anfang 1947 explizit den linken Weimarer Zentrumsflügel[90]. So beförderte die CDU-Strategie geradezu das, was sie angeprangert hatte: Linkstendenzen im Nachkriegszentrum.

86 Vgl. Kap. 6, Anm. 55. — Damals hatte Muckermann jede interkonfessionelle Zusammenarbeit entschieden abgelehnt.

87 Vgl. Protokolle der Vorstandssitzungen der DZP 1946—1948, DZPAM.

88 So schrieb z. B. der Vorsitzende des Windthorstbundes, Heinz Körner, im Dezember 1948 an Hamacher: Spiecker bleibe nicht in der Geschichte, im Vergangenen hängen, sondern eröffne der Zentrumsjugend „einfache, faßbare und weitsichtige Perspektiven". Spiecker sei der Kopf, Hamacher Herz und Gewissen, Brockmann und Wessel seien Arme und Hände des Zentrumsparteikörpers (HSTAD, RWN 48—8). — Auf dem 3. Parteitag der DZP am 24./25.1.1948 in Recklinghausen stellte sich der Windthorstbund hinter Spiecker und beantragte, daß erneut und entschieden der politische Charakter der Zentrumspartei bekräftigt werde. Sprecher der Zentrumsjugend war hier neben Körner Bernhard Förster. (Bericht über den Parteitag der Deutschen Zentrums-Partei in Recklinghausen am 24./25. Januar 1948, HSTAD, RWN 125—60.)

89 Vgl. oben Kap. 5. — Diese Denkweise zeigte sich beispielsweise auch in einem Referat Dr. Hamachers, „Das Zentrum und die Neuordnung Deutschlands", das er vor der DZP-Kreisgruppe Wuppertal zu Beginn des Jahres 1948 hielt. Um die Aufgaben des Jahres 1948 zu erläutern, schweifte Hamacher 100 Jahre zurück. 1848 war für ihn das Todesjahr von Joseph von Görres, das Jahr, in dem die Verfassunggebende Versammlung in der Paulskirche getagt hatte und in dem der Grundstein des Kölner Domes gelegt worden sei. Die Gedanken von Albertus Magnus und Thomas von Aquin waren Fixpunkte in Hamachers Weltbild. (Kopie des *RRZ*-Artikels, HSTAD, RWN 48—24, o. D.)

90 So z. B. Spiecker bei einer Zusammenkunft von Zentrumsvertretern mit Geistlichen in Oberhausen am 13. Januar 1947. Dort kam es zu einer heftigen Auseinandersetzung mit Dr. Otto Martin, Zentrumsmitglied in Oberhausen, der sich für eine katholische Volkspartei einsetzte. Spiecker sah dagegen im Nachkriegszentrum eine politische Partei, die die Politik des linken Flügels der Weimarer Zentrumspartei fortsetze: „In der CDU sitzen die besitzverteidigenden

Da die Neuorientierung des Zentrums aber nicht auf einer innerparteilichen Konsensbildung aufbaute und beide Richtungen einander nur vorübergehend tolerierten, war die Partei gelähmt. Während entschiedene Verfechter der weltanschaulichen Richtung immer wieder Spieckers Ausschluß aus der Partei forderten, bezeichneten die Essener Hamachers Anhänger als „separatistische Kapseln"[91]. Die beiden Führungszentren konnten in derselben Partei schließlich nur deshalb zugleich agieren, weil sie sich auf unterschiedliche Politikfelder konzentrierten. Das zeigte sich auf dem Werler Parteitag am 16./17. November 1946. Hier befaßten sich die Anhänger der weltanschaulichen Richtung vor allem mit den kulturpolitischen Positionen als dem zentralen Punkt des in Werl verabschiedeten Parteiprogramms der DZP[92]. Sie drangen darauf, daß sich die Zentrumspartei, auch wenn sie nicht integral-katholisch, sondern überkonfessionell sein wolle, zum Fürsprecher für Elternrecht und Konfessionsschule machen müsse und kritisierten die CDU, weil sie „Simultanisierungstendenzen" in den Bereichen Schule und Familie zulasse. Spiecker führte in der Diskussion dagegen nochmals aus, daß sich eine interkonfessionelle Partei, eben weil sie die unterschiedliche Religion ihrer Anhänger respektiere, nicht auf eine Weltanschauung festlegen dürfe, sondern auf einen „politischen Generalnenner" verständigen müsse; selbst in einem „katholischen Glaubensstaat" seien aufgrund divergierender Interessen verschiedene Parteien notwendig. Der Generalnenner im Zentrum sei die soziale Gesinnung, der Sinn für Gerechtigkeit und der Wunsch, „das deutsche Volk in einer Volksgemeinschaft zu einen"[93]. Er befürwortete zwar die Konfessionsschule, wandte sich aber gegen jene, die die Eltern gar nicht mehr befragen wollten, sondern — wie der Delegierte Dr. Franz Wagner aus Gelsenkirchen — die bekenntnismäßige Volksschule schlicht zur Regelschule erklärten, weil sie darin bereits die Verwirklichung des naturrechtlich begründeten Elternwillens erblickten.

Die Essener Gruppe formulierte den wirtschafts- und sozialpolitischen Teil des Programms und setzte ihn gegen einen nur zaghaften Widerstand zügig durch. Man habe nun „das Rüstzeug", mit dem man „den Marxismus und die falschen Anschauungen im Wirtschaftsprogramm der CDU überwinden" werde; hätte man diese

Fortsetzung Fußnote 90
    Kräfte. Mit denen wollen wir nichts zu tun haben. Es sind die, die die Republik bekämpft haben." (Abschrift einer Niederschrift über diese Sitzung, Nachlaß Helene Weber, IfZ, ED 160.)

91 Hamacher beschrieb die Vertrauenskrise zwischen den Essenern und ihm in seinem Rückblick „Zur Geschichte der Wiederbegründung des Zentrums", HSTAD, RWN 48—7. Zu den Spannungen trug vor allem bei, daß die *RRZ* Hamachers Leitartikel entweder gar nicht oder nur unvollständig abdruckte und daß auf dem 3. Parteitag in Recklinghausen eine kaum verhüllte Kritik an Hamacher anklang. Hamacher forderte mehr Föderalismus in der Partei und wollte u.a. in seiner rheinischen Heimat ein besonderes Mitteilungsblatt herausbringen. Der Konflikt wurde nicht offengelegt, um das Ansehen der Partei zu schonen.

92 *Das Kultur-, Wirtschafts- und Sozialprogramm der Deutschen Zentrumspartei,* beschlossen auf dem Parteitag in Werl am 16. und 17.11.1946, Neudruck, hrsg. v. Windthorstbund in der Deutschen Zentrumspartei, o. O., 1953.

93 Bericht über den Parteitag der Deutschen Zentrumspartei in Werl am 16. und 17.11.1946, HSTAD, RWN 125—28.

Richtlinien schon vor 15 Jahren gehabt, so wäre Hitler nicht an die Macht gekommen, behauptete der Delegierte Haake. Zur weiteren Bearbeitung solle man den Programmentwurf dem Vorstand und dem Direktorium übergeben[94]. Manche Beobachter auf dem Parteitag gewannen den Eindruck, daß die Essener Gruppe eine längere Diskussion vermeiden wollte und deshalb darauf drängte, den Programmteil *en bloc* zu verabschieden. Fragen dazu, wie beispielsweise die Bodenreform durchzuführen sei und welche Betriebsgrößen einbezogen werden sollten, wurden mit dem Hinweis beschieden, hier solle nur ein Rahmenprogramm aufgestellt werden[95].

In Werl wurde der erkrankte Hamacher in Abwesenheit als erster Parteivorsitzender wiedergewählt; mit der Geschäftsführung beauftragten die Delegierten Johannes Brockmann. Stellvertretender Vorsitzender wurde Carl Spiecker. Brockmann repräsentierte eine zentristische Position[96], die sich zwischen die Traditionalisten um Hamacher und die Neuerer um Spiecker schob. Diese dritte Kraft, zu der damals auch Helene Wessel, Fritz Stricker und Bernhard Reismann zählten, trug mit dazu bei, daß es im Kampf zwischen den beiden Linien nicht bereits 1946/47 zum Bruch der Partei kam. Die alte Zentrumsgewohnheit, nach der Konflikte nicht ausgetragen, sondern mit Rücksicht auf die Außendarstellung der Partei verleugnet wurden, stellte sich wieder ein.

---

94 Vgl. ebd.
95 Ungezeichneter, nicht datierter Bericht über den Werler Parteitag, verfaßt von einem Gast des Parteitages, der sich darüber beklagte, daß Gästen die Teilnahme an der Diskussion verwehrt worden sei (HSTAD, RWN 48–8).
96 Brockmann pflegte zwar einerseits gute Beziehungen zu einzelnen katholischen Geistlichen; andererseits hatte er realisiert, daß das Zentrum gegen den Wunsch des Klerus keine katholische Interessenpartei sein konnte, sondern seine Existenz politisch begründen mußte. Brockmann umriß sein Programm für das Zentrum, nachdem er ein Jahr später auf dem Parteitag in Recklinghausen am 25.1.1948 zum ersten Vorsitzenden gewählt worden war, mit nur zwei Worten: „das Zentrum Windthorsts". (Vgl. Protokoll des 3. Parteitages der DZP in Recklinghausen, 24./25.1.1948, HSTAD, RWN 125–60.)

Kapitel 8: Fusion mit der CDU?

Ziel der Verhandlungen, die die CDU-Führung der britischen Zone mit der Zentrumspartei geführt hatte, war gewesen, das wiedergegründete Zentrum durch gezielte Presseveröffentlichungen zu desavouieren und seine Konsolidierung zu behindern[1]. Im Frühjahr 1947 war in der nordrhein-westfälischen CDU nun eine Interessenkonstellation entstanden, die den Verhandlungen mit dem Zentrum eine andere Stoßrichtung gab. Hatte Adenauer, unterstützt von Teilen des Klerus, zunächst versucht, die Traditionalisten um Hamacher zur CDU hinüberzuziehen, so intensivierte jetzt Karl Arnold seine Kontakte zu Zentrumspolitikern: Er wollte durch eine Fusion mit der Essener Richtung den linken CDU-Flügel verstärken.

Wie mißtrauisch Adenauer die Verbindungen der CDU-Linken zum Kreis um Spiecker beobachtete, zeigte der „Fall Klöcker"[2]. Alois Klöcker hatte als Mitglied der Berliner CDUD, versehen mit einem Empfehlungsschreiben Jakob Kaisers, im Winter 1946/47 eine Rundreise durch die Westzonen unternommen und dabei u. a. auch Gespräche mit dem ihm persönlich bekannten Spiecker geführt. Adenauer brachte die Reise Klöckers auf der Königsteiner Tagung der Unionsparteien in Bad Godesberg am 5./6. Februar 1947 in Zusammenhang mit den Aktivitäten der Berliner CDU im Westen, so zur Einrichtung eines Büros in Bad Godesberg durch Andreas Hermes und zur Finanzierung einzelner CDU-Politiker (z. B. Johannes Albers). Indem Adenauer diesen Verdacht aussprach, wies er von vornherein jeden Anspruch der Berliner Union auf die „Reichsgeschäftsstelle" zurück und blockte die Aspirationen Jakob Kaisers ab, der die Leitung des außenpolitischen Ausschusses der CDU/CSU-Arbeitsgemeinschaft übernehmen wollte. Indirekt unterstellte Adenauer Kaiser Sympathien für Spieckers Plan einer „Union der Mitte", die auf eine Verschmelzung des linken CDU-Flügels mit Teilen des Zentrums hinauslaufen sollte[3].

War der von Adenauer hergestellte Zusammenhang größtenteils auch nur konstruiert, um seinen Rivalen Kaiser auszuschalten, so enthielten seine Befürchtungen, Kaiser und Spiecker könnten sich einander annähern, durchaus einen objektiven Kern. Denn ebenso wie Jakob Kaiser warnte auch Carl Spiecker vor einer Blockbil-

---

1 Vgl. oben Kap. 7.
2 Vgl. Werner Conze, *Jakob Kaiser. Politiker zwischen West und Ost 1945–1949*, Stuttgart 1969, S. 129 f.
3 Vgl. zur Diskussion im Zonenausschuß am 17./18.12.1946: *Konrad Adenauer und die CDU der britischen Besatzungszone 1946–1949. Dokumente zur Gründungsgeschichte der CDU Deutschlands*, hrsg. v. d. Konrad-Adenauer-Stiftung, eingel. u. bearb. v. Helmuth Pütz, Bonn 1975, S. 236 f., 251 f.; Klaus Dreher, *Der Weg zum Kanzler. Adenauers Griff nach der Macht*, Düsseldorf/Wien 1972, S. 207 ff.

dung in Europa; die Erhaltung der Reichseinheit und die Eingliederung Deutschlands in eine europäische Gemeinschaft könnten nicht gegen die Interessen Rußlands verwirklicht werden[4]. Kaiser wie Spiecker strebten eine soziale Neuordnung im Nachkriegsdeutschland an, die den Vorstellungen Adenauers zuwiderlief. Jakob Kaiser hatte 1946 den Christlichen Sozialismus in der Berliner CDU zur offiziellen Parteilinie gemacht und fand auch in der britischen Zone im Arbeiterflügel der CDU eine Reihe von Anhängern. Auch Spiecker bejahte noch Mitte 1946 einen Sozialismus, der den Geboten des Naturrechts entspringe. Er lehnte es aber ab, „diesen naturechten, naturgerechten Sozialismus nach dem Vorbild der CDU christlich zu nennen", weil er natürlichen Erkenntnissen entstamme:

„Sozialismus, den wir wollen, ist ein System, eine Wirtschaftsordnung, die der menschlichen Vernunft, den Forderungen des natürlichen Rechtes und der natürlichen Sittlichkeit entspricht, und darum alle Menschen angeht, Christen sowohl wie Heiden, von allen Menschen als richtig und bindend betrachtet werden muß und darum auch keine auch nur scheinbare Einschränkung in ihrem Geltungsbereich erfahren soll. Wir beanspruchen für den von uns vertretenen Sozialismus nicht nur keine Exklusivität, sondern machen deutlich, daß er Gemeingut aller ist."[5]

Als praktische Konsequenz der bisherigen parlamentarischen Zusammenarbeit im (ernannten) Landtag von Nordrhein-Westfalen schlug Arnold in einem vertraulichen Gespräch mit Fritz Stricker am 5. Februar 1947 eine Fraktionsgemeinschaft von CDU und Zentrum oder deren Fusion unter dem Namen CDU vor. Stricker wies jedoch beide Vorschläge mit dem Argument zurück, die Zeit für einen Zusammenschluß sei erst dann reif, „wenn die CDU ihren Rechtsüberhang abgestoßen habe"[6]. In seiner für Brockmann bestimmten Niederschrift über dieses Gespräch hieß es weiter, es sei ihm

„eine untragbare Vorstellung, daß das Zentrum in einer Fraktionsgemeinschaft sein solle mit Leuten wie Dr. Lehr, der sich 1932 durch Gauleiter Florian habe Hitler vorstellen lassen, oder Dr. Stier, der 1936 eine Schrift mit einer Verherrlichung des Nationalsozialismus herausgebracht habe."[7]

Arnold hielt die tiefe Angst der Zentrumsführung, in einer fusionierten christlichen Sammlungspartei würden erneut die Rechtskräfte dominieren, für unbegründet, denn seiner Meinung nach hatten die ehemaligen Deutschnationalen und Rechtskonservativen dazugelernt; sie seien zwar verfassungspolitisch noch immer reaktionär, sozialpolitisch jedoch inzwischen durchaus fortschrittlich eingestellt. Leute wie

---

4 Zu Kaisers Konzeption vgl. Conze, *Kaiser* (Anm. 2), S. 122 f.; Hans-Peter Schwarz, *Vom Reich zur Bundesrepublik. Deutschland im Widerstreit der außenpolitischen Konzeptionen in den Jahren der Besatzungsherrschaft 1945–1949* (Politica Bd. 38), Neuwied/Berlin 1966, S. 297 ff.; zu Spiecker vgl. oben Kap. 7.3.
5 Rede Spieckers auf der Schlußkundgebung der Delegiertentagung der rheinischen Zentrumspartei in Düsseldorf am 2. Juni 1946, HSTAD, RWN 125–60.
6 Fritz Stricker, „Niederschrift über die Verhandlungen mit Herrn Minister Arnold auf meinem Büro am 5. Februar 1947, 18 Uhr", BAK, NB 12.
7 Ebd. – Stricker ging nicht darauf ein, daß Oberbürgermeister Lehr bereits am 12.4.1933 unter dem Vorwand der Korruption von den Nationalsozialisten verhaftet worden war. Ein Verfahren gegen ihn wurde erst im Mai 1935 eingestellt und seine Rehabilitation verweigert.

Lehr hätten in der heutigen CDU keinen großen Einfluß mehr; deshalb habe man Lehr auch für den Posten des Landtagspräsidenten nominiert, der „absolut bedeutungslos" sei[8]. Arnolds Auffassung offenbarte freilich eher sein Wunschdenken und basierte weniger auf einer realistischen Einschätzung der sich herausbildenden Kräfteverhältnisse in der Union.

Arnold glaubte, daß „die evangelischen Kreise aus der CDU nach und nach verschwänden"; auf Dauer würden nur die − zahlenmäßig schwachen − „Bekenntnischristen" in der Partei bleiben. Mit anderen Worten: Da es sich bei der CDU, langfristig gesehen, doch nur um eine neue Form des alten Zentrums handele, spreche eigentlich nichts gegen eine Vereinigung. Einen Fusionsvorschlag, der darauf hinauslief, das Nachkriegszentrum einfach aufzulösen und seine Mitglieder und Wähler der CDU zuzuführen, lehnte Stricker allerdings kategorisch ab. Selbst wenn die Voraussetzungen für eine Vereinigung gegeben wären, wenn sich nämlich der rechte Flügel der CDU − wie Arnold hoffte − einer Konservativen Volkspartei anschließen würde, so käme nur ein „echter Zusammenschluß", nicht aber die Aufgabe des Zentrums in Frage[9].

8.1 CDU und Zentrum in der Sozialisierungsdebatte im Landtag von Nordrhein-Westfalen 1947/48

Am 20. April 1947 fanden in der britischen Zone die ersten Landtagswahlen statt. Der Wahlkampf fiel in eine Zeit, in der die Versorgungskrise ihren Höhepunkt erreicht hatte. In fast allen größeren Städten Nordrhein-Westfalens kam es zu spontanen Proteststreiks und Hungerdemonstrationen, an denen sich Tausende von Bergarbeitern beteiligten. Sie forderten die Sozialisierung der Grundstoffindustrien und die Säuberung der bizonalen Ernährungsämter und Wirtschaftsverwaltungen. Diese Stimmung kalkulierte auch die CDU ein[10] Gestützt auf den Wortlaut des Ahlener

8 Ebd. − Dr. Robert Lehr (vor 1933 DNVP) galt im Zentrum wie in der KPD als Repräsentant der sozialen und politischen Reaktion. Vgl. Walter Först, *Geschichte Nordrhein-Westfalens*, Bd. 1: *1945−1949*, Köln/Berlin 1970, S. 215 f.; Detlev Hüwel, *Karl Arnold. Eine politische Biographie (Düsseldorfer Schriften zur Neueren Landesgeschichte und zur Geschichte Nordrhein-Westfalens*, Bd. 1), Wuppertal 1980, S. 53; Dreher, *Weg* (Anm. 3), S. 189; Peter Hüttenberger, *Nordrhein-Westfalen und die Entstehung seiner parlamentarischen Demokratie (Veröffentlichungen der staatlichen Archive des Landes Nordrhein-Westfalens*, Reihe C, Bd. 1), Siegburg 1973, S. 73.

9 Ebd.

10 Vor den Landtagswahlen 1947 war Adenauer bestrebt, den Eindruck zu verwischen, daß es in der Union einen rechten und einen linken Flügel gebe. Das Ahlener Programm sei, so sagte er im Zonenausschuß am 13.3.1947, ein Beweis dafür, „daß wir nicht reaktionär sind, sondern daß wir wirklich den sehr ernsthaften Versuch machen, das ganze deutsche Wirtschaft auf eine andere soziale Grundlage zu stellen, als sie bisher gestanden hat". Und Franz Etzel, der 1948/49 an der Ausarbeitung der „Düsseldorfer Leitsätze" beteiligt war, sorgte sich, die CDU könne „in den Köpfen der Arbeiter... hingestellt werden als diejenigen, die gegen die Sozialisierung sind und als die Besitzbürger, als Reaktionäre bezeichnet werden, während die anderen Linksparteien in großem Stil das Sozialisierungsprogramm wollten". (*Konrad Adenauer* [Anm. 3], S. 289, 297.)

Programms[11], brachte sie zu Beginn des Wahlkampfs, am 4. März 1947, in die Debatte über die Sozialisierung der Kohleindustrie im nordrhein-westfälischen Landtag
sechs Anträge ein: zur Entflechtung von Bergbau, eisenschaffender und chemischer
Großindustrie; zur Änderung der Besitz- und Machtverhältnisse bei monopolartigen
Unternehmen; zur Neuregelung des Verhältnisses zwischen Arbeitnehmern und Ar-
beitgebern; zur Planung und Lenkung der Wirtschaft; zur Offenlegung der Besitzverhältnisse im Bergbau und in der eisenschaffenden und chemischen Großindustrie;
zur Übertragung der entsprechenden Kompetenzen auf die deutsche Gesetzgebung[12]. Mithilfe dieser Anträge wurden weitergehende Forderungen der Linksparteien, so z. B. die der KPD nach *entschädigungsloser Enteignung* sämtlicher Berg-
baubetriebe, abgelehnt und die Sozialisierungsgesetzgebung faktisch verschleppt[13].
Im Unterschied zu SPD und KPD, die die Überführung der Schlüsselindustrien in
Gemeineigentum forderten, verlangte die CDU eine Neuordnung auf *gemeinwirt-
schaftlicher* Grundlage; damit sollte zwar einerseits die Dominanz des Privatkapitals
in der Großindustrie gebrochen werden, andererseits aber − um die Macht zwischen
öffentlichen und privaten Instanzen zu teilen − eine (unterhalb der Obergrenze von
49 Prozent liegende) Beteiligung privaten Großkapitals zugelassen sein[14]. Die Zentrumsfraktion stimmte dem Antragspaket der CDU zu. Andererseits unterstützten
die DZP-Abgeordneten aber auch den Dringlichkeitsantrag der SPD, der die Überführung der Kohlewirtschaft, der eisen- und stahlschaffenden Schwerindustrie und
der Großchemie in öffentliches Eigentum verlangte. Die von der SPD bevorzugte
Wirtschaftsform hätte − im Unterschied zur CDU − die Beteiligung von privatem
Kapital ausgeschlossen und die Übergabe der Betriebsleitungen an Selbstverwaltungskörperschaften bedeutet. Darüber hinaus stellte die SPD die Forderung, gleichzeitig
mit den Landtagswahlen am 20. April 1947 eine Volksbefragung über das Sozialisierungsgesetz durchzuführen. Sie wurde mit einer Stimmenmehrheit der CDU und der
FDP gegen die Stimmen von SPD, KPD und Zentrumspartei (104 : 91 Stimmen) ab-
gewiesen[15].
    Nach den Landtagswahlen am 20. April 1947 ergab sich im Landtag von Nord-

---

11 Zur Entstehungsgeschichte vgl. insbesondere Rudolf Uertz, *Christentum und Sozialismus
   in der frühen CDU. Grundlagen und Wirkungen der christlich-sozialen Ideen in der Union
   1945−1949 (Schriftenreihe der Vierteljahreshefte für Zeitgeschichte,* Bd. 43), Stuttgart
   1981, S. 89 ff.
12 Vgl. Landtag für Nordrhein-Westfalen, Ernennungsperiode, Landtagsdrucksachen Nr. I-109
   bis I-114 (PA ZI6).
13 Vgl. Franz Focke, *Sozialismus aus christlicher Verantwortung. Die Idee eines christlichen
   Sozialismus in der katholisch-sozialen Bewegung und in der CDU,* Wuppertal 1978, S. 258 f.
14 Vgl. A.R.L. Gurland, *Die CDU/CSU. Ursprünge und Entwicklung bis 1953,* hrsg. v. Dieter
   Emig, Frankfurt a.M. 1980, Kap. 5: ,,Sozialisierungsrhetorik", S. 289 ff., insbes. S. 296−
   301; Först, *Nordrhein-Westfalen* (Anm. 8), S. 235 ff.; Hüttenberger, *Nordrhein-Westfalen*
   (Anm. 8), S. 410 ff.
15 Vgl. Landtagsdrucksachen (Anm. 12), Nr. I-96, I-97, I-116. − Zur Resonanz bei den Besatzungsbehörden vgl. ,,Socialization Program of the Christian Democratic Union (CDU) ac-
   cepted in Diet (Landtag) of North Rine-Westfalia", NA RG 59, 862.00/3-1747, Nr. 479. −
   Vgl. *Der Tagesspiegel* v. 4.3. u. 7.3. 1947 sowie zur Position der Zentrumsführung: Johannes
   Brockmann, ,,Aus der Vergangenheit zu lernen bereit sein!", in: *NWK* v. 25.3.1947.

rhein-Westfalen ein relativ ausgewogenes Kräfteverhältnis zwischen CDU und FDP auf der einen und SPD und KPD auf der anderen Seite. Die CDU hatte 1947 im Vergleich zu den vorangegangenen Kommunalwahlen im Herbst 1946, bei denen ihr der Durchbruch gelungen war, erheblich an Stimmen verloren; die FDP verzeichnete einen leichten Zugewinn. Die SPD hatte nur geringe Stimmenverluste; die KPD vergrößerte dagegen ihren Stimmenanteil um fast fünf Prozentpunkte. Auch das Zentrum hatte zugelegt und errang nun in Nordrhein-Westfalen knapp zehn Prozent der Stimmen.

Wahlergebnisse in Nordrhein-Westfalen (1946/47) i. v. H.

	CDU	SPD	KPD	DZP	FDP	Sonstige	Wahlbeteiligung
Kommunalwahlen 1946	46,0	33,4	9,4	6,1	4,3	0,8	74,4
Landtagswahlen 1947	37,5	32,0	14,0	9,8	5,9	0,8	67,3

Mandatsverteilung nach der Landtagswahl 1947

SPD	64	CDU	92		
KPD	28	FDP	12	DZP	20
	92		104		

Quelle: Först, *Nordrhein-Westfalen* (Anm. 8), S. 255.

Die Ergebnisse der Landtagswahl zeigten zweierlei:
— Die klassische Arbeiterbewegung hatte kein Legitimationsdefizit, und die KPD war noch ein Machtfaktor;
— CDU und FDP, die vor allem das Bürgertum und die ländliche Bevölkerung mobilisierten, erzielten zusammen ein Stimmenergebnis, das knapp unter dem der Linksparteien lag.
Die neue Patt-Situation ermöglichte es der Zentrumspartei, sowohl bei der Regierungsbildung als auch in der Abstimmung über die Sozialisierungsgesetzgebung Zünglein an der Waage zu spielen und machte sie nun zum potentiellen Bündnispartner für die Rechte wie die Linke. Für die Regierungsbildung ergab sich rein rechnerisch die Alternative, entweder eine große Koalition oder eine Regierung aus SPD, KPD und Zentrum zu bilden.
Grundlage für die Regierungsbildung mußte nach dem Ausgang der Landtagswahlen ein Bekenntnis zur Sozialisierung der Schlüsselindustrien sein. Nicht nur die SPD interpretierte das Wahlergebnis als ein Votum für eine wirtschaftliche Neuordnung: Es habe — so der Abgeordnete Walter — „die antikapitalistische Sehnsucht des Vol-

kes"[16] zum Ausdruck gebracht. Auch Johannes Brockmann schloß sich dieser Einschätzung an: Da CDU und FDP nun nicht mehr die Mehrheit im nordrhein-westfälischen Landtag besäßen, könne man endlich eine sozial fortschrittliche Politik
betreiben[17]. Als dezidierte Gegnerin jeder Sozialisierung kam die FDP für eine Re-
gierungsbeteiligung nicht in Frage, obwohl der Adenauer-Flügel in der CDU eine
Zusammenarbeit mit ihr wünschte. Er favorisierte eine kleine Koalition aus CDU,
FDP und Zentrum, die freilich schon wegen der bisherigen Grabenkämpfe zwischen
CDU und Zentrum kaum möglich war. So benötigte man viel Zeit, um eine regie-
rungsfähige Mehrheit herzustellen, weil zwischen CDU, Zentrum, SPD, KPD und FDP
grundlegende Meinungsverschiedenheiten über Form und Reichweite einer wirtschaftlichen Neuordnung bestanden. Karl Arnold, der als Vertreter der stärksten
Fraktion mit der Regierungsbildung beauftragt worden war und der sich auf den
Arbeitnehmerflügel der CDU stützte, strebte ein Allparteienkabinett an. Doch suchte
Adenauer Arnolds Pläne noch während der Verhandlungen im Juni 1947 zu durch-
kreuzen, indem er dem Fraktionsvorsitzenden des Zentrums, Johannes Brockmann,
schriftlich eine Koalition von CDU, FDP und Zentrum vorschlug. Brockmann lehnte das Angebot jedoch ab, weil er sich gegenüber Arnold loyal verhalten wollte[18].
An Spiecker waren SPD- und KPD-Vertreter herangetreten, um zu eruieren, ob das
Zentrum bereit wäre, eine Regierung ohne die CDU zu bilden. Spiecker hatte abgelehnt; falls Arnolds Koalitionsverhandlungen scheiterten, war er für eine Regierungsbildung durch Zentrum und CDU[19]. Erst am 17. Juni wurde Arnold einstimmig zum Ministerpräsidenten von Nordrhein-Westfalen gewählt. Die FDP tolerierte sein Kabinett, um, wie sie erklärte, den Kompetenzbereich der Landesregierung gegenüber der Besatzungsmacht zu stärken. In Arnolds Regierungsmannschaft
wurde der bisherige Ministerpräsident Amelunxen — er war inzwischen wieder Zentrumsmitglied — Sozialminister. Die CDU erhielt vier Ministerposten (Finanzen,
Landwirtschaft und Ernährung, Kultur und Justiz), die SPD stellte drei Minister,
darunter den Wirtschafts- und Innenminister. Auch die KPD erhielt zwei Ressorts
(Wiederaufbau, Verkehr)[20]. Die FDP kritisierte die Regierungserklärung Arnolds
vom 17. Juni 1947, da der Ministerpräsident darin eine Absichtserklärung zur Sozialisierung gegeben habe, die — weil sie die Beteiligung privaten Großkapitals an
den vergesellschafteten Unternehmen ausschloß — über das Ahlener Programm
hinausreiche und dem Standpunkt der SPD weit entgegenkomme. Auch Adenauer
war nicht einverstanden, hielt sich jedoch in der parlamentarischen Auseinandersetzung im Sommer 1947 zurück; er war auch bei der Nominierung Arnolds zum

---

16 Stenographischer Bericht über die 35.–40. Sitzung des Landtages Nordrhein-Westfalen am
   5., 6. und 7. April 1948, Düsseldorf o. J., S. 237.
17 Vgl. Först, *Nordrhein-Westfalen* (Anm. 8), S. 256.
18 Vgl. ebd., S. 268; Hüwel, *Arnold* (Anm. 8), S. 116; Dreher, *Weg* (Anm. 3), S. 188, 192.
19 Vgl. Aktennotiz Adenauers v. 22.8.1947 über ein Gespräch mit Dr. Carl Spiecker, abgedr.
   in: *Adenauer, Briefe 1947–1949*, bearb. v. Hans Peter Mensing *(Rhöndorfer Ausgabe)*
   Berlin 1984, Dok. Nr. 588 A, S. 41 f.
20 Först, *Nordrhein-Westfalen* (Anm. 8), S. 274 f. — Die KPD-Vertreter wurden schon im Februar 1948 wegen ihres Protests gegen die Frankfurter Beschlüsse, die sie als Landesverrat
   bezeichneten, ihrer Ministerämter enthoben. Vgl. ebd., S. 363 ff.

Ministerpräsidenten auf Reisen. Doch machte er aus seiner Präferenz für den Rivalen Arnolds aus der Katholischen Arbeiterbewegung, Josef Gockeln, der sich schon ein Jahr zuvor eindeutig gegen den Christlichen Sozialismus ausgesprochen hatte, kein Hehl[21].

Die Debatte über die Sozialisierung der Kohlewirtschaft wurde im Landtag von Nordrhein-Westfalen im August 1947 wiederaufgenommen und erst ein Jahr später abgeschlossen. Diskussionsverlauf und Abstimmungsergebnis waren freilich eingebettet in eine sich verändernde innen- wie außenpolitische Gesamtkonstellation, in der die Entscheidung über die Sozialisierung der Grundstoffindustrien von der landespolitischen auf die bundespolitische Ebene verlagert und − mit Blick auf die anlaufenden Verfassungsberatungen − weiter vertagt wurde. Denn nach dem Scheitern der Moskauer Außenministerkonferenz im März/April 1947 kamen alliierte Regelungen für Deutschland als wirtschaftliche und politische Einheit nicht mehr zustande. Die Spaltung zwischen Ost und West vertiefte sich. Die bizonalen Institutionen wurden ausgebaut, und die dominante westliche Besatzungsmacht verhehlte ihre Abneigung gegen die Sozialisierungsbestrebungen nicht. (Auf ihr Drängen hin wurde auch das nordrhein-westfälische Sozialisierungsgesetz im August 1948 suspendiert[22].) Es wuchs die Hoffnung, die wirtschaftliche Lage würde sich durch den Marshall-Plan und eine Währungsreform verbessern. Die „Londoner Empfehlungen" vom 7. Juni 1948 leiteten schließlich die Vorbereitungen zur Bildung eines separaten Weststaates ein[23].

21 Vgl. Hüwel, *Arnold* (Anm. 8), S 110 f. − Noch ein Jahr später distanzierte sich Adenauer gegenüber amerikanischen Konsulatsvertretern von Arnolds Regierungserklärung. Sie gehe in der Frage der Sozialisierung weit über das hinaus, was er für richtig halte. Adenauer kritisierte, daß die nordrhein-westfälische CDU-Fraktion Arnold während seiner Abwesenheit als Ministerpräsidenten nominiert hätten; er hielt Arnold für politisch unerfahren und verglich ihn in dieser Hinsicht mit Heinrich Brüning. Vgl. Further Information Regarding Differences Between Dr. Konrad Adenauer and Minister President Karl Arnold, NA RG 59, 862.00/6-3048, Nr. 390.

22 Das Sozialisierungsgesetz wurde von der britischen Militärregierung durch ein Schreiben Bishops an Landtagspräsident Gockeln vom 23.8.1948 mit dem Hinweis auf eine in baldiger Zukunft zu bildende, repräsentative und frei gewählte deutsche Regierung suspendiert. Noch im Jahr 1947 hatten sich sowohl der britische Militärgouverneur als auch der britische Außenminister eindeutig für eine Verstaatlichung der Schlüsselindustrien in Nordrhein-Westfalen ausgesprochen. Die Verzögerung des Gesetzes diente somit auch seiner Verhinderung. Zur britischen Sozialisierungspolitik vgl. Horst Lademacher, Die britische Sozialisierungspolitik im Rhein-Ruhr-Raum 1945−1948, in: *Die Deutschlandpolitik Großbritanniens und die britische Zone 1945−1949*, hrsg. v. Claus Scharf/Hans-Jürgen Schröder, Wiesbaden 1979, S. 51−91; Rolf Steininger, Die Rhein-Ruhr-Frage im Kontext britischer Deutschlandpolitik 1945/46, in: *Politische Weichenstellungen im Nachkriegsdeutschland 1945 1953*, hrsg. v. Heinrich August Winkler (*Geschichte und Gesellschaft*, Sonderheft 5), Göttingen 1979, S. 111−166.

23 Das Londoner Deutschland-Kommuniqué vom 7. Juni 1948, abgedr. in: *Dokumente der Deutschen Politik und Geschichte von 1848 bis zur Gegenwart*, hrsg. v. Johannes Hohlfeld, VI. Band: *Deutschland nach dem Zusammenbruch*, Berlin/München 1953, S. 276 ff. − Vgl. außerdem Falk Wiesemann, Die Gründung des deutschen Weststaats und die Entstehung des Grundgesetzes, in: *Westdeutschlands Weg zur Bundesrepublik 1945−1949*, München 1976, S. 118−134, sowie die von Wolfgang Benz herausgegebene Dokumentation: *Bewegt von der Hoffnung aller Deutschen. Zur Geschichte des Grundgesetzes, Entwürfe und Diskussionen 1941−1949*, München 1979.

In der dritten Lesung der Gesetzesvorlage am 6./7. April 1948, die ergebnislos abgebrochen wurde[24], plädierten die Zentrumsabgeordneten für den Antrag der SPD, die Grundstoffindustrien in „Gemeineigentum" und nicht — wie von der CDU vorgeschlagen — in „Gemeinwirtschaft" zu überführen, obwohl die DZP bisher programmatisch eine ähnliche Position bezogen hatte wie die Union; sie hatte sich gegen ein Sozialisierungskonzept ausgesprochen, das dem Staat mit der Verfügungsgewalt über die Schlüsselindustrien eine entscheidende Machtstellung einräumen würde[25]. Doch war das Zentrum jetzt entschlossen, eine politische Entscheidung über die Vergesellschaftung der Kohleindustrie mit herbeizuführen. Der Zentrumsvertreter Jakob Ballensiefen berief sich in seiner Grundsatzerklärung auf das Wirtschafts- und Sozialprogramm der DZP; außerdem bezog er sich auf eine Entschließung von 2500 Vertrauensleuten des Verbandes christlicher Bergarbeiter aus dem Jahre 1932, in der bereits eine grundlegende Veränderung der Besitzverhältnisse in den Grundstoffindustrien gefordert worden war. Schon in der Sozialisierungsdebatte am 4. März 1947 habe sich die Zentrumsfraktion dafür ausgesprochen, die Schlüsselindustrien in „allgemeinen Besitz" zu überführen. Daran habe sich nichts geändert:

„Nach wie vor vertreten wir die Ansicht, daß zwar jedes Antasten des gesunden, wirtschaftlich wertvollen Privateigentums des Handwerks und sonstigen mittelständischen Besitzes grundsätzlich und entschieden abzulehnen ist, wir sind aber ebenso nachhaltig der Auffassung, daß die Grundstoffindustrie sowohl wie der Bergbau in den allgemeinen Besitz zu überführen sind und auch vor einem mutigen Eingreifen nicht zurückzuschrecken ist."[26]

Die CDU nahm das Abstimmungsverhalten der Zentrumsfraktion im nordrheinwestfälischen Landtag zum Anlaß, die Zentrumspartei als „Anhängsel der SPD" zu stigmatisieren[27]. Schon allein durch die eigenständige Kandidatur der DZP in den Wahlkreisen Nordrhein-Westfalens habe die Union bei der Landtagswahl 1947 20 Mandate an die SPD und zwei an die KPD verloren; es sei das „zweifelhafte ‚Verdienst'" des „Neuzentrums", in einem Land mit überwiegend christlicher Bevölke-

---

24 Vgl. Hüwel, *Arnold* (Anm. 8), S. 132.

25 Im „*Soester Programm*" vom Oktober 1945 hieß es: „Auflösung der großkapitalistischen Trust-, Kartell- und Monopolbildungen. Überführung einzelner Wirtschaftszweige wie Bergbau-, Eisen- und Hüttenindustrie, Energieversorgung, Verkehrs- und Versicherungswesen und Großbanken in Gemeinbesitz. Das Recht auf Privateigentum im Dienste des Gemeinwohls bleibt unbestritten. Daher Förderung der privaten Unternehmerinitiative." Vgl. auch das im November 1946 in Werl beschlossene Kultur-, Wirtschafts- und Sozialprogramm, beide abgedr. in: *Dokumente zur parteipolitischen Entwicklung in Deutschland seit 1945*, Bd. 2, Teil 1: *Programmatik der deutschen Parteien*, hrsg. v. Ossip K. Flechtheim, Berlin 1963, S. 244 ff., 258 f.

26 Sten. Ber. (Anm. 16), S. 251. — Das Zentrum stimmte zu, die Vorlage noch einmal an den Ausschuß zu überweisen.

27 Dieser Vorwurf war bereits 1946 gegen das Zentrum erhoben worden. So heißt es z. B. in einem CDU-Flugblatt: „Das Neu-Zentrum ist das Mittel des Marxismus, um eine große christliche Volkspartei in unserem Volke zu verhindern. Das Neu-Zentrum ist tatsächlich, wo es besteht, ein Anhängsel der SPD." Zit. nach *Volk ohne Mitte. Das Zentrum im Kampf*, o. O., o. J. (Essen 1946), S. 42.

rung eine „christliche Mehrheit" im Landtag verhindert zu haben[28]. Auf die daraus resultierenden inneren Widersprüche in der Zentrumspartei anspielend, spottete Adenauer in der Landtagsdebatte am 6. April 1948, er glaube nicht, daß das Zentrum seine Mandate unter der Devise Sozialisierung erobert habe[29]. Doch die Zentrumsführung sah sich in ihrer Politik durch den Stimmengewinn bei den Landtagswahlen vom April 1947 bestätigt.

8.1.1 CDU-Linke und „Essener Richtung" 1947/48

Schon bei der Regierungsbildung im Sommer 1947 hatte Karl Arnold in der CDU-Fraktion um die Mehrheit geworben: Er versuchte den rechten Flügel seiner Partei davon zu überzeugen, daß es möglich sei, eine gemäßigte Sozialisierungslösung auf der Grundlage des Ahlener Programms durchzusetzen. Wenn erst mithilfe der CDU ein Gesetz über die gemischt-wirtschaftliche Neuordnung verabschiedet sei, die eine limitierte Beteiligung von Privatkapital erlaube, könne man verhindern, daß die SPD zusammen mit der KPD auf die Realisierung weitergehender Verstaatlichungspläne dringe[30]. Die innerparteiliche Konstellation in der CDU leuchtet auch den Hintergrund aus, vor dem die Fühlungnahme Arnolds mit Carl Spiecker zu sehen ist. Denn ein Stimmblock von CDU und Zentrum hätte die absolute Mehrheit im nordrhein-westfälischen Landtag besessen; er hätte die Linksparteien in die Minorität versetzt und die SPD möglicherweise gezwungen, mit der Union einen Kompromiß in der Sozialisierungsfrage einzugehen.

Arnold scheint die Chancen für sein Vorhaben, den liberal-konservativen CDU-Flügel für seine Politik zu gewinnen, noch im Frühjahr 1948 recht optimistisch beurteilt zu haben[31]. Er war offenbar der Ansicht, die Liberal-Konservativen würden ihren sozialisierungsfeindlichen Kurs notgedrungen modifizieren. Denn: Nur eine nach außen hin geschlossen auftretende Union konnte sich einerseits radikaleren Forderungen der Linksparteien entgegenstellen und andererseits auf der Ebene der praktischen Politik − nicht zuletzt im Hinblick auf die Wünsche der britischen Besatzungsmacht[32] − soweit wie möglich mit ihnen kooperieren; überdies vertraute

---

28 Vgl. auch Johannes Bissels (Hüls), „Zu spät?. . .", HSTAD, RWN 48−31. Wiedergründung und Politik des Nachkriegszentrums seien verfehlt. Bissels zufolge hätte der nordrhein-westfälische Wirtschaftsminister Nölting (SPD) das Zentrum einen „Blutegel am Hals der CDU" genannt.
29 Vgl. Sten. Ber. (Anm. 16), S. 239.
30 Vgl. Först, *Nordrhein-Westfalen* (Anm. 8), S. 268.
31 Vgl. die Berichte des amerikanischen Generalkonsuls Maurice W. Altaffer, der sich z. T. auf Informationen des britischen Regional Officer stützte (z. B.: Further Information, Anm. 21).
32 Die Bereitschaft der CDU, die Kohle- und Stahlindustrie in Gemeinwirtschaft zu überführen, ist nicht zuletzt darauf zurückzuführen, daß damit die von Frankreich geforderte Internationalisierung der Ruhr bzw. eine alliierte Kontrolle der Ruhr-Industrie abgewendet werden sollte. Vgl. Hüwel, *Arnold* (Anm. 8), S. 134. Zur Einschätzung der innerparteilichen Konflikte und Positionen in der nordrhein-westfälischen CDU im Frühjahr und Sommer 1948 vgl. die Berichte des amerikanischen Konsulats in Bremen an das Secretary of State, NA RG 59, 862.00/3-1048; 862.00/5-1348 Nr. 290, 293; 862.00/6-3048.

Arnold darauf, die Bürgerlichen seien realistisch genug um einzusehen, daß ihr offenes Auftreten die CDU bei den nächsten Wahlen angesichts der verbreiteten antikapitalistischen Grundstimmung noch mehr Stimmen kosten könnte. Adenauer und die Liberal-Konservativen hätten also nur die Alternative, ihn zu unterstützen oder sich selbst zu isolieren. Seine Strategie verschärfte freilich den Konflikt zwischen ihm und Adenauer, der wie ein Teil der protestantischen CDU-Politiker nur auf einen geeigneten Anlaß wartete, um die Koalition zu sprengen und den Ministerpräsidenten zu stürzen[33]. Arnold hingegen schrieb im Januar 1948 an Adenauer, er werde sich vor seinen ,,Wählern zu rechtfertigen wissen''[34], was wohl einem Bruch der Partei gleichgekommen wäre. Adenauer hatte bis zum Frühjahr 1948 die Hoffnung aufgegeben, ,,mit Herrn Arnold auf einen vertrauensvollen Fuß zu kommen''[35]. In den Sozialausschüssen sah er den Keim zu einer ,,Partei neben der Partei''. Diese Richtung gefährde den Zusammenhalt der Union, indem sie begrenzte Standesinteressen in den Vordergrund schiebe und vergesse, daß die Union keine Klassenpartei sei; die CDU müsse sich auch um rechtsgerichtete Wähler bemühen, die sonst zu rechtsradikalen Parteien überlaufen würden[36]. Aus dieser innerparteilichen Konfrontation in der CDU erklärt sich, daß Arnold 1948 stärker als zuvor daran interessiert war, durch ein Zusammengehen mit dem Zentrum seine Hausmacht in der CDU auszubauen[37].

Ende Mai 1948 wurde ein Briefwechsel zwischen Arnold und Spiecker veröffentlicht, der im Zentrum höchste Aufmerksamkeit erregte[38]. Parteispitze und Parteivorsitzender der DZP hatten erst am Vortag der Veröffentlichung, am 25. Mai 1948, von den Verhandlungen erfahren. Vergeblich bemühten sie sich, den Briefwechsel, in dem eine grundsätzliche Übereinstimmung der beiden Parteien festgestellt wurde und der daher nur noch die Modalitäten des Zusammenschlusses zu einer ,,fruchtbaren politischen gemeinsamen Aktion'' erörterte, zur reinen Privatsache von Arnold und Spiecker zu erklären[39]. Der Versuch, die Publikation zu verhindern, war an Hermann Katzenberger, dem Pressesprecher Arnolds, gescheitert, der die Briefe an die Presse weitergegeben hatte. So blieb der Zentrumsführung nur noch die Flucht in die Offensive. In einer Presseerklärung vom 26. Mai 1948 interpretierte sie Arnolds Bereitschaft zur Vereinigung als Reaktion auf den deutlichen Einfluß der besitz- und profitorientierten Kräfte in der CDU:

,,Arnolds Bekenntnis zu einer ,wahrhaft sozialen, demokratischen und in jeder Hinsicht fortschrittlichen Politik' müsse als eine Kampfansage an jene Reaktion betrachtet werden, die innerhalb der CDU durch ehemals in Rechtsparteien führende Persönlichkeiten, durch ausgesprochen

33 Vgl. Hüwel, *Arnold* (Anm. 8), S. 118 f.
34 Ebd.
35 Adenauer an Flecken, 24.4.1948, in: *Adenauer-Briefe* (Anm. 19), S. 220.
36 Vgl. z. B. Adenauer an Huijsmans, 17.3.1948, ebd., S. 189; Adenauer an Gereke, 26.1.1948, ebd., S. 160.
37 Vgl. Hüwel, *Arnold* (Anm. 8), S. 119.
38 Vgl. ,,Vorgänge Briefwechsel Dr. Spiecker/Arnold'', BAK, NB 11; *RRZ* v. 29.5.1948, *Welt* v. 27.5.1948 und *FR* v. 27.5.1948.
39 Vgl. Protokoll der Direktoriums-Sitzung, 12.6.1948, HSTAD, RWN 48−8.

machtpolitische Zielsetzungen und durch die Widerstände gegen die Sozialisierung der Grundstoffindustrien, echte Agrarreform usw. deutlich geworden sei. Das Zentrum habe die gesinnungsmäßige Übereinstimmung, in der es sich mit Arnold und dem fortschrittlichen Flügel der CDU fühle, immer wieder öffentlich in Erscheinung treten lassen. Es könne nur hoffen, daß sich Arnold und seine Gesinnungsfreunde bei dem jetzt in der CDU begonnenen Kampf durchzusetzen vermöchten. Was gesinnungsmäßig zur Mitte gehöre, müsse in der Mitte sich sammeln und die Rechte eindeutig isolieren."[40]

In ihren Briefen[41] hatten Arnold und Spiecker die Fusion der beiden Parteien als sittliche Pflicht und als staatspolitisch notwendige Handlung bezeichnet, da sie die Zersplitterung einer politisch gleichgesinnten Gemeinschaft beseitige. Die gemeinsame Politik müsse „von den Kräften des Christentums, den Quellen eines echten Humanismus und von den besten Traditionen und Tugenden der Deutschen getragen" werden. Arnold schrieb:

„Dadurch würden wir die Möglichkeit erhalten, den bremsenden Ballast überholter Vorstellungen abzustoßen und mit evolutionärer und vorwärtsdrängender Kraft eine wahrhaft soziale, demokratische und in jeder Hinsicht fortschrittliche Politik durchzusetzen und würden uns außerdem befähigen, der Welt einen Beitrag aus einer neuen Geisteshaltung zu leisten."

Spiecker teilte Arnolds Auffassung, daß der richtige politische Standort „die ausgleichende staatspolitische Mitte" sei, daß „wahrhaft echte Staatspolitik nicht exzentrisch sein" dürfe, sondern „nur im Ausgleich aller irgendwie gearteten Sonderinteressen verwirklicht werden" könne:

„Diese politische Mitte ist gekennzeichnet durch ihren Willen zu einer fortschrittlich-sozialen Gesellschaftsordnung und zu einer gleichfalls fortschrittlichen durch gerechten Ausgleich geregelten Wirtschaftsordnung."

Spiecker und Arnold wollten also das Mitte-Links-Spektrum im entstehenden Parteiensystem besetzen, während Adenauer das Mitte-Rechts-Spektrum anvisierte. Arnold wie Adenauer vertrauten darauf, ihre Linie in der Partei durchzusetzen, brauchten aber auch die jeweils unterlegene Fraktion, um die Union mehrheitsfähig zu machen; sie sollte aber nicht die Politik der Gesamtpartei bestimmen. Adenauer nahm die Formulierungen Spieckers über die „Partei der Mitte" zunächst „nicht so tragisch", sah jedoch voraus, daß Teile der CDU daran Anstoß nehmen würden[42]. Weil die Verhandlungen von eminenter politischer Bedeutung für die CDU der britischen Zone seien, forderte er Arnold auf, die Gespräche nicht fortzusetzen, bis die berufenen Parteiorgane dazu Stellung genommen hätten[43]. Als er aber wenige Tage später den vollen Wortlaut der Briefe und von Äußerungen Hermann Katzenbergers erfuhr, der von einem Zusammenschluß beider Parteien unter neuem Namen gesprochen hatte und Absplitterungen bei CDU und Zentrum erwartete, protestierte Adenauer entschieden. Die Verhandlungen schadeten der Partei, so schrieb er an Arnold,

---

40 Presseerklärung, BAK, NB 11; vgl. auch Presse- und Informationsdienst der DZP v. 27.5.1948, BAK, NB 11.
41 Vgl. *RRZ* v. 29.5.1948. Daraus wird im folgenden zitiert.
42 Adenauer an Arnold, 26.5.1948, in: *Adenauer-Briefe* (Anm. 19), S. 237 ff.
43 Adenauer an Arnold, 27.5.1948, ebd., S. 239.

weil damit nach außen Gegensätze innerhalb der Partei sichtbar würden, die die
Wahlchancen der Union mindern müßten und weil außerdem das Zentrum damit
aufgewertet werde. Verhandlungen über ein Zusammengehen mit dem Zentrum
könnten nur „von unten her, d. h. über die einzelnen Ortsparteien" geführt werden[44]. Trotz Adenauers Einspruch verhandelte Arnold weiter. Er hielt eine Einigung
mit dem Zentrum für unumgänglich, einmal im Hinblick auf die bevorstehenden
Kommunalwahlen im Oktober 1948, vor denen die SPD über die Sozialisierung der
Kohleindustrie beschließen wollte, und zum zweiten wegen der künftigen Verfassungsberatungen. Ohne Adenauer einzuweihen, der dennoch über die Besprechungen informiert war, trafen sich je acht Zentrums- und CDU-Vertreter, der
„Bottroper Kreis"[45], zum Informationsaustausch. In Untergruppen sollten mögliche Differenzen zwischen den beiden Parteien in der Kultur-, Wirtschafts- und Sozialpolitik sowie in allgemeinpolitischen Fragen herausgearbeitet werden.

8.1.2 Die Diskussion im Hauptvorstand der DZP über ein Zusammengehen mit der CDU

Der DZP-Vorsitzende Brockmann rechnete die Fusionsgespräche und ihre Diskussion in der Hauptvorstandssitzung am 10. Juli 1948 zu den „ernstesten und schwie-
rigsten Verhandlungen", die jemals im Parteivorstand stattgefunden hätten[46]. Als
erster wandte sich Dr. Hamacher gegen jede Verschmelzung mit der CDU, hielt entsprechende Entschließungen jedoch zurück, um nicht das Meinungsklima vorzu-
strukturieren. Spieckers Anhänger Haake stellte sich hinter seine politische Leitfigur
und betonte, notwendig sei nicht nur eine gute, sondern auch eine politisch einflußreiche Partei. Er berief sich auf Gespräche mit dem Paderborner Diözesanpräses
Schulte, nach dessen Einschätzung es in einer zunehmend säkularisierten Welt keine
Perspektive für eine konfessionell-katholische Partei mehr gebe. Die Debatte im
Hauptvorstand kreiste vor allem um die Fragen,
— ob Name, Charakter, Tradition und Unabhängigkeit der Zentrumspartei zugunsten
  einer Verbreiterung der Basis zur Disposition gestellt werden dürften;
— ob die Begriffe des Maßes und der Mitte im Interesse einer Stimmenmaximierung
  (bzw. des Grundsatzes der „Masse") aufgegeben werden sollten.
Helene Wessel gab den Traditionsverfechtern zu bedenken, daß sich die politischen
Verhältnisse geändert hätten, und nachdem aus Rom keine Einwände gegen die Ver-
wischung christlicher Grundsätze in der Union gekommen waren, habe gerade das
Zentrum keinen Anlaß, falls etwa das Mehrheitswahlrecht durchgesetzt werde, nicht

44 Adenauer an Arnold, 2.6.1948, ebd., S. 250 ff.
45 Vgl. Hüwel, *Arnold* (Anm. 8), S. 154 f.; Adenauer an Gronowski, 21.6.1948; an Victoria
   Steinbiß, 24.6.1948; an Lotz, 22.7.1948, in: *Adenauer-Briefe* (Anm. 19), S. 264, 268,
   283. — Arnold bezeichnete die Verhandlungen als „private Aussprachen". Christine Teusch
   sah darin „informatorische Besprechungen", vgl. *Konrad Adenauer* (Anm. 3), S. 549, 565.
46 Vgl. HV-Protokoll, 10.7.1948, DZPAM 6, S. 9 ff. — Hieraus auch alle weiteren Zitate in
   diesem Abschnitt.

über eine Neuformierung nachzudenken. Brockmann hielt eine Fusion mit den CDU-Linkskräften für wenig erfolgversprechend, sofern sie nur in Nordrhein-Westfalen und Niedersachsen stattfinde. Er verlangte eine „Garantie" dafür, daß sich die Fortschrittlichen von den Reaktionären spalteten. Er wolle sich nicht — wie 1933 Prälat Kaas — dem Vorwurf aussetzen, er habe das Zentrum preisgegeben. Nach Brockmanns Einschätzung war die Stunde des Zentrums noch nicht gekommen; er rechnete aber mit einer baldigen Massenabwanderung bei der CDU. Dafür machte er die gute Arbeit der DZP im Wirtschaftsrat der Bizone verantwortlich, die er mit der Windthorstschen „Fraktion Meppen" im Norddeutschen Bund verglich. Stand für Brockmann die Fusion mit der CDU nicht länger zur Debatte, so wandte sich Stricker den CDU-internen Problemen zu, die den Ausgangspunkt der Verhandlungen zwischen Arnold und Spiecker bildeten. Ministerpräsident Arnold — in der Münsteraner Erklärung wurde er als „schwächlich" bezeichnet — wisse, daß die CDU „auf einer innerlich unwahrhaftigen Grundlage" stehe und kenne die Diskrepanz zwischen dem sozial fortschrittlichen Programm und der Politik der „Ewiggestrigen" im Frankfurter Wirtschaftsrat. Wegen jener rechtsgerichteten Kreise sei auch eine Verschmelzung von Zentrum und CDU nicht möglich, wohl aber eine Kooperation mit gleichgesinnten Gruppen in dieser Partei. Ein Vorstoß in Nordrhein-Westfalen werde — so Stricker, der die politischen Verhältnisse im Südwesten kannte — dort bei den enttäuschten CDU-Anhängern nicht ohne Wirkung sein. Er sei auch deshalb nötig, weil seit 1918/19 kontinuierlich katholische Wähler zur SPD abwanderten und der katholische Einfluß auf die Politik sich dadurch ständig verringere. Stricker ging es wie Helene Wessel um die Geschlossenheit der Partei, im Hinblick auf die künftige politische Entwicklung im Bundesgebiet aber auch darum, die Gesprächsdimensionen soweit wie möglich auszuloten. Denn beide fürchteten, daß der Klerus unter den Bedingungen des Mehrheitswahlrechts das Zentrum zur bedingungslosen Fusion mit der CDU zwingen werde und wollten daher zuvor sondieren, mit welchen Gruppierungen sie in einer neuen politischen Konstellation zusammenarbeiten könnten. Dr. Hamacher war mit dem Zentrumsnamen verwachsen. Er kam nicht darüber hinweg, daß sich das Zentrum 1933 selbst aufgelöst und 1945 die „einmalige Chance seit fünf Jahrhunderten" verpaßt habe. Falls der Zentrumsname aufgegeben werde, befürchtete er das Wiedererstehen einer integral-katholischen Partei und einen Rückfall hinter Windthorst. Seine enttäuschenden Erfahrungen in den Verhandlungen mit Adenauer 1946/47 und das doppelte Gesicht der CDU rieten ihm zur Vorsicht. Auch Dr. Hamacher war nicht prinzipiell gegen jede Zusammenarbeit mit Gleichgesinnten aus der CDU, doch glaubte auch er wie Brockmann an die nahende Stunde des Zentrums. Der DZP-Hauptvorstand faßte am Ende der Diskussion den Beschluß, jede Verschmelzung mit der CDU abzulehnen; die Gespräche trügen nach wie vor privaten Charakter, Entscheidungen über etwaige Fusionsvorschläge dürften nur von einem Parteitag gefällt werden, und um nicht — wie Adenauer es wollte — von unten her aufgerollt zu werden, bedürften auch lokale Absprachen mit der CDU der Genehmigung durch die Parteileitung.

8.1.3 Fusionsdiskussion im Zonenausschuß der CDU (1948)

Adenauer drängte im Spätsommer 1948 auf einen baldigen Abschluß der Verhandlungen mit dem Zentrum. Er ermahnte Arnold, den Sozialdemokraten in der anstehenden Sozialisierungsdebatte nicht zu weit entgegenzukommen. Die CDU bestehe nicht nur aus Arbeitnehmern; man müsse, um den Bestand der Partei nicht zu gefährden, auch auf die Interessen der Landwirte und des Mittelstandes Rücksicht nehmen. Ebenso wie Arnold sei auch er der Überzeugung, die Sozialisierungsfrage habe, da der Beschluß des Landtages ohnehin keine praktischen Folgen zeitigen werde, bloß propagandistische Bedeutung, die aber nicht zu einem relevanten Stimmenzuwachs führen werde[47].

Bis zur Sitzung des Zonenausschusses der CDU der britischen Zone am 3. August 1948 in Recklinghausen war eine weitgehende Einigung beider Verhandlungspartner erzielt worden. Zwar konstatierte man Meinungsverschiedenheiten, doch bestanden diese nicht nur zwischen den beiden Parteien, sondern auch innerhalb der Parteien selbst. Pro und Contra einer Fusion wurden nun im Zonenausschuß diskutiert[48]. In einem Streitgespräch mit Adenauer erklärte Arnold, in den wesentlichen Sachfragen gebe es keine Differenzen zwischen CDU und Zentrum; die CDU brauche sich daher von den Verhandlungen nicht zu distanzieren. Die kultur-, die wirtschafts- und sozialpolitischen sowie die allgemeinen Grundsätze sollten nun in einem gemeinsamen Text festgeschrieben werden; später hätten dann die Delegierten beider Parteien über eine eventuelle Fusion zu entscheiden.

Einige westfälische Protestanten äußerten in der Diskussion grundsätzlich ihre Verständigungsbereitschaft; sie befürchteten jedoch, daß durch die Verhandlungen das katholische Element in der CDU wieder stärker an Einfluß gewinnen könnte. Sie drängten wie Adenauer auf einen raschen und eindeutigen Abschluß der Verhandlungen und eine klare Linie für die Kommunalwahlen, denn in Westfalen war das Zentrum für die CDU noch immer eine starke Konkurrenz[49].

Vertreter des Arbeiterflügels betonten vor allem die Notwendigkeit einer besseren Kooperation von CDU und Zentrum im nordrhein-westfälischen Landtag. So sagte Johannes Albers:

„Ich habe, weil wir diese katastrophalen Folgen des verschiedenen Auseinanderlaufens auf politischem Gebiet, besonders auch im Landtag von Nordrhein-Westfalen, feststellen, jede Möglichkeit begrüßt, in ein Gespräch mit der Zentrumspartei mit dem Ziel des Zusammengehens bzw. der Vereinigung zu kommen."[50]

Auch stand die CDU-Führung unter dem Druck der katholischen Verbände, die eine Vereinigung begrüßten. Adenauer hatte zahlreiche Briefe erhalten, in denen Vertre-

---

47 Vgl. Adenauer an Arnold, 2.8.1948, in: *Adenauer-Briefe* (Anm. 19), S. 285 f.
48 Vgl. *Konrad Adenauer* (Anm. 3), S. 543 ff.
49 Vgl. ebd., S. 555, 558 ff., 569. – Dr. Sträter aus Soest rechnete sogar mit einem Aufschwung der DZP; er warnte davor, das Zentrum zu unterschätzen. In Westfalen sei nicht die SPD, sondern das Zentrum für die CDU gefährlich.
50 Ebd., S. 563.

ter der katholischen Arbeitervereine, der katholischen Jugend und einiger Kreisverbände auf eine Einigung von Zentrum und CDU drängten. Die nordrhein-westfälische Kultusministerin Christine Teusch stellte eine völlige Übereinstimmung von Zentrumspartei und CDU in schul- und kulturpolitischen Fragen fest; sie berichtete,

„daß große Frauen- und Jugendkreise endlich einmal den Streit quitt haben möchten, der zwischen zwei christlichen Parteien existiert. ... Heute fängt die Synode in Paderborn an. Domkapitel und Erzbischof haben mir auf den Weg gegeben, daß endlich, nicht in der Sache, sondern in der Organisation, in der Gemeinschaft dieser elende Bruderkampf aufhört und daß wirklich die Gemeinschaft der Christen im politischen Raum (entsteht)."[51]

Karl Arnold verwies außerdem auf Gespräche, die er mit süddeutschen CDU-Politikern geführt habe. Demnach hatten sich in Nord-Württemberg und Nordbaden Zentrumsgruppen gebildet, unterstützt von Unterorganisationen der CDU, vor allem der Jungen Union[52]. Heinrich von Brentano zog diese Einschätzung der parteipolitischen Entwicklung, die von einem Bedeutungszuwachs der Zentrumspartei im Südwesten ausging, allerdings stark in Zweifel. Er war der Meinung, die CDU komme gerade in Süddeutschland durch eine Fusion mit dem Zentrum in die Gefahr auseinanderzubrechen, weil dadurch der Eindruck entstehen könne, man gehe einen Schritt in Richtung auf eine katholische Kampfpartei zurück[53].

Adenauer wandte sich scharf gegen jeden Kompromiß mit dem Zentrum, bei dem die Bezeichnung „christlich" aus dem Parteinamen gestrichen werden würde. Er betonte mehrfach, er selbst sei an den Gesprächen nicht beteiligt gewesen und seiner Meinung nach werde das Zentrum durch solche Verhandlungen nur unnötig aufgewertet. Darüber hinaus bezog er sich auf seine früheren Gespräche mit Spiecker, dem er nach wie vor unterstellte, er handle im Auftrag von „Stellen der britischen Besatzung" und betreibe die Spaltung der CDU[54]. Falls Spieckers Kalkül aufgehe und sich eine „Union der Mitte" herausbilde, werde — zumindest in Nordrhein-Westfalen — sofort eine katholische Partei entstehen. So brachte also Adenauer in der innerparteilichen Auseinandersetzung um die Fusion die problematische Balance zwischen den Traditionalisten und der Essener Richtung in der Zentrums-

---

51 Ebd., S. 567.
52 Vgl. ebd., S. 552.
53 Vgl. ebd., S. 560 ff.
54 Vgl. oben, Kap. 7. — Arnold hingegen betonte, Spiecker wolle gerade keine Arbeiterpartei, sondern eine Partei für alle Schichten des Volkes (vgl. *Konrad Adenauer* [Anm. 3], S. 550). — Ähnliche Anspielungen auf Spieckers gute Beziehungen zur britischen Besatzungsmacht vgl. in Berichten amerikanischer Dienststellen aus der Zeit 1946/47: Nach Ansicht des amerikanischen Generalkonsuls Altaffer verdankte die wiedergegründete Zentrumspartei ihre Existenz britischem Einfluß. Spiecker, der als „intriganter Politiker" bezeichnet wurde, sei mit britischer Unterstützung nach Deutschland zurückgekehrt, mit dem Auftrag, die Zentrumspartei wiederzubeleben. Dadurch sollte die CDU, die sich in einem gefährlichen Desintegrationsprozeß befinde, gespalten und ihre Anhänger an DZP, liberale und sozialdemokratische Gruppen verteilt werden. Denn die britische Labour-Regierung unterstütze die Ansätze zur Vergesellschaftung der Schlüsselindustrien in Nordrhein-Westfalen und wolle dies politisch durchsetzen. Vgl. „Information Concerning Carl Spiecker", NA RG 59, 862.00/1-1447, Nr. 362; vgl. auch „Spieckers Centrist Party", Office of Political Affairs, Political Research and Analysis Branch, 14.5. 1946 (Kopie), PA ZI 6.

partei ins Spiel und räumte für den Fall einer Umgruppierung der politischen Strömungen zu einer „Union der Mitte" einer wiederauflebenden konfessionell-katholischen Partei erkennbare Chancen ein. Er rechnete Arnold vor, daß durch eine solche
Neuformierung zwar eine Umschichtung im Parteiensystem stattfände, qualitativ
sich jedoch nichts veränderte. Zwar werde der Essener Flügel mit großen Teilen der
Union fusionieren, ein Teil der traditionell katholisch eingestellten Wähler und Mitglieder beider Parteien werde sich dann jedoch als katholische Neuauflage des alten
Zentrums etablieren[55]. Am Ende der Diskussion über die Fusionsgespräche stimmten
die Anwesenden einer Entschließung zu, die die Aussprachen bestätigte, Pressemel-
dungen über Vorbereitungen zur Neugründung einer Partei jedoch dementierte.

Zwei Tage nach der Sitzung des Zonenausschusses der CDU der britischen Zone
fand am 5. und 6. August 1948 im Landtag von Nordrhein-Westfalen die dritte Lesung des Gesetzes zur Sozialisierung der Kohlewirtschaft im Lande Nordrhein-Westfalen statt. Hier stimmte die Zentrumsfraktion zusammen mit SPD und KPD für die
Annahme des sozialdemokratischen Sozialisierungsmodells, während sich die CDU-
Fraktion geschlossen der Stimme enthielt und die FDP mit Nein stimmte. Ministerpräsident Arnold hatte noch vor der Landtagsdebatte versucht, eine Einigung mit
der SPD über die Rechtsform der Sozialisierung zustandezubringen; so wurde am
5. August ein Rahmengesetzentwurf vorgelegt, der aber die Eigentumsfrage nicht
klärte und daher von der KPD als ein „Gesetz zur Verhinderung der Sozialisierung"
bezeichnet wurde[56]. Nachdem sich die Zentrumsfraktion für den weitergehenden
Antrag der SPD entschieden hatte, den Bergbau in Länderbesitz zu überführen[57],
brach Arnold die Fusionsverhandlungen mit der DZP vorerst ab und teilte seinen
Entschluß Adenauer am 7. August offiziell mit[58].

---

55 Vgl. *Konrad Adenauer* (Anm. 3), S. 545.
56 Stenographischer Bericht über die 56.–59. Sitzung, 14. Sitzungsabschnitt (Sondersitzung)
   des Landtages Nordrhein-Westfalen am 5. und 6. August 1948, Düsseldorf o. J., S. 894 ff. –
   Arnold gab nach der Eröffnung der Sitzung eine Erklärung zum Sozialisierungsgesetz ab und
   legte dem Wirtschaftsausschuß einen Vorschlag zur Beratung vor, der von den Vertretern der
   an der Regierung beteiligten Parteien und den Gewerkschaften ausgearbeitet worden war.
   Vgl. auch Hüwel, *Arnold* (Anm. 8), S. 134 f.
57 Johannes Brockmann sagte in der Sozialisierungsdebatte am 6.8.1948: „Darum möchte ich
   hier zum Ausdruck bringen, daß es uns bei der Gestaltung und Lösung dieser Frage um den
   hochpolitischen Grundsatz der Entprivatisierung der Kohle und der Überführung des Eigentums an der Kohle in Gemeineigentum geht! Und dazu vermissen wir in allen Änderungs-
   vorschlägen der CDU, die hier vorgebracht werden, eine ganz klare und eindeutige Stellungnahme." Ballensiefen, der für die DZP-Fraktion sprach, wiederholte im wesentlichen seine
   Ausführungen vom 7.4.1948 und sprach sich dafür aus, daß nicht nur eine neue staatliche
   Ordnung, sondern auch eine neue Wirtschafts- und Gesellschaftsordnung aufgebaut werden
   müsse. Vgl. Sten. Ber. (Anm. 56), S. 977 f., 931 ff.
58 Arnold an Adenauer, 7.8.1948: „Bei dieser Gelegenheit möchte ich Ihnen davon Kenntnis
   geben, daß ich mich aufgrund der Stellungnahme des Zentrums bei der gestrigen Abstimmung im Landtag entschlossen habe, die Verhandlungen mit Vertretern des Zentrums vorerst abzubrechen." Abgedr. in: *Konrad Adenauer. Seine Zeit, sein Werk*, Ausstellungskatalog Staatsarchiv Münster, 1976, S. 157, Dok. 341. Vgl. außerdem Arnold an Adenauer v.
   2.8.1948, also am Vortag der Besprechung im Zonenausschuß der CDU, Dok. 321, ebd.,
   S. 143 f. – Zum Abbruch der Fusionsverhandlungen vgl. außerdem Hüwel, *Arnold* (Anm. 8),
   S. 156, 135; Dreher, *Weg* (Anm. 3), S. 165; Först, *Nordrhein-Westfalen* (Anm. 8), S. 443.

8.2 Die „Union der Mitte" in Württemberg und Baden

Spiecker hatte sich seit Sommer 1948 nicht allein auf den Fortgang der Verhandlungen in Nordrhein-Westfalen verlassen. Er gründete zusammen mit dem früheren
Reichskanzler Dr. Joseph Wirth und dem ehemaligen CDU-Vorsitzenden von
Württemberg-Baden, Arthur Ketterer, am 23. Oktober 1948 in Stuttgart eine Partei
namens „Union der Mitte" (UdM), in der Hoffnung, lokale DZP-Gruppen mit großen
Teilen der linken CDU in einer gemeinsamen Partei zusammenzuschließen[59]. Ketterer hatte schon im Jahr 1947 — nach seinem Bruch mit der CDU wegen der Ent-
nazifizierungspraxis im Fall Simpfendörfer und im Fall Bausch[60] — eine württem-
bergisch-badische Landesorganisation der DZP gründen wollen. Aus der CDU wollte
er den linken Flügel und die katholischen Kräfte, vor allem die katholischen Gewerkschaftler, herausbrechen und so 10—15 Prozent der Wählerstimmen in Württemberg-
Baden gewinnen. Dieser Versuch scheiterte jedoch daran, daß einflußreiche Teile
des süddeutschen Klerus ihn offen mißbilligten und die anvisierte CDU-Linke um
Josef Vogel, Anton Huber und Konrad Theiß allen innerparteilichen Differenzen
zum Trotz letztendlich keine Spaltung der Union wünschte, denn dadurch werde
man nur der SPD in die Hände arbeiten[61].

Als ihr politisches Ziel erklärte die UdM, sie wolle als eine weltanschaulich nicht
gebundene, neue Partei langfristig einen Veränderungsprozeß zur Überwindung der
Gegensätze im deutschen Parteiensystem bewirken. In den Grundsätzen der „Union
der Mitte" hieß es:

59 Vgl. „New Political Party ‚Union der Mitte' Applies for License in Stuttgart", NA RG 59,
862.00/10-2148, Nr. 449. — Vgl. auch *Die CDU/CSU im Parlamentarischen Rat. Sitzungsprotokolle der Unionsfraktion*, eingel. u. bearb. v. Rainer Salzmann (*Forschungen und
Quellen zur Zeitgeschichte*, Bd. 2), Stuttgart 1981, S. 81 f. — Joseph Wirth forderte auf der
Gründungsversammlung die Sozialdemokratie und die Christlichen Demokraten dazu auf,
näher aneinanderzurücken und sich in der Mitte zu treffen (vgl. *Adenauer-Briefe* [Anm. 19],
S. 621).

60 Simpfendörfer wurde 1947 wegen seiner Zustimmung zum Ermächtigungsgesetz und seines
propagandistischen Eintretens für die NSDAP als Belasteter vor der Spruchkammer ange-
klagt und stellte sein Amt als baden-württembergischer Kultusminister erst nach längeren
Auseinandersetzungen in der Presse zur Verfügung. Vgl. NA RG 59, 862.00/3-2047, 862.00/
2-1347, Nr. 191, 862.00/6-2047, Nr. 357. Vgl. auch: „Discord within Württemberg-Baden
CDU and Talk of Formation of New ‚Zentrum' Party", NA RG 59, 862.00/6-2347, Nr. 358.
Bausch hatte 1933 bei der NSDAP-Fraktion im Reichstag hospitiert. Vgl. „New Political
Party" (Anm. 59).

61 Anton Huber war Landrat von Aalen und Vorsitzender der Jungen Union. Er war mit
Ketterer befreundet, trat jedoch gegen eine CDU-Spaltung ein. Nach einem ICD-Bericht
über eine informelle Zusammenkunft katholischer CDU-Führer im Benediktinerkloster
Neresheim im Sommer 1947 drängte Ketterer auf die sofortige Bildung einer Zentrumspartei. Huber hingegen lehnte die Spaltung der CDU ab, weil seiner Meinung nach die Linke
gerade dabei war, sich zu konsolidieren. Er hielt damals die Existenz einer starken antikom-
munistischen Partei für notwendig. In zwei bis drei Jahren sei ein besserer Zeitpunkt für die
Wiedergründung des Zentrums in Baden-Württemberg gegeben. Dieser Einschätzung schlossen sich die anderen CDU-Führer — außer Ketterer — sowie der Abt des Klosters, Bernhard
Durst, an. Durst übte großen Einfluß in katholischen Kreisen aus, da der katholische Bischof
in Rottenburg, d. h. in der französischen Zone, residierte. Vgl. „Discord" (Anm. 60). Hinter-
grund-Informationen über eine mögliche Spaltung der CDU s. auch im Memorandum „Situation and Prospects of the CDU in Württemberg-Baden", NA RG 59, 862.00/7-1448.

„Die ‚Union der Mitte' ist die Partei gegen den Parteigeist. Sie vereinigt alle Männer und Frauen, die des Parteienstreits müde sind und die sich ehrlich entschlossen haben, keine Parteipolitik, sondern Staatspolitik machen zu wollen. Oberstes Gesetz ist das Gemeinwohl."[62]

Einige CDU-Gruppen in Stuttgart, Ulm und Aalen spielten zunächst mit dem Gedanken, der UdM beizutreten, entschieden sich dann jedoch gegen die Neugründung. Auch die beiden einzigen bis dahin in Nord-Württemberg bestehenden Zentrums-Organisationen in den Landkreisen Heidelberg und Mannheim stellten Anträge auf Umbenennung in UdM, zogen sie aber wenige Tage später — offenbar auf Druck der CDU hin — zurück[63]. Die CDU unternahm alles, um eine landesweite UdM-Bildung zu verhindern. So erhob sie bei der Militärregierung Anspruch auf das Urheberrecht für die Bezeichnung „Union" und diskreditierte Ketterer darüber hinaus nicht nur mit der Verdächtigung, er habe Parteigelder veruntreut, sondern bezeichnete ihn wegen seiner Mitarbeit im Vorstand der „Vereinigung der Verfolgten des Naziregimes" (VVN) als kommunistischen *fellow-traveller*[64].

Die Ausweitung der Zentrumspartei nach Süden und Westen unter der Bezeichnung „Union der Mitte" war im Zentrum von Anfang an umstritten, da man Rückwirkungen auf die DZP oder gar eine Preisgabe des Namens Zentrum befürchtete. In der Hauptvorstandssitzung am 10. Januar 1948 hatte Spiecker, der den neuen Namen kreiert hatte, die Unruhe noch besänftigt: UdM sei nur eine ihm spontan eingefallene Bezeichnung für eine Sammlungsbewegung, die überhaupt erst zum Zeitpunkt eines überzonalen Zusammenschlusses relevant werde. Die politischen Kräfte der Mitte könnten dann auch als „Volksblock" auftreten[65]. Nach der Stuttgarter UdM-Gründung und kurz vor dem bevorstehenden DZP-Parteitag in Essen-Kupferdreh im Dezember 1948 warnte dann ein Freundeskreis um Thea Arnold, Hauptvorstandsmitglied und spätere Bundestagsabgeordnete, und Dr. Hamacher vor einer Zerstörung des Zentrums durch Spieckers Ambitionen. Die UdM solle nur „als Brücke zu einer völligen Neuformierung benutzt"[66] werden. Unter dem Vorwand der überregionalen Ausbreitung einer zentrumsnahen Partei oder Bewegung würden aber die programmatischen Grundlagen des Zentrums ohne jede Diskussion verändert. Denn das Zentrum definiere sich im Sinne Windthorsts zwar traditionell als politische, nicht als integral-konfessionelle Partei; es sei jedoch keinesfalls weltanschaulich indifferent

---

62 Rückübersetzung Ute Schmidt. Vgl. Enclosure, Nr. 449, 21.10.1948, NA RG 59, 862.00/10-2148. — Zur Einschätzung der UdM durch die amerikanische Militärregierung vgl. auch „Intelligence Report contd.", SK Stuttgart, 22.12.1948, Section II, NA RG 260, OMGW 12/15-2/8, 1—5. Das Organ der UdM „der dritte weg" erschien in Stuttgart seit Dezember 1948 14-tägig (Kopie der ersten Ausgabe im PA ZI 6).

63 Vgl. NA RG 59, 862.00/11-1648, Nr. A-501. — Die Zentrumspartei wurde in Heidelberg am 18.12.1947 lizenziert, in Mannheim am 3.9.1948. Die Heidelberger DZP entzog der CDU-Gemeinderatsfraktion auf Anhieb 5 von 12 Stimmen, vgl. HV-Protokoll, 10.1.1948, DZPAM 6. — Ihre soziale Basis fanden die Zentrumsgruppen in Nord-Württemberg und Nord-Baden vor allem bei Lehrern und jungen Leuten. Vgl. „New Political Party" (Anm. 59).

64 Vgl. NA RG 59, 862.00/12-3048, Nr. A-545.

65 Vgl. HV-Protokoll, 10.1.1948, DZPAM 6.

66 „Was geht im Zentrum vor?" handschr. Zusatz „L.H.! Zur beliebigen Verwendung! Aus Aussprachen in einem Freundeskreis!", HSTAD, RWN 48—7. Daraus auch die folgenden Zitate.

und ideologiefrei. „Nie und nimmer" dürften die Partei und ihre Mitglieder aus ihren „ganzheitlichen, religiösen und gewissensmäßigen Rückverbindungen", dem christlichen Naturrecht, gelöst werden. Frau Arnold und ihre Freunde befürchteten, daß der Kreis um Spiecker für seine „politischen Aspirationen die Hebelstellungen der Zentrumspartei in seine Hand" bekommen wolle. Spiecker und Ex-Reichskanzler Joseph Wirth glaubten zwar, mit ihrer säkularisierten Konzeption einer „Partei der Mitte" viele Anhänger und vor allem die Jugend anzusprechen, doch halte man im Zentrum die Neuformierung im Südwesten für ein totgeborenes Kind.

8.3 Bundespolitische Aspekte für eine Fusion (1948/49)

Hatte Adenauer sich bisher entschieden gegen jede Fusion von CDU und Zentrumspartei gewandt und gehofft, die Verhandlungen würden versanden, so lenkte er um die Jahreswende 1948/49 plötzlich ein und rechtfertigte nun sogar einen erneuten Vorstoß Arnolds. Am 4. Januar 1949 schrieb er zusammen mit Arnold einen Brief an Spiecker, in dem eingeräumt wurde, „Nichtigkeiten und politische Engstirnigkeit ... [hätten] bisher den Weg zu einer großzügigen politischen Sammlung verbaut"[67]. In diesem Brief wies die Unionsspitze jetzt ausdrücklich darauf hin, daß beide Parteien von derselben geistigen Substanz lebten. Adenauers Meinungswandel läßt sich dadurch erklären, daß für ihn die Bildung einer westdeutschen Regierung im Januar 1949 erste Priorität besaß. Demgegenüber erschien ihm die bisher befürchtete Stärkung des sozialen Flügels offenbar inzwischen als zweitrangig[68]. Eine fusionierte CDU/DZP hätte vor allem die Chancen der Union vergrößert, aus den ersten Bundestagswahlen als stärkste Partei hervorzugehen. Im Parlamentarischen Rat war um die Jahreswende 1948/49 eine prekäre Konstellation entstanden; in weltanschaulich-kulturpolitischen Fragen mußte die CDU — wie noch zu zeigen sein wird — mit dem Zentrum kooperieren, fand aber selbst dann gegenüber der „kulturliberalen Front" aus SPD und FDP häufig keine Mehrheit. Die Unionsparteien verfügten im Parlamentarischen Rat zusammen über 27 Stimmen und waren damit genauso stark wie die SPD-Fraktion (DP: zwei; FDP: fünf; KPD: zwei Mandate). Mit der CSU, die in verfassungspolitischen Fragen eine eigenwillig-föderalistische Position einnahm, war außerdem nicht immer ein Konsens herzustellen, so daß die CDU auch die Unterstützung durch andere bürgerliche Parteien suchte. Es sollte auch verhindert werden, daß die vier Zentrumsstimmen im Wirtschaftsrat in das Lager der SPD abschwenkten[69]. Ein weiterer Faktor für Adenauers Einlenken mögen die relativ schlechten Wahl-

---

67 *Neue Zürcher Zeitung* v. 20.1.1949; vgl. auch *Westfälische Rundschau* v. 18.1.1949.
68 Vgl. *Westdeutsche Allgemeine* v. 18.1.1949.
69 Vgl. NA RG 59, 862.00/1-2049, Nr. A-53; vgl. auch *Neue Zürcher Zeitung* v. 20.1.1949:
„Der Gewinn, den die CDU durch den Zugang von Politikern und Wählerstimmen des Zentrums macht, ist ohne Zweifel bedeutsamer, als dies aus den relativ bescheidenen Zahlen ersichtlich ist, welche die Partei Spieckers beizusteuern hat. Die bisher auf recht gebrechlichen Füßen stehende Mehrheit der Rechtsparteien im Frankfurter Wirtschaftsrat, die in einigen Fällen immer wieder wirkungslos wurde, wenn die vier Zentrumsstimmen ins andere Lager schwenkten, erhält eine stabile Basis. In Bonn sind die christlich orientierten Politiker durch den Zusammenschluß zu einer ansehnlichen Streitmacht geworden."

ergebnisse gewesen sein, die die Union bei den Landtagswahlen im Jahr 1948 gerade in den Ländern mit hohem katholischem Bevölkerungsanteil erzielte. Er erhoffte sich von der Fusion auch ein Signal für ein Zusammengehen von CSU und Bayernpartei[70].

8.4 Die Entscheidung in Oberhausen

Auf dem 4. Parteitag der DZP am 4./5. Dezember 1948 in Essen-Kupferdreh setzte sich Spiecker als erster Vorsitzender der Zentrumspartei durch. Er löste Johannes Brockmann ab, dessen Kandidatur auf dem vorhergegangenen Parteitag am 24./25. Januar 1948 in Recklinghausen[71] den schwelenden Führungskonflikt zwischen Hamacher und Spiecker kurzfristig entschärft hatte. Das Ansehen Spieckers, der als Vorsitzender des bizonalen Exekutivrates im Licht der Öffentlichkeit stand, war bei den Parteitagsdelegierten gestiegen; auch im Nachkriegszentrum stellte sich wieder eine deutliche Vorliebe der Basis und ihrer Delegierten für Führungsfiguren ein. Die meisten der in Essen-Kupferdreh versammelten Delegierten akzeptierten sicherlich nicht Spieckers „entweltanschaulichtes" Parteikonzept; offenbar trauten sie ihm aber zu, die Zentrumspartei, die nach der Währungsreform in eine Finanzkrise geraten war, zu sanieren. Dr. Hamacher war damit endgültig in den Hintergrund getreten. Für Spiecker hatten freilich nur 96 von 163 Delegierten gestimmt. Sein Führungsstil — er verlangte von den Delegierten Blankovollmacht, um das Direktorium nach seinem Gutdünken zu besetzen und irritierte die Anwesenden mit der Ankündigung einer „revolutionierenden Tat" — trug ihm den Vorwurf undemokratischen Verhaltens ein und war kaum geeignet, seine Fusionspläne im Zentrum psychologisch vorzubereiten[72].

Die Verhandlungen mit der CDU, die Spiecker jetzt als Parteivorsitzender führte, provozierten daher den entschlossenen Widerstand vieler DZP-Gruppen aus dem Münsterland, aus Südoldenburg, dem Niederrheingebiet und dem Siegkreis. Ausgerechnet jetzt, wo nach Ansicht der Zentrumstraditionalisten „die Früchte ihrer Aufbauarbeit zu reifen" begannen, wollten sie der CDU keine „Vorspanndienste"

---

70 Vgl. *CDU/CSU* (Anm. 59), S. 345. Zur Konstellation im Parlamentarischen Rat vgl. unten Kap. 10. — In Nordrhein-Westfalen war seit den Landtagswahlen vom 20.4.1947 ein Abbröckeln des 1946 erreichten Wähleranhangs zu bemerken; in den übrigen Ländern mit katholischer Bevölkerungsmehrheit, ganz besonders in Bayern, zeichnete sich seit 1948 eine ähnliche Entwicklung ab. In den Ländern und Stadtstaaten mit überwiegend evangelischer Mehrheit (Baden-Württemberg, Niedersachsen, Hessen, West-Berlin, Schleswig-Holstein, Bremen und Hamburg) verlor die CDU in den Jahren 1947—1950 ebenfalls an Stimmen.

71 Im Januar 1948 war Spiecker nach Brockmann zum zweiten Vorsitzenden gewählt worden. Zu Hamachers Erleichterung hatte er nicht für den ersten Vorsitzenden kandidiert. Hamacher selbst wurde nur noch zweiter Stellvertreter. Diese Zurücksetzung war für Dr. Hamacher schmerzlich. Taktlose Anspielungen auf seine Person kamen teilweise auch von Brockmann. Vgl. HSTAD, RWN 48—7; Protokoll des DZP-Parteitages in Recklinghausen am 24./25.1.1948, HSTAD, RWN 125—60.

72 Vgl. Protokoll des DZP-Parteitages in Essen-Kupferdreh am 4./5.12.1948, HSTAD, RWN 125—60; *Niedersächsischer Kurier* v. 4.2.1949.

leisten[73]. Die Landesleitungen der Zentrumspartei in Niedersachsen und in Hessen erklärten im Januar 1949, die Verhandlungen seien für sie ohne jede Verbindlichkeit. Das neu entstandene hessische Zentrum[74] lehnte eine Verschmelzung mit der CDU ab und beanstandete, die Richtung der Parteiführung sei mit der historischen Zentrumslinie nicht mehr zu vereinbaren. Auch die Landtagsfraktionen von Niedersachsen und Nordrhein-Westfalen[75] sowie einzelne Kreisparteien[76] sprachen sich einstimmig gegen die Fusion aus. Die Bremer Zentrumspartei – sie zählte 248 Mitglieder – entschied sich hingegen am 18. Januar 1949 zum Übertritt in die SPD. In der Entschließung des Bremer Delegiertentages hieß es:

„Wir sind der festen Überzeugung, daß die SPD die weltanschauliche Bindung ihrer Parteifreunde achtet. Aus dieser Erwägung heraus fordern wir alle Freunde unserer Partei auf, sich mit in die vorderste Front der SPD zu stellen, damit die breite Masse unseres Volkes nicht das Opfer des CDU-Wirtschaftsliberalismus wird."[77]

Für die Zentristen um Johannes Brockmann kam eine Fusion mit der CDU nur dann in Frage, wenn die Union folgende Bedingungen erfüllte: Unterbindung jeder aktiven Betätigung von Geistlichen aller Konfessionen in der fusionierten Partei; Ausschluß aller Mitglieder, die 1933 der NSDAP beigetreten waren sowie der ehemaligen Mitglieder der DNVP, der Wehrverbände, insbesondere des Stahlhelm, der Deutsch-Völkischen Freiheitspartei, der Landvolkpartei oder anderer rechtsgerichteter Parteien; Mitglieder der CDU, die als Angehörige von Weimarer Parteien dem Ermächtigungsgesetz im Reichstag am 23. März 1933 zugestimmt hatten, sollten keine führenden Ämter in der Partei und in der Politik bekleiden dürfen. Für den Fall, daß der Name Zentrum aufgegeben würde, solle sich die CDU in Nordrhein-Westfalen in Christlich-Soziale Union umbenennen, um das soziale Gesicht der Partei zu betonen[78].

Für den 30. Januar 1949 wurde nach der Hauptvorstandssitzung der DZP am 16. Januar ein außerordentlicher Parteitag nach Oberhausen einberufen, auf dem über eine Fusion abgestimmt werden sollte. Spiecker versuchte hier, seine Parteifreunde zur Zustimmung zu bewegen, indem er die gemeinsame „geistige Sub-

73 So Stillger schon am 6.7.1948 an Brockmann, Kopie im PA ZI 6.
74 Vgl. *NWK* v. 21.1.1949; *Westfälische Rundschau* v. 20.1.1949. – In Hessen hatte sich 1947/48 als Folge konfessioneller Spannungen in der CDU eine Zentrumsgruppe abgespalten, denn die katholische Wählerschaft sah sich in den CDU-Führungsgremien nicht ausreichend repräsentiert. Verbindungsmann zur Zentrumspartei in Nordrhein-Westfalen war seit 1947 der Redakteur Theo Oberheitmann, den Vorsitz führte der Zentrumsveteran Aloys Nölle, Polizeipräsident aus Wiesbaden. In der katholischen Bevölkerung des Landkreises Hünfeld hatte das hessische Zentrum bei den Kommunalwahlen 1948 erste Erfolge erzielt.
75 Vgl. *NWK* v. 21.1.1949; *Westfälische Rundschau* v. 20.1.1949.
76 Gegen die „fast bedingungslose Preisgabe" ihrer Partei wandten sich u. a. die Delegiertentage der Kreisparteien Duisburg, Münster-Land, Detmold, Oberhausen, Ahaus, Beckum, Coesfeld, Hellweg-Sauerland, Vest Recklinghausen, Niederrhein, Paderborn, Düsseldorf, Essen, Minden-Detmold (vgl. BAK, NB 11).
77 Schreiben des Bremer Zentrumsvorsitzenden Heinz Noppeney an Brockmann, 21.1.1949 (Abschrift), BAK, NB 11.
78 Vgl. „Memorandum", BAK, NB 11; *Westdeutsche Allgemeine* v. 18.1.1949; *Die Welt* v. 22.1.1949.

stanz" von Zentrum und CDU hervorhob und auf die Zugeständnisse hinwies, die
Arnold und Adenauer der DZP im Falle eines geschlossenen Übertritts zur CDU
schriftlich zugesichert hatten:

- Die für die DZP bei den letzten Landtagswahlen abgegebenen Stimmen sollten bei der Aufstellung von Kandidaten für das künftige Bundesparlament volle Berücksichtigung finden.
- Im Gegensatz zu seinen bisherigen Äußerungen hatte Adenauer sich bereit erklärt, dafür
  einzutreten, daß eine Bestimmung in das Grundgesetz aufgenommen werden würde, nach
  der Glaubens- und religiöse Gewissensfragen im vorparlamentarischen Raum durch Volksentscheid zu regeln seien [79].

Auf dem außerordentlichen Parteitag im Oberhausener Kolpinghaus sah sich
Spiecker einer ihm feindlich gesonnenen Versammlung gegenüber. Gleich zu Beginn
stellte die Kreispartei Grevenbroich den Antrag, Spiecker solle seinen Posten als
Parteivorsitzender abgeben, da das Vertrauen in die derzeitige Zentrumsführung ge-
schwunden sei. Außerdem lag ein Antrag von 16 westfälischen Kreisparteien vor,
der außerordentliche Parteitag möge die Fusion ablehnen [80]. Daß das katholische
Milieu gegen die Vereinbarungen zwischen Spiecker, Arnold und Adenauer revol-
tieren würde, erkannte der Landesvorsitzende der DZP Nordrhein-Westfalens, Fritz
Stricker, früher als Spiecker; während einer Rundreise zu allen Kreisparteien hatte
er eruiert, daß sich über 90 Prozent aller Landes-, Bezirks- und Kreisvorstände gegen
die Vereinigung mit der CDU stellen würden.

Spiecker warb in seinem Referat nochmals für die Fusion. Er warnte das Nachkriegszentrum vor einer Reduktion auf wenige regionale Schwerpunkte; dadurch
werde in zwei Bundesländern eine Traditionskompanie aufrechterhalten, das ganze
übrige Land jedoch freigegeben. Für die zu Sekten verkommenen residualen Parteiorganisationen sei überhaupt kein „Reichsparteivorsitzender" mehr notwendig. Im
weiteren Verlauf der Rede Spieckers wurde deutlich, daß die vorgeschlagene Annäherung an die Union nicht etwa damit begründet wurde, daß sich die CDU im
Sinne des Zentrums qualitativ verändert habe; vielmehr hatte Spiecker selbst, angesichts der bevorstehenden Verabschiedung des Grundgesetzes und der kommenden
ersten Bundestagswahlen, seine Kriterien verändert. Noch 1947 hatte er seinen Beitritt zur CDU davon abhängig gemacht, daß sich die CDU, falls eine Rechtspartei
auftrete, zu einer „Partei der Mitte" entwickle. Bis dahin habe das Zentrum — auch
als Brücke zur SPD — eine Daseinsberechtigung [81].

Die Delegierten konnten freilich nicht nachvollziehen, weshalb gerade Spiecker,
der immer wieder die Rechtslastigkeit der Union gegeißelt hatte, jetzt zur Tagespolitik überging und die CDU, so wie sie war, als die stärkere Fraktion akzeptierte.
Es mußte auch verwundern, daß Spiecker, der noch vor kurzem mit einer weltan-

79 Vgl. „Vereinigung CDU-Zentrum?", in: *Allgemeine Zeitung* v. 19.1.1949; vgl. auch Adenauers Erklärung in der CDU/CSU-Fraktion im Parlamentarischen Rat am 18.1.1949, in:
   CDU/CSU (Anm. 59), S. 344 f.
80 Vgl. Protokoll des a. o. Delegiertentages der DZP am 30.1.1949 in Oberhausen, HSTAD,
   RWN 125–60.
81 Vgl. Aktennotiz Adenauers über ein Gespräch mit Spiecker am 22.8.1947, in: *Adenauer-
   Briefe* (Anm. 19), Dok. Nr. 588 A, S. 41 f.

schaulich neutralen Mittepartei der Polarisierung des Parteiensystems hatte entgegenwirken wollen, nun gerade die Debatte über das Elternrecht im Parlamentarischen Rat[82] zum Anlaß nahm, die politischen Kräfte in der entstehenden Bundesrepublik in ein christliches und ein nichtchristliches Lager aufzuteilen. Überzeugender klang hingegen sein Argument, das Zentrum sei in seiner Hochburg Nordrhein-Westfalen mit einer CDU-Landesorganisation konfrontiert, die noch immer wesentliche Gesichtszüge des alten Zentrums trage; daher könne er den Ministerpräsidenten auch nicht als politischen Gegner ansehen. Offen blieb jedoch, warum Spiecker dann nicht schon früher für eine Fusion eingetreten war.

Vermutlich hat Spiecker die Fusion betrieben, weil er der Meinung war, in den kommenden vier Jahren werde sich das Schicksal Europas entscheiden. In diesem einen Punkt — daß nämlich das Ergebnis der ersten Bundestagswahl den Charakter der Bundesrepublik entscheidend prägen würde — teilte Spiecker die Auffassung Adenauers und Kurt Schumachers. Spieckers Perspektive war: „Wir werden nach vier Jahren entweder europäisch oder asiatisch sein."[83]

Hatte Spiecker in den ersten Nachkriegsjahren seine politische Identität noch in der linksrepublikanischen Zentrumstradition gefunden, so steuerte er nun sichtlich in ein anderes Fahrwasser. Er verlor sein altes Ziel, den innen- wie außenpolitischen Ausgleich der unterschiedlichen politischen Kräfte, aus den Augen und schwenkte um auf eine „abendländisch"-christliche Werte verteidigende Konfrontationsstrategie gegen einen „asiatischen" Bolschewismus, die sich in der Stimmung des Kalten Krieges im bürgerlichen Lager verbreitete. Spiecker und Muckermann machten nun — unter dem „Primat der Außenpolitik"[84] — die Dämonisierung der politischen Gegner mit, wie sie für große Teile der CDU und des Klerus schon die Unionsgründung gerechtfertigt und deren Politik im Nachkriegsdeutschland bestimmt hatten.

Demgegenüber wollte die Mehrheit der Zentrumsdelegierten die Partei der Mitte nicht aufgeben. Helene Wessel kritisierte in ihrer Rede auf dem Oberhausener Parteitag, daß im Briefwechsel Arnold/Spiecker die soziale Linie der DZP nicht genügend herausgestellt worden sei. Sie hielt Spiecker entgegen, es hänge von der Lösung der sozialen Frage ab, ob sich in Deutschland der Kommunismus durchsetzen werde oder nicht. Insofern liege die Hauptaufgabe der nächsten vier Jahre nicht primär auf außenpolitischem Gebiet, sondern in der praktisch-politischen Arbeit mit dem Ziel einer sozialen Neuordnung. Die Zentrumspartei dürfe nicht zur Traditionskompanie erstarren, sondern müsse als eine Partei weiterwirken, die „wie schon in früheren Jahren mit fortschrittlichem Geist, mit echtem demokratischem Öl gesalbt wird"[85].

Der Landesvorsitzende der DZP Nordrhein-Westfalens, Fritz Stricker, berichtete,

---

82 Vgl. unten Kap. 10.
83 Protokoll des a. o. Parteitages in Oberhausen am 30.1.1949 (HSTAD, RWN 125—60).
84 Vgl. „Zu den Vorgängen in der Zentrumspartei" (HSTAD, RWN 125—60), wo Spieckers Position noch einmal verdeutlicht wird (o. Verf., o. D.). Von der außenpolitischen Situation sei auch die „Gesundung der Wirtschaft" abhängig und in diesem Zusammenhang erst die soziale Frage zu lösen, die Spiecker bekanntlich am Herzen liege.
85 Protokoll des a. o. Parteitages in Oberhausen (Anm. 83). Hieraus wird auch im folgenden zitiert.

er selbst habe nach der Veröffentlichung des Briefes von Arnold und Adenauer an Spiecker vom 4. Januar 1949 angesichts der Finanz- und Organisationskrise der DZP mit Wissen Brockmanns Verhandlungen geführt. Weil nur noch etwa ein Drittel der bestehenden Kreisorganisationen die Verbindung mit dem Vorstand aufrechterhielt, hatte Stricker den Eindruck gewonnen, es handle sich bei der Zentrumspartei „um einen zähen Teig, in den man zwar hineinstoßen kann, in dem die Vertiefungen (aber) bald wieder ausgeglichen waren"[86]. Auch war er über die Stagnation der DZP bei den Gemeindewahlen 1948 besorgt. Stricker war der Ansicht und hatte dies auch schon Arnold erklärt, daß sich Fusionsvereinbarungen auf der Führungsebene seiner Einschätzung nach derzeit nicht durchsetzen ließen, weil sich die große Mehrzahl der lokalen Parteivorstände einem Zusammenschluß widersetzen werde, bei dem der Name Zentrum zur Disposition stehe. Stricker hatte für eine Annäherung der Wählermassen, für einen „echten Zusammenschluß", für ein „Sich-Finden", nicht für eine „Aufsaugung" plädiert. Die Wähler der Zentrumspartei dürften für die CDU nicht „Strandgut" sein; daher müsse man vor der Vereinigung die Übereinstimmung der Gesinnung feststellen. Das Zentrum bestehe nach wie vor auf der „Idee der Mitte"; es lehne die parteipolitische Aufspaltung des Volkes in Christen und Nichtchristen ab; Religion dürfe nicht zu parteipolitischen Zwecken mißbraucht werden; der Volksentscheid über Gewissensfragen müsse anerkannt und die soziale Verpflichtung besonders betont werden. Wenn also durch den Beitritt der Zentrumsanhängerschaft die politische Richtung der CDU erkennbar beeinflußt werden könnte, so wäre eine Fusion kein Verrat an der Zentrumsidee und eine Namensänderung akzeptabel. Allein durch einen geschlossenen Übertritt der DZP zur CDU werde aber ein politischer Druck auf die Union ausgeübt und ein Auseinanderlaufen der Zentrumsanhänger verhindert. Strickers Bemühungen unterschieden sich vom Taktieren Spieckers durch die Erkenntnis, daß die Anhängerschaft des Zentrums „kein biegsames Wachs" war. Stricker setzte sich für eine rational-realpolitische, nicht gefühlsmäßige Entscheidung der Fusionsfrage ein; er hielt es aber für vorrangig, „unsere Menschen zusammenzuhalten und sie für neue Aktionen im politischen Raum stark und kräftig zu machen"[87]. Die Zukunft der Partei hing seiner Meinung nach nicht von der augenblicklichen Entscheidung für die Fusion oder für die Eigenständigkeit der DZP ab, sondern allein davon, ob zukünftig eine zeitgemäße politische Arbeit geleistet und die Organisationskrise behoben würde.

Mit seinem Aufruf, den „Ghetto-Kampf" in Nordrhein-Westfalen zu beenden und statt dessen „die geschlossene Kraft der CDU zur Verfügung zu stellen"[88], hatte Spiecker die Grundsatztreue und das Beharrungsvermögen der Zentrumsbasis unterschätzt; er hatte offensichtlich auch die Argumentation der Zentristen in der Zentrumsführung um Stricker und Wessel nicht ernst genug bedacht. So wurde auf dem Oberhausener Parteitag sein Fusionsvorschlag mit einer überwältigenden Mehrheit von 239 Nein-Stimmen (26 Ja-Stimmen und zwei Enthaltungen) abgelehnt.

86 Ebd.
87 Ebd.
88 Ebd.

Spiecker gab am 5. Februar 1949 den Parteivorsitz an Fritz Stricker ab. Am 9. Februar 1949 traten die vier Zentrumsparlamentarier Muckermann, Steffensmeier, Wilhelm Kemper und Karl Feih aus der Zentrumsfraktion im nordrhein-westfälischen Landtag aus und bildeten eine „Arbeitsgemeinschaft freies Zentrum". Sie wurden daraufhin am 13. Februar 1949 zusammen mit Spiecker aus der DZP ausgeschlossen und traten kurz darauf der CDU bei. In den folgenden Tagen erklärten auch drei der vier Zentrumsvertreter im Frankfurter Wirtschaftsrat ihren Austritt aus der Partei[89]. Trotz des Oberhausener Beschlusses propagierte die Rhein-Ruhr-Zeitung weiterhin eine Fusion mit der CDU, was dazu führte, daß das bisherige Zentrumsblatt nun nicht mehr als Parteizeitung fungieren konnte. Hamacher kämpfte mit seinen beiden Mit-Lizenzträgern Spiecker und Steffensmeier um die Zeitung und schaltete auch die Militärregierungsbehörden als Schlichter ein. Dennoch ging die RRZ für die Zentrumspartei verloren; sie fusionierte mit der Essener Ausgabe der CDU-nahen „Rheinischen Post". Die CDU benutzte die Sezession bekannter Zentrumspolitiker für eine massive Fusionskampagne, die in eine „Tagung der Gesinnungsfreunde" am 10. April 1949 in Essen einmündete[90].

Der Tagungsort im Herzen des Ruhrgebiets ermöglichte manche historische Reminiszenz. Hier versammelten sich etwa 220 DZP- und CDU-Mitglieder aus Nordrhein-Westfalen und Niedersachsen, um — so Arnold — die Verständigung zwischen den beiden Parteien im Interesse einer „Durchsetzung echter demokratischer und sozialer Gedanken" weiter voranzubringen und — so Spiecker — den Eklat von Oberhausen wieder gutzumachen. Die Fronten zwischen CDU und Zentrum seien flüssig. Spiecker appellierte an die mehr als eine halbe Million Zentrumswähler und hielt den Oberhausener Zentrumsdelegierten vor, sie könnten sich höchstens auf 30 000–40 000 Mitglieder stützen. Er bewertete die Oberhausener Entscheidung als Zeichen der Schwäche und Nervosität und forderte erneut eine Zusammenfassung der Kräfte:

„Wir werden uns nicht ändern, aber wir möchten wieder etwas bedeuten, wir möchten unseren Anhängern und den Wählern sagen können: es geschieht etwas in dem Sinn, den wir euch gepredigt haben. Jetzt wo all die großen Entscheidungen an uns herankommen, jetzt wo es wirklich um die Zukunft Deutschlands und Europas geht, jetzt ist keine Zeit mehr, uns ... ideologisch herumzustreiten. Jetzt kommt es darauf an, daß das Gedankengut, das wir mit der CDU gemeinsam haben, im neuen Deutschland und im neuen Europa Wirklichkeit werde. Ich erinnere daran, was ich schon oft gesagt habe: In drei, vier Jahren ist eigentlich alles vorbei. In drei, vier Jahren haben wir ein neues Deutschland, ein neues Europa, oder wir sind alle in der SED. Wenn wir aber ein neues Deutschland und ein neues Europa haben, ein Deutschland in Europa, dann sind alle die Grundlagen und Zielsetzungen und Probleme andere, dann muß sogar die Innenpolitik Deutschlands sich europäisieren müssen, dann kommen ganz neue Aufgaben an uns heran.

89 Vgl. Anhang, Tab. 13; Hüwel, *Arnold* (Anm. 8), S. 158.
90 Protokoll der „Tagung der Gesinnungsfreunde in Essen" am 10.4.1949, HSTAD, RWN 125—60, sowie „*Reicht Euch die Hände!"* Die Konferenz von Essen am 10.4.1949. Bericht über die Tagung der Arbeitsgemeinschaft für politische Verständigung und Zusammenarbeit, Essen 1949. Auf Zentrumsseite sprachen in Essen neben Spiecker, Muckermann, Edmund Becker aus Hildesheim sowie Ferdinand Haake aus Paderborn mehrere bekannte frühere Zentrumsleute; für die CDU traten Arnold, Dr. Gustav Heinemann, Dr. Adolf Süsterhenn u. a. auf.

In drei, vier Jahren, wenn der Marshallplan zu Ende ist, werden wir es nicht mehr begreifen, daß wir uns jahrelang um Dinge gestritten haben, die zu nichts führten, statt wie Freunde zusammenzuarbeiten für das Wohl Deutschlands und Europas."[91]

Ziele und Forderungen der Zentrumspartei sollten also nach Spieckers Wunsch auf einer „breiteren Plattform" und mit „günstigeren Chancen" angegangen werden. Das Zentrum sei zu schwach, um seine politischen Ziele auf der Bundesebene durchzusetzen. Das habe der Kampf um das Elternrecht im Parlamentarischen Rat gezeigt. Auch sei das Zentrum schon personell überfordert, wenn es darum gehe, die Ausschüsse im Parlamentarischen Rat und im Wirtschaftsrat zu besetzen und dort sachliche Positionen zu erarbeiten. Mit dem Blick auf die anstehenden bundes- und außenpolitischen Weichenstellungen in der ersten Legislaturperiode entschied er sich dafür, Zentrumspolitik künftig in der CDU zu vertreten:

„Das Kleid des Zentrums ist uns zu eng, es kneift an allen Ecken und Enden. Wir ziehen den weiten Rock der CDU an, ich glaube, wir werden uns darin bewegen können."[92]

Muckermann distanzierte sich in Essen von der Forderung nach einer sozialradikalen Politik, wie sie in der DZP-Programmatik der ersten Nachkriegsjahre — auch von ihm selbst — gefordert worden war. Jetzt vertrat er die Ansicht, sozialradikale Lösungen gefährdeten das Prinzip der Mitte. Der überwiegende Teil der konfessionellen Arbeiterbewegung stehe im Lager der CDU, und es sei ausgeschlossen, gegen sie Sozialpolitik machen zu wollen. Auch könne man „gegen den Willen der Kirche" keinen „Kulturkampf" entfesseln, nachdem „beide Kirchen durch ihre namhaftesten Vertreter der Auffassung sind, nicht zum Streit, sondern zur Befriedung dort beizutragen, wo es möglich ist". Das Zentrum mache das Elternrecht zu einem „parteiagitatorischen Schlagwort"; es fache in seiner Propaganda einen Kulturkampf an und hoffe, die „Konjunktur" politisch auszunutzen[93]. Auch der CDU-Fraktionsführer im Parlamentarischen Rat, Adolf Süsterhenn, warnte das Zentrum davor, auf kirchlich-katholische Rückendeckung zu hoffen und einen Kulturkampf gegen die CDU zu führen. Die Politik der Union sei mit den Kirchenführern abgesprochen.

8.5 Ghetto- oder Mehrheitspartei?

Spieckers Motive für den Übertritt zur CDU blieben letztlich unklar. Auf der Tagung der Gesinnungsfreunde am 10. April 1949 in Essen hatte er erklärt, eine Partei sei für ihn in erster Linie ein Zweckverband, weniger eine Gesinnungsgemeinschaft; sie sei Methode, nicht Ziel.

„Mir kommt es auf die praktische Arbeit und den praktischen Erfolg an, und ich sage Ihnen ganz offen, das Werler Programm ist wunderschön, aber es ist für tausend Jahre gedacht. Was wir zu tun haben, das muß in fünf Punkten zusammengefaßt werden. Es genügt nicht, daß wir

91 Protokoll (Anm. 90). Daraus auch die folgenden Zitate.
92 Ebd.
93 Ebd.; vgl. hierzu auch unten Kap. 10.

uns auf wunderbare Thesen berufen, sondern es ist wichtig, wenn eine politische Aufgabe an uns herantritt, daß wir uns klar werden, was wir wirklich wollen. Daß wir in wohlklingenden Sätzen sagen, wie wir grundsätzlich zum Lastenausgleich, zur Sozialisierung, zur Bodenreform stehen, damit ist in der praktischen Politik nichts getan. Wir leiden vielfach daran, daß wir uns in Allgemeinheiten ergehen, statt mit beiden Händen die Probleme zu packen."[94]

Spieckers Pragmatismus war wohl dafür verantwortlich, daß er sich nicht auf das Milieu des Nachkriegszentrums einließ oder doch zumindest an ihm vorbeiagierte. Er wollte nicht Vorsitzender einer Ghettopartei sein und wandte sich in dem Augenblick vom Zentrum ab, als er erkannte, daß die Partei ihre konfessionelle und regionale Begrenzung nicht mehr durchbrechen würde. Gerade um die Jahreswende 1948/49 sah aber die traditionell-katholische Zentrumsbasis — nach einer längeren Phase der Verunsicherung — anläßlich der Auseinandersetzungen im Parlamentarischen Rat über Elternrecht und Konfessionsschule die Existenz ihrer Partei aufs neue legitimiert. Auf einem neuerlichen Höhepunkt der klerikalen Mobilisierung für die kulturpolitischen Ziele der katholischen Kirche gewannen die Zentrumstraditionalisten ein neues Selbstbewußtsein, das ihnen den Blick für den kontinuierlichen Gewichts- und Funktionsverlust des Zentrums verstellte.

Will man Spieckers Umorientierung nicht als bloße Anpassung an die stärkeren Bataillone interpretieren, so bleibt die — spekulative — Frage, ob in einer Fusion von DZP und CDU nicht doch eine Chance für eine sozial progressivere Politik gelegen haben könnte. Hätte die Forderung Spieckers, die Adenauer schließlich zugestand, nämlich Glaubens- und Gewissensfragen im vorparlamentarischen Raum durch Volksentscheid zu regeln, nicht zwangsläufig Weiterungen nach sich gezogen? Wäre eine solche Bestimmung in das Grundgesetz aufgenommen worden, so hätten die SPD-Vertreter im Parlamentarischen Rat vermutlich darauf bestanden, den Volksentscheid nicht nur über weltanschauliche Fragen, sondern auch bei gesellschaftspolitischen Grundsatzentscheidungen, also z. B. über die Sozialisierung der Schlüsselindustrien, zu ermöglichen[95]. Daß Adenauer mit solchen Konsequenzen einverstanden gewesen wäre, ist freilich recht unwahrscheinlich. So war sein Angebot an Spiecker wohl nur taktisch gemeint. Er rechnete zwar nicht damit, daß sich die Majorität der Zentrumsdelegierten einer Fusion widersetzen würde, sondern glaubte, Spiecker werde größere Teile des Zentrums in die CDU herüberziehen. Spaltete sich aber nach Oberhausen nur der Kern der „Essener Richtung" ab, so war ihr potentielles Gewicht in der Union von vornherein erheblich reduziert. Das restliche Zentrum wäre andererseits so stark geschwächt, daß es der CDU nicht mehr gefährlich werden könnte[96]. Zurück bliebe — so registrierten auch die Essener mit zynischem Unterton — eine „homogene Partei"[97], d. h. die eingeschrumpften und nicht mehr bündnisfähigen Reste der alten katholischen Milieupartei.

94 Typoskript einer undatierten Rede Spieckers, HSTAD, RWN 125—60.
95 Vgl. Werner Sörgel, *Konsensus und Interessen. Eine Studie zur Entstehung des Grundgesetzes für die Bundesrepublik Deutschland (Frankfurter Studien zur Wissenschaft von der Politik,* Bd. V), Stuttgart 1969.
96 Vgl. Adenauer an Beyrich, 22.1.1949, in: *Adenauer-Briefe* (Anm. 19), S. 388; *CDU/CSU* (Anm. 59), S. 344 f.
97 Vgl. „Zu den Vorgängen in der Zentrumspartei", o. D., o. Verf., HSTAD, RWN 125—60.

Kapitel 9: Wählerpotential, Sozialstruktur und parlamentarische Repräsentanz des Nachkriegszentrums

Die Zentrumspartei war in der Weimarer Zeit eine bürgerliche Partei mit mittelständisch-agrarischem Gepräge gewesen. Großgrundbesitz und Großindustrie hatten 1919 ihren beherrschenden Einfluß auf die Führungsgremien der Partei verloren[1]. Das Zentrum war vor allem die Partei des (katholischen) gewerblichen, kaufmännischen und agrarischen Mittelstandes; sie band zudem katholische Landarbeiter und einen großen Teil der aus ländlichen Regionen stammenden katholischen Industriearbeiter, sofern sie noch kirchliche Bindungen und Beziehungen zu dem ihnen vertrauten dörflichen Milieu besaßen[2]. Trotz des hohen Stimmenanteils der Arbeiterzentrumswähler haben sie die Hauptlinien der Zentrumspolitik doch niemals bestimmt[3]. Mittelständisch-agrarisch blieb nach 1945 sowohl der Zuschnitt der Anhängerschaft der CDU — obwohl hier zunächst die Arbeitersekretäre vorpreschten — als auch des wiedergegründeten Zentrums mit seinem überwiegend traditionalistischen Wählerpotential. Mit Blick auf die Sozialstruktur ihrer Basis ist die CDU in Rheinland-Westfalen zutreffend als eine bloße Erweiterung der sozialen Konfiguration des Zentrums[4] bezeichnet worden. Sie habe unter Einsatz anderer Mittel „auf subtile Weise alte Traditionen des politischen Katholizismus"[5] fortgeführt. Aus dieser Verwandtschaft erklärt sich, daß CDU und „Neuzentrum" hier besonders heftig um dieselben Wählerschichten konkurrierten.

---

1 Vgl. oben Kap. 2, Anm. 91.

2 Spezifische Folgewirkungen des Industrialisierungsprozesses wie die Zersiedelung der Dörfer und die damit einhergehende Zerstörung konservativ-katholisch beeinflußter, agrarisch-traditioneller Lebenszusammenhänge und Sozialformen waren dem Zentrum in jenen Jahren besonders abträglich und haben die Abwanderung nach links und rechts gefördert: „Zu den Merkmalen solcher Art industrieller Großgemeinden gehört, daß das dörfliche Gemeinschaftsleben, sei es weltanschaulicher, sei es profaner Art, allmählich verkümmert, ohne daß schon städtische Lebensformen an seine Stelle getreten wären. Nicht so sehr Berufswechsel von der Landwirtschaft zur Industrie, sondern die Einwirkung der Industrie auf die Siedlungsformen scheinen dem Zentrum Abbruch zu tun." (Günter Plum, *Gesellschaftsstruktur und politisches Bewußtsein in einer katholischen Region 1928—1933. Untersuchung am Beispiel des Regierungsbezirks Aachen* [Studien zur Zeitgeschichte], Stuttgart 1972, S. 31.)

3 Vgl. oben Kap. 2.4.1 sowie Kap. 5, Anm. 68.

4 Vgl. Rudolf Wildenmann, Die soziale Basis der Herrschaft Konrad Adenauers, in: *Konrad Adenauer und seine Zeit. Politik und Persönlichkeit des ersten Bundeskanzlers*, Bd. II: *Beiträge der Wissenschaft*, Stuttgart 1976, S. 275—284, hier S. 277; vgl. auch Dorothee Buchhaas/Herbert Kühr, Von der Volkskirche zur Volkspartei — Ein analytisches Stenogramm zum Wandel der CDU im rheinischen Ruhrgebiet, in: *Vom Milieu zur Volkspartei. Funktionen und Wandlungen der Parteien im kommunalen und regionalen Bereich*, hrsg. v. Herbert Kühr (*Sozialwissenschaftliche Studien zur Stadt- und Regionalpolitik*, Bd. 4), Königstein/Ts. 1979, S. 135—232, hier S. 204.

5 Karl Rohe, Die Vorgeschichte: Das Parteiensystem in den preußischen Westprovinzen und in Lippe-Detmold 1871—1933, in: *Parteien und Wahlen in Nordrhein-Westfalen*, hrsg. v. Ulrich von Alemann (*Schriften zur politischen Landeskunde Nordrhein-Westfalens*, Bd. 2), Köln usw. 1985, S. 22—39, S. 37.

9.1 Wählerhochburgen des Zentrums

Ein Blick auf die Wahlergebnisse des 1945 neugebildeten Zentrums zeigt, daß die Partei bei den ersten Nachkriegswahlen in einigen Traditionszonen des politischen Katholizismus noch eine beachtliche Resonanz fand. Zwischen dem Stimmenanteil der Zentrumspartei und der Wirtschaftsstruktur dieser Gebiete läßt sich keine eindeutige Korrelation herstellen, wenngleich das Zentrum besonders in Regionen mit stark agrarischem Einschlag und niedrigem Urbanisierungsgrad vertreten ist. Dagegen fällt der konfessionelle Faktor sofort ins Auge. Traditionelle Hochburgen des alten Zentrums waren die weitgehend geschlossenen katholischen Gebiete Rheinland-Westfalens − ehemals kirchliche Territorien, die das katholische Bekenntnis beibehielten und deren konfessionelle Homogenität trotz der Mobilitätsschübe der industriellen Revolution des 19. Jahrhunderts weitgehend erhalten blieb. So waren in den 14 Wahlkreisen, in denen der Anteil der Zentrumsstimmen bei den Kommunalwahlen im Oktober 1948 zwischen 20 und 30 Prozentpunkten lag, mehr als drei Viertel der Bevölkerung katholisch; und in den wenigen Kreisen, in denen der Zentrumsanteil auf über 30 Prozentpunkte anstieg, kamen auf einen Protestanten bereits sieben Katholiken[6].

Nicht nur im ländlich katholischen Raum, auch in Ruhrgebietsstädten wie Essen und Oberhausen, in denen sich das Weimarer Zentrum bis 1933 relativ gut behauptet hatte, stellte das neue Zentrum in den Nachkriegsjahren für die CDU noch eine starke Konkurrenz dar. Die folgende Tabelle zeigt die Stimmenanteile von Zentrum und CDU sowie von SPD und KPD, um die politische Konstellation in diesen Arbeiterstädten zu verdeutlichen: Die beiden großen Parteien liegen sehr dicht beieinander; der Wähleranteil von Zentrum und KPD erreicht in der ersten Landtagswahl noch ein relativ hohes Niveau.

Die Stimmenanteile der Parteien in beiden Ruhrgebietsstädten vor 1933 und nach 1945 legen die Schlußfolgerung nahe, daß hier das katholische Arbeiterzentrumsmilieu, aber auch die um die „politischen Gesinnungsgemeinschaften"[7] SPD und KPD zentrierten Arbeitermilieus das NS-Regime überlebt haben[8].

6 Vgl. *Statistische Rundschau für das Land Nordrhein-Westfalen*, 1. Jg. 1949, H. 2, S. 25 sowie Tab. 6 (Anhang), Kommunalwahlergebnisse 1948. (Demnach erreichte die DZP in 13 Kreisen 20−30 Prozentpunkte.)

7 M. Rainer Lepsius, Parteisystem und Sozialstruktur: zum Problem der Demokratisierung der deutschen Gesellschaft, in: *Die deutschen Parteien vor 1918*, hrsg. v. Gerhard A. Ritter, Köln 1973, S. 56−80, hier S. 61.

8 Eine solche Kontinuität des Milieus weisen auch Buchhaas/Kühr in ihren Fallstudien für Essen-Bedingrade und Oberhausen-Lirich nach.
Vgl. Buchhaas/Kühr, in: Milieu (Anm. 4), S. 204 ff. − Auch die CDU lebte in Essen und Oberhausen vom Zentrumsmilieu, was sich beispielsweise in der von Buchhaas/Kühr untersuchten Elitenrekrutierung der lokalen Parteiorganisationen niederschlug. Anhänger der Weimarer Rechtsparteien spielten in den Stadtratsfraktionen und lokalen Führungsgremien der rheinischen CDU (1946−1948) so gut wie keine Rolle. (Anteile der Fraktionsmitglieder aus dem Personalreservoir des alten Zentrums in Essen: 56 v. H.; in Oberhausen: 72,1 v. H.) Die CDU, deren Wahlergebnisse nach den Kommunalwahlen im Herbst 1946 zunächst erheblich abgefallen waren, absorbierte die Zentrumstradition spätestens seit Ende der vierziger Jahre auch dort, wo sie sich nach 1945 noch separat und standhaft organisiert hatte; in der rheinischen CDU blieb dieser Traditionsstrang bis zum Rückzug der Zentrumsgeneration Ende der fünfziger Jahre präsent (vgl. ebd., S. 186, 188).

Schaubild 1: Konfessionsverteilung in Nordrhein-Westfalen (1946)
Die Verteilung der beiden Hauptkonfessionen im Lande Nordrhein-Westfalen (nach den Ergebnissen der Volkszählung 1946)

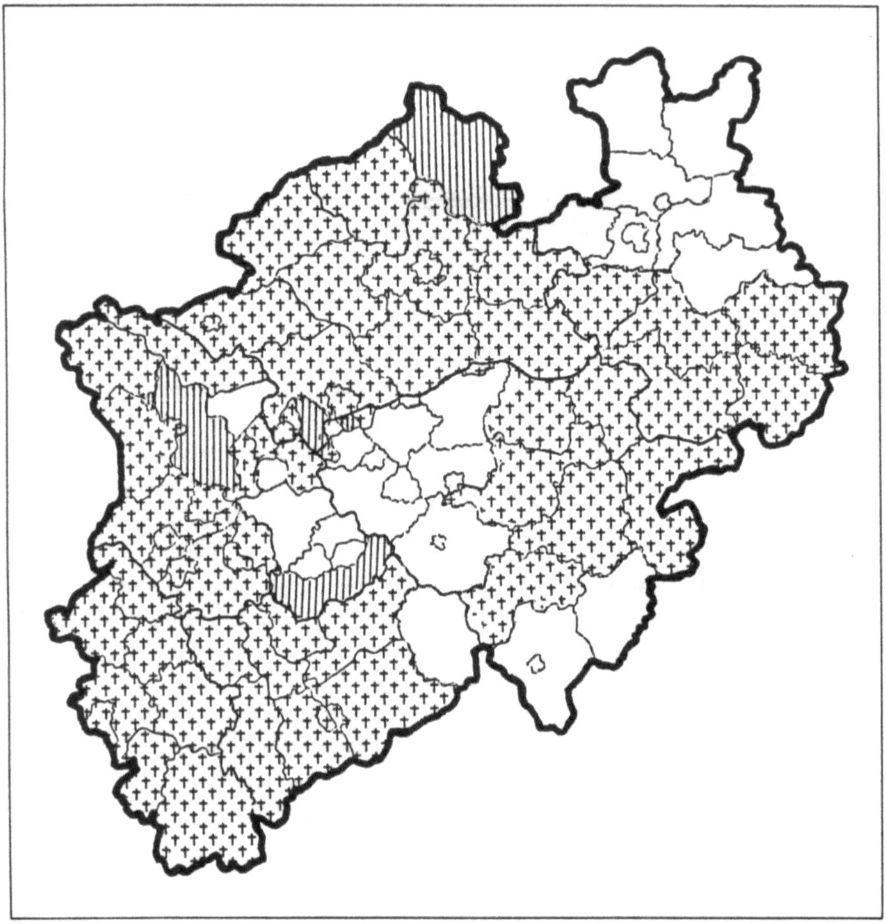

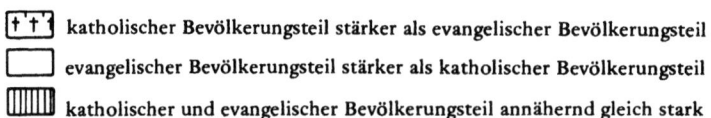

☩ katholischer Bevölkerungsteil stärker als evangelischer Bevölkerungsteil

☐ evangelischer Bevölkerungsteil stärker als katholischer Bevölkerungsteil

▓ katholischer und evangelischer Bevölkerungsteil annähernd gleich stark

Quelle: *Statistische Rundschau für das Land Nordrhein-Westfalen,* 1. Jg. 1949, H. 2, Karte I.

chaubild 2: Die Erwerbspersonen in Industrie und Handwerk im Lande Nordrhein-Westfalen (nach den Ergebnissen der Volkszählung 1946)

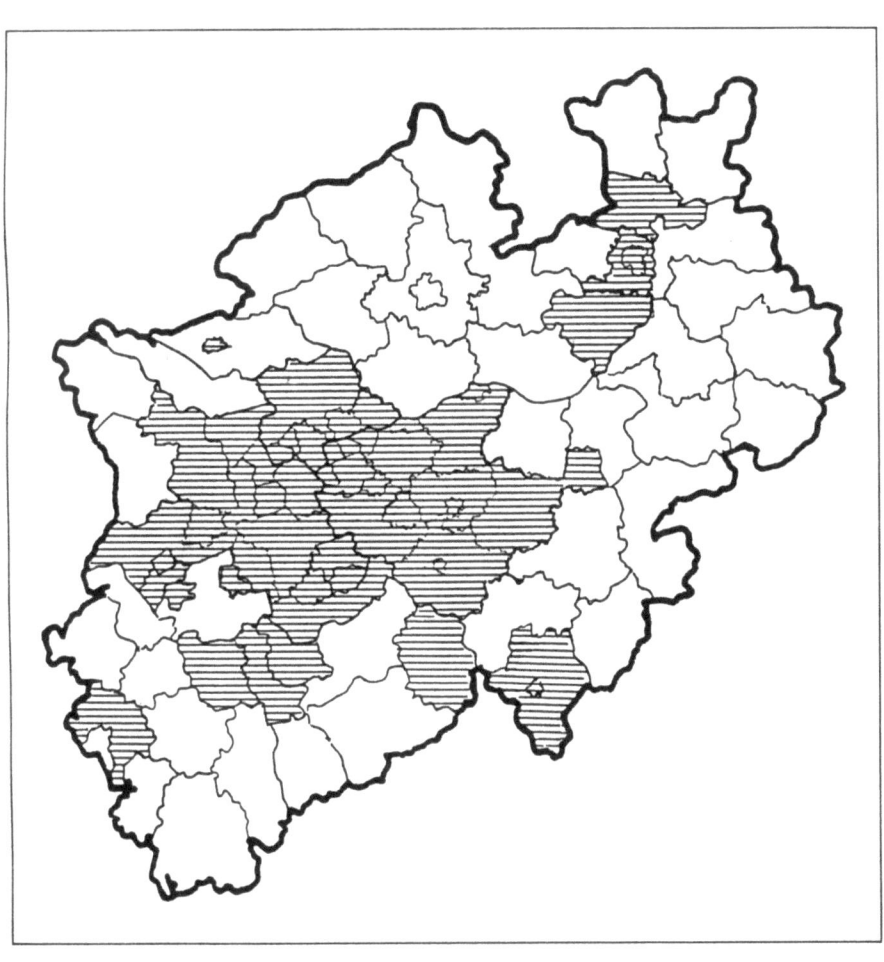

☐ unter 45 v. H. aller Erwerbspersonen in Industrie und Handwerk

▤ über 45 v. H. aller Erwerbspersonen in Industrie und Handwerk

Quelle: *Statistische Rundschau für das Land Nordrhein-Westfalen*, 1. Jg. 1949, H. 2, Karte II.

Schaubild 3: Das Ergebnis der Wahlen zu den Vertretungen der Stadt- und Landkreise vom 17. Oktober 1948 für Zentrum, FDP und KPD

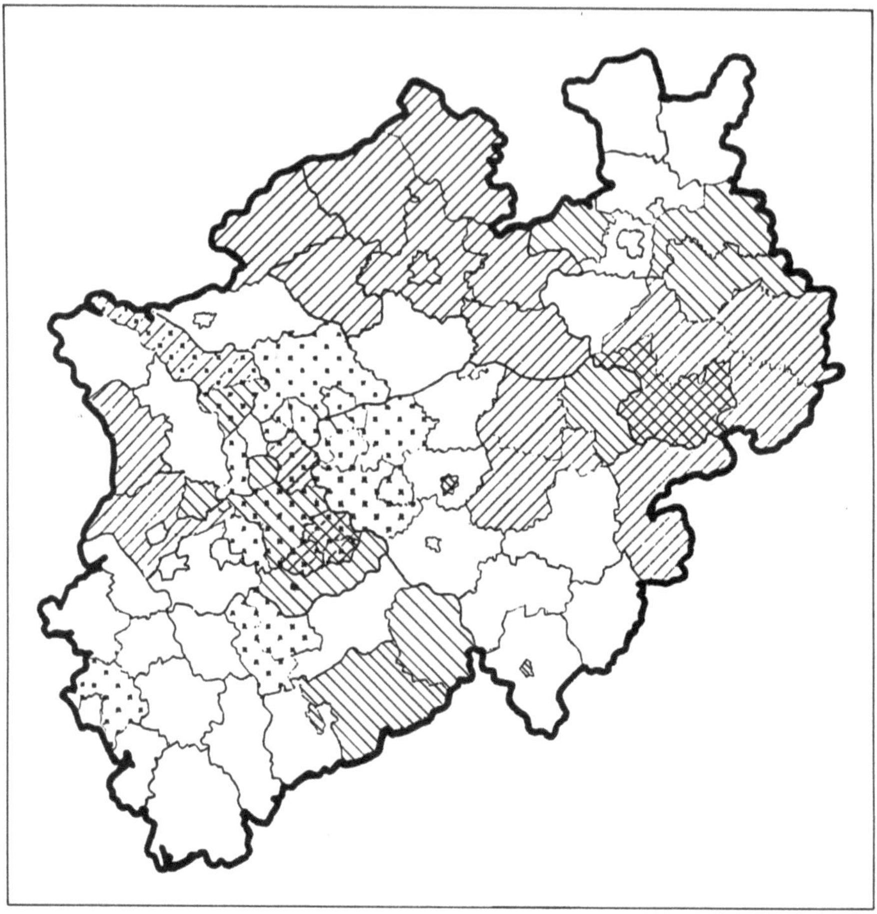

KPD mehr als 10 v. H. aller Stimmen

FDP mehr als 10 v. H. aller Stimmen

Zentrum mehr als 10 v. H. aller Stimmen

Quelle: *Statistische Rundschau für das Land Nordrhein-Westfalen*, 1. Jg. 1949, H. 2, Karte IV.

Erratum

Betr.: *Ute Schmidt: Zentrum oder CDU.* Politischer Katholizismus zwischen Tradition und Anpassung. — Opladen 1987.

Seite 292: Die als *Schaubild 3* aus der Statistischen Rundschau für das Land Nordrhein-Westfalen (1. Jg. 1949, H. 2, Karte IV) übernommene Karte bildet die Wahlergebnisse unvollständig bzw. falsch ab. Die folgende korrigierte Fassung berücksichtigt nur die Wahlergebnisse für das Zentrum.

Westdeutscher Verlag

Schaubild 3: Das Ergebnis der Wahlen zu den Vertretungen der Stadt- und Landkreise vom 17. Oktober 1948

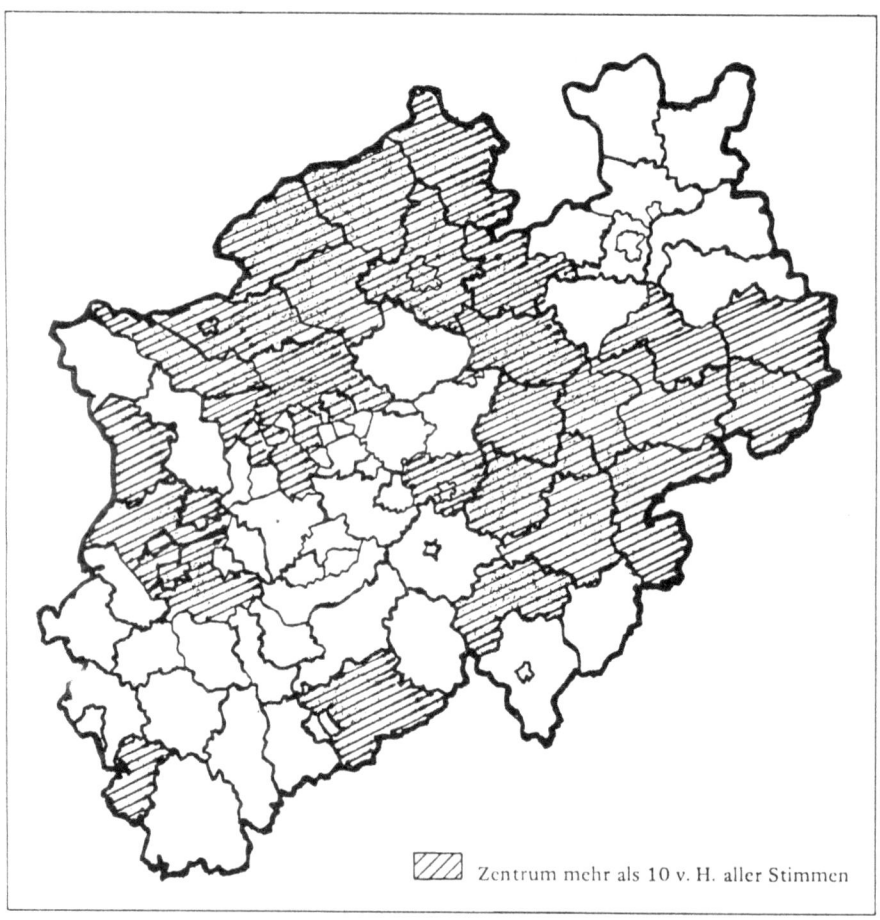

Quelle: Datenzusammenstellung nach: Statistische Kurzberichte Nordrhein-Westfalen, hrsg. v. Statistischen Landesamt Düsseldorf, Jg. 1948, Nr. 5.

Tabelle 1: Stimmenanteile von Zentrum und CDU, SPD und KPD 1946–1950 in Essen und Oberhausen

Essen (Katholikenanteil 1950: 53,4 v. H.)

	RTW 1933		KW 1946	LTW 1947	KW 1948	BTW 1949	LTW 1950
	i. v. H.		i. v. H.	i. v. H.	i. v. H.	i. v. H.	i. v. H.
		Z	11,2	15,8	15,4	13,8	9,4
Z:	30,1						
		CDU	38,9	27,6	30,7	28,4	34,6
SPD:	10,8	SPD	34,2	31,9	35,1	34,3	34,5
KPD:	19,9	KPD	12,1	19,8	10,4	11,1	7,6

Oberhausen (Katholikenanteil 1950: 58,4 v. H.)

	RTW 1933		KW 1946	LTW 1947	KW 1948	BTW 1949	LTW 1950
	i. v. H.		i. v. H.	i. v. H.	i. v. H.	i. v. H.	i. v. H.
		Z	22,7	23,8	26,3	20,2	22,2
Z:	31,7						
		CDU	31,8	25,3	28,4	29,0	31,5
SPD:	9,8	SPD	34,8	28,4	29,2	29,0	31,6
KPD:	17,0	KPD	10,5	20,6	8,2	8,7	6,3

Quelle: Zusammenstellung der Daten nach: *50 Jahre Wahlen in Nordrhein-Westfalen 1919– 1968. Beiträge zur Statistik des Landes Nordrhein-Westfalen*, hrsg. v. Statistischen Landesamt Nordrhein-Westfalen, H. 244, Düsseldorf 1969; *Statistische Kurzberichte Nordrhein-Westfalen*, hrsg. v. Statistischen Landesamt, Jg. 1948, Nr. 5, Düsseldorf 22. 10. 1948.

9.1.1 Stimmenanteile der Zentrumspartei im historischen Nordrhein-Westfalen 1919–1933

Betrachtet man die Verteilung der Zentrumsstimmen unter dem Aspekt der Kontinuität zu Weimar, so fällt nun freilich auf, daß das Nachkriegszentrum im Aachener und Kölner Raum kaum Fuß fassen konnte, obwohl gerade in dieser Region der Anteil der Katholiken am höchsten lag[9]. Es besaß hier nur wenige örtlich gut ausgebaute Stützpunkte, z. B. im Landkreis Monschau (Regierungsbezirk Aachen), mit einem Katholikenanteil von 90,7 v. H. (1950) und einer Bevölkerung, die überwiegend in dörflich strukturierten Lebenszusammenhängen lebte. In diesem Wahlkreis erzielte das Zentrum bei der Bundestagswahl 1949 immerhin noch einen Anteil von 13,3 Prozentpunkten (CDU: 71,1 Prozent; SPD: 9,9 Prozent). Auch im Regierungsbezirk Köln bewegte sich der Stimmenanteil des Zentrums bei der Bundes-

9 Vgl. Tab. 2.

tagswahl 1949 unter 6 v. H. Lediglich der Siegkreis, die Heimat Dr. Hamachers, fiel aus dem Rahmen; hier erreichte das Zentrum noch 1949 einen Anteil von 23,8 Prozentpunkten (CDU: 37,1 Prozent; SPD: 21,4 Prozent). Ein Persönlichkeitsfaktor scheint auch im Landkreis Bonn gewirkt zu haben: Dort faßte das Zentrum schon 1946 in der Gemeinde Beuel Fuß[10]. Daß das neue Zentrum in den nordrheinischen Traditionszonen des politischen Katholizismus nur eine schwache Resonanz fand, ist vor dem Hintergrund der Tatsache zu sehen, daß die Zentrumspartei gerade in diesem Teil des historischen Nordrhein-Westfalen bereits in den Jahren von 1919 bis 1933 deutliche Verfallserscheinungen aufwies[11]. Während der Anteil der Zentrumsstimmen im Reichsdurchschnitt insgesamt nur um 2,4 Prozentpunkte zurückging, verlor die Partei im Gebiet des heutigen Nordrhein-Westfalen knapp zehn Prozentpunkte. Ein Vergleich der Entwicklung des Zentrums in den beiden Großlandschaften Rheinland und Westfalen über längere Sicht zeigt, daß die Partei in den Jahren von 1912 bis 1933 im Nordrheingebiet — dem Stammland der ,,Kölner Richtung" — sogar fast 14 Prozentpunkte einbüßte, während sie in Westfalen im gleichen Zeitraum nur um ca. fünf Prozentpunkte zurückfiel. Verglichen mit den Rückschlägen im Rheinland hielten sich auch die Verluste im Industriegebiet an der Ruhr mit 4,2 Prozentpunkten noch in Grenzen[12].

Aus der Analyse der Wahlergebnisse läßt sich also schließen, daß die Integrationskapazität des politischen Katholizismus schon vor 1933 deutlich nachgelassen hatte; dieser Schrumpfungsprozeß war jedoch von regionalen Disparitäten bestimmt. Mitverursacht wurden die Stimmenverluste des Zentrums in den Weimarer Jahren zum einen durch die Politisierung katholischer Arbeiter und ihre Abwanderung zu den Linksparteien (im Nordrheinischen häufig zur KPD[13]), die ihre ökonomischen Interessen entschiedener vertraten. Andererseits sind auch die erheblichen Stimmenverluste des Weimarer Zentrums in ländlich-katholischen Regionen zu berücksichtigen[14]. Zwar lassen die Ergebnisse der letzten Wahlen in der Weimarer Republik von 1930 bis 1933 eine relative Stabilität des Zentrums-Wählerpotentials erkennen. Sie begründen die These von der Resistenz des katholischen Milieus gegen den Nationalsozialismus und die politischen Rechte. So wurde die Zentrumspartei in den Regierungsbezirken Köln, Aachen und Münster von der NSDAP auch 1933 nicht eingeholt. Betrachtet man jedoch die gesamte Zeitspanne von 1919 bis 1933, so ist der geradezu dramatische Verfall des Weimarer Zentrums in dieser Region unübersehbar; er dürfte auch für die Erfolgschancen der 1945 wiederbegründeten Zentrumspartei

---

10 Vgl. Tab. 4 (Anhang); s. auch Manfred van Rey, *100 Jahre Parteien und Wahlen im Rhein-Sieg-Kreis 1848—1949*, Siegburg ²1979, S. 186.

11 Diese Schrumpfung des politischen Katholizismus bezeichnet Rohe als ,,das eigentlich aufregende Phänomen zur Zeit der Weimarer Republik in diesem Lande". (Parteiensystem [Anm.5], S. 35; hieraus auch die angegebenen Daten.)

12 Vgl. Rohe, Parteiensystem (Anm. 5), S. 36.

13 Vgl. hierzu Plum, *Gesellschaftsstruktur* (Anm. 2), S. 31 Rohe, Parteiensystem (Anm. 5), S. 36.

14 Vgl. Plum, *Gesellschaftsstruktur* (Anm. 2), S. 35. — Die Frage, ob diejenigen Zentrumswähler, die vor 1933 nach rechts abschwenkten, 1945 das Projekt der CDU unterstützt haben, dürften erst detailliertere wahlsoziologische Studien beantworten können.

Tabelle 2: Strukturdaten der Bevölkerung und Stimmenanteile des Zentrums bei den Reichstagswahlen 1920–1933 in den Regierungsbezirken von Nordrhein-Westfalen

Verwaltungs-bezirk	Von 100 der Bevölkerung waren katholisch	von 100 Erwerbspersonen waren am 16.6.1925 beschäftigt in		Stimmenanteil des Zentrums in v. H.							
		Industrie und im Handwerk	Landwirtschaft	6.6. 1920	4.5. 1924	7.12. 1924	20.5. 1928	14.9. 1930	31.7. 1932	6.11. 1932	5.3. 1933
Reg.-Bezirke											
Aachen	93,7	49,4	24,3	66,7	63,0	65,2	52,3	45,0	50,3	49,3	43,7
Köln	79,0	45,6	15,1	44,4	41,3	36,9	32,3	35,9	35,9	34,6	32,1
Münster	74,6	49,5	27,1	58,1	51,6	54,9	42,5	42,5	44,8	43,4	39,0
Düsseldorf	55,0	60,7	7,7	31,9	30,5	32,6	27,4	24,0	26,7	26,1	24,5
Arnsberg	43,1	61,4	10,8	28,0	26,0	27,3	23,3	22,1	23,6	23,1	22,5
Minden	33,0	44,0	34,5	27,6	25,1	26,1	22,7	23,0	24,0	23,0	20,7
Land Lippe	4,8	43,8	34,7	2,7	3,0	6,4	2,9	3,3	2,6	2,4	2,4
Nordrhein-Westfalen	57,5	55,1	15,4	36,6	34,1	36,1	30,2	27,8	30,3	29,4	27,4
Deutsches Reich	32,4	41,4	30,5	13,6	13,4	13,6	12,1	11,8	12,5	11,9	11,2

Quelle: *50 Jahre Wahlen in Nordrhein-Westfalen 1919–1968. Beiträge zur Statistik des Landes Nordrhein-Westfalen*, H. 244, Düsseldorf 1969, S. 34, Übersicht Nr. 25.

nicht ohne Auswirkungen geblieben sein. Tabelle 2 zeigt die regionalen Differenzen anhand der Entwicklung der Stimmenanteile des Zentrums bei den Reichstagswahlen 1920 bis 1933 in den Regierungsbezirken von Nordrhein-Westfalen. Verzeichnete das Zentrum in den westfälischen Regierungsbezirken auch insgesamt geringere Verluste als im Nordrheingebiet, so belegt eine Aufstellung der Ergebnisse der einzelnen Wahlkreise[15], daß der Anteil der Zentrumswählerschaft in der Zeit von 1919 bis 1933 auch hier und gerade in den früheren Zentrumshochburgen erheblich zusammengeschmolzen ist. Freilich blieben von dem ehemals sehr hohen Ausgangsniveau noch immer beachtliche Stimmenanteile erhalten. Das gilt z. B. für die münsterländischen, vorwiegend agrarischen Landkreise Ahaus, Beckum, Coesfeld, Lüdinghausen, Münster und Warendorf, für den Landkreis Büren im Paderborner Land und den Landkreis Meschede im Regierungsbezirk Arnsberg, wo die Zentrumsverluste in jenem Zeitraum 20 Prozentpunkte und mehr ausmachten. 10 bis 20 Prozentpunkte büßte das westfälische Zentrum damals auch in den Landkreisen Soest, Lippstadt, Iserlohn, Brilon, Arnsberg im Regierungsbezirk Arnsberg, in Höxter, Paderborn, Warburg und Wiedenbrück im Regierungsbezirk Detmold sowie in Borken und Steinfurt im Regierungsbezirk Münster ein. In der Stadt Münster, dem lokalen Schwerpunkt der Wiederbegründer, hatte das Zentrum 13,8 Prozentpunkte verloren.

9.1.2 Überdurchschnittliche Zweitstimmenanteile des Nachkriegszentrums in Nordrhein-Westfalen 1947—1958

In den genannten westfälischen Wahlbezirken erreichte das neue Zentrum nach 1945 wieder Stimmenanteile zwischen 10 und 40 Prozentpunkten. Obwohl der Zentrumsturm also auch in Westfalen schon stückweise abgebrochen war, gab es hier in den stark agrarisch durchsetzten Landkreisen und am Rand der westfälischen Ruhrgebietszone eine den Zentrumstraditionen noch viel stärker verhaftete Anhängerschaft als im Nordrheingebiet. Ähnliches gilt für den Niederrhein und die Randlagen des rheinischen Ruhrgebiets, wo das Zentrum nach 1945 ebenfalls neu erstand. Zwar hatte das Weimarer Zentrum auch im Regierungsbezirk Düsseldorf größere Einbußen hinnehmen müssen. Doch erreichte das Zentrum bei den ersten Landtagswahlen 1947[16] auch hier ein gutes Ergebnis: Sein Stimmenanteil bewegte sich in 11 von 22 Wahlkreisen zwischen 10 und 24 Prozentpunkten.

---

15 Vgl. Tab. 4 (Anhang).
16 Vgl. Tab. 4: Stimmenanteile des Nachkriegszentrums in seinen Hochburgen (1947 > 10 Prozentpunkte).
   Als Ausgangspunkt für diese Definition der Hochburgen wurde die Landtagswahl 1947 gewählt; die Ergebnisse der Kommunalwahlen 1946, bei denen das Zentrum nicht überall Kandidaten aufstellte und nur schlecht organisiert in den Wahlkampf ging, geben seine damalige Stärke nur unzureichend wieder.

Die neue Zentrumspartei konnte freilich ihren Wählerstamm nicht halten und
vor allem keine neuen Wählerschichten erschließen. In den fünfziger Jahren zeigten
sich eine deutliche Überalterung der Zentrumswähler und eine starke Überrepräsen-
tation der Frauen über 60 Jahre: So kamen bei den Landtagswahlen 1954 auf 100
männliche Wähler 153 Frauen[17]. Bei der Landtagswahl 1958 überschritt die Zentrumspartei nur noch in sechs Wahlkreisen (Monschau, Coesfeld, Münster, Steinfurt,
Tecklenburg, Warendorf) die Fünf-Prozent-Marke. In den Landkreisen Coesfeld und
Münster, in denen sie 1947 mit einem Wähleranteil von über vierzig Prozentpunkten
noch zwei Direktmandate gewonnen hatte, war ihr Stimmenanteil inzwischen auf
8,9 bzw. 8,6 Prozentpunkte zusammengeschrumpft.

9.2 Die Reduktion auf das ländlich-kleinbürgerliche, katholische Milieu

Um die Jahreswende 1945/46 gab es bereits wieder über 200 Ortsparteien des Zentrums[18]. Die Zentrumsanhänger — 1946 zählte Generalsekretär Klein 60 000 eingeschriebene Mitglieder und etwa viermal soviele Sympathisanten[19] — waren überwiegend Angestellte und Beamte, Handwerker, kleine und mittlere Gewerbetrei-
bende, Bauern, katholische Flüchtlinge sowie bodenständige, ältere, kirchlich gebundene katholische Arbeiter. Auf dem katholischen Lande hatten die Wiederbe-

---

17 Vgl. *Statistische Rundschau für das Land Nordrhein-Westfalen*, Sonderdruck, 10. Jg.,
   Aug./Okt. 1958, H. 8, 10, S. 8.
18 Im März 1946 bestanden im Rheinland 19, in Westfalen 27 Kreisparteien sowie weitere in
   Hannover, Hildesheim, Hamburg und Schleswig. Besonders rege war das Zentrumsleben —
   so Generalsekretär Klein — am Niederrhein, im Bergischen Land, im Industriegebiet und in
   Westfalen. Es gebe Ortsparteien mit mehr als tausend eingeschriebenen Mitgliedern und
   vielerorts Vertreter in den Kommunalparlamenten. Von der Militärregierung genehmigt
   seien inzwischen die Zentrumsgruppen in Iserlohn, Hildesheim, Altena, Düsseldorf, Rheydt
   und Krefeld. Vgl. „Niederschrift über den ersten Parteitag des Zentrums" (9./10.3.1946 in
   Essen), BAK, NB 3; zu den ersten Organisationserfahrungen: Klein an Brockmann, 21.1.1946,
   und Klein an Koenen, 6.2.1946. Dem Generalsekretär der westfälischen Zentrumspartei
   waren im Januar 1946 folgende Parteigruppen bekannt: Münster, Sudmühle, Telgte, Hiltrup,
   Wolbeck, Angelmodde,Havixbeck, Appelhülsen, Sprakel, Nottuln, Haltern, Greven, Mesum,
   Burgsteinfurt, Elte, Rheine, Wettringen, Osnabrück, Iburg, Lingen, Vechta, Recklinghausen,
   Buer, Gelsenkirchen, Gladbeck, Marl-Hüls, Scherzbeck, Pols, Westerholt, Bottrop, Borken,
   Bocholt, Wanne-Eickel, Bochum, Dortmund, Schwerte, Iserlohn, Olpe, Plettenberg, Warburg, Büren, Paderborn, Beckum, Werl, Soest, Büderich, Bremen, Hikelborn. (Generalsekretariat der Zentrumspartei Münster, 20.1.1946, „Liebe Parteifreunde!". DZPAM 19—20.)
19 Vgl. Klein an Lambertz, 2.5.1946, DZPAM 14—18. Vgl. auch Peter Hüttenberger, *Nordrhein-Westfalen und die Entstehung seiner parlamentarischen Demokratie* (Veröffentlichungen der Staatlichen Archive des Landes Nordrhein-Westfalen, Reihe C, Bd. 1), Siegburg
   1973, S. 94: Demnach hat sich die Mitgliederzahl der DZP 1947 von 41 732 auf 53 977 er-
   höht und 1948 ihren Höhepunkt erreicht. Für 1953 werden nur noch 50 000 Mitglieder angegeben. Hingegen gibt Manfred Rowold (*Im Schatten der Macht. Zur Oppositionsrolle der
   nichtetablierten Parteien in der Bundesrepublik* [*Bonner Schriften zur Politik und Zeitgeschichte*] Düsseldorf 1974, S. 338, Anm. 15) für 1946 einen Mitgliederbestand von 120 000
   an, der bis 1950 auf 35 000 zurückgegangen sei.

gründer zunächst aus traditionalistischen Motiven an die historische Zentrumspartei angeknüpft, um sie in der Form wiederzubeleben, wie sie sie als milieustrukturierendes Element vor 1933 noch erlebt hatten. Sie schien den trotz der Kriegsfolgen und Flüchtlingsströme[20] oft nur wenig erschütterten „altväterlich-konservativen Lebensformen"[21] noch immer angemessen zu sein. Auch in den industrialisierten Regionen des Rhein-Ruhr-Gebietes (z. B. in Gelsenkirchen, Bottrop, Oberhausen, Duisburg, Essen, Mönchengladbach, Rheydt, Viersen) fand das neue Zentrum bei alteingesessenen und in das kirchliche Gemeindeleben integrierten katholischen Arbeitern einen größeren Anhang. Überall dort, wo – wie z. B. in Mönchengladbach, Oberhausen, Duisburg-Hamborn oder Dortmund-Bodelschwingh[22] – aus dem Pfarrklerus Unterstützung für das Zentrum kam, blieb das katholische Arbeiterzentrumsmilieu bis zum Ende der vierziger Jahre einigermaßen konsistent. Und in den Regionen, in denen die protestantisch-liberale Komponente in der CDU besonders stark hervortrat (so z. B. in Wuppertal oder im Oberbergischen Kreis), behauptete sich das Nachkriegszentrum, gestützt auf katholisch-soziale Positionen und in Zusammenarbeit mit einigen Klerikern und katholischen Verbandsfunktionären, anfangs auf lokaler Ebene als die sozialpolitisch progressivere und – aus kirchlich-katholischer Sicht – kulturpolitisch zuverlässigere Alternative zur Union.

9.2.1 Arbeiterinteressen im Nachkriegszentrum

Die Bindung an das tradierte katholisch-kirchliche Politikverständnis erwies sich freilich als Fessel für eine neuformulierte, autonome, Arbeiterinteressen stärker berücksichtigende Zentrumspolitik. Denn der Klerus versuchte immer wieder, die Zen-

---

20 In den nordrhein-westfälischen Wahlbezirken lag der Anteil der Flüchtlinge an der Wohnbevölkerung 1950 etwa zwischen 10 und 20 Prozentpunkten. In Niedersachsen stützte sich die Zentrumsorganisation in einigen Wahlkreisen gerade auf die zugewanderten katholischen Flüchtlinge (vgl. Protokoll HV-Sitzung v. 10.1.1948, S. 16, DZPAM 6). Auch in Nordhessen unterstützten katholische Flüchtlinge teilweise das Zentrum (Oberheitmann an H. Wessel, 17.3.1948, AsD, NW 11).

21 Plum, *Gesellschaftsstruktur* (Anm. 2), S. 25. – Diese altväterliche Vorstellungswelt der Zentrumstraditionalisten vermittelt sich auch sprachlich: So lud der westfälische Generalsekretär Wenker mit folgenden Worten zur erweiterten Vorstandssitzung in Werl am 9./10.2.1946 ein: „An alle arbeitsfreudigen Frauen und Männer, ob alte Zentrumskämpfer oder jugendliche Streiter ergeht unser Ruf zur Teilnahme an unserer erweiterten Vorstandssitzung zwecks Gründung der umfassenden großen Parteiorganisation. Die Tagung soll zunächst eine Heerschau unserer alten und wieder verjüngten Partei werden. Wir wollen erfahren, wo überall neues Leben erstanden ist, wie stark wir schon sind, wer die neuen Führer sind. Wir wollen uns Rüstzeug holen zu unserem edlen Kampf, wir wollen Erfahrungen über die beste Art der Werbung austauschen. Dann aber wollen wir den festgefügten Kuppelbau aufführen, damit die einheitliche Schlagkraft bei den kommenden Aufgaben und Entscheidungen garantiert ist. . . .Auf also, ihr Vorkämpfer, nach Werl am Sonnabend den 9. und Sonntag den 10. Februar." (Generalsekretariat der Zentrumspartei, 20.1.1946, DZPAM 19–20.)

22 Zentrumstreue Pfarrgeistliche wurden von der Kirchenführung daher manchmal in andere Gemeinden versetzt.

trumsführung auf die Wahrnehmung seiner kulturpolitischen Interessen festzulegen und für seine verfassungspolitischen Maximalziele zu instrumentalisieren. Das drückte sich nicht nur in der lokalen Politik aus, wo das Zentrum, wenn es durch ein eigenständiges Auftreten diese Absichten des Klerus zu gefährden schien, mit heftigen Angriffen der katholischen Verbandsfunktionäre rechnen mußte[23]. Auch auf der Führungsebene machte der Klerus deutlich, was die Kirche vom Zentrum erwartete. So empfing Kardinal Frings nach den Landtagswahlen 1947 den Zentrumsvorsitzenden Brockmann in Privataudienz sehr herzlich und ließ ihn in dem Glauben, er stehe der derzeitigen Zentrumsführung sehr positiv gegenüber. Er bat den Zentrumsvorsitzenden dringend, keine Koalition mit der Linken einzugehen[24]. Schon vor den Landtagswahlen hatte Prälat Böhler im Auftrag von Kardinal Frings in vertraulichen Gesprächen mit Brockmann und Stricker, an denen auch Kapitularvikar Vorwerk aus Münster, der Geistliche Rat Niebecker aus Paderborn sowie später auch Adenauer teilgenommen hatten, versucht, ein Wahlabkommen zwischen Zentrum und CDU auf den Weg zu bringen, um die christliche Fraktion im nordrhein-westfälischen Landtag so stark wie möglich zu machen. Dem Zentrum wurde bedeutet, daß zwischen dem Episkopat und der CDU wegen der Entwicklung der schulpolitischen Situation eine gewisse Entfremdung eingetreten sei, wohingegen die kulturpolitischen Positionen des Zentrums völlig mit denen der Kirche übereinstimmten. Die Kirchenvertreter kritisierten die CDU, weil sie in Hessen mit der SPD koalierte und zeigten sich auch über die Schulpolitik des nordrhein-westfälischen Kultusministers, Prof. Heinrich Konen (CDU), beunruhigt. Brockmann hatte eilends versichert, es sei auch seine größte Sorge, die kirchlich-katholischen und schulpolitischen Belange in der Verfassung von Nordrhein-Westfalen zu sichern. Man war sich darüber einig, daß sich die Geistlichen aus der Politik heraushalten sollten, doch wollte die Zentrumsführung von kirchlicher Seite „stärkstens beraten" werden, was die Kleriker lebhaft begrüßten[25]. Brockmann hoffte freilich vergebens, daß sich die von ihm

---

23 Vgl. die Diskussion im DZP-Hauptvorstand über die Vorbereitungen zu den Kommunalwahlen 1948 (Protokoll HV-Sitzung v. 25.9.1948, DZPAM 6). — Vor allem dort, wo wie im Rhein-Wupper-Kreis, in Solingen, Hagen, Witten und Wanne-Eickel, die DZP kaum eine Chance hatte, die Fünf-Prozent-Sperrklausel zu überwinden, wurde von katholischer Seite kritisiert, daß sich das Zentrum neben der CDU als politische Kraft bei Wahlen profilieren wollte.
24 Vgl. Aktennotiz Brockmanns v. 10.5.1947, DZPAM 128.
25 Vgl. Brockmanns ausführliche Darstellung dieser Zusammenkünfte v. 17.2., 22.2.1947 und ein weiteres Mal mit Adenauer (o. D.), in denen über das Verhalten im Landtagswahlkampf 1947 und über ein eventuelles Wahlabkommen zwischen Zentrum und CDU verhandelt wurde (Aktennotizen Brockmanns v. 10.3.1947, DZPAM 128 sowie BAK, NB 11.) Adenauers Interesse an einem Wahlabkommen mit dem Zentrum war nicht gerade groß. Man einigte sich darauf, höchstens örtliche Vereinbarungen zuzulassen, die von den Parteien stillschweigend geduldet werden sollten. Maria Sevenich und Adenauer hielten sich nicht an die Absprache, diese Verhandlungen geheimzuhalten; außerdem nominierte die CDU schon vor dem Abschluß der Verhandlungen ihre Kandidaten im Rheinland. Aus Protest gegen dieses Verfahren blieb der Unterhändler des Zentrums, Johannes Brockmann, der „Schlußbesprechung" am 20.3.1947 fern (vgl. Brockmann an Böhler, 14.3.1947, BAK, NB 11).

dankbar anerkannte Unparteilichkeit seiner kirchlichen Verhandlungspartner auch in weiteren kirchlichen Kreisen fortsetzen werde[26].

Arbeitervertreter in der Zentrumsführung waren über die kirchlichen Vermittlungsversuche zwischen Zentrum und CDU keineswegs glücklich. So befürchtete der Bergmann Heinrich Peterburs aus Essen[27], sie würden in der Presse erfahrungsgemäß entstellt wiedergegeben und könnten einer eigenständigen Zentrumspolitik nur schaden. Peterburs hielt übrigens auch die politischen Interventionen des Episkopats, der — auf seine kulturpolitische Linie fixiert — undifferenziert Front gegen die Linke machte, für falsch. Er kritisierte, daß sich die Bischöfe im Herbst 1947 in völliger Verkennung der politischen Situation in den Schachtanlagen mit einem Wahlaufruf in die Betriebsrätewahlen im Ruhrgebiet eingemischt und die katholischen Arbeiter dazu aufgefordert hatten, nur christliche Kandidaten zu wählen[28]. Damit torpedierten sie Wahlabsprachen zwischen christlichen und sozialdemokratischen Gewerkschaftlern, durch die die Kommunisten ausgebootet werden sollten. Wie stark die Resonanz der Linken und gerade der KPD bei den Bergarbeitern des Ruhrgebietes in den ersten Nachkriegsjahren war, illustriert die folgende Aufstellung der Ergebnisse der Betriebsratswahlen für 1947 und 1948 im Bergbau. Während CDU und Zentrum gemeinsam in keinem Bergbaubezirk mehr als ein Fünftel der Betriebsräte stellten, eroberten die beiden Linksparteien zusammen fast überall etwa zwei Drittel der Betriebsratsmandate. Die CDU gewann allerdings mehr als zehnmal soviele Betriebsratsmandate wie das Zentrum.

Die Zentrumsvertreter hatten bei den ersten Betriebsrätewahlen zunächst in einigen Betrieben Erfolge verzeichnen können, so in der Gutehoffnungshütte Oberhausen (ca. 5 000 Arbeiter und Angestellte), wo sie im August/September 1945 drei von 28 und im Mai/Juni 1946 vier von 30 Betriebsratsmandaten erhielten[29]. Heinrich Peterburs erzielte auf der Essener Schachtanlage „Helene" (ca. 2 000 Beschäftigte) 1946

---

26 Zum Verhältnis von Kirche und Zentrumspartei vgl. unten Kap. 10.
27 Heinrich Peterburs, geb. 1908, besuchte nach seiner Schulzeit in Essen das sozialpädagogische Seminar in München und war bis 1934 in der Sozialfürsorge tätig (Betreuung von Kinderhorten und Kindergärten). Während der NS-Zeit verdiente er seinen Lebensunterhalt im Grubenholzhandel und arbeitete 1938 als Bergmann in den Krupp-Bergwerken in Essen. Seit 1926 war er Zentrumsmitglied, 1929—1933 Mitglied des Gauvorstandes des Windthorstbundes; nach 1945 gehörte er zu den ersten Wiederbegründern der Zentrumspartei. Mitglied des DZP-Direktoriums seit März 1946, Vorsitzender der Kreispartei Essen, aktiv im Windthorstbund, Landtagsabgeordneter in Nordrhein-Westfalen über zehn Jahre lang. Peterburs war Betriebsrat, DGB-Mitglied. Er betätigte sich im Arbeitsausschuß und in der Grubensicherheitskommission des Landtages; ferner war er zehn Jahre lang Ratsherr in Essen (vgl. *Kurier am Sonntag*, 24.8.1958).
28 Vgl. Peterburs an „Hochwürdiger Herr Dechant", 26.10.1947. — Zu den Einwirkungsversuchen von Klerus und katholischen Verbänden auf die Betriebsrätewahlen 1947 vgl. auch aus der Sicht der KPD: Gerhard Mannschatz/Josef Seider, *Zum Kampf der KPD im Ruhrgebiet für die Einigung der Arbeiterklasse und die Entmachtung der Monopolherren 1945— 1947*, Berlin (DDR) 1962, S. 190.
29 Josef Nowak, Johann Bamberger, Wilhelm Lüger und Granzow. Diese Angaben zu den Betriebsrätewahlen im Ruhrgebiet verdanke ich Herrn Dipl.-Pol. Michael Becker, Berlin. In dieser Aufstellung ist Johann Erwig nicht verzeichnet, vgl. unten S. 305.

Tabelle 3: Betriebsratswahlen in den nordrhein-westfälischen Bergbaubezirken 1947/48

	SPD	KPD	*Mitglieder* CDU	Zentrum	Parteilose
1947	807	564	293	k. A.	287
1948	838	589	249	17[b]	333

	SPD	KPD	*Vorsitzende*[a] CDU	Zentrum	Parteilose
1947	107	59	20	k. A.	23
1948	111	55	19	2[b]	29

[a] Bei den o. a. Mitgliedern mitgezählt.

[b] laut beigefügter Anlage 1 in den Bezirken Essen, Recklinghausen und Ibbenbüren 3 Vorsitzende und insgesamt 25 Mitglieder.

Quelle: 1948 Works Council Elections in Ruhr Coal Mining Industry, Confidential, American Consulate an Secretary of State Washington, 17.12.1948, RG 260, 862.00/12–1748. – Diese Daten können nur als Richtwerte angesehen werden, da es kaum zuverlässige Angaben über die parteipolitische Zusammensetzung der Betriebsräte in den ersten Nachkriegsjahren gibt.

noch 757 Stimmen; außer ihm wurden drei weitere Zentrumsmänner gewählt[30]. Trotz dieser vereinzelten betrieblichen Erfolge war freilich nicht zu übersehen, daß sich die überwiegende Mehrheit der katholischen kirchentreuen Arbeiter und ihre

30 Wilhelm Bruns, Alois Dapprich und Wilhelm Schulte (Quelle: vgl. Anm. 29). Aus Essen berichtete der Bergmann Holtkamp auf dem 1. Parteitag der DZP in Essen-Steele am 9./10.3. 1946, er sei auf seiner Schachtanlage bei den Betriebsrätewahlen im Herbst 1945 mit den Stimmen von 2700 Bergarbeitern (von insgesamt 5500) gewählt worden. Die Polarisierung zwischen Zentrum und CDU scheint dort besonders ausgeprägt gewesen zu sein; denn die Arbeiter hätten sich – so Holtkamp – vorher erkundigt, wo er politisch stehe und ihm gesagt: „Wenn Du bei der CDU gewesen wärest, dann hätten wir Dich mit dem ersten Hackenstiel herausgejagt!" Die Bergarbeiter seien „die treusten Anhänger des Zentrums", sagte Holtkamp (vgl. „Niederschrift", Anm. 18). Noch in den fünfziger Jahren wurden bei Betriebsrätewahlen in Essen Zentrumsmitglieder gewählt, wenngleich ihr Anteil stark zurückging: 1953 waren es (nach Angaben von M. Becker, vgl. Anm. 29) noch 12 Zentrumsvertreter (von insgesamt 342; davon 49 CDU, 135 SPD, 55 KPD und 91 Parteilose). 1955 nur noch 7 (von insgesamt 351; davon 41 CDU, 152 SPD, 54 KPD und 97 Parteilose). Auch für die CDU waren die Ergebnisse der Betriebsrätewahlen enttäuschend: Wie Adenauer am 7.11.1947 an Albers schrieb, erreichte die CDU im Herbst 1947 im gesamten Ruhrgebiet nur etwa 14 v. H. der abgegebenen Stimmen. Besser scheinen die CDU-Kandidaten auf den Essener Schachtanlagen abgeschnitten zu haben; hier hatten sich – einem Bericht von Johannes Albers zufolge – 97 CDU-orientierte Kandidaten durchgesetzt (zum Vergleich: KPD: 96, SPD: 104). *Adenauer, Briefe 1947–1949,* bearb. v. Hans Peter Mensing *(Rhöndorfer Ausgabe),* Berlin 1984, S. 102, 518. (Die teilweise widersprüchlichen Daten über die parteipolitische Zusammensetzung der Betriebsräte sind wegen der unzureichenden Quellenlage kaum überprüfbar.)

Wortführer nach 1945 nicht mehr dem Zentrum, sondern der CDU zuwandten[31]. Mühselig versuchte Wilhelm Kemper 1946 über das Generalsekretariat der DZP, die beim Zentrum verbliebenen christlichen Arbeiter- und Angestelltenführer ausfindig zu machen. Er wollte sie zu einer Konferenz einladen, auf der eine Stellungnahme zu Fragen der Sozialpolitik erarbeitet werden sollte, um der Werbung der CDU um die christlichen Arbeiter etwas entgegensetzen zu können; Generalsekretär Klein konnte ihm nur neun Anschriften mitteilen[32].

Sieht man einmal von den Differenzen über die parteipolitische Entscheidung ab, so lassen sich zwischen den Arbeitervertretern im Zentrum und dem Arbeiterflügel der Union durchaus auch Gemeinsamkeiten feststellen. Ein wichtiges Bindeglied war die Einheitsgewerkschaft, für die auch die Sprecher der katholischen Arbeiter im Zentrum eintraten. Auf dem ersten Parteitag des Zentrums am 9./10. März 1946 in Essen verabschiedeten sie eine Resolution, in der sie sich für die „parteipolitische und religiöse Neutralität der Einheitsgewerkschaften" aussprachen und Bestrebungen zurückwiesen, „die dahin zielen, die Einheitsgewerkschaft durch Sondergründungen zu zerschlagen"[33]. Arbeitervertreter im Zentrum und in der Union hielten Kontakt, wenn es um die Positionen der christlichen Fraktion im DGB-Zonenvorstand oder um den Kampf gegen einen befürchteten Linkskurs des DGB ging[34]. Politisch-programmatische Berührungspunkte zum Arbeiterflügel der CDU wurden nicht zuletzt in der Debatte über den Christlichen Sozialismus sichtbar, die sich auch im Zentrum niederschlug, hier freilich keine vergleichbare innerparteiliche Front eröffnete. Während Dr. Hamacher und Brockmann auf die kirchenamtliche Distanzierung von jeder Spielart des Sozialismus und auf die mißverständlichen Interpretationsmöglichkeiten der Wortkombination hinwiesen[35], sprach Josef Hahnbück, IG-Metall-Bezirksjugendsekretär und Vorstandsmitglied der Zentrumspartei,

---

31 So distanzierten sich die „früher und jetzt hauptberuflich in der Arbeiterbewegung tätigen Personen sowie die teilnehmenden Vertrauensleute aus den Großbetrieben der Regierungsbezirke Köln und Aachen" auf einer Versammlung in Köln am 11.11.1945 entrüstet von der wiedergegründeten Zentrumspartei, abgedr. in: *Christlich Demokratische Partei des Rheinlandes, Rundbrief* Nr. 3, 12.11.1945, HSTAD, RWN 48–12.

32 Kemper an Klein, 4.4.1946, und Klein an Kemper, 12.4.1946, DZPAM 14–18. – Zur Bildung eines „Arbeiterausschusses" vgl. auch Protokoll HV-Sitzung v. 11.5.1946, HSTAD, RWN 48–8, S. 8.

33 „Niederschrift" (Anm. 18). Der Schriftsteller Richard Muckermann verhehlte freilich seine Meinung nicht, daß die Einheitsgewerkschaft besonders für die Jugend eine große Gefahr bilde. Deshalb müsse der Jugend bis hin zu den Vierzigjährigen besondere Aufmerksamkeit geschenkt werden (vgl. ebd.).

34 Feih an Brockmann, 15.8.1947, DZPAM 128, über eine Zusammenkunft ehemaliger christlicher Gewerkschafter in Hilden, zu der sowohl Zentrums- als auch CDU-Mitglieder erschienen waren, was von der CDU-Presse gegen das Zentrum ausgespielt wurde. Vgl. auch die Diskussion im Hauptvorstand am 17.9.1947 über die Teilnahme zweier Zentrumsmitglieder an einer Tagung der CDU-Sozialausschüsse (Protokoll HV-Sitzung v. 17.9.1947, DZPAM 6).

35 Zu Brockmanns Position vgl. oben Kap. 7, Anm. 19. Für Dr. Hamacher war der Christliche Sozialismus mit der Lehre der Kirche nach „Quadragesimo anno" (1931) unvereinbar. Vgl. *Kölnische Rundschau* v.24.6.1946.

noch 1947 vom „Niederbruch des Staates und seiner bestehenden Ordnung"[36]. Die bürgerliche Gesellschafts- und kapitalistische Wirtschaftsordnung habe ihr Ende gefunden und sei zur Neugestaltung nicht fähig:

> „Die neue Struktur der Wirtschaft und des Staates wird sehr stark vom Sozialen her geprägt sein müssen, weil sich die Besitzverhältnisse grundlegend verschoben haben und die wachsende Zahl der Besitzlosen dazu zwingt. Wehe, wenn diese ohne Hoffnung bleiben! Das geschichtliche Ziel der Arbeiterbewegung heißt heute wie gestern: ‚Sozialismus!'"[37]

Hahnbücks Ziel war eine sozial gerechte Wirtschafts- und Gesellschaftsordnung, die nur zu verwirklichen sei, wenn die geeinte Arbeiterbewegung ihre geschichtliche Sendung erfülle und „die Idee des Sozialismus in einer für das deutsche Volk erträglichen Form" realisiere. Er warnte vor denjenigen, die aus egoistischen Motiven und mit Hilfe der Besatzungsmächte das Rad der Geschichte zurückdrehen wollten, sowie vor den intoleranten Vertretern des — sozialistischen — Zeitgeistes, die einzig danach trachteten, ihre Macht- und Führungsansprüche ohne Rücksicht auf die verständnisbereite christliche Minderheit durchzusetzen. Das christliche Menschenbild sei ein für die Erziehungsaufgabe der Gewerkschaften wertvoller Bildungsfaktor und enthalte auch den Schlüssel zur Lösung der sozialen Frage: Nicht Klassenkampf, sondern Standwerdung des Arbeiters, Mitbestimmung der Arbeitnehmerschaft an der Leitung der Betriebe und der Lenkung der Gesamtwirtschaft[38]. Diese christlich-sozialistische Richtung war zwar mit Hahnbück in der Zentrumsführung 1946—1949 präsent, konnte jedoch auf deren Politik keinen größeren Einfluß ausüben[39].

Spielte der Streit der beiden christlichen Parteien im DGB nur eine untergeordnete Rolle, so entbrannte er in den katholischen Arbeitervereinen um so heftiger. DZP-Generalsekretär Klein wollte die Kölner KAB-Zentrale schon unmittelbar nach der Wiedergründung der katholischen Arbeitervereine[40] im November 1945 darauf verpflichten, sich gegenüber Zentrum und CDU neutral zu verhalten. Er konnte dem Diözesanpräses Hermann Joseph Schmitt freilich nicht mehr entlocken, als daß die KAV kirchlich-religiös-soziale Vereine seien, die sich an die Weisungen der Bischöfe zu halten hätten[41]. Kleins Drohung, sich an die bischöfliche Behörde zu wenden, be-

---

36 ZPK-Pressedienst der Zentrumspartei, 1. vorl. Ausgabe v. 20.9.1947, „Um den rechten Weg", S. 5 ff.
37 Ebd. — Daraus auch die folgenden Zitate.
38 Vgl. ebd.
39 Vgl. unten Kap. 9.2.2 — Hahnbück gehörte dem Hauptvorstand der DZP seit dem Essener Parteitag vom 9./10.3.1946 an. Vgl. „Niederschrift", Anm. 18, dort fälschlicherweise als „Hanbrück" geführt. — Ein anderer Vertreter des Christlichen Sozialismus, Kassing, hatte schon unmittelbar nach den ersten Programmdiskussionen resigniert. Vgl. oben, Kap. 6.2.
40 Zur Wiedergründung der KAV vgl. das Schreiben von Diözesanpräses Hermann Joseph Schmitt an die Präsides und Vorstandsmitglieder der KAB v. 3.11.1945: „Die Hochwürdigsten Herren Bischöfe haben bestimmt, daß auch die Arbeitervereine . . . ihre religiös-soziale Bildungsarbeit wieder aufnehmen sollen." Nicht nur aus Gehorsam, sondern auch aus Erfahrung und insbesondere wegen der Existenz der Einheitsgewerkschaft sowie der Tatsache, daß keine konfessionelle Partei von politischer Bedeutung mehr bestehe, sei die Arbeit der KAB nötig. (Abschrift), DZPAM 14—18.
41 Klein an Schmitt, 9.11.1945; Schmitt an Klein, 15.11.1945; Klein an Schmitt, 22.11.1945; Schmitt an Klein, 1.12.1945, DZPAM 14—18.

eindruckte Schmitt nur wenig. Klein beschwerte sich dann im Dezember 1945 beim Erzbischöflichen Generalvikariat in Köln darüber, daß die KAB-Führung im Kölner Ketteierhaus gegen das Zentrum Stellung beziehe und unter den katholischen Arbeitern für die CDU werbe[42]. Tatsächlich unternahm die CDU etliche Versuche, die KAB als Hilfstruppe gegen das Zentrum zu gewinnen. So wurden auf einer Tagung von Sekretären der früheren Christlichen Gewerkschaften und katholischen Arbeitervereine, die kurz vor dem Essener Parteitag des Zentrums am 23. Februar 1946 in Düsseldorf stattfand, die katholischen Arbeiter zur Mitarbeit in der CDU aufgefordert. Nach der Schilderung von Obermeister Jakob Ballensiefen, Mitglied des Zentrumsvorstands, der an der Düsseldorfer Tagung teilgenommen hatte, stieß die dort von Johannes Albers (CDU) vorgelegte Beschlußvorlage jedoch bei den Versammelten auf so starken Widerspruch, daß sie zur Neuformulierung an einen Ausschuß zurückverwiesen werden mußte. Bedenken wurden angemeldet, das christliche Gedankengut sei im Programm der CDU nicht genügend verankert, es fehle eine eindeutige Stellungnahme für die Konfessionsschule; ferner wurde bemängelt, die CDU sei keine Richtungspartei, sondern eine Sammelpartei, ,,in der sich liberale und reaktionäre Elemente zusammenfinden würden''[43].

Das facettenreiche Verhältnis der KAB zum Zentrum wird erst vor dem Hintergrund der Tatsache deutlich, daß das bis 1933 relativ einheitliche Gefüge des politischen und sozialen Katholizismus sich verändert hatte. Mit der Einheitsgewerkschaft und der Union entstanden für die katholische Arbeiterbewegung ,,mehrdimensionale Bezugssysteme''[44], die neue Konfliktebenen produzierten:

— In der neuen Konfiguration von Kirche, Gewerkschaft und Partei entwickelte sich schnell ein Konkurrenzverhältnis zwischen den im Prinzip interkonfessionellen, faktisch jedoch katholisch-dominierten Sozialausschüssen in der CDU (CDA), die sich primär an der — interkonfessionellen — Union und sekundär an der Einheitsgewerkschaft orientierten, und der KAB, die in der wiederaufgenommenen Tradition des kirchlich-katholischen Vereinswesens lebte. Die KAB-Führung grenzte sich gegen den vom Gewerkschaftsflügel in der CDU um Kaiser, Arnold, Albers und Elfes vertretenen Christlichen Sozialismus ab und unterstellte den CDA-Leuten die Absicht, sie wollten die Sozialausschüsse zu einer neuen Variante christlicher Gewerkschaften ausgestalten und damit die Einheitsgewerkschaft sprengen[45]. Gerade in der Einheitsgewerkschaft erblickte aber die KAB — nach der Ansprache Pius' XII. an Mit-

---

42 Klein an das Hochwürdigste Erzbischöfliche Generalvikariat Köln, 29.12.1945, DZPAM 14—18.

43 Zentrumspartei des Siegkreises, *Mitteilungblatt des Siegkreis-Zentrums*, Nr. 3, 10.4.1946 S. 2, HSTAD, RWN 48—10 sowie ,,Niederschrift'' (Anm. 18), S. 2, 3. Demnach hatte selbst KAB-Generalsekretär Josef Gockeln der CDU noch keinen ,,Vorschußwechsel'' ausstellen wollen, und Diözesanpräses Schmitt hatte eingeräumt, die in Düsseldorf Versammelten hätten nicht das Recht, für die gesamte christliche Arbeiterschaft zu sprechen.

44 Herbert Kühr, Die katholische Arbeiterbewegung im Ruhrgebiet nach 1945, in: *Politik und Gesellschaft im Ruhrgebiet*, hrsg. v. Karl Rohe/Herbert Kühr, *Sozialwissenschaftliche Studien zur Stadt- und Regionalpolitik*, Bd. 16, Königstein/Ts. 1979, S. 76.

45 Gegen eben diesen Verdacht hatte sich Gockeln bzw. die KAB-Führung 1945/46 selbst gegenüber den britischen Besatzungsbehörden verteidigen müssen. In den fünfziger Jahren war dann die KAB-Führung im Verein mit einigen Bischöfen die treibende Kraft bei der Wiedergründung christlicher Gewerkschaften. Vgl. Gockeln an Adenauer, 7.11.1946, HSTAD, RWN 108—12.

glieder der christlichen Arbeitervereine Italiens vom 11. März 1945[46] – eine Voraussetzung für ihre nun erst recht unverzichtbare Erziehungsaufgabe. Die im Konflikt zwischen Gockeln und Arnold personifizierte Frontstellung spielte auch in der CDU eine Rolle[47].
Innerhalb der KAB, in der nun Zentrums- und CDU-Mitglieder aufeinanderstießen, hätte die erbitterte parteipolitische Konfrontation eine Dynamik freisetzen können, die die Fortexistenz der katholischen Arbeitervereine aufs Spiel gesetzt hätte. Wollte die KAB den Bruch vermeiden, so mußte sie sich als Klammer für die katholische Arbeiterbewegung verstehen und die Existenz der beiden Parteien als gegeben hinnehmen. Gemeinsame Ziele gab es für Zentrums- wie CDU-Mitglieder im Einsatz für kirchlich-katholische Forderungen, wie z. B. den Erziehungsauftrag der Kirche, für die Verbreitung der katholischen Soziallehre und die Abgrenzung gegenüber liberalen, reaktionären und arbeiterfeindlichen Kräften – auch und gerade in der CDU[48]. Vor den Wahlkämpfen häuften sich daher die Aufrufe, die beiden christlichen Parteien sollten sich verständigen, die inneren Kämpfe beenden und die christliche Front insgesamt stärken[49].

Bis 1947 war innerhalb der westdeutschen KAB die parteipolitische Scheidung weit gediehen[50]. Stand auch die überwiegende Mehrheit der KAB-Mitglieder auf seiten der CDU, so gab es doch bis in die fünfziger Jahre hinein auch KAB-Gruppen, in denen das Zentrum einen guten Stand hatte. So führte z. B. im KAB-Bezirksverband Oberhausen-Sterkrade der 1905 geborene Stahlbauschlosser Johann Erwig den Vorsitz. Erwig war seit 1946 Betriebsratsvorsitzender bei der Gutehoffnungshütte Oberhausen-Sterkrade AG, außerdem Vorsitzender des Gesamtbetriebsrats der Gutehoffnungshütte Oberhausen AG und Mitglied im Aufsichtsrat dieses Unternehmens seit 1953. Er hatte 1946 in Sterkrade die Zentrumspartei wiedergegründet und gehörte ihr noch in den fünfziger Jahren als Bezirksvorsitzender, stellvertretender Kreisparteivorsitzender und – seit 1948 – als Stadtverordneter in Oberhausen an[51]. Bei den Landtagswahlen 1954 kandidierte er für das Zentrum auf der Reserveliste (Listenplatz 13). Auch in der Bottroper KAB präsidierte seit 1945 ein Zentrumsmann: Heinrich Kupka, geboren 1905, Bergmannssohn und gelernter Bergmann, seit 1938 Grubensteiger, Angestelltenvertreter und seit 1952 Mitglied des Aufsichtsrats in

---

46 Abgedr. in: *Der Papst spricht. Ansprachen und Botschaften Papst Pius' XII. aus der Kriegs- und Nachkriegszeit,* hrsg. v. Bischöflichen Ordinariat Berlin, Berlin-Neukölln 1946, S. 51–55.

47 Vgl. *Adenauer-Briefe* (Anm. 30), S. 113, 352 f., 619.

48 Vgl. hierzu den Bericht von Ludwig von Danwitz über eine Tagung der katholischen Arbeitersekretäre in Bockum-Hövel bei Hamm am 29./30.12.1947: Presse- und Informationsbüro der DZP, 30.12.1947, sowie Brockmann an Pfarrer Markfort, 8.1.1948, DZPAM 128.

49 Hierfür finden sich in den Akten der Zentrumspolitiker unzählige Beispiele. Vgl. z. B. Pfarrer Karl Konrads, Diözesan-Männerseelsorger aus Herzogenrath, an Brockmann, 9.6.1947, DZPAM 128, sowie *Ketteler Wacht* v. 15.4.1948.

50 Bis dahin häuften sich die Klagen darüber, daß sich die KAB nicht neutral verhalte und hemmungslos für die CDU werbe (vgl. z. B. die Berichte von Alsermann, Essen-Borbeck, und Pötz, Düsseldorf, abgedr. in „Niederschrift" [Anm. 18]). Die Zentrumsführung hoffte immer noch, daß die Kirchenführung schlichtend eingreifen würde. Tatsächlich liegt vom Bischof von Münster, Keller, ein Brief an die DZP-Zentralstelle Münster (allerdings erst v. 23.12.1949) vor, in dem die parteipolitische Neutralität der katholischen Arbeiterbewegung als eine wichtige Voraussetzung für deren Zusammenhalt bezeichnet wird. Ein Auseinanderfallen könne nur, so Keller, „den Feinden der Kirche nützen" (DZPAM 196). Zum politischen Kontext vgl. unten Kap. 10.3.

51 Johann Erwig an Deutsche Zentrumspartei Düsseldorf, 1.9.1953 (Lebenslauf), DZPAM 208.

seinem Bottroper Betrieb. Kupka kandidierte 1947 in seinem Bottroper Wahlkreis ebenfalls für das Zentrum (Listenplatz 70)[52]. Die Zentrumsführung scheint sich freilich um ihre verbliebenen Bastionen in der Arbeiterschaft in den fünfziger Jahren kaum gekümmert zu haben. Obwohl Johannes Brockmann nach einem Wahlabkommen zwischen CDU und Zentrum zur Bundestagswahl 1953 als gemeinsamer Kandidat beider christlicher Parteien in Oberhausen ein Direktmandat für den Bundestag gewann, enttäuschte er die Oberhausener KAB-Anhänger, weil er ihre Einladungen, auf einer KAB-Bezirkstagung zu sprechen, nicht einmal beantwortete und das Feld der CDU überließ[53].

Zusammenfassend läßt sich feststellen, daß der Einfluß der Arbeiterinteressen im wiedergegründeten Zentrum schon bis 1949 stark zurückgegangen war. Diese Tendenz läßt sich an verschiedenen programmatischen, organisatorischen und politisch-taktischen Entwicklungen ablesen:

- Hatte die Zentrumsführung in ihrem Soester Programm von 1945 noch eine „Neu- und Umgestaltung der Wirtschaftsordnung" zugunsten des „werktätigen Volkes in Stadt und Land" gefordert und die sozial- und wirtschaftspolitischen Ziele im Werler Programm (1946) noch weiter ausgeführt[54], so verblaßten die Sozialisierungs- und Mitbestimmungsforderungen allmählich und verschwanden vollends aus den programmatischen Erklärungen der fünfziger Jahre. Die Forderung nach einer Bodenreform, die die Grenze für eventuelle Enteignungen bei 150 ha (bzw. 600 Morgen oder 200 000 DM Einheitswert) ansetzte[55], war von Anfang an auf die Interessen einer alteingesessenen, bodenständigen Bauernschaft zugeschnitten. Johannes Brockmann mußte das Abstimmungsverhalten der Zentrumsfraktion im nordrhein-westfälischen Landtag über die Sozialisierung der Kohlewirtschaft im Herbst 1948 gegenüber besorgten bäuerlichen und mittelständischen Interessengruppen als politisch gerechtfertigte, einzig mögliche Entscheidung verteidigen. Er warnte die Selbständigen in der Partei davor, ihr Schicksal mit der Schwerindustrie und der Hochfinanz zu koppeln und versicherte ihnen, „daß gerade sie in ihrer Eigenständigkeit in unserem Interesse und in unserer Sorge an höchster und an tiefster Stelle wurzeln und verankert sind"[56]. Die Probleme der Arbeitervertreter (z. B. Hahnbücks Hinweis auf die wachsende Unruhe in der Arbeiterschaft 1947, seine Frage zur Haltung der Zentrumsfraktion zum Mitbestimmungsrecht der Betriebsräte und der Schaffung von Wirtschaftskammern oder die von Peterburs und Holtkamp im Januar 1948 thematisierte Streikfrage) wurden hingegen im Hauptvorstand der DZP — soweit aus den

---

52 Kupka an die Fraktion des Zentrums im Landtag, 30.8.1953, DZPAM 208. – 1947 erreichte die DZP in Bottrop knapp 10 v. H. der gültigen Zweitstimmen, 1950 noch 5,1 v. H. und 1954 nur noch 3,5 v. H.

53 Darüber beklagte sich Heinrich Kohlenbrenner, DZP-Oberhausen-Sterkrade, bei Brockmann, 25.1.1955, DZPAM 128.

54 Abgedr. in: *Dokumente zur parteipolitischen Entwicklung in Deutschland seit* 1945, bearb. u. hrsg. v. Ossip K. Flechtheim, Berlin 1963–71, Bd. 7, S. 244 ff. Zur Zentrums-Programmatik vgl. Ute Schmidt, Die Deutsche Zentrums-Partei, in: *Parteien-Handbuch*, Bd. 1, hrsg. v. Richard Stöss (*Schriften des Zentralinstituts für sozialwissenschaftliche Forschung der Freien Universität Berlin*, Bd. 38), Opladen 1983, S. 1208 ff.

55 Vgl. die Diskussionen über die Bodenreform im DZP-Hauptvorstand (Protokoll HV-Sitzung v. 3./4. Juli 1946; hier wurde auch eine beratende Kommission eingesetzt, die eine Stellungnahme zum Sozialismus erarbeiten sollte. Leiter dieser Kommission war Peterburs. Man traf sich auch mit Pater Welty in Walberberg. Protokoll HV-Sitzung v. 17.9.1947, S. 5 f., 12 ff., 17, 23, 37; v. 14.10.1947, S. 22; v. 10.1.1948, DZPAM 6; *RRZ* v. 15.7.1947).

56 Protokoll HV-Sitzung v. 25.9.1948, S. 10, DZPAM 6.

Protokollen ersichtlich und von allgemeinen Entschließungen einmal abgesehen – kaum diskutiert.

– Schon 1948 war eine angemessene Repräsentation der Arbeitervertreter im Hauptvorstand der DZP auf dem satzungsmäßig vorgeschriebenen Weg der Delegation von Bezirksvertretern nicht mehr gewährleistet. Die Parteiführung löste den Konflikt zwischen dem Prinzip der ständischen und der regionalen Repräsentation dadurch, daß sie den Hauptvorstand erweiterte; er war inzwischen auf 58 Personen angeschwollen[57]. Nachdem Spiecker im Dezember 1948 den Vorsitz übernommen hatte, strukturierte er Direktorium und Hauptvorstand um: Im geschäftsführenden Vorstand, dem jetzt 11 statt bisher 16 Mitglieder angehörten, war nur noch ein einziger Arbeiter vertreten. Das Direktorium setzte sich nun aus je drei Beratern bzw. Fachleuten für insgesamt 12 Politikbereiche zusammen; die Arbeitervertreter Peterburs, Hahnbück und Willenberg erhielten das Ressort Sozialpolitik; alle bisherigen Ausschüsse wurden aufgelöst[58].

– Hatten sich seit 1946 katholische Arbeiter – dem sozialpolitischen Kurs des Zentrums verpflichtet und von der liberal-konservativen Politik der Union enttäuscht – dem neuen Zentrum angeschlossen, so sahen sie in der auf wenige Regionen schrumpfenden, schwerfälligen Honoratiorenpartei schon bald keine Perspektive mehr, so z. B. Josef Jakob aus Bocholt[59], der einzige prominente Arbeitersekretär aus der Zeit vor 1933, der auch im katholischen Arbeiterwiderstand aktiv gewesen und 1946 von der CDU zum Zentrum übergetreten war. Nach dem Oberhausener Parteitag 1949 gehörte er wie die ehemaligen christli-

57 Vgl. Protokoll HV-Sitzung v. 10.7.1948, DZPAM 6, S. 2 ff. Aus dem Ruhrgebiet wurden Hahnbück und der Maschinensteiger Josef Schmidt als Arbeitervertreter neben den Herren Warczak und Dr. Kröger in den Vorstand aufgenommen. Rudolf Holstein, ein bekannter KAB-Veteran aus der Zeit vor 1933 – er war 1946 Bürgermeister von Beuel – repräsentierte nun die Arbeiterschaft aus dem Regierungsbezirk Köln im Hauptvorstand. Peterburs bedauerte 1948, daß „sich in der Parteiführung eine Wandlung zu Ungunsten der Arbeitnehmerschichten vollzogen" habe.

58 Protokoll HV-Sitzung v. 19.12.1948, HSTAD, RWN 125.

59 Josef Jakob (1896–1953), Arbeiter in der Neubeckumer Zementindustrie, 1921 KAB-Sekretär im Bezirk Bocholt, 1922–1933 Zentrumsabgeordneter im Preußischen Landtag, während des NS-Regimes zeitweise in Gestapo-Haft und gesundheitlich schwer geschädigt. Seine Verhaftung im niederländisch-deutschen Grenzgebiet – als Verbindungsmann zu dem im holländischen Exil lebenden Jesuitenpater Friedrich Muckermann, einem Bruder Richard Muckermanns (vgl. oben Kap. 6, Anm. 57) – bot 1935 den Anlaß, die KAB im Regierungsbezirk Münster zu verbieten. Jakob hatte einen Brief des Münsteraner KAB-Diözesanpräses Bernhard August Konermann (1881–1950) bei sich, aus dem die Gestapo entnahm, die KAB wolle ihre Mitglieder zum Massenaustritt aus der DAF veranlassen. Das KAB-Verbot für Münster wurde trotz der Interventionen Bischof Galens nicht aufgehoben. Jakob und Konermann wurden zunächst als Hochverräter angeschuldigt, 1935 aber aus der Haft entlassen. Jakob war zunächst arbeitslos, dann Versicherungsvertreter und Leiter der Kirchenbuchstelle in Bocholt. Nach Kriegsende leitete er eine Versammlung, die in Bocholt das „Demokratische Sozialistische Komitee" wählte – einen Rat von 18 Personen, der die Militärregierung bei der Entnazifizierung beraten sollte. Jakob gehörte auch zu den Initiatoren der Bocholter CDP, trat dann aber nach Auseinandersetzungen mit dem rechtslastigen Oberbürgermeister Dr. Benölken mit einem Teil des CDP-Vorstands zum wiedergegründeten Zentrum über. Er vertrat die DZP im Frankfurter Wirtschaftsrat. 1953 erhielt er das Bundesverdienstkreuz. Vgl. Heinz Budde, *Handbuch der Christlich-sozialen Bewegung*, Recklinghausen 1967, S. 142; Jürgen Aretz, *Katholische Arbeiterbewegung und Nationalsozialismus. Der Verband katholischer Arbeiter- und Knappenvereine Westdeutschlands 1923–1945 (Veröffentlichungen der Kommission für Zeitgeschichte*, Reihe B, Bd. 25), Mainz 1978, S. 174 ff.; *Political Intelligence Summary*, Nr. 10, 14.9.1945, S. 22, PRO FO 371, 46934. – Übertritte gab es auch in Rheine (BAK, NB 5).

chen Gewerkschaftler Wilhelm Kemper und Karl Feih zu den Arbeitervertretern, die zusammen mit Spiecker für die Fusion des Zentrums mit der CDU plädierten[60].
– Der Anteil der Arbeiter an der Mitgliederschaft des neuen Zentrums lag von Anfang an unter dem der CDU[61]. Insofern verwundert es nicht, daß sie in der Führung der lokalen Parteigruppen stark unterrepräsentiert waren. Doch selbst in den Arbeiterstädten Oberhausen und Essen sowie in der traditionsreichen Hochburg der Arbeiterzentrumswähler, in Mönchen-Gladbach, wo die Initiative zur Wiedergründung des Zentrums von Arbeitern ausgegangen war, dominierten in den Ratsfraktionen und Ortsparteivorständen der DZP Mittelstand und Kleinbürgertum[62]. Es ist bemerkenswert, daß gerade die wählerstarke Oberhausener Partei unter ihrem Vorsitzenden Otto Pannenbecker ihr ganzes Gewicht in der Gesamtpartei einsetzte, um zu verhindern, daß die DZP zu Beginn der fünfziger Jahre auf außenpolitischen Kurs ging, mit dem sie sich als linke Alternative zur CDU hätte profilieren können[63]. Die Zentrumspolitik beschränkte sich hier immer mehr auf die Kommunalpolitik.
– Die sozialpolitischen Ausschüsse der DZP (SPA) hatten sich nicht halten können. Als letzter hing 1953 der Essener SPA ,,in der Luft''[64]. Von hier aus wurde noch einmal versucht, die sozialen Elemente in der Partei zusammenzufassen und ihren Einfluß auf die Gesamtpartei zu stärken. Es sollte verhindert werden, daß ,,aus irgendwelchen Anlässen – z. B. in der Gewerkschaftsfrage – Parteifreunde zusammengetrommelt'' würden, deren Sachkenntnis nicht allzu groß sei. (In der Gewerkschaftsfrage verschoben sich in den fünfziger und sechziger Jahren freilich die Akzente: Die Zentrumspartei empfahl sich jetzt den wiedergegründeten Christlichen Gewerkschaften als treue Stütze[65].)

In den fünfziger Jahren verengte sich das Zentrum also sichtlich auf ein in den traditionellen Bahnen des politischen Katholizismus sozialisiertes, schrumpfendes Wähler-

---

60 Zur Fusion vgl. oben Kap. 8. Zur Argumentation der Arbeitervertreter vgl. die Redebeiträge von Jakob, Kemper, Brüsselsbach u. a. auf der Essener Tagung der ,,Gesinnungsfreunde'' am 10.4.1949, HSTAD, RWN 125–60. Vgl. auch *RRZ* v. 11.2.1949: Hier spricht sich Georg Wille, stellvertretender Kreisparteivorsitzender aus Bochum, im Interesse der Ruhrarbeiter für die Fusion aus. Im Ruhrgebiet sei die Zentrumspartei faktisch nicht mehr vertreten, so die Rechtsanwältin Hildegard Gethmann aus Dortmund in ihrer Austrittserklärung; *Allg. Köln. Rundschau* v. 8.4.1949.
61 Für die CDU-Rheinland gab Adenauer 1947 einen Durchschnittswert von 21,4 v. H. an. Besonders niedrig war der Anteil der Arbeiter an den CDU-Mitgliedern in der Stadt Köln; dort betrug er – Ehefrauen, sofern sie Parteimitglieder waren, hinzugerechnet – lediglich 9,5 v. H. (vgl. *Adenauer-Briefe 1947–49* [Anm. 30], S. 102). – In den Ruhrgebietsstädten lag der Arbeitnehmeranteil in der CDU weit höher; er betrug hier etwa 20–35 v. H.; rechnete man Ehefrauen und Berufslose hinzu, so kam man in Essen und Oberhausen auf einen Arbeiteranteil von über 40 Prozentpunkten. Vgl. Hartmut Pietsch, *Militärregierung, Bürokratie und Sozialisierung. Zur Entwicklung des politischen Systems in den Städten des Ruhrgebiets (Duisburger Forschungen,* Bd. 26), Duisburg 1978, S. 225.
62 In Mönchen-Gladbach saßen im Vorstand der Ortspartei keine Arbeiter, dafür aber ein Dipl.-Volkswirt, ein Bauunternehmer, ein Klempnermeister und ein Bankbeamter (W. Wachtendonk an Klein, 20.10.1945, DZPAM, Kopie im PAZI 6). In den Ortsvorständen des Siegerlandes war die Arbeiterschaft hingegen besser repräsentiert (vgl. Klein an Zimmermann, 1.3.1946, DZPAM, Kopie im PAZI 6). Die Kreispartei Oberhausen entsandte 1953 ins Stadtparlament neun Vertreter, darunter drei bekannte Arbeitnehmervertreter. Vgl. Deutsche Zentrumspartei, Kreispartei Oberhausen an Deutsche Zentrumspartei NRW, 2.2.1953, DZPAM, Kopie im PAZI 6.
63 Vgl. *Ruhrwacht* v. 24.3.1955 sowie ,,Reorganisation des Zentrums'' (ohne nähere Angaben, DZPAM, Akte Oberhausen).
64 Sozialpolitischer Ausschuß der Kreispartei Essen der Deutschen Zentrumspartei, ,,Entschließung'' v. 20.11.1953, DZPAM 179.
65 Vgl. Hans-Josef Krämer, Christliche Gewerkschaften – CDU-Gewerkschaften?, in: *KAS* v. 8.3.1964.

potential. Hatte die Zentrumsführung ebenso wie die CDU um das katholische Milieu, das die NS-Periode mancherorts — zumindest äußerlich — unbeschadet überstanden hatte, geworben, so erkannte sie — im Unterschied zu ihrer Konkurrenzpartei — nicht dessen Substanzverlust. Auf die „bona particularia" fixiert, gelang es dem Zentrum nicht, eine politische Alternative zur CDU zu entwickeln. Nicht zuletzt deshalb blieb diese Partei sowohl für die vom liberal-konservativen Kurs der CDU unter Adenauer enttäuschten Unionswähler als auch für andere Wählerschichten unattraktiv.

9.2.2 Sozialstruktur der Führung

Die Führung der wiedergegründeten Zentrumspartei war durch eine starke personelle Kontinuität gekennzeichnet. In der Liste der Delegierten zum Werler Parteitag 1946 ist bereits das personelle Reservoir verzeichnet, aus dem die Zentrumsführung in den ersten Nachkriegsjahren auf der Landesebene und in den Hochburgen der Partei im wesentlichen schöpfte. Die Zentrumsvertreter im DZP-Hauptvorstand (vgl. dazu Tab. 7—11 im Anhang) rekrutierten sich aus dem breit gefächerten Spektrum des akademischen, gewerblichen und kaufmännischen Mittelstandes: Viele von ihnen waren Berufsbeamte und arbeiteten im Erziehungswesen oder in der höheren Verwaltung; gut vertreten waren auch freie Berufe wie Juristen, Steuerberater, Wirtschaftsprüfer, Ärzte, Verleger und Redakteure; es gab Ingenieure, Angestellte aus der freien Wirtschaft, Geschäftsführer, Kaufleute, Handwerker und einige wenige Fabrikanten, Bauern mit unterschiedlich großen Betrieben und Forstleute, qualifizierte Arbeiter und Gewerkschaftsfunktionäre, außerdem Hausfrauen, Sozialrentner und Studenten, deren berufsmäßige Zuordnung schwierig ist, sowie vereinzelt auch Pfarrer und Kirchenbeamte. In der Parteispitze findet man bis 1957/58 vor allem Bundestags- und Landtagsabgeordnete sowie hohe Regierungsbeamte. Während in den ersten Nachkriegsjahren zunächst noch ein Stamm von Arbeitern mittleren und höheren Alters im Hauptvorstand recht gut vertreten war, ging der Anteil der Arbeitervertreter — wie im vorigen Abschnitt dargestellt — schon bald deutlich zurück (1945: 0; März 1946: 8 von 37; November 1946: 7 von 59; Januar 1948: 7 von 58; Dezember 1948: 4 von 58). Ein ähnliches Problem wie bei der Vertretung von Arbeiterinteressen stellte sich der Parteiführung auch bei den Frauen[66], den Flüchtlingen und den Jugendlichen. Hier mußte durch die nachträgliche Zuwahl „berufener Mitglieder" ein Ausgleich geschaffen werden, um sowohl die einzelnen Berufs- bzw. Standesgruppen als auch die lokalen Repräsentanten der Partei angemessen zu berücksichtigen. Die ständige Umbildung und Erweiterung der Führungsgremien macht deutlich, daß das Nachkriegszentrum den schwerfälligen Charakter einer Honoratiorenpartei nicht abstreifen konnte.

---

66 Einer Empfehlung des Recklinghausener Parteitages (1948) zufolge sollten die Frauen ein Fünftel der Mitglieder des Hauptvorstandes stellen; das angestrebte Verhältnis wurde 1948 nur knapp erreicht (vgl. Tab 9).

9.3 Die Zentrumsvertreter im Bundestag und in den Landtagen (1947–1958)

Die DZP war im Wirtschaftsrat der Bizone zunächst mit zwei, nach Verdoppelung der Mandate mit vier von insgesamt 104 Sitzen vertreten. Im Parlamentarischen Rat war sie mit zwei Vertretern (von 69) repräsentiert. Im 1949 gewählten ersten Deutschen Bundestag stellte die Zentrumspartei zehn von insgesamt 402 Abgeordneten, die alle über die Landesliste von Nordrhein-Westfalen gewählt worden waren. In den zweiten Deutschen Bundestag entsandte das Zentrum nur noch zwei Abgeordnete, die keine Fraktion mehr bilden konnten (vgl. Tab. 13–16).

Von den zehn Zentrumsabgeordneten im ersten Deutschen Bundestag (vgl. Tab. 15) war die Hälfte über 50 Jahre alt (Durchschnittsalter 50,8 Jahre). Je zwei von ihnen kamen aus Erziehungsberufen oder waren Rechtsanwälte; dazu kamen je ein Bergmann, Landwirt, Redakteur, höherer Beamter sowie ein Student und eine Sozialfürsorgerin.

Berufs- und Altersgliederung der Landtagsfraktion in Nordrhein-Westfalen weisen eine ähnliche Merkmalsverteilung wie die Bundestagsfraktion auf (vgl. Tab. 17, 18, 19): Die Mehrzahl der Abgeordneten übte freie Berufe aus (überrepräsentiert waren Rechtsanwälte und Bauern) oder kam aus Lehrberufen und der höheren Verwaltung. Mehr als die Hälfte war über 50 Jahre alt. In der niedersächsischen Landtagsfraktion dominierte dagegen das alteingesessene bäuerliche Element, dessen Bodenständigkeit und Heimattreue ins Auge fällt (vgl. Tab. 20 im Anhang). Auch hier zeichnete sich schon in der zweiten Wahlperiode eine Überalterung ab.

Aus dem breiten Spektrum des akademischen, kaufmännischen und gewerblichen Mittelstandes kamen auch die Bewerber auf den Landesreservelisten in Nordrhein-Westfalen. Es stellten sich überwiegend selbständige Geschäftsinhaber und Angestellte aus der freien Wirtschaft, Beamte im öffentlichen Dienst (Erziehungsberufe, Gerichte, Verwaltung) sowie Rechtsanwälte und Landwirte zur Wahl, gefolgt von Handwerksmeistern, Facharbeitern, Hausfrauen und vereinzelt auch anderen Berufen. Die für das Nachkriegszentrum charakteristische sozialstrukturelle Gemengelage erhält einen leicht veränderten Akzent, wenn man die Berufsgliederung der bei Kommunalwahlen in den sechziger Jahren gewählten DZP-Vertreter in den ländlichen Hochburgen der Partei betrachtet: Die Zentrumsvertreter in den Gemeinderäten und Kreistagen übten vorwiegend landwirtschaftliche, aber auch handwerkliche und industrielle Berufe in der Bau-, Metall- und Holzverarbeitung aus; einige waren ungelernte Hilfskräfte. Doch auch hier kamen viele Mandatsträger aus Organisations- und Verwaltungsberufen sowie dem Rechtswesen; und mit den Handelssowie den Erziehungs- und Lehrberufen folgten nicht zuletzt zwei die Traditionspartei des katholischen Mittelstandes tragende Berufsgruppen. Die sozialstatistischen Angaben über die Mitglieder der kommunalen Vertretungen belegen, daß dem Zentrum, nachdem es seine bundespolitische Bedeutung zu Beginn der sechziger Jahre vollends eingebüßt hatte, in den ländlich-katholischen Gebieten seiner nordrheinwestfälischen und niedersächsischen Stammlande noch immer eine gewisse – inzwischen freilich stark reduzierte – Bedeutung als lokaler Repräsentant mittelständischer und bäuerlicher Interessen zukam. Es konzentrierte sich auf schul- und agrarpolitische Themen.

Da die DZP auch personell an Zentrumstraditionen aus der Weimarer Zeit anknüpfte, verwundert das hohe Durchschnittsalter der Zentrumsvertreter nicht (vgl. Tab. 19, 22). Doch verstärkte sich die Diskrepanz in der Altersstruktur zu den beiden großen Parteien in dem Maße, wie sich die DZP mehr und mehr auf die traditionelle Anhängerschaft verwiesen sah und eine Verjüngung der Partei wegen ihrer politischen Erfolglosigkeit nicht mehr wahrscheinlich erschien. Die Überalterung war in den kommunalen Vertretungen in Nordrhein-Westfalen im Vergleich zu den anderen Parteien zwar ebenfalls festzustellen, wenngleich nicht so stark ausgeprägt wie in den Landtagen. Auffällig ist, daß die DZP, in deren Wählerschaft die Frauen überproportional vertreten waren, in ihren Wahlvorschlägen nur wenige Frauen nannte. Zwar übernahm mit Helene Wessel nach Strickers Tod im Juli 1949 eine Frau den Parteivorsitz. Jedoch wirkten sich das konservative Frauenbild und das zunehmend paternalistisch-autoritäre Klima im Nachkriegszentrum eher hemmend auf die Wirkungsmöglichkeiten für politisch engagierte Frauen in der Partei aus. Wie Helene Wessel verließ auch die Bundestagsabgeordnete Thea Arnold die Zentrumspartei und schloß sich der GVP an[67].

---

67 Vgl. Elisabeth Friese, Helene Wessel, eine unbequeme Christin, in: *Der Lokomotive in voller Fahrt die Räder wechseln. Geschichte und Geschichten aus Nordrhein-Westfalen*, hrsg. v. Peter Grafe / Bodo Hombach / Reinhard Grätz, Berlin / Bonn 1987, S. 124.

Kapitel 10: Der Kampf um die Catholica

Hatten die führenden katholischen Kirchenpolitiker die Gründung einer interkonfessionellen Partei anfangs unter dem Gesichtspunkt politischer Opportunität befürwortet und damit eine Geburtshelferrolle für die Unionsparteien übernommen, so erkannte man im katholischen Lager doch schon früh, welche Nachteile für eine Vertretung genuin katholischer Belange damit verbunden waren. Zwar besaßen die Katholiken in der Union organisatorisch, politisch und programmatisch die Hegemonie, dennoch verstand sich die CDU/CSU keineswegs als politische Interessenvertretung der katholischen Kirche. Sollte die Union nicht wieder auseinanderbrechen, so mußten ihre Gründer mit den Protestanten und Liberalen Kompromisse eingehen, auch im Erziehungswesen, das die katholische Kirche traditionell als ihre Domäne betrachtete. War die Entscheidung des Klerus für die CDU und gegen eine Wiederbelebung des Zentrums also einerseits eine wesentliche Voraussetzung dafür, die gesellschaftspolitische Machtstellung der katholischen Kirche im Nachkriegsdeutschland zu erhalten, so reduzierte man andererseits doch, indem man das alte Zentrum aufgab, die Möglichkeiten, kirchlicherseits unmittelbar auf die Politik Einfluß zu nehmen.

Führende katholische Kirchenpolitiker, z. B. der römische Jesuitenpater Ivo Zeiger — er war eine ,,Schlüsselfigur für die Gestaltung der Deutschlandpolitik des Vatikans in der ersten Nachkriegszeit"[1] —, waren sich darüber im klaren, daß ,,die Herren der gemischten CDU" den katholischen Forderungen nicht so aufgeschlossen gegenüberstanden, wie das früher im Zentrum der Fall gewesen war; selbst die Katholiken in der CDU gingen auf eine gewisse Distanz. Die Kirche mußte diesen Verlust des traditionellen Instrumentariums des politischen Katholizismus auffangen; sie mußte ,,neue Wege indirekter und daher mühsamer Einwirkung" suchen, wenn sie sich nicht auf ,,die rein religiöse Linie" beschränken wollte[2]. Wenn Ivo Zeiger in diesem Zusammenhang von einem ,,zahlenmäßig *noch* unbedeutenden

---

1 Ludwig Volk, Der Heilige Stuhl und Deutschland 1945—1949, in: *Kirche und Katholizismus 1945—1949*, hrsg. v. Anton Rauscher (*Beiträge zur Katholizismusforschung*, Reihe B), München usw. 1977, S. 54 f. — Zeiger war Professor für kirchliche Rechtsgeschichte an der Gregoriana und Berater Pacellis in Konkordatsfragen gewesen. 1945 unternahm er in päpstlichem Auftrag eine Informationsreise durch Deutschland; 1945—1951 war er führender Mitarbeiter der Vatikanmission in Kronberg im Taunus.
2 Zeiger an Leiber, 29./30.11.1946, zit. nach Volk, Hl. Stuhl (Anm. 1), S. 74, Anm. 72. — Eine solche Beschränkung auf rein religiöse Fragen war auch vor der Konstituierung politischer Gremien und Parteien nicht geplant. So berichtete z. B. der amerikanische Generalkonsul in Bremen, Altaffer, nach Washington, Kardinal Frings treffe sich seit Kriegsende regelmäßig einmal im Monat mit einer Gruppe von ca. 60 wichtigen deutschen Repräsentanten aus Wirtschaft, Industrie und Politik, um politische, wirtschaftliche und soziale Fragen zu besprechen. Vgl. RG 59, 862.00/6-2347, No. 674 sowie oben Kap. 4.

Zentrum in Norddeutschland"[3] sprach, so läßt sich daraus freilich nicht schließen, er habe womöglich auf ein verändertes Kräfteverhältnis zwischen den beiden christlichen Parteien spekuliert[4]. Immerhin haben die Kirchenpolitiker die Nützlichkeit der Zentrumspartei, die sich vorbehaltlos hinter alle kirchlich-katholischen Forderungen stellte und die im Falle eines „Zusammenbruchs an der CDU-Front"[5] als Druckmittel auf die Unionspolitik eingesetzt werden konnte, nicht übersehen[6]. In Nordrhein-Westfalen blieb das Zentrum bis zum Ende der vierziger Jahre noch ein politischer Faktor und bildete 1950—1954 zusammen mit der CDU eine Regierungskoalition. Gerade im Hinblick auf die knappe „christliche Mehrheit" im nordrhein-westfälischen Landtag und die kulturpolitischen Differenzen innerhalb der CDU selbst war die politische Bedeutung der Zentrumspartei für die Durchsetzung spezifisch-katholischer Ziele nicht hoch genug zu veranschlagen. So hatte der kirchenpolitische Berater von Kardinal Frings, Domkapitular Wilhelm Böhler, schon Anfang 1947 Kontakte zur Zentrumsspitze gepflegt, um kirchliche Wünsche zwecks Wahlabkommen und Koalitionspolitik zu äußern[7]. Weitere Gesprächsangebote folgten[8], denn die Kirche war, um ihre kulturpolitischen Ziele (die Verankerung des sogenannten Elternrechts sowie weitgehende kirchliche Aufsichtsrechte im Schulwesen) in der nordrhein-westfälischen Landesverfassung zu sichern, auf die parlamentarische Unterstützung durch die Zentrumspartei angewiesen. Auch in den Grundgesetzberatungen spielte das Zentrum für die katholische Kirche eine wichtige Rolle. (Die nordrhein-westfälische Landesverfassung wurde erst im Juni 1950, also ein Jahr nach dem Grundgesetz, verabschiedet. Bis dahin galt ein Organisationsstatut.)

Die Zentrumsvertreter gerieten durch dieses doppelgleisige Vorgehen der Amtskirche — einerseits wurde die Partei im Interesse langfristiger katholisch-politischer Ziele instrumentalisiert, andererseits im praktisch-politischen Alltag offen bekämpft — in eine geradezu schizophrene Situation. Subjektiv fühlten sie sich als die treuesten Vertreter der katholischen Kirche und sahen sich in diesem Gefühl auch durch die offiziellen Verbindungen mit den Unterhändlern der Kirche bestätigt; andererseits wurde ihre parteipolitische Konsolidierung und Wählerwerbung in vielen Ge-

---

3 Zeiger an Leiber (wie Anm. 2). Hervorh. d. Verf.
4 Das Zentrum schöpfte freilich aus Ivo Zeigers Rede auf dem Mainzer Katholikentag neue Hoffnung. Er hatte dort vor der „Mode" gewarnt, „neue politische Zielsetzungen mit dem Worte ‚christlich' zu verbinden". Vgl. „Ist es nicht schon zu spät?", Flugschrift der DZP v. 3.4.1949, HSTAD RWN 48—10.
5 Volk, Hl. Stuhl (Anm. 1), S. 77.
6 Ein Anzeichen dafür war z. B. die von CDU-Politikern mit Bitterkeit registrierte Zurückhaltung des Episkopats gegenüber der CDU. Bischof Keller aus Münster hatte den Geistlichen seiner Diözese untersagt, vor den Kommunalwahlen 1948 für eine der beiden christlichen Parteien Stellung zu beziehen oder gar Parteimitglied zu werden. — Vgl. Adenauer an Frings, 1.11.1948, in: *Adenauer, Briefe 1947—1949, Rhöndorfer Ausgabe*, Berlin 1984, S. 333 f., sowie Schreiben des Bischofs von Münster v. 10.9.1948 G.-Nr. 7000, in dem freilich auf die Gefahr der Zersplitterung der Kräfte hingewiesen wurde (DZPAM 128).
7 Vgl. oben Kap. 9.2.1.
8 Vgl. Burkhard van Schewick, *Die katholische Kirche und die Entstehung der Verfassungen in Westdeutschland 1945—1950 (Veröffentlichungen der Kommission für Zeitgeschichte, Reihe B, Bd. 30)*, S. 41.

meinden durch den Pfarrklerus verhindert[9]. Wenn diese kirchliche Ablehnung den
politischen Niedergang der Zentrumspartei auch nicht allein erklären kann, so hat
sie doch entscheidend mit dazu beigetragen, daß das — durch innerparteiliche Auseinandersetzungen ohnehin geschwächte — Zentrum zerrieben wurde.

10.1 Elternrecht und Konfessionsschule

Die Vatikanmission in Kronberg[10] konnte, da sie als diplomatische Vertretung des
Hl. Stuhls noch nicht offiziell anerkannt war, über die weitere Gestaltung der rechtlichen Beziehungen zwischen Kirche und Staat nicht verhandeln. Sie betrachtete es
jedoch als ihre Aufgabe, öffentlich, in der Stille und über den Episkopat darauf hin-
zuarbeiten, daß in die künftige Verfassung für das neue deutsche Staatswesen möglichst viele jener Grundrechtskomponenten eingebaut würden, die — so Bischof
Aloysius Muench im August 1948 auf der Fuldaer Bischofskonferenz — ,,sonst
das Gerüst eines Konkordats bilden"[11]. Die Verfassungsdiskussionen im Parlamentarischen Rat beendeten für die katholische Kirche die Zeit des Interregnums, in der
sie sich noch wie selbstverständlich auf das faktisch weitergeltende Reichskonkordat beziehen konnte. Die katholischen Kirchenpolitiker waren realistisch genug, den
entstehenden westdeutschen Teilstaat nicht als Provisorium anzusehen; im übrigen
waren die Chancen, eine auf christlich-abendländischen, katholisch-naturrechtlichen
Wert- und Ordnungsvorstellungen basierende Verfassung durchzusetzen, in dieser

---

9 Vgl. ,,Aus einem Brief an einen katholischen Pfarrer" (o. Verf., o. D., BAK, NB 3). So rissen z. B. in Lippstadt Meßdienerknaben auf Anweisung eines Vikars Zentrumsplakate ab.
   Der Verfasser des Briefes (vermutlich Brockmann) schreibt: ,,Wenn die CDU die Mehrheit
   gewinnt, so ist die katholische Kirche über kurz oder lang politisch in Deutschland erledigt.
   Vielleicht werden gerade diejenigen hohen und höchsten Kleriker, die heute die CDU pro-
   pagieren, eines Tages am lautesten nach dem Zentrum schreien . . . .die hohen Geistlichen,
   die den Namen ,Zentrum' aus der Geschichte des deutschen Volkes auslöschen wollen,
   müssen viel verantworten. Ich glaube, daß sie den Ast absägen, auf dem sie sitzen."
10 Nach der Flucht des Nuntius Orsenigo 1945 aus Berlin nach Eichstätt bestand die diplomatische Vertretung des Vatikans bei der deutschen Regierung faktisch nicht weiter. Mangels anderer diplomatischer Vertretungen beauftragte Pius XII. im September
   1945 Ivo Zeiger (vgl. Anm. 1) mit der Pflege der Kontakte zwischen Vatikan und deutschem Episkopat. Aus der 3. Vatikanischen Mission, die sich auf die Koordination der
   Seelsorge in den Lagern der Displaced Persons beschränken sollte, entstand eine feste
   päpstliche Repräsentanz in Deutschland: die Vatikanmission Kronberg im Taunus. Anfang 1946 übertrug der Vatikan die Leitung dieser Mission, die bei der Displaced Persons
   Division lokalisiert war und deren Zuständigkeit nur für die amerikanische Besatzungszone galt, dem amerikanischen Bischof Dr. Aloysius Muench, der kurz darauf auch offizieller kirchlicher Verbindungsmann zur amerikanischen Militärregierung wurde und
   im Juli 1946 das Amt des Apostolischen Visitators antrat. Von Kardinal Spellman wurde er zum katholischen Generalvikar der amerikanischen Armee in Deutschland und
   Österreich ernannt. Vgl. zu Muenchs Person: Volk, Hl. Stuhl (Anm. 1), S. 55 ff., sowie
   kritisch Frederic Spotts, *Kirchen und Politik in Deutschland*, Stuttgart 1976, S. 73 ff. Damit bestand — so Spotts — ,,eine direkte, offizielle Verbindung zwischen dem Vatikan, der
   amerikanischen Hierarchie, der deutschen Hierarchie und der amerikanischen Militärregierung". Seit Januar 1947 fungierte die Vatikanmission quasi als Botschaft, 1950 als
   ,,Apostolische Nuntiatur in Deutschland" unter Erzbischof Muench.
11 Zit. nach Volk, Hl. Stuhl (Anm. 1), S. 73.

Staatskonstruktion erheblich größer als in einem gesamtdeutschen Staat, der auch die mehrheitlich protestantischen Länder in der sowjetischen Besatzungszone miteinbezogen hätte.

Die katholische Kirche machte ihren Einfluß durch eine gezielte Öffentlichkeitsarbeit und eine geschickte parlamentarische Lobbytätigkeit geltend[12]. Schon in den Verfassungsberatungen der Länder[13] hatten die Parteien, die sich für kirchliche Positionen einsetzten, die Wünsche beider Kirchen übernommen und wirkungsvoll vertreten. Ihre Forderungen entsprachen dem materiellen Inhalt nach im wesentlichen dem, was in den staatskirchenrechtlichen Artikeln der Weimarer Reichsverfassung festgeschrieben worden war. Zentrale Postulate der Kirchen waren die Religionsfreiheit, der Sonderstatus der Kirchen als öffentlich-rechtliche Körperschaft, eine finanzielle Absicherung kirchlicher Einrichtungen durch staatliche Leistungen sowie das Weitergelten bisheriger konkordatärer Vereinbarungen[14]. Darüber hinaus waren beide Kirchen — freilich mit unterschiedlicher Intensität — daran interessiert, ihren Einfluß bei der weltanschaulichen Gestaltung des Schulwesens zu entfalten[15]. Dem katholischen Naturrechtsverständnis entsprechend, drängte vor allem die katholische Kirche darauf, Konfessionsschulen zu errichten[16]. Sie hatte ihre schulpolitischen Vorstellungen wegen der unterschiedlichen politischen Kräfteverhältnisse in den Ländern bisher allerdings nur in Bayern, Rheinland-Pfalz und Südwürttemberg-Hohenzollern verwirklichen können. Südbaden mit seiner Simultanschultradition sowie die mehrheitlich protestantischen norddeutschen Länder hatten sich für nichtkonfessionelle Gemeinschaftsschulen entschieden, an denen der Religionsunterricht ordentliches Lehrfach war. In Hessen schlossen die Sozialdemokraten,

---

12 Vgl. hierzu Klaus Gotto, Die katholische Kirche und die Entstehung des Grundgesetzes, in: *Kirche und Katholizismus* (Anm. 1), S. 88–108, insbes. S. 93 ff.

13 Vgl. Bengt Beutler, Die Stellung der Kirchen in den Länderverfassungen der Nachkriegszeit, in: *Kirche und Katholizismus* (Anm. 1), S. 26–52.

14 Vgl. ebd., S. 31.

15 Vgl. Dorothee Buchhaas, *Gesetzgebung im Wiederaufbau. Schulgesetz in Nordrhein-Westfalen und Betriebsverfassungsgesetz 1945–1952 (Beiträge zur Geschichte des Parlamentarismus und der politischen Parteien,* Bd. 79), Düsseldorf 1985, S. 86 ff., die auch die Differenzen im evangelischen Lager ausführlich darstellt; Werner Sörgel, *Konsensus und Interessen. Eine Studie zur Entstehung des Grundgesetzes für die Bundesrepublik Deutschland (Frankfurter Studien zur Wissenschaft von der Politik,* Bd. V), Stuttgart 1969, S. 189 f.

16 Vgl. die Berichte von den ersten Bischofskonferenzen aus dem Jahr 1945, z. B.: Conference with the Bishop of Aachen His Excellency, The Right Rev. Bishop van der Velden, Dome-Prevost and General Vicar Dr. Müssener, and Lt. Kenny on 9 June 1945, NARG 331, Records of Allied Operational and Occupation Headquarters, WW II/NND 760.238; Murphy an Secretary of State über die Fuldaer Bischofskonferenz, NARG 59, 862.404/8-2845. Ziel der katholischen Bischöfe war: die Wiederherstellung der von den Nationalsozialisten beseitigten Konfessionsschulen, deren staatliche Subventionierung und rechtliche Gleichstellung mit der öffentlichen Schule, Freiheit der Kirche bei der Einrichtung katholischer Schulen und Lehrerbildungsanstalten, Kontrolle der Lehrbücher für katholische Schulen durch die Kirche. Leutnant Kenny machte dem Bischof von Aachen, der auch für die Einrichtung von „Rektoratsschulen", d. h. von katholischen Priestern geleiteten Schulen in ländlichen Gebieten zur Heranbildung eines akademischen Mittelstandes plädierte, klar, daß die alliierte Kontrollkommission das Schulwesen zwar kontrolliere, die Entscheidung über Lehrmethoden und Aufbau der Schulorganisation jedoch den Deutschen überlassen wolle.

die zusammen mit den Kommunisten eine rechnerische Mehrheit im Landtag besaßen, im letzten Stadium der Verfassungsberatungen einen Kompromiß mit der
CDU. Die Bischöfe von Limburg, Mainz und Fulda bezeichneten dieses Ergebnis
in einem Hirtenbrief als „schmerzlich" und „unbefriedigend", weil in der Verfassung der Name Gottes fehle und die Gemeinschaftsschule als Regelschule vorgesehen sei. Eine wesentlich schärfere, ursprüngliche Fassung des Hirtenbriefes, die
durch eine Indiskretion vorzeitig bekannt und daraufhin kurzfristig zurückgezogen wurde, weckte Kulturkampfreminiszenzen und trug den Bischöfen den Vorwurf des Kanzelmißbrauchs ein[17]. Ein Problemfall für die katholische Kirche, der
im Parlamentarischen Rat wieder zur Sprache kam, war auch die bremische Landesverfassung. Sie bestimmte in Art. 32 Abs. 1, daß an den allgemeinbildenden öffentlichen Schulen ein bekenntnismäßig nicht gebundener Unterricht in biblischer Geschichte auf allgemein christlicher Grundlage stattfinden solle und schloß damit an
eine dort seit 1799 bestehende Tradition an[18].

Die drei westlichen Besatzungsmächte hatten die Schulfrage an die Länder verwiesen; sie wandten sich sowohl gegen Zonenregelungen als auch gegen die Forderung der katholischen Bischöfe, allen Ländern die Konfessionsschule aufzuzwin-
gen[19]. Auch SPD und FDP hielten die „kulturellen Angelegenheiten" für Länder-
sache. Der katholischen Kirche genügten jedoch ihre Teilerfolge in den süd- und
südwestdeutschen Ländern nicht. Ihrem Rechristianisierungsziel folgend, ging sie
offenbar davon aus, sie könne in den Grundgesetzberatungen nicht nur die naturrechtliche Begründung der Grundrechte – d. h. die Rückführung der individuellen
Freiheitsrechte und die Sicherung der Stellung der Kirche im Staat auf von Gott
gesetztes Recht – durchsetzen, sondern auch den kirchlichen Einfluß auf Schule
und Erziehung auf die Länder ausweiten, die sich in ihren Verfassungen bereits
gegen die Bekenntnisschule entschieden hatten. Die Konfessionsschule sollte also
in der ganzen Bundesrepublik zur Regelschule werden. Eine zentralistische Regelung hätte aber faktisch die Kulturhoheit der Länder eingeschränkt; sie wurde deshalb selbst von so prominenten katholischen Föderalisten wie Kardinal Faulhaber
nicht gewünscht und stieß außerdem im evangelischen Lager in Norddeutschland
auf Ablehnung[20].

Angesichts der weitgehenden Anträge der Kirchen, die von den Unionsparteien,
vom Zentrum und der DP unterstützt wurden, warnten liberale und sozialdemokra-

17 Kirche und Verfassung, *Kölnische Rundschau* v. 3.12.1946 (Ausschnitt, DZPAM 23).
18 Vgl. Sörgel, *Konsensus* (Anm. 15), S. 196; Wolfgang Sucker, Der deutsche Katholizismus
    1945–1950. Eine Chronik, Teil II, in: *Kirchliches Jahrbuch für die evangelische Kirche in
    Deutschland 1952*, Gütersloh 1953, S. 236–376, 243.
19 Vgl. Spotts, *Kirchen* (Anm. 10), S. 185; vgl. auch Anm. 16.
20 Vgl. Protokoll der Sitzung der Unionsfraktion im Parlamentarischen Rat v. 3.11.1948,
    abgedr. in: *Die CDU/CSU im Parlamentarischen Rat. Sitzungsprotokolle der Unionsfrak-
    tion*, eingel. u. bearb. v. Rainer Salzmann (*Forschungen und Quellen zur Zeitgeschichte*,
    Bd. 2), Stuttgart 1981, S. 119, Anm. 9. Zur Haltung der norddeutschen Protestanten vgl.
    Protokoll der Sitzung v. 6.12.1948, ebd., S. 258 f. Zu Vermittlungsaktionen zwischen
    Faulhaber und Böhler vgl. auch Volk, Hl. Stuhl (Anm. 1), S. 75; van Schewick, *Verfassun-
    gen* (Anm. 8), S. 78 f.

tische Abgeordnete vor einer Eskalation der kirchlichen Forderungen. Sie könnten sonst eine Situation heraufbeschwören, wie sie vor dem Ausbruch des Kulturkampfes geherrscht habe[21]. Und wie in den Auseinandersetzungen um das Reichsschulgesetz in der Weimarer Republik sah der Sozialdemokrat Willi Eichler erneut „die alten Kräfte des politischen Katholizismus" am Werk, die „sicherlich bereit [seien], irgend einen der ‚Bürgerblocks' in Bewegung zu setzen oder aufzubauen, selbst wenn er noch so rückständig ist, wenn er nur bereit ist, die Konfessionsschule zu akzeptieren. Diese Leute haben nichts gelernt."[22] Tatsächlich wurde der Kampf um die Verankerung von Elternrecht und Konfessionsschule im Grundgesetz zu einer neuerlichen Machtprobe zwischen Kirche und Staat[23]. Während die FDP in der Schule „keine individuelle Gemeinschaft", sondern eine „Veranstaltung der Gesellschaft"[24] sah und die SPD die Simultanschule dort, wo sie bereits bestand, nicht wieder aufgeben wollte, bezeichneten die katholischen Kirchenvertreter die Monopolstellung der staatlichen Simultanschule als Staatstotalitarismus und Kollektivismus. Nach der Niederlage des NS-Regimes stand freilich in den drei Westzonen der Antichrist nicht vor der Tür, und der SPD-Vorsitzende Kurt Schumacher hatte — sieht man vom Reichskonkordat einmal ab — sicherlich recht, wenn er darauf hinwies, die kirchlichen Positionen in Deutschland seien stärker als je zuvor und die kirchlichen Interessen niemals in besseren Händen gewesen als jetzt bei den Ländern. „Umfang und Intensität der kirchlichen Forderungen und die Methoden, mit denen sie in Bonn geltend gemacht" worden seien, hätten — so resümierte Schumacher — „wenig Respekt gezeigt vor dem entstehenden deutschen Staatswesen und würden in dieser Art wohl auch einem geordneten starken Staat gegenüber nicht erhoben worden sein"[25].

Auch nach 1945 lebten im deutschen Katholizismus die im 19. Jahrhundert ausgeprägten Denkmuster weiter — die Thesen des „Syllabus" waren noch nicht revidiert —, die eine Trennung zwischen Kirche und Staat, auch die „hinkende" Trennung der Weimarer Reichsverfassung, verwarfen[26]. Den katholischen Kirchenver-

21 Alexander Hollerbach, Zur Entstehungsgeschichte der staatskirchenrechtlichen Artikel des Grundgesetzes, in: *Konrad Adenauer und seine Zeit. Politik und Persönlichkeit des ersten Bundeskanzlers*, Bd. 2 (*Beiträge der Wissenschaft*), Stuttgart 1976, S. 367—382, hier S. 372.

22 Willi Eichler, Religion und Politik, NL Eberhard, IfZ, ED 117/76, A/82, S. 9.

23 Vgl. Gotto, Grundgesetz (Anm. 12), S. 91; so auch der CDU-Abgeordnete Dr. Albert Finck im Parlamentarischen Rat mit Berufung auf Ketteler, Sten. Ber., 10. Sitzung, 8.5.1949, S. 221.

24 Zit. nach Sörgel, *Konsensus* (Anm. 15), S. 195; ähnlich auch Heuss in seiner Erwiderung an Helene Wessel im Parlamentarischen Rat, vgl. Sten. Ber., 10. Sitzung, 8.5.1949, S. 209. Heuss lehnte aber ein Schulmonopol des Staates ab und trat für das Recht auf die Privatschulen ein.

25 *SPD-Wahl-Informationsdienst*, Nr. 2 v. 19.7.1949, NL Eberhard, IfZ, ED 117/76, S. 3.

26 Das zweite vatikanische Konzil hat in diesem Bereich inzwischen eine Veränderung der katholisch-kirchlichen Auffassung gebracht: Die pluralistische Struktur der Gesellschaft wird weitgehend akzeptiert und die bisherige Verklammerung von religiöser Wahrheit und politischer Freiheit gelöst. Vgl. Ernst Gottfried Mahrenholz, *Die Kirchen in der Gesellschaft der Bundesrepublik*, Hannover 1969, S. 80 f., 165 f. Vorbehalte der Amtskirche gegenüber dem Pluralismus blieben freilich bestehen, vgl. ebd., S. 83 f.

tretern ging es nicht um eine Religionsfreiheit, die als Privileg und Privatsache jedes einzelnen Bürgers in einem weltanschaulich neutralen Staat verstanden wurde.
Aus katholischer Sicht war die „Freiheit der Kirche" vielmehr erst dann erreicht,
wenn der Staat den kirchlichen Institutionen erlaubte, ihre Aktivitäten im öffentlichen Raum möglichst breit zu entfalten. Insbesondere sollte die Kirche gemäß
ihrem naturrechtlich begründeten, göttlichen Erziehungsauftrag[27] auf Familie,
Schule, Staatsapparat Einfluß nehmen dürfen. Dieser Erziehungsauftrag erschien
im Kontext der katholischen Soziallehre nicht etwa als autoritärer Herrschafts-
anspruch, sondern entsprang einer − notwendigerweise universalen, auch anders-
oder nichtgläubige Menschen umfassenden − Sorge um die Wiederherstellung der
göttlichen Ordnung. Was hier Kirchenfreiheit genannt wurde, für die man in den
Grundgesetzberatungen Toleranz forderte, bedachte freilich die Freiheit Anders-
denkender oft genug nicht gleichermaßen mit und schloß sie gegebenenfalls dort,
wo die katholische Kirche politisch an der Macht war, sogar aus[28]. Der absolute
Wahrheitsbegriff der katholischen Kirche mußte daher mit dem liberalen Freiheitsverständnis des Grundgesetzes kollidieren.

Vor diesem Hintergrund erklärt sich die Schärfe des Streits um das „volle"
Elternrecht. Denn es ging den katholischen Kirchenvertretern nicht primär um das
kaum bestrittene individuelle Recht der Eltern, über die Erziehung ihrer Kinder
zu entscheiden, sondern um die „Installierung von Gruppenrechten", mit deren
Hilfe die Kirche ihren Einfluß auf die Einrichtung von Schultypen, deren Lehrper-
sonal und den Unterricht in *allen* Lehrfächern institutionell absichern wollte. Auch
die Diskussionen über den Artikel 7a (Ehe und Familie) machten das Interesse
der katholischen Kirche an einem grundgesetzlichen Schutz einer auf christlichen
Wertvorstellungen fundierten „Lebensordnung" deutlich[29]. Nun hatte aber die
CDU mit der SPD und der FDP im Herrenchiemseer Konvent eine Vereinbarung
getroffen, derzufolge im Grundgesetz nur die klassischen individuellen Grund- und
Freiheitsrechte kodifiziert werden sollten; über „Lebensordnungen" und korporative Rechte müßten die Länderverfassungen entscheiden. Man wollte möglichst

27 Das katholische Verständnis von Schule und Erziehung ist niedergelegt in der 1929 erschienenen Enzyklika „Divini illius magistri" von Papst Pius XI. Danach wird die Erziehung des
Menschen von drei Gemeinschaften geleistet: Familie, Staat und Kirche. Die Kirche als
die vollkommenste irdische Gemeinschaft hat einen von Gott verliehenen und von jeder
irdischen Macht unabhängigen Lehrauftrag und entscheidet selbständig über die ihr notwendig erscheinenden Mittel zu dessen Verwirklichung. Sie stellt sich den Familien als
Lehrerin und Erzieherin zur Verfügung, denn der Sinn christlicher Erziehung besteht in
der durch die Gnade sich vollziehenden Vollendung des Menschen. Der Staat soll lediglich
dafür sorgen, daß Kirche und Familie dem göttlichen Erziehungsauftrag gerecht werden
können. Vgl. Sucker, Katholizismus (Anm. 18), S. 236 ff.
28 Das am häufigsten dafür herangezogene Beispiel ist Spanien; vgl. auch Kurt Schumacher
in: *Wahl-Informationsdienst*, Nr. 2 (Anm. 25), S. 1, der außerdem auf Kardinal Faulhabers Intoleranz gegenüber freireligiösen Kreisen im Jahr 1919 hinweist: „Was hier Elternrecht genannt wird, hat mit Elternrecht gar nichts zu tun und dient dem Herrschaftsan-
spruch politisch-kirchlicher Machtinstitutionen. . . Prinzipien können aber nur auf der
Grundlage der Gegenseitigkeit anerkannt werden."
29 Vgl. Sörgel, *Konsensus* (Anm. 15), S. 178, 188.

rasch zu einem Verfassungskonsens gelangen und langwierige Auseinandersetzungen mit den Kirchen einerseits und den Gewerkschaften andererseits vermeiden. Die SPD-Führung, die fälschlicherweise vom Provisoriumscharakter des Verfassungswerks ausging, mußte deshalb auch bei den Gewerkschaften um Verständnis dafür werben, daß sie darauf verzichtet hatte, einen Katalog sozialpolitischer Forderungen in das Grundgesetz einzubauen[30]. In der illusionären Hoffnung auf eine spätere demokratisch-parlamentarische Regelung mobilisierten SPD und Gewerkschaften ihre Anhängerschaft nicht, um ihren Forderungen (Mitbestimmungsrecht der Arbeitnehmer, Sozialisierung der Schlüsselindustrien) Nachdruck zu verleihen. Ganz anders dagegen die katholische Kirche: Wie schon 1848 wurde — vor allem in der letzten Phase der Verfassungsberatungen — die katholische Volksmeinung von der Hierarchie bewußt hergestellt und organisiert. Geistliche mobilisierten auf Anweisung ihrer Bischöfe die Gläubigen in Gottesdiensten und gesonderten Versammlungen: Katholiken- und Elternausschüsse formierten sich, und an den Parlamentarischen Rat addressierte man unzählige gleichlautende Petitionen, so daß die Spontaneität des Volkswillens, der darin angeblich zum Ausdruck kam, füglich bezweifelt werden konnte[31].

In der CDU/CSU-Fraktion im Parlamentarischen Rat gab es zwar eine Mehrheit für die katholisch-kirchlichen Forderungen, doch fühlte man sich zunächst noch an den Herrenchiemseer Konsens gebunden. Durch den Vorstoß der Zentrumsabgeordneten Helene Wessel, die das Elternrecht in der Plenumssitzung am 20. Oktober 1948 zur Sprache brachte[32], und durch den nach dem Mainzer Katholikentag bald massiv einsetzenden Druck des Episkopats[33] geriet die Unionsfraktion, die in dieser Frage zunächst vorsichtig agiert hatte, unter Zugzwang. Helene Weber und der Mainzer Staatssekretär Adolf Süsterhenn versuchten in den folgenden Wochen und Monaten die kirchlichen Forderungen soweit wie möglich einzubauen und kompromißfähige Formulierungen zu finden. Bis zur Jahreswende 1948/49 stellte sich jedoch heraus, daß die CDU/CSU, die in kirchenpolitischen Fragen mit dem Zentrum und der DP einig ging, keine Mehrheit hatte; ihre Taktik, die FDP oder wenigstens Teile dieser Partei aus der gemeinsamen Front mit der SPD herauszubrechen und damit die SPD in die Lage zu bringen, daß sie „aus deutschem Interesse" zu-

30 Vgl. ebd. sowie zur SPD: *Wahl-Informationsdienst*, Nr. 2 (Anm. 25), S. 3; zur CDU/CSU-Fraktion im Parlamentarischen Rat vgl. Protokoll der Sitzung v. 28.9.1948, in: *CDU/CSU* (Anm. 20), S. 31, 118; Gotto, Grundgesetz (Anm. 12), S. 96. — Die katholische Kirche mobilisierte seit 1947 die katholischen Lehrer- und Erzieherverbände und organisierte die Elternschaft. Katholikenausschüsse wurden gebildet und im Kampf um das Elternrecht auch schon das Mittel des Schulstreiks eingesetzt. Vgl. hierzu Sucker, Katholizismus II (Anm. 18), S. 241 ff.
31 Vgl. Sörgel, *Konsensus* (Anm. 15), S. 195.
32 Vgl. Sten. Ber., 6. Sitzung, 20.10.1948, S. 81 f. — Zuvor hatte schon Johannes Brockmann eine ähnliche Forderung gestellt, vgl. Sten. Ber., 3. Sitzung, 9.9.1948, S. 55 f.
33 Vgl. Frings' gleichlautendes Schreiben an Adenauer und Brockmann v. 25.10.1948 sowie Frings an Adenauer, 20.11.1948: Entwurf Böhlers v. 25.11.1948 sowie die Besprechungen Böhlers und Kellers mit Vertretern des Parlamentarischen Rates im Dezember 1948, vgl. Gotto, Grundgesetz (Anm. 12), S. 99; van Schewick, *Verfassungen* (Anm. 8), S. 79 ff., 99 ff.

stimmen mußte[34], war gescheitert. Statt dessen wurde die Auseinandersetzung um
die Catholica nun für die Unionsfraktion zu einer Zerreißprobe. Denn:

- Die Bedenken entschiedener Föderalisten gegen die von den Bischöfen gewünschte zentralistische Regelung der Schulfrage mußten erst ausgeräumt werden;
- die norddeutschen CDU-Politiker maßen dem „vollen" Elternrecht keine derart entscheidende Bedeutung bei;
- für die katholischen Kirchenvertreter waren hingegen Elternrecht und Reichskonkordat, das
  ja die konfessionelle Volksschule im ganzen, inzwischen untergegangenen, Deutschen Reich
  zu sichern versprochen hatte, verschiedene Wege zu demselben Ziel. Von diesem Kernstück
  katholischer Kirchenpolitik wollten sie unter keinen Umständen ablassen. Die Bischöfe erwogen deshalb, die Gläubigen in ihren Diözesen zur Ablehnung des Verfassungsentwurfs
  aufzurufen.

Das Dilemma der Union bestand darin, daß sie dem klerikalen Druck nicht noch
weiter nachgeben konnte, wenn sie nicht riskieren wollte, daß die Verabschiedung
des Grundgesetzes an der kirchenpolitischen Maximalforderung scheitern würde.
Andererseits konnte sie mit Rücksicht auf ihre Wähler nicht gegen das Votum der
Bischöfe für den Verfassungsentwurf stimmen. Adenauer selbst hatte anfangs kein
Problem darin gesehen, die kirchlichen Forderungen mit seiner föderalistischen
Überzeugung in Einklang zu bringen; es erschien ihm selbstverständlich, daß die
Union als christliche Partei die Interessen der Kirchen berücksichtigen mußte[35].
Nachdem der hessische SPD-Abgeordnete August Zinn (SPD) im Hauptausschuß
am 20. Januar 1949 jedoch rechtliche Bedenken gegen eine Übernahme des 1933
in Kraft getretenen Reichskonkordats geltend gemacht hatte[36], zweifelte Adenauer — und mit ihm eine Reihe von protestantischen CDU-Abgeordneten — daran,
ob es politisch sinnvoll sei, den kirchlichen Standpunkt in allen Details und mit den
von den Bischöfen angedrohten Konsequenzen zu übernehmen[37]. Die Union war
vor allem an einer raschen Verabschiedung des Grundgesetzes und einer möglichst
baldigen Regierungsbildung interessiert; Voraussetzung dafür war eine Verständigung zwischen den großen Parteien sowie die Zustimmung der Besatzungsmächte.
Adenauer hielt das bisher auf kirchenpolitischem Gebiet Erreichte für das Maxi-
mum des Erreichbaren, das nicht durch weitere Vorstöße aufs Spiel gesetzt werden
sollte. Keinesfalls dürfe die außen- wie innenpolitisch notwendige Konsolidierung
Westdeutschlands verzögert oder gar verhindert werden. Er gab daher Kardinal
Frings in einem Brief vom 7. Februar 1949 zu bedenken, daß lebenswichtige westdeutsche Interessen, die nur von einer westdeutschen Bundesregierung wahrgenom-
men werden könnten, auf dem Spiel stünden:

„Wer auffordern würde, gegen das Grundgesetz zu stimmen, weil bezüglich des Elternrechts
nicht alles erreicht worden ist — das [Elternrecht] ist weder bejaht noch verneint —, würde m. E.

34 Vgl. *CDU/CSU* (Anm. 20), S. 118.
35 „Trotzdem ich ein Föderalist bin, ist mir das Heil von 100 000 christlicher Wähler wichti-
    ger", sagte Adenauer in der Unionsfraktion im Parlamentarischen Rat am 3.11.1948
    (*CDU/CSU* [Anm. 20], S. 119).
36 Vgl. Sten. Ber., 46. Sitzung, 20.1.1949, S. 599 f.
37 Vgl. *CDU/CSU* (Anm. 20), S. 352, bezogen auf das Reichskonkordat.

sich mit Sicherheit dem vernichtenden Vorwurf aussetzen, daß [er] in der schlimmsten Notzeit des deutschen Volkes gegen dessen Interessen gehandelt haben würde. Ich würde es für ein Unglück für die katholische Kirche in Deutschland halten, wenn tatsächlich die Fuldaer Bischofskonferenz dieser Ansicht des Herrn [Bischof] Keller folgen würde. Der Schaden für die katholische Kirche würde gar nicht abzusehen sein. Für die CDU/CSU würde eine derartige Stellungnahme eine katastrophale Bedeutung haben. Es würde für sie gleicherweise untragbar sein, aufzufordern, entgegen dem Votum der Bischöfe für das Grundgesetz zu stimmen, wie dem Votum der Bischöfe [zu folgen und] die Stimme dagegen abzugeben.''[38]

Es spricht für Adenauers politisches Gespür und erinnert im übrigen an Windthorsts Taktik im Septennatsstreit, daß er sich vor seiner Begegnung mit Kardinal Frings bei der Vatikanmission in Kronberg rückversicherte; von Ivo Zeiger erhielt er die vertrauliche Mitteilung, die Bischöfe könnten sich, falls sie wegen des Elternrechts und der ausdrücklichen Anerkennung des Reichskonkordats zum Kampf gegen das Grundgesetz aufriefen, ,,nicht auf Rom berufen''[39]. Der Vatikan sei mit den getroffenen Regelungen im großen und ganzen einverstanden. Adenauer traf sich auch mit dem Münsteraner Bischof Keller, dem Sprecher der Fraktion, die in der Elternrechtsfrage keine Kompromisse machen wollte[40]. Nach Adenauers Ansicht war die Stellungnahme der Bischöfe ,,ganz unmöglich''. ,,Sie laufe den deutschen Interessen in einer Weise zuwider, daß letzten Endes auch die Interessen der katholischen Kirche in Deutschland dadurch schwersten Schaden erlitten.'' Adenauer machte in der Unionsfraktion klar, daß er persönlich dem Grundgesetz zustimmen werde, ,,auch wenn die Bischöfe anderer Meinung seien''[41], er sah aber nach dem Wink aus Kronberg auch Anzeichen zu einer Verständigung.

Am 8./10. Februar 1949 war inzwischen im Hauptausschuß des Parlamentarischen Rates ein vom ,,Fünferausschuß'' (CDU: zwei; SPD: zwei; FDP: einer) im Rahmen einer Paketlösung erarbeiteter Kompromiß in der dritten Lesung mit deutlicher Mehrheit gebilligt worden. Er kam den kirchlichen Forderungen sehr weit entgegen, übernahm – gegen den Willen von SPD und KPD, die sich gegen eine Privilegierung der Kirchen gegenüber anderen gesellschaftlichen Einrichtungen wandten[42] – die Weimarer Kirchenartikel über die Religionsgemeinschaften, gewährleistete den Religionsunterricht an allen öffentlichen Schulen mit Ausnahme der bekenntnisfreien bzw. denen, die unter die ,,Bremer Klausel'' fielen und beendete schließlich den Streit um das Reichskonkordat mit einem ,,dilatorischen Formelkompromiß''[43]. Der Schutz von Ehe und Familie war, wenn auch nicht völlig im Sinne der Kirchen, gesichert, außerdem wurde eine Formulierung für die Präambel

---

38 Abgedr. in: *Adenauer-Briefe* (Anm. 6), S. 397 ff.; vgl. auch Gotto, Grundgesetz (Anm. 12), S. 102.
39 Van Schewick, *Verfassungen* (Anm. 8), S. 116 f.
40 Ivo Zeiger glaubte, daß die Bischöfe von Aachen, Paderborn, Hildesheim, Osnabrück und Trier Adenauer unterstützten, während die Oberhirten von Münster und Fulda die harte Linie verfochten.
41 *CDU/CSU* (Anm. 20), S. 390, Anm. 8.
42 Vgl. Sörgel, *Konsensus* (Anm. 15), S. 183; Zinn im Hauptausschuß am 20.1.1949, Sten. Ber., 46. Sitzung, S. 599.
43 Vgl. Sörgel, *Konsensus* (Anm. 15), S. 188. Vgl. auch Abgeordneter von Brentano im Parlamentarischen Rat, Sten. Ber., 9. Sitzung, 6.5.1949, S. 190.

gefunden, die mit der Anrufung Gottes kirchliche Wünsche befriedigte. Dennoch hielt der Episkopat auch weiterhin an seinen Kernforderungen fest. Prälat Böhler hatte bereits am 3. Februar in seinem Brief an Adenauer sowie an die Fraktionen von CDU und Zentrum dazu aufgefordert, auch in Zukunft unnachgiebig zu bleiben — eine peinliche Situation für die CDU-Fraktion, weil die Öffentlichkeit (wohl durch eine Indiskretion des Zentrums[44]) vom Inhalt des Briefes erfuhr; inzwischen wurde aber von katholischer Seite offen moniert, die CDU habe mit dem Fünferkompromiß freiwillig Positionen aufgegeben. Die Unionsfraktion versuchte, nun auch das Zentrum, über dessen Zusammenspiel mit dem Münsteraner Bischof Keller man nur spekulieren konnte[45], auf den Kompromiß festzulegen und forderte den Abgeordneten Johannes Brockmann auf, dem interfraktionellen Ausschuß beizutreten[46]. Das Zentrum weigerte sich jedoch, die bisherigen Absprachen des Ausschusses mitzutragen[47]; und auch später kritisierte die Zentrumsführung immer wieder, daß die Unionsvertreter sich freiwillig auf diesen Kompromiß eingelassen hätten[48].

Zwar rangen sich die Bischöfe nach ihrer außerordentlichen Konferenz in Pützchen am 10./11. Februar 1949 allmählich zu einer realistischeren Einschätzung der politischen Kräftekonstellation durch; sie bekannten sich aber nach wie vor zu dem „gottgegebenen Elternrecht" und forderten die explizite Anerkennung des Reichskonkordats[49]. Vor den entscheidenden Verhandlungen im Mai 1949 kam es zu neuen Proteststürmen im katholischen Lager. Auch Papst Pius XII. griff mit seinem Schreiben an die deutschen Bischöfe vom 20. Februar 1949, das jetzt auszugsweise veröffentlicht wurde, in diesen Kampf „auf Leben und Tod" ein. „Gewisse Kreise dieses Volkes" — gemeint waren die Sozialdemokraten — verglich er mit den totalitären Kräften des NS-Regimes, weil sie naturgegebene religiöse Rechte planmäßig mißachteten und weil sie offenkundig nicht vertragstreu seien[50]. Auf diese päpstliche Intervention könnte — so Sörgel — zurückzuführen sein, daß die Unionsfraktion sowie Zentrum und DP wieder vom Fünferkompromiß abrückten und erneut das volle Elternrecht und die Streichung der Bremer Klausel verlangten. Dafür gab es jedoch im Parlamentarischen Rat keine Mehrheit; deshalb setzten die Kirchenvertreter seit Februar 1949 auf eine andere Strategie: Die Elternrechtsfrage sollte nun durch eine Volksabstimmung entschieden werden. Dem Zentrum

44 Vgl. van Schewick, *Verfassungen* (Anm. 8), S. 112 f.; *Adenauer-Briefe* (Anm. 6), S. 396.
45 Vgl. Gotto, Grundgesetz (Anm. 12), S. 104; van Schewick, *Verfassungen* (Anm. 8), S. 82, 115.
46 Vgl. *CDU/CSU* (Anm. 20), S. 416.
47 Vgl. ebd., S. 419, 452; VIZ, 9.3.1949.
48 Vgl. „Die Niederlage von Bonn", Flugschrift der DZP, 12.3.1949, S. 3; Brockmann im Parlamentarischen Rat am 6.5.1949, Sten. Ber., 9. Sitzung, S. 192.
49 Vgl. Erklärung der deutschen Bischöfe zum geplanten Grundgesetz der Bundesrepublik Deutschland, Pützchen bei Bonn, 11.2.1949, abgedr. in: *Hirtenbriefe und Ansprachen zu Gesellschaft und Politik 1945–1949*, bearb. v. Wolfgang Löhr (*Dokumente deutscher Bischöfe*, Bd. 1), Würzburg 1985, S. 289 f.; vgl. außerdem Gotto, Grundgesetz (Anm. 12), S. 79; Sörgel, *Konsensus* (Anm. 15), S. 198.
50 Auszugsweise abgedr. bei Sucker, Katholizismus (Anm. 18), S. 259 f.

mußte diese Mobilisierungsstrategie des Episkopats als die langersehnte Bestätigung seiner eigenen Politik erscheinen, denn es hatte trotz jahrelanger Anfeindungen darauf hingearbeitet, daß weltanschauliche Fragen dem Streit der Parteien entzogen und im vorparlamentarischen Raum durch Volksentscheid entschieden werden sollten. Noch am 8. Dezember 1948 war Helene Wessels Antrag im Hauptausschuß, eine Volksbefragung zum Elternrecht durchzuführen, mit den Stimmen der CDU/CSU abgelehnt worden. Obwohl die Union schließlich ebenfalls den Volksentscheid — begrenzt auf die Elternrechtsfrage — verlangte[51], war diese Forderung nicht durchzusetzen. Als sich abzeichnete, daß für das Elternrecht keine Mehrheit im Parlamentarischen Rat zu bekommen war, erwog man in den Ordinariaten Köln und Münster kurzfristig, nur noch ein staatliches Organisationsstatut verabschieden zu lassen und die endgültige Formulierung der Grundrechte durch Bundesgesetz zu beschließen[52]. Dieser Vorschlag, den im April auch der katholische Unionspolitiker und rheinland-pfälzische Staatssekretär Franz-Josef Wuermeling aufgriff, barg freilich zu große Risiken in sich und wurde deshalb rasch wieder fallengelassen. Die Kirchenpolitiker mußten sich schweren Herzens mit dem Erreichten abfinden.

Nachdem das Grundgesetz im Parlamentarischen Rat am 8. Mai 1949 angenommen worden war, gaben die Bischöfe am 23. Mai eine Stellungnahme ab, in der sie betonten, der Charakter des Grundgesetzes sei vorläufig und bedürfe einer baldigen Ergänzung. Der Kampf darum sei ihnen aufgezwungen worden. Gesamtepiskopat und christliches Volk seien „aufs schwerste gekränkt", weil das Elternrecht nicht verwirklicht sei. „Nicht um in die Kulturhoheit der Länder einzugreifen, sondern um die Länder zu verhindern, Rechte zu verletzen, die unverletzlich sind", hätten die Bischöfe die Elternrechtsforderung erhoben. Das Grundgesetz bleibe „mit einem schweren Makel behaftet"; es müsse „vom christlichen Volksteil immer als unerträglich empfunden werden", daß „das Elternrecht in seiner Anwendung auf die Schulerziehung nicht ausdrücklich anerkannt worden" sei. „Nur die Annahme der Elternrechtsforderung würde allen Gewissenszwang ausgeschlossen und allen deutschen Eltern Freiheit gegenüber den totalitären Machtansprüchen des Staates gesichert haben."[53] Eine von der Zentrumspartei unterstützte Minderheitsfraktion im Episkopat (die Bischöfe Stohr und Keller), deren Ziel es war, einen christlichen Staat zu schaffen[54], hatte gegen den Verfassungskompromiß plädiert und drängte auch jetzt noch darauf, die offensive Strategie fortzusetzen. Doch mußte auch sie

---

51 Die Blockade der Elternrechtsforderung im Parlamentarischen Rat erklärt, weshalb Adenauer nun mit der Verlagerung weltanschaulicher Probleme in den vorparlamentarischen Raum einverstanden war und dies in den Fusionsverhandlungen zwischen CDU und Zentrum im Januar 1949 auch ausdrücklich zugestanden hatte. Er wollte diese Möglichkeit jedoch ausdrücklich auf den weltanschaulich-religiösen Bereich beschränkt sehen und nicht auf die Entscheidung über wirtschafts- und sozialpolitische Weichenstellungen, wie z. B. die Sozialisierungsfrage, ausweiten. Hier blieb also nach wie vor der Dissens zwischen Union und Zentrum bestehen (vgl. oben Kap. 8.5).

52 Vgl. hierzu van Schewick, *Verfassungen* (Anm. 8), S. 124 f.

53 Abgedr. in: *Hirtenbriefe* (Anm. 49), S. 311–316.

54 Vgl. Gotto, Grundgesetz (Anm. 12), S. 104; zur Differenzierung des Begriffs „christlicher Staat" vgl. Diskussionsbericht in: *Kirche und Katholizismus* (Anm. 1), S. 150 f.

letztlich anerkennen, daß Politik die „Kunst des Möglichen" war: „Die wahre Klugheit" — so Bischof Keller in seiner Ansprache an die katholischen Bundestagsab-
geordneten am 7. September 1949 — „lehrt uns vor allem die überaus schwierige
Kunst, die heute dringender denn je gebotene Grundsatzfestigkeit mit Anpassungsfähigkeit zu verbinden, einer Anpassungsfähigkeit, die, ohne je Wesentliches preiszugeben, doch den gegebenen Verhältnissen Rechnung zu tragen sich bemüht"[55].
In der Haltung des Episkopats im Verfassungsstreit 1948/49 erwies sich aufs
neue die Kontinuität zweier Momente, die für den politischen Katholizismus in
Deutschland charakteristisch sind:

— *die Fixierung auf juristisch-institutionelle Kategorien*: Gerade weil die politischen Mehrheitsverhältnisse in der zukünftigen Bundesrepublik nicht absehbar waren, drängte die Kirche
  in dem noch ungefestigten Staat auf Besitzstandswahrung und vertraute angesichts fort-
  schreitender Säkularisierungstendenzen weniger auf ihre innere Macht;
— *das katholische Demokratieverständnis*: Danach war die Demokratie, in der sich die Christen
  zu Hause fühlen konnten, erst erreicht, wenn sie die vorgeordneten Rechte der Kirche
  beachtete. Die Kirchenvertreter fanden sich nur schwer mit den Erfordernissen der parlamentarischen Demokratie ab, Mehrheiten anzuerkennen und auch bei widerstreitenden
  Interessen zu einem Ausgleich zu finden[56]. Freiheit und Recht waren für sie nur in der
  Bindung an die göttlich vorgezeichnete Seins- und Zielordnung vorstellbar; weil dieser
  Ordnungszusammenhang aber durch Aufklärung und das Autonomiestreben des Individuums zerrissen worden war, mußte eine Mehrheit ohne Gott zwangsläufig dem Kollektivismus
  und Totalitarismus verfallen.

Das Ideal des christlichen Staates oder auch das unscharfe Bild einer organischen
Volksgemeinschaft, die von einer — über den gesellschaftlichen Sonderinteressen stehenden — Elite charakterfester Männer geführt wurde, war freilich mit einer plura-
listisch-demokratisch verfaßten Gesellschaft letztlich nicht vereinbar. Daran konnten auch die deutschen Bischöfe nicht vorübergehen. Nachdem sie ihre Vorstellungen von einer auf christlichen Normen gründenden Verfassung nicht hatten durchsetzen können, sahen sie ihre Aufgabe nun darin, die christlichen Kräfte für die politische Ausgestaltung des neuen Staatswesens zu mobilisieren; man hoffte zudem auf
die „Hebel"-Wirkung des Reichskonkordats[57]. So hat sich denn auch die kompromißlose Fraktion des Klerus mit dem bundesrepublikanischen Staat arrangiert und
ihren Kampf nicht fortgesetzt, was wohl nicht zuletzt auf die Identifikationsmög-
lichkeiten vieler kirchentreuer Katholiken mit der unionsgeführten Bundesregie-

---

55 Abgedr. in: *Hirtenbriefe* (Anm. 49) S. 326—329.
56 Zum katholisch-kirchlichen Demokratieverständnis vgl. die Weihnachtsansprache Pius' XII.
   aus dem Jahr 1944, mit der erstmals eine positive kirchenamtliche Stellungnahme zur Demokratie vorlag. Pius XII. unterschied darin zwischen einer „echten" und „gesunden"
   Demokratie, die eine organische Einheit des Volkes sei und im Einklang mit der absoluten
   Seins- und Zielordnung stehe, und der bloß formlos-mechanischen Zusammenfassung einer
   willenlosen und leicht irreführbaren Masse in einem pseudo-demokratischen Regime.
   Letztere müsse, weil sie das Naturgesetz mißachte, zum Staatsabsolutismus degenerieren.
   Vgl. Weihnachts-Rundfunkbotschaft (Pius XII. 1944), abgedr. in: *Texte zur katholischen
   Soziallehre. Die sozialen Rundschreiben der Päpste und andere kirchliche Dokumente*,
   hrsg. v. Bundesverband der Katholischen Arbeitnehmer-Bewegung (KAB) Deutschlands,
   Köln ⁵1982, S. 167—181.
57 Vgl. Gotto, Grundgesetz (Anm. 12), S. 107.

rung zurückzuführen sein dürfte. Trotz der heftigen Auseinandersetzungen über das Grundgesetz hat sich in der Bundesrepublik ein spannungsfreieres Verhältnis zwischen Kirche und Staat hergestellt, als es in der Weimarer Republik jemals existiert hat.

10.2 Das Zentrum zwischen CDU und SPD

Am 8. Mai 1949 wurde das Grundgesetz mit 53 gegen 12 Stimmen (von KPD, DP, DZP und Teilen der CSU) angenommen. Helene Wessel begründete die ablehnende Haltung der Zentrumsfraktion zum Grundgesetz — dessen Inhalt sie im übrigen weitgehend bejahte — mit der „negativen Entscheidung über das naturbegründete Elternrecht", in dem sie ein „unverzichtbares Grundrecht" sehe[58]. Bis zur Schlußabstimmung hatten die Zentrumsabgeordneten dafür gekämpft und immer wieder neue Anträge eingebracht: für den Volksentscheid in Gewissensfragen sowie für die Möglichkeit zu einer nachträglichen Ergänzung der Grundrechte. Frau Wessel erklärte, die Elternrechtsforderung sei keine neue Kulturkampfparole, sondern stehe im Zusammenhang mit dem Einsatz des Zentrums für die Sicherung der persönlichen Freiheitsrechte gegenüber dem Staat. Deshalb sei das Zentrum auch für das Recht auf Kriegsdienstverweigerung, für die Gleichstellung von Mann und Frau, für die Abschaffung der Todesstrafe, für den Schutz des keimenden Lebens (doch lehnte das Zentrum die rechtliche Gleichstellung des unehelichen Kindes ab) sowie für das Recht auf Privateigentum eingetreten. Allerdings hätte das Zentrum gewünscht, daß nicht nur die persönlichen, sondern auch die *sozialen* Grundrechte verankert worden wären, für die es ebenfalls eine naturrechtliche Begründung gebe. Was den Staatsaufbau betraf, so plädierte das Zentrum traditionell für eine weitgehende Dezentralisierung, einen „echten Föderalismus" — es favorisierte das reine Bundesratsprinzip —, für einen funktionsfähigen Bundesstaat und einen Finanzausgleich der Länder sowie für eine Stärkung der kommunalen Selbstverwaltung. Es legte Wert auf eine unabhängige Justiz, eine demokratische Hochschule und die Offenlegung der Parteifinanzen[59].

Daß das Zentrum seine Zustimmung von der Entscheidung über das Elternrecht abhängig machen würde, war seit dem entsprechenden Beschluß des Hauptvorstandes vom 6. März 1949 absehbar[60]. Während der Schlußberatungen in Bonn verbreitete das Zentrum einen Rundbrief an alle Geistlichen und katholischen Verbandsführer, in dem der CDU, die sich als die „eigentliche Nachfolgerin des alten Zentrums und als berufene Vertreterin der christlichen Belange in der Politik" hingestellt habe, vorgeworfen wurde, sie habe versagt:

— Sie habe für den katholischen Volksteil weniger erreicht als das Zentrum in der Weimarer Nationalversammlung;

---

58 Helene Wessel im Parlamentarischen Rat am 8.5.1949, Sten. Ber., 10. Sitzung, S. 240.
59 Vgl. Sten. Ber., 10. Sitzung, 8.5.1949, S. 213 ff.
60 Abgedr. in: „Die Niederlage von Bonn" (Anm. 48).

- schon die Bremer und die hessische Verfassung hätten die „Niederlage von Bonn" eingeleitet. Im Hinblick auf einen eventuellen Anschluß der Länder in der SBZ bedeute die Bremer Klausel politisch die Aufgabe des Elternrechts;
- einige CDU-Abgeordnete hätten sich in der Abstimmung über die Bremer Klausel und über den Schutz des keimenden Lebens der Stimme enthalten;
- die CDU/CSU-Fraktion im Hauptausschuß habe den Argumenten des SPD-Abgeordneten Zinn, der sich gegen die Übernahme des Reichskonkordats ins Grundgesetz gewandt hatte, nichts erwidern können und daher für Vertagung gestimmt. Allein der Zentrumsabgeordnete Brockmann sei Zinn entgegengetreten[61].

Analog zur Situation in der Weimarer Nationalversammlung hätte nach Ansicht der Zentrumsführung auch im Parlamentarischen Rat ein Junktim zwischen der wirtschaftlichen und sozialen Neuordnung und den Weltanschauungsfragen geschaffen werden müssen. Nur so wäre es möglich gewesen, die nichtchristliche Mehrheit, die ja keine echte politische Mehrheit sei, zu spalten. Im Interesse einer sozialfortschrittlichen Politik wäre die SPD in den „kulturellen Grundrechten" wahrscheinlich auf einen weiterreichenden Kompromiß eingegangen. Um das Elternrecht zu verwirklichen, hätte also „das Signal zum Aufbruch in einen wahrhaft sozialen Volksstaat gegeben werden" müssen[62]. Nur wenn die CDU die FDP abgehängt und zusammen mit der anderen großen Partei, der SPD, das Grundgesetz gestaltet hätte, wären die naturrechtlichen individuellen *und* sozialen Freiheitsrechte verfassungsmäßig zu sichern gewesen. Die Union habe aus zwei Gründen versagt: Erstens habe sie von einer sozialfortschrittlichen Politik Abstand genommen, und zweitens verhindere das von ihr angestrebte Zweiparteiensystem jeden Ausgleich. Dagegen habe das Zentrum bereits in Weimar ein Beispiel dafür gegeben, daß eine „echte, saubere Politik der Mitte" gerade auch für die weltanschaulichen Anliegen von Nutzen sei.

Diese Argumentationslinie, die im Laufe des Jahres 1949 vor allem Fritz Stricker und Helene Wessel verfolgten, macht deutlich, daß es zu einfach wäre, die Zentrumspartei nach dem Abgang der Essener Richtung im Januar 1949 als bloße Traditionskompanie oder als unreflektierte Parteigängerin einer restaurativen Utopien nachhängenden Fraktion des Klerus anzusehen. Solche Tendenzen waren sicherlich im Spiel, doch haben Stricker — als Nachfolger Spieckers im Parteivorsitz — und seine Nachfolgerin, Helene Wessel, sich bemüht, das Zentrum als sozial fortschrittliche und in der Tradition des linken Weimarer Zentrums stehende Partei zwischen CDU und SPD im bundesrepublikanischen Parteiensystem zu verorten. Das Selbstver-

---

61 Ebd., HSTAD, RWN 48—10; Vgl. DZP-Rundbrief, Nr. 6/49 v. 9.3.1949. — Die Stellungnahme Brockmanns zum Reichskonkordat gegenüber Zinn klingt freilich moderat. Er begrüßte, daß Zinn „keine summarische Verurteilung von Vorgängen vorgenommen" habe, „die man von dem einen oder anderen Standpunkt aus bedauern kann". Es habe im Bereich der Kirche Widerstand gegeben; Brockmann erwähnte Kardinal Galen. Die im Artikel 30 des Reichskonkordats enthaltene Verpflichtung für die katholische Kirche, für den NS-Staat zu beten, sei immer als bloß „formale und äußerliche Angelegenheit" betrachtet worden. Brockmann erklärte sich mit der Vertagung einverstanden. Vgl. Sten. Ber., 46. Sitzung, 20.1.1949, S. 601.

62 „Die Niederlage von Bonn" (Anm. 48), S. 2 (daraus auch die folgenden Zitate). Vgl. auch Helene Wessel auf einer Zentrumsversammlung in Oberhausen am 4.3.1949, Bericht der CDU-Kreispartei Oberhausen an Helene Weber v. 30.3.1949, NL Weber, IfZ, ED 160.

ständnis als Integrationspartei bestimmte sowohl die Haltung der Zentrumsfraktion im Parlamentarischen Rat, wo sie in sozialpolitischen Fragen häufig mit der SPD stimmte[63], als auch nach der Bundestagswahl 1949 im ersten Deutschen Bundestag: Sie war für eine große Koalition und gegen Adenauers Polarisierungsstrategie und enthielt sich deshalb bei der Wahl Konrad Adenauers zum Bundeskanzler der Stimme. Dieser politische Kurs wurde auch in der SPD aufmerksam verfolgt. So schrieb Willi Eichler über mögliche „Bundesgenossen" aus den Kreisen des Katholizismus:

„Wenn wir als Sozialisten uns mit ihnen über die Frage der Sozial-Politik und der Wirtschaftspolitik verständigt haben, dann wird es uns sicher gelingen, zu einer Verständigung auch über die Frage des Religionsunterrichts zu kommen. . . . mit einer solchen katholischen Bevölkerung, die begriffen hat, daß Religion und reaktionär-bigottes Machtstreben unter Ausnutzung geistigen Drucks und auch kirchlicher äußerer Macht, nicht dasselbe sind, kann auch die Frage des Religionsunterrichts schließlich im Geiste echter Toleranz und gewachsenen Vertrauens gelöst werden. Es ist eine Lebensfrage für Sozialisten und alle anderen fortschrittlichen Kräfte, zu erkennen, daß nicht alles, was katholisch ist, reaktionär ist, daß es darum geht, denjenigen Katholiken, die gern von der reaktionären Vergangenheit ihrer politischen Vertretung loskommen möchten, entgegenzukommen, wie es andererseits eine Lebensfrage für Katholiken ist, die den Katholizismus als eine Religion auffassen, sich von ihren reaktionären Vormündern politischer und geistiger Art zu trennen, und mit denen zusammenzuarbeiten am gemeinsamen Werk für Frieden, Gerechtigkeit und Freiheit, für die diese Ideale die Grundpfeiler ihrer Weltanschauung bilden."[64]

Nach der Abstimmung über das Grundgesetz mußte die CDU in der britischen Zone – in ernster Sorge über die Entwicklung in Westfalen und Oldenburg – den Vorwürfen des nun selbstbewußter auftretenden Zentrums entgegentreten[65]. Es wurde befürchtet, das Zentrum könne aus dem kulturpolitischen Thema Kapital schlagen. Teile des Klerus schienen unentschlossen zu sein, ob sie die Union im kommenden Wahlkampf unterstützen sollten[66]. Wie schon einmal, gegenüber Adenauer, war es

63 Das wiederum monierte die CDU, so z. B. Adenauer gegenüber Domkapitular Wohlgemuth, Hauptarbeitsstelle für Männerseelsorge und Männerarbeit in den deutschen Diözesen, Fulda, am 5.6.1949: „Ich muß darauf hinweisen, daß meine Partei gegenüber dem Zentrum, wie eindeutig feststeht, alles getan hat, um zu einer Zusammenarbeit zu kommen. Bei den Verhandlungen des Parlamentarischen Rates haben aber die beiden Vertreter des Zentrums in allen Angelegenheiten, ausgenommen den kulturellen Fragen, bei denen zwischen der SPD und uns verschiedene Meinungen zusammentraten, unentwegt mit der SPD gestimmt. Von einer Zusammenarbeit im Parlamentarischen Rat mit dem Zentrum kann also keine Rede sein." (NL Weber, IfZ, ED 160.)
64 Eichler, Religion und Politik (Anm. 22), S. 10. – Vereinzelt kam es auch zu Übertritten katholischer SPD-Angehöriger zum Zentrum, wie z. B. der Ortsgruppe Halingen (Krs. Iserlohn); vgl. VIZ, 2.3.1949.
65 Dort fand das Zentrum wegen seiner Haltung im Parlamentarischen Rat eine deutliche Resonanz. Helene Weber, Lambert Lensing und Albert Finck wiesen die Vorwürfe des Zentrums gegenüber der CDU zurück. Vgl. Grundei an Weber, 30.12.1948, Bourscheid an Weber, 30.3.1949, CDU-Fraktion an Albert Finck, 11.5.1949; Dr. Albert Finck, CDU/CSU-Fraktion, Ein Wort an das Zentrum, 11.5.1949; Egbring an Weber, 15.5.1949, NL Weber, IfZ, ED 160.
66 Daher richtete die CDU (Weber und Adenauer) ein Schreiben an die „hochwürdige Geistlichkeit", in dem sie das von der Zentrumspartei gesäte Mißtrauen beseitigen wollte und

Ivo Zeiger, der darauf hinwies, daß die Unionsparlamentarier mehr erreicht hätten, als er gedacht habe, und daß im übrigen auch die kirchliche Strategie nicht ohne Fehler gewesen sei[67]. Prälat Böhler kümmerte sich im Juni 1949 um ein Wahlabkommen, in dem das Zentrum zusagte, die Differenzen in den kulturpolitischen Fragen nicht gegen die Union auszuspielen; es verlangte aber, daß sich die Union nicht mehr als einzige christliche Partei darstelle. Freilich wiederholten sich schon im Vorfeld der Verhandlungen bekannte Erfahrungen: Die Vertraulichkeit wurde gebrochen und die Verhandlungen als Fusionsbestrebungen bzw. Auflösungserscheinungen des Zentrums gedeutet[68]. Hierbei wirkte auch die abgespaltene Spiecker-Gruppe aktiv mit. Immerhin konnte der Zentrumsvorsitzende befriedigt registrieren, daß die Kirche jede Verletzung der parteipolitischen Neutralität durch die kirchlichen Organisationen und Standesvereine ablehnte. Im Wahlaufruf des Episkopats zur Bundestagswahl wurde der Einsatz des Zentrums für das Elternrecht indirekt sogar ausdrücklich gewürdigt[69].

In Nordrhein-Westfalen hatten Zentrums- und CDU-Vertreter schon seit 1947 in Kontakt mit einer Gruppe von — vom nordwestdeutschen Bischofskonveniat nominierten — Geistlichen gestanden, um über die Landesverfassung und ein Ausführungsgesetz zur Schulorganisation zu beraten. Die Allianz der beiden christlichen Parteien wurde allerdings durch den Streit über die Sozialisierung der Kohlewirtschaft, in dem das Zentrum mit der Linken gestimmt hatte[70], zeitweise in Frage gestellt. Nach der Verabschiedung des Grundgesetzes arbeitete Prälat Böhler wieder auf eine Zusammenarbeit von Zentrum und CDU hin, die im nordrhein-westfälischen Landtag damals eine Mehrheit von acht Mandaten besaßen. Die Verbindungen zwischen Zentrum, CDU und katholischer Kirche hielt der Aachener CDU-Landtagsabgeordnete Josef Hofmann, auf Seiten des Zentrums war Brockmann der Verhandlungsführer. Wie weitgehend der katholisch-kirchliche Einfluß auf die Verfassungsberatungen in Nordrhein-Westfalen war, läßt sich daran ermessen, daß Böhlers Entwurf, der von der Vatikanmission in Kronberg abgesegnet war und den auch die evangelische Kirche akzeptierte, die Plattform darstellte, auf der CDU und

---

Fortsetzung Fußnote 66
    dem Klerus im Hinblick auf den bevorstehenden Wahlkampf „restlose Klarstellung" über ihre Kulturpolitik im Parlamentarischen Rat versprach. (Flugschrift, o. D., HSTAD, RWN 48—12.)
67 Vgl. Heinrich von Brentano an Pfeiffer, Weber, Lensing, Finck, 19.5.1949: Von Brentano berichtete darin von einer Aussprache-Konferenz der Hauptstelle für Männerseelsorge in den deutschen Diözesen unter Vorsitz von Bischof Dr. Dietz, Fulda, am 18.5.1949, die von zahlreichen Geistlichen aus dem Bereich der Männerseelsorge besucht war. (NL Weber, IfZ, ED 160.)
68 Stricker an Adenauer, 17.6.1949; Stricker an Böhler, 14.6.1949 sowie 16.6.1949. Zu den Angriffen der CDU gegen das Zentrum im Vorfeld der Bundestagswahl vgl. auch DZP-Rundbrief Nr. 15/49 v. 9.8.1949: Schweren Herzens entschloß sich Helene Wessel, noch kurzfristig die Abhandlung des Zentrums über die Behandlung des Elternrechts im Parlamentarischen Rat an den Klerus und katholische Verbandsvertreter zu verteilen.
69 Vgl. Hirtenwort zur Bundestagswahl, 14.7.1949, abgedr. in: *Hirtenbriefe* (Anm. 49), S. 317—321, 320.
70 Vgl. oben Kap. 8.1.

Zentrum verhandelten[71]. Der Zwang zum Kompromiß in der Koalitionsregierung (CDU, SPD, Zentrum) brachte allerdings einige Veränderungen mit sich. Die SPD kam den christlichen Parteien weit entgegen, indem sie das Elternrecht akzeptierte, sofern ein geordneter, d. h. achtklassiger Schulbetrieb gewährleistet sei[72] — für Böhler ein unannehmbarer Kompromiß. Denn die Kirche wollte in Nordrhein-Westfalen erreichen, was ihr in Bonn nicht gelungen war: das volle Elternrecht und die Anerkennung des Reichskonkordats. Böhler intensivierte seine bewährte Öffentlichkeits- und Pressearbeit. Insbesondere wurden die katholischen Erzieherorganisationen mobilisiert; auf eine Elternbewegung glaubte man dieses Mal verzichten zu können[73]. Auch der Kontakt zur evangelischen Kirche wurde verstärkt. In den interfraktionellen Verhandlungen kam es zu keiner Einigung: Die SPD war an der Grenze ihrer Kompromißbereitschaft angelangt, und CDU wie Zentrum strebten keinen formalen Kompromiß, sondern „eindeutige Lösungen" an[74]. Am 6. Juni 1950 setzten CDU und Zentrum ihren Verfassungsentwurf, den sie als „Damm gegen die heraufziehende neue Säkularisierung" bezeichneten[75], in einer Kampfabstimmung gegen SPD, FDP und KPD durch. Ein Volksentscheid am 18. Juni 1950 erbrachte 57 Prozent der gültigen Stimmen für die Verfassung. Aus der Sicht der katholischen Kirche war damit nicht nur eine deutliche Mehrheit für die — christlichen Normen verpflichtete — nordrhein-westfälische Verfassung gegeben, es waren auch die institutionellen Voraussetzungen dafür geschaffen, daß eine auf christlichen Wert- und Ordnungsvorstellungen aufbauende Gesellschaftsordnung begründet werden konnte. Für das Zentrum war dieses Ziel — darauf weist van Schewick zu Recht hin — eine Identitätsfrage[76]; in der CDU war dagegen der Konsens nicht so leicht herzustellen. Das zeigte sich in den innerparteilichen Auseinandersetzungen über das Ausführungsgesetz zur Schulorganisation, die das Verhältnis der CDU in Nordrhein-Westfalen zur katholischen Kirche erheblich belasteten[77].

Während die CDU-Fraktion angesichts der katholischen Maximalforderungen immer auch auf das Kräfteverhältnis im Landtag und auf die latenten Differenzen in der Union Rücksicht nehmen mußte und sich deshalb einen gewissen Handlungsspielraum freihielt, verlangte das Zentrum nun eine zügige Behandlung des Schulgesetzentwurfs. Denn es brauchte einerseits den Erfolg in der Kulturpolitik für seine Außendarstellung, andererseits fühlte es sich in der CDU/DZP-Koalition (seit Herbst 1950) an eine Partei gefesselt, mit deren Politik es sich, von den Weltanschauungsfragen einmal abgesehen, nur teilweise identifizieren mochte. Weder kam es mit seinen personalpolitischen Vorstellungen für Landesregierung und Verwaltung zum Zuge noch war es damit einverstanden, von der Bundes-CDU ständig verunglimpft zu werden. Der Vorsitzende der westfälischen Zentrumspartei, Dr. Bern-

71 Vgl. van Schewick, *Verfassungen* (Anm. 8), S. 52.
72 Vgl. ebd., S. 53 f.
73 Vgl. ebd., S. 55, Anm. 186.
74 Vgl. ebd., S. 59.
75 Vgl. ebd., S. 62.
76 Vgl. ebd., S. 60.
77 Ebd., S. 62. — Vgl. hierzu insbesondere Buchhaas, *Gesetzgebung* (Anm. 15), S. 110 ff.

hard Reismann, vermutete, die Verzögerung der Schul- und Gemeindegesetze habe
nur den einen Zweck, das Zentrum an die CDU zu binden und damit den „CDU-Zank-
apfel der großen Koalition im Keller liegen" zu lassen. Die Zentrumspartei solle
sich aber nicht länger dazu hergeben, „die inneren Risse der CDU und die Zwie-
spältigkeit ihrer Politik zu verkleben". Der linke CDU-Flügel behaupte sich nicht
gegen die Rechtskräfte in der Union und deren unsoziale, mittelstandsfeindliche
Steuer- und Wirtschaftspolitik; die „sogenannte innere Opposition" in der Union
sei „längst gezähmt" und „jetzt geradezu völlig führertreu ergeben"[78].

Der Unmut im Zentrum über die Koalition mit der CDU belastete auch das Verhältnis einiger Zentrumsparlamentarier zum Vorsitzenden der Landtagsfraktion,
Johannes Brockmann. Brockmann sprach sich unterdessen nicht prinzipiell gegen
eine Erweiterung der Regierungskoalition aus. Nachdem das Zentrum die nach
rechts tendierenden Kräfte in der CDU bisher an eine Politik der Mitte gebunden
habe, sei nun eine Koalitionserweiterung durch Einbezug der SPD sinnvoll, um die
starken weltanschaulichen und sozialen Spannungen in diesem Bundesland zu überwinden. Voraussetzung dafür sei allerdings die Bereitschaft der SPD, in den anstehenden Gesetzesberatungen über die Schulorganisation den Verfassungskonsens mit
zu bewahren[79]. Eine Koalition mit der SPD, auf die Karl Arnold bereits nach der
Landtagswahl 1950 — gegen Adenauers ausdrücklichen Wunsch — zielstrebig hingearbeitet hatte, kam freilich auch jetzt nicht mehr zustande. Wegen seiner neuerlichen Fühlungnahme mit der SPD geriet der Ministerpräsident um die Jahreswende
1951/52 unter starken Druck sowohl von seiten Adenauers als auch des evangelischen Teils der CDU-Fraktion in Nordrhein-Westfalen, der darauf drängte, analog
zur Bundesregierung eine Koalition mit der FDP zu bilden[80]. Die SPD schlug Arnolds Koalitionsangebot jedoch schließlich Anfang 1952 aus; angesichts der zunehmenden Polarisierung zwischen den beiden großen Parteien im Klima des Kalten
Krieges und wegen der forcierten Westintegrations- und Wiederaufrüstungspolitik
der Regierung Adenauer sah die SPD-Fraktion inzwischen keine Möglichkeit mehr,
mit der CDU auf landespolitischer Ebene zusammenzugehen. Außerdem war eine
Einigung über den Schulgesetzentwurf, den der SPD-Abgeordnete Kühn noch in
der ersten Lesung als ein „Dokument der Gegenrevolution" bezeichnet hatte[81],
kaum vorstellbar.

Trotz heftiger Auseinandersetzungen mit der parlamentarischen und der außer-

---

78 Bernhard Reismann, „Soll das so weiter gehen?", o. D., HSTAD, RWN 48—10.
79 Brockmann an den Chef der Pressestelle des Landes Nordrhein-Westfalen, Ministerialrat
   Maier-Hultschin, 6.7.1951, und beiliegende Presseerklärung der Zentrumsfraktion, DZPAM
   128.
80 Vgl. Emil Marx an den Vorsitzenden der CDU-Fraktion im Landtag von Nordrhein-
   Westfalen, Landrat Wilhelm Johnen, 18.1.1952 (Abschrift von Abschrift) sowie Dr. Lau-
   scher, CDU-MdL an Johnen, 10.2.1952 (Abschrift von Abschrift), DZPAM 128. — Zu
   Arnolds Koalitionsgesprächen vgl. Buchhaas, *Gesetzgebung* (Anm. 15), S. 154 f.; Detlev
   Hüwel, *Karl Arnold. Eine politische Biographie (Düsseldorfer Schriften zur Neueren Landesgeschichte und zur Geschichte Nordrhein-Westfalens*, Bd. 1), Wuppertal 1980, S. 224 ff.,
   249 ff.
81 Vgl. ebd. sowie S. 144.

parlamentarischen Opposition wurde das Schulgesetz von den Regierungsparteien in dritter Lesung am 1. April 1952 verabschiedet. Aus katholischer Sicht war es unvollkommen, weil das staatliche Schulmonopol noch immer zu stark ausgeprägt sei[82]. Die CDU konnte aber keine weiteren Zugeständnisse machen, um den innerparteilichen Konsens nicht zu gefährden. Daraufhin gab der Münsteraner Generalvikar Pohlschneider dem CDU-Unterhändler Hofmann deutlich zu verstehen, es müsse „allergrößte Auswirkungen ... gegenüber Ihrer Partei haben ..., wenn nicht noch im letzten Augenblick den geäußerten Wünschen Rechnung getragen wird"[83]. Er forderte auch den Fraktionsvorsitzenden des Zentrums dringend auf, „doch von sich aus im letzten Augenblick eine äußerste Anstrengung zu machen, um die von uns vorgeschlagenen, wesentlichsten Verbesserungen in das Gesetz hineinzubringen"[84]. Die vorsorglich beigelegten Formulierungsvorschläge betrafen die Finanzierung von Privatschulen durch öffentliche Mittel sowie eine gesetzliche Regelung, die es der religiösen Mehrheit erlaubte, die Einrichtung einer Konfessionsschule für die religiöse Minderheit zu verlangen, auch wenn sich die Eltern weigerten, für die Minderheit eine wenig gegliederte Bekenntnisschule zu beantragen. Die letzte Forderung illustriert, worum es beim Elternrecht im Grunde ging: um eine institutionelle Verstetigung kirchlich-katholischer Sozialisationsinstanzen und um die Abschirmung des katholischen Milieus nach außen, mit dem Ziel, die weltanschauliche Geschlossenheit der katholischen Gläubigen − dort, wo sie in der Mehrheit waren, wie in der Diaspora − gegenüber allen Auflösungs- und Säkularisierungstendenzen zu erhalten.

10.3 Für eine „christliche Mehrheit"

In den Verfassungsberatungen hatte sich gezeigt, daß das Zentrum in Weltanschauungsfragen mit der Union ging, bei sozialpolitischen Konflikten aber eher zur SPD neigte. Parteitradition und die Mentalität der Basis legten die Partei freilich primär dort fest, wo es die christlichen Grundsätze zu verteidigen galt, auch wenn diese Priorität manchmal bizarre Konstellationen erzeugte[85]. Trotz der ständigen Quere-

---

82 Vgl. ebd., S. 176.
83 Pohlschneider an Hofmann, 23.3.1952, Eilbrief (Abschrift), DZPAM 128.
84 Pohlschneider an Brockmann, 23.3.1953, Eilbrief mit beigefügter Kopie des Schreibens an Hofmann (vgl. Anm. 83), DZPAM 128.
85 So gingen die vier Zentrumsabgeordneten im niedersächsischen Landtag Ende 1953 in eine „Fraktion der Mitte", der sich u. a. auch zwei ehemalige DRP-Abgeordnete anschlossen. Gegen diese Partei hatte der niedersächsische Innenminister eben eine Verfassungsklage in Karlsruhe veranlaßt. Das Zentrum wies die Angriffe zurück: Die beiden DRP-Abgeordneten seien bereits im September 1953 aus dem DRP ausgeschieden und hätten zuvor bei der CDU hospitiert. Die „Fraktion der Mitte" sei ein Versuch, die Fronten gegen das Elternrecht abzubauen; sie bekenne sich zur „hannoverschen Regierungskoalition als dem richtigen Wege, das Bestmögliche für das Elternrecht herauszuholen". Deshalb unterstützte die DZP auch die derzeitige Regierungskoalition (SPD, GB/BHE/DZP) unter Ministerpräsident Kopf (SPD), gegen dessen Kabinett die Opposition einen Mißtrauensantrag einbrachte (vgl. KAS v. 15.11.1953).

len mit dem CDU-freundlichen Klerus war das Zentrum in ein traditionelles Kommunikationsgeflecht eingebunden, in dem es wie selbstverständlich Umgang mit maßgeblichen Kirchenpolitikern und Vertretern katholischer Verbände pflegte und von daher auch seine Orientierungsmaßstäbe bezog. Dies fiel um so leichter, als einige Bischöfe während der heißen Phase der kulturpolitischen Auseinandersetzungen in ihren Wahlempfehlungen in den nordrhein-westfälischen und niedersächsischen Zentrumshochburgen weder für noch gegen das Zentrum Stellung bezogen; sie forderten das Elternrecht, eine christliche Sozialordnung im Sinne der Sozialenzykliken und eine Kooperation der christlichen Abgeordneten, um diese Ziele politisch zu verwirklichen[86].

Wenn dem Zentrum von Vertretern der kirchlichen Ordinariate und der katholischen Standesorganisationen immer wieder nahegelegt wurde, mit der CDU zusammenzugehen − in der Form von Wahlbündnissen, einer Fraktionsgemeinschaft oder Fusion −, so war das angesichts der kulturpolitischen Linie der Partei also nur konsequent. Im übrigen sind die zu Beginn der fünfziger Jahre von kirchlicher Seite verstärkten Bemühungen um eine Einschmelzung des Zentrums in die Union auch vor dem Hintergrund der Entwicklung des organisierten Katholizismus im Nachkriegsdeutschland zu sehen, der − auf der Suche nach neuen Formen einer politischen Präsenz − zwei gegenläufige, einander „paradoxerweise stützende" Entwicklungstendenzen[87] herausgebildet hatte: Während die interkonfessionelle Union *nolens volens* eine Öffnung des politischen Katholizismus mit sich brachte, stellte sich der an die Amtskirche gebundene Verbandskatholizismus nach außen hin zunehmend als ein monolithischer Block dar, der sich politisch mit der Regierung Adenauer identifizierte und sich nach innen zusehends verengte. Diese organisationspolitische Konzentration resultierte nicht zuletzt daraus, daß nach 1945 das katholische Organisationswesen nach dem vom Episkopat bevorzugten Pfarr- bzw. Diözesanprinzip wiederaufgebaut wurde; es beförderte, stärker als dies im entfalteten, selbstbewußten Verbandswesen der Weimarer Zeit möglich gewesen war, eine für den Laienkatholizismus der fünfziger Jahre charakteristische „ausgeprägte und kaum angefochtene Gefolgschaftstreue gegenüber der kirchlichen Obrigkeit"[88].

---

86 Vgl. Worte des H. Kardinals und Erzbischofs von Köln zur Landtagswahl am 29.4.1951 in Rheinland-Pfalz, 26.4.1951, Abschrift, BAK, NB 51. − Bischöfliches Generalvikariat Osnabrück, 27.4.1951, Anweisung „An alle selbständigen hochw. Herren Geistlichen im Lande Niedersachsen" zum Wahlkampf: Darin wurden die Priester zur Zurückhaltung gegenüber den beiden christlichen Parteien auf der Kanzel wie im persönlichen Verkehr aufgefordert. In Rheinland-Pfalz riefen die Bischöfe hingegen in ihren Wahlaufrufen − so Bischof Bornewasser (Trier) an Brockmann − zur Sammlung der katholischen Kräfte auf; Bischof Bornewasser schrieb an Brockmann, es sei ihm unmöglich, die unter der Leitung von Frau Wessel stehende Zentrumspartei als Nachfolgerin des Windthorstschen Zentrums anzuerkennen (Bornewasser an Brockmann, 30.4.1951, DZPAM 128).
87 Buchhaas, *Gesetzgebung* (Anm. 15), S. 302.
88 Anselm Doering-Manteuffel, *Katholizismus und Wiederbewaffnung. Die Haltung der deutschen Katholiken gegenüber der Wehrfrage 1948−1955 (Veröffentlichung der Kommission für Zeitgeschichte*, Reihe B, Bd. 32), Mainz 1981, S. 250.

Eine zentrale Rolle in diesem Prozeß der Homogenisierung katholischer Positionen im politischen Raum spielte Prälat Böhler[89], der nicht nur die Kampagne für das Elternrecht koordinierte, sondern auch die Verbindungsstelle zwischen Episkopat und Bundesregierung leitete; auf seine Initiative hin wurde 1952 das Zentralkomitee der deutschen Katholiken[90] ins Leben gerufen.

Die Einbindung der katholischen Laieninitiativen und Verbände in die Struktur amtskirchlicher Interessenpolitik und die Versuche, sie auf eine einheitliche politische Linie zu verpflichten, wurden vor allem anläßlich der Diskussion um die Wiederbewaffnung der Bundesrepublik deutlich. Kriegserfahrungen und antimilitaristisches Denken waren in breiten Kreisen der Bevölkerung noch lebendig, als die Hierarchie — gestützt auf die kirchliche Lehre vom gerechten Krieg und vom Recht des Staates auf Selbstverteidigung, aber auch auf den Traum vom „christlichen Abendland" und die antikommunistische Tradition — die Remilitarisierungspolitik der Bundesregierung unterstützte[91]. Die katholischen Verbandsführungen und die Verbandspresse waren führend daran beteiligt, ein innenpolitisches Meinungsklima zu schaffen, in dem die von kleinen Gruppen in der katholischen Jugend[92] artikulierten abweichenden Positionen schnell diskriminiert wurden. Auch die Zentrumsanhänger, die in den katholischen Arbeitervereinen Alternativen zur Wirtschafts- und Sozialpolitik der Bundesregierung entwickeln wollten oder den Wehrbeitrag ablehnten, galten hier als Sozialisten oder Aufwiegler[93].

Unter dem Vorsitz von Helene Wessel steuerte das Zentrum im Bundestag bis Ende 1951 einen Kurs, der mit der Mehrheitsmeinung im deutschen Katholizismus nicht konform ging. Frau Wessel entwickelte konsequent ihre bisherige Konzeption fort, die die strategischen außenpolitischen Entscheidungen nicht von einer Analyse der innenpolitischen Situation ablösen wollte[94]. Sie warnte vor einer Konfrontationspolitik gegenüber den Ostblockstaaten und lehnte die Remilitarisierung kategorisch ab. Ob Europa dem Kommunismus anheimfalle, hänge nicht vom Grad der Rüstung ab, sondern entscheide sich daran, ob Europa fähig sei, seine sozialen Probleme zu lösen. Sie befürchtete, daß die Wiederaufrüstung die Wiederherstellung der deutschen Einheit verhindern werde und forderte statt der Integration der Bun-

---

89 Zu Böhlers Aktivitäten vgl. oben Anm. 12 sowie Buchhaas, *Gesetzgebung* (Anm. 15), S. 156 ff. Das „Prinzip Böhler" sei gewesen: die „hohe gesellschaftliche Präsenz durch ein Höchstmaß an organisatorischer Geschlossenheit und weltanschaulicher Einheitlichkeit sowie der Wahrung des kirchlichen Einflusses durch stete, nicht-öffentliche Fühlungnahme zwischen Kirchenleitung und Regierungsspitze" (ebd., S. 298).

90 Zur Arbeitsweise und Organisation der „Katholischen Büros" in Bonn und in den Ländern vgl. Wilhelm Wöste, Die Aufgaben der Katholischen Büros; zum ZK der deutschen Katholiken vgl. Bernhard Vogel, Das Zentralkomitee der deutschen Katholiken, die Räte des Laienapostolats und die Verbände, in: *Katholiken und ihre Kirche*, hrsg. v. Günter Gorschenek (*Geschichte und Staat*, Bd. 200—203), München 1976, S. 96—104, 112—122.

91 Vgl. Doering-Manteuffel, *Wiederbewaffnung* (Anm. 88).

92 Zum „Essener Arbeitskreis" und zur Gruppe „Schar" vgl. ebd., S. 172 ff. sowie Information v. Adolf Brock, Bremen; *Unsere Linie*, Nr. 8 (1952).

93 Vgl. Heinrich Peterburs, Eine aufschlußreiche Tagung der katholischen Arbeiterbewegung in Recklinghausen, in: *Unsere Linie*, Nr. 8 (Sept. 1952).

94 Vgl. oben Kap. 8.

desrepublik in das westliche Verteidigungsbündnis freie gesamtdeutsche Wahlen und politische Verhandlungen mit der Sowjetunion. Helene Wessels Kurs[95] war freilich im Zentrum selbst stark umstritten. Denn die meisten Zentrumspolitiker akzeptierten grundsätzlich die wesentlichen Elemente der Adenauerschen Außenpolitik; sie opponierten lediglich in methodisch-taktischen Einzelfragen. So lehnten sie die allgemeine Wehrpflicht ab und plädierten statt dessen für eine Nationalgarde oder ein Berufsheer[96]. Deutsche Kontingente dürften erst dann aufgestellt werden, wenn eine Gleichberechtigung der deutschen Verbände mit denen der Nachbarländer gewährleistet sei und wenn feststehe, ob der Wehrbeitrag nicht negative Rückwirkungen auf das soziale Gefüge im Nachkriegsdeutschland habe.

Die „Kölner Erklärung" vom 7./8. März 1953[97] faßte die außen-, wirtschafts- und kulturpolitische Linie zusammen, die das Zentrum nach dem Austritt Helene Wessels vertrat und brachte diesen partiellen Dissens der Partei zur Regierung Adenauer zum Ausdruck:

Das Zentrum bejahte die föderative Einigung Europas als Voraussetzung für eine internationale Entspannung und die Wiedervereinigung ganz Deutschlands. Es erkannte auch das Recht eines jeden Staates auf Selbstverteidigung an und wünschte einen Zusammenschluß mit anderen freien Nationen zur Verteidigung der Freiheit. Die Wiederherstellung der deutschen Einheit sollte durch Viermächteverhandlungen erreicht werden; eine Neutralitätspolitik wurde jedoch abgelehnt. Weil der Generalvertrag in der vorliegenden Form der Bundesrepublik die Gleichberechtigung vorenthielt, stimmte ihm das Zentrum nicht zu. Außerdem lehnte die Zentrumspartei die allgemeine Wehrpflicht ab und konnte deshalb auch den EVG-Vertrag nicht akzeptieren.

Die Kölner Erklärung bezeichnete die von der Bundesregierung vertretene Form der Marktwirtschaft als unsozial; sie kritisierte die „Schere zwischen der Kapitalvermehrung bei einer kleinen Gruppe und der zunehmenden Zahl vermögensloser Staatsbürger" und forderte einen Abbau der sozialen Spannungen durch steuer- und sozialpolitische Maßnahmen, die die Lebensverhältnisse der arbeitenden und sozial benachteiligten Schichten sowie die Einkommenssituation des Mittelstandes verbessern sollten (Steuerreform, Abbau der Steuerprivilegien und Investitionshilfen für Großkapital und öffentliche Hand, Verbesserung der Kreditmöglichkeiten für den Mittelstand, Förderung der Kapitalbildung durch Begünstigung des Sparens, Aufwertung der Altspargutsaben, ordnende Funktion des Mittelstandes in gesellschaftlichen und staatlichen Randaufgaben, Eigentumsbildung für die Fleißigen, Wirtschaftsräte als beratende Selbstverwaltungskörperschaften der Wirtschaft auf Bezirks-, Landes- und Bundesebene, Milderung

95 Vgl. Doering-Manteuffel, *Wiederbewaffnung* (Anm. 88), S. 189 f. – Ein Anzeichen für das zunehmende Mißtrauen gegenüber der Zentrumsvorsitzenden waren die Gerüchte über persönliche Verbindungen Frau Wessels zum Osten sowie über die „undurchsichtige Rolle" Prof. Kleinschmidts und seinen Einfluß auf Helene Wessel; vgl. von Danwitz an Brockmann, 1.5.1951, DZPAM 128.

96 So z. B. Dr. Bertram an seine Wähler im Wahlkreis Soest-Arnsberg vor der Bundestagswahl im August 1953 (Abschrift), BAK, NB 11; Dr. Reismann, Interview am 30.11./1.12.1978. Dr. Reismann lehnte die Aufrüstung ab, solange Deutschland keinen völkerrechtlich gesicherten Status der deutschen Truppen besaß und solange der Aufbau einer neuen Armee zwangsläufig geschehen müsse, die durch Hitlers Schule gegangen seien. Er berief sich auf Heinrich Brüning, der ebenso wie er der Meinung gewesen sei, Adenauer hätte sich gegenüber den Westalliierten zurückhalten sollen, um selbst Bedingungen stellen zu können.

97 Abgedr. in: *Dokumente zur parteipolitischen Entwicklung in Deutschland seit 1945*, Bd. 2: *Programmatik der deutschen Parteien*, 1. Teil, bearb. u. hrsg. v. Ossip K. Flechtheim, Berlin 1963, S. 263–265.

der sozialen Auswirkungen der Arbeitslosigkeit, eine Rentenreform, Hilfe für Familien, Flüchtlinge, Heimkehrer und Kriegsopfer).

Im Abschnitt Ehe- und Familienrecht vertrat das Zentrum die naturrechtlich-konservati-
ven Vorstellungen der katholischen Kirche: Schutz der christlichen Ehe, Gleichberechtigung
der kirchlichen Trauung mit der standesamtlichen Eheschließung, ein Ende des Liberalismus
im Scheidungsrecht, die Ablehnung des Zerrüttungsprinzips.

Im Punkt V − „Demokratische Ordnung" − bekannte sich das Zentrum zum Gedanken
der Selbstverwaltung und den Grundsätzen des Föderalismus. Der Zentrumstradition entsprach auch die Forderung nach Verwaltungsreform und Entbürokratisierung. Die DZP forderte außerdem das Verhältniswahlrecht und bezeichnete die Sperrklauseln im bestehenden
Wahlgesetz als undemokratisch.

10.3.1 Das Wahlabkommen zur Bundestagswahl 1953: Abschied von der Bundespolitik

Während die Differenzen zwischen CDU und Zentrum auf der bundespolitischen
Ebene deutlich zutage traten, herrschte im nordrhein-westfälischen Landtag zwischen den Fraktionen von Zentrum und CDU zu Beginn der fünfziger Jahre im großen und ganzen ein gutes Einvernehmen. Brockmann setzte in der Landespolitik
auf die Kooperation mit der CDU; die Union werde durch das Zentrum vor der
Gefahr von rechts geschützt und an eine Politik der Mitte gebunden. An der SPD
übte er hingegen Kritik wegen ihrer Haltung in der Kultur- und Kirchenpolitik.
Die CDU/DZP-Koalition unter Ministerpräsident Arnold setzte das Schulgesetz
durch, verabschiedete die Landschaftsverbandsordnung und brachte − ungeachtet
der „Kölner Erklärung" des Zentrums − auch eine übereinstimmende Feststellung
zum EVG-Vertrag und zum Deutschlandvertrag zustande. Es lag durchaus im Interesse der nordrhein-westfälischen CDU, die Koalition mit dem Zentrum auch nach
1954 fortzusetzen; andernfalls stand sie vor der Alternative, entweder eine große
Koalition mit der SPD bilden zu müssen, was die Bundes-CDU strikt ablehnte, oder
mit den Liberalen zu koalieren, wofür Karl Arnold wegen der Rechtslastigkeit der
nordrhein-westfälischen FDP keine Grundlage gegeben sah. Es lag auf der Hand, daß
die Stellung der CDU zu dem neuen Wahlgesetz auch eine Art Vorentscheidung darüber war, ob die CDU/DZP-Koalition im nordrhein-westfälischen Landtag und die
Politik des Kabinetts Arnold fortgeführt werden sollte. Brockmann hoffte freilich
vergebens, die nordrhein-westfälische CDU-Fraktion dafür gewinnen zu können,
sich bei der Neufassung des Wahlgesetzes für den Wegfall der Fünf-Prozent-Klausel
einzusetzen[98], an der das Zentrum zu scheitern drohte. Trotz des zunehmenden
Drucks katholischer Verbände auf örtliche Zentrumsorganisationen, die vor den anstehenden Kommunalwahlen im November 1952 eine Einigung von Zentrum und
CDU forderten, beharrte Brockmann darauf, seine Partei müsse eigenständig blei-

---

98 Vgl. Rundschreiben der DZP Nordrhein-Westfalen, 30.8.1952, BAK, NB 30. − Bei der Diskussion über das Gemeindewahlgesetz hatte sich zunächst ein Konsens zwischen der DZP
und der westfälischen CDU abgezeichnet, der jedoch von der CDU-Landtagsfraktion nicht
mitgetragen wurde.

ben. Wahlabkommen mit der CDU seien unerwünscht und müßten, falls nicht zu umgehen, mit der Parteileitung abgesprochen werden[99].

Kurz vor der Wahl, im September 1952, kam durch die Vermittlung führender katholischer Geistlicher aus dem Ordinariat Münster eine Übereinkunft zwischen den Landesleitungen der CDU (Lensing, Johnen) und dem Zentrum zustande, die sowohl einen fairen Wahlkampf als auch eine politische Zusammenarbeit der beiden christlichen Parteien nach der Wahl ermöglichen sollte[100]. Weil die Vereinbarungen aber wieder zu den üblichen Mißdeutungen Anlaß geboten und untergeordnete kirchliche Stellen offen für die CDU agitiert hatten[101], hielt die Zentrumsführung derartige Abmachungen künftig für zwecklos. Doch schon auf dem Landesparteitag der DZP in Nordrhein-Westfalen am 17. Mai 1953 stellte Brockmann die Weichen für eine neue Übereinkunft[102]. Er äußerte sich befriedigt über die Koalition im Düsseldorfer Landtag, machte ihre Fortsetzung allerdings abhängig von der Stellungnahme der Landesregierung zum Bundeswahlgesetz im Bundesrat. Ministerpräsident Arnold, der die Koalition mit dem Zentrum fortsetzen wollte, hatte angekündigt, die Landesregierung Nordrhein-Westfalen werde sich im Bundesrat für die Abschaffung der Sperrklausel einsetzen. Auch kirchliche Stellen zeigten vor der Bundestagswahl 1953 ein deutliches Interesse daran, daß die kulturpolitische Mehrheit im Landtag erhalten blieb und möglichst viele „christliche Mandate" erzielt würden. Sie legten auf die Erhaltung des Zentrums größten Wert und fungierten – so Prälat Dr. Hengsbach (Paderborn) – „angesichts der Wichtigkeit der gemeinsamen Front auf christlicher Seite" als „redliche Vermittler zwischen den Auffassungen der Vertreter des Zentrums und der CDU"[103]. Auch der frühere Paderborner KAB-Diözesanpräses Dr. Schulte schaltete sich im Juni 1953 in die Vermittlungsgespräche ein; er gab die Parole „Zusammenhalten" aus und warnte vor einer zunehmenden Zersplitterung der Wählerschichten, die „bisher im Gegensatz zum Marxismus sich zu einer christlichen Sozialordnung bekannten". Insbesondere der Mittelstand und das Landvolk – früher „ein unbestrittener Besitz der christ-

---

99 Vgl. ebd.
100 Vgl. DZP/NRW-Rundschreiben, Nr. 13/1951-52, 17.9.1952, BAK, NB 30. Der Landesvorsitzende Tollmann mußte schon zwei Tage später eine Erläuterung nachreichen (Rundschreiben, Nr. 14/1951-52, 19.9.1952): In Münster waren Wahlabkommen zwischen CDU und Zentrum nicht allgemein befürwortet worden; Listenverbindungen wurden von der Landesleitung nicht gebilligt, weil damit die Selbständigkeit der Partei aufgegeben würde.
101 Vgl. *Westdeutsche Neue Presse* v. 21.11.1952, BAK, NB 59. Das Zentrum kündigte ein Weißbuch über das politische Verhalten katholischer Geistlicher an. Hier sollte die Frage aufgeworfen werden, ob die „Kirchensteuern dazu benutzt werden können, in den Gemeinden politische Zwingburgen für die CDU zu errichten". Vgl. auch Presseerklärung des DZP-Bundesparteiausschusses nach der Wahl vom 9. November 1952, BAK, NB 22; Rundschreiben der DZP/NRW, Nr. 21/1951-52, 27.11.1952.
102 Vgl. Presseerklärung der DZP, o. D., BAK, NB 22.
103 Aktenvermerk betr. Besprechung zwischen Vertretern der CDU und des Zentrums mit kirchlichen Vertretern zur Ermöglichung eines gemeinsamen Vorgehens im kommenden Wahlkampf zur Bundestagswahl, 7.7.1953, BAK, NB 11. (Im Text wird als Termin für die Besprechung der 6.8.1953 genannt.)

lichen Parteien" — seien „in einer erschreckenden Weise anfällig geworden für die Werbung" anderer Parteien, die sich nur als christlich ausgeben würden[104].

Das Wahlgesetz zum zweiten Deutschen Bundestag vom 8. Juli 1953 ermöglichte erstmals ein Stimmen-Splitting und eröffnete bei einer geschickten Verteilung der Erst- und Zweitstimmen auf CDU bzw. DZP die Aussicht auf zahlreiche Überhangmandate. Während der Wahlexperte der DZP, Dr. Ignaz Lünenborg, vorschlug, man solle dazu auffordern, alle Erststimmen auf die CDU zu konzentrieren, alle Zweitstimmen hingegen dem Zentrum zu geben, hielt es der CDU-Unterhändler Lensing allenfalls für vertretbar, Zentrumskandidaten (entsprechend dem Stimmenanteil der DZP bei der Bundestagswahl 1949) auf den Landeslisten der CDU Plätze zu reservieren. Nach gesonderten Besprechungen zwischen den Parteivertretern und den Geistlichen einigte man sich Anfang Juli 1953 auf einen Vier-Punkte-Vorschlag[105], der bereits alle wesentlichen Elemente des im August 1953 unterzeichneten Wahlabkommens enthielt: Die CDU verzichtete in einem umkämpften und daher sonst ohnehin der SPD zufallenden Wahlkreis darauf, einen eigenen Kandidaten zu nominieren und rief statt dessen zur Wahl des Zentrumsvertreters auf. In allen anderen Wahlkreisen des Bundesgebiets forderte die DZP ihre Wähler auf, mit der Erststimme die CDU zu wählen. Eine DZP-Landesliste sollte es nur in Nordrhein-Westfalen geben; hier sei außerdem der CDU-Politiker abzusichern, der durch seinen Verzicht auf ein Direktmandat die Übereinkunft ermöglicht habe. Bei der Benennung der Kandidaten für die DZP-Landesliste wollten die kirchlichen Vertreter sicherstellen, daß ab der 14. Stelle CDU-nahe Politiker zum Zuge kämen. Als Voraussetzung und Konsequenz des Wahlabkommens bezeichneten die Kirchenvertreter eine bindende Abmachung beider Parteien über eine gemeinsame Führung des Wahlkampfes sowie eine Absprache über eine Art Fraktionsgemeinschaft im Bundestag unter kirchlichem „Patronat".

Brockmann hatte bereits vorher mit Zustimmung des Bundesparteiausschusses (BPA) auf eine Initiative des Bundeskanzlers reagiert und mit Adenauer und Globke verhandelt[106]. Dem Zentrum bot die Bundes-CDU an, es über die Landesreservelisten der CDU in Nordrhein-Westfalen und Niedersachsen mit sechs bzw. zwei Plätzen abzusichern — dies freilich nur um den Preis des überregionalen Anspruchs, den die DZP, die keine Regionalpartei, sondern ein bundespolitischer Faktor sein wollte, nicht aufgeben konnte. „Der Bundeskanzler rang um meine Seele", berichtete Brockmann dem BPA, „aber ich konnte sie ihm nicht geben. Der Kanzler ging

104 Dr. Schulte (inzwischen Leiter der Hauptarbeitsstelle für Männerseelsorge und Männerarbeit in den deutschen Diözesen, Gemeinschaft der katholischen Männer Deutschlands, Fulda) an Brockmann, 20.6.1953, DZPAM 128.
105 Vgl. Aktenvermerk (Anm. 103).
106 Vgl. Kurzprotokoll über die BPA-Sitzung gemeinsam mit dem Landesparteiausschuß und dem Landesvorstand am 12.7.1953, BAK, NB 10. Zur Vorgeschichte dieser Initiative vgl. Protokoll der CDU-Bundesvorstandssitzung vom 22. Mai 1953, abgedr. in: *Adenauer: „Es mußte alles neu gemacht werden." Die Protokolle des CDU-Bundesvorstandes 1950–1953*, bearb. v. Günter Buchstab (*Forschungen und Quellen zur Zeitgeschichte*, Bd. 8), Stuttgart 1986, S. 539. Gegenüber Dr. Reismann als Unterhändler der DZP bestanden in der Unionsspitze Bedenken, vgl. auch Interview mit Dr. Reismann am 30.11./1.12.1978.

natürlich aufs ganze".[107] Adenauer, der 1949 mit nur einer Stimme Mehrheit zum Bundeskanzler gewählt worden war, insistierte außerdem auf einer Abmachung über das Verhalten der Zentrumsabgeordneten bei der Wahl des Bundespräsidenten und Bundeskanzlers; Brockmann gab seine Einschätzung des Gesprächs — Adenauer rechne mit einem Minderheitenkabinett und einer Aufkündigung der Kooperation mit der Rechten und mache deshalb dem Zentrum Konzessionen — auch an die SPD weiter[108]. Ebenso wie Brockmann, der stets die Eigenständigkeit des Zentrums betonte — „ich bin lieber in einer kleinen Partei der Erste, als in einer großen der Dritte oder Vierte"[109] —, lehnte auch der BPA der DZP am 12. Juli 1953 den Vorschlag der CDU-Spitze ab. Einige Zentrumsabgeordnete spielten mit dem Gedanken, Verhandlungen mit anderen Parteien, z. B. mit der SPD oder der Bayernpartei, aufzunehmen. Auch ein Aufruf zur Wahlenthaltung könne ein Politikum ersten Ranges sein, denn damit hätte das Zentrum die CDU über die katholische Kirche, der es um jede „christliche Stimme" ging, unter Druck setzen können. Dieses Pokerspiel war aber der Mehrheit im BPA zu riskant. Nicht zu Unrecht befürchtete man, der kirchliche Zorn könnte vor allem das Zentrum treffen. Je stärker sich die Zentrumsführung freilich an den Wünschen des Klerus orientierte[110], desto geringer wurde ihr Handlungsspielraum.

Im CDU-Bundesvorstand hatten sich vor allem die Vertreter des linken Flügels (Arnold, Kaiser, Albers) für eine Verständigung mit dem Zentrum eingesetzt. Sie befürchteten, eine Listenverbindung der CDU mit der FDP und der DP, in die das Zentrum nicht einbezogen sei, könne nach außen hin den Eindruck eines „Bürgerblockes" erwecken und lasse die demokratisch-soziale Tradition ins Abseits geraten. Arnold war der Auffassung, das Zentrum werde auch nach den Bundestagswahlen noch eine — wenn auch nicht große — politische Realität darstellen. Nach wie vor stehe sowohl im Rheinland als auch in Westfalen eine Reihe von führenden Geistlichen hinter dieser Partei. Mit Rücksicht auf die nordrhein-westfälische Regierungskoalition, zu der es gegenwärtig und voraussichtlich auch nach den Landtagswahlen 1954 keine Alternative gebe, plädierte auch der Fraktionsvorsitzende im Landtag von Nordrhein-Westfalen, Wilhelm Johnen, für eine realpolitische, nicht

107 Ebd., S. 2.
108 Dort wurde weiter kombiniert, Adenauer werde vielleicht nur noch für kurze Zeit das Kabinett führen und dann die Bundespräsidentschaft übernehmen. Er denke an eine Erweiterung des Kabinetts zur SPD hin, allerdings ohne Ollenhauer. Auf ein schwaches Kabinett könne er als Bundespräsident dann einen entsprechenden Einfluß ausüben. Die Propaganda der Kirchen wurde in SPD-Kreisen als eine bewußte Selbst-„Isolierung" der christlichen Kräfte verstanden; sie wollten sich gegen Liberalismus und Marxismus absetzen. (Aktennotiz, 8.6.1953, NL Hansen, DGB-Archiv Düsseldorf, XXXV.) — Brockmanns Sicht traf die Diskussion in der CDU-Spitze freilich nur ungenau. Tatsächlich häuften sich die Probleme mit den Koalitionspartnern DP und FDP sowie mit dem rechten Umfeld der CDU. Dennoch dachte Adenauer keineswegs an eine Koalition mit der SPD und schätzte im übrigen die Wahlchancen der CDU recht günstig ein.
109 Kurzprotokoll (Anm. 106), S. 3.
110 Vgl. z. B. Brockmann an Generalvikar und Prälat Emmerich, Köln, 22.7.1953, BAK, NB 11. Mit gleichem Schreiben wandte sich der DZP-Vorsitzende an die Generalvikare von Aachen, Münster und Paderborn; ihre Auffassung könne, so Brockmann, „die Entscheidung des Bundesparteiausschusses wesentlich beeinflussen".

gefühlsmäßige Sicht der Beziehungen zum Zentrum. Im Gegensatz dazu wollte der Vorsitzende des westfälischen CDU-Landesverbandes, Lambert Lensing, jetzt die Bereinigung des Verhältnisses zwischen CDU und Zentrum erzwingen. Dafür hätten sich auch die Vertreter der beiden Erzdiözesen ausgesprochen, mit denen er verhandelt habe. Sie hielten es angesichts der Fünf-Prozent-Klausel für unverantwortlich, eine so große Zahl christlicher Wählerstimmen zu verlieren. Adenauer riet zu einer nüchternen Lagebeurteilung. Es sei falsch, das Zentrum jetzt einfach k. o. zu schlagen; die Dinge würden sich von selbst lösen, wenn die Zentrumsleute erst einmal eine Zeitlang bei der CDU hospitiert hätten. Wenn man jetzt der Zentrumspartei helfe, am Leben zu bleiben, so mit dem Hintergedanken, daß sich dieses Leben schon bald nicht mehr als lebenswert erweise; mit einigem Geschick könne man es erreichen, das Zentrum in der größeren christlichen Partei aufgehen zu lassen[110a]. Bei der Diskussion im CDU-Bundesvorstand zeigten auch die Vertreter anderer Bundesländer, in denen das Zentrum eine gewisse Basis hatte (Niedersachsen) oder sich seit kurzem zu verbreiten suchte (Südbaden, Rheinland-Pfalz), ein deutliches Interesse an einer Befriedung.

Nachdem der Hauptvorstand der CDU eine von Brockmann und Arnold Anfang Juli erarbeitete Konzeption für ein Wahlabkommen, das es der DZP erlaubt hätte, Landeslisten in Niedersachsen, Rheinland-Pfalz und Baden-Württemberg aufzustellen[111], verworfen hatte, stand das Zentrum erneut vor der Alternative, entweder selbständig zu kandidieren und mit Hilfe kirchlicher Stellen (Brockmann hoffte auf Böhler und Tenhumberg, Schulrat Konrad Ernst und Dr. Lünenborg verhandelten Anfang August mit Hengsbach und Böhler) ein Direktmandat zu gewinnen oder zu anderen Parteien Kontakt aufzunehmen. Die zweite vom niedersächsischen Justizminister Krapp und Dr. Bertram vorgeschlagene Möglichkeit wurde aus der Furcht heraus fallengelassen, die Kirche werde das Zentrum „kaputtmachen"[112]. Schließlich blieb noch der wahltechnisch mögliche Ausweg, die Stimmen von Zentrum und BP, die im Bundestag 1951 eine Fraktionsgemeinschaft unter dem Namen „Föderalistische Union" (FU) gebildet hatten, zusammenzurechnen.

Kirchliche Vermittlung, aber auch die auf illusionäre Hoffnungen gebaute Verhandlungstaktik der Zentrumsführung — sie hatte geglaubt, wenigstens die nord-

---

110a   Vgl. *CDU-Bundesvorstand* (Anm. 106), S. 530, 536 ff., 542.

111   Vgl. Brockmann an Arnold, 14.7.1953, DZPAM 128. – Hier erinnerte Brockmann auch an den von Arnold am 19.3.1953 angekündigten Vorstoß im Bundesrat wegen der Fünf-Prozent-Sperrklausel, der eine Einigung über ein Wahlabkommen zur Voraussetzung haben sollte. In der Sitzung des CDU-Bundesvorstandes am 15. Juli 1953 wurde noch einmal über die Verhandlungen mit den anderen Parteien, auch mit dem Zentrum, diskutiert. Im Protokoll fehlen indes eben die 20 Seiten, die die Verhandlungen mit der DZP betreffen. Daß es wegen des Zentrums eine „erbitterte Diskussion" gab, belegt eine Tagebuch-Notiz von Otto Lenz. Vgl. *CDU-Bundesvorstand* (Anm. 106), S. 642, Anm. 120.

112   Vgl. Kurzprotokoll über die Sitzung des Bundesparteiausschusses mit den Landesvorständen am 25.7.1953 in Düsseldorf, BAK, NB 10. – Zu den Kontakten mit Kirchenvertretern vgl. Ernst an Brockmann, 2.8.1953, DZPAM 208. Ernst versicherte Brockmann, er genieße „persönlich in allen — auch den höchsten — kirchlichen Kreisen" uneingeschränktes Vertrauen: „Ohne dieses Vertrauen käme die Verständigung und das Eintreten der Kirche in dem vorgesehenen Umfange nie zustande."

rhein-westfälische CDU zum Verzicht auf ihre Landesliste bewegen zu können — ließen der DZP endlich keine andere Wahl: Am 17. August unterzeichneten Brockmann und Tollmann das Abkommen zwischen CDU und Zentrum, das für die Zentrumspartei den Abschied von der Bundespolitik bedeuten sollte. Unter Zugzwang wegen des kurz bevorstehenden Wahltermins und in einer innerparteilichen Zerreißprobe hatte die DZP nun also doch darauf verzichtet, außer in Nordrhein-Westfalen auch in anderen Bundesländern Landeslisten aufzustellen. Sie nominierte außerdem nur in Oberhausen einen Kandidaten für ein Direktmandat. Die CDU sicherte dem Zentrum dafür den Wahlkreis Oberhausen zu; allerdings mußte es dem CDU-Bundestagskandidaten Martin Heix die zweite Stelle auf seiner Landesliste einräumen. Die DZP versprach eine Fraktionsgemeinschaft *ad hoc* für die Wahl des Bundeskanzlers und des Bundestagspräsidenten und erklärte sich damit einverstanden, daß, um eine gemeinsame Politik von CDU, CSU und Zentrum abzusichern, im neuen Bundestag eine „echte Arbeitsgemeinschaft" gebildet würde. Mit dem Wahlabkommen wurde die schwelende Koalitionskrise im nordrhein-westfälischen Landtag beigelegt[113]. Doch schon wenig später war die neue Vertrauenskrise da, vor der eben noch die am Zustandekommen des Abkommens beteiligten Kirchenvertreter gewarnt hatten[114]. Entgegen der Vereinbarung in § 7 des Abkommens warben CDU wie DZP bei den Wählern der jeweils anderen Partei um die Zweitstimmen. Die Zentrumsführung erkannte bald, daß sie durch das Abkommen im Wahlkampf faktisch zur Aktionsunfähigkeit verurteilt war, weil sie mit Ausnahme von Oberhausen politisch nicht mehr präsent war. Während die CDU/CSU 1953 die absolute Mehrheit der Mandate im Bundestag gewann, reduzierte sich der Anteil der Zentrumsstimmen in Nordrhein-Westfalen etwa um die Hälfte; die Partei erreichte nur noch 0,8 v. H. der gültigen Stimmen[115]. Von den drei Mandaten, die sie errang, mußte die DZP außerdem eines an die CDU abgeben.

Im Zusammenhang mit dem Wahlabkommen hatte sich im Zentrum aus vielerlei Gründen Unmut gegen die Parteiführung aufgestaut: Der späte Termin der Vereinbarung hatte die Wahlvorbereitungen erheblich gebremst; viele kommunale Mandatsträger und lokale Parteiaktivisten erfuhren erst durch die Presse von den Verhandlungen und ihrem Ergebnis; etliche Parteikreise (Gelsenkirchen-Buer, Essen) fühlten sich bei der Aufstellung der Liste benachteiligt und kritisierten die starke Hervorhebung der Parteibürokratie; die fortschreitende Entfremdung der DZP von den katholischen Verbänden und dem Pfarrklerus boten keine ausreichende Vertrauensbasis für ein solches Abkommen mehr; manche Zentrumswähler weigerten sich, ihre Stimme den CDU-Kandidaten zu geben, auch wenn dies im Wahlabkom-

---

113 Vgl. *FAZ* v. 24.8.1953. — Die DZP stellte klar, daß die vorgesehene Arbeitsgemeinschaft keine Fraktionsgemeinschaft sein werde. — „Abkommen zwischen CDU und Zentrum", 17.8.1953, BAK, NB 11.
114 Vgl. Domvikar Tenhumberg an Brockmann, 21.8.1953; Tenhumberg, Prälat Hengsbach und Fr. Hölscher „An die Vertreter der CDU und der Zentrumspartei in Westfalen!", 28.8.1953; Brockmann an Tenhumberg, Hengsbach, Hölscher, 29.8.1953, sowie Brockmann „An sämtliche Wahlkandidaten und Redner der Zentrumspartei im Lande Nordrhein-Westfalen", 29.8.1953, BAK, NB 11.
115 Vgl. Tab. 4 (Anhang). (DZP-Stimmenanteil in NRW: 2,7 Prozentpunkte).

men festgelegt sei; Verhandlungsangebote anderer Parteien oder Verbände (BHE, Deutscher Mittelstandsblock, Zentralverband der Vertriebenen u. a.) waren nicht ausgeschöpft worden. Trotz der ungeheuren Verwirrung und Verbitterung der enttäuschten Zentrumswähler, die nach der niederschmetternden Wahlniederlage zum Ausdruck kam[116], ging die Zentrumsführung vor den Landtagswahlen erneut auf die Vermittlungsangebote einiger prominenter Geistlicher ein. Wie Weihbischof Hengsbach und Domvikar Tenhumberg in einer Besprechung mit Zentrumsvertretern am 22. Februar 1954 in Dortmund-Brakel erklärten, lag es im Interesse der Kirche, daß die kulturpolitische Mehrheit im Landtag von Nordrhein-Westfalen auch in der nächsten Wahlperiode erhalten blieb. Die Voraussetzungen dafür seien:

- die Eigenständigkeit und Koalitionsfähigkeit des Zentrums, denn nur so könne es die unzuverlässigen protestantischen und liberalen Kräfte in der CDU an die kulturpolitische Linie der Kirche binden;
- die Fünf-Prozent-Sperrklausel, um die kulturpolitisch unzuverlässigen Parteien (KPD, BHE, GVP) abzuwehren;
- die Beibehaltung der wahlgesetzlichen Bestimmungen, die der CDU die Überhangmandate gesichert hatten, denn eben so war die knappe Mehrheit von CDU/DZP zustandegekommen[117].

Obwohl es für das Zentrum eine Frage von existentieller Bedeutung war, daß die Sperrklausel im Wahlgesetz fiel und daß die CDU ihre Fraktionsstärke nicht mit Hilfe von Überhangmandaten noch weiter ausbaute als es ihrem Stimmenanteil ohnehin entsprach, verlangten die Kirchenvertreter, die Zentrumsfraktion solle bei der Abstimmung über das Landeswahlgesetz 1954 Fraktionsdisziplin üben; ihre sämtlichen 16 Abgeordneten sollten nichts gegen die Sperrklausel und die Überhangmandate unternehmen. Unter der Voraussetzung, daß ihnen die Kirche noch vor der Abstimmung über die Änderungsvorlage im Verfassungsausschuß am 3. März 1954 einen sicheren Wahlkreis schriftlich garantieren und der Klerus ihren Kandidaten unterstützen würde und im übrigen die Neutralität der Kirche im Wahlkampf gesichert sei, gingen die Zentrumsvertreter tatsächlich auf dieses Angebot ein[118]. Sie schlugen damit eine Offerte von SPD und FDP aus, die ebenfalls wegen der Änderung des Wahlgesetzes an die Partei herangetreten waren. Ihr Angebot war verlokkender: Die Sperrklausel sollte dann unwirksam sein, wenn eine Partei entweder ein Direktmandat oder in mindestens einem Wahlkreis ein Fünftel der gültigen

---

116 ,,Wo ist die dritte Macht, die diese Abkommen herbeigeführt hat, mit ihrer neutralen Propaganda auf den Kanzeln geblieben? Wo hat die CDU gemeinsame Wahlpropaganda gezeigt?", so schrieb der Ortsvorsitzende der DZP Altena/Lüdenscheid am 11.9.1953 an Brockmann (DZPAM 208). Er vermutete in dem Wahlabkommen ein infames Manöver des Klerus zur Beseitigung der Zentrumspartei. – Krasse Beispiele klerikaler Parteinahme für die CDU trotz des Wahlabkommens nennt Friedrich Laube, Studienrat und DZP-Ratsherr in Düsseldorf, in einer Beschwerde an das Erzbischöfliche Generalvikariat in Köln, 12.9. 1953 (Abschrift an Brockmann, DZPAM 208).
117 Vgl. Besprechung am 22. Februar 1954 in Dortmund-Brakel. Anwesend waren Weihbischof Dr. Hengsbach, Domvikar Tenhumberg sowie der stellvertretende DZP-Vorsitzende von Nordrhein-Westfalen, Eberhard Nickel, und Landesgeschäftsführer Strüker (BAK, NB 11).
118 Vgl. ebd.

Stimmen erhielte. Dennoch lehnte das Zentrum ab, denn es geriet unter einen „erheblichen Druck von außen her", „sich im Interesse des christlichen Anliegens mit der CDU zu verbinden"[119]. Aus Rücksicht auf kirchliche Interessen verzichtete es also darauf, die wahlgesetzlichen Bedingungen seiner eigenen parteipolitischen Existenz zu verteidigen. Die CDU machte ihrem Koalitionspartner schließlich das Zugeständnis, die Sperrklausel außer Kraft zu setzen, wenn eine Partei ein Drittel der gültigen Stimmen in einem Wahlkreis erreichte. So wurde vereinbart, daß die CDU dem Zentrum einen Essener Wahlkreis überließ und das Zentrum im Wahlkreis Essen-West auf die Nominierung eines Kandidaten verzichtete. Trotz der Absprachen gewann die CDU 1954 kein Überhangmandat; Ministerpräsident Arnold bezog in seine Koalition CDU/DZP, die keine Mehrheit mehr besaß, nun die kulturpolitisch „unzuverlässige" FDP mit ein.

Die CDU/DZP/FDP-Koalition im nordrhein-westfälischen Landtag bestand bis 1956, als die Regierung Arnold von SPD und FDP im Zusammenhang mit Auseinandersetzungen über das Grabensystem im Bundestagswahlgesetz gestürzt wurde[120]. Das Zentrum, das in dem von Fritz Steinhoff gebildeten Kabinett trotz heftiger Angriffe weiter mitarbeitete, hatte nun erhebliche Mühe, diese Kooperation mit der nichtchristlichen Mehrheit zu rechtfertigen. Nach Brockmanns Darstellung[121] war das Zentrum am Sturz Arnolds nicht beteiligt, hatte ihn aber auch nicht verhindern können. Arnold sei sich vielmehr seiner eigenen Fraktion nicht sicher gewesen und habe ihn, Brockmann, noch am 10. Februar 1956 darum gebeten, bei der SPD zu seinen Gunsten zu intervenieren. Dafür sei es freilich zu spät gewesen. Hätte Arnold sich – wie vom Zentrum empfohlen – schon eher für eine große Koalition entschieden und sich nicht den Weisungen Bonns gefügt, so wäre er nicht in diese prekäre Situation gekommen. Arnold habe die Loyalität der Zentrumsabgeordneten gebraucht, um auf die unsicheren Mitglieder der CDU-Fraktion (gemeint war u. a. Josef Gockeln) Druck auszuüben; er habe seine Chancen, das Mißtrauensvotum zu überstehen, selbst nicht recht einschätzen können und auch noch darauf gehofft, daß einzelne FDP-Abgeordnete, denen finanzielle Angebote gemacht worden seien, ihr Abstimmungsverhalten ändern würden. Diese Bestechungsversuche brachten auch den Ministerpräsidenten ins Zwielicht[122].

Vor der Abstimmung über den Mißtrauensantrag wurde die Zentrumsfraktion von Vertretern der Ordinariate aufgefordert, nicht gegen Arnold zu stimmen[123]. Das Zentrum verband seine Zusage wiederum mit der Forderung nach Neutralität der Kirche und der katholischen Verbände im kommenden Wahlkampf. Nach wie vor kämpfte es mit der CDU um das Recht der Erstgeburt, um gleiche Chancen und Selbstdarstellungsmöglichkeiten. Doch stand für die realistisch denkenden

---

119 „Wer ist wem zu Dank verpflichtet?", Aktennotiz Brockmanns, o. D., BAK, NB 26.
120 Vgl. hierzu Friedrich Keinemann, _Von Arnold zu Steinhoff und Meyers, Politische Bewegungen und Koalitionsbildungen in Nordrhein-Westfalen 1950–1962_, Münster 1973.
121 Vgl. Aktenvermerk Brockmanns über seine Unterredung mit Arnold am 10.2.1956, BAK, NB 12.
122 Vgl. Hüwel (Anm. 69a), S. 293 f.
123 Vgl. Aktennotizen Brockmanns, o. D., BAK, NB 12.

Kirchenpolitiker schon vor der Landtagswahl 1958 fest, daß das Zentrum in Nordrhein-Westfalen längst kein politischer Faktor mehr war. So hieß es im Bistumsblatt Münster:

> „Die Kirche war und ist nicht zentrumsfeindlich. Sie hat ihre warnende und mahnende Stimme
> erst in dem Augenblick erhoben, als der Stimmenschwund im Zentrum die Gefahr einer Verrin-
> gerung des christlichen Stimmengewichtes im politischen Raum klar erkennen ließ. Dies kann
> und darf sich das Christentum in einer von gottesfeindlichen Mächten bedrohten Zeit nicht lei-
> sten."[124]

Der Niedergang der Zentrumspartei in den fünfziger Jahren illustriert, daß die Partei, die ihre strategischen Entscheidungen immer wieder mit Blick auf die amtskirchliche Interessenpolitik traf, obwohl sie ihr den Boden entzog, ihren Ort im
Parteiensystem der Bundesrepublik nicht mehr klar bestimmen konnte. Während
die DZP unter Brockmanns Führung ihren Anspruch auf politische Autonomie
nur noch verbal beteuerte, ihn aber weder im Verhältnis zur katholischen Kirchenführung noch in der aktuellen Tagespolitik einlöste, gerann ihr der Rekurs auf
Windthorst und sein auf die Kirche gemünztes Wort: „Von den Feinden nie be-
siegt, von den Freunden verlassen", zur Phrase. Er war nicht mehr als eine emotional aufgeladene, aber politisch folgenlose, historische Reminiszenz.

124 „Dem Zentrumswähler eine Antwort", in: *Kirche und Leben — Bistumsblatt Münster,*
3.8.1958, S. 3.

Kapitel 11: Zusammenfassende Schlußbemerkungen: Das Nachkriegszentrum im Parteiensystem der Bundesrepublik

Die Ausdifferenzierung der traditionellen Zentrumsanhängerschaft in Christliche Demokraten und Zentrumsbefürworter nach 1945 war für die damals Beteiligten ein schmerzlicher Prozeß, der für die Union durchaus einige Risiken in sich barg. Selbst Leo Schwering, einer der entschlossensten Protagonisten der Unionsidee und erster Vorsitzender der rheinischen CDU, verglich die Unionsgründung – allen Behauptungen vom „deutschen Wahlwunder"[1] zum Trotz – noch viele Jahre später mit einem „Ritt über den Bodensee"[2]. Im Briefwechsel mit dem inzwischen zur CDU übergewechselten früheren Zentrumswiederbegründer Richard Muckermann sprach Schwering aus, was er in seiner Darstellung der CDU-Frühgeschichte[3] mit Blick auf das Zentrum und die Besatzungsmacht nicht eingestanden hatte: Das Zentrum hätte der CDU sehr viel gefährlicher werden können, wenn es von Anfang an weniger skrupellos und mit einer klareren politischen Zielrichtung aufgetreten wäre und wenn sich die britische Besatzungsmacht, die die Unionsgründer „nach Strich und Faden kühn übertölpelten"[4], anders verhalten hätte. Schwering sieht auch die besondere historisch-politische Situation, in der die Union zum Kristallisationspunkt des bürgerlichen Lagers und stärkste Fraktion werden konnte, und stellt fest, daß „ohne das neue Parteienschema von 1945 ... Adenauer bestenfalls Außenminister in einem Kabinett Schumacher geworden" wäre[5].

Untersucht man die Wiedergründung der Zentrumspartei nach dem Zweiten Weltkrieg, so zeigt sich, daß der Zentrumsgedanke in manchen Teilen Nordrhein-Westfalens und Niedersachsens noch keineswegs überwunden war. Zwar ist die Geschichte der Partei nach 1945 zugleich die Geschichte ihres Verfalls und insofern im Parteiensystem der Bundesrepublik nur ein marginales Phänomen; sieht man sie jedoch im Kontext der Frage nach Kontinuität und Wandel des politischen Katholizismus und seiner organisatorischen Hebel, so beleuchtet sie die Gründungsgeschichte der CDU von einer bisher kaum beachteten Seite. Zunächst einmal fällt auf, wie unzureichend die gängigen Erklärungsmuster von Parteihistorikern sind, die die Durchsetzung des Unionskonzepts im Jahr 1945 auf ein quasi selbstverständliches, weithin verbreitetes Einvernehmen von politischen Aktivisten aus dem christlichen

1 Ludwig Bergsträsser, *Geschichte der politischen Parteien in Deutschland*, München [10]1960, S. 335.
2 Schwering an Muckermann, 28.1.1967, HSTAD, RWN 125–12.
3 Leo Schwering, *Frühgeschichte der Christlich-Demokratischen Union*, Recklinghausen 1964.
4 Schwering an Muckermann, 5.3.1964, HSTAD, RWN 125–12.
5 Schwering an Muckermann, 19.12.1963, HSTAD, RWN 125–12.

Lager zurückführen, die aus den Katakomben des gemeinsamen Widerstandes gegen die NS-Diktatur hinaufgestiegen seien und bei der Mehrheit der von Krieg und NS-System zermürbten Bevölkerung spontane Resonanz gefunden hätten. Daß die Verklärung des gemeinsamen christlichen Widerstandes zum Ursprungsmythos der Unionsparteien den Gründungsprozeß nachträglich stilisiert, belegen allein die anfänglichen interkonfessionellen Kommunikationsschwierigkeiten gerade in Rheinland-Westfalen[6] und die – vom Wuppertaler Kreis abgesehen – hier eher passive Rolle der Protestanten beim Aufbau der CDU. Tatsächlich trat mit der Union im Parteiensystem der Bundesrepublik eine ganz neue Parteiformation auf, die, weil sie die Zersplitterung des bürgerlichen Lagers in der Weimarer Parteienlandschaft beseitigte und das konfessionelle Schisma aufhob, als modernisierte bürgerlich-konservative, politische Interessenvertretung bezeichnet werden kann. Gleichwohl ist die Union deshalb nicht etwa ebenso „geschichtslos" wie die Zweite Republik[7]. Eine solche These wäre schon deshalb falsch, weil sie die unverkennbaren Kontinuitätsstränge in der bundesrepublikanischen Nachkriegsgesellschaft übersieht, die bis Weimar und weiter zurückreichen; auch der Erfolg der Union ist nicht von der Entwicklungsgeschichte ihrer parteipolitischen Vorläufer abzulösen – insbesondere der des Zentrums, der hier unter dem Aspekt von Kontinuität und Traditionsbruch nachgegangen wurde[8].

In den Köpfen vieler Zentrumsaktivisten war der Wunsch, aus der Enge des konfessionell-katholischen Bollwerks auszubrechen, schon seit langem vorgeprägt; parteipolitische Realität wurde er jedoch erst unter den spezifischen historisch-politischen, von außen gesetzten Bedingungen der bedingungslosen Kapitulation des Dritten Reiches vor den Siegermächten der Anti-Hitler-Koalition. Mit der moralischen Niederlage des Bürgertums konfrontiert – sein Verhalten gegenüber dem aufsteigenden Nationalsozialismus reichte von Hilflosigkeit und Anpassung bis zur Kollaboration der alten Eliten mit den Nationalsozialisten – und angesichts der machtpolitischen Verschiebung in Mitteleuropa sowie der Aufteilung des Deutschen Reiches in Besatzungszonen, sammelten sich jetzt die noch aktionsfähigen Reste aus dem bürgerlich-konservativen Spektrum des Weimarer Parteiensystems. Für das Gelingen der interkonfessionell-politischen Sammlung im Jahr 1945 sprachen also auch drei wesentliche innere Voraussetzungen:

– Die sogenannte Stunde Null, die in Kreisen der christlichen Arbeiterbewegung fälschlich als ein Zusammenbruch der bürgerlichen Gesellschaft verstanden wurde, bewirkte eine tiefe Krise des Gesellschaftssystems und der Gesamtorientierung seiner Oberschicht[9].

6 Die katholischen Aktivisten aus dem Rheinland trafen bei ihren Ansprechpartnern in Westfalen und im niedersächsischen Übergangsgebiet auf „Offiziere ohne Mannschaften"; und auch im Rheinland gab es zwischen katholischen und evangelischen Unionsanhängern erhebliche Differenzen über Charakter und Funktion einer „christlichen" Partei.

7 Winfried Becker, Historische Grundlagen der christlich-demokratischen Parteibildung nach 1954, in: *Die Gründung der Union. Traditionen, Entstehung und Repräsentanten,* hrsg. v. Günter Buchstab/Klaus Gotto (*Geschichte und Staat*, Bd. 254/255), München/Wien 1981, S. 7 f.

8 Vgl. ebd., S. 9 ff.

9 Vgl. Lutz Niethammer, *Entnazifizierung in Bayern. Säuberung und Rehabilitierung unter amerikanischer Besatzung,* Frankfurt a. M. 1972, S. 125.

- Die interkonfessionell-politische Kooperation war in Zentrumskreisen ideologisch wie politisch vorbereitet.
- Daß die neue Variante katholisch-kirchlicher Interessenpolitik im katholischen Lager angenommen wurde, ist nicht zu verstehen ohne die Legitimationskrise des politischen Katholizismus, die aus der Endphase der Weimarer Republik in die Nachkriegszeit hineinwirkte (Zustimmung des Zentrums zum Ermächtigungsgesetz, Reichskonkordat, Auflösung der Zentrumspartei 1933); sie wurde durch die kurze religiöse Renaissance nach 1945 nur oberflächlich überdeckt und durch die Rechristianisierungsideologie der Hierarchie kompensiert.

Eine Analyse von Zentrum und CDU in den ersten Nachkriegsjahren kann mithin nicht auf die gesellschaftsgeschichtlichen Rückbezüge verzichten. Denn zum einen ist nicht zu übersehen, daß die Ablösung vom historisch ausgeprägten Muster katholisch-kirchlicher Interessenpolitik Gründe hatte, die nur aus der Entwicklungsgeschichte des Katholizismus in Deutschland als politische und soziale Bewegung zu verstehen sind. Zum anderen war die gesellschaftlich-politische Dynamik, die in der interkonfessionellen Sammlungsparole steckte, auch nach 1945 noch virulent, als sie, von Deutschtümelei und Nationalismus gereinigt, von den Unionsgründern wieder aufgegriffen wurde. Parteien wie das Zentrum oder die Sozialdemokratie sind im übrigen nicht nur strategische Operationsbasen, um Klasseninteressen oder weltanschaulichen Forderungen durchzusetzen; sie sind auch in Jahrzehnten gewachsene Strukturen, „lebende Wesen", wie es im Zentrum hieß, die ihren Anhängern „lieb" waren. Aus dieser historisch-soziologischen Perspektive, die sowohl die Ausformung ideologischer Traditionslinien als auch die sich wandelnden Konfigurationen der sozialen Kräfte und Interessen verfolgt, skizziert die vorliegende Studie im Teil A zunächst die spezifische Ausprägung des politischen Katholizismus in Deutschland in der Auseinandersetzung mit Aufklärung, Revolution und Säkularisierung. Es werden drei Entwicklungslinien herausgearbeitet, die für den Organisierungsprozeß des politischen Katholizismus im 19. Jahrhundert von Bedeutung sind:

1. *Die Formierung und Politisierung des katholischen Milieus* unter dem Vorzeichen der gegen Aufklärung und Rationalismus gerichteten ultramontanen Bewegung. Sozialstruktureller Unterbau dieses Milieus war ein klassenübergreifendes Bündnis aus katholischem Adel, Bürgertum, ländlichen und städtischen Unterschichten, deren Interessen sich mit den Anliegen der ultramontanen Kirchenpolitik verflochten und das von antipreußischen Aversionen zusammengehalten wurde. Konfrontiert mit der protestantisch-preußischen Hegemonialmacht, bildete sich ein polemisches Einheitsbewußtsein heraus, das zum Unterfutter für die Volksparteienideologie des Zentrums werden sollte. Im deutschen Parteiwesen, das sich im Vormärz formierte, entstand im Zuge der Politisierung des konfessionellen Gegensatzes der Typus der Weltanschauungspartei.

2. *Die Instrumentalisierung der liberalen Verfassungsbewegung* für die alte Parole „Freiheit der Kirche", mit der nicht primär das liberale Freiheitsrecht der Religionsfreiheit gemeint war, sondern die seit der Auflösung der religiös-politischen

Einheitswelt des Mittelalters wie immer modifizierte Suprematieanspruch der „ecclesia" über die politische Ordnung[10].

3. *Die Konstituierung der Zentrumspartei* unter den Rahmenbedingungen der Bismarckschen Reichsgründung und ihre Stabilisierung als organisationspolitische Vorhut und als Medium der Kirche in den Kulturkampfjahren. Die „negative Integration" der Katholiken im Kaiserreich resultierte aus der Konfrontation der römisch-katholischen Kirche mit der Reichsregierung, deren Ursachen sowohl in den innerkirchlichen Abschottungs- und Zentralisierungstendenzen eines antiliberalen Katholizismus als auch in den völlig überreizten Reaktionen der staatlichen Instanzen zu suchen sind. Im Kern war dieser Konflikt freilich ein Kampf um Machtpositionen, die der säkularisierte Staat für sich forderte (insbesondere im Erziehungs- und Bildungsbereich sowie im Personenstandswesen), die die Kirche jedoch traditionell ihrem Kompetenzbereich zuordnete.

In den achtziger Jahren brachen dann die vom Kulturkampfklima überdeckten Strukturprobleme des Zentrums auf, die die Partei bis zu ihrer Selbstauflösung im Juli 1933 durchzogen und auch nach 1945 noch nicht aufgehoben waren.

1. Das Problem der politischen Autonomie

Es war das Gründungsdilemma der Zentrumspartei, daß sie einerseits katholisch-kirchliche Interessen im politischen Raum vertrat, andererseits aber, um ihre Glaubwürdigkeit als *politische* Partei zu erhalten, eine wenigstens minimale formale Autonomie vom Klerus und vom Vatikan behaupten mußte. In diesem Spannungsverhältnis von Kirche und Politik, in dem es nicht nur Interessengegensätze gab, sondern letztlich auch um den Fortbestand der Partei ging, mußten sich die Protagonisten des politischen Katholizismus von Ludwig Windthorst bis Konrad Adenauer immer wieder bewähren. Das Septennat (1886/87), das Reichskonkordat (1933) und das Grundgesetz (1948/49) waren solche Stationen, an denen der Konflikt nach einer Lösung drängte, um entweder im Sinne der Kirche oder im Hinblick auf die politischen Notwendigkeiten gelöst zu werden. Die historischen Beispiele zeigen, daß die Partei ihre Existenz durch eine Konfliktvermeidungsstrategie gegenüber der Hierarchie nicht sichern konnte. Behauptete sie hingegen ihre Unabhängigkeit von kirchlichen Weisungen, so ging sie politisch gestärkt aus dem Konflikt hervor — eine Wirkung, die durchaus im wohlverstandenen Interesse der Kirche lag. Diese Problematik der Zentrumsstrategie findet sich auch nach 1945 in der Politik von Union und Zentrum wieder, wobei sich für die CDU/CSU als einer von katholischer Interessenpolitik relativ unabhängigen — weil interkonfessionellen — Neugründung eine gewisse Distanz sozusagen naturwüchsig ergab. Für die wiedergegründete Zentrumspartei kamen dagegen — was ihr Verhältnis zur Kirche anging — zu den alten Proble-

---

10 Ernst Böckenförde, Die Entstehung des Staates als Vorgang der Säkularisation, in: *Säkularisierung*, hrsg. v. Heinz-Horst Schrey (*Wege der Forschung*, Bd. CDXXIV), Darmstadt 1981, S. 71.

men neue hinzu. Sie war einerseits beladen mit der historischen Hypothek des politischen Katholizismus, der 1933 kläglich untergegangen war und blieb nicht zuletzt deshalb für die Amtskirche nach der Gründung der Union nur noch die zweite Wahl. Dennoch bemühte sie sich permanent um die Anerkennung der Kirche und konnte dadurch die Handlungsspielräume, die ihr die historisch-politische Konstellation nach 1945 bot, nicht nutzen.

2. Die Heterogenität der Interessen

Die durch die Industrialisierung bewirkten Umschichtungsprozesse in Wirtschaft, Gesellschaft und Politik hatten auch nachhaltige Auswirkungen auf das Parteienwesen: Der Aufstieg der Interessenverbände, insbesondere der organisierten Arbeiterbewegung, die Ausweitung der Staatsfunktionen im ökonomischen Sektor und in der Sozialpolitik sowie der Strukturwandel der bürgerlichen Öffentlichkeit durch die Entwicklung der Massenkommunikationsmittel (Presse, Verkehr) bewirkten einen Verfall der Honoratiorenstruktur, förderten die Tendenzen zur Bürokratisierung, Professionalisierung und Zentralisierung der Politik sowie die Herausbildung von Massenorganisationen. Obwohl die Hohenzollern nach wie vor Heer, Bürokratie und Diplomatie kontrollierten, nahm die Bedeutung der politischen Parteien im Kaiserreich ständig zu. In dieser Konstellation erodierte der Kräfteblock, der den politischen Katholizismus bis in die achtziger Jahre getragen hatte; und im Zentrum brachen nun soziale Interessengegensätze auf, die trotz der gemeinsamen weltanschaulichen Klammer immer schwerer zu integrieren waren.

Die herausragenden Stationen der Zentrumsgeschichte nach dem Kulturkampf, die im Bewußtsein der Zentrumsanhänger prägende Eindrücke hinterlassen haben, reflektieren — gleichsam punktuell — diesen durch Veränderungen in Sozialstruktur und politischem System bedingten Prozeß, in dem sich das in der Hochzeit des Ultramontanismus im Vormärz entstandene und im Kulturkampf vorübergehend noch einmal gefestigte klassenübergreifende Bündnis im katholischen Lager aufzulösen begann. Bereits seit den sechziger Jahren regte sich unter den katholischen Arbeitern — befördert durch die sozialstrukturellen Umbrüche in der Industriegesellschaft und die ersten Ansätze zur Organisation der sozialistischen Arbeiterbewegung — der Wunsch nach gesellschaftlicher und politischer Emanzipation. Früher als die katholischen Arbeiter, die sich erst nach der Jahrhundertwende (nach dem „Gewerkschaftsstreit") allmählich aus der integralen Bevormundung lösen konnten, streifte jedoch das katholische Bürgertum die ultramontane Fessel ab, die Bismarck den Vorwand dafür geboten hatte, die Katholiken aus dem sich herausbildenden nationalen Konsens des kleindeutschen Reiches auszugrenzen und dem katholischen Bürgertum die gesellschaftliche und politische Parität zu versagen. In diesem klassenpolitischen Kontext sind die ersten Ansätze zur interkonfessionellen Öffnung des Zentrums nach dem Kulturkampf zu sehen.

Schon vor der Reichsgründung hatte Ketteler den deutschen Katholiken empfohlen, die großdeutschen Sehnsüchte und die im altständischen Denken verwurzelte Abwehr gegen die moderne kapitalistische Wirtschaftsweise aufzugeben. (Auf ihn beriefen sich übrigens auch die ersten christlich-sozialen, interkonfessionellen Arbeitervereine.) Doch erst nach dem Kulturkampf, der, sozialgeschichtlich betrachtet, ein letztes Aufbäumen der mit der katholischen Kirche verbundenen Anhänger einer vorbürgerlichen und vorindustriellen Ordnung gewesen ist, modifizierte das Zentrum seine Haltung zum Liberalismus; sein Abwehrkampf richtete sich nun vor allem gegen die Sozialdemokratie. Es identifizierte sich zunehmend mit dem wilhelminischen Obrigkeitsstaat und trug — mit einer kurzen Unterbrechung während des „Bülow-Blocks" (1906—1909) — Mitverantwortung für die Politik der Reichsregierung. In der Auseinandersetzung mit den Integralen, die das Zentrum — ungeachtet der sozialen und politischen Interessen, die es inzwischen repräsentierte und integrierte — als Instrument der Kirchenpolitik definieren wollten, bestand die „Kölner Richtung" nach der Jahrhundertwende auf der Autonomie der Zentrumspartei in allgemeinpolitischen Fragen. Diese Forderung entsprach vor allem dem Bedürfnis einer starken bürgerlichen Gruppierung in der rheinischen Zentrumspartei nach größeren Handlungsspielräumen für eine pragmatische Bündnispolitik mit den konservativen Protestanten. Ihr Ziel war eine stabilere politische Basis, um Mittelschichtinteressen gemeinsam durchzusetzen. Die „christliche Weltanschauung" wurde zum politischen Kampfbegriff, der den Gegensatz der katholischen und protestantischen Konservativen zur erstarkenden Sozialdemokratie hervorkehrte. In der Parole Julius Bachems („Heraus aus dem Turm!" — 1906) klang auch eine Distanzierung vom Vorwurf des Ultramontanismus an, denn noch immer standen die soziokulturellen Relikte des Kulturkampfkatholizismus (Ghettomentalität, kulturelle Inferiorität) einer Verständigung mit den Protestanten im Wege und erschwerten den Katholiken eine staatsbejahende Haltung im kleindeutschen Reich. Die durch das interkonfessionelle Bündnis gestärkten konservativbürgerlichen Machtpositionen ließen freilich den Reformerwartungen der Christlichen Gewerkschaften und des Volksvereins, die ebenfalls zur Klientel der „Kölner" zählten, nur wenig Raum.

Am Ende des Ersten Weltkrieges nahmen der Rechtskatholik Martin Spahn, der christliche Gewerkschaftsführer Adam Stegerwald und der geistliche Direktor des Volksvereins, Heinrich Brauns, den Denkanstoß der „Kölner Richtung" — auf jeweils eigene Weise — wieder auf. Während Spahn eine auf ständisch-organischen und völkischen Vorstellungen basierende antiparlamentarische Sammlungsbewegung initiieren wollte, schwebte Stegerwald eher ein stabiler parlamentarischer Mehrheitsblock des Zentrums und der nationalen Rechten vor, der sich um den Kern der interkonfessionellen Christlichen Gewerkschaften gruppieren sollte. Doch fand sich im Weimarer Zentrum keine Mehrheit dafür, die historisch gewachsene Zentrumspartei zugunsten einer Mitte-Rechts-Partei mit ungewisser Zukunft aufs Spiel zu setzen; und so wurden sowohl die korporatistisch-nationale Variante einer interkonfessionellen bürgerlichen Sammlung als auch die von Brauns ausgearbeitete stärker demokratisch-sozial getönte Sammlungskonzeption bald wieder aufgegeben. Am entschiedensten hatten sich die Linksrepublikaner und die westdeutsche KAB gegen eine Verbindung des Zentrums mit der nationalen Rechten gewehrt, denn sie befürchteten, daß damit der in der Phase der „katholischen Demokratie"[11] eingeschlagene Kurs des Weimarer Zentrums aufgegeben und der sozialen Reaktion Vorschub geleistet werde.

Vor dieser Folie stellt sich nun das idiosynkratische Verhältnis von Zentrum und CDU nach 1945 als Fortsetzung einer historischen Kontroverse über Parteistruktur und Funktion des Zentrums im Parteiensystem dar, die im katholischen Lager noch keineswegs aufgearbeitet war. Im Gegenteil: Gerade das Argument, die Einbeziehung der politischen Kräfte rechts von der Mitte gefährde nur den mühsam erreichten sozial- und verfassungspolitischen Fortschritt und verschärfe die gesellschaftspolitischen Konflikte, war von zentraler Bedeutung dafür, daß die Zentrumsbefürworter das Unionskonzept ablehnten. Wie in Weimar, galt ihnen die integrative und universale Funktion der Katholizität als unverzichtbare Gegenkraft zur polarisierenden und spaltenden Wirkung der christlich-nationalen Devise. Mehr denn je erschien ihnen nach der Erfahrung des NS-Regimes der Verlust der politischen „Mitte" als Verhängnis. Die Neuformierung der Union, in der sich die Reste der Deutschnationalen, Rechtsliberalen und des rechten Zentrums zusammengefunden hätten, habe es dem Zentrum, das durch das reinigende Stahlbad des Dritten Reiches gegangen sei, ermöglicht, sich von undemokratischen und unsozialen Kräften zu trennen; seine historische Pflicht sei es nun, dem neugeschaffenen Bürgerblock die Tradition der alten Zentrumspartei als einer *Integrationspartei* entgegenzusetzen, die den demokratischen und sozialen Kurs bewahre und eine Brücke hin zur gemäßigten Linken sein könne.

Daher greifen die Erklärungen zu kurz, die — mit Blick auf die marginalen Unterschiede in der Programmatik sowie auf das in katholischen Regionen weitgehend identische Wählerpotential — die Rivalitäten zwischen DZP und CDU vor allem auf unbefriedigte Ambitionen und persönliche Antipathien ihrer Führungen zurückführen. Das Nachkriegszentrum war ebensowenig bloß eine borniere Traditionskompanie in den von der Moderne noch kaum erreichten Restgebieten des politischen Katholizismus oder ein zeitweise orientierungsloses Anhängsel der SPD und Ansatz zur Bildung einer „Labour Party". Die Antinomie der beiden christlichen Parteien verweist vielmehr — wie erwähnt — auf eine mit historischem Konfliktstoff angereicherte Auseinandersetzung innerhalb des katholischen Lagers über ein zeitgemäßes Konzept für eine Nachfolgeorganisation des Zentrums einerseits und die Bündnisstrategie dieser Partei andererseits. Nun stellte freilich die Integrationspartei Weimarer Typs nicht nur für die Wiederbegründer der Zentrumspartei einen Orientierungspunkt dar, sie hatte auch in Teilen des Arbeiterflügels der Union im Verbreitungsgebiet des Westdeutschen Verbandes der katholischen Arbeiter- und Knappenvereine noch etliche Anhänger. Das äußerte sich z. B. darin, daß einige der späteren CDU-Mitbegründer in der unmittelbaren Nachkriegszeit das Modell einer „Labour Party" entwickelten, das ebenfalls als eine Variante des Integrationsparteien-

---

11 Rudolf Morsey, *Die Deutsche Zentrumspartei 1917–1923* (*Beiträge zur Geschichte des Parlamentarismus und der politischen Parteien*, Bd. 32), Düsseldorf 1966, S. 329 ff.

typs anzusehen ist. Auch die Fühlungsnahme zwischen dem linken CDU-Flügel und der „Essener Richtung" in der DZP im Verlauf der Sozialisierungsdebatte im nordrhein-westfälischen Landtag läßt diese Nähe spüren.

Die Wiederbegründer des Zentrums erkannten zu Recht, daß die neuformierte Union anfangs noch ein labiles Gebilde mit ungewissen Zukunftsaussichten war:

- Zwar hatte die CDU das wiedergegründete Zentrum mit Hilfe der katholisch-kirchlichen Unterstützung rasch überflügelt. Würde aber die katholische Kirche das Unionsexperiment auch dann weiter stützen, wenn die katholische Hegemonie in der interkonfessionell-politischen Sammlungspartei nicht mehr gegeben wäre? Wie würde sie sich verhalten, wenn die Unionsführung aus Gründen der Machterhaltung Zugeständnisse im Kernbereich der traditionellen kirchlichen Interessenpolitik (Schutz des ungeborenen Lebens, Konfessionsschule, christliche Sozialordnung) machen müßte? Eine solche Bewährungsprobe stellten die Diskussionen über das Grundgesetz und die Verfassung von Nordrhein-Westfalen dar.
- Müßten die unvermeidlichen politischen Spannungen in der Union die neue Formation nicht eines Tages sprengen? Konflikte resultierten nicht nur aus dem traditionell unterschiedlichen Gesellschafts- und Politikverständnis von Katholiken und Protestanten, sondern auch aus Differenzen innerhalb des bürgerlichen Spektrums über Reichweite und Aktualität einer wirtschafts- und sozialpolitischen Neuordnung. Die Kluft in der nordrhein-westfälischen CDU war unübersehbar.
- Unklar war außerdem, ob sich durch das Einströmen ehemaliger Mitglieder der NSDAP nicht zwangsweise eine Rechtslastigkeit der Union ergeben würde, die auf der Linken eine vergleichbare Radikalisierung provozieren und damit zu einer noch schärferen Polarisierung des Parteiensystems führen könnte, als sie am Ende von Weimar bestanden hatte.

An diesen Punkten setzte die Kritik des Nachkriegszentrums an. Es hatte freilich selbst eine Reihe von Spannungen zu bewältigen, die seinen inneren Zusammenhalt gefährdeten. Seine Anhängerschaft rekrutierte sich aus dem breiten Spektrum der Mittelschichten, des Kleingewerbes, der Landbevölkerung und der katholischen Arbeiterschaft; nicht nur die soziale, auch die politische Heterogenität war ein Erbe der Mutterpartei. Weil die zahlungskräftigen Honoratioren und der Rückhalt der Kirche nach ihrer Umorientierung auf die Unionsidee ausblieben, mußte die DZP neue organisatorische Formen finden, um sich zu konsolidieren und die verschiedenen politisch-programmatischen Richtungen auf einen gemeinsamen Nenner zu bringen. Für die Zentrumsführung war das eine kaum lösbare Aufgabe. Das Zentrum blieb seiner Struktur nach eine Honoratiorenpartei und konnte trotz aller Bemühungen keinen leistungsfähigen Parteiapparat aufbauen. Auch die Finanzierung der Partei war ein ständiges Problem, da die Beitragmoral der Parteimitglieder nur schwach entwickelt war und die meisten Kreisparteien ihrer Abgabenpflicht an die Parteileitung nicht nachkamen[12]. Der Parteiführung gelang es auch nach mehreren Ansätzen (Aktion Mitgliederurkunde) nicht, die Mitglieder systematisch zu erfassen und sie auf Beitragszahlungen oder Zeitungsabonnements zu verpflich-

---

12 Nähere Angaben dazu bei Ute Schmidt, Die Deutsche Zentrums-Partei, in: *Die Parteien der Bundesrepublik Deutschland 1945—1980. Parteien-Handbuch*, Bd. 1, hrsg. v. Richard Stöss (*Schriften des Zentralinstituts für sozialwissenschaftliche Forschung der Freien Universität Berlin*, Bd. 38), Opladen 1983, S. 1231 ff. — Im ersten Halbjahr 1953 führten 60 Prozent der Kreisparteien keine Beiträge ab, 1967 waren es sogar 90 Prozent.

ten. Die Mitgliederzahl ließ sich in den fünfziger und sechziger Jahren nur schätzen[13]. Nach den Rückschlägen bei den Wahlen 1957/58, die eine Welle von Übertritten zur CDU auslösten, und angesichts der schwindenden parlamentarischen Repräsentanz definierte sich die Zentrumspartei zunehmend als eine „Gesinnungsgemeinschaft"[14], d. h. als eine Gruppierung, deren Aufgabe weniger darin bestehe, politische Macht zu erringen und auszuüben als vielmehr ihre Tradition zu bewahren und in diesem Sinne eine erzieherische Aufgabe oder moralische Leitfunktion in der Öffentlichkeit wahrzunehmen. Damit bezog sie sich faktisch wieder auf ihren Entstehungsprozeß, in dem sie sozusagen „von außen her"[15], d. h. aus dem katholischen Milieu heraus, gegründet worden war. Die Perspektive war allerdings schon deshalb kaum vergleichbar, weil es nicht den Anschein hatte, daß der Klerus, der nach 1848 die Fraktionierung und den Zusammenhalt der katholischen Parlamentarier von außen her organisiert hatte, diese Funktion wieder übernehmen wollte.

Im Nachkriegszentrum konkurrierten zunächst zwei Führungsgruppen: die Traditionalisten und die „Essener Richtung". Der 1945 gewählte erste Vorsitzende, Dr. Wilhelm Hamacher, war wegen seiner Entscheidungsschwäche und seiner Harmlosigkeit für die CDU-Führung um Adenauer und Schwering ein bequemer Gegner[16]. Der ehemalige rheinische Generalsekretär war ein Traditionalist alten Schlages. Sein Weltbild drückte sich z. B. darin aus, daß er 1945 die Stunde gekommen sah, in der die katholische Kirche ihren gesellschaftsprägenden Einfluß nach 500 Jahren nun erneut voll zum Tragen bringen müsse. Um politische Entscheidungen für Deutschland nach dem Kriege zu treffen, war es dem Zauderer noch zu früh. Die alten Weimarer Linksrepublikaner Dr. Carl Spiecker und Dr. Heinrich Steffensmeier hatten sich zwar, aus Aversion gegen den Bürgerblock, dem neuen Zentrum angeschlossen, wurden aber dort nicht recht heimisch. Spieckers ständige Aktivitäten, die Zentrumsbasis auszuweiten — sei es durch die Gründung der „Union der

13 Vgl. ebd., S. 1233 ff. sowie oben Kap. 9, Anm. 19. — Anfang 1948 scheint die Mitgliederentwicklung ihren Höhepunkt erreicht zu haben (ca. 54 000 Mitglieder), 1953 wurden nur noch 50 000 Mitglieder genannt. Spätestens seit 1957 setzte ein starker Rückgang ein; 1959 konnte die Zentrumsführung nur noch mit einem Kreis von 1000 bis 4000 Zentrumsgetreuen rechnen, von denen aber nur ein kleiner Teil Beiträge entrichtete oder die Zentrumszeitung abonnierte. Bis 1966 reduzierte sich die Zahl der eingeschriebenen Mitglieder auf ca. 300 Personen.

14 Memorandum zur Situation der DZP, 24.2.1960 (Verf. Joh. Brockmann); „Zur Lage der Partei", 17.3.1959 (Verf. Joh. Brockmann), BAK, NB 9.

15 Maurice Duverger, *Die politischen Parteien (Veröffentlichungen der Akademie für Gemeinwirtschaft Hamburg)*, Tübingen 1959, S. 8 ff. — Duverger unterscheidet zwischen einem „äußeren Ursprung" (durch Gewerkschaften, Kirchen, Vereine initiiert) und einem aus dem „inneren" Zusammenhang von Wahlen und Parlamenten bedingten Entstehungsprozeß von Parteien. Demnach scheint es sich bei den katholischen Fraktionen um eine Mischform zu handeln.

16 Schwering sah in Dr. Hamacher eine „tragische Persönlichkeit", der selbst empfunden habe, daß er „für eine verlorene Sache" kämpfte. „Er war ein sauberer Mann, ein anständiger Charakter, jedoch zum Führer fehlte ihm alles! Für uns war dieser Zauderer sehr bequem." (Schwering an Muckermann, 4.12.1962, HSTAD, RWN 125–12.) Er erschien ihm wie „ein großes liebes Kind", weil er sich Zeit zur Besinnung nehmen wollte: „In seine Welt hätte das gepaßt, aber die harten Tatsachen waren eben anders. Für uns war dieser Mann ein erwünschter Gegner." (Schwering an Muckermann, 23.6.1962, HSTAD, RWN 125–12.)

Mitte", sei es durch die Fusion eines Teils der DZP mit dem Gewerkschaftsflügel der nordrhein-westfälischen CDU –, blieben für die meisten Parteimitglieder undurchsichtig und förderten außerhalb der DZP nur den Ruf, er sei Agent der britischen Besatzungsmacht. Sein Übertritt zur CDU 1949, vor allem aber die Kampagne, mit der er das Zentrum vor der ersten Bundestagswahl dazu bringen wollte, aufzugeben[17], machten die Position der „Essener Richtung", die das Nachkriegszentrum als eine auf naturrechtlichen Vorstellungen fußende Partei zwischen CDU und SPD im Parteiensystem der Bundesrepublik hatte verorten wollen, im Zentrum nachträglich unglaubwürdig. Am konsequentesten ist die katholisch-naturrechtliche Argumentationslinie von Fritz Stricker und Helene Wessel sowie einigen Arbeitervertretern wie Heinrich Peterburs u. a. vertreten worden; sie repräsentierten eine kleine Gruppe von mittleren Parteifunktionären des Zentrums vor 1933, die sich aktiv gegen den Rechtskurs ihrer Partei (seit 1928) gewandt hatten. Im Nachkriegszentrum sahen sie die einzige Partei, die sowohl die langfristigen Interessen der katholischen Kirche sichern als auch mit den republikanisch-demokratischen Kräften in der SPD wie in der CDU zusammenarbeiten und eine sozialfortschrittliche Politik in Deutschland machen könnte. Johannes Brockmann, der nach Strickers Tod (1949) und Helene Wessels Austritt aus dem Zentrum (1952) für viele Jahre die Führung der Partei übernahm, klammerte sich hingegen immer wieder an die katholisch-kirchliche Interessenpolitik und engte damit den ohnehin geringen Spielraum des Zentrums noch weiter ein. Die katholischen Kirchenpolitiker unterstützten das Zentrum zwar als Druckmittel auf die CDU in Nordrhein-Westfalen; doch da es ihr Ziel war, die christliche Front zur Abwehr von Säkularismus und Kommunismus zu stärken, arbeiteten sie im Verein mit den katholischen Verbänden und dem weitaus größten Teil des Pfarrklerus zugleich auf die Vereinigung von Zentrum und CDU in einer *acies ordinata* hin.

Die Zentrumspartei hätte im Parteiensystem der Bundesrepublik nur dann ein politischer Faktor auf Bundesebene werden können, wenn es ihr gelungen wäre, sich neben der CDU politisch zu profilieren; darüber hinaus hätte sie ihre regionale Begrenzung auf einige Hochburgen (in Westfalen, im Siegkreis, am Niederrhein, in einigen Ruhrgebietsstädten und in Teilen Niedersachsens) durchbrechen und eine bundesweite und bundeseinheitliche Organisation aufbauen müssen. Um neben der CDU nicht „vegetieren" zu müssen, sondern bestehen zu können, gab es für die DZP die Alternative, entweder als eine Partei aufzutreten, die explizit kirchlich-katholische Interessen sicherte – eine Möglichkeit, die wegen der Umorientierung der Amtskirche auf die interkonfessionelle Union weitgehend ausfiel – oder aber ein klares Profil als *teiloppositionelle*[18] Partei zu entwickeln; denn die Zentrumspartei lehnte die Politik der Bundesregierung nicht prinzipiell ab, sie hielt jedoch in der Wirtschafts-, der Sozial- und der Außenpolitik einige Weichenstellungen der Ade-

---

17 Sein Fraktionskollege Richard Muckermann führte diese Kampagne mit dem antibolschewistischen Vokabular der endzwanziger Jahre bis zur Bundestagswahl 1957 fort.

18 Vgl. hierzu die Typologie von Richard Stöss, Einleitung zum *Parteien-Handbuch*, Bd. 1 (Anm. 12).

nauer-Regierung für verfehlt. In dem Maße, in dem die Union ihre Mehrheit ausbaute und – wie von der Zentrumsführung antizipiert – zum Kern eines Bürgerblocks wurde, dessen Politik die Bundesrepublik bis in die sechziger Jahre prägte, hätte das Zentrum im Parteiensystem der Bundesrepublik möglicherweise an Bedeutung gewinnen können, wenn es sich für die katholischen Arbeiter an Rhein und Ruhr von Anfang an überzeugend als sozialpolitisches Korrektiv zur CDU dargestellt hätte. Ansätze, sich mit einer sozialfortschrittlichen Politik vom liberal-konservativen CDU-Kurs abzugrenzen und in den Fragen, die die Lohnabhängigen betrafen, auch mit der SPD zu kooperieren, hatte die Zentrumsführung in den Auseinandersetzungen um die Sozialisierung der Kohlewirtschaft in Nordrhein-Westfalen 1947/48 entwickelt; sie wurden jedoch nur von Teilen der Parteiführung konsequent vertreten und stießen bei der Mehrheit der traditionalistisch orientierten Anhängerschaft auf wenig Verständnis. Auch aus der Sicht des „alten" Mittelstandes, auf den die soziale Basis der DZP zunehmend einschrumpfte, war die „soziale Marktwirtschaft" unsozial. Die Forderungen der Zentrumspartei nach mittelstandsfördernden Maßnahmen und ihre Kritik an der steuerlichen Privilegierung von Unternehmen der Großindustrie und der öffentlichen Hand wurden jedoch in dem Maße obsolet, in dem die Bundesregierung dazu überging, den Mittelstand durch Berufsordnungen, eine mittelstandsfreundlichere Einkommensteuergesetzgebung sowie strukturpolitische Maßnahmen vor der industriewirtschaftlichen Konkurrenz zu schützen. Der außenpolitische Kurs von Helene Wessel, die sich gegen die Integration der Bundesrepublik in das westliche Verteidigungsbündnis aussprach und statt dessen freie gesamtdeutsche Wahlen und Verhandlungen mit der Sowjetunion verlangte, war im Nachkriegszentrum nicht durchzusetzen; denn die Mehrheit der Zentrumsparlamentarier wandte sich nicht grundsätzlich gegen die Westbindung, sondern opponierte lediglich in taktischen Einzelfragen. Einige einflußreiche Zentrumsvertreter sympathisierten sogar offen mit der CDU-Politik. Nach dem Austritt von Frau Wessel – sie gründete im November 1952 zusammen mit Gustav Heinemann die GVP und trat nach deren Scheitern der SPD bei – setzte das Zentrum der Bundesregierung daher auch in der Außenpolitik, die für die Union Westpolitik war, keine tragfähige Alternative zur forcierten Westintegrations- und Wiederbewaffnungspolitik entgegen.

Ebensowenig, wie sich das Nachkriegszentrum als konsequente Teilopposition profilieren konnte, gelang es ihm, im Bundesgebiet an Boden zu gewinnen. Zunächst hatten die gravierenden Stimmeneinbußen, die die CDU bei den Wahlen der Jahre 1947/48 vor allem in Gebieten mit überwiegend katholischer Bevölkerung hinnehmen mußte, vereinzelte Ansätze zur Neu- bzw. Wiedergründung der Zentrumspartei in jenen Regionen gefördert, in denen sie eine funktionsfähige Parteiorganisation entweder noch nicht oder nicht mehr besaß, z. B. in Hessen, Baden, Württemberg, Bayern und Rheinland-Pfalz[19]. Die südwestdeutschen Gründungen –

---

19 Vgl. Hans Georg Wieck, *Christliche und freie Demokraten in Hessen, Rheinland-Pfalz, Baden und Württemberg 1945/46 (Beiträge zur Geschichte des Parlamentarismus und der politischen Parteien,* Bd. 10), Düsseldorf 1958. In Hessen wurde die DZP im Juni 1948 als Folge konfessioneller Spannungen in der hessischen CDU wiedergegründet, löste sich jedoch nach der ersten Bundestagswahl wieder auf und empfahl ihren Mitgliedern den Übertritt zur CDU

ausgenommen die „Union der Mitte" – beriefen sich nicht mehr auf die sozial-progressiven Programmelemente des Zentrums in der ersten Nachkriegszeit, sondern verstanden sich primär als Interessenvertretung des katholischen Volksteils und wollten die inzwischen prinzipiell anerkannte Politik der CDU nur noch in einzelnen Fragen, die vor allem die „Catholica" betrafen, korrigieren. Sie hielten jedoch schlechten oder keinen Kontakt zur Parteileitung und zu den übrigen lokalen Parteiorganisationen und traten bei Bundestagswahlen weder 1949 noch später (und wenn überhaupt, dann nur im Rahmen von Wahlbündnissen) in Erscheinung[20]. Die Ausweitung der Parteiorganisation blieb darüber hinaus nicht nur quantitativ bedeutungslos, sie geschah auch zu einem Zeitpunkt, zu dem sich in den Stammlanden des Zentrums eine Reihe von Kreisorganisationen schon wieder auflöste oder der CDU beitrat. Eine einheitliche Bundesorganisation kam deshalb ebensowenig zustande wie eine einheitliche Programmatik aller Gliederungen des Zentrums.

Mitgliederschwund, Überalterung und die Tatsache, daß es ihr nicht gelungen war, ihr Wählerreservoir zu halten geschweige denn zu erweitern, zwangen die Zentrumspartei in den fünfziger Jahren nicht nur zu Wahlabkommen mit der CDU, sondern auch zu Bündnissen und Fusionen mit anderen Parteien, um dem drohenden Assimilierungsprozeß an die CDU entgegenzuwirken. Die Fraktionsgemeinschaft mit der Bayernpartei (BP) unter dem Namen Föderalistische Union (FU)[21], die sie 1951 einging, um den Status einer Fraktion im Deutschen Bundestag wahren zu können, war der erste – erfolglose – Versuch der Zentrumspartei, die Fiktion ihrer organisatorischen Selbständigkeit und bundespolitischen Bedeutung aufrecht zu erhalten. Nachdem die Fusion mit der Christlichen Volkspartei des Saarlandes (CVP) zur Christlichen Volkspartei-Zentrum (CVP-Z) nach noch nicht einmal einjähriger Dauer (22. Juli 1956–2. April 1957) auseinandergebrochen war, weil diese u. a. mit der CSU separate Fusionsverhandlungen führte, suchte die Zentrumspartei verstärkt nach Bündnispartnern unter den anderen Regional- und Heimatparteien, mit deren Unterstützung sie die – inzwischen auf Betreiben der CDU/CSU weiter verschärfte – Fünf-Prozent-Klausel zu überspringen hoffte: so z. B. mit der Deutsch-Hannoverschen Partei, der Gesamtdeutschen Volkspartei, mit dem Gesamtdeutschen Block/BHE, der Schleswig-Holsteinischen Landespartei und der Bayernpar-

---

Fortsetzung Fußnote 19

(vgl. ebd., S. 59 f.). Im August 1951 wurde in Nordwürttemberg ein Landesverband der DZP gebildet, der mit der im Dezember 1951 wiedergegründeten „Badischen Zentrumspartei" nach der Konstituierung des Landes Baden-Württemberg am 8.3.1952 zur baden-württembergischen Landespartei der DZP zusammengefaßt wurde (vgl. ebd., S. 121 ff., 161; *Informationsdienst Zentrum* v. 3.11.1952, S. 4). Auch in Bayern wurde im Oktober 1951 eine bayerische Landesorganistion des Zentrums gegründet (vgl. *Die Welt* v. 17.10.1951). In Rheinland-Pfalz suchte Brockmann vergeblich die Unterstützung des Klerus für die Zentrumspartei zu erhalten. Bischof Bornewasser glaubte jedoch, daß die kirchenpolitischen Belange dort optimal festgelegt seien und hielt deshalb eine Zentrumsgründung für verfrüht (Bornewasser an Brockmann, 30.4.1951, DZPAM 128).

20 In Hessen bildete das Zentrum bei der Bundestagswahl 1949 zusammen mit der CDU und dem „Evangelischen Volksdienst" einen „christlichen Wählerblock".

21 Vgl. *FAZ* v. 15.12.1951; *Essener Kurier* v. 15.12.1951.

tei[22]. Die Verhandlungen mit der BP über ein Wahlbündnis zur Bundestagswahl 1957 — wiederum unter der Bezeichnung Föderalistische Union (FU) — führten zum kurzlebigen Zusammenschluß der im Rahmen der FU weitgehend selbständig bleibenden beiden Parteien, in dessen Konsequenz sich die Bundespartei des Zentrums formal auflöste und ihre Landesverbände in die FU einbrachte[23]. Nach der schweren Wahlniederlage der FU, nach der die Zentrumspartei endgültig aus dem Bundestag ausschied, unternahm die Zentrumsführung noch einmal einen großangelegten Reorganisierungsversuch, bei dem u. a. auch die Ausweitung der Parteiorganisation in alle Bundesländer angestrebt wurde[24]. Es gelang dem Zentrum jedoch nicht mehr, seine regionale und konfessionelle Begrenzung zu durchbrechen. Das Scheitern dieser Bemühungen um eine funktionstüchtige Bundespartei bewog die Zentrumsführung im Jahre 1965, mit der Saarländischen Volkspartei (SVP) zur Christlichen Volkspartei (CVP) zu fusionieren. Nachdem auch dieser Parteien-Zusammenschluß erfolglos geblieben war — die CVP erreichte einen Stimmenanteil von lediglich 0,1 Prozentpunkten —, kandidierte das Zentrum bei den Bundestagswahlen 1969 wieder als selbständige Partei (0,0 Prozent). Bei den Bundestagswahlen 1972 und 1976 trat das Zentrum nicht mehr in Erscheinung. 1972 hatte es in einem Aufruf für die Wahl der CDU geworben. Bei der Europawahl 1979 kandidierte es unter der Bezeichnung „Deutsche Zentrumspartei — Aktion demokratische Gemeinde — Zentrum" und erhielt 0,1 Prozent der Stimmen. Bei der Europawahl 1984 verdreifachte sich die Zahl der Stimmen, die für das Zentrum abgegeben wurden; sein Stimmenanteil stieg auf 0,4 Prozentpunkte an. Es spricht einiges dafür, daß es dem Zentrum bei dieser Wahl gelungen ist, angesichts der Zugeständnisse der Unionsspitze in der Frage der Neuregelung des § 218 örtlich katholische Proteststimmen zu sammeln. Der Stimmenzuwachs, der vor allem in Südwürttemberg-Hohenzollern zu Buche schlug, ermutigte die Bundespartei, der Union nun auch bei der Bundestagswahl 1987 Konkurrenz zu machen[25].

---

22 Vgl. *Frankfurter Rundschau* v. 6./7.4.1957. Zur Auflösung der CVP-Z im April 1957 vgl. Hermann M. Görgen an Walter Ferber v. 18.4.1957 (BAK, NB 15). Demnach kündigte das Zentrum die Verbindung zur CVP auf. Nach der Trennung vom Zentrum fusionierte die CVP nicht mit der CSU, sondern stellte sich auf eine Verbindung mit der CDU nach den Bundestagswahlen 1957 ein. Dennoch wollte die CVP ihre Kontakte zum Zentrum halten, obwohl „konkrete politische Wirkungsmöglichkeiten. . . im Augenblick nicht sichtbar" seien. Nach einer entscheidenden Niederlage der CDU/CSU 1957 könne sich jedoch — so hoffte Görgen — eine neue Lage ergeben.

23 Protokoll über die Landesdelegiertenversammlung der Föderalistischen Union (Bayernpartei-Zentrum), Landesverband Nordrhein-Westfalen am 13./14. Juli 1957 in Hamm (vgl. BAK, NB 32): Nach dem Zusammenschluß von BP und Zentrum zur FU erklärte Johannes Brockmann, die Bundespartei des Zentrums habe damit zu existieren aufgehört. Dies beziehe sich auch auf die Organe der ehemaligen Bundespartei, das Präsidium und den Bundesparteiausschuß; Brockmann und die übrigen Mitglieder des Präsidiums erklärten ihren Rücktritt. Siehe auch Wahlrundschreiben Nr. 5 der Föderalistischen Union, Landesverband FU/Zentrum Nordrhein-Westfalen vom 17.7.1957, mit Bericht über den Landesdelegiertentag in Hamm, BAK, NB 15.

24 Vgl. hierzu die Beschlüsse des Dortmunder Parteitages 1958. Am 1.5.1959 gab Paul Zürcher, ein Repräsentant der altbadischen Bewegung, die Neugründung der Badisch-Christlich-Sozialen Volkspartei bekannt, die auch vom damaligen Generalvikar, dem Zentrumsveteranen Prälat Föhr, unterstützt wurde (vgl. *Deutsche Zeitung und Wirtschaftszeitung* v. 13.5.1959).

25 Vgl. *Der Spiegel* Nr. 23, 40. Jg., 2.6.1986, S. 73.

Angesichts des Niedergangs des Nachkriegszentrums stellt sich aus heutiger Sicht die Frage, ob seine Protagonisten nicht eine größere politische Wirkung hätten erzielen können, wenn sie sich von Anfang an am Unionsexperiment beteiligt hätten. Das gilt für die Verfechter einer katholischen Interessenpolitik ebenso wie für die Linksrepublikaner, aber auch für die Anhänger einer Integrationspartei Weimarer Typs. Denn während die Wiederbegründer des Zentrums – von verschiedenen Ausgangspositionen her argumentierend – gehofft hatten, *von außen her* eine Korrektivfunktion gegenüber der Union wahrnehmen zu können, zeigt sich im historischen Rückblick, sozusagen als nicht intendierte Folge der Spaltung des katholischen Lagers, daß die CDU von der separaten Organisation der zentrifugalen Zentrumskräfte nur profitiert hat. So verminderte die vorübergehende Konservierung eines Teils des kirchentreuen katholischen Milieus außerhalb der Union die Reibungsflächen zwischen den Katholiken und den Protestanten in der neuen interkonfessionellen Formation und erleichterte es der Partei, eine größere Unabhängigkeit von den politischen Prioritäten des Klerus zu entwickeln; für die hinzustoßenden konservativen Protestanten war die Union desto attraktiver, je weniger sie sich in den Bahnen traditioneller Zentrumspolitik bewegte. Die Emanzipation von der katholischen Kirche hatte freilich auch eine Kehrseite. Denn die Partei löste sich damit nicht nur von den weltanschaulich-dogmatischen Fixierungen und kulturpolitischen Prämissen der Amtskirche, sie entfernte sich auch zusehends von den Maximen einer über das thomistische Weltbild vermittelten Soziallehre, die sich im Pathos der rheinischen Unionsgründer und im Modell eines Christlichen Sozialismus niedergeschlagen hatte. Womöglich wäre die Isolation des Gewerkschaftsflügels in der nordrhein-westfälischen CDU nicht so rasch vonstatten gegangen, wenn die sozialprogressiven Kräfte aus Union und Zentrum in *einer* Partei konsequent zusammengearbeitet hätten. Es ist zu vermuten, daß sie in der Auseinandersetzung mit den Liberal-Konservativen nicht nur bei den wirtschafts- und sozialpolitischen Weichenstellungen der ersten Nachkriegsjahre einen besseren Stand gehabt hätten, sondern auch ihren Einfluß bei der Koalitionsbildung nach der ersten Bundestagswahl – sowohl die Sozialausschüsse als auch das Zentrum plädierten für eine große Koalition – stärker hätten zur Geltung bringen können.

So hat also das Nachkriegszentrum, indem es Konfliktpotentiale aus der Union herausverlagerte, indirekt und unbeabsichtigt dazu beigetragen, daß sich die CDU zu einer Partei entwickeln konnte, die die neoliberale Marktwirtschaft und die Westorientierung auf ihre Fahne schrieb und zum Kern eines Bürgerblocks wurde. Hatte das Kalkül der Stimmenmaximierung 1945 auch den Klerus überzeugt, so war inzwischen deutlich geworden, daß es den Säkularisierungsprozeß – auch den der christlichen Partei – nur noch beschleunigte.

Ironischerweise scheint der langjährige Zentrumsvorsitzende Johannes Brockmann mit seiner Einschätzung – die katholische Kirche säge sich den Ast ab, auf dem sie sitze, indem sie nämlich in Kauf nehme, daß der katholische Einfluß in der nachkriegsdeutschen Gesellschaft ständig zurückgehe – nicht ganz Unrecht gehabt zu haben. Denn tatsächlich rückten die in der Gründungsphase der Bundesrepublik noch als unverzichtbar geltenden „Catholica" in der inzwischen säkularisierten CDU

immer weiter an den Rand des politischen Interesses. Für ihren inneren Zusammenhalt und für ihre Mehrheitsfähigkeit hatte das „C" schon Ende der sechziger Jahre
nur noch eine abgeleitete Bedeutung. An den Auseinandersetzungen über eine Reform des § 218 wird die wachsende Entfremdung zwischen dem kirchlich-organi-
sierten Bereich und der heutigen Führungselite der Union deutlich. Mit diesem
Thema versucht eine Fraktion in der Zentrumspartei — ähnlich wie die „Christliche
Partei für das Leben" (CPL) — heute wieder politisch Fuß zu fassen. Ihre Exponen-
tin ist die 1986 gewählte Vorsitzende Adelgunde Mertensacker, die den Unionsparteien vorwirft, sie seien den Wählern die geistig-moralische Wende schuldig geblieben. Einem militanten Katholizismus verpflichtet, kämpft sie für die christliche
Familie, die Durchsetzung des „Elternrechts" in der Schule, die Rückkehr zum
Schuldprinzip im Scheidungsrecht, eine Verstärkung der inneren Sicherheit. Die
Frauenpolitik der CDU/CSU orientiere sich an einer mit dem Christentum nicht
zu vereinbarenden Gleichberechtigungsidee; außerdem kritisiert sie die Ausländer-
politik der Bundesregierung, weil sie einer „Islamisierung der Bundesrepublik"
Vorschub leiste. Gegen diese Versuche, die Unionsparteien rechts zu überholen,
wendet sich eine andere Fraktion in der Zentrumspartei, die ihre Basis in Nordrhein-Westfalen und Südwürttemberg hat. Sie knüpft an die demokratisch-progressi-
ven Elemente der Parteitradition an und will mit einer Politik, die sich auf die
ökologische Frage und die Friedenspolitik konzentriert, Wähler aus dem gemäßigt
konservativen Spektrum gewinnen, die von der — primär am Wirtschaftswachstum
und an technologischer Innovation orientierten — technokratischen Politik der
Unionsparteien enttäuscht sind. Die Wahlenthaltung bäuerlicher Kreise in den
alten katholischen Hochburgen und die allmähliche Abwanderung katholischer
Wählerschichten zur SPD, die bei den Bundestagswahlen 1987 in Nordrhein-Westfalen deutlich zu Buche schlug, läßt für die Zentrumspartei erstmals wieder eine
realistische Chance aufscheinen, in diesen Wählerschichten ihren Stimmenanteil
zu vergrößern.

Anhang: Tabellen 4—23

Tabelle 4: Entwicklung des Stimmenanteils der Zentrumspartei nach 1945 in ihren Hochburgen (gültige Zweitstimmen 1947 > 10 v. H.) sowie Verluste des Zentrums zwischen 1920 und 1933 in diesen Wahlbezirken (Reichstagswahlen) (i. v. H.)

Hochburgen des Z nach 1945	Wahl							RTW		Differenz
	LTW 1947	BTW 1949	LTW 1950	BTW 1953	LTW 1954	BTW 1957	LTW 1958	6.6.1920	5.3.1933	
Krfr. St. Essen	15,8	13,8	9,4	3,3	7,4	0,7	1,3	33,7	30,1	− 3,6
Krfr. St. Krefeld	10,5	10,1	5,4	1,6	2,6	0,3	−	40,6	27,3	− 13,3
Krfr. St. Mönchen-Gladbach	21,3	22,2	17,4	5,4	6,2	1,1	−	52,0	34,1	− 17,9
Krfr. St. Oberhausen	23,8	20,2	22,2	11,9	9,9	1,5	3,0	30,0	31,7	+ 1,7
Krfr. St. Rheydt	19,0	18,1	15,7	5,7	8,6	2,1	−	31,3		
Krfr. St. Viersen	19,8	20,8	15,7	6,3	6,4	0,8	−		40,9	
Lkrs. Dinslaken	14,5	13,8	13,6	5,0	5,8	0,7	1,1	22,0	20,1	− 1,9
Lkrs. Geldern	16,0	17,0	13,0	2,6	5,5	0,7	1,5	75,0	50,5	− 24,5
Lkrs. Grevenbroich	10,4	11,7	7,1	2,1	4,4	0,9	1,3	57,3	40,1	− 17,2
Lkrs. Kempen-Krefeld	21,2	17,6	13,9	6,1	8,1	1,6	−	67,7	43,8	− 23,9
Lkrs. Rees	17,4	17,3	16,2	6,8	9,4	2,2	2,7	48,6	39,5	− 9,1
Reg. Bez. Düsseldorf	11,2	9,8	8,0	3,0	4,4	0,7	0,9	31,9	24,5	− 7,4
Lkrs. Siegkreis	27,0	23,8	19,1	6,4	10,6	1,9	−	62,1	45,9	− 16,2
Reg. Bez. Köln	7,1	5,4	4,6	1,5	2,1	0,4	0,2	44,4	32,1	− 12,3
Lkrs. Monschau	16,0	13,3	12,7	4,8	9,3	2,4	5,2	88,3	63,2	− 25,1
Reg. Bez. Aachen	4,8	3,6	2,9	1,1	2,4	0,4	1,2	66,7	43,7	− 23
Krfr. St. Bocholt	27,3	28,1	25,3	6,4	10,1	3,4	3,7	−	54,5	
Krfr. St. Gelsenkirchen	14,4	12,1	10,4	4,3	5,2	0,7	1,2	33,0	23,6	− 9,4
Krfr. St. Münster (Westf.)	26,5	25,3	17,9	5,2	8,1	2,0	2,7	55,4	41,6	− 13,8
Krfr. St. Recklinghausen	10,1	7,0	4,8	1,4	2,3	0,4	0,7	34,9	26,7	− 8,2

Fortsetzung Tabelle 4

| | | | | Wahl | | | | RTW | | |
Hochburgen des Z nach 1945	LTW 1947	BTW 1949	LTW 1950	BTW 1953	LTW 1954	BTW 1957	LTW 1958	6.6.1920	5. 3. 1933	Differenz
Lkrs. Ahaus	29,9	31,5	21,4	7,7	13,9	2,6	3,1	82,2	59,8	− 22,4
Lkrs. Beckum	12,1	13,7	11,6	2,9	5,3	1,2	2,0	70,1	46,8	− 23,3
Lkrs. Borken	25,6	27,0	19,6	6,1	9,9	3,6	4,1	79,5	64,8	− 14,7
Lkrs. Coesfeld	41,2	37,4	31,9	13,3	23,8	6,1	8,9	80,0	58,6	− 21,4
Lkrs. Lüdinghausen	13,7	14,5	9,3	3,1	4,9	1,3	1,8	69,6	45,3	− 24,3
Lkrs. Münster	40,7	36,9	32,6	12,4	21,2	6,0	8,6	85,2	59,4	− 25,8
Lkrs. Recklinghausen	11,6	10,4	8,7	3,4	4,7	1,0	1,3	40,7	32,0	− 8,7
Lkrs. Steinfurt	25,5	25,1	22,8	10,3	14,9	4,1	5,1	71,1	55,9	− 15,2
Lkrs. Tecklenburg	25,3	22,3	22,2	10,4	17,2	3,5	5,6	40,3	32,4	− 7,9
Lkrs. Warendorf	37,7	35,8	29,4	9,3	15,7	4,6	7,2	86,5	61,2	− 25,3
Reg. Bez. Münster	19,1	18,8	15,2	5,6	8,9	2,0	2,8	58,1	39,0	− 19,1
Lkrs. Büren	31,1	28,7	31,5	17,6	17,5	5,7	4,2	87,7	67,5	− 20,2
Lkrs. Höxter	25,3	20,5	16,7	5,9	9,1	2,6	3,3	70,7	59,9	− 10,8
Lkrs. Paderborn	29,7	26,9	20,0	9,4	15,1	3,0	3,8	75,8	63,0	− 12,8
Lkrs. Warburg	33,5	26,6	24,2	8,6	15,3	3,0	–	78,3	67,2	− 11,1
Lkrs. Wiedenbrück	14,9	14,2	11,7	1,9	3,1	1,2	1,5	59,1	46,5	− 12,6
Reg. Bez. Detmold	8,1	7,7	7,2	2,4	3,5	0,8	0,8	27,6	20,7[1]	− 6,9
Krfr. St.Hamm	16,4	15,3	10,6	2,6	5,2	1,1	1,8	38,1	30,5	− 7,6
Krfr. St.Iserlohn	14,9	12,8	12,1	8,3	5,8	1,8	2,5	21,7	16,6	− 5,1
Lkrs. Arnsberg	14,4	17,3	15,1	5,6	6,9	1,7	2,5	71,8	54,6	− 17,2
Lkrs. Brilon	22,1	19,5	17,3	8,7	8,1	3,4	4,1	83,4	64,2	− 19,2
Lkrs. Iserlohn	11,4	12,8	13,5	5,8	5,7	1,6	2,1	34,6	24,2	− 10,4
Lkrs. Lippstadt	8,2	10,1		3,8	4,7	1,6	2,6	70,7	54,2	− 16,5
Lkrs. Meschede	11,6	10,7	6,2	1,9	4,0	0,7	1,2	81,6	61,0	− 20,6
Lkrs. Olpe	13,9	18,8	13,4	5,6	7,1	2,3	3,4	78,4	69,1	− 9,3
Lkrs. Soest	22,8	22,0	19,2	8,6	11,4	2,9	3,9	48,0	35,1	− 12,9
Reg. Bez. Arnsberg	5,6	5,7	5,0	1,8	2,3	0,6	0,8	28,0	22,5	− 5,5
NRW	9,8	8,9	7,5	2,7	4,0	0,8	1,1	36,6	27,4	− 9,2

1 Minden

Tabelle 5: Wahlergebnisse der DZP

| Wahl | | Stimmen | | Mandate |
		abs.	i. v. H.	
Bundestag	1949	727 505	3,1	10
	1953	217 078	0,8	3[a]
	1957 (FU)	254 322	0,9	−
	1965 (CVP)	19 832	0,1	−
	1969	15 933	0,0	−
Landtage				
Baden-Württemberg[b]	1952	23 356	0,9	−
Niedersachsen	1947	101 283	4,1	6
	1951	110 473	3,3	4
	1955	37 563	1,1	1
	1959	955	0,0	−
Nordrhein-Westfalen	1947	491 138	9,8	20
	1950	466 497	7,5	16
	1954	278 863	4,0	9
	1958	83 720	1,1	−
	1962	75 291	0,9	−
	1966	16 181	0,2	−
	1970	9 902	0,1	−
	1975	10 487	0,1	−
	1980	1 562	0,0	−
	1985	3 366	0,0	−
Rheinland-Pfalz	1951	29 816	2,1	−
Schleswig-Holstein	1947	1 082	0,1	−
Europawahl[c]	1979	31 367	0,1	−
	1984	93 856	0,4	−

[a] Ein Abgeordneter der CDU wurde im „Huckepack-Verfahren" über die Zentrumsliste gewählt.

[b] Badische Zentrumspartei.

[c] Deutsche Zentrums-Partei − Aktion demokratische Gemeinde − Zentrum.

Tabelle 6: Stimmenanteile des Zentrums bei den Kommunalwahlen 1946–1956

Wahltag	13.10.1946		17.10.1948		9.11.1952		28.10.1956	
Hochburgen des Zentrums nach 1945 (1947 > 10 v.H.)	gewählte Vertreter i.v.H.	gültige Stimmen i.v.H.	gewählte Vertreter i.v.H.	gültige Stimmen i.v.H.	gewählte Vertreter i.v.H.	gültige Stimmen i.v.H.	gewählte Vertreter i.v.H.	gültige Stimmen i.v.H.
Stadtkreise:								
Essen	3,7	11,2	16,0	15,4	7,6	7,4	–	3,3
Krefeld	2,6	6,9	9,1	10,0	8,3	7,5	–	3,0
Mönchen-gladbach/	2,6	12,0	23,2	21,8	14,3	13,1	4,8	6,2
Viersen	7,4		21,8		16,7	15,5	–	–
Oberhausen	9,5	22,7	(26,5)	26,3	18,7	17,5	8,3	8,4
Rheydt	6,1	14,9	20,0	20,0	14,3	12,9	7,1	7,9
Landkreise:								
Dinslaken	5,1	11,1	15,1	14,8	10,6	11,5	–	–
Geldern	–	0,9	22,2	22,2	15,8	14,7	10,0	10,2
Grevenbroich	2,2	10,5	14,6	14,0	7,8	8,5	–	4,4
Kempen-Krefeld	4,2	12,7	19,6	19,3	14,0	12,9	10,0	9,7
Rees	5,1	11,1	19,4	18,0	13,6	14,0	6,8	8,2
Reg. Bez. Düsseldorf	2,6	7,3	11,2	10,8	7,6	6,7	2,0	3,4
Landkreis: Siegkreis	20,8	27,5	29,3	28,1	21,8	21,2	12,0	12,1
Reg. Bez. Köln	3,0	5,4	(5,8)	6,6	3,1	4,0	1,5	2,1
Landkreis: Monschau/	13,9	2,2	14,3	4,3	16,7	17,3	14,8	14,9
Schleiden	–		–		–	4,2	6,2	6,4
Reg. Bez. Aachen	1,6	0,2	1,6	2,9	3,2	4,4	3,1	3,8
Stadtkreise:								
Bocholt u. Lkrs. Borken	7,4	16,6	33,4	28,4	20,0	20,5	13,9	13,9
	10,2		27,3		27,5	24,2	23,1	22,6
Gelsen-kirchen	2,2	11,5	14,3	14,1	–	–	–	4,6
Münster (Westf.)	8,3	22,3	27,3	27,1	11,9	12,4	7,1	7,7
Reckling-hausen	2,7	6,6	11,1	10,3	–	4,9	–	–

Fortsetzung Tabelle 6

Wahltag	13.10.1946		17.10.1948		9.11.1952		28.10.1956	
Hochburgen des Zentrums nach 1945 (1947 > 10 v.H.)	gewählte Vertreter i.v.H.	gültige Stimmen i.v.H.	gewählte Vertreter i.v.H.	gültige Stimmen i.v.H.	gewählte Vertreter i.v.H.	gültige Stimmen i.v.H.	gewählte Vertreter i.v.H.	gültige Stimmen i.v.H.
Landkreise:								
Ahaus	2,4	9,8	33,3	33,2	20,0	18,9	19,4	17,8
Beckum	2,2	7,5	17,1	16,4	8,9	8,9	7,3	7,1
Coesfeld	23,1	33,7	41,7	40,8	27,3	26,7	23,3	23,5
Lüdinghausen	–	2,1	7,9	8,4	8,9	7,8	4,9	5,5
Münster	30,9	30,5	41,9	40,3	24,4	24,1	22,7	22,5
Recklinghausen	2,0	6,9	11,1	12,2	8,0	8,1	6,7	6,0
Steinfurt	4,8	17,8	28,6	28,8	23,9	23,3	19,5	19,4
Tecklenburg	31,0	23,8	25,6	25,2	17,8	18,3	14,6	15,6
Warendorf	20,5	27,2	34,4	31,5	21,6	19,9	22,2	21,3
Reg. Bez. Münster	9,4	12,8	22,7	20,1	13,6	11,2	11,2	9,8
Landkreise:								
Büren	5,1	18,3	28,6	28,8	34,3	34,7	22,8	21,8
Höxter	7,1	19,8	23,8	24,3	19,6	18,5	14,9	15,0
Paderborn	14,2	25,2	29,3	28,6	25,5	25,0	18,0	18,4
Warburg	13,8	23,7	34,1	33,6	21,9	23,8	3,7	17,7
Wiedenbrück	–	4,1	11,4	9,7	4,4	5,8	4,8	6,4
Reg. Bez. Detmold	2,8	4,7	(10,4)	6,7	7,1	5,4	4,6	4,0
Stadtkreise:								
Hamm	–	5,1	16,1	15,2	8,3	6,6	–	4,2
Landkreise:								
Arnsberg	4,4	10,3	(18,2)	16,9	14,0	13,0	8,9	9,3
Brilon	5,1	16,2	28,6	27,7	19,1	19,8	15,0	16,7
Lippstadt	2,4	6,3	12,2	12,5	8,9	9,7	5,0	6,8
Meschede/	–	–	12,9	7,7	–	4,0	–	–
Wittgenstein	–	–	–		–	–	–	–
Olpe	2,4	6,7	21,0	19,1	12,5	13,8	8,3	10,4
Soest	21,4	21,3	27,8	26,8	17,8	17,7	12,2	13,1
Reg. Bez. Arnsberg	1,8	3,2	(7,1)	6,4	4,4	3,3	2,5	2,2
Nordrhein-Westfalen	3,5	6,1	10,7	9,7	6,9	5,9	4,0	4,0

Quelle: Stat. Kurzberichte Nordrhein-Westfalen, Nr. 5 (1948): Stat. Berichte Nordrhein-Westfalen, B III 3–60. Abweichende Daten in Klammern.

Tabelle 7: Gründungsversammlung am 14. Oktober 1945 in Soest

	Name	Beruf	Wohnort
DZP-Vorstand			
1. Vorsitzender:	Dr. Wilhelm Hamacher	Studienrat	Troisdorf/Köln
2. Vorsitzender:	Dr. Fritz Stricker	Verlagsleiter, Chefredakteur, Mitglied der Provinzialregierung	Münster
Vorstandsmitglieder:	Franz Bielefeld	Baumeister	Recklinghausen
	Breitenstein	Landgerichtsdirektor	Hildesheim
	Johannes Brockmann	Schulrat, Mitglied der Provinzialregierung	Rinkerode/Münster
	Dr. Karl Klein	Schriftleiter	Düsseldorf
	Richard Muckermann	Schriftsteller	Kettwig/Ruhr
	Jakob Pötz	Verleger	Düsseldorf
	Dr. Bernhard Reismann	Rechtsanwalt	Münster
	Dr. Aloys Rüberg	Steuerberater	Iserlohn
	Helene Wessel	Fürsorgerin	Dortmund
	Vorsitzender der rheinischen Zentrumspartei:		Jakob Pötz
	Vorsitzender des westfälischen Zentrums:		Dr. Bernhard Reismann
	Generalsekretär:		Dr. Karl Klein

Von den Mitgliedern des Zentrumsvorstandes kamen vier aus publizistischen Berufen, drei aus dem Erziehungssektor; darüber hinaus gab es je einen Unternehmer, Richter, Rechtsanwalt, Steuerberater. Neun der insgesamt elf Vorstandsmitglieder waren Akademiker.

Quelle: Hans Georg Wieck, *Die Entstehung der CDU und die Wiedergründung des Zentrums im Jahre 1945 (Beiträge zur Geschichte des Parlamentarismus und der politischen Parteien,* Bd. 2), Düsseldorf 1953, S. 147 f.

Tabelle 8: 1. Parteitag der Zentrumspartei in Essen-Steele am 9./10.
März 1946 (250 Delegierte)

Name	Beruf	Wohnort
Direktorium		
1. Vorsitzender: Dr. Wilhelm Hamacher	Oberstudiendirektor	Troisdorf/Köln
Stellv. Vors.: Helene Wessel	Fürsorgerin	Dortmund
Dr. Carl Spiecker	Ministerialdirektor a. D.	Essen
Dr. Fritz Stricker	Generalreferent (Verkehr)	Münster
Johannes Brockmann	Generalreferent (Kultus)	Rinkerode/Münster
Dr. Heinrich Steffensmeier	Handelskammervize-präsident	Essen
Heinrich Peterburs	Bergbau-Vorarbeiter	Essen
Hauptvorstand		
Vorsitzende der Provinzial-verbände: Dr. Bernhard Reismann	Rechtsanwalt	Münster
Jakob Pötz	Verleger	Düsseldorf
Hans Becker	Dipl.-Ingenieur	Hildesheim
Georg Kassenbrock	Steuerberater	Osnabrück
Mitglieder: Jakob Ballensiefen	Obermeister	Siegburg
Johannes Bank	Bauer	Einum/Hildesheim
Andreas Bärtels	Bergmann	Recke
Franz Bielefeld	Handwerkskammer-präsident	Recklinghausen
Franz Böhner	Bauer	Lichtenau/Paderborn
Fritz Brüsselsbach	Vorarbeiter	Solingen
Dr. Arnold Burghartz	Rechtsanwalt	Anstel/Grevenbroich-Neuß
Anton Becklas	Tischlermeister	Bohmte, Krs. Tecklen-burg
Erich Czaschke	Student (Jugend-licher/Schwerkriegs-beschädigter)	Münster
Frau Gockel	k. A.	Ehringhausen
Josef Hahnbück	Gewerkschaftsange-stellter	Oberhausen
Hans Heimannsberg	Angestellter	Essen-Steele
Josef Holtkamp	Bergmann	Essen
Hofmeier	Angestellter (Jugendlicher)	Düsseldorf
Ferdinand Haake	Fabrikant	Paderborn
Paula Lienkamp	Lehrerin	Werl
Wilhelm Mühlhoff	Geschäftsführer	Hamm
Richard Muckermann	Schriftsteller	Kettwig
Otto Pannenbecker	Postdirektor	Oberhausen
Dr. Karl Rüther	Amtsdirektor	Mettingen
Dr. Aloys Rüberg	Volkswirt	Iserlohn
Josef Schmidt	Maschinenfahrsteiger	Dortmund
Johannes Schönberger	Stadtinspektor	Bottrop
Alex Willenberg	Gewerkschafts-sekretär	Schlesien
Josef Weiser	Kaufmann	Buer
Peter Tollmann	Gewerbeoberlehrer	Wuppertal

Der Hauptvorstand wurde ermächtigt, den Vorstand auf 35 Mitglieder zu erweitern; dabei sollten vor allem Hausfrauen und Mütter berücksichtigt werden.

Quelle: Niederschrift über den ersten Parteitag des Zentrums, BAK, NB 3 (Ergänzungen d. Verf.)

Tabelle 9: Parteitag der Zentrumspartei in Werl am 16./17. November 1946
(470 Delegierte)

Name	Beruf	Wohnort
Direktorium		
1. Vorsitzender: Dr. Wilhelm Hamacher (in Abwesenheit gewählt)	(Oberstudiendirektor) Kultusminister (bis 30. 9. 1946)	Troisdorf
1. Stellvertreter (gesch. führender Vorsitzender) und Vors. der DZP in NRW: Johannes Brockmann	(Schulrat) Generalreferent a. D.	Rinkerode
3. Vorsitzender: Dr. Carl Spiecker	(Ministerialdirektor a. D.) Verleger	Essen
4. Vorsitzende: Helene Wessel	(Fürsorgerin) Verlegerin	Dortmund
Weitere Direktoriumsmitglieder, am 3.12.1946 vom HV gewählt: Jakob Ballensiefen	Betriebsassistent	Siegburg
Heinrich Peterburs	Bergbau-Vorarbeiter	Essen-Altenessen
Dr. Fritz Stricker	Landesminister (Verkehr)	Münster
Dr. Heinrich Steffensmeier	Verleger	Essen
Georg Kassenbrock	Steuerberater	Osnabrück
Richard Muckermann (geschäftsführendes Mitglied)	Chefredakteur	Kettwig
Erweiterter Hauptvorstand		
Thea Arnold	Rektorin	Düsseldorf
Hans Becker	Dipl.-Ing.	Hildesheim
Anton Becklas	Möbelfabrikant	Bohmte
Franz Bergmann	Abiturient	Osnabrück
Franz Bielefeld	Baumeister, Präsident der Handwerkskammer	Recklinghausen
Franz Böhner	Landwirt	Lichtenau/Paderborn
Maria Flink	Lehrerin a. D.	Ruhrberg/Monschau
Bernhard Förster	cand. med.	Neheim
Ferdinand Haake	Fabrikant	Paderborn
Josef Hahnbück	Gewerkschaftsangestellter	Oberhausen
Hans Heimannsberg	Kaufmann	Aachen
Klemens Hesemann	Landwirt	Handrup/Lingen-Ems
Heinrich Heuser	Jugendlicher	Troisdorf
Wolfgang Hillebrand	Vermessungs-Ingenieur	Altenbeken
Josef Holtkamp	Bergmann	Essen
Rudolf Holstein	Arbeitersekretär	Beuel

Fortsetzung Tabelle 9

Name	Beruf	Wohnort
Matthias Hoogen	Rechtsanwalt	Kempen
August Kaßmann	Landwirt	Osnabrück
Georg Kaufhold	Geschäftsführer	Hannover
Wilhelm Kemper	Grubenschlosser	Gelsenkirchen
Dr. Friedrich Krabbe	Arzt	Münster
Dr. Otto Krapp	Rechtsanwalt	Vechta/Oldenburg
Julius Krell	Prokurist	Essen
Dr. Karl Kröger	Wirtschafts- u. Steuerberater	Bochum
Hans-Günter Laufenberg	Student	Opladen
Hans Lehner	Kaufmann	Düsseldorf
Paula Lienkamp	Lehrerin	Werl
Sibylle Ludwig	Gewerbeoberlehrerin	Gladbeck
Hans Melchior	Dipl. Kaufmann	Köln
Wilhelm Mühlhoff	Betriebsleiter	Hamm
Dr. Heinrich Neu	Professor	Beuel/Bonn
Theodor Nottebaum	Verlagsbuchhändler; Bürgermeister	Werl
Gerhard Pennemann	Landwirt	Brahe/Aschendorf
Anna Plagemann	Lohnbuchhalterin	Ibbenbüren
Dr. Bernhard Reismann	Rechtsanwalt u. Notar	Münster
Dr. Aloys Rüberg	Wirtschafts- u. Steuerberater	Iserlohn
Dr. Karl Rüther	Stadtkämmerer	Iserlohn
Franziska Scheumann	Hausfrau	Osnabrück
Karl Schirm	Sozialrentner	Unterbach
Josef Schmidt	Maschinenfahrsteiger	Dortmund-Westerfilde
Johannes Schönberger	Stadtoberinspektor	Bottrop
Margret Selhorst	Hausfrau	Essen
August Stöcker	Pfarrer	Thüle/Paderborn
Eva Gräfin Strachwitz	Dolmetscherin	Kalthof/Schwerte
Peter Tollmann	Berufsschuldirektor	Wuppertal
Wilhelm Vahle	Behördenleiter	Schwelm
Dr. Josef Vollmer	Regierungsrat	Arnsberg
Josef Weiser	Kaufmann	Gelsenkirchen
Rudolf Zimmer	Schulrat a. D.	Anröchte

Quelle: Bericht über den Parteitag der Deutschen Zentrums-Partei in Werl am 16. und 17. November 1946, HSTAD, RWN 125–28 sowie Liste der Delegierten, BAK, NB 3: Liste der Mitglieder des Hauptvorstandes, Essen, 20.12.1946, DZPAM 6. (Die Berufsangaben differieren z. T.; Ergänzungen d. Verf. in Klammern.)

Tabelle 10: 3. Parteitag der Zentrumspartei in Recklinghausen am 24./25. Januar 1948

	Name	Beruf	Wohnort
Geschäftsführender Vorstand			
1. Vorsitzender:	Johannes Brockmann, MdL [1]		Rinkerode
Stellvertreter:	Dr. Carl Spiecker, MdL [1]		Essen
	Dr. Wilhelm Hamacher	(Oberstudiendirektor)	Troisdorf
	Helene Wessel, MdL [1]		Dortmund
	Jakob Ballensiefen, MdL [1]		Siegburg
	Heinrich Peterburs, MdL [1]		Essen-Altenessen
	Dr. Fritz Stricker, MdL [1]		Münster
	Dr. Heinrich Steffensmeier, MdL [1]		Essen
	Georg Kassenbrock, Minister ohne Portefeuille [1]		Osnabrück
	Richard Muckermann, MdL [1]		Kettwig
	Josef Weiser	(Kaufmann)	Gelsenkirchen
	Dr. Otto Krapp, MdL [1]		Vechta
	Rudolf Zimmer, MdL [1]		Anröchte
	Thea Arnold	(Rektorin)	Düsseldorf
	Hans Becker	(Dipl.-Ing.)	Hildesheim
für den Windthorstbund:	Heinz Körner	(k. A.)	

Weitere Mitglieder des Hauptvorstandes:	(18 Vertreter für Nordrhein-Westfalen, sieben für Niedersachsen, je einer für Schleswig-Holstein, Bremen, Hessen, Baden-Württemberg, vier Mitglieder des Windthorstbundes, sechs vom Hauptvorstand berufene Mitglieder.)		
Aachen:	Maria Flink (MdL)	Lehrerin a. D.	Ruhrberg/Monschau
	Josef Hoffmann	Kaufmann	Walheim/Aachen-Land
Köln:	Johannes Hoffmann	Oberlandwirtschaftsrat	Lindlar
	Rudolf Holstein[2] (MdL)	Arbeitersekretär	Beuel/Bonn
Düsseldorfer Bezirke:	Matthias Hoogen	Rechtsanwalt	Kempen
	Else Hiltrop	Hausfrau	Waldniel/Kempen
	Josef Grave	Großkaufmann	Krefeld
	Peter Tollmann (MdL)	Berufsschuldirektor	Wuppertal
Ruhrgebiet:	Dr. Karl Kröger	Verwaltungsschuldirektor	Bochum
	(Josef Hahnbück)[2]		
	Heinrich Warczak	Rechtsanwalt	Duisburg
	(Josef Schmidt)[2]		
Vest:	Franz Bielefeld (MdL)	Baumeister	Recklinghausen
	Josef Jakob	Arbeitersekretär	Bocholt
Münsterland:	Dr. Bernhard Reismann (MdL)	Rechtsanwalt u. Notar	Münster
	Theodor Wiesebrock	Landwirt u. Förster	Diestedde/Beckum

Fortsetzung Tabelle 10

	Name	Beruf	Wohnort
Hellweg-Sauer-land:	Dr. Aloys Rüberg (MdL)	Wirtschafts- u. Steuerberater	Iserlohn
	Eduard Ruegenberg	Druckereibesitzer, Verleger	Olpe
Detmold-Minden:	Ferdinand Haake	Fabrikant	Paderborn
	Martin Meiwes	Bauer u. Siedlungs-fachmann	Elisenhof/Fürstenberg
Niedersachsen:	Anton Becklas	Möbelfabrikant	Bohmte/Wittlage
	Max Witzik	Vorarbeiter	Osnabrück
	Klemens Hesemann	Bauer u. Landrat	Handrup/Lingen-Ems
	Dr. Johannes Göken	Kaplan	Hemmelte/Cloppenburg
	Georg Kaufhold	Geschäftsführer	Hannover
	Nikolaus Müller	Bibliothekar	Braunschweig-Lehndorf
	Max Abel	Kaufmann	Hohnhorst
Schleswig-Holstein:	Bernhard Flemming	Buchprüfer	Kiel
Bremen:	Heinz Noppeney	Handelsvertreter	Bremen
Hessen:	k. A.		
Württemberg-Baden:	k. A.		
Windthorstbund:	Hans-Joachim Soremba	k. A.	Vechta/Dominikaner-kloster
	Gerhard Ribbeheger	k. A.	Haltern/Recklinghau-sen-Land
	Bernhard Förster	k. A.	Neheim-Hüsten
	Anneliese Kleine	k. A.	Soest
6 berufene Mitglieder	Georg Proske	Rektor(früher schle-sisches MdL)	Bielefeld
	Margret Selhorst	Hausfrau	Essen
	Paula Lienkamp	Rektorin	Werl
	Anna Plagemann	Lohnbuchhalterin	Ibbenbüren
	Magdalena Windhausen	Hausfrau	Süchteln
	Sibylle Ludwig	Gewerbeoberlehrerin	Gladbeck

[1] Berufsangabe s. Tab. 9.
[2] Nach Diskussion im Direktorium hinzugewählt; vgl. oben Kap. 9.2.1.

Quelle: Bericht über den Parteitag der Deutschen Zentrums-Partei in Recklinghausen am 24. und 25. Januar 1948, HSTAD, RWN 125–60; Liste der Vorschläge für den Hauptvorstand v. 10.4.1948, HSTAD, RWN 48–8; Mitgliederliste v. 26.4.1948, DZPAM 6; Protokoll der HV-Sitzung v. 10. Juli 1948.

Tabelle 11: 4. Parteitag des Zentrums in Essen-Kupferdreh am 4. Dezember 1948 (Umbildung der Parteispitze auf der Sitzung des Hauptvorstandes am 19.12.1948)

Geschäftsführender Vorstand:

1. Vorsitzender: Dr. Carl Spiecker.
2. Vorsitzende: Helene Wessel.
3. Vorsitzender: Dr. Wilhelm Hamacher.
1. Vorsitzender der DZP in Nordrhein-Westfalen: Dr. Fritz Stricker.
1. Vorsitzender der DZP in Niedersachsen: Georg Kassenbrock.
Fraktionsvorsitzender der DZP in Nordrhein-Westfalen: Johannes Brockmann.
Fraktionsvorsitzender der DZP in Niedersachsen: Dr. Otto Krapp.
Je ein Vertreter   der Frauen,
                      der Jugend,
                      der Arbeitnehmer
           sowie der Geschäftsführer der DZP.

Beraterkreise für einzelne Politikbereiche:

1. Wirtschaftspolitik:
Matthias Hoogen; Dr. Heinrich Steffensmeier; Ferdinand Haake.

2. Sozialpolitik:
Heinrich Peterburs; Josef Hahnbück; Alex Willenberg.

3. Landwirtschaft:
Johannes Hoffmann; Klemens Hesemann; Wiesebrock; Glasmeyer.

4. Kulturpolitik:
Thea Arnold; Gerhard Ribbeheger; Peter Tollmann; Hagemeier (Paderborn).

5. Finanzen:
Dr. Aloys Rüberg; Dr. Kröger; Schmidt (Lobberich); Rösing; Kalvers (Iserlohn); Angerhausen (Krefeld).

6. Siedlung:
Meiwes; Dr. Ignaz Lünenborg; von Grafen; Alfons Nowald; Rapp (Haren, Krs. Büren); Grashoff (Duisburg).

7. Flüchtlinge:
Rudolf Zimmer; Krause (Lippstadt); Zargons (Oberkassel); Alex Willenberg; Hellmann (Krs. Soest); Witecki (Duisburg).

8. Einzelhandel:
Josef Weiser; Dr. Heinrich Steffensmeier; Montag (Paderborn); Krusemann (Gladbeck).

9. Handwerk:
Dresen; Bielefeld (Recklinghausen); Dr. Koch; Hartes (Krefeld).

10. Recht und Verfassung:
Dr. Bernhard Reismann; Dr. Bertram; Barzel.

11. Kommunalpolitische Vereinigung:
Übernahme des Kommunalpolitischen Ausschusses der Landtagsfraktion von Nordrhein-Westfalen sowie Dr. Esser, Dr. Kröger, Flink, Dr. Siehoff, Kähler.

Als 12. Referat wurde sodann der schon bisher bestehende *Lastenausgleichsausschuß* übernommen.

Obmänner der Ausschüsse:

Hoogen (Wirtschaft); Willenberg (Soziales); Hoffmann (Landwirtschaft); Tollmann (Kultur); Rüberg (Finanzen); von Grafen (Siedlung); Zimmer (Flüchtlinge); Dr. Steffensmeier (Einzelhandel); Dr. Koch (Handwerk); Dr. Reismann (Recht).

Tabelle 12: Vorsitzende der Deutschen Zentrums-Partei 1945—1986

14. 10. 1945—30. 8. 1946	Dr. Wilhelm Hamacher
30. 8. 1946—24. 1. 1948	Johannes Brockmann (geschäftsführender Vorsitzender)
25. 1. 1948— 4. 12. 1948	Johannes Brockmann
5. 12. 1948—31. 1. 1949	Dr. Carl Spiecker
5. 2. 1949— 9. 7. 1949	Dr. Fritz Stricker
15. 10. 1949—27. 1. 1952	Helene Wessel
27. 1. 1952— 9. 3. 1953	Johannes Brockmann (geschäftsführender Vorsitzender)
9. 3. 1953—15. 3. 1969	Johannes Brockmann
16. 3. 1969—27. 10. 1974	Gerhard Ribbeheger
27. 10. 1974—15. 2. 1986	Gerhard Woitzik
15. 2. 1986	Adelgunde Mertensacker (Wahl vom Bundesparteischiedsgericht angefochten am 6. 12. 1986)

Tabelle 13: Zentrumsvertreter im Wirtschaftsrat des Vereinigten Wirtschaftsgebiets

Name	Beruf	
Dr. Arnold Burghartz	Rechtsanwalt	(seit 21. 11. 1947)
Dr. Carl Spiecker	Ministerialdirektor a. D.	(bis 4. 9. 1947)*
Dr. Fritz Stricker	Journalist	

* Ab 1. 9. 1947 im Exekutivrat des Vereinigten Wirtschaftsgebiets, vom 1. 10. bis 31. 12. 1947 Vorsitzender des Exekutivrats.

2. Phase

Name	Beruf	
Dr. Arnold Burghartz[a]	Rechtsanwalt	
Josef Jakob[b]	Arbeitersekretär	
Dr. Carl Spiecker[c]	Ministerialdirektor a. D.	(bis 21. 4. 1948)
Dr. Fritz Stricker	Journalist	(gest. 9. 7. 1948)
Matthias Hoogen[d]	Rechtsanwalt	(seit 21. 4. 1948)

a Seit 9. 2. 1949 CDU.
b Seit 3. 3. 1949 CDU.
c Seit März 1949 CDU.
d Seit 19. 2. 1949 CDU.

Quelle: Tilman Pünder, *Das bizonale Interregnum. Geschichte der Verwaltung des Vereinigten Wirtschaftsgebiets 1946—1949*, Waiblingen 1966, S. 331 ff.

Tabelle 14: Zentrumsabgeordnete im Parlamentarischen Rat

Name	Beruf
Johannes Brockmann	Schulrat
Helene Wessel	Fürsorgerin

Parlamentarischer Geschäftsführer: Josef Rösing, Dipl.-Volkswirt.

Tabelle 15: Die Zentrumsfraktion im Deutschen Bundestag (1949–1953)

Name	Geb.-Datum und -Ort	Beruf	Wohnort	vor 1933	Sonstige Aktivitäten nach 1945
1. Thea Arnold.	1882 Fulda	Rektorin a. D.	Düsseldorf		Stadtverordnete in Düsseldorf; Mitarbeit in Frauenausschüssen; Mitglied zahlreicher Ausschüsse.
2. Dr. Helmut Bertram	1910 Soest	Rechtsanwalt/Notar	Soest	Z (1925)	
3. Gregor Determann	1911 Mettingen	Bergmann	Mettingen	1. Vors. der christl. Gewerksch. jugend, Mettingen	Gemeindeparlament u. Amtsvertretung Mettingen; Kreistag Tecklenburg; 1945 Betriebsratsvors.; 1946 Landrat.
4. Dr. Heinrich Glasmeyer	1893 Steinbeck/Tecklenburg	Bäckermeister, stud. theol. u. Staatswissenschaft, Landwirt	Ele b. Rheine	Z (1919)	
5. Dr. Wilhelm Hamacher	1883 Troisdorf	Oberstudiendirektor	Troisdorf	1920: Z-Gen.sekr. (Rheinld.); 1926–33: Vertreter des Rheinlandes im Reichsrat; Begründer des „Görres-Ring"	1945–1948: 1. Vors. der DZP; 1946: 1. Vors. der rhein. DZP; 1948: Stellv. DZP-Vors. DZP-Kreisvors. Siegkreis
6. Paul Krause	1905 Glogau/Niederschlesien	Redakteur	Lippstadt	Z (1925)	Kreistag; Kreisausschuß; Kreisvorstand der Interessengemeinschaft der Ostvertriebenen, Lippstadt.
7. Otto Pannenbecker	1879 Oberhausen	Postrat	Oberhausen	1919: Z-Stadtverordneter in Oberhausen	DZP-Bezirksvors. (Ruhr); DZP-Kreisvors. Oberhausen; Mitgl. des DZP-HV, DZP-LV.
8. Dr. Bernhard Reismann	1903 Münster	Rechtsanwalt	Münster	Z-Stadtverordneter in Münster	DZP-Bezirksvors. Münsterland; MdL NRW; stellv. Fraktionsvors.
9. Gerhard Ribbeheger	1918 Drennsteinfurt	Stud. theol. und phil.	Haltern	–	Stadtvertretung Haltern; DZP-Kreisvors. Recklinghausen/Land; 1. Vors. des Windhorstbundes; DZP-Geschäftsf.
10. Helene Wessel	1898 Dortmund	Fürsorgerin	Dortmund	1915: Z-Parteisekr. in Dortmund-Hörde; 1928–1933 MdL (Preußen)	DZP-Vors.; Fraktionsvors.

Tabelle 16: Die Zentrumsvertreter im Deutschen Bundestag (1953–1957)

Name	Geb.-Datum und -Ort	Beruf	Wohnort	vor 1933	Sonstige Aktiv. nach 1945
1. Johannes Brockmann	1888 Paderborn	Generalreferent a. D., Schulrat	Rinkerode	Z-Vorstand (Westfalen); Windthorstbund (Westfalen); kommunalpol. Gremien; 1925–33: MdL (Preußen)	Gemeindevorsteher; Amtsverordneter; Kreistag; MdL NRW; 1946 gf. Vors.; 1948 Vors. der DZP.
2. Franz Böhner (gest. 8.1.1954)	1889 Büren	Bauer	Lichtenau/Büren	Z (1920) Vors. der „Deutschen Bauernschaft"; „Westf. Bauernbund" (stellv. Vors.)	DZP-stellv. Kreisvors. Büren; Landwirtsch. kammer Westf.-Lippe; Kreislandwirt; Landrat; MdL NRW.
ab 14.1.1954: Josef Rösing (Hospitant der CDU/ CSU-Fraktion; am 22.5.1955 aus de- DZP wegen parteischädigenden Verhaltens ausgeschlossen)	1911 Beuel	Dipl.-Volkswirt	Beuel	k. A.	Stadtrat; 1949: DZP-Fraktionsgeschäftsf.; 1952–53 DZP-Gen.sekr.

Tabelle 17: Die DZP-Fraktion im Landtag von Nordrhein-Westfalen

Name	Beruf	1. WP	2. WP	3. WP
* 1. Dr. Rudolf Amelunxen	Minister	X	X	X
2. Jakob Ballensiefen	Betriebsass.	X	X	
* 3. Franz Bielefeld	Baumeister	X		
* 4. Franz Böhner	Bauer	X	X	
* 5. Johannes Brockmann	Generalref. a. D.	X (D)	X	X
* † Dr. Arnold Burghartz	Rechtsanwalt			
* (Karl Feih)	Bürgermeister			
6. Maria Flink	Lehrerin a. D.	X	X	
* 7. Rudolf Holstein	Arbeitersekretär	X	X	
* (Wilhelm Kemper)	Bergmann			
8. Dr. Karl-Joseph Koch	Landrat		X	
9. Dr. Friedrich Krabbe	Arzt	X (D)	X	X
(Richard Muckermann)	Schriftsteller			
10. Dr. Ignaz Lünenborg	Landwirt	X	X	X
*11. Wilhelm Mühlhoff	Kaufmann	X	X	
12. Eberhard Nickel	Rechtsanwalt		X	X
13. Heinrich Peterburs	Vorarbeiter	X	X	X
*14. Dr. Bernhard Reismann	Rechtsanwalt	X		
*15. Dr. Aloys Rüberg	Steuerberater	X	X	
Dr. Carl Spiecker	Ministerialdirektor a. D.			
(Dr. Heinrich Steffens-meier)	Verleger			
* † Dr. Fritz Stricker	Journalist			
16. Peter Tollmann	Berufsschuldir.	X	X	X
17. Heinrich Warczak	Rechtsanw./Notar		X	X
18. Dr. Josef Weber	Minister a. D.			X
19. Helene Wessel	Sozialfürsorgerin	X		
20. Rudolf Zimmer	Schulrat a. D.	X	X	
Mandate		16 (+ 4)	16	9

Fraktionsvorstand

1. WP: Johannes Brockmann
   Dr. Bernhard Reismann
   Helene Wessel

2. WP: Johannes Brockmann
   Peter Tollmann
   Dr. Ignaz Lünenborg
   Heinrich Peterburs

3. WP: Johannes Brockmann
   Peter Tollmann
   Dr. Ignaz Lünenborg

Abgeordnete ohne lfd. Nummer: während der 1. WP ausgeschieden.
( ) 1949 zur CDU-Fraktion übergetreten.
* War bereits Mitglied des ernannten Landtages.
(D) Direktmandate in den Wahlkreisen Münster/Land und Coesfeld.

Quelle: *Handbuch des Landtages Nordrhein-Westfalen*, 1.–3. Wahlperiode.

Tabelle 18: Berufe der DZP-Abgeordneten im Landtag von Nordrhein-Westfalen

Berufsgruppe	1. WP (1949)	2. WP (1951)	3. WP (1954)
Freie Berufe	6		
Kaufleute, Fabrikanten		1	–
Handwerker		–	–
Land- und Forstwirte		2	1
Ärzte, Apotheker		1	1
Rechtsanwälte, Notare		2	2
Baumeister, Ingenieure		–	–
Sonstige		1	–
Beamte	5		
Verwaltung, Gerichte		1	2
Lehrberufe		4	2
Angestellte			
Öffentlicher Dienst		–	–
Freie Wirtschaft			
kaufmännisch		1	–
technisch		1	–
Parteiangestellte		–	–
Gewerkschaftssekretäre		1	–
Journalisten, Redakteure	5	–	–
Sozial-, Fürsorgewesen, kirchliche Organisationen		–	–
Arbeiter, nichtselbständige			
Handwerker		1	1
	16 (+ 4)*	16	9

* Zur CDU übergetretene Abgeordnete nicht mitgerechnet.
Zusammenstellung nach: *Handbuch des Landtages Nordrhein-Westfalen*, 1.–3. Wahlperiode.

Tabelle 19: Lebensalter der DZP-Abgeordneten im Landtag von Nordrhein-Westfalen

Altersgruppe	1. WP	2. WP	3. WP
25–30 Jahre		–	–
31–35	2	–	–
36–40		1	1
41–45	5	1	–
46–50		2	1
51–55	7	5	3
56–60		3	1
61–65	2	3	2
66–70		–	1
71–75		1	–
	16 (+ 4)*	16	9
Durchschnittsalter	53	54,43	55,22

* Zur CDU übergetretene Mitglieder nicht mitgerechnet.
Quelle: *Handbuch des Landtages Nordrhein-Westfalen*, 1.–3. Wahlperiode.

Tabelle 20: Die DZP-Fraktion im Landtag von Niedersachsen (1947–1955)

Name	Geb.-Datum und -Ort	Beruf	Wohnort	vor 1933	1. WP	2. WP	3. WP
1. Johannes Bank	1897 Einum	Landwirt	Einum	k. A.	X		
2. Gregor Dall	1902 Laxten/Lingen	Bauer	Laxten/Lingen	k. A.	X (D)	X	
3. Wilhelm Erpenbeck	1892 Glandorf	Tischlermeister	Glandorf/Osnabr.	k. A.	X	X	
4. Dr. Alfred Gertler	1913 Dingelstädt/Eichsfeld	Dipl.-Landwirt	Hannover	Z	X		
5. Hermann Greve	1901 Schapen	Bauer	Schapen	kath. Jugendbewegung			X (Hosp. bei GB /BHE)
6. Georg Kassenbrock	1899 Iburg	Steuerberater	Osnabrück	k. A.	X		
7. Dr. Otto Krapp	1903 Steinfeld/Oldbg.	Rechtsanwalt/ Notar	Vechta	k. A.	X	X	
8. Alfons Nowald	1903 Blesen/Krs. Schwerin	Oberförster a. D.	Visselhövede	Z (1919) Bauernvereinswesen, Mitbegründer der Bauernpartei, Genossenschaftswesen	X		
9. Gerhard Pennemann	1906 Brual	Bauer/Bürgermeister	Brake/Rhede	k. A.	X		
					6	4	1

Fraktionsvorstand
1. WP: Vorsitzender: Dr. Otto Krapp.

(D) Direktmandat
Quelle: *Handbuch des Niedersächsischen Landtages*, 1.–3. Wahlperiode.

Tabelle 21: Berufe der DZP-Abgeordneten im Landtag von Niedersachsen

Berufsgruppe	1. WP	2. WP	3. WP
Akademische Berufe	2	1	—
Schriftleiter/Verlagsleiter	—	—	—
Freie Berufe	1	—	—
Selbständige Kaufleute	—	—	—
Betriebsleiter/Fabrikbesitzer	—	—	—
Landwirte	2	2	1
Handwerker	—	1	—
Facharbeiter/Arbeiter	—	—	—
Verwaltungsbeamte	—	—	—
Angestellte	—	—	—
Berufspolitiker/Parteiangestellte	—	—	—
Gewerkschaftsangestellte	—	—	—
Frauenberufe	—	—	—
Sonstige	1	—	—
	6	4	1
davon als Landrat oder Bürgermeister tätig	1		

Quelle: *Handbuch des Niedersächsischen Landtages,* 1.–3. Wahlperiode.

Tabelle 22: Lebensalter der DZP-Abgeordneten im Landtag von Niedersachsen

Altersgruppe	1. WP	2. WP	3. WP
unter 30 Jahre	—	—	—
30–35 Jahre	1	—	—
36–40	—	—	—
41–45	4	—	—
46–50	1	2	—
51–55	—	1	1
56–60	—	1	—
61–65	—	—	—
66–70	—	—	—
	6	4	1

Quelle: *Handbuch des Niedersächsischen Landtages,* 1.–3. Wahlperiode.

Tabelle 23: DZP-Vertreter in den Landesregierungen

a) Nordrhein-Westfalen

	Ernennungsperiode		1. Wahlperiode	2. Wahlperiode	3. Wahlperiode	
	1. Kabinett 29.8.1946–5.12.1946	2. Kabinett (parteilos) Dr. Amelunxen 5.12.1946–22.4.1947	1. Kabinett Arnold (CDU) 17.6.1947–5.7.1950	2. Kabinett Arnold (CDU) 27.7.1950–13.7.1954	3. Kabinett Arnold (CDU) 27.7.1954–20.2.1956	Kabinett Steinhoff (SPD) 20.2.1956–21.7.1958
Dr. Rudolf Amelunxen (ab 1947 DZP)	Ministerpräsident (ab 30.9.1946)	Ministerpräsident	Sozialminister	Justizminister (ab 15.9.1950)	Justizminister	Justizminister
Dr. Wilhelm Hamacher	Kultusminister in Personalunion)	Kultusminister (bis 30.9.1946)				
Dr. Carl Spiecker			Landesminister als Bevollmächtigter des Landes NRW beim Länderrat für d. Vereinigte Wirtschaftsgebiet der brit. u. am. Zone (ab 5.4.1948)			
Dr. Fritz Strücker		Verkehrsminister	Verkehrsminister			
Dr. Josef Weber				Sozialminister (15.9.1950–30.9.1953); Minister für Angelegenheiten der Landschaftsverbände (ab 30.9.1953)		

b) Niedersachsen

	1. Wahlperiode Kabinett Kopf (SPD) 11.6.1947–13.6.1951	2. Wahlperiode Kabinett Kopf (SPD) 13.6.1951–26.5.1955
Georg Kassenbrock (gest. 25.5.1950)	Min. o. Geschäftsbereich; Min. für Sonderaufgaben (9.6.1948–25.5.1950)	
Dr. Otto Krapp	Min. für Sonderaufgaben (7.6.–13.10.1950); Justizminister ab 17.8.1950	Justizminister bis 1.12.1953

Quelle: Handbücher der Landtage Nordrhein-Westfalen und Niedersachsen sowie Anna-Christina Storbeck, *Die Regierungen des Bundes und der Länder seit 1945. Deutsches Handbuch für Politik,* Bd. 4, München 1970.

Abkürzungen

ADGB	Allgemeiner Deutscher Gewerkschaftsbund
BCSV	Badische Christlich-Soziale Volkspartei
BVP	Bayerische Volkspartei
CDA	Sozialausschüsse der Christlich-Demokratischen Arbeitnehmerschaft Deutschlands
CDP	Christlich-Demokratische Partei
CDU	Christlich-Demokratische Union (Deutschlands)
CDUD	Christlich-Demokratische Union Deutschlands
CSRP	Christlich-Soziale Reichspartei
CSU	Christlich-Soziale Union
CSVD	Christlich-sozialer Volksdienst
CSVG	Christlich-soziale Volksgemeinschaft
CVP	Christliche Volkspartei
DAF	Deutsche Arbeitsfront
DDGB	Deutsch-demokratischer Gewerkschaftsbund
DDP	Deutsche Demokratische Partei
DDR	Deutsche Demokratische Republik
DGB	Deutscher Gewerkschaftsbund
DJK	Deutsche Jugendkraft
DNVP	Deutschnationale Volkspartei
DP	Displaced Persons
DVP	Deutsche Volkspartei
DZP	Deutsche Zentrums-Partei
EAC	European Advisory Commission
FAZ	Frankfurter Allgemeine Zeitung
FDGB	Freier Deutscher Gewerkschaftsbund
FDP	Freie Demokratische Partei
FO	Foreign Office
GCG	Gesamtverband christlicher Gewerkschaften
Gedag	Gesamtverband deutscher Angestelltengewerkschaften
HJ	Hitler-Jugend
ICD	Information Control Division
KAB	Katholische Arbeiterbewegung
KAV	Katholische Arbeitervereine
KPD	Kommunistische Partei Deutschlands
KVZ	Kölnische Volkszeitung
KZ	Konzentrationslager

NSDAP	Nationalsozialistische Deutsche Arbeiterpartei
OKW	Oberkommando der Wehrmacht
OSS	Office of Strategic Services
PAZI 6	Parteienarchiv im Zentralinstitut für sozialwissenschaftliche Forschung der Freien Universität Berlin
POLAD	Office of the Political Adviser
RMV	Rhein-Mainische Volkszeitung
SA	Sturmabteilung
SBZ	Sowjetische Besatzungszone
SED	Sozialistische Einheitspartei Deutschlands
SHAEF	Supreme Headquarters, Allied Expeditionary Forces
SJ	Societas Jesu
SPD	Sozialdemokratische Partei Deutschlands
SS	Schutz-Staffel der NSDAP
UdM	Union der Mitte
USPD	Unabhängige Sozialdemokratische Partei Deutschlands
VjHfZ	Vierteljahreshefte für Zeitgeschichte
WAZ	Westdeutsche Arbeiterzeitung
WRVerf.	Weimarer Reichsverfassung

Quellen- und Literaturverzeichnis

1. Aktenbestände und andere Quellenmaterialien

Archiv der sozialen Demokratie, Bonn
Nachlaß Helene Wessel (AsD, NW)

Bundesarchiv Koblenz
Nachlaß Johannes Brockmann (BAK, NB)
Zeitgeschichtliche Sammlung (ZgS)

Deutscher Gewerkschaftsbund, Düsseldorf (DGB)
Nachlaß Karl Braukmann
Material Hansen
Unsignierte Materialien 1945–1949

Hauptstaatsarchiv Düsseldorf
Nachlaß Wilhelm Hamacher (RWN 48)
Nachlaß Richard Muckermann (RWN 125)
Nachlaß Ignaz Lünenborg (RWN 170)
Akten des Landesverbandes CDU-Westfalen (RWN 105)
Akten des Landesverbandes CDU-Rheinland (RWN 121)
Nachlaß Guido Ziersch (RWN 116)
Nachlaß Otto Schmidt (RWN 119)
Nachlaß Johannes Gronowski (RWN 108)

Institut für Zeitgeschichte, München
Nachlaß Helene Weber, Faszikel Korrespondenzen 1945–1949 (ED 160)
Nachlaß Fritz Eberhard (ED 117)

Library of Congress, Washington D. C.
OSS-Collection

National Archives, Washington D. C./Suitland, Maryland
RG 59 State Department Decimal Files
OSS Research & Analysis Branch
RG 260 OMGUS (WNRC)
RG 331 Records of Allied Operational & Occupation Headquarters WW II

Public Record Office, London
F. O. 371 Germany, Allied Control (British Element)

Imperial War Museum, London
War Office 1944/45

Staatsarchiv Münster i. Westf.
Archiv der Deutschen Zentrums-Partei (DZPAM)

Zentralinstitut für sozialwissenschaftliche Forschung der Freien Universität Berlin
Akte Zentrum

Personaldatenarchiv
Sammlung US-Besatzungsmacht in Deutschland 1945–1949

Bibliothek und Archiv der Katholischen Arbeitnehmer-Bewegung (KAB), Köln
Sammlung von Druckschriften, Zeitungen und Zeitschriften

2. Mündliche und schriftliche Auskünfte

Adolf Brock, Bremen
Dr. Walter Dirks, Wittnau/Freiburg i. Br.
Gertrud Elfes, Mönchengladbach
Prof. Dr. Theo Pirker, München und Berlin
Dr. Bernhard Reismann, Münster

3. Gedruckte Quellen, Aktenpublikationen

Adenauer, *Briefe 1945–1947*, bearb. v. Hans Peter Mensing (*Rhöndorfer Ausgabe*), Berlin 1983.
Adenauer, *Briefe 1947–1949*, bearb. v. Hans Peter Mensing (*Rhöndorfer Ausgabe*), Berlin 1984.
Adenauer: „Es mußte alles neu gemacht werden." Die Protokolle des CDU-Bundesvorstandes 1950–1953, hrsg. v. Günter Buchstab (*Forschungen und Quellen zur Zeitgeschichte*, Bd. 8), Stuttgart 1986.
Akten deutscher Bischöfe über die Lage der Kirche 1933–1945, 6 Bde., bearb. v. Bernhard Stasiewski/Ludwig Volk (*Veröffentlichungen der Kommission für Zeitgeschichte*, Reihe A, Bde. 5, 20, 25, 30, 34, 38), Mainz 1968–1985.
Akten Kardinal Michael von Faulhabers 1917–1945, bearb. v. Ludwig Volk, Bd. 2: *1935–1945* (*Veröffentlichungen der Kommission für Zeitgeschichte*, Reihe A, Bd. 26), Mainz 1978.
Auftakt zur Ära Adenauer. Koalitionsverhandlungen und Regierungsbildung 1949, bearb. v. Udo Wengst (*Quellen zur Geschichte des Parlamentarismus und der politischen Parteien*, Bd. 3), Düsseldorf 1985.
Bewegt von der Hoffnung aller Deutschen. Zur Geschichte des Grundgesetzes. Entwürfe und Diskussionen 1941–1949, hrsg. v. Wolfgang Benz, München 1979.
Bischof Graf von Galen spricht! Ein apostolischer Kampf und sein Widerhall, hrsg. v. Heinrich Portmann, Freiburg i. Br. 1946.
Bismarck, Otto von, *Werke in Auswahl*, hrsg. v. Alfred Milatz, Bde. 5–7, Darmstadt 1973–1981.
Mit brennender Sorge. Das päpstliche Rundschreiben gegen den Nationalsozialismus und seine Folgen in Deutschland, hrsg. v. Simon Wirt, Freiburg i. Br. 1945.
Die CDU/CSU im Parlamentarischen Rat. Sitzungsprotokolle der Unionsfraktion, eingel. u. bearb. v. Rainer Salzmann (*Forschungen und Quellen zur Zeitgeschichte*, Bd. 2), Stuttgart 1981.
Christen für den Sozialismus. Dokumente (1945–1959), hrsg. v. Walter Dirks/Klaus Schmidt/Martin Stankowski, Stuttgart/Berlin/Köln/Mainz 1975.
Dokumente der deutschen Politik und Geschichte von 1848 bis zur Gegenwart, hrsg. v. Johannes Hohlfeld, Bd. VI: *Deutschland nach dem Zusammenbruch*, Berlin/München 1953.
Dokumente zur parteipolitischen Entwicklung in Deutschland seit 1945, Bd. 2: *Programmatik der deutschen Parteien*, hrsg. v. Ossip K. Flechtheim, Berlin 1963.
Die unterlassene Ehrung des Reichskanzlers Joseph Wirth. Blüten eines provinziellen Antikommunismus. Ein dokumentarisches Lesebuch, hrsg. v. Gernot Erler/Karl-Otto Sattler, Freiburg i. Br. 1980.
Freiheit, Demokratie und pluralistische Gesellschaft in der Sicht der katholischen Kirche. Dokumente aus Verlautbarungen der Päpste und des Zweiten Vatikanischen Konzils, bearb. v. Godehard Lindgens (*Geschichte und Theorie der Politik*, Unterreihe B, Bd. 7), Stuttgart 1985.
Hirtenbriefe und Ansprachen zu Gesellschaft und Politik 1945–1949, bearb. v. Wolfgang Löhr (*Dokumente deutscher Bischöfe*, Bd. 1), Würzburg 1985.

Katholische Kirche im demokratischen Staat. Hirtenworte der deutschen Bischöfe zu wichtigen Fragen der Zeit und zu den Bundestagswahlen 1945 bis 1980, hrsg. u. eingel. v. Alfons Fitzek, Würzburg 1981.

Konrad Adenauer. Seine Zeit, sein Werk, Ausstellungskatalog, Staatsarchiv Münster, 1976.

Konrad Adenauer und die CDU der britischen Besatzungszone 1946—1949. Dokumente zur Gründungsgeschichte der CDU Deutschlands, eingel. u. bearb. v. Helmuth Pütz, hrsg. v. d. Konrad-Adenauer-Stiftung, Bonn 1975.

Müller, Hans, *Katholische Kirche und Nationalsozialismus. Dokumente 1930—1935*, München 1963.

Papst Pius XI., *Rundschreiben über den atheistischen Kommunismus*, Recklinghausen 1951.

Der Papst spricht. Ansprachen und Botschaften Papst Pius' XII. aus der Kriegs- und Nachkriegszeit, hrsg. v. Bischöflichen Ordinariat Berlin, Berlin-Neukölln 1946.

Die Protokolle der Reichstagsfraktion und des Fraktionsvorstands der Deutschen Zentrumspartei 1926—1933, bearb. v. Rudolf Morsey (*Veröffentlichungen der Kommission für Zeitgeschichte*, Reihe A, Bd. 9), Mainz 1969.

Staatliche Macht und Katholizismus in Deutschland, hrsg. v. Ernst Heinen, Bd. 1: *Dokumente des politischen Katholizismus von seinen Anfängen bis 1867*, Paderborn 1969.

Staatliche Macht und Katholizismus in Deutschland, hrsg. v. Ernst Heinen, Bd. 2: *Dokumente des politischen Katholizismus 1867—1914*, Paderborn 1979.

Texte zur katholischen Soziallehre. Die sozialen Rundschreiben der Päpste und andere kirchliche Dokumente, hrsg. v. Bundesverband der Katholischen Arbeitnehmer-Bewegung (KAB) Deutschlands, Kevelaer [5]1982.

Texte zur katholischen Soziallehre II. Dokumente zur Geschichte des Verhältnisses von Kirche und Arbeiterschaft am Beispiel der Katholischen Arbeitnehmer-Bewegung (KAB) Deutschlands, Kevelaer 1976.

Zeugnis und Kampf des deutschen Episkopats. Gemeinsame Hirtenbriefe und Denkschriften, hrsg. v. Konrad Hofmann (*Das christliche Deutschland 1933—1945. Dokumente und Zeugnisse*, hrsg. v. einer Arbeitsgemeinschaft katholischer und evangelischer Christen, *Katholische Reihe*, H. 2), Freiburg i. Br. 1946.

4. Gedruckte Reden, Programm- und Flugschriften zur Zentrumspolitik bis 1933

Bachem, Julius, *Das Zentrum — eine politische Partei*, Rede, gehalten in der Generalversammlung des Düsseldorfer Windthorstbundes vom 10. Oktober 1906, in: *Flugschriften der Rheinischen Zentrumspartei*, H. 1: *Das Zentrum und sein Programm nach den Reden verschiedener Zentrumsführer*, Köln 1907, S. 51—62.

Bebel, August, *Sozialdemokratie und Zentrum. Eine Rede Bebels in Bamberg*, Berlin 1903.

Berus, Justinus, *Hütet Euch vor den falschen Propheten! Antwort auf das Flugblatt: „Der rasende See der bayerischen Centrumsfraktion"*, München 1890.

Flugschriften der Deutschen Zentrumspartei 1924, hrsg. v. Reichsgeneralsekretariat der Deutschen Zentrumspartei, Berlin o. O., o. J.

Fürstenberg, Ferdinand Frhr. v., *Die Schuld des Zentrums. Tatsachen und Folgerungen*, o. O., 1932.

Gedächtnis-Rede auf den verewigten Zentrumsführer Dr. Ernst Maria Lieber, gehalten bei der Trauerfeier des katholischen Casinos, Regensburg, am 3. April 1902 von Heinrich Held, Regensburg o. J.

Joos, Joseph, *Die politische Ideenwelt des Zentrums* (*Wissen und Wirken*, Bd. 54), Karlsruhe 1928.

Katholische Sozialpolitik im 20. Jahrhundert. Ausgewählte Aufsätze und Reden von Heinrich Brauns, bearb. v. Hubert Mockenhaupt (*Veröffentlichungen der Kommission für Zeitgeschichte*, Reihe A, Bd. 19), Mainz 1976.

Marxismus, Kommunismus, Bolschewismus, hrsg. v. Generalsekretariat der Deutschen Zentrumspartei, Berlin 1931.

Ohr, Wilhelm, *Das Zentrum* (*Deutsches Parteiwesen, dargestellt v. Freunden des Nationalvereins*, H. 4), München 1911.

Die berufständische Ordnung. Idee und praktische Möglichkeiten, hrsg. v. Josef van der Velden (*Veröffentlichungen des Volksvereins für das katholische Deutschland*), Köln 1932.

Pieper, August, Der Ausgleich der wirtschaftlichen Interessen im Zentrumsprogramm. Rede, gehalten auf dem Parteitag zu Bonn am 4. November 1906, in: *Flugschriften der Rheinischen Zentrumspartei,* H. 1: *Das Zentrum und sein Programm nach den Reden verschiedener Zentrumsführer,* Köln 1907, S. 43–50.

Die verderbliche Politik des Zentrums, hrsg. v. der Deutschnationalen Schriftenvertriebsstelle GmbH, Berlin 1933.

Rako, Otto, *Katholizismus und Zentrumspolitik zu Sozialismus und Reichsbanner. Eine Gewissenerforschung für Katholiken,* Berlin o. J.

Richard (Pseudonym), *Erzberger-Monolog (frei nach Goethes Faust),* Berlin o. J.

Richtlinien der Deutschen Zentrumspartei, beschlossen auf dem 2. Reichsparteitag der Deutschen Zentrumspartei zu Berlin am 19. Januar 1922, Troisdorf o. J.

Röder, Adam, *Der Weg des Zentrums (Gesammelte Reden und Schriften zur deutschen Politik der Nachkriegszeit,* H. 3), Berlin 1925.

Schreiber, Georg, *Grundfragen der Zentrumspolitik. Ein politisches Handbuch in Frage und Antwort,* Berlin 1924.

Schreiber, Georg, *Brüning, Hitler, Schleicher. Das Zentrum in der Opposition,* Köln [15]1932.

Sinclair, Upton, *Erzberger kommt wieder!!!,* hrsg. v. Deutschen Aufklärungsdienst für das In- und Ausland, Berlin-Wilmerdorf *(Innere Politik,* H. 1), 1920.

Spahn, Martin, *Das deutsche Zentrum (Kultur und Katholizismus,* Bd. V), Mainz / München o. J.

Spahn, (Peter), Das Zentrum und sein Programm. Rede, gehalten auf dem Parteitag zu Köln am 18. Oktober 1905, in: *Flugschriften der Rheinischen Zentrumspartei,* H. 1: *Das Zentrum und sein Programm nach den Reden verschiedener Parteiführer,* Köln 1907, S. 5–30.

Stegerwald, Adam, *Arbeiterwähler und Zentrumspartei.* Vortrag, gehalten auf einer Versammlung von Kölner Arbeiter-Zentrums-Wählern am 27. Juli 1918, Krefeld o. J.

Trimborn, Carl, Der Zentrumsgedanke. Festrede, gehalten auf der Festversammlung des Vertretertages des Verbands der Windthorstbunde zu Köln am 21. Juni 1905, in: *Flugschriften der Rheinischen Zentrumspartei. Das Zentrum und sein Programm nach den Reden verschiedener Zentrumsführer,* Köln 1907, S. 31–39.

Vierzig Jahre Zentrum! Der Reichsausschuß der Zentrumspartei. Das Zentrumsprogramm, erläutert durch Freiherrn v. Hertling, Dr. Porsch, Dr. v. Orterer, Dr. Schädler, Freiherrn v. Landsberg, Dr. Carl Bachem, Berlin 1911.

5. Publikationen der Deutschen Zentrums-Partei 1945–1953 (Auswahl)

Aufsätze und Skizzen zu Fragen der Zeit, hrsg. v. der Deutschen Zentrums-Partei, Essen 1947.

Barzel, Rainer, *Grundzüge zeitnaher Verfassungspolitik,* Essen 1947.

Bericht über den Parteitag der Deutschen Zentrums-Partei in Werl am 16. und 17. November 1946 (Essen 1947).

Bericht über den Parteitag der Deutschen Zentrums-Partei in Recklinghausen am 24. und 25. Januar 1948 (Essen 1948).

Geschäftsordnung der Deutschen Zentrums-Partei für die Delegierten- bzw. Parteitage (und zur sinngemäßen Anwendung für Vorstandssitzungen, Ausschußsitzungen, Mitgliederversammlungen und öffentlichen Versammlungen), o. O., o. J.

Grundsatzungen der Deutschen Zentrums-Partei, o. O., o. J.

Hamacher, Wilhelm, *Warum Zentrum?,* Düsseldorf 1946.

Helmerich, Abbo, *Der katholische Mensch in der Welt von heute,* Essen 1946.

Jugend im Zentrum. Delegiertentag des Windthorstbundes in der Deutschen Zentrums-Partei am 19. und 20. Juli 1947 in Gescher, Düsseldorf 1947.

Kölner Erklärung der Deutschen Zentrums-Partei zur deutschen Politik, o. O., o. J.

Krabbe, Friedrich / Förster, Bernhard, *Jugend im Aufbruch,* o. O. 1947.

Das Kultur- Wirtschafts- und Sozialprogramm der Deutschen Zentrums-Partei, beschlossen auf dem Parteitag in Werl am 16. und 17. November 1946, hrsg. v. Windthorstbund in der Deutschen Zentrums-Partei Nordrhein-Westfalens, o. O. 1953.

Niederschrift über den ersten Parteitag des Zentrums, Hamm / Westf. o. J.

Politik der Mitte. Leitaufsätze der Rhein-Ruhr-Zeitung 1946–47, o. O., o. J.

Das Programm der Deutschen Zentrums-Partei, hrsg. v. der Deutschen Zentrums-Partei, Essen 1947.

Stricker, Fritz, *75 Jahre deutsche Außenpolitik,* o. O., o. J.

Volk ohne Mitte. Das Zentrum im Kampf, o. O., o. J. (Essen 1946).
Wer entscheidet Deine Zukunft?, hrsg. v. d. Zentralgeschäftsstelle der Deutschen Zentrums-Partei, Münster 1949.
Wessel, Helene, *Der Weg der deutschen Demokratie*, Hattingen 1946.
Wessel, Helene, *Von der Weimarer Republik zum demokratischen Volksstaat*, Essen 1947.
Wohin des Weges? Besinnung im politischen Raum (Das Zentrum im Kampf), Essen 1947.

6. Sonstige gedruckte Reden, Programm- und Flugschriften

Elfes, Wilhelm, *Ich bitte ums Wort. Zur Diskussion mit meinen Freunden*, o. O., o. J.
Elfes, Wilhelm, *Gespräche um Deutschland*, Krefeld o. J. (1957).
Erbe und Aufgabe. Bericht über die Tagung der Sozialausschüsse der CDU der britischen Zone in Herne i. Westf. am 21./22.2.1947, o. J.
Fleischer, Johannes, *Katholischer Wehrbeitrag. Gestern und heute*, Hannover o. J. (1953).
Der Katholik und die SPD, hrsg. v. Vorstand der SPD, Bonn 1959.
Kirche und Standesvereine. Vom Werdegang und Wesen der Katholischen Arbeitervereine her gesehen, hrsg. v. Hermann Joseph Schmitt, Köln 1948.
Knappstein, Karl Heinz, *Sozialismus aus christlicher Verantwortung. Was ist das?*, o. O., o. J.
Programm der KAB, gegeben zu Gelsenkirchen 1950, Köln o. J.
Scharmitzel, Theodor, *Christlich-Demokratische Union. Ihr Wesen und Wollen*, hrsg. v. der Christlich-Demokratischen Union Deutschlands, Landesverband Rheinland, Köln o. J.
Schwarz, Leopold, *Arbeiter, das solltest du wissen! (Katholische Schriftenmission)*, Leutesdorf a. Rh. 1952.
Sevenich, Maria, *Unser Gesicht. Vortrag auf dem 1. Reichstreffen der Christlich-Demokratischen Union in Bad Godesberg. Abhandlung über Christlichen und Marxistischen Sozialismus (Politik aus christlicher Verantwortung*, H. 1), o. O., [2]1946.
Sevenich, Maria, *Um Schuld und Not unserer Zeit. Realpolitische Erwägungen über Kollektiv- und Individualschuld und das christliche Menschenbild (Politik aus christlicher Verantwortung*, H. 2), Recklinghausen 1946.
Sevenich, Maria, *Gebt dem Kaiser, was des Kaisers ist. Ein Beitrag zur Geschichte des politischen Katholizismus*, Hamburg 1949.
Stegerwald, Adam, *Wo stehen wir? Rede, gehalten im Stadthaus zu Würzburg am 21. August 1945*, Würzburg 1946.
Stegerwald, Adam, *Wohin gehen wir? Druckfassung eines Vortrages bei der konstituierenden Versammlung der Christlich-Sozialen Union in Würzburg am 13. Oktober 1945*, Würzburg 1946.
Stegerwald, Adam, *Von deutscher Zukunft. Auszüge aus einem Vortrag bei der konstituierenden Versammlung der Christlich-Sozialen Union in Würzburg am 13. Oktober 1945*, Würzburg 1946.
Stocky, Julius, *Denkschrift über die künftige Gestaltung des deutschen Parteiwesens*, Opladen 1945.
Stocky, Julius, *Gedanken zur Zielsetzung einer sozialkonservativen Partei*, Opladen 1945.
Wessel, Helene, *Die heutige Lage der Weltpolitik und die gesamtdeutsche Frage. Vortrag, gehalten auf der Kundgebung der Gesamtdeutschen Volkspartei am 11. März 1953 in Frankfurt a. M.*, Dortmund o. J.
Zehn Jahre Christlich-Demokratische Union in Köln. Eine Festschrift 1955, hrsg. v. d. CDU Köln-Stadt, Köln o. J.
Zimmermann, Karl, *Neues Wollen, neue Ordnung. Bericht über die Tagung der Sozialausschüsse der CDU Nordrhein Westfalen in Herne i. Westf. am 8 /9 11 1946*, Gummersbach 1947.

7. Handbücher, Jahrbücher, Statistiken, Dokumentationen

Amtliches Handbuch des Deutschen Bundestages (2. Wahlperiode 1953), Darmstadt 1954.
Biographisches Handbuch der deutschsprachigen Emigration nach 1933, hrsg. v. Institut für Zeitgeschichte/Research Foundation for Jewish Immigration, Inc., New York, unter der Gesamtleitung von Werner Röder/Herbert A. Strauss, 3 Bde., München/New York/London/Paris 1980–1983.

Der Christ in der Not der Zeit. Der 72. Deutsche Katholikentag vom 1.–5. September 1948 in Mainz, hrsg. v. Generalsekretariat des Zentralkomitees der Katholiken Deutschlands zur Vorbereitung der Katholikentage, Paderborn 1949.

Christi Liebe ist stärker. 86. Deutscher Katholikentag vom 4.6.–8.6.1980 in Berlin, hrsg. v. Zentralkomitee der deutschen Katholiken, Paderborn 1980.

Deutscher Bundestag. Verhandlungen des Deutschen Bundestages (1. Wahlperiode 1949–1953), Stenographische Berichte, Bd. 14, 15, Bonn 1953; Registerband: Andernach 1954.

Essener Kongreß 1950 der christlich-demokratischen Arbeitnehmerschaft, hrsg. v. d. Sozialausschüssen der christlich-demokratischen Arbeitnehmerschaft (CDU/CSU), Königswinter o. J.

Evangelisches Staatslexikon, hrsg. v. Hermann Kunst/Roman Herzog/Wilhelm Schneemelcher, Stuttgart/Berlin ²1975.

Fünfzig Jahre Wahlen in Nordrhein-Westfalen 1919–1968. Beiträge zur Statistik des Landes Nordrhein-Westfalen, H. 244, hrsg. v. Statistischen Landesamt Nordrhein-Westfalen, Düsseldorf 1969.

Gebhardt, Bruno, *Handbuch der deutschen Geschichte*, Bd. 3: *Von der Französischen Revolution bis zum ersten Weltkrieg*, bearb. v. Herbert Grundmann, Stuttgart ⁹1970.

Gerechtigkeit schafft Frieden. Der 73. Deutsche Katholikentag v. 31.8.–4.9.1949 in Bochum, hrsg. v. Generalsekretariat des Zentralkomitees der Deutschen Katholikentage, Paderborn 1949.

Gesetz- und Verordnungsblatt für das Land Nordrhein-Westfalen, hrsg. mit Genehmigung der Militärregierung, 1. Jg., Nr. 5, Düsseldorf, 5.3.1947.

Handbuch der christlich-sozialen Bewegung, hrsg. v. Heinz Budde, Recklinghausen 1967.

Handbuch des Deutschen Bundestages, hrsg. v. Fritz Sänger, Stuttgart ²1952.

Handbuch des Deutschen Bundestages, hrsg. v. Fritz Sänger, Stuttgart ³1954.

Handbuch des Deutschen Bundestages, hrsg. v. Fritz Sänger, Stuttgart ⁴1957.

Handbuch der Kirchengeschichte, hrsg. v. Hubert Jedin, 7 Bde., Freiburg i. Br./Basel/Wien 1985.

Handbuch des Landtages Nordrhein-Westfalen (1. Wahlperiode), Düsseldorf 1949.

Handbuch des Landtages Nordrhein-Westfalen (2. Wahlperiode), Düsseldorf 1951.

Handbuch des Landtages Nordrhein-Westfalen (3. Wahlperiode), Dortmund 1954.

Handbuch des Niedersächsischen Landtages (1. Wahlperiode), Hannover 1948.

Handbuch des Niedersächsischen Landtages (2. Wahlperiode), Hannover 1951.

Handbuch des Niedersächsischen Landtages (3. Wahlperiode), Hannover 1955.

Handbuch des Staatskirchenrechts der Bundesrepublik Deutschland, hrsg. v. Ernst Friesenhahn/Ulrich Scheuner, 2 Bde., Berlin 1974, 1975.

Internationales Jahrbuch für Religionssoziologie, hrsg. v. Joachim Matthes, Bd. 1: *Religiöser Pluralismus und Gesellschaftsstruktur*, Köln/Opladen 1965.

Internationales Jahrbuch für Religionssoziologie, hrsg. v. Joachim Matthes, Bd. 2: *Theoretische Aspekte der Religionssoziologie (I)*, Köln/Opladen 1966.

Internationales Jahrbuch für Religionssoziologie, hrsg. v. Joachim Matthes, Bd. 2: *Theoretische Aspekte der Religionssoziologie (II)*, Köln/Opladen 1967.

Internationales Jahrbuch für Religionssoziologie, hrsg. v. Günter Dux, Bd. 7: *Religion und sozialer Wandel und andere Arbeiten*, Opladen 1971.

Der Katholizismus in der Bundesrepublik Deutschland 1945–1980. Eine Bibliographie, hrsg. v. Ulrich von Hehl/Heinz Hürten (*Veröffentlichungen der Kommission für Zeitgeschichte*, Reihe B, Bd. 40), Mainz 1983.

Kirchliches Handbuch. Amtliches statistisches Jahrbuch der katholischen Kirche Deutschlands, hrsg. v. Franz Groner für die Amtliche Zentralstelle für kirchliche Statistik des katholischen Deutschlands, Bd. XXIII (1944–1951), Köln (1951).

Landtag Nordrhein-Westfalen, Ernennungsperiode und 1. Wahlperiode. Landtagsdrucksachen I–1 bis I–135, II–I bis II–272 (PA ZI 6).

Landtag Nordrhein-Westfalen (Erste Wahlperiode), Stenographischer Bericht über die 35.–40. Sitzung (9. Sitzungsabschnitt) des Landtages Nordrhein-Westfalen am 5., 6. und 7. April 1948, Düsseldorf o. J.

Landtag Nordrhein-Westfalen (Erste Wahlperiode), Stenographischer Bericht über die 56.–59. Sitzung (14. Sitzungsabschnitt) des Landtages Nordrhein-Westfalen am 5. und 6. August 1948, Düsseldorf o. J.

Landtag Nordrhein-Westfalen (2. Wahlperiode), Stenographische Berichte, Bd. 1, 1.–30. Sitzung vom 5. Juli bis 1. August 1951, Düsseldorf 1952.

Landtag Nordrhein-Westfalen (2. Wahlperiode), Stenographische Berichte, Bd. 2, 31.–63. Sitzung vom 9. Oktober 1951 bis 30. Juli 1952, Düsseldorf 1952.

Die Lebensverhältnisse in Deutschland 1947. Eine Studie des Hilfswerks der Evangelischen Kirche in Deutschland, Stuttgart im Juni 1947.

Lexikon zur Parteigeschichte. Die bürgerlichen und kleinbürgerlichen Parteien und Verbände in Deutschland (1789–1945), hrsg. v. Dieter Fricke u. a., 4 Bde., Leipzig 1983–1986.

Office of the U. S. High Commissioner for Germany. Elections and Political Parties in Germany 1945–1952, prepared by Policy Reports Secretary. Office of Executive Secretary, 1. Juni 1952.

Parlamentarischer Rat. Grundgesetz für die Bundesrepublik Deutschland (Entwürfe), Bonn 1948/49, Bonn o. J.

Parlamentarischer Rat. Stenographische Berichte, 1.–12. Sitzung 1948/49, Bonn 1949.

Parlamentarischer Rat. Verhandlungen des Hauptausschusses Bonn 1948/49, Bonn o. J.

Parlamentarischer Rat Bonn 1948/49. Schriftlicher Bericht zum Entwurf des Grundgesetzes für die Bundesrepublik Deutschland (Anlage zum stenographischen Bericht der 9. Sitzung des Parlamentarischen Rates am 6. Mai 1949), Bonn o. J.

Parteien-Handbuch. Die Parteien der Bundesrepublik Deutschland 1945–1980, 2. Bde., hrsg. v. Richard Stöss (*Schriften des Zentralinstituts für sozialwissenschaftliche Forschung der Freien Universität Berlin*, Bd. 38, 39), Opladen 1983, 1984.

Die Parteien und die Presse der Parteien und Gewerkschaften in der Bundesrepublik Deutschland 1945–1974, hrsg. v. Horst W. Schmollinger/Richard Stöss (*Berichte und Materialien des Zentralinstituts für sozialwissenschaftliche Forschung der Freien Universität Berlin*, Bd. 2), München 1975.

Die deutschen Parteien im Überblick. Von den Anfängen bis heute, hrsg. v. Walter Schlangen, Düsseldorf 1979.

Political Parties in Western Germany, prepared by Political Activities Branch, Civil Administration Division, Office of Military Government for Germany (US), 1. August 1949.

Recent Changes in the German Party System, OIR Report Nr. 4675, 10.8.1948, Department of State (Division of Research for Europe, Office of Intelligence Research).

Die Religionsgliederung der Bevölkerung des Landes Nordrhein-Westfalen nach den Ergebnissen der Volkszählung vom 29.10.1946. Beiträge zur Statistik des Landes Nordrhein-Westfalen, hrsg. v. Statistischen Landesamt Nordrhein-Westfalen, H. 1, Essen-Kettwig 1949.

Staatslexikon. Recht – Wirtschaft – Gesellschaft, hrsg. v. d. Görres-Gesellschaft, 11 Bde., Freiburg i. Br. [6]1957–1970; [7]1985/86.

Statistische Berichte des Statistischen Landesamtes Nordrhein-Westfalen, Düsseldorf, Berichte B III 2, 7.7.1958; B III 2/S-3/66, 19.1.1967.

Statistische Kurzberichte Nordrhein-Westfalen, hrsg. v. Statistischen Landesamt Düsseldorf, Jg. 1948, Nr. 5, 22.10.1948.

Statistische Rundschau für das Land Nordrhein-Westfalen, 1. Jg. (1949), H. 2.

Statistische Rundschau für das Land Nordrhein-Westfalen, 5. Jg. (1953), H. 7.

Statistische Rundschau für das Land Nordrhein-Westfalen, 10. Jg. (1958), H. 8/10.

Storbeck, Anna-Christine, Die Regierungen des Bundes und der Länder seit 1945, in: *Deutsches Handbuch der Politik*, Bd. 4, München 1970.

Die Wahlen in Nordrhein-Westfalen in den Jahren seit 1948, hrsg. v. Statistischen Landesamt Nordrhein-Westfalen, Düsseldorf 1952.

Die Wahlen in Nordrhein-Westfalen 1950–1957, hrsg. v. Statistischen Landesamt Nordrhein-Westfalen, Düsseldorf 1958.

Die Wahlen in Nordrhein-Westfalen 1952–1958 (Statistische Berichte des Statistischen Landesamtes Nordrhein-Westfalen, Düsseldorf), B III, 3–60, 1.6.1960.

Western Germany Splinter Groups. OIR Report Nr. 5176, 11. Mai 1950. Department of State, Office of Intelligence Research 1950.

Wirtschaftsrat des Vereinigten Wirtschaftsgebietes (Amerikanisches und Britisches Besatzungsgebiet in Deutschland), Frankfurt a. M. Wörtliche Berichte über die Vollversammlungen des Zwei-Zonen-Wirtschaftsrates in Frankfurt a. M. (1.–40. Vollversammlung), Wiesbaden o. J.

Wörterbuch der Kirchengeschichte, hrsg. v. Carl Andresen/Georg Denzler, München 1982.

Wörtliche Berichte und Drucksachen des Wirtschaftsrates des Vereinigten Wirtschaftsgebietes 1947–1949, 5 Bde. u. ein Erschließungsband, hrsg. v. Institut für Zeitgeschichte und dem Deutschen Bundestag, Wissenschaftliche Dienste, bearb. v. Christoph Weisz u. Hans Woller, München 1977.

8. Monographien und Aufsätze

Aus der Fülle der Literatur kann hier nur ein Ausschnitt verzeichnet werden. Sofern Sammelbände angegeben sind, werden einzelne Aufsätze daraus nicht gesondert nachgewiesen.

Adam, Karl, *Das Wesen des Katholizismus*, Düsseldorf [12]1949.

Adenauer, Konrad, *Erinnerungen 1945–1953*, Stuttgart 1965.

Adenauer-Studien, Bd. 1, hrsg. v. Rudolf Morsey/Konrad Repgen (*Veröffentlichungen der Kommission für Zeitgeschichte bei der Katholischen Akademie in Bayern*, Reihe B, Bd. 10), Mainz 1971.

Ambrosius, Gerold, *Die Durchsetzung der sozialen Marktwirtschaft in Westdeutschland 1945– 1949 (Beiträge zur Wirtschafts- und Sozialpolitik in Deutschland nach 1945*, Bd. I; *Studien zur Zeitgeschichte*, Bd. 10), Stuttgart 1977.

Amery, Carl, *Die Kapitulation oder Deutscher Katholizismus heute*, Reinbek 1963.

Amery, Carl, Yoghis und Kommissare. Der westdeutsche Katholizismus 1945–1962, in: *Bestandsaufnahme. Eine deutsche Bilanz 1962*, München/Wien/Basel 1962, S. 155–177.

Anderson, Margaret L., *Windthorst. A Political Biographie (Oxford University Press)*, Oxford 1981.

Aretz, Jürgen, *Katholische Arbeiterbewegung und Nationalsozialismus. Der Verband Katholischer Arbeiter- und Knappenvereine Westdeutschlands 1923–1945 (Veröffentlichungen der Kommission für Zeitgeschichte*, Reihe B, Bd. 25), Mainz 1978.

Baader, Franz von, *Sämtliche Werke*, hrsg. v. Franz Hoffmann u. a., Leipzig 1851 ff.

Bach, Jürgen A., *Franz von Papen in der Weimarer Republik. Aktivitäten in Politik und Presse 1918–1932*, Düsseldorf 1977.

Bachem, Carl, *Politik und Geschichte der Zentrumspartei*, Köln 1918.

Bachem, Karl, *Vorgeschichte, Geschichte und Politik der deutschen Zentrumspartei. Zugleich ein Beitrag zur Geschichte der Katholischen Bewegung sowie zur allgemeinen Geschichte des neueren und neuesten Deutschlands, 1815–1914*, 9 Bde., Köln 1927–1932.

Baring, Arnulf, *Außenpolitik in Adenauers Kanzlerdemokratie. Bonns Beitrag zur Europäischen Verteidigungsgemeinschaft (Schriften des Forschungsinstituts der Deutschen Gesellschaft für auswärtige Politik e. V.*, Bd. 28), München/Wien 1969.

Barthel, Manfred, *Die Jesuiten. Legende und Wahrheit der Gesellschaft Jesu. Gestern – Heute – Morgen*, Frankfurt a. M./Berlin/Wien 1984.

Barzel, Rainer, *Die deutschen Parteien*, Geldern 1952.

Bauer, Clemens, Der deutsche Katholizismus und die bürgerliche Gesellschaft, in: *Deutscher Katholizismus. Entwicklungslinien und Profile*, hrsg. v. Clemens Bauer, Frankfurt a. M. 1964, S. 28–53.

Bayern in der NS-Zeit. Soziale Lage und politisches Verhalten der Bevölkerung im Spiegel vertraulicher Berichte, hrsg. v. Martin Broszat/Elke Fröhlich/Falk Wiesemann (*Veröffentlichungen im Rahmen des Projekts Widerstand und Verfolgung in Bayern 1933–1945* i. A. des Bayerischen Staatsministers für Unterricht und Kultur, Bd. 1), München/Wien 1977.

Berberich, Walter, *Die historische Entwicklung der christlich-sozialen Union in Bayern bis zum Eintritt in die Bundespolitik*, Phil. Diss., Würzburg 1965.

Bergmann, Karl Hans, *Die Bewegung „Freies Deutschland“ in der Schweiz 1943–1945*, München 1974.

Bergsträßer, Ludwig, *Studien zur Vorgeschichte der Zentrumspartei (Beiträge zur Parteigeschichte*, Bd. 1), Tübingen 1910.

Bergsträsser, Ludwig, *Geschichte der politischen Parteien in Deutschland (Deutsches Handbuch der Politik*, Bd. 2), München [10]1960.

Bertsch, Herbert, *CDU/CSU demaskiert*, Berlin (DDR) 1961.

Beyer, Georg, *Katholizismus und Sozialismus (Schriften zur Zeit)*, Berlin 1927.

Bilanz des deutschen Katholizismus, hrsg. v. Norbert Greinacher/Heinz Theo Risse, Mainz 1966.

Bismarck, Otto von, *Gedanken und Erinnerungen*, Stuttgart/Berlin 1926.

Blackbourn, David, *Class, Religion and Local Politics in Wilhelmine Germany. The Centre Party in Württemberg before 1914 (Yale University Press)*, New Haven/London 1980.

Bloch, Ernst, *Naturrecht und menschliche Würde*, Frankfurt a. M. 1977.

Blos, Wilhelm, *Die deutsche Revolution. Geschichte der Deutschen Bewegung von 1848 und 1849*, hrsg. v. Hans J. Schütz, Berlin/Bonn 1978.

Blumenberg-Lampe, Christine, *Das wirtschaftspolitische Programm der „Freiburger Kreise". Entwurf einer freiheitlich-sozialen Nachkriegswirtschaft. Nationalökonomen gegen den Nationalsozialismus (Volkswirtschaftliche Schriften*, Bd. 208), Berlin 1973.

Böckenförde, Ernst-Wolfgang, *Kirchlicher Auftrag und politische Entscheidung (Rombach-Hochschul-Paperback*, Bd. 55), Freiburg 1973.

Boldt, Werner, *Die Anfänge des deutschen Parteiwesens. Fraktionen, politische Vereine und Parteien in der Revolution 1848. Darstellung und Dokumentation*, Paderborn 1971.

Borinski, Friedrich, *Joseph Görres und die deutsche Parteibildung (Leipziger rechtswissenschaftliche Studien*, H. 30), Leipzig 1927, Nachdruck Leipzig 1970.

Bracher, Karl Dietrich, *Nationalsozialistische Machtergreifung und Reichskonkordat. Ein Gutachten zur Frage des geschichtlichen Zusammenhangs und der politischen Verknüpfung von Reichskonkordat und nationalsozialistischer Revolution*, hrsg. v. d. Hessischen Landesregierung, Wiesbaden 1956.

Bracher, Karl Dietrich, *Die Auflösung der Weimarer Republik. Eine Studie zum Problem des Machtverfalls in der Demokratie (Schriften des Instituts für politische Wissenschaft*, Bd. 4), Villingen ³1960.

Brack, Rudolf, *Deutscher Episkopat und Gewerkschaftsstreit 1900—1914 (Bonner Beiträge zur Kirchengeschichte*, Bd. 9), Köln/Wien 1976.

Breuning, Klaus, *Die Vision des Reiches. Deutscher Katholizismus zwischen Demokratie und Diktatur (1929—1934)*, München 1969.

Brose, Eric Dorn, *Christian Labor and the Politics of Frustration in Imperial Germany*, Phil. Diss., Columbus/Ohio 1978.

Brüning, Heinrich, *Briefe 1946—1960*, hrsg. v. Claire Nix, Stuttgart 1974.

Buchhaas, Dorothee, *Gesetzgebung im Wiederaufbau. Schulgesetz in Nordrhein-Westfalen und Betriebsverfassungsgesetz 1945—1952 (Beiträge zur Geschichte des Parlamentarismus und der politischen Parteien*, Bd. 79), Düsseldorf 1985.

Buchhaas, Dorothee, *Die Volkspartei. Programmatische Entwicklung der CDU 1950—1973 (Beiträge zur Geschichte des Parlamentarismus und der politischen Parteien*, Bd. 68), Düsseldorf 1981.

Buchheim, Karl, *Ultramontanismus und Demokratie. Der Weg der deutschen Katholiken im 19. Jahrhundert*, München 1963.

Budde, Heinz, *Die Arbeitnehmerschaft in der Industriegesellschaft. Beiträge und Versuche zu einer sozialen und politischen Standortbestimmung der Christlich-Sozialen Bewegung*, Essen 1963.

Die CDU in Baden-Württemberg und ihre Geschichte (Schriften zur politischen Landeskunde Baden-Württembergs, Bd. 2), hrsg. v. Paul-Ludwig Weinacht, Stuttgart/Berlin/Köln/Mainz 1978.

Die CDU und ihr Programm. Programme, Erklärungen, Entschließungen, hrsg. v. Bruno Heck, Melle 1979.

CDU-Programmatik. Grundlagen und Herausforderungen, hrsg. v. Wulf Schönbohm/Günther E. Braun (*Olzog Studienbuch*), München/Wien 1981.

Der CDU-Staat. Analysen zur Verfassungswirklichkeit der Bundesrepublik, hrsg. v. Gert Schäfer/Carl Nedelmann, 2 Bde., Frankfurt a. M. 1972.

Die Centrumsfractionen an der Jahrhundertwende. Entstehung, Programme, Satzungen, Wahlaufrufe und Mitglieder-Verzeichnisse der Centrumsfractionen des Deutschen Reichstages und des Preussischen Abgeordnetenhauses, Berlin 1900.

Christlich-demokratische und konservative Parteien in Westeuropa, hrsg. v. Hans-Joachim Veen, 2 Bde., Paderborn 1983.

Christliche Demokraten der ersten Stunde, hrsg. v. d. Konrad-Adenauer-Stiftung für politische Bildung und Studienförderung e. V., Bonn 1966.

Clemens, Gabriele, *Martin Spahn und der Rechtskatholizismus in der Weimarer Republik (Veröffentlichungen der Kommission für Zeitgeschichte*, Reihe B, Bd. 37), Mainz 1983.

Conze, Werner, *Jakob Kaiser. Politiker zwischen Ost und West 1945–1949*, Stuttgart/Berlin/Köln/Mainz 1969.

Denzler, Georg/Volker Fabricius, *Die Kirchen im Dritten Reich. Christen und Nazis Hand in Hand?*, 2 Bde., Frankfurt a. M. 1984.

Deschner, Karlheinz, *Ein Jahrhundert Heilsgeschichte. Die Politik der Päpste im Zeitalter der Weltkriege*, 2 Bde., Köln 1982/83.

Deuerlein, Ernst, *CDU/CSU 1945–1957. Beiträge zur Zeitgeschichte*, Köln 1957.

Deuerlein, Ernst, *Der deutsche Katholizismus 1933* (Fromms Taschenbücher „Zeitnahes Christentum", Bd. 10), Osnabrück 1963.

Deutscher Katholizismus nach 1945. Kirche-Gesellschaft-Geschichte, hrsg. v. Hans Maier, München 1964.

Deutz, Josef, *Adam Stegerwald. Gewerkschafter — Politiker — Minister 1874–1945. Ein Beitrag zur Geschichte der christlichen Gewerkschaften in Deutschland*, Köln 1952.

Dipper, Christof, *Volksfrömmigkeit und Obrigkeit im 18. Jahrhundert*, Referat auf dem Historikertag in Berlin, 3.–5.10.1984.

Dirks, Walter, Katholizismus und Nationalsozialismus, in: *Die Arbeit*, 8. Jg. (1931).

Dirks, Walter, *Die zweite Republik*, Frankfurt a. M. 1947.

Dirks, Walter, *Der singende Stotterer. Autobiographische Texte*, München 1983.

Doering-Manteuffel, Anselm, *Katholizismus und Wiederbewaffnung. Die Haltung der deutschen Katholiken gegenüber der Wehrfrage 1948–1955* (Veröffentlichungen der Kommission für Zeitgeschichte, Reihe B, Bd. 32), Mainz 1981.

Dreher, Klaus, *Der Weg zum Kanzler. Adenauers Griff nach der Macht*, Düsseldorf/Wien 1972.

30 Jahre Grundgesetz. Vorträge und Diskussionsbeiträge der 47. Staatswissenschaftlichen Fortbildungstagung 1979 der Hochschule für Verwaltungswissenschaften Speyer, hrsg. v. Detlef Merten/Rudolf Morsey (Schriftenreihe der Hochschule Speyer, Bd. 78), Berlin 1979.

Dülmen, Richard van, Religionsgeschichte in der Historischen Sozialforschung, in: *Geschichte und Gesellschaft*, 6. Jg. (1980), H. 1, S. 36–59.

Duverger, Maurice, *Die politischen Parteien* (Veröffentlichungen der Akademie für Gemeinwirtschaft Hamburg), Tübingen 1959.

Egen, Peter, *Die Entstehung des Evangelischen Arbeitskreises der CDU/CSU*, Soz.-Wiss. Diss., Bochum 1971.

Ellwein, Thomas, *Klerikalismus in der deutschen Politik* (Heiße Eisen. Eine Schriftenreihe zu umstrittenen Problemen der Gegenwart, Bd. 1), München 1955.

Engel, Gustav, *Politische Geschichte Westfalens*, Köln/Berlin [3]1968.

Entscheidungen im Westen (Beiträge zur neueren Landesgeschichte des Rheinlandes und Westfalens, Bd. 7), hrsg. v. Walter Först, Köln/Berlin 1979.

Entwicklungslinien des deutschen Katholizismus, hrsg. v. Anton Rauscher (Beiträge zur Katholizismusforschung, Reihe B), München/Paderborn/Wien 1973.

Epstein, Klaus, *Die Ursprünge des Konservatismus in Deutschland. Der Ausgangspunkt: Die Herausforderung durch die französische Revolution 1770–1806*, Frankfurt a. M./Berlin 1973.

Epstein, Klaus, *Matthias Erzberger und das Dilemma der deutschen Demokratie*, Frankfurt a. M./Berlin/Wien 1976.

Erdmann, August, *Die christliche Arbeiterbewegung in Deutschland*, Stuttgart 1908.

Das „Ermächtigungsgesetz" vom 24. März 1933, hrsg. v. Rudolf Morsey (Historische Texte/Neuzeit, H. 4), Göttingen 1968.

Eßer, Albert, *Sozialistisch, christlich-sozial, bürgerlich. Gruppen, Tendenzen, Entwicklungen in der Christlich-Demokratischen Union — Partei der Arbeit in M. Gladbach 1945–1948*, schriftliche Hausarbeit, Köln 1980.

Eßer, Albert, *Wilhelm Elfes und die katholische Arbeiterbewegung*, schriftliche Hausarbeit im Rahmen der ersten Staatsprüfung für das Lehramt an der Sekundarstufe II, Köln 1984.

Falter, Jürgen, Wer verhalf der NSDAP zum Sieg? Neuere Forschungsergebnisse zum parteipolitischen und sozialen Hintergrund der NSDAP-Wähler 1924–1933, in: *apuz*, B 28–29/79, 14.7.1979, S. 3–21.

Fischer, Erwin, *Trennung von Staat und Kirche. Die Gefährdung der Religionsfreiheit in der Bundesrepublik*, Frankfurt a. M./Berlin [2]1971.

Fischer, Heinz-Dietrich, *Parteien und Presse in Deutschland seit 1945* (Studien zur Publizistik, Bd. 15), Bremen 1971.

Focke, Franz, *Sozialismus aus christlicher Verantwortung. Die Idee eines christlichen Sozialismus in der katholisch-sozialen Bewegung und in der CDU*, Wuppertal 1978.

Först, Walter, *Geschichte Nordrhein-Westfalens*, Bd. 1: *1945—1949*, Köln/Berlin 1970.

Franz-Willing, Georg, *Kulturkampf gestern und heute. Eine Säkularbetrachtung 1871—1971*, München 1971.

Franzen, August, *Kleine Kirchengeschichte*, Freiburg i. Br. 1965.

Frey, Ludwig, *Die Stellung der christlichen Gewerkschaften Deutschlands zu den politischen Parteien*, Berlin 1931.

Friedländer, Saul, *Pius XII. und das Dritte Reich. Eine Dokumentation*, Reinbek 1965.

Friese, Elisabeth, Helene Wessel, eine unbequeme Christin, in: *Der Lokomotive in voller Fahrt die Räder wechseln. Geschichte und Geschichten aus Nordrhein-Westfalen*, hrsg. v. Peter Grafe/Bodo Hombach/Reinhard Grätz, Berlin/Bonn 1987, S. 120—125.

Friese, Hermann, *Ein Bürger und seine Stadt*, Bd. II: *Gedanken und Beiträge zu den Ereignissen im Emsland nach 1933*, Meppen 1983.

Gablentz, Otto Heinrich v. d., *Geschichtliche Verantwortung. Zum christlichen Verständnis der deutschen Geschichte*, Stuttgart 1949.

Gall, Lothar, *Bismarck. Der weiße Revolutionär*, Frankfurt a. M./Berlin/Wien 1980.

Gasteiger, Michael, *Die christliche Arbeiterbewegung in Geschichte und Arbeit (Frankfurter Zeitgemässe Broschüren*, Bd. 33, H. 5), Hamm 1914.

Germer, Karl J., *Von Grotewohl bis Brandt. Ein dokumentarischer Bericht über die SPD in den ersten Nachkriegsjahren*, Landshut 1974.

Gerst, Wilhelm Karl, *Bundesrepublik Deutschland. Weg und Wirklichkeit*, Berlin (DDR) 1957.

Geschichte der christlich-demokratischen und christlich-sozialen Bewegungen in Deutschland. Grundlagen, Unterrichtsmodelle, Quellen und Arbeitshilfen für die politische Bildung (Schriftenreihe der Bundeszentrale für politische Bildung, Bd. 216), Bonn 1984.

Die Geschichte der CDU. Programm und Politik der Christlich-Demokratischen Union Deutschlands seit 1945, bearb. v. Wulf Schönbohm, Bonn 1980.

Girndt, Ilse, *Zentralismus in der britischen Zone. Entwicklungen und Bestrebungen beim Wiederaufbau der staatlichen Verwaltungsorganisation auf der Ebene oberhalb der Länder 1945—1948*, Phil. Diss., Bonn 1971.

Görgen, Josef-Matthias, *Pius XII., Katholische Kirche und Hochhuths „Stellvertreter"*, Buxheim 1964.

Görres, Joseph von, *Politische Schriften (1817—1822)*, hrsg. v. Günther Wohlers (*Gesammelte Schriften*, Bd. 13), Köln 1929.

Görres, Joseph von, *Jakobinerschriften (Klassiker der Staatskunst*, Bd. 10), Salzburg 1953.

Golomb, Eugen, *Kirche und Katholiken in der Bundesrepublik. Daten und Analysen*, Aschaffenburg 1974.

Gotto, Klaus, *Die Wochenzeitung Junge Front/Michael. Eine Studie zum katholischen Selbstverständnis und zum Verhalten der jungen Kirche gegenüber dem Nationalsozialismus (Veröffentlichungen der Kommission für Zeitgeschichte*, Reihe B, Bd. 8), Mainz 1970.

Gradl, Johann Baptist, *Anfang unter dem Sowjetstern. Die CDU 1945—1948 in der sowjetischen Besatzungszone Deutschlands*, Köln 1981.

Graf, Friedrich Wilhelm, *Die Politisierung des religiösen Bewußtseins. Die bürgerlichen Religionsparteien im deutschen Vormärz: Das Beispiel des Deutschkatholizismus (Neuzeit im Aufbau*, Bd. 5), Stuttgart 1978.

Grebing, Helga, *Aktuelle Theorien über Faschismus und Konservatismus. Eine Kritik*, Stuttgart/Berlin/Köln/Mainz 1974.

Grebing, Helga, *Geschichte der deutschen Arbeiterbewegung. Ein Überblick*, München [9]1979.

Grebing, Helga, *Konservative gegen die Demokratie. Konservative Kritik an der Demokratie in der Bundesrepublik nach 1945 (Kritische Studien zur Politikwissenschaft)*, Frankfurt a. M. 1971.

Grebing, Helga, *Zentrum und katholische Arbeiterschaft 1918—1933. Ein Beitrag zur Geschichte des Zentrums in der Weimarer Republik*, Phil. Diss., Berlin 1953.

Grebing, Helga, *Geschichte der deutschen Parteien*, Wiesbaden 1962.

Greiffenhagen, Martin, *Das Dilemma des Konservatismus in Deutschland*, München 1977.

Grosche, Robert, Der geschichtliche Weg des deutschen Katholizismus aus dem Ghetto, in: *Der Weg aus dem Ghetto*, Köln o. J., S. 11—34.

Die Gründung der Union. Traditionen, Enstehung und Repräsentanten, hrsg. v. Günter Buchstab/Klaus Gotto (*Geschichte und Staat*, Bd. 254/255), München/Wien 1981.

Grünthal, Günther, *Reichsschulgesetz und Zentrumspartei in der Weimarer Republik (Beiträge zur Geschichte des Parlamentarismus und der politischen Parteien*, Bd. 39), Düsseldorf 1968.

Günsche, Karl-Ludwig, *Phasen der Gleichschaltung. Stichtagsanalysen deutscher Zeitungen 1933–1938 (Dialogos, Zeitung und Leben*, NF, Bd. 5), Osnabrück 1970.

Gurian, Waldemar, *Der Kampf um die Kirche im Dritten Reich*, Luzern 1935.

Gurland, Arcadius R. L., *Die CDU/CSU. Ursprünge und Entwicklung bis 1953*, hrsg. v. Dieter Emig, Frankfurt a. M. 1980.

Hach, Jürgen, *Gesellschaft und Religion in der Bundesrepublik Deutschland. Eine Einführung in die Religionssoziologie*, Heidelberg 1980.

Hartwich, Hans-Hermann, *Sozialstaatpostulat und gesellschaftlicher Status quo (Schriften zur politischen Wirtschafts- und Gesellschaftslehre*, Bd. 1), Köln/Opladen 1970.

Heberle, Rudolf, *Hauptprobleme der politischen Soziologie*, Stuttgart 1967.

Hedler, Susanne, *Die katholischen Sozialisten. Darstellung und Kritik ihres Wirkens*, Phil. Diss., Hamburg 1952.

Heer, Friedrich, *Europäische Geistesgeschichte*, Stuttgart 1953.

Heer, Friedrich, *Die dritte Kraft. Der europäische Humanismus zwischen den Fronten des konfessionellen Zeitalters*, Frankfurt a. M. 1959.

Hehl, Ulrich von, *Katholische Kirche und Nationalsozialismus im Erzbistum Köln 1933–1945 (Veröffentlichungen der Kommission für Zeitgeschichte*, Reihe B, Bd. 23), Mainz 1977.

Heidenheimer, Arnold J., *Adenauer and the CDU. The Rise of the Leader and the Integration of the Party*, Den Haag 1960.

Heidingsfelder, Georg, Vom politischen Katholizismus und Klerikalismus, in: *Stimme der Gemeinde*, Nr. 9 (Mai 1954).

Heitzer, Horstwalter, *Der Volksverein für das katholische Deutschland im Kaiserreich 1890–1918 (Veröffentlichungen der Kommission für Zeitgeschichte*, Reihe B, Bd. 26), Mainz 1979.

Hermes, Anna, *Und setzet ihr nicht das Leben ein. Andreas Hermes – Leben und Wirken. Nach Briefen, Tagebuchaufzeichnungen und Erinnerungen*, Stuttgart 1971.

Hertling, Ludwig S. J., *Geschichte der katholischen Kirche*, Berlin 1949.

Hockerts, Hans Günter, *Die Sittlichkeitsprozesse gegen katholische Ordensangehörige und Priester 1936/37. Eine Studie zur nationalsozialistischen Herrschaftstechnik und zum Kirchenkampf (Veröffentlichungen der Kommission für Zeitgeschichte*, Reihe B, Bd. 6), Mainz 1971.

Hömig, Herbert, *Das preußische Zentrum in der Weimarer Republik (Veröffentlichungen der Kommission für Zeitgeschichte*, Reihe B, Bd. 28), Mainz 1979.

Hofmann, Josef, *Journalist in Republik, Diktatur und Besatzungszeit. Erinnerungen 1916–1947*, hrsg. v. Rudolf Morsey (*Veröffentlichungen der Kommission für Zeitgeschichte*, Reihe A, Bd. 23), Mainz 1977.

Huber, Ernst Rudolf, *Deutsche Verfassungsgeschichte seit 1789*, Bd. II: *Der Kampf um Einheit und Freiheit 1830–1850*, Stuttgart 1960.

Hürten, Heinz, *Kurze Geschichte des deutschen Katholizismus 1800–1960*, Mainz 1986.

Hüttenberger, Peter, *Nordrhein-Westfalen und die Entstehung seiner parlamentarischen Demokratie (Veröffentlichungen der Staatlichen Archive des Landes Nordrhein-Westfalen*, Reihe C, Bd. 1), Siegburg 1973.

Hüwel, Detlev, *Karl Arnold. Eine politische Biographie (Düsseldorfer Schriften zur Neueren Landesgeschichte und zur Geschichte Nordrhein-Westfalens*, Bd. 1), Wuppertal 1980.

Jacke, Joachim, *Kirchen zwischen Monarchie und Republik. Der preußische Protestantismus nach dem Zusammenbruch von 1918 (Hamburger Beiträge zur Sozial- und Zeitgeschichte*, Bd. 12), Hamburg 1976.

Jacobs, Ferdinand, *Von Schorlemer zur Grünen Front. Zur Abwertung des berufsständischen und politischen Denkens*, Düsseldorf 1957.

Jens, Walter/Hans Küng, *Dichtung und Religion*, München 1985.

Jones, Larry Eugen, Adam Stegerwald und die Krise des deutschen Parteiensystems. Ein Beitrag zur Deutung des „Essener Programms" vom November 1920, in: *VjHfZ*, 27. Jg. (1979), H. 1, S. 1–29.

Joos, Joseph, *KAB in der Geschichte der christlichen Arbeiterbewegung Westdeutschlands*, Köln o. J.

Jostock, Paul, *Der Deutsche Katholizismus und die Überwindung des Kapitalismus. Eine ideengeschichtliche Skizze*, Regensburg 1932.

Jostock, Paul, *Grundzüge der Soziallehre und der Sozialreform*, Freiburg i. Br. 1946.

Junker, Detlef, *Die deutsche Zentrumspartei und Hitler 1932/33. Ein Beitrag zur Problematik des politischen Katholizismus in Deutschland (Stuttgarter Beiträge zur Geschichte und Politik*, Bd. 4), Stuttgart 1969.

Kaack, Heino, *Geschichte und Struktur des deutschen Parteiensystems*, Opladen 1971.

Kaltenbrunner, Klaus-Gerd, *Der schwierige Konservatismus. Definitionen-Theorien-Portraits*, Herford/Berlin 1975.

Kaste, Hermann/Joachim Raschke, Zur Politik der Volkspartei, in: *Auf dem Weg zum Einparteienstaat*, hrsg. v. Wolf-Dieter Narr, Opladen 1977, S. 26–74.

Katholiken und ihre Kirche in der Bundesrepublik Deutschland, hrsg. v. Günter Gorschenek (*Geschichte und Staat*, Bd. 200–202), München/Wien 1976.

Die Katholiken vor der Politik, hrsg. v. Gustav E. Kafka, Freiburg 1958.

Katholische Kirche im Dritten Reich. Eine Aufsatzsammlung zum Verhältnis von Papsttum, Episkopat und deutschen Katholiken zum Nationalsozialismus 1933–1945, hrsg. v. Dieter Albrecht (*Topos-Taschenbücher*, Bd. 45), Mainz 1976.

Katholische Theologen Deutschlands im 19. Jahrhundert, 3 Bde., hrsg. v. Heinrich Fries/Georg Schwaiger, München 1975.

Katholizismus und christliche Partei (Studien und Berichte der Katholischen Akademie in Bayern, Heft 31), Würzburg 1965.

Katholizismus und Kirche. Zum Weg des deutschen Katholizismus nach 1945 (Studien und Berichte der Katholischen Akademie in Bayern, Heft 28), Würzburg 1965.

Katholizismus, konservative Kapitalismuskritik und Frühsozialismus bis 1850, hrsg. v. Albrecht Langner (*Beiträge zur Katholizismusforschung*, Reihe B), München/Paderborn/Wien 1975.

Katholizismus, nationaler Gedanke und Europa seit 1800, hrsg. v. Albrecht Langner (*Beiträge zur Katholizismusforschung*, Reihe B), Paderborn/München/Wien/Zürich 1985.

Katholizismus, Rechtsethik und Demokratiediskussion 1945–1963, hrsg. v. Anton Rauscher (*Beiträge zur Katholizismusforschung*, Reihe B), Paderborn/München/Wien/Zürich 1981.

Katholizismus und freiheitlicher Sozialismus in Europa, hrsg. v. Albrecht Langner, Köln 1965.

Katholizismus im politischen System der Bundesrepublik 1949–1963, hrsg. v. Albrecht Langner (*Beiträge zur Katholizismusforschung*, Reihe B), Paderborn/München/Wien/Zürich 1978.

Katholizismus, Wirtschaftsordnung und Sozialpolitik 1945–1963, hrsg. v. Albrecht Langner (*Beiträge zur Katholizismusforschung*, Reihe B), Paderborn/München/Wien/Zürich 1980.

Kaufmann, Doris, *Katholisches Milieu in Münster 1928–1933 (Düsseldorfer Schriften zur Neueren Landesgeschichte und zur Geschichte Nordrhein-Westfalens*, Bd. 14), Düsseldorf 1984.

Kehrer, Günter, *Das religiöse Bewußtsein des Industriearbeiters. Eine empirische Studie (Studien zur Soziologie*, Bd. 6), München 1967.

Keinemann, Friedrich, *Von Arnold zu Steinhoff und Meyers. Politische Bewegung und Koalitionsbildungen in Nordrhein-Westfalen 1950–1962*, Münster 1973.

Kern, Eduard, *Staat und Kirche in der Gegenwart*, Hamburg/Berlin/Bonn 1951.

Ketteler, Wilhelm Emmanuel von, *Schriften*, hrsg. v. Johannes Mumbauer, 3 Bde., München 1924.

Kirche und Katholizismus 1945–1949, hrsg. v. Anton Rauscher (*Beiträge zur Katholizismusforschung*, Reihe B), München/Paderborn/Wien 1977.

Kirche und Klassenbindung. Studien zur Situation der Kirchen in der Bundesrepublik Deutschland, hrsg. v. Yorick Spiegel, Frankfurt a. M. 1974.

Kirche und moderne Demokratie, hrsg. v. Theodor Strohm/Heinz-Dietrich Wendland (*Wege der Forschung*, Bd. CCV), Darmstadt 1973.

Kirche-Politik-Parteien, hrsg. v. Anton Rauscher (*Veröffentlichungen der Katholischen Sozialwissenschaftlichen Zentralstelle Mönchengladbach*), Köln 1974.

Kirche und Staat in der Bundesrepublik 1949–1963, hrsg. von Anton Rauscher (*Beiträge zur Katholizismusforschung*, Reihe B), Paderborn/München/Wien/Zürich 1979.

Kirche und Staat. Von der Mitte des 15. Jahrhunderts bis zur Gegenwart, hrsg. v. Heribert Raab, München 1966.

Kirchen, Katholiken und Nationalsozialismus, hrsg. v. Klaus Gotto/Konrad Repgen (*Topos-Taschenbücher*, Bd. 96), Mainz 1980.

Kirchen in der Nachkriegszeit. Vier zeitgeschichtliche Beiträge (Arbeiten zur kirchlichen Zeitgeschichte, hrsg. im Auftrag der Evangelischen Arbeitsgemeinschaft für kirchliche Zeitgeschichte v. Georg Kretschmar/Klaus Scholder, Reihe B, Bd. 8), Göttingen 1979.

Kirchlicher Anzeiger für die Erzdiözese Köln. Amtliche Beilage: Studien zum Mythos des XX. Jahrhunderts, hrsg. v. Erzbischöflichen Generalvikariat Köln, o. O., o. J.

Klemperer, Klemens von, *Konservative Bewegungen zwischen Kaiserreich und Nationalsozialismus*, München/Wien 1962.

Klönne, Arno, *Gegen den Strom. Ein Bericht über die Jugendopposition gegen den Hitler-Faschismus*, hrsg. v. Hessischen Jugendring, Frankfurt a. M. 1978.

Klönne, Arno, *Die deutsche Arbeiterbewegung. Geschichte, Ziele, Wirkungen*, Düsseldorf/Köln ²1980.

Kluxen, Wolfgang, Thomas von Aquin. Das Seiende und seine Prinzipien, in: *Grundprobleme der großen Philosophen. Philosophie des Altertums und des Mittelalters*, hrsg. v. Joseph Speck, Göttingen ²1978, S. 177−220.

Köhler, Wolfram, *Das Land aus dem Schmelztiegel. Die Entstehungsgeschichte Nordrhein-Westfalens*, Düsseldorf 1961.

Köllmann, Wolfgang, Wirtschaft und Gesellschaft Rheinland-Westfalens zu Beginn des Industriezeitalters, in: *Arbeiterbewegung an Rhein und Ruhr. Beiträge zur Geschichte der Arbeiterbewegung in Rheinland-Westfalen*, hrsg. v. Jürgen Reulecke, Wuppertal 1974, S. 11−23.

Das andere Köln. Demokratische Traditionen seit der Französischen Revolution (Kleine Bibliothek, Bd. 169), Köln 1979.

Konrad Adenauer und seine Zeit. Politik und Persönlichkeit des ersten Bundeskanzlers, Bd. 2: Beiträge der Wissenschaft (Veröffentlichungen der Konrad-Adenauer-Stiftung), Stuttgart 1976.

Konservatismus, hrsg. v. Hans-Gerd Schumann (*Neue wissenschaftliche Bibliothek, Bd. 68*), Köln 1974.

Konservatismus − Eine deutsche Bilanz, hrsg. v. Helga Grebing u. a., München 1971.

Korff, Gottfried, Formierung der Frömmigkeit. Zur sozialpolitischen Intention der Trierer Rockwallfahrten 1891, in: *Geschichte und Gesellschaft*, 3. Jg. (1977), H. 3, S. 352−383.

Korff, Gottfried, Zwischen Sinnlichkeit und Kirchlichkeit. Notizen zum Wandel populärer Frömmigkeit im 18. und 19. Jahrhundert, in: *Das Argument*, AS 103, S. 136−148.

Korff, Gottfried, *Kulturkampf und Volksfrömmigkeit*. Referat auf dem Historikertag in Berlin, 3.−5.10.1984.

Kosthorst, Erich, *Jakob Kaiser. Der Arbeiterführer*, Stuttgart/Berlin/Köln/Mainz 1967.

Kraiker, Gerhard, *Politischer Katholizismus in der BRD. Eine ideologiekritische Analyse*, Stuttgart/Berlin/Köln/Mainz 1972.

Kreiterling, Willi, *Kirche-Katholizismus-Sozialdemokratie. Von der Gegnerschaft zur Partnerschaft (Theorie und Praxis der Sozialdemokratie)*, Bonn-Bad Godesberg 1969.

Kritischer Katholizismus. Argumente gegen die Kirchen-Gesellschaft, hrsg. v. Ben van Onna/Martin Stankowski, Frankfurt a. M. 1969.

Kühner, Hans, Die römisch-katholische Kirche als konservative Großmacht im 19. und 20. Jahrhundert, in: *Rekonstruktion des Konservatismus*, hrsg. v. Gerd-Klaus Kaltenbrunner (*Sammlung Rombach*, NF, Bd. 18), Freiburg i. Br. 1972, S. 369−385.

Kühr, Herbert, *Kirche und Politik*, Berlin 1983.

Kühr, Herbert, *Parteien und Wahlen im Stadt- und Landkreis Essen (Beiträge zur Geschichte des Parlamentarismus und der politischen Parteien, Bd. 49)*, Düsseldorf 1973.

Kuhn, Anette, *Die Kirche im Ringen mit dem Sozialismus 1803−1848. Eine historische Studie*, München/Salzburg 1965.

Kurzke, Hermann, *Romantik und Konservatismus. Das „politische" Werk Friedrich von Hardenbergs (Novalis) im Horizont seiner Wirkungsgeschichte (Literaturgeschichte und Literaturkritik, Bd. 5)*, München 1983.

Lademacher, Horst, Die britische Sozialisierungspolitik im Rhein-Ruhr-Raum 1945−1948, in: *Die Deutschlandpolitik Großbritanniens und die britische Zone 1945−1949*, hrsg. v. Claus Scharf und Hans-Jürgen Schröder (*Veröffentlichungen des Instituts für Europäische Geschichte Mainz, Abt. Universalgeschichte*, Beiheft 6), Wiesbaden 1979, S. 51−92.

Landesgeschichte und Zeitgeschichte: Kriegsende 1945 und demokratischer Neubeginn am Oberrhein, hrsg. v. Hansmartin Schwarzmaier (*Oberrheinische Studien*, Bd. V), Karlsruhe 1980.

Langewiesche, Dieter, Die Anfänge der deutschen Parteien. Partei, Fraktion und Verein in der Revolution 1848/49, in: *Geschichte und Gesellschaft*, 4. Jg. (1978), H. 3, S. 324−361.

Lepsius, M. Rainer, *Extremer Nationalismus. Strukturbedingungen vor der nationalsozialistischen Machtergreifung (Veröffentlichungen der Wirtschaftshochschule Mannheim*, Bd. 15), Stuttgart usw. 1966.

Lepsius, M. Rainer, Parteiensystem und Sozialstruktur: zum Problem der Demokratisierung der deutschen Gesellschaft, in: *Die deutschen Parteien vor 1918*, hrsg. v. Gerhard Albert Ritter (*Neue Wissenschaftliche Bibliothek*, Bd. 61), Köln 1973, S. 56−80.

Lill, Rudolf, Kirche und Revolution. Zu den Anfängen der katholischen Bewegung im Jahrzehnt vor 1848, in: *Archiv für Sozialgeschichte*, Bd. XVIII (1978), S. 565−575.

Lill, Rudolf, *Katholiken im Widerstand. Opfer und Erbe des 20. Juli 1944 (Kirche und Gesellschaft*, Nr. 114, hrsg. v. d. Katholischen sozialwissenschaftlichen Zentralstelle Mönchengladbach), Köln 1984.

Lönne, Karl-Egon, *Politischer Katholizismus im 19. und 20. Jahrhundert (Neue Historische Bibliothek*, NF, Bd. 264), Frankfurt a. M. 1986.

Lokalpartei und vorpolitischer Raum, hrsg. v. Herbert Kühr/Klaus Simon (*Forschungsbericht 21*, hrsg. i. A. der Konrad-Adenauer-Stiftung), Melle 1982.

Loth, Wilfried, *Katholiken im Kaiserreich. Der politische Katholizismus in der Krise des wilhelminischen Deutschlands (Beiträge zur Geschichte des Parlamentarismus und der politischen Parteien*, Bd. 75), Düsseldorf 1984.

Lowitsch, Bruno, *Der Kreis um die Rhein-Mainische Volkszeitung*, Frankfurt a. M. 1980.

Luhmann, Niklas, *Funktion der Religion*, Frankfurt a. M. 1977.

Lutz, Heinrich, *Demokratie im Zwielicht. Der Weg der deutschen Katholiken aus dem Kaiserreich in die Republik 1914−1925*, München 1963.

Lyng, Stephen G./Lester R. Kurtz, Bureaucratic Insurgency: The Vatican and the Crisis of Modernism, in: *Social Forces*, 63. Jg. (1985), H. 4, S. 901−922.

Mahrenholz, Ernst Gottfried, *Die Kirchen in der Gesellschaft der Bundesrepublik*, Hannover 1969.

Maier, Hans, *Revolution und Kirche. Zur Frühgeschichte der christlichen Demokratie*, München [3]1973.

Maier, Hans, *Kirche und Demokratie. Weg und Ziel einer spannungsreichen Partnerschaft (Herderbücherei*, Bd. 709), Freiburg i. Br./Basel/Wien 1979.

Maier, Hans, *Katholizismus und Demokratie (Schriften zu Kirche und Gesellschaft*, Bd. 1), Freiburg i. Br./Basel/Wien 1983.

Maier, Harry, *Soziologie der Päpste. Lehre und Wirkung der katholischen Sozialtheorie (Schriften des Instituts für Wirtschaftswissenschaften*, Bd. 17), Berlin (DDR) 1965.

Mannheim, Karl, *Konservatismus. Ein Beitrag zur Soziologie des Wissens*, hrsg. v. David Kettler/Volker Meja/Nico Stehr, Frankfurt a. M. 1984.

Mannschatz, Gerhard/Josef Seider, *Zum Kampf der KPD im Ruhrgebiet für die Einigung der Arbeiterklasse und die Entmachtung der Monopolherren 1945−1947*, Berlin (DDR) 1962.

Marciniak, Friedhelm, *Wahlverhalten in Nordrhein-Westfalen 1948−1970. Eine statistischökologische Analyse (Sozialwissenschaftliches Forum 5)*, Köln/Wien 1978.

Marcuse, Ludwig, *Ignatius von Loyola. Ein Soldat der Kirche*, Zürich 1973.

Martin, Alfred v., Weltanschauliche Motive im altkonservativen Denken, in: *Die deutschen Parteien vor 1918*, hrsg. v. Gerhard Albert Ritter (*Neue Wissenschaftliche Bibliothek*, Bd. 61), Köln 1973, S. 142−164.

Marx, Karl/Friedrich Engels, *Der Briefwechsel*, Bd. 4, München 1983.

Material zum Problem Kirche und Politik, hrsg. v. der Konrad-Adenauer-Stiftung (*Politische Akademie Eichholz*, H. 33), Bonn 1975.

Matthes, Joachim, *Religion und Gesellschaft. Einführung in die Religionssoziologie*, 2 Bde., Reinbek 1967−69.

Matthias, Erich/Rudolf Morsey, *Das Ende der Parteien 1933. Darstellungen und Dokumente*, Königstein/Ts. 1979.

Meerfeld, Johannes, *Die deutsche Zentrumspartei (Sozialwissenschaftliche Bibliothek*, Bd. 3), Berlin 1918.

Menges, Walter, Wandel und Auflösung von Konfessionszonen, in: *Die Vertriebenen in Westdeutschland. Ihre Eingliederung und ihr Einfluß auf Gesellschaft, Wirtschaft, Politik und Geistesleben*, hrsg. v. Eugen Lemberg/Friedrich Edding, Bd. 3, Kiel 1959, S. 1−23.

Meyer-Teschendorf, Klaus G., *Staat und Kirche im pluralistischen Gemeinwesen. Verfassungstheoretische Vorverständnisse von Staat, Kirche und Gesellschaft in der staatskirchlichen Diskussion der Gegenwart (Jus ecclesiasticum, Beiträge zum evangelischen Kirchenrecht und zum Staatskirchenrecht*, Bd. 26), Tübingen 1979.

Milatz, Alfred, *Wahlen und Wähler in der Weimarer Republik (Schriftenreihe der Bundeszentrale für politische Bildung*, H. 66), Bonn 1965.

Vom Milieu zur Volkspartei. Funktionen und Wandlungen der Parteien im kommunalen und regionalen Bereich, hrsg. v. Herbert Kühr (*Sozialwissenschaftliche Studien zur Stadt- und Regionalpolitik*, Bd. 4), Königstein/Ts. 1979.

Mintzel, Alf, *Die CSU. Anatomie einer konservativen Partei 1945—1972 (Schriften des Zentralinstituts für sozialwissenschaftliche Forschung der Freien Universität Berlin*, Bd. 26), Opladen 1975.

Mintzel, Alf, *Die Volkspartei. Typus und Wirklichkeit. Ein Lehrbuch*, Opladen 1984.

Mittmann, Ursula, *Fraktion und Partei. Ein Vergleich von Zentrum und Sozialdemokratie im Kaiserreich (Beiträge zur Geschichte des Parlamentarismus und der politischen Parteien*, Bd. 59), Düsseldorf 1976.

Moeller, Bernd, *Geschichte des Christentums in Grundzügen*, Göttingen 1979.

Mommsen, Hans, *Der Widerstand gegen Hitler und die deutsche Gesellschaft*, Vortrag, gehalten am 2.7.1984 auf der Internationalen Konferenz zum 40. Jahrestag des 20. Juli 1944 in Berlin, Manuskript.

Monzel, Nikolaus, *Die katholische Kirche in der Sozialgeschichte. Von den Anfängen bis zur Gegenwart*, hrsg. v. Trude Herweg/Karl Heinz Grenner, München/Wien 1980.

Moraw, Frank, *Die Parole der „Einheit" und die Sozialdemokratie (Schriftenreihe des Forschungsinstituts der Friedrich-Ebert-Stiftung*, Bd. 94), Bonn-Bad Godesberg 1973.

Morsey, Rudolf, *Die deutsche Zentrumspartei 1917—1923 (Beiträge zur Geschichte des Parlamentarismus und der politischen Parteien*, Bd. 32), Düsseldorf 1966.

Morsey, Rudolf, *Brüning und Adenauer. Zwei deutsche Staatsmänner*, Düsseldorf 1972.

Morsey, Rudolf, Die deutschen Katholiken und der Nationalstaat zwischen Kulturkampf und Erstem Weltkrieg, in: *Die deutschen Parteien vor 1918*, hrsg. v. Gerhard Albert Ritter (*Neue Wissenschaftliche Bibliothek*, Bd. 61), Köln 1973, S. 270—298.

Morsey, Rudolf, *Der Untergang des politischen Katholizismus. Die Zentrumspartei zwischen christlichem Selbstverständnis und „Nationaler Erhebung" 1932/33*, Stuttgart/Zürich 1977.

Mülhaupt, Erwin, *Rheinische Kirchengeschichte. Von den Anfängen bis 1945 (Schriftenreihe des Vereins für Rheinische Kirchengeschichte*, Bd. 35), hrsg. v. Presseverband der Evangelischen Kirche im Rheinland e. V., Düsseldorf 1970.

Müller, Eberhard/Bernhard Hanssler, *Klerikalisierung des öffentlichen Lebens? (Fromms Taschenbücher „Zeitnahes Christentum"*, Bd. 24), Osnabrück 1963.

Müller, Max, Zur Vorgeschichte der Gründung der badischen CDU in Freiburg/Br., in: *Leo Wohleb — der andere politische Kurs. Dokumente und Kommentare*, hrsg. v. Paul-Ludwig Weinacht, Freiburg 1975, S. 118—129.

Münster — Spuren aus der Zeit des Faschismus. Zum 50. Jahrestag der nationalsozialistischen Machtergreifung, hrsg. v. Hans-Günter Thien/Hanns Wienold (*Arbeitshefte zur materialistischen Wissenschaft* 19), Münster 1983.

Narr, Wolf-Dieter, *CDU—SPD. Programm und Praxis seit 1945*, Stuttgart/Berlin/Köln/Mainz 1966.

Nationale Arbeit. Das Zentrum und sein Wirken in der deutschen Republik, hrsg. v. Karl Anton Schulte, Berlin/Leipzig 1929.

Nellessen-Schumacher, Traute, *Sozialprofil der deutschen Katholiken. Eine konfessionsstatistische Analyse*, Mainz 1978.

Neumann, Franz L., *Demokratischer und autoritärer Staat. Studien zur politischen Theorie*, Frankfurt a. M. 1967.

Neumann, Sigmund, Zum Studium des modernen Parteiwesens, in: *Parteien in der Bundesrepublik. Studien zur Entwicklung der deutschen Parteien bis zur Bundestagswahl 1953 (Schriften des Instituts für politische Wissenschaft*, Bd. 6), Stuttgart/Düsseldorf 1955, S. XVII—XXXII.

Niethammer, Lutz, *Entnazifizierung in Bayern. Säuberung und Rehabilitierung unter amerikanischer Besatzung*, Frankfurt a. M. 1972.

Nipperdey, Thomas, *Die Organisation der deutschen Parteien vor 1918 (Beiträge zur Geschichte des Parlamentarismus und der politischen Parteien*, Bd. 18), Düsseldorf 1961.

Opitz, Günter, *Der Christlich-soziale Volksdienst. Versuch einer protestantischen Partei in der Weimarer Republik (Beiträge zur Geschichte des Parlamentarismus und der politischen Parteien*, Bd. 37), Düsseldorf 1969.

Otto, Bertram, *100 Jahre Nacht und Tag. Geschichte des deutschen Katholizismus zwischen 1868 und 1968*, Bonn 1968.

Padover, Saul K., *Experiment in Germany*, New York 1946.

Padover, Saul K./L. F. Gittler/P. R. Sweet, The Political Situation in Aachen, in: *Propaganda in War and Crisis. Materials for American Policy*, hrsg. v. Daniel Lerner, New York 1951, S. 434—456.

Pappi, Franz Urban, *Wahlverhalten und politische Kultur*, Königstein/Ts. 1970.

Parteien und Wahlen in Nordrhein-Westfalen, hrsg. v. Ulrich von Alemann (*Schriften zur politischen Landeskunde Nordrhein-Westfalens*, Bd. 2), Köln/Stuttgart/Berlin/Mainz 1985.

Das Parteiensystem der Bundesrepublik. Geschichte-Entstehung-Entwicklung. Eine Einführung, hrsg. v. Dietrich Staritz, Opladen [2]1980.

Pieper, Joseph, *Thomas von Aquin. Leben und Werk*, München 1981.

Pietsch, Hartmut, *Militärregierung, Bürokratie und Sozialisierung. Zur Entwicklung des politischen Systems in den Städten des Ruhrgebietes 1945—1948 (Duisburger Forschungen, Schriftenreihe für Geschichte und Heimatkunde Duisburgs*, Bd. 26), Duisburg 1978.

Plum, Günter, *Gesellschaftsstruktur und politisches Bewußtsein in einer katholischen Region 1928—1933. Untersuchung am Beispiel des Regierungsbezirks Aachen (Studien zur Zeitgeschichte)*, Stuttgart 1972.

Politik und Gesellschaft im Ruhrgebiet. Beiträge zur regionalen Politikforschung, hrsg. v. Karl Rohe/Herbert Kühr (*Sozialwissenschaftliche Studien zur Stadt- und Regionalpolitik*, Bd. 16), Königstein/Ts. 1979.

Politik und Landschaft (Beiträge zur neueren Landesgeschichte des Rheinlandes und Westfalens, Bd. 3), hrsg. v. Walter Först, Köln/Berlin 1969.

Porträt eines Aufrechten — J. C. Rossaint, hrsg. v. Präsidium der VVN/Bund der Antifaschisten, Frankfurt a. M. 1982.

Pribilla, Max, *Deutsche Schicksalsfragen. Rückblick und Ausblick*, Frankfurt a. M. 1950.

Prinz, Franz SJ, *Kirche und Arbeiterschaft — gestern — heute — morgen*, München/Wien 1974.

Probleme der Religionssoziologie, hrsg. v. Dietrich Goldschmidt/Joachim Matthes (*Kölner Zeitschrift für Soziologie und Sozialpsychologie*, Sonderheft 6), Köln/Opladen 1962.

Zur Programmatik der CDU, hrsg. v. d. Konrad-Adenauer-Stiftung e. V., Institut für Begabtenförderung, H. 3, Bonn o. J. (1976).

Prümm, Karl, *Walter Dirks und Eugen Kogon als katholische Publizisten der Weimarer Republik (Reihe Siegen, Beiträge zur Literatur- und Sprachwissenschaft*, Bd. 53), Heidelberg 1984.

Pünder, Hermann, *Von Preußen nach Europa. Lebenserinnerungen*, Stuttgart 1968.

Pünder, Tilman, *Das bizonale Interregnum. Die Geschichte des Vereinigten Wirtschaftsgebietes 1946—1949*, Waiblingen 1966.

Pütz, Helmuth, *Die CDU (Ämter und Organisationen der Bundesrepublik Deutschland*, Bd. 30), Düsseldorf 1976.

Raem, Heinz-Albert, *Katholischer Gesellenverein und deutsche Kolpingsfamilie in der Ära des Nationalsozialismus (Veröffentlichungen der Kommission für Zeitgeschichte*, Reihe B, Bd. 35), Mainz 1982.

Raem, Heinz-Albert, *Pius XI. und der Nationalsozialismus. Die Enzyklika „Mit brennender Sorge" vom 14. März 1937 (Beiträge zur Katholizismusforschung*, Reihe B), Paderborn/München/Wien/Zürich 1979.

Ratzinger, Georg, *Geschichte der kirchlichen Armenpflege*, München 1984.

Raum und Politik (Beiträge zur neueren Landesgeschichte des Rheinlandes und Westfalens, Bd. 6), hrsg. v. Walter Först, Köln/Berlin 1977.

Reichel, Herbert, *Die deutsche Einheitsgewerkschaft und ihr geistiger Standort (Schriftenreihe der KAB)*, Köln 1952.

Religion und Zeitgeist im 19. Jahrhundert, hrsg. v. Julius H. Schoeps (*Studien zur Geistesgeschichte*, Bd. 1), Stuttgart/Bonn 1982.

Religionssoziologie, hrsg. u. eingel. v. Friedrich Fürstenberg, Neuwied 1964.

Religions- und Geistesgeschichte der Weimarer Republik, hrsg. v. Hubert Cancik, Düsseldorf 1982.

Rendtorff, Trutz, Protestantismus zwischen Kirche und Christentum. Die Bedeutung protestantischer Traditionen für die Entstehung der Bundesrepublik Deutschland, in: *Sozialgeschichte der Bundesrepublik Deutschland. Beiträge zum Kontinuitätsproblem*, hrsg. v. Werner Conze/M. Rainer Lepsius (*Industrielle Welt*, Bd. 34), Stuttgart 1983, S. 410–440.

Repgen, Konrad, Pius XI. zwischen Stalin, Mussolini und Hitler. Zur vatikanischen Konkordatspolitik der Zwischenkriegszeit, in: *apuz*, B 39/39, 29.9.1979.

Repgen, Konrad, Zur vatikanischen Strategie beim Reichskonkordat, in: *VjHfZ*, 31. Jg. (1983), H. 3, S. 506–535.

Revolution, Demokratie, Kirche (Rechts- und staatswissenschaftliche Veröffentlichungen der Görres-Gesellschaft, NF, H. 20), Beiträge v. Winfried Becker, Hans Maier u. Manfred Spieker, Paderborn 1975.

Rey, Manfred van, *100 Jahre Wahlen und Parteien im Rhein-Sieg-Kreis 1848–1949*, Ausstellungskatalog, Siegburg ²1979.

Rheinland-Westfalen im Industriezeitalter, hrsg. v. Kurt Düwell/Wolfgang Köllmann (*Beiträge zur Landesgeschichte des 19. und 20. Jahrhunderts*, 4 Bde.), Wuppertal 1983/84.

Rhodes, Anthony, *Der Papst und die Diktatoren. Der Vatikan zwischen Revolution und Faschismus (Böhlaus zeitgeschichtliche Bibliothek*, Bd. 3), Wien/Köln/Graz 1980.

Riehl, Wilhelm Heinrich, *Die Naturgeschichte des Volkes als Grundlage einer deutschen Socialpolitik*, Bd. 1: *Land und Leute*, Stuttgart ⁶1867.

Risse, Heinz Theo, *Der „linke Flügel" der CDU*, o. O., o. J.

Ritter, Emil, *Der Weg des politischen Katholizismus in Deutschland*, Breslau 1934.

Ritter, Emil, *Die Katholisch-Soziale Bewegung Deutschlands im 19. Jahrhundert und der Volksverein*, Köln 1954.

Roegele, Otto B., Der deutsche Katholizismus im sozialen Chaos. Eine nüchterne Bestandsaufnahme, in: *Hochland*, 41. Jg. (1948/49), H. 3., S. 205–233.

Rosenberg, Arthur, *Entstehung der Weimarer Republik*, Frankfurt a. M. 1974.

Rosenberg, Arthur, *Geschichte der Weimarer Republik*, Frankfurt a. M. 1977.

Rosenberg, Hans, *Große Depression und Bismarckzeit. Wirtschaftsablauf, Gesellschaft und Politik in Mitteleuropa*, Frankfurt a. M./Berlin/Wien 1976.

Ross, Ronald J., Enforcing the Kulturkampf in the Bismarckian State and the Limits of Coercion in Imperial Germany, in: *Journal of Modern History*, Bd. 56 (1984), H. 3, S. 456–482.

Ross, Ronald J., *Beleagured Tower. The Dilemma of Political Catholicism in Wilhelmine Germany (International Studies, University of Notre Dame)*, Notre Dame/London 1976.

Rothfels, Hans, *Deutsche Opposition gegen Hitler*, hrsg. u. eingel. v. Hermann Graml, München 1977.

Rowold, Manfred, *Im Schatten der Macht. Zur Oppositionsrolle der nicht-etablierten Parteien in der Bundesrepublik (Bonner Schriften zur Politik und Zeitgeschichte*, Bd. 9), Düsseldorf 1974.

Rürup, Reinhard, *Deutschland im 19. Jahrhundert 1815–1971 (Deutsche Geschichte*, Bd. 8), Göttingen 1984.

Rüschenschmidt, Heinrich, *Gründung und Anfänge der CDU in Hessen (Quellen und Forschungen zur hessischen Geschichte*, Bd. 42), Darmstadt/Marburg 1981.

Ruhrgebiet und Neues Land (Beiträge zur neueren Landesgeschichte des Rheinlandes und Westfalens, Bd. 2), hrsg. v. Walter Först, Köln/Berlin 1968.

Ruta, Juan C./Johannes Straubinger, *Die katholische Kirche in Deutschland und ihre Probleme*, Stuttgart 1954.

Schauff, Johannes, *Die deutschen Katholiken und die Zentrumspartei. Eine politisch-statistische Untersuchung der Reichstagswahlen seit 1871*, Köln 1928.

Scheer, Hermann, Die nachgeholte Parteienbildung und die politische Säkularisierung der CDU, in: *Auf dem Weg zum Einparteienstaat*, hrsg. v. Wolf-Dieter Narr, Opladen 1977, S. 149–172.

Scheffler, Gerhard, *Staat und Kirche. Die Stellung der Kirche im Staat nach dem Grundgesetz (Varia Iuris Publici*, Bd. 42a), Frankfurt a. M. ²1973.

Schellenberger, Barbara, *Katholische Jugend und Drittes Reich. Eine Geschichte des Katholischen Jungmännerverbandes 1933–1939 unter besonderer Berücksichtigung der Rheinprovinz (Veröffentlichungen der Kommission für Zeitgeschichte*, Reihe B, Bd. 17), Mainz 1970.

Schempp, Paul, *Die Stellung der Kirche zu den politischen Parteien und das Problem einer christlichen Partei*, Stuttgart 1946.

Schewick, Burkhard van, *Die Katholische Kirche und die Entstehung der Verfassungen in Westdeutschland 1945–1950 (Veröffentlichungen der Kommission für Zeitgeschichte*, Reihe B, Bd. 30), Mainz 1980.

Schieder, Wolfgang, Religionsgeschichte als Sozialgeschichte. Einleitende Bemerkungen zur Forschungsproblematik, in: *Geschichte und Gesellschaft*, 3. Jg. (1977), H. 3, S. 291–298.

Schmid, Hans, *Neoliberalismus und katholische Soziallehre. Eine Konfrontierung*, Köln 1954.

Schmidt, Erich, *Bismarcks Kampf mit dem politischen Katholizismus*, Bd. 1: *Pius IX. und die Zeit der Rüstung 1848–1870 (Schriften des Reichsinstituts für Geschichte des neuen Deutschlands)*, Hamburg 1942.

Schmidt, Ute, Katholische Arbeiterbewegung zwischen Integralismus und Interkonfessionalismus: Wandlungen eines Milieus, in: *Das Ende der Arbeiterbewegung in Deutschland? Ein Diskussionsband für Theo Pirker*, hrsg. v. Rolf Ebbighausen/Friedrich Tiemann (*Schriften des Zentralinstituts für sozialwissenschaftliche Forschung der Freien Universität Berlin*, Bd. 43), Opladen 1984, S. 216–239.

Schmidt, Ute, Schwarze und rote „Reichsfeinde". Minderheiten und soziale Bewegungen im Kaiserreich, in: *Die Menschen machen ihre Geschichte nicht aus freien Stücken, aber sie machen sie selbst. Einladung zu einer Geschichte des Volkes in NRW*, hrsg. v. Lutz Niethammer/Bodo Hombach/Tilman Fichter/Ulrich Borsdorf, Berlin/Bonn 1984, S. 34–39.

Schmidt, Ute/Tilman Fichter, Arbeiterklasse und Parteiensystem – Aspekte der Parteiengeschichte in den ersten Nachkriegsjahren 1945–1949, in: *Die Linke im Rechtsstaat*, Bd. 1: *Bedingungen sozialistischer Politik 1945–1965*, Berlin 1976, S. 17–71.

Schmidt-Volkmar, Erich, *Der Kulturkampf in Deutschland 1871–1890*, Göttingen 1962.

Schmidtchen, Gerhard, *Protestanten und Katholiken. Soziologische Analyse konfessioneller Kultur*, Bern/München ²1979.

Schmieden, Hugo, *Recht und Staat in den Verlautbarungen der Katholischen Kirche seit 1878 (Schriften zur Rechtslehre und Politik*, Bd. 19), Bonn 1961.

Schmitt, Carl, *Politische Romantik*, München/Leipzig 1925.

Schmitt, Carl, *Römischer Katholizismus und politische Form*, Hellerau 1923.

Schnabel, Ernst, *Geschichte der neuesten Zeit. Von der französischen Revolution bis zur Gegenwart*, Leipzig/Berlin 1928.

Schnabel, Franz, *Deutsche Geschichte im 19. Jahrhundert*, Bd. 4: *Die religiösen Kräfte*, Freiburg i. Br. ²1951.

Schneider, Michael, *Die Christlichen Gewerkschaften 1894–1933 (Politik- und Gesellschaftsgeschichte*, Bd. 10), Bonn-Bad Godesberg 1982.

Scholder, Klaus, „Ein Paradigma von säkulärer Bedeutung". Hitler, Kaas und das Ende des politischen Katholizismus in Deutschland. Eine Antwort auf Konrad Repgen, in: *FAZ*, 19.11. 1977.

Scholder, Klaus, *Die Kirchen und das Dritte Reich*, Bd. 1: *Vorgeschichte und Zeit der Illusionen 1918–1934*, Frankfurt a. M./Berlin/Wien 1977.

Scholder, Klaus, *Die Kirchen und das Dritte Reich*, Bd. 2: *Das Jahr der Ernüchterung 1934. Klärungen und Scheidungen*, Berlin 1985.

Scholl, Herman S., *Katholische Arbeiterbewegung in Westeuropa*, Bonn 1966.

Schorr, Helmut J., *Adam Stegerwald, Gewerkschaftler und Politiker der ersten deutschen Republik. Ein Beitrag zur Geschichte der christlich-sozialen Bewegung in Deutschland*, Recklinghausen 1966.

Schulz, Gerhard, Die CDU – Merkmale ihres Aufbaus, in: *Parteien in der Bundesrepublik. Studien zur Entwicklung der deutschen Parteien bis zur Bundestagswahl 1953 (Schriften des Instituts für politische Wissenschaft*, Bd. 6), Stuttgart/Düsseldorf 1955, S. 3–153.

Schulz, Gerhard, Neue Kontroversen in der deutschen Zeitgeschichte: Kirchengeschichte, Parteien und Reichskonkordat, in: *Der Staat*, 22. Jg. (1983), H. 4, S. 578–607.

Schwarz, Hans-Peter, *Vom Reich zur Bundesrepublik. Deutschland im Widerstreit der außenpolitischen Konzeptionen in den Jahren der Besatzungsherrschaft 1945–1949 (Politica*, Bd. 38), Neuwied/Berlin 1966.

Schwarze, Gisela, *Eine Region im demokratischen Aufbau. Der Regierungsbezirk Münster 1945/46 (Düsseldorfer Schriften zur Neueren Landesgeschichte und zur Geschichte Nordrhein-Westfalens*, Bd. 11), Düsseldorf 1984.

Schwering, Leo, *Frühgeschichte der Christlich-Demokratischen Union*, Recklinghausen 1963.

Säkularisierung, hrsg. v. Heinz-Horst Schrey (*Wege der Forschung*, Bd. CDXXIV), Darmstadt 1981.

Seidler, John, Contested Accomodation: The Catholic Church as a Special Case of Social Change, in: *Social Forces*, 64. Jg., H. 4 (1986), S. 847–875.

Seppelt, Franz Xaver/Klemens Löffler, *Papstgeschichte. Von den Anfängen bis zur Gegenwart*, München 1938.

Siegele-Wenschkewitz, Leonore, *Nationalsozialismus und Kirchen. Religionspolitik von Partei und Staat bis 1935* (*Tübinger Schriften zur Sozial- und Zeitgeschichte*, Bd. 5), Düsseldorf 1974.

Simon, Helmut, *Katholisierung des Rechtes? Zum Einfluß katholischen Rechtsdenkens auf die gegenwärtige deutsche Gesetzgebung und Rechtsprechung*, hrsg. v. Evangelischen Bund (*Bensheimer Hefte*, H. 16), Göttingen 1962.

Sladek, Paulus, Die religiöse Lage der Heimatvertriebenen, in: *Stimmen der Zeit*, 143. Bd., 74. Jg. (1948/49), H. 6, März 1949, S. 425–433.

Sörgel, Werner, *Konsensus und Interessen. Eine Studie zur Entstehung des Grundgesetzes für die Bundesrepublik Deutschland* (*Frankfurter Studien zur Wissenschaft von der Politik*, Bd. V), Stuttgart 1969.

Sontheimer, Kurt, *Antidemokratisches Denken in der Weimarer Republik. Die politischen Ideen des deutschen Nationalismus zwischen 1918 und 1933*, München 1978.

Sous, Dietmar, *Glasdreck* (Roman), Berlin 1981.

Der soziale und politische Katholizismus. Entwicklungslinien in Deutschland 1803–1963, hrsg. v. Anton Rauscher (*Geschichte und Staat*, Bde. 247–252), München/Wien 1981, 1982.

Die soziale Bewegung im Deutschland des 19. Jahrhunderts, hrsg. v. Karl Josef Rivinius, München 1978.

Zur Soziologie des Katholizismus, hrsg. v. Karl Gabriel/Franz-Xaver Kaufmann, Mainz 1980.

Soziologie und Sozialgeschichte. Aspekte und Probleme, hrsg. v. Peter Christian Ludz (*Kölner Zeitschrift für Soziologie und Sozialpsychologie*, Sonderheft 16), Opladen 1972.

Spael, Wilhelm, *Das katholische Deutschland im 20. Jahrhundert. Seine Pionier- und Krisenzeiten 1890–1945*, Würzburg 1964.

Spaemann, Robert, *Der Ursprung der Soziologie aus dem Geist der Restauration. Studien über L. G. A. de Bonald*, München 1959.

Spectator alter, *Die Krisis im Papsttum*, Berlin 1904.

Spotts, Frederic, *Kirchen und Politik in Deutschland*, Stuttgart 1976.

Staat und Gesellschaft im politischen Wandel. Beiträge zur Geschichte der modernen Welt, hrsg. v. Werner Pöls (*Festschrift für Walter Bußmann*), Stuttgart 1979.

Staat, Wirtschaft und Politik in der Weimarer Republik. Festschrift für Heinrich Brüning, hrsg. v. Ferdinand A. Hermens/Theodor Schieder, Berlin 1967.

Zur christlichen Staatslehre, hrsg. v. Oswald v. Nell-Breuning/Hermann Sacher (*Beiträge zu einem Wörterbuch der Politik*, H. 11), Freiburg i. Br. 1948.

Stammer, Otto, *Politische Soziologie und Demokratieforschung. Ausgewählte Reden und Aufsätze zur Soziologie und Politik, aus Anlaß seines 65. Geburtstages*, hrsg. v. Mitarbeitern u. Schülern, Berlin 1965.

Stammer, Otto/Peter Weingart, *Politische Soziologie*, München 1972.

Stangl, Bernhard, *Untersuchungen zur Diskussion um die Demokratie im Deutschen Katholizismus unter besonderer Berücksichtigung ihrer Grundlagen und Beurteilung in den päpstlichen und konziliaren Erklärungen und Stellungnahmen* (*tuduv-Studien, Reihe Politikwissenschaften*, Bd. 5), München 1985.

Stankowski, Martin, *Linkskatholizismus nach 1945. Die Presse oppositioneller Katholiken in der Auseinandersetzung für eine demokratische und sozialistische Gesellschaft* (*Sammlung Junge Wissenschaft*), Köln 1976.

Stegmann, Franz Josef, Geschichte der sozialen Ideen im deutschen Katholizismus, in: *Geschichte der sozialen Ideen in Deutschland* (*Deutsches Handbuch der Politik*, Bd. 3), hrsg. v. Helga Grebing, München/Wien 1969, S. 325–560.

Stump, Wolfgang, *Geschichte und Organisation der Zentrumspartei in Düsseldorf 1917–1933* (*Beiträge zur Geschichte des Parlamentarismus und der politischen Parteien*, Bd. 43), Bonn 1971.

In der Stunde Null. Die Denkschrift des Freiburger „Bonhoeffer-Kreises": Politische Gemeinschaftsordnung. Ein Versuch zur Selbstbesinnung des christlichen Gewissens in den politischen Nöten unserer Zeit, eingel. v. Helmut Thielicke, Tübingen 1979.

Sucker, Wolfgang, Der deutsche Katholizismus 1945–1950. Eine Chronik (1. Teil), in: *Kirchliches Jahrbuch für die evangelische Kirche in Deutschland (1951)*, Gütersloh 1952, S. 290–334.

Sucker, Wolfgang, Der deutsche Katholizismus 1945–1950. Eine Chronik (2. Teil), in: *Kirchliches Jahrbuch für die evangelische Kirche in Deutschland (1952)*, Gütersloh 1953, S. 236–376.

Tenhumberg, Heinrich, Grundzüge im soziologischen Bild des westdeutschen Dorfes, in: *Landvolk in der Industriegesellschaft (Schriftenreihe für ländliche Sozialfragen. Veröffentlichungen der Agrarsozialen Gesellschaft e. V.*, Göttingen, H. 7), Hannover 1952, S. 20–50.

Thadden, Rudolf von, Kirchengeschichte als Gesellschaftsgeschichte, in: *Geschichte und Gesellschaft*, 9. Jg. (1983), H. 4, S. 598–614.

Theorie und Soziologie der politischen Parteien, hrsg. u. eingel. v. Kurz Lenk/Franz Neumann, 2 Bde., Darmstadt/Neuwied 1974.

Tillich, Paul, *Die sozialistische Entscheidung*, Berlin 1980.

Treysa 1945. Die Konferenz der evangelischen Kirchenführer, 27.–31. August 1945. Mit einem Bericht über die Synode der Bekennenden Kirche in Berlin-Spandau 29.–31. Juli 1945 und über die unmittelbar vorangegangenen Tagungen des Reichsbruderrates und des Lutherischen Rates, hrsg. v. Fritz Söhlmann, Lüneburg 1946.

Trittel, Günter J., *Die Bodenreform in der Britischen Zone 1945–1949 (Schriftenreihe der Vierteljahreshefte für Zeitgeschichte*, Bd. 31), Stuttgart 1975.

Troeltsch, Ernst, Die Restaurationsepoche am Anfang des 19. Jahrhunderts, in: ders., *Gesammelte Schriften*, Bd. IV: *Aufsätze zur Geistesgeschichte und Religionssoziologie*, Tübingen 1925, S. 587–613.

Uertz, Rudolf, *Christentum und Sozialismus in der frühen CDU. Grundlagen und Wirkungen der christlich-sozialen Ideen in der Union 1945–1949 (Schriftenreihe der Vierteljahreshefte für Zeitgeschichte*, Bd. 43), Stuttgart 1981.

Uhl, Bernd, *Die Idee des Christlichen Sozialismus in Deutschland 1945–1947*, Phil. Diss., Freiburg i. Br. 1973.

Valjavec, Fritz, *Die Entstehung der politischen Strömungen in Deutschland 1770–1815*, Kronberg, Ts./Düsseldorf 1978.

Verfolgung und Widerstand 1933–1945. Christliche Demokraten gegen Hitler, Begleitschrift zur Ausstellung des Archivs für Christlich-Demokratische Politik, o. O. 1984.

Volk, Ludwig, Zur Kundgebung des deutschen Episkopats vom 28. März 1933, in: *Stimmen der Zeit*, Bd. 173 (1963/64), S. 431–456.

Volk, Ludwig, *Das Reichskonkordat vom 20. Juli 1933. Von den Ansätzen in der Weimarer Republik bis zur Ratifizierung am 10. September 1933 (Veröffentlichungen der Kommission für Zeitgeschichte*, Reihe B, Bd. 5), Mainz 1972.

Vring, Thomas v. d., *Reform oder Manipulation. Zur Diskussion eines neuen Wahlrechts (Res novae*, Bd. 62), Frankfurt a. M. 1968.

Wachtling, Oswald, *Joseph Joos, Journalist – Arbeiterführer – Parlamentarier. Politische Biographie 1878–1933 (Veröffentlichungen der Kommission für Zeitgeschichte*, Reihe B, Bd. 16), Mainz 1974.

Wahlen und Wähler in Westdeutschland, hrsg. v. Erwin Faul, Villingen 1960.

Wallmann, Johannes, *Kirchengeschichte Deutschlands seit der Reformation*, Tübingen ²1985.

Weber, Christoph, *Aufklärung und Orthodoxie am Mittelrhein 1820–1850 (Beiträge zur Katholizismusforschung*, Reihe B), München/Paderborn/Wien 1973.

Weber, Werner, *Staat und Kirche in der Gegenwart. Rechtswissenschaftliche Beiträge aus vier Jahrzehnten (Jus ecclesiasticum, Beiträge zum evangelischen Kirchenrecht und zum Staatskirchenrecht*, Bd. 25), Tübingen 1978.

Wehler, Hans-Ulrich, *Das Deutsche Kaiserreich 1871–1918 (Deutsche Geschichte*, Bd. 9), Göttingen ⁴1980.

Von Weimar zu Hitler 1930–1933, hrsg. v. Gotthard Jasper (*Neue Wissenschaftliche Bibliothek*, Bd. 25), Köln/Berlin 1968.

Weinacht, Paul-Ludwig, BCSV und CDU in Baden, in: *Die CDU in Baden-Württemberg und ihre Geschichte (Schriften zur politischen Landeskunde Baden-Württembergs*, Bd. 2), Stuttgart 1978.

Weinacht, Paul-Ludwig/Tilman Mayer, *Ursprung und Entfaltung christlicher Demokratie in Südbaden. Eine Chronik 1945–1981*, hrsg. v. Bezirksverband der CDU Südbaden, Freiburg i. Br., Sigmaringen 1982.

Welty, Eberhard, *Die Entscheidung in die Zukunft. Grundsätze und Hinweise zur Neuordnung im deutschen Lebensraum*, Heidelberg 1946.

Wendland, Walter, *Die Religiosität und die kirchenpolitischen Grundsätze Friedrich Wilhelms des Dritten in ihrer Bedeutung für die Geschichte der kirchlichen Restauration (Studien zur Geschichte des neueren Protestantismus*, Bd. 5), Gießen 1909.

Westdeutschlands Weg zur Bundesrepublik 1945–1949. Beiträge von Mitarbeitern des Instituts für Zeitgeschichte, München 1976.

Wieck, Hans Georg, *Die Entstehung der CDU und die Wiedergründung des Zentrums im Jahre 1945 (Beiträge zur Geschichte des Parlamentarismus und der politischen Parteien*, Bd. 2), Düsseldorf 1953.

Wieck, Hans Georg, *Christliche und freie Demokraten in Hessen, Rheinland-Pfalz, Baden und Württemberg 1945/46 (Beiträge zur Geschichte des Parlamentarismus und der politischen Parteien*, Bd. 10), Düsseldorf 1958.

Wiel, Paul, *Wirtschaftsgeschichte des Ruhrgebietes. Tatsachen und Zahlen*, hrsg. v. Siedlungsverband Ruhrkohlenbezirk, Essen 1970.

Wir „Hoch- und Landesverräter". Antifaschistischer Widerstand in Oberhausen. Ein Lesebuch, Oberhausen 1983.

Zahlen und Tatsachen über den politischen Katholizismus, in: *Stimme der Gemeinde*, Nr. 8 (August 1953).

Zang, Gert, Die Bedeutung der Auseinandersetzung um die Stiftungsverwaltung in Konstanz (1830–1870) für die ökonomische und gesellschaftliche Entwicklung der lokalen Gesellschaft. Ein Beitrag zur Analyse der materiellen Hintergründe des Kulturkampfes, in: *Provinzialisierung einer Region. Zur Entstehung der bürgerlichen Gesellschaft in der Provinz*, hrsg. v. Gert Zang, Frankfurt a. M. 1978, S. 307–373.

Zeender, John K., *The German Center Party 1890–1906 (Transactions of the American Philosophical Society*, New Series, Bd. 66/I), Philadelphia 1976.

Zeiger, Ivo, Kirchliche Zwischenbilanz 1945. Bericht über die Informationsreise durch Deutschland und Österreich im Herbst 1945, in: *Stimmen der Zeit*, Bd. 193 (1975), S. 293–312.

Zeitgeschichte in Lebensbildern. Aus dem deutschen Katholizismus des 20. Jahrhunderts, hrsg. v. Rudolf Morsey u. a., 5 Bde., Mainz 1973–1982.

Zimmermann-Buhr, Bernhard, *Die katholische Kirche und der Nationalsozialismus in den Jahren 1930–1933 (Campus Forschung*, Bd. 256), Frankfurt a. M./New York 1982.

Zipfel, Friedrich, *Kirchenkampf in Deutschland 1933–1945. Religionsverfolgung und Selbstbehauptung der Kirchen in der nationalsozialistischen Zeit (Veröffentlichungen der Historischen Kommission zu Berlin beim Friedrich-Meinecke-Institut der Freien Universität Berlin*, Bd. 11), Berlin 1965.

Die Zweite Republik. 25 Jahre Bundesrepublik Deutschland – eine Bilanz, hrsg. v. Richard Löwenthal und Hans-Peter Schwarz, Stuttgart 1974.

Zwischen Befreiung und Besatzung. Analysen des US-Geheimdienstes über Positionen und Strukturen deutscher Politik 1945, hrsg. v. Ulrich Borsdorf/Lutz Niethammer, Wuppertal 1978.

Zwischen Ruhrkampf und Wiederaufbau (Beiträge zur neueren Landesgeschichte des Rheinlandes und Westfalens, Bd. 5), hrsg. v. Walter Först, Köln/Berlin 1972.

9. Zeitungen, Zeitschriften, Pressedienste

Archiv für Sozialgeschichte
Badische Zeitung
Deutsche Rundschau
Deutschland-Berichte der Sozialdemokratischen Partei Deutschlands (Sopade) 1934–1940 (Reprint), Frankfurt a. M. 1980
Deutschland-Union-Dienst (DUD)
Frankfurter Allgemeine Zeitung
Frankfurter Hefte
Frankfurter Rundschau
Geist und Tat
gemeinsame zeitung (gz)
Geschichte und Gesellschaft

Gesellschaftspolitische Kommentare
Glaube und Vernunft
Hochland
Internationales Biographisches Archiv (Munzinger Archiv)
The Journal of Modern History
KAB-Katholische-Arbeitnehmer-Zeitung
Keesing's Archiv der Gegenwart
Ketteler Wacht
Kirche und Gesellschaft
Kölner Zeitschrift für Soziologie und Sozialpsychologie
Der Kurier
Neue Westfälische Zeitung
Neue Zürcher Zeitung
aus politik und zeitgeschichte
Die Quelle
Sopade
Soziale Ordnung
Der Spiegel
Stimmen der Zeit
Süddeutsche Zeitung
Der Tagesspiegel
Umschau im Katholizismus
Union in Deutschland (UiD)
Vierteljahreshefte für Zeitgeschichte
Die Welt
werkhefte für probleme der gesellschaft und des katholizismus

Presse und Pressedienste der Deutschen Zentrumspartei (Auswahl)

Informationsblatt der Deutschen Zentrumspartei, Land Niedersachsen (1947)
Informationsbrief (erm. Nr. 1, 2 1946)
Informationsdienst des Zentrums. Zentrum'72
Informationsmaterial für die Kreisvorsitzenden und Sekretäre der DZP, Nr. 1 (1946)
Informationsdienst Zentrum, hrsg. v. d. Zentrumsfraktion im Landtag Nordrhein-Westfalen
     (1955: IDZ Informationsdienst Zentrum, hrsg. v. d. Deutschen Zentrumspartei, Düsseldorf)
Kommunalpolitischer Kurier – Kurier am Sonntag
Kurier der Mitte (1948/49)
Kurier am Sonntag. Politische Wochenzeitung, hrsg. v. Präsidium der Deutschen Zentrums-Par-
     tei, Münster (seit 1953)
Mitteilungsblatt des Siegkreis-Zentrums
Mitteilungsblatt des Windthorstbundes in der Deutschen Zentrumspartei
Neuer Westfälischer Kurier (Liz. 6.9.1946)
Rhein-Ruhr-Zeitung (Liz. 14.5.1946; 1949 zusammengelegt mit der Essener Ausgabe der Rhei-
     nischen Post)
Schnelldienst zur Unterrichtung der Provinzial-, Landes-, Kreisparteien
Unsere Linie. Mitteilungsblatt für die Kreisparteien des Zentrums
Vertrauliche Information der Zentrumspartei V.I. (Z), hrsg. v. d. Zentralgeschäftsstelle der
     Deutschen Zentrumspartei, Münster/Westf.
Das Zentrum (im Lande Niedersachsen) – Kurier am Sonntag (1955)
Das Zentrum. Nachrichtenblatt für die rheinische Zentrumspartei
ZPK – Zentrums-Presse-Korrespondenz. Pressedienst der Zentrumspartei, hrsg. v. Presse- und
     Informationsbüro der Deutschen Zentrumspartei (1. vorl. Ausgabe ersch. am 20.9.1947)

Personenregister

Rolf Ebbighausen und Friedrich Tiemann (Hrsg.)

Das Ende der Arbeiterbewegung in Deutschland?

Ein Diskussionsband zum sechzigsten Geburtstag von Theo Pirker

1984. 665 S. 15,5 X 23,5 cm. (Schriften des Zentralinstituts für sozialwissenschaftliche Forschung der FU Berlin, Bd. 43.) Kart.

Den thematischen Rahmen dieses Werkes bilden Theo Pirkers jüngste Thesen ,,Vom Ende der Arbeiterbewegung''; sie erreichen angesichts der gegenwärtigen gesellschaftlichen und politischen Entwicklungen eine zusätzliche Brisanz. Dieser Diskussionsband von Mitstreitern und Kollegen, von Verfechtern und Kritikern der Thesen Theo Pirkers getragen und ihm zu seinem 60. Geburtstag gewidmet, versammelt neue Studien, eigens für diesen Band erarbeitete und geschriebene Diskussions- und Forschungsbeiträge zur Geschichte der Arbeiterbewegung in Deutschland. Versuche ihrer Neueinschätzung und Neubewertung bis hin zur Untersuchung und Bewertung der jüngeren Entwicklungen in Ost und West.

Heinrich Volkmann und Jürgen Bergmann (Hrsg.)

Sozialer Protest

Studien zu traditioneller Resistenz und kollektiver Gewalt in Deutschland vom Vormärz bis zur Reichsgründung

1984. 354 S. 15,5 X 23,5 cm. (Schriften des Zentralinstituts für sozialwissenschaftliche Forschung der FU Berlin, Bd. 44.) Kart.

Die historische Protestforschung zeigt, daß die angeblich neuen Formen abweichenden Verhaltens viele Vorläufer haben, in denen Menschen mit begrenztem Artikulationsvermögens auf Veränderungen ihrer Lebensbedingungen reagieren. Die Beiträge dieses Bandes geben einen Überblick über den Stand der empirisch-historischen Protestforschung in der Bundesrepublik Deutschland. Sie dokumentieren exemplarisch deren Fragestellungen, Methoden und Probleme. Sie zeigen an konkreten Fällen, wie Protest ablief, was er wollte und erreichte. Sie erinnern damit auch an verschüttete Traditionen, die nicht vergessen bleiben sollten.

Jürgen Bergmann, Jürgen Brockstedt, Hartmut Kaelble, Hermann-Josef Rupieper, Peter Steinbach und Heinrich Volkmann (Hrsg.)

Arbeit, Mobilität, Partizipation, Protest

Gesellschaftlicher Wandel in Deutschland im 19. und 20. Jahrhundert

1986. 252 S. 15,5 X 23,6 cm. (Schriften des Zentralinstituts für sozialwissenschaftliche Forschung der FU Berlin, Bd. 47.) Kart.

Der Band enthält Studien zur Geschichte der Industriearbeiter und Seefahrer, der sozialen Mobilität, der Streikentwicklung und ihrer Auswirkung auf die Einkommensverteilung, der Revolution und der politischen Partizipation in Deutschland im 19. und 20. Jahrhundert. Alle Beiträge stammen aus der ehemaligen Forschungsgruppe an der FU Berlin ,,Historische Modernisierungsforschung''. Gemeinsam ist ihnen das Interesse an der Langzeitentwicklung der deutschen Gesellschaft und den Widersprüchen von modernen und traditionellen Tendenzen.

Westdeutscher Verlag